LINDA SORENSON
(206) 328-2732

América del Sur

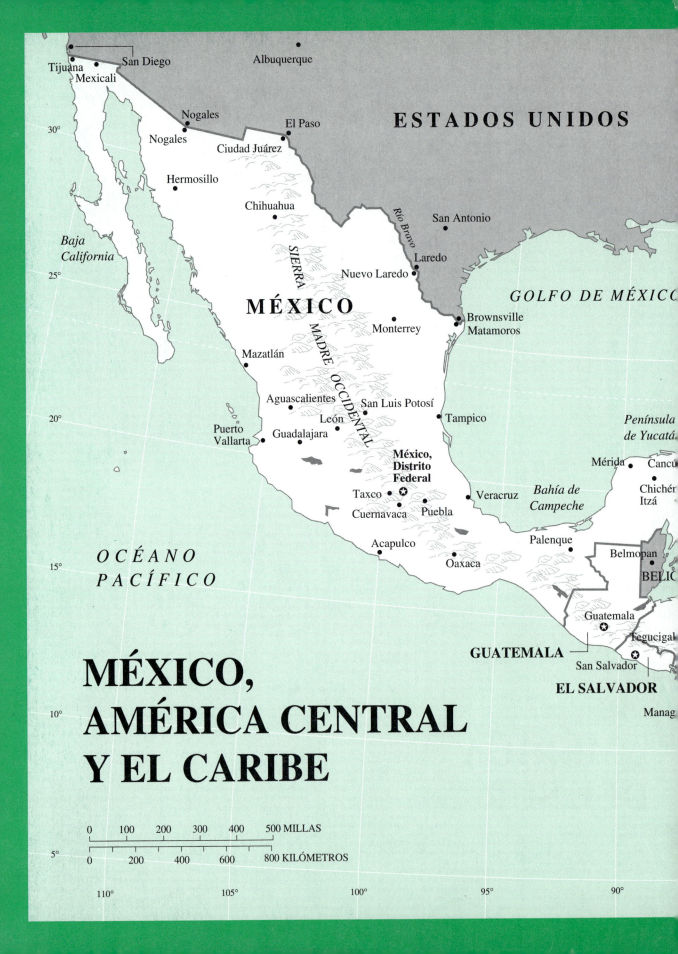

Tijuana
San Diego
Mexicali
Albuquerque

30°

Nogales
Nogales
El Paso
Ciudad Juárez

ESTADOS UNIDOS

Hermosillo

Chihuahua

Baja California

San Antonio

Río Bravo

25°

SIERRA

Laredo
Nuevo Laredo

MÉXICO

GOLFO DE MÉXICO

Monterrey
Brownsville
Matamoros

Mazatlán

MADRE

Aguascalientes
San Luis Potosí

20°

OCCIDENTAL

Tampico

Península de Yucatá

León

Puerto Vallarta
Guadalajara

México, Distrito Federal

Mérida
Cancú

Bahía de Campeche

Chichér
Itzá

Taxco
Cuernavaca
Puebla
Veracruz

Acapulco
Oaxaca

Palenque

Belmopan

15°

OCÉANO PACÍFICO

BELIC

Guatemala

GUATEMALA
Tegucigal

San Salvador

EL SALVADOR

10°

MÉXICO, AMÉRICA CENTRAL Y EL CARIBE

Manag

5°

| 0 | 100 | 200 | 300 | 400 | 500 MILLAS |
| 0 | 200 | 400 | 600 | 800 KILÓMETROS |

110°   105°   100°   95°   90°

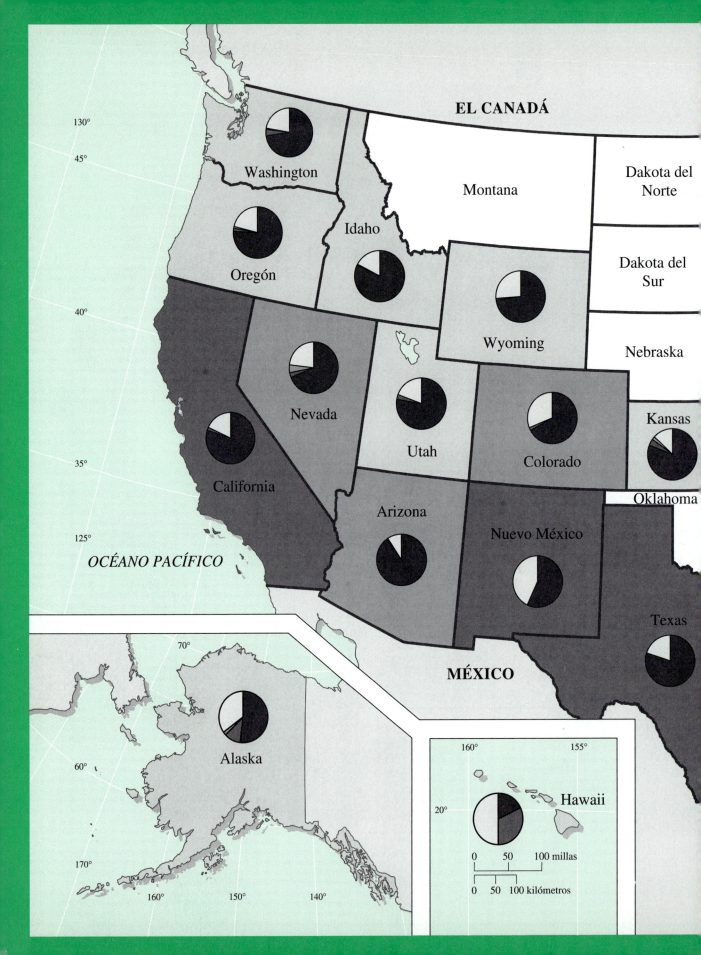

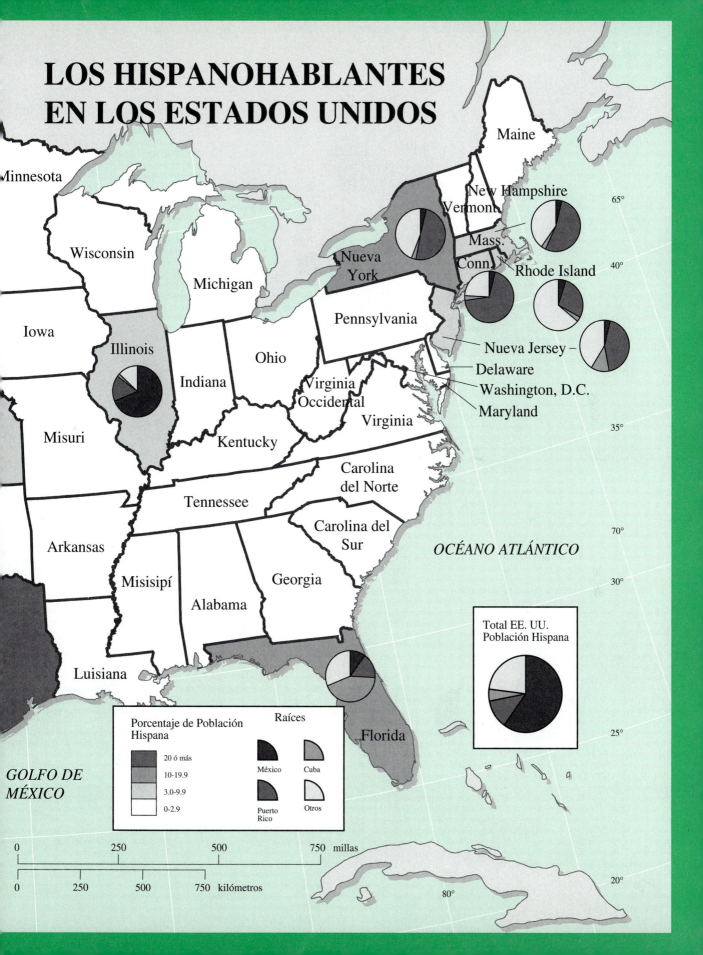

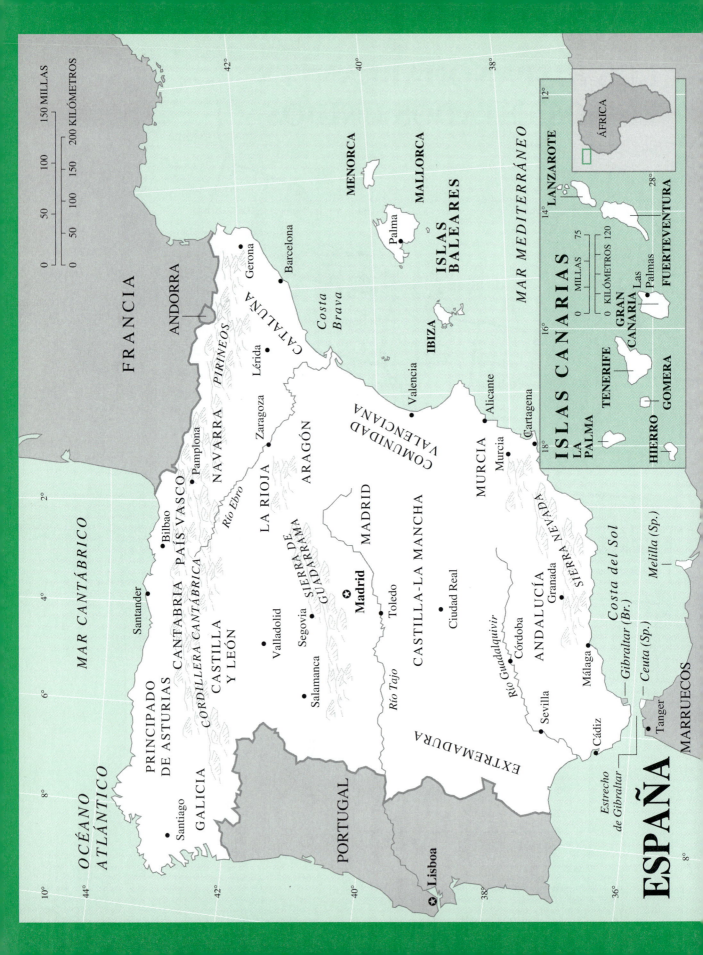

ESPAÑOL EN ESPAÑOL

CUARTA EDICIÓN

ESPAÑOL EN ESPAÑOL

CUARTA EDICIÓN

NICOLAS SHUMWAY
THE UNIVERSITY OF TEXAS AT AUSTIN

PRIMER CURSO

HOLT, RINEHART AND WINSTON
Harcourt Brace College Publishers

Fort Worth   Philadelphia   San Diego   New York   Orlando   Austin   San Antonio
Toronto   Montreal   London   Sydney   Tokyo

Publisher	Ted Buchholz
Editor in Chief	Christopher P. Klein
Senior Acquisitions Editor	Jim Harmon
Senior Developmental Editor	Jeff Gilbreath
Project Editor	Elke Herbst
Production Manager	Debra A. Jenkin
Art Director	Pat Bracken
Illustrators	Denman Hampson, Lin Anderson
Cover Design	Brenda Chambers
Composition	World Composition Services, Inc.

Permissions and other credits appear at the end of the book.

Address for Editorial Correspondence: Harcourt Brace College Publishers, 301 Commerce Street, Suite 3700, Fort Worth, TX 76102

Address for Orders: Harcourt Brace & Company, 6277 Sea Harbor Drive, Orlando, FL 32887-6777. 1-800-782-4479, or 1-800-433-0001 (in Florida)

ISBN: 0-03-008587-X

Library of Congress Catalog Number: 95-75917

Printed in the United States of America

5 6 7 8 9 0 1 2 3 4   032   10 9 8 7 6 5 4 3 2 1

TO THE INSTRUCTOR

While improved, the fourth edition of *Español en español* retains the best features of the first three editions: all-Spanish instruction; inductive grammar presentations; an abundance of communicative activities, written exercises and laboratory work; thematically and conceptually integrated grammar and vocabulary; and a segmental organization which allows teachers to modify sequencing to fit their particular curriculum. Whether you prefer a structural, communicative, conversational, proficiency-oriented, or cultural emphasis, you will find plenty of materials in *Español en español, cuarta edición* to accommodate your approach to teaching and the needs of your students.

NEW TO THIS EDITION

- Pair and group exercises have been expanded to allow for even more interactive student participation. Each pair or group activity is now indicated by an icon.
- Where necessary, line art drawings have been revised or replaced to ensure better illustration of vocabulary or structure.
- Some *Lecturas* have been updated, revised, or replaced to assure greater student interest.
- The *Cómo se hace* functional sections have been integrated into the body of each chapter. Situational activities now follow each *Cómo se hace* section, to allow students to practice linguistic functions in real-life contexts.
- A new section in each chapter, *En vivo,* introduces students to authentic documents of the Spanish-speaking world. These realia selections are accompanied by exercises or activities to check comprehension.
- A Spanish-speaking country (or Spanish-speaking area of the United States) is highlighted in each chapter via the new *Galería hispánica* section, which presents a map of the country or region in question, facts about the country, and an essay on cultural, social, or economic aspects of the country.
- A new listening comprehension section, *A escuchar,* has been added to each chapter. It provides additional student listening practice and is correlated with the *A escuchar* audio cassette included with each textbook.

PROGRAM COMPONENTS

In addition to the main textbook, the *Español en español* program includes a wide variety of ancillary materials that can be used to enhance the students' skills of listening, speaking, reading, and writing. There are also components that can be of great value in enhancing cultural awareness. In addition, supplementary materials are available to evaluate student progress. The following is a description of the various elements of the *Español en español* package.

A. A **Student Cassette,** correlated with the *A escuchar* listening comprehension section in the text, is included with each textbook.

B. An Instructor's Manual, the ***Manual para profesores,*** consists of teaching suggestions and lesson plans for each chapter of the text; a complete testing program, including answers; the tapescript for the *A escuchar* listening comprehension sections; and the answer key for the workbook exercises.

The ***Español en español*** testing program is also available in **EXAMaster+**™, a computerized testing program that allows the instructor to print out the tests as they are or to customize his/her own tests. **EXAMaster+**™ is available in DOS, Windows, or Macintosh platforms.

C. The ***Manual para estudiantes*** includes both the workbook (*Cuaderno de ejercicios escritos*) and the laboratory manual (*Cuaderno de laboratorio*).

Coordinated chapter by chapter with the text, the workbook section of the ***Manual*** provides additional reading and writing practice based on the vocabulary and structures covered in each chapter. This section also includes a *Repaso,* or review chapter, after every four regular chapters.

The laboratory manual section is designed to be used in coordination with the laboratory cassette program, and provides work on pronunciation, grammar, vocabulary, listening comprehension, and dictation. Answers for this section that are not confirmed on the tape are found at the end of the ***Manual.***

D. The ***Laboratory Cassettes*** are a set of audio cassettes designed for use with the laboratory manual. The voices on the tapes are of native speakers from a variety of Hispanic countries.

E. The ***Tapescript*** is a complete transcription of the material recorded on the ***Laboratory Cassettes.*** It is available upon request from Holt, Rinehart and Winston.

F. The ***¡Platiquemos! Videocassette*** is a 115-minute video which correlates with ***Español en español***. The proficiency-based video focuses on authentic language and situations that students would actually encounter here and abroad. Each of the 20 chapters (each approximately five minutes long) includes two or three theme-related scenes. Filmed in Spanish-speaking locations, the content stresses survival situations, e.g., ordering a meal or checking into a hotel. The text-specific **Videocassette Instructor's Manual,** accompanying the video and correlated specifically to ***Español en español,*** provides suggestions to the instructor, supplemental vocabulary, and written and speaking activities.

In addition, a ***¡Platiquemos! Laser Videodisc,*** with its accompanying text-specific instructor's manual, is also available.

G. COMPUTER SOFTWARE
Español en español **Text-Specific Software**
Now available from Holt, Rinehart and Winston at no charge to users of ***Español en español*** is text-specific software. The program allows students to practice structures at home or in the lab, thus enabling them to spend more time communicating in class. It contains numerous exercises, including rewrites, substitutions, transformations, fill-in-the-blank, etc., corresponding to the text. Also included in the program are overviews of the keyboard to aid

with accents, model sentences, extensive introductions, error analysis capabilities, a simple scoring system, and a flexible, user-friendly format. The program is available in DOS, Windows, and Macintosh versions.

Spanish MicroTutor™ Software

Available as an option from Holt, Rinehart and Winston is the awardwinning **Spanish MicroTutor™**, an interactive microcomputer grammar tutorial for the IBM PC. The program contains 30 generic lessons that can supplement ***Español en español***. Each lesson includes an on-line dictionary and "help" screen, as well as a pre-test, a tutorial, exercises, and a post-test. Most lessons take 30 to 50 minutes to complete. Six diskettes cover all first-semester topics, and the remaining four cover all second-semester topics. The student diskette allows the student to track his/her progress and is also useful for student review.

Please contact your Holt, Rinehart and Winston representative for more details or to obtain a free demonstration copy of the software.

H. A set of 62 full-color generic **Overhead Transparencies** contains a variety of materials: visuals of thematically-arranged items (e.g., food, sports, clothing, etc.), scenes for description, maps, cartoons, and cultural materials.

Abundance, variety, and flexibility comprise three of the strongest features of the *Español en español* program. Indeed, I would be surprised if instructors used *everything* in the fourth edition. I expect teachers to select certain readings and activities, emphasize some points over others, teach some grammar sections for active control and others for recognition only, and present some elements in an order other than that found in this book. In short, I hope that instructors will customize *Español en español* to their particular teaching styles and needs.

Finally, as with the third edition, I again look forward to suggestions on how to improve the book. Thanks to suggestions from language teachers like yourself, this is the strongest edition of *Español en español* yet. With your help, the fifth will be even better.

TO THE STUDENT

We learn languages for many reasons, but the best and the simplest reason to study languages is that other people speak them, write them, and describe their world with them. Anything involving people usually involves language, and we can not fully understand and appreciate people of other cultures without learning their languages. Fluency in other languages opens doors to limitless experiences the monolingual will never know. Indeed, few experiences match the thrill of forming new friendships that several months earlier would have been impossible because of linguistic barriers. People fluent in several languages all tell the same story: if they had remained monolingual, their lives would be considerably impoverished.

Of the languages available to you as a student, none offers greater possibilities than Spanish. Spanish is the language of Spain and of eighteen Latin American nations. Moreover, it is rapidly becoming the second language of the United States. If you are contemplating a career in health care, government service, business, law, or any other field where communicating with other people is important, knowing Spanish can be a great asset. But learning Spanish is more than a building block for a career. To know the Spanish-speaking world is to be captivated by it—its humanity, its warmth, its vitality, its history, its literature, its multiple cultures, its endless variety, its problems, its possibilities. As you study Spanish during the next few months, don't lose sight of this final goal: to experience Hispanic culture to the fullest and thereby enrich your life in ways you never dreamed. Learning another language is not easy, but in the end, the effort you make to learn Spanish will surely be rewarded many times over. I remember with deep pleasure my first contacts with Hispanic culture and rejoice daily in the many ongoing friendships made possible by my knowledge of Spanish. And in some sense, I envy the experiences you will have as you build your own linguistic bridges toward the Spanish-speaking world and its peoples.

ACKNOWLEDGEMENTS

I cannot name all the kind people who helped with the fourth edition of *Español en español,* but I must mention a few. I would like to thank Jim Harmon, Jeff Gilbreath, and Elke Herbst of Holt, Rinehart and Winston for their consistent, good-humored, and informed support; my former co-author, David Forbes, whose ideas continue to inform the book; Judith Strozer and Susan Schaffer, who saved the book from many serious pitfalls; colleagues and graduate student teachers at Yale, particularly Luisa Piemontese-Ramos and Alicia Van Altena, for their help and suggestions; those remarkable Yale graduate students of over a decade ago—Julia

Kushigian, Fred Luciani, and Karen Stolley—who contributed so greatly to a pilot project of *Español en español* and who are now well along in their careers; and the following reviewers who made many helpful comments for improving the original manuscript.

Florence S. Ariessohn	University of Puget Sound
Paloma A. Borreguero	University of Washington
María Luiza Carrano	University of Notre Dame
Newell T. Morgan	Northwest Nazarene College
Luisa Piemontese-Ramos	Yale University
Susan Schaffer	University of California–Los Angeles
Alicia Van Altena	Yale University

ABOUT THE AUTHOR

Nicolas Shumway received his Ph.D. at the University of California, Los Angeles, in 1976. He taught at Yale University for fourteen years and is currently the Tomás Rivera Regents Professor of Spanish-American Literature at The University of Texas at Austin, where he is also the director of the Institute of Latin American Studies. He has published extensively on foreign language pedagogy and Hispanic literature.

Professor Shumway is also the auther of *The Invention of Argentina*, which was selected by the *New York Times* as a Notable Book of the Year.

CONTENIDO

LECCIÓN PRELIMINAR

PRIMER ENCUENTRO

0.1 Saludos

Buenos días, señor.
Buenas tardes, señora.
Buenas noches, señorita.

—(Yo) me llamo Anita Flores.
—¿Cómo se llama usted, señor?
—Me llamo Ricardo Contreras.
—Mucho gusto.
—El gusto es mío, señora.

—¿Cómo está usted?
—(Yo) estoy muy bien gracias. ¿Y usted?
—(Yo) estoy muy bien también, gracias.
—¿Cuál es su nombre?
—Mi nombre es Miguel.
—¿Cuál es su apellido?
—Mi apellido es Flores.
—Adiós.
—Hasta luego.

¿Cómo está usted? es una **pregunta.**
Estoy muy bien, gracias es una **respuesta.**

ACTIVIDADES

1. Diálogo incompleto (entre dos). *Completen el diálogo.*

Buenos días, señor.

_____.

¿Cómo se llama usted?

_____.

Mucho gusto. ¿_____?

Me llamo Carlos. _____.
Adiós.

_____.

2. Otro diálogo incompleto (entre dos). *Completen el diálogo.*

Buenas tardes.

_____.

¿Cuál es su nombre?

_____.

¿Cuál es su apellido?

_____. Hasta luego.

_____.

3. Saludos (entre dos). *Saluden a sus compañeros. Usen la sección 0.1 como guía.*

0.2 **La fecha**

SEPTIEMBRE						
D	**L**	**M**	**M**	**J**	**V**	**S**
		1	2	3	4	5
6	7	8	9	(10)	11	12
13	14	15	16	17	18	19
20	21	22	23	24	25	26
27	28	29	30			

—¿Cuál es la fecha de hoy?
—Hoy es el 10 (diez) de septiembre.

ACTIVIDAD

4. Diálogo incompleto (entre dos). *Completen el diálogo.*

Buenos días, señorita.

Buenos días. ¿ *Cómo se llama* ?

Me llamo Nicolás. ¿_____?

Me llamo Carlota. ¿_____?
Hoy es el siete de septiembre.

Gracias. _____.
Adiós.

0.3 ▸ Los números del *uno* al *diez*

0 cero	4 cuatro	8 ocho
1 uno	5 cinco	9 nueve
2 dos	6 seis	10 diez
3 tres	7 siete	

—¿Cuál es su número de teléfono?
—Mi número de teléfono es 4-3-6-2-1-7-9.

ACTIVIDAD

5. Listas. *Complete las listas.*

Los nombres de cinco compañeros
de clase:

1. _____

2. _____

3. _____

4. _____

5. _____

Los teléfonos de cinco compañeros
de clase:

1. _____

2. _____

3. _____

4. _____

5. _____

0.4 ▸ El alfabeto

a (a)	d (de)	h (hache)	l (ele)
b (be grande)	e (e)	i (i)	ll (elle)*
c (ce)	f (efe)	j (jota)	m (eme)
ch (che)*	g (ge)	k (ka)	n (ene)

*Desde 1994, los nombres de estas consonantes ya no se usan en España por decisión de la *Real Academia Española de la Lengua.* Sin embargo, su uso persiste en otros países hispanos y lo mantenemos en este libro.

ñ (eñe)	r (r)	u (u)	y (i griega)
o (o)	rr (erre)	v (be chica)	z (zeta)
p (pe)	s (ese)	w (doble u)	
q (cu)	t (te)	x (equis)	

Las vocales: a, e, i, o, u
Las consonantes: b, c, d, f, g, h, j, etc.
H, O, X: LETRAS MAYÚSCULAS
f, r, o: letras minúsculas

—¿Cómo se llama usted, señorita?
—Me llamo Anita Hernández.
—¿Cómo se escribe su nombre?
—Mi nombre se escribe A-n-i-t-a H-e-r-n-a con acento-n-d-e-z.

ACTIVIDAD

6. Preguntas para futuros amigos (entre dos). *Pregúntele a alguien en la clase.*

1. ¿Cómo se llama?
2. ¿Cuál es su nombre?
3. ¿Cómo se escribe su nombre?

4. ¿Cuál es su apellido?
5. ¿Cómo se escribe su apellido?
6. ¿Cuál es su número de teléfono?

0.5 ▶ Los números del *once* al *veinte*

0 cero	6 seis	11 once	16 dieciséis
1 uno	7 siete	12 doce	17 diecisiete
2 dos	8 ocho	13 trece	18 dieciocho
3 tres	9 nueve	14 catorce	19 diecinueve
4 cuatro	10 diez	15 quince	20 veinte
5 cinco			

—¿Cuántos son 9 + once?   (nueve y once)
—9 + 11 = 20   (Nueve y once son veinte.)

Una suma: 7 + 3 = 10   (Siete y tres son diez.)
Una resta: 15 – 7 = 8   (Quince menos siete son ocho.)

ACTIVIDAD

7. Preguntas para otros estudiantes (entre dos). *Pregúntele a alguien en la clase.*

1. ¿Cuántos son cinco y nueve?
2. ¿Cuántos son diez y ocho?
3. ¿Cuántos son catorce y tres?
4. ¿Cuántos son ... y ... ?
5. ¿Cuántos son dieciséis menos tres?
6. ¿Cuántos son trece menos siete?
7. ¿Cuántos son veinte menos ocho?
8. Cuántos son ... menos ... ?

0.6 ▶ Cinco mandatos básicos

Vaya.

Venga.

Escuche.

Escriba.

Tome asiento.

ACTIVIDAD

8. Obediencia (entre dos o en pequeños grupos.) *Responda físicamente a los mandatos de sus compañeros.*

CAPÍTULO 1

LA CLASE DE ESPAÑOL

TEMAS
- La clase de español y su gente
- Identificación de objetos y personas
- Posesión y los nombres de algunas posesiones personales
- *Tú* y *usted*
- Localización de personas y objetos

FUNCIONES
- Saludar
- Decir «adiós»
- Preguntar a alguien cómo está
- Contestar a alguien cómo está

GRAMÁTICA
1.1 El género de los sustantivos y los artículos indefinidos
1.2 *Tengo, tienes* y *tiene*
1.3 Los artículos definidos y algunos de sus usos
1.4 Algunos usos de *de, del, qué, quién* y *de quién*
1.5 *¿Dónde está... ?* y algunas preposiciones

GALERÍA HISPÁNICA
Costa Rica

EN MARCHA

1.1 ¿Qué es esto?

PRIMER PASO

1. un escritorio
2. un cuaderno
3. un papel
4. un reloj
5. un pupitre
6. un sobre
7. un lápiz
8. una silla
9. una mesa
10. una ventana
11. una puerta
12. una luz
13. una mochila
14. una pared
15. un avión
16. un camión
17. un alumno
18. una alumna

Profesora: ¿Qué es esto?
Estudiantes:

Es **un** libro.
    un portafolio.
    un avión.
    un camión.
    un pupitre.
    un sobre.
    un lápiz.

Es **una** pluma.
    una mesa.
    una lección.
    una expresión.
    una clase.
    una llave.
    una luz.

Conclusiones ## El género de los sustantivos y los artículos indefinidos

1. En español un sustantivo (**libro, pluma,** etc.) es masculino o femenino.
2. Un sustantivo que termina en **-o, -l** o **-n** es generalmente masculino. Por ejemplo, **libro, papel** y **avión.**
3. Un sustantivo que termina en **-a, -d, -ción** o **-sión** es generalmente femenino. Por ejemplo, **mesa, pared, lección** y **expresión.**
4. **Un** es un artículo indefinido masculino y se usa con un sustantivo masculino. Por ejemplo, **un libro, un sombrero, un papel, un avión,** etc.
5. **Una** es un artículo indefinido femenino y se usa con un sustantivo femenino. Por ejemplo, **una pluma, una universidad, una lección, una expresión,** etc.

Noun

6. Un sustantivo con otra terminación es masculino o femenino. Por ejemplo, **un sobre, una llave, un lápiz, una luz,** etc.
7. **Qué** es una expresión interrogativa; se refiere a un objeto.

SEGUNDO PASO

¿Qué es esto?	Es **un** pupitre.
¿Y qué es esto?	Es **otro** pupitre.
¿Qué es esto?	Es **una** ventana.
¿Y qué es esto?	Es **otra** ventana.

Conclusiones   *Otro* y *otra*

1. **Otro** y **otra** significan *adicional.*
2. Se usa **otro** con un sustantivo masculino.
3. Se usa **otra** con un sustantivo femenino.
4. **Otro** y **otra** no se usan con el artículo indefinido.

TERCER PASO

¿Qué **es** esto?	
¿**Es** una mesa o un escritorio?	**Es** una mesa.
¿**Es** un avión o un camión?	**Es** un camión.
¿**Es** un libro?	**No, no es** un libro. **Es** un cuaderno.
¿**Es** una lección?	**No, no es** una lección. **Es** un ejercicio.

Conclusiones   *Es* y la negación del verbo

1. **Es** es un verbo.
2. En una oración negativa, **no** precede al verbo.

ACTIVIDADES

1. **El nuevo profesor/La nueva profesora.** *Usted es el/la profesor/a. Señale distintos objetos de la clase y pregunte: «¿Qué es esto?»*

2. **Selección (entre dos).** *Formulen preguntas basadas en una selección para sus compañeros.*

   EJEMPLOS   ESTUDIANTE 1: *(señalando una silla)* ¿**Es** una silla o un libro?
   ESTUDIANTE 2: **Es una silla.**

3. **Verdad o mentira (toda la clase o en pequeños grupos).** *¿Es verdad (verdad = cierto) o es mentira (mentira = falso) la oración de sus compañeros?*

   EJEMPLOS   ESTUDIANTE 1: *(con una pluma en la mano)* **Es un portafolio. ¿Verdad o mentira?**
   ESTUDIANTE 2: **Mentira. Es una pluma.**
   ESTUDIANTE 3: *(con un papel en la mano)* **Es un papel. ¿Verdad o mentira?**
   ESTUDIANTE 4: **Verdad. Es un papel.**

   Continúen así con otros objetos de la clase: **mochila, pared, pizarra, sobre, mesa, silla, ventana, puerta, cuaderno,** etc.

4. Contradicciones (entre dos). *Sigan el modelo.*

EJEMPLOS ESTUDIANTE 1: *(señalando una pluma)* **Es una luz. ¿Verdad?**
ESTUDIANTE 2: **No, no es una luz. Es una pluma.**
ESTUDIANTE 1: *(señalando otra pluma)* **Es otra luz. ¿Verdad?**
ESTUDIANTE 2: **No, no es otra luz. Es otra pluma.**

1.2 ¿Qué tienes en tu bolsillo?

PRIMER PASO

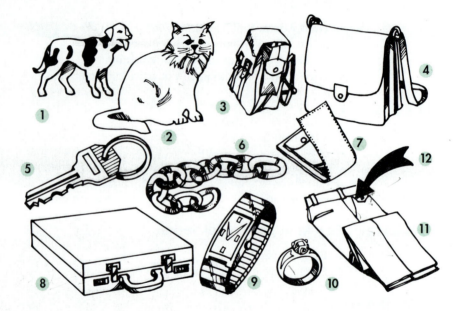

1. un perro
2. un gato
3. una mochila
4. una bolsa
5. una llave
6. una cadena
7. una cartera
8. un portafolio
9. un reloj
10. un anillo
11. un pantalón
12. un bolsillo

¿**Tienes** (tú) una cartera en tu bolsillo?

No, (yo) no **tengo** una cartera en mi bolsillo.

No **tengo** cartera porque no **tengo** dinero.

¿**Tiene** Alejandro un cuaderno en su portafolio?

Sí, (él) **tiene** un cuaderno en su portafolio.

¿**Tiene** Laura un perro en casa?

No, (ella) no **tiene** un perro. **Tiene** una gata.

Conclusiones *Tengo, tienes* y *tiene* y los pronombres singulares de sujeto

1. **Tengo, tienes** y **tiene** son verbos que indican posesión.
2. **Yo** es un pronombre de primera persona singular.
3. **Usted** y **tú** son pronombres de segunda persona singular.
4. **Él** y **ella** son pronombres de tercera persona singular. **Él** es un pronombre masculino. **Ella** es un pronombre femenino.
5. **Usted** es un pronombre de segunda persona pero se combina con un verbo de tercera persona.

Sinopsis

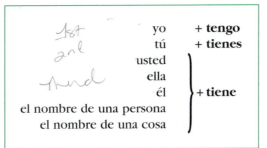

	yo	+ **tengo**
	tú	+ **tienes**
	usted	
	ella	
	él	} + **tiene**
el nombre de una persona		
el nombre de una cosa		

NOTA CULTURAL

Tú y **usted** indican una relación social. **Usted** indica una relación seria, formal o distante. **Usted** también se usa para indicar respeto y cortesía. **Tú** indica una relación íntima o de confianza. **Tú** se usa con amigos y miembros de la familia.

SEGUNDO PASO

Tengo un departamento. = Yo tengo un departamento (*apartamento*).

¿Tienes mi libro? = ¿Tienes tú mi libro?

Tiene un coche. {
= Usted tiene un coche.
= Él tiene un coche.
= Alejandro tiene un coche.
= Laura tiene un coche.

Conclusión   **Es normal omitir el sujeto del verbo**

TERCER PASO

mi casa, **mi** lápiz, **mi** bolsa, **mi** dirección
tu casa, **tu** lápiz, **tu** bolsa, **tu** dirección
su casa, **su** lápiz, **su** bolsa, **su** dirección

Conclusiones   **Los adjetivos posesivos singulares**

1. **Mi** es un adjetivo posesivo de **yo.**
2. **Tu** (*sin acento*) es un adjetivo posesivo de **tú.**
3. **Su** es un adjetivo posesivo de tercera persona singular (de **usted,** de **Laura,** de **él,** etc.).

Cómo se hace para saludar
¡Hola!
Buenos días.
Buenas tardes.

Cómo se hace para decir «adiós»
¡Adiós!¡Hasta mañana!
¡Chao!¡Hasta la vista!
¡Hasta luego!¡Hasta pronto!

Situación
Salude a alguien de la clase de español usando varios variantes. Después, comience una conversación sobre la clase, su vida, sus amores y otros misterios de la vida. Entonces, dígale «adiós» usando los variantes apropiados.

ACTIVIDADES

5. Posesiones. *Describa sus posesiones y las posesiones de sus amigos.*

MODELO   Yo / bolsa →**Yo tengo una bolsa.**

1. Yo / coche
2. Alejandro / cuaderno
3. Laura / portafolio
4. Catarina / bolsa

5. Tú / llave
6. Javier / coche
7. ? / reloj
8. ? / Porsche

6. Preguntas personales (entre dos). *Contesten las preguntas. Omitan el sujeto en la respuesta.*

MODELO   Estudiante 1: ¿Tienes un cocodrilo en tu casa?
               Estudiante 2: **No, no tengo un cocodrilo en mi casa.**

1. ¿Tiene (?) una bicicleta?
2. ¿Tienes un portafolio?
3. ¿Qué tiene (?)?
4. ¿Tiene el/la profesor/a una bolsa?

5. ¿Qué tiene usted en su mochila?
6. ¿Tiene (?) un gato?
7. ¿Qué tengo en mi portafolio?
8. ¿Qué tiene (?) en casa?

7. ¡Investigación! (entre dos) *Usted es policía y necesita información.*

EJEMPLOS   Estudiante 1: ¿Tiene usted un revólver en su bolsillo?
                Estudiante 2: **No, no tengo un revólver en mi bolsillo.**

1. ¿Tiene usted su cartilla de identidad?
2. ¿Tiene usted un coche?
3. ¿Quién tiene contactos en la Mafia?
4. ¿Tiene usted dinero en su cartera?
5. ¿Qué tiene usted en casa?
6. ¿Tiene usted un amigo criminal?
7. ¿Qué tiene usted en su bolsillo?
8. ¿Qué tiene usted en su coche?

8. Inventario de las posesiones de los amigos (entre dos o en pequeños grupos). *Pregúntele a alguien de la clase...*

1. qué tiene en su bolsillo.
2. si tiene un amigo en Nueva York.
3. qué tiene en su portafolio.
4. si tiene una amiga en México.
5. si tiene un departamento o una casa.
6. qué tiene en su dormitorio.
7. si tiene un perro o un gato.
8. si tiene un avión, un coche o una bicicleta.
9. qué clase de coche tiene (un Chevy, un Ford, un Honda, un Mercedes, etc.).

1.3 ¿Es el coche de Gloria o es de la señora Martínez?

PRIMER PASO

MIGUEL	¿Qué es esto?
MARGARITA	Es un gato. Es **el** gato de José.
MIGUEL	¿Y qué es esto?
MARGARITA	Es **el otro** gato de José. José tiene dos gatos.
ANA	¿Qué es esto?
MARCO	Es **la** bicicleta de Ángela.
ANA	¿Y qué es esto?
MARCO	Es **la otra** bicicleta de Ángela. Ella tiene dos bicicletas.

Conclusiones   ### Los artículos *el* y *la*

1. **El** es un artículo definido masculino.
2. **La** es un artículo definido femenino.
3. El artículo indefinido (**un** y **una**) es general. El artículo definido (**el** y **la**) es específico.
4. Se usa **otro** y **el otro** con un sustantivo masculino. Se usa **otra** y **la otra** con un sustantivo femenino.

SEGUNDO PASO

¿Quién es?
Es Pablo Quevedo.
Es **el** señor Quevedo.
Es **el Sr.** Quevedo.
Es **el** profesor Lavalle.
Es **el** doctor César Torres.
¿**Es Ud. el** presidente González?
—Buenos días, Sr. Pérez.
—¿Cómo está Ud., señorita?

Es Norma Barcia.
Es **la** señorita Barcia.
Es **la Srta.** Barcia.
Es **la** señora Vázquez.
Es **la Sra.** Vázquez.
¿**Es Ud. la** doctora Méndez?

Conclusiones   ### *Quién,* más usos del artículo definido y algunas abreviaturas

1. **Quién** es una palabra interrogativa. Se refiere a una persona.
2. El artículo definido, **el** o **la,** precede generalmente a un *título + nombre y apellido* excepto en un saludo directo.

3. Abreviaturas:

Sr. = señor	**Srta.** = señorita
Sra. = señora	**Ud.** = usted

4. Las abreviaturas **Sr., Sra.** y **Srta.** se usan sólo en combinación con un nombre o un apellido.

ACTIVIDADES

9. Cadena (entre dos). *Sigan el modelo.*

MODELO   ESTUDIANTE 1: (señalando una mochila) **¿Qué es esto?**
                    ESTUDIANTE 2: **Es la mochila de Miguel.**

Continúen así con otros objetos de la clase: **libro, mochila, cuaderno, bolsa, cartera, dinero, pizarra, dirección, reloj,** *etc.*

10. Fantasías sobre el futuro (entre dos o en pequeños grupos). *Inventen un título posible para sus compañeros.*

EJEMPLOS   ESTUDIANTE 1: *(señalando a una compañera)* **Es mi amiga la doctora Tyler.**
                      ESTUDIANTE 2: *(señalando a un compañero)* **Es mi amigo el presidente Cohen.**

Otros títulos posibles: **senador/a, profesor/a, presidente/a, doctor/a, diputado/a, reverendo/a, director/a, maestro/a,** *etc.*

1.4 ▶ ## ¿Es ella la profesora de matemáticas?

PRIMER PASO

Es el portafolio **de** Amalia.
Rosa es amiga **de** Javier.
Laura tiene el coche **de** Aída.
Tengo la dirección **de** Pablo en mi bolsillo.
Es el departamento **de** la señora Barreras.
Es la casa **del** doctor Menéndez.
Es la oficina **del** profesor Sánchez.

Conclusiones   ### *De* para expresar posesión y la contracción *del*

1. Se usa **de** y el nombre de una pesona para expresar posesión.
2. **Del** es la contracción de **de** y **el: de + el → del**

SEGUNDO PASO

un libro

la profesora de matemáticas

una profesora

el libro de español

Es mi libro **de** español.
Buenos Aires es la capital **de** la Argentina.
El profesor Méndez es mi profesor **de** arte.
Tengo dos cursos **de** historia y un curso **de** música.

Conclusión   ## Se usa *de* para indicar una categoría

TERCER PASO

¿Qué es esto?	Es la pizarra de la clase.
¿Quién es él?	Se llama Miguel. Es mi amigo.
¿De quién es el anillo?	Es de la señora Espinosa.
¿Tiene usted mi anillo?	Sí, tengo su anillo.
¿Tiene mi anillo usted?	Sí, tengo su anillo.

Conclusiones   ## Algunas expresiones interrogativas y la estructura de una pregunta

1. **Qué** es una palabra interrogativa para objetos o cosas.
2. **Quién** es una palabra interrogativa para personas.
3. **De quién** es una expresión interrogativa de posesión.
4. La estructura de una pregunta con una expresión interrogativa es:

> expresión interrogativa + verbo + sujeto

Por ejemplo: **¿Quién es usted?**
¿De quién es el anillo?

5. El orden de los elementos en una pregunta sin expresión interrogativa tiene tres posibilidades (*predicado = la parte después del verbo*).
   a. verbo + sujeto + predicado: **¿Tiene usted mi lápiz?**
   b. verbo + predicado + sujeto: **¿Tiene mi lápiz usted?**
   c. sujeto + verbo + predicado: **¿Usted tiene mi lápiz?**

ACTIVIDADES

11. Información sobre cosas (entre dos). *Sigan los ejemplos.*

EJEMPLOS   Estudiante 1: *(señalando una silla)* **¿Qué es esto?**
    Estudiante 2: **Es una silla.**
    Estudiante 1: **¿De quién es la silla?**
    Estudiante 2: **Es la silla de Adán.**

Continúen así con otros objetos de la clase: **mochila, dinero, ventana, cartera, bolsa, pupitre, mesa, luz, cuaderno, anillo,** *etc.*

12. Identificaciones en cadena (entre dos o en pequeños grupos). *Preguntas para los compañeros de clase.*

EJEMPLOS   Estudiante 1: *(señalando una persona)* **¿Quién es?**
    Estudiante 2: **Es Anita.**
    Estudiante 3: *(señalando un objeto)* **¿Qué es esto?**
    Estudiante 4: **Es una pizarra.**
    Estudiante 5: *(señalando otro objeto)* **¿De quién es esto?**
    Estudiante 6: **Es de Pablo.**

Continúen así con otros objetos y personas de la clase.

1.5 ¿Dónde está la profesora de biología?

¿**Dónde está** la profesora?	**Está delante de** la clase y **al lado de** la pizarra.
¿**Dónde está** la pizarra?	**Está detrás del** escritorio.
¿**Dónde está** la bolsa de la profesora?	**Está encima del** escritorio.
¿**Dónde está** la mochila de Raquel?	**Está debajo de** su silla.
¿**Dónde está** el dinero de la profesora?	**Está dentro de** su bolsa.
¿**Dónde está** Jorge hoy?	**Está fuera de** la ciudad hoy.
¿**Dónde está** el pupitre de Enrique?	**Está junto a** la pared.
¿**Dónde está** Rosa?	**Está entre** Raquel y Enrique.

Raquel **está junto a** Diego.
La tiza **está junto a la** pizarra.
El lápiz **está junto al** libro.

Conclusiones

Dónde, el verbo *está*, la contracción *al* y algunas preposiciones

1. **Dónde** es una palabra interrogativa de localización.
2. **Está** es un verbo de localización.
3. **Al** es la contracción de **a** y **el: a + el → al**
4. **Encima de, delante de, al lado de, entre,** etc. son preposiciones de localización.

Sinopsis

encima de ≠ debajo de
delante de ≠ detrás de
dentro de ≠ fuera de
en = dentro de, encima de
junto a = al lado de
entre _____ y _____

Cómo se hace para preguntar a alguien cómo está

Formal
¿Cómo está usted?
¿Cómo le va?
¿Qué tal?

Familiar
¿Cómo estás (tú)?
¿Cómo te va?
¿Qué tal?

Cómo se hace para contestar a alguien cómo está

Bien gracias. ¿Y usted?
¡Estupendo/a! ¿Y tú?

Regular. (Así, así.)
¡Fatal!

Situaciones

1. Usted está con el ejecutivo de una gran compañia. ¿Cómo le pregunta cómo está? Experimente con varias posibilidades.
2. Usted está con una niña. ¿Cómo le pregunta cómo está? Experimente con varias posibilidades.
3. Salude a distintas personas de la clase. Pregúnteles cómo están, y responda a sus preguntas. Experimente con varias posibilidades.

ACTIVIDADES

13. ¿Dónde está... con relación a... ? *Estudie las relaciones geográficas y espaciales en la clase de español, y complete las oraciones.*

1. La silla de _____ está _____ la pared.

2. El dinero de _____ está _____ su bolsa.

3. La pared está *detrás de* la pizarra.

4. *Juan* está entre *Joel* y *María* .

5. La tiza está *en* la pizarra.

6. *Sr. Yuwep* está al lado de *mí* .

7. La mochila de _____ está debajo de _____ .

8. _____ está detrás de _____ .

14. ¿Dónde está... ? (entre dos). *Formulen preguntas y respuestas sobre las relaciones geográficas en la clase de español.*

EJEMPLOS   ESTUDIANTE 1: **¿Dónde está la ventana con relación a Ana?**

ESTUDIANTE 2: **La ventana está detrás de Ana. Ana está delante de la ventana.**

ESTUDIANTE 1: **¿Dónde está la mochila de Enrique con relación a la silla de Enrique?**

ESTUDIANTE 2: **Está debajo de su silla.**

PRONUNCIACIÓN Y ORTOGRAFÍA

A. *Pronuncie las palabras a continuación.*

[a] casa	la casa de Paca
[e] bebé	el bebé de Pepe
[i] tiza	la tiza de Isidora Morínigo
[o] coche	once coches y dos cocos
[u] luz	un uso de una luz

B. *Pronuncie cada grupo de palabras; imite la pronunciación de su profesor/a y conecte las palabras.*

Tengo el ejercicio para hoy.   Es un pupitre.
Tienes una obligación.   Es una camisa.
La profesora tiene una explicación. Es un papel.
Es un adulto y un hombre.   Es una puerta.

El énfasis silábico y el acento escrito (´)

pro-fe-so-ra

→ la última sílaba
→ la penúltima sílaba

Si la última letra de una palabra es una **vocal (-a, -e, -i, -o, -u), -n** o **-s,** el énfasis está en la **penúltima** sílaba.

casa	*ca*-sa	menos	*me*-nos
cinco	*cin*-co	joven	*jo*-ven
llave	*lla*-ve	ventana	ven-*ta*-na

Si la última letra de una palabra es una **consonante,** excepto **-n** o **-s,** el énfasis está en la **última** sílaba.

papel	pa-*pel*	mujer	mu-*jer*
reloj	re-*loj*	pared	pa-*red*
profesor	pro-fe-*sor*	general	ge-ne-*ral*

¿Excepciones? Se indica el énfasis con un **acento escrito** (´).

mamá	lápiz	página
papá	dólar	número
bebé	ítem	título
allí	álbum	lámpara
inglés	cónsul	última
detrás	ángel	sílaba
avión	clímax	énfasis
camión	cráter	público

El **acento escrito** es necesario en una **palabra interrogativa.**

¿dónde?	¿qué?	¿quién?
¿cómo?	¿cuál?	¿de quién?

A veces el acento escrito se usa para distinguir entre dos palabras **homófonas** (palabras que se pronuncian igual). Por ejemplo:

Sí: una respuesta afirmativa   ¿Es tu cartera? Sí, es mi cartera.
Si: indica una hipótesis   Si Juana no está en clase, es porque está enferma.

La división silábica

La **vocal** (a, e, i, o, u) es la parte importante y esencial de la sílaba. La vocal es el **núcleo** de la sílaba.

á-re-a: 3 sílabas   o-cé-a-no: 4 sílabas

Si una consonante está entre dos vocales, forma sílaba con **la segunda vocal** (*la sílaba número dos*).

se-ño-ri-ta:	4 sílabas
fe-me-ni-no:	4 sílabas
nú-me-ro:	3 sílabas

Si una consonante está junto a otra consonante, la división silábica ocurre generalmente entre las dos consonantes.

bol-sa:	2 sílabas
in-ter-no:	3 sílabas
án-gel:	2 sílabas

Excepciones:

Ch, ll y **rr** = **una** consonante

te-cho:	2 sílabas
a-pe-lli-do:	4 sílabas
pi-za-rra:	3 sílabas

Consonante + r + vocal = una sílaba
Consonante + l + vocal = una sílaba

pa-la-bra:	3 sílabas
cla-se:	2 sílabas
pu-pi-tre:	3 sílabas
tri-ple:	2 sílabas

Una división silábica ocurre entre una **s** y otra consonante.

trans-por-te:	3 sílabas
ins-cri-be:	3 sílabas

EJERCICIOS

A. *Divida cada palabra a continuación en sílabas.*

1. inteligente	6. generalmente	11. pregunta
2. artículo	7. silla	12. estupendo
3. enchufe	8. problema	13. apartamento
4. perro	9. trascendente	14. público
5. anillo	10. techo	15. teléfono

B. *Subraye (_____) la sílaba que recibe el énfasis.*

1. lápiz	6. comunidad	11. televisor
2. lectura	7. lámpara	12. papel
3. hombre	8. mujer	13. dosis
4. enchufe	9. computadora	14. presidente
5. horror	10. fabuloso	15. plástico

C. *Escriba un acento si es necesario. La vocal que recibe el énfasis está en negrilla.*

1. t**i**tulo	6. comunid**a**d	11. espec**i**fico
2. doct**o**r	7. **o**pera	12. par**e**ntesis
3. **a**rea	8. beb**e**	13. catedr**a**l
4. l**a**piz	9. L**o**pez	14. ingl**e**s
5. franc**e**s	10. anim**a**l	15. m**u**sica

EN CONTEXTO

EN VIVO

Examine el anuncio a continuación y conteste las preguntas.

ESTUDIE EN EL EXTERIOR

INGLATERRA
ESTADOS UNIDOS
CANADA ITALIA
FRANCIA
ALEMANIA
MEXICO ETC.

CURSOS DE IDIOMAS   ESTUDIOS SECUNDARIOS
CARRERAS TECNOLOGICAS   CARRERAS UNIVERSITARIAS
ESTUDIOS DE POSGRADO   PROGRAMAS DE INTERCAMBIO
CAMPAMENTOS DE VACACIONES

CONSEJERIA EN EDUCACION INTERNACIONAL

Director Dr. GERARDO EUSSE HOYOS
Representante Cali. CLARA CAJIAO de VALDENEBRO

Calle 5A No. 38A-57-Ed. Imbanaco Oficina 2-11 Interior Tel. 586964 Cali-Col.

Preguntas

1. ¿En qué países es posible estudiar?   2. ¿Qué tipo de cursos se describe en el anuncio?   3. ¿Qué es un programa de intercambio?   4. ¿Cuál es la diferencia entre «estudios secundarios» y «estudios de posgrado»?   5. ¿Qué es un campamento de vacaciones?   6. ¿Cómo se llama el director del programa?   7. ¿Cómo se llama la asistente del director?   8. ¿Qué significan las letras CEI?

LECTURA

En una clase de español

La clase de español está en el salón número dieciocho. La profesora de la clase se llama María Pérez. Está delante de la clase. Está detrás del escritorio.

Al principio de la clase

PROFESORA	¿Señora Anderson?
ESTUDIANTE	Presente.
PROFESORA	¿Señor Castillo? ¿David Castillo?
ESTUDIANTE	El señor Castillo no está aquí. Está ausente porque tiene la gripe. Está enfermo.
TODOS	¡Pobrecito! ¡Qué lástima!

Más tarde en la clase

PROFESORA	Sara, ¿qué es esto?
SARA	Es un anillo. Es el anillo de Susana.
PROFESORA	Muy bien. Miguel, ¿qué es esto?
MIGUEL	Es mi mochila.
PROFESORA	¿Qué tiene usted en su mochila?
MIGUEL	En mi mochila tengo cinco cuadernos, ocho libros, una caja de lápices, varias plumas, mi cartera, mis llaves, las fotos de mi familia y la genealogía de mi perro.
ADOLFO	Uy. Esto no es una mochila. Es un camión.
PROFESORA	¡Adolfo! Más respeto, por favor.
ADOLFO	Perdóneme. Nadie es perfecto.
PROFESORA	Miguel, ¿dónde está Adolfo?
MIGUEL	Está detrás de mí, desafortunadamente.

Preguntas

1. ¿Cómo se llama la profesora?   2. ¿Cuál es el número del salón de clase?
3. ¿Quién está ausente?   4. ¿Por qué está ausente?   5. ¿Qué tiene Susana?
6. ¿Quién tiene una mochila?   7. ¿Qué tiene Miguel en su mochila?   8. ¿Es perfecto Adolfo?   9. ¿Dónde está Adolfo?   10. ¿Está contento Miguel?   11. ¿Por qué sí o por qué no?

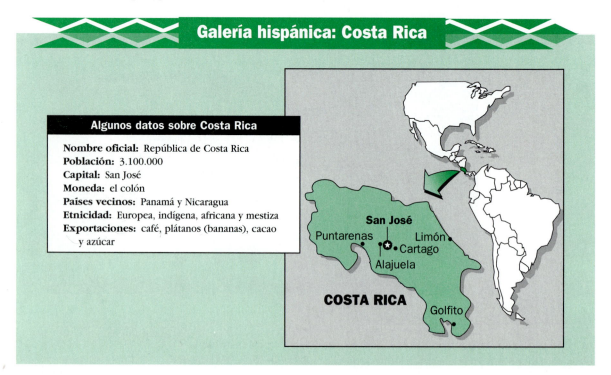

Galería hispánica: Costa Rica

Algunos datos sobre Costa Rica

Nombre oficial: República de Costa Rica
Población: 3.100.000
Capital: San José
Moneda: el colón
Países vecinos: Panamá y Nicaragua
Etnicidad: Europea, indígena, africana y mestiza
Exportaciones: café, plátanos (bananas), cacao y azúcar

San José
Puntarenas
Limón
Cartago
Alajuela
COSTA RICA
Golfito

Costa Rica: Un país muy civilizado

Costa Rica está en Centroamérica. Es un país muy **hermoso.** Tiene montañas muy altas en el interior. También tiene **playas** muy hermosas y grandes **bosques** tropicales sobre la costa del océano Atlántico y sobre la costa del Pacífico. San Juan, la capital, tiene zonas coloniales y también modernas. Costa Rica tiene una población muy **culta.** Tiene un excelente sistema de educación pública, y se calcula que **más** del 90% de los habitantes son **alfabetos.** También tiene una **larga** tradición democrática y un gobierno muy estable. Muchos estudiantes norteamericanos estudian en Costa Rica todos los años.

hermoso: *beautiful*
playa: costa
bosque: *forest*

culta: educado, preparado
más: *more*
alfabeto: *literate*; **larga:** extensa

Preguntas   1. ¿Dónde está Costa Rica?   2. ¿Qué vecinos tiene?   3. ¿Entre qué océanos está Costa Rica?   4. ¿Dónde están los bosques tropicales de Costa Rica?   5. ¿Por qué tiene Costa Rica una población muy culta?

 A ESCUCHAR

Estudie el dibujo, escuche la grabación e indique si las oraciones son verdaderas o falsas.

1. v f   3. v f   5. v f
2. v f   4. v f   6. v f

SITUACIONES

Situación 1   Usted está con un amigo. ¿Cómo saluda usted al amigo? ¿Cómo pregunta si está bien? ¿Cómo dice usted «adiós»?

Situación 2	Usted está con una nueva alumna. Información que usted necesita: ¿Cómo se llama la nueva alumna? ¿Cómo está? ¿Cuál es su número de teléfono? ¿Cuál es su dirección?	
Situación 3	Usted es el/la profesor/a de la clase de español. ¿Qué preguntas tiene usted para la clase?	

COMPOSICIÓN

Tema 1	Una descripción de la clase.
Tema 2	Sus posesiones (o las posesiones de otra persona en la clase).

VOCABULARIO ACTIVO

Personas

el/la alumno/a	la madre	el señor
el/la amigo/a	el/la maestro/a	la señora
el/la compañero/a	la mujer	la señorita
el/la doctor/a	el padre	señor (Sr.)
el/la estudiante	el/la presidente/a	señora (Sra.)
el hombre	el/la profesor/a	señorita (Srta.)

Objetos de la clase

el cuaderno	la palabra	el pupitre
el escritorio	el papel	la respuesta
el lápiz	la pared	la silla
el libro	el piso	el sobre
la luz	la pizarra	el techo
la llave	la pluma	la tiza
la mesa	la puerta	la ventana
la oración		

Cosas personales

el anillo	la cartera	la mochila
la bicicleta	la casa	la motocicleta
la bolsa	el coche	la portafolio
el bolsillo	el cuaderno	el reloj
la cadena	el dinero	el sombrero
el camión	la dirección	el teléfono

Expresiones interrogativas

¿cómo?	¿no?	¿qué tal?
¿cuál?	¿por qué?	¿quién?
¿dónde?	¿qué?	¿verdad?

Expresiones útiles

adiós	hasta la vista	perdóneme
hasta luego	mucho gusto	pero
hasta mañana	o	y

Adjetivos

ausente *absent*	fácil *easy*	incorrecto/a
cada *each*	falso/a	masculino/a
correcto/a	femenino/a	otro/a
		presente

Artículos

el	un
la	una

Verbos

es	tengo
está	tienes
	tiene

Preposiciones

al lado de = junto a	dentro de ≠ fuera de
con ≠ sin	en
de	entre
debajo de ≠ encima de	para
delante de ≠ detrás de	sobre

Vocabulario personal

_____   _____

_____   _____

_____   _____

_____   _____

_____   _____

CAPÍTULO 2

LOS AMIGOS Y LA FAMILIA

TEMAS
- Características y condiciones de la gente
- Nacionalidad, profesión y religión
- La ropa y los colores
- La edad
- La moda

FUNCIONES
- Presentar a alguien
- Preguntar sobre el significado de algo
- Preguntar si algo es correcto

GRAMÁTICA
2.1 Las formas singulares de *estar* y más preposiciones de lugar
2.2 Concordancia de adjetivos
2.3 Las formas singulares de *ser* y la comparación de *ser* y *estar*
2.4 Adjetivos de nacionalidad, profesión, religión y categoría
2.5 Pluralización de adjetivos y sustantivos
2.6 ¿De qué?, ¿de quién? y ¿de dónde?
2.7 Los números del *veinte* al *cien* y *tener años*

GALERÍA HISPÁNICA
Panamá

EN MARCHA

2.1 ¿Dónde está usted?

PRIMER PASO

Ana está a la izquierda de Isabel.

Ana está a la derecha de Jorge.

Ana está en medio de la clase.

Ana está lejos de su casa.

La casa de Ana está cerca de un río.

El libro está encima de la mesa.

El lápiz está dentro del libro.

Roberto está fuera de la clase.

¿Dónde **está** usted, Sr. Soto?	(Yo) **estoy a la izquierda de** Susana.
¿Dónde **estás** tú, Juan?	**Estoy en medio de** la clase.
¿Dónde **estoy** yo?	(Tú) **estás a la derecha de** Olivia.
¿Dónde **está** tu reloj?	**Está sobre** la mesa.
¿Dónde **está** Elena?	**Está cerca de** Raúl y **lejos de** Laura.
¿**Está** Javier en clase hoy?	No, **está fuera de** la ciudad.
¿Dónde **está** Segovia?	**Está cerca de** Madrid.
¿Quién **está detrás de ti?**	Adolfo **está detrás de mí.**
¿**Está** tu libro **en medio de** la mesa?	No, **está a un extremo de** la mesa.
¿**Está** el verbo **antes del** sujeto?	No, el verbo **está después del** sujeto.

Conclusiones

El verbo *estar*

1. **Estoy, estás** y **está** son formas del verbo **estar.**
2. **Estar** es el infinitivo de **estoy, estás** y **está.** Un verbo se identifica por el infinitivo.
3. **Estar** indica localización.
4. **Mí** con acento y **ti** se usan después de muchas preposiciones.

Sinopsis

formas del verbo *estar*
yo + **estoy**
tú + **estás**
él, ella, usted, *etc.* + **está**

SEGUNDO PASO

¿Dónde está el libro de Juan?   Está **en** la mesa. (*en* = *sobre*)

¿Dónde está el reloj?   Está **en** la pared. (*en* = *colgado de*)

¿Dónde está tu cartera?   Está **en** mi bolsillo. (*en* = *dentro de*)

¿Dónde está tu cuaderno?   Está **en** la mesa. (*en* = *encima de*)

Conclusión   **La preposición *en* tiene varios significados**

Sinopsis

en = dentro de, colgado en — *hanging*

on top ____ encima de = sobre, en

left a la izquierda de ≠ a la derecha de *right*

middle en medio de ≠ a un extremo de *far / edge end.*

for lejos de ≠ cerca de *close/near*

beyond antes de ≠ después de *after*

ACTIVIDADES

1. Relaciones geográficas y espaciales (entre dos). *Formulen preguntas y respuestas siguiendo el modelo.*

EJEMPLO Juan / ventana
ESTUDIANTE 1: **¿Dónde está Juan?**
ESTUDIANTE 2: **Está a la derecha (*la izquierda, detrás, etc.*) de la ventana.**

1. pizarra / escritorio
2. estudiante 1 / estudiante 2
3. Nueva York / Los Ángeles
4. puerta / ventana

5. sujeto / verbo
6. edificio 1 / edificio 2
7. cuaderno / mochila
8. mesa / la clase

2. ¿Dónde está usted? (entre dos o en pequeños grupos). *Describan dónde están ustedes y dónde están otras personas. Usen la tabla como guía.*

EJEMPLO **Yo estoy lejos de la ventana y cerca de la puerta.**

Yo	cerca de	mí
	lejos de	
Tú	a la izquierda de	ti
(nombre de una persona)	a la derecha de	(nombre de una ciudad)
(nombre de una cosa)	detrás de	(nombre de un lugar)
(nombre de un lugar)	en medio de	(nombre de un objeto)
(nombre de una ciudad)	a un extremo de	(nombre de una persona)
	junto a	
	al lado de	
	delante de	

2.2 ¿Cómo estás?

Federico está sano;
Isabel está enferma.

La puerta está cerrada;
La ventana está abierta.

Marisa está de pie;
Jorge está sentado.

¡Qué limpia está la camisa
de Miguel! ¡Qué sucia está
la camisa de Rogelio!

Héctor está triste;
Susana está alegre.

Roberto está de buen
humor; Alicia está de mal
humor.

Profesor:	*Estudiantes:*
¿Está **sano** Alberto?	No, está **enfermo.**
¿Estás **nerviosa,** Juana?	No, estoy **tranquila.**
¿Cómo estás, Felipe?	Estoy **sano** y **contento.**
¿Está **cerrado** el libro?	No, el libro está **abierto.**
¿Está **abierta** la puerta?	No, la puerta está **cerrada.**
¿Está **sentada** Marisa?	No, Marisa está **de pie.**
¿Por qué estás **triste,** Mario?	No estoy **triste;** estoy **alegre.**
¿Estás **de mal humor** hoy?	No. Estoy **de buen humor.**

Conclusiones   Concordancia de adjetivos

1. **Cerrado, nerviosa, abierto,** etc. son adjetivos. Un adjetivo describe un sustantivo.
2. Un adjetivo que termina en **-o** es variable; tiene una forma masculina y otra forma femenina.
3. La forma masculina termina en **-o.** Se usa para describir un sustantivo masculino. Por ejemplo:

    El libro está cerrad**o.**   Miguel está enferm**o.**
4. La forma femenina termina en **-a.** Se usa para describir un sustantivo femenino. Por ejemplo:

    La ventana está cerrad**a.**   Isabel está enferm**a.**
5. Un adjetivo que termina en **-e** es generalmente invariable; se combina con sustantivos masculinos y femeninos. Por ejemplo:

    Mi perr**o** está trist**e.**   Mi gat**a** está alegr**e.**

ACTIVIDADES

3. Descripciones (entre dos). *Describan la condición de las personas y cosas.*

EJEMPLO   yo / de buen humor o de mal humor → **Estoy de buen humor.**

1. la pizarra / sucia o limpia
2. mi papá / presente o ausente

3. mi compañero(-a) de cuarto / sano(-a) o enfermo(-a)
4. el (la) profesor(-a) / de buen humor o de mal humor
5. mi mochila / cerrada o abierta
6. (nombre de una alumna) / nerviosa o contenta
7. (nombre de un alumno) / sentado o de pie
8. (?) / nervioso(-a) o tranquilo(-a)

4. Situaciones (entre dos). *Formulen preguntas y respuestas en base de la información dada.*

EJEMPLOS   Si Miguel está en el hospital...
       ESTUDIANTE 1: **Si Miguel está en el hospital, ¿cómo está?**
       ESTUDIANTE 2: **Está enfermo.**

1. Si María está en un examen y no está preparada...
2. Si Raúl está con el padre de su novia por primera vez...
3. Si Ana está en una fiesta fabulosa...
4. Si tú estás en una clase muy interesante...
5. Si el/la profesor/a tiene alumnos muy buenos...
6. Si yo tengo mucho dinero en mi bolsillo...

5. Entrevista (entre dos o en pequeños grupos). *Pregúntele a alguien en la clase...*

1. quién está enfermo hoy.
2. quién está ausente hoy.
3. quién está presente hoy.
4. si él/ella está triste.
5. si está contento/a cuando tiene dinero.
6. quién está loco.
7. con quién está impaciente.
8. si su cuarto está limpio.
9. quién está nervioso.
10. si está de buen o de mal humor.

2.3 ¿Cómo es Enrique, alto o bajo?

PRIMER PASO

Carmen es morena.

Roberto es alto.

Juana es bella (hermosa).

El monstruo es feo.

Valentino es guapo.

Sara es rubia.

Pepito es bajo.

Mi abuelo es viejo.

El alumno de primer año es joven.

¿Es rubia Carmen?	No, **es morena.**
¿Es bajo Roberto?	No, no **es bajo, es alto.**
¿Es fea Juana?	¡Para nada! **Es bella.**
¿Cómo es Valentín?	Valentín **es** muy **guapo** pero muy **arrogante.**
¿Cómo es Sara?	Sara **es rubia, simpática** y **agradable.**
¿Es viejo tu abuelo?	No **es** muy **viejo,** pero no **es joven.**
¿Cómo eres (tú)?	**Soy guapo, brillante, elegante, sensual** y muy **modesto.**
¿Cómo es tu universidad?	**Es grande;** no **es pequeña.**
¿Cómo es tu clase de sociología?	No **es** nada **interesante; es aburrida.**

Conclusiones

El verbo *ser*

1. **Soy, eres** y **es** = formas del verbo **ser.**
2. **Ser** es el infinitivo del verbo.

Sinopsis

el verbo *ser*

---

yo + **soy**
tú + **eres**
usted, él, ella *etc.* + **es**

SEGUNDO PASO

¿Cómo es Jorge? = ¿Qué características tiene?	*¿Cómo está Jorge? = ¿En qué condición está?*
Jorge es joven. *young*	Jorge está bien.
es moreno. *dark hair*	está sano. *healthy*
es guapo. *- handsome*	está cansado. *tired*
es cortés. *polite*	está tranquilo. *calm*
es simpático. *nice*	está contento. *happy*
es inteligente. *intelligent*	está animado. *energetic*
es rico. *rich*	está preparado. *prepared/ready*
es generoso. *giver*	está furioso. *furious*
es liberal.	está nervioso. *nervous*
liberal - free	

¿Cómo es la habitación de David?	*¿Cómo está la habitación de David?*
Es pequeña. *small*	Está abierta. *open*
Es vieja. *old*	Está desordenada. *messy*
Es sencilla. *modest*	Está sucia. *dirty*
Es rectangular.	No está limpia. *clean*

Conclusiones

Comparación de *ser* y *estar*

1. **Ser** conecta un sujeto con un sustantivo o un pronombre.
    Mi padre **es** policía.
    ¿Quién **eres** tú?
    Yo **soy** estudiante.

[handwritten: No never connect a subject with a noun or pronoun]

Nota importante: Estar *nunca* conecta un sujeto con un sustantivo o pronombre.

2. **Ser** se combina con un adjetivo que indica una característica inherente.

Miguel **es** moreno.

La casa **es** pequeña.

Juana **es** inteligente.

3. **Estar** indica localización. *[handwritten: Location]*

¿Dónde **está** tu casa?

Ricardo **está** entre Susana y Javier.

¿Quién **está** detrás de ti? *[handwritten: a condition that varies]*

4. **Estar** se combina con un adjetivo que indica una condición variable.

La puerta **está** abierta durante el día y **está** cerrada durante la noche.

5. **Estar** también se combina con un adjetivo que indica el resultado de un cambio (*cambio = transición*). *[handwritten: trans]*   *[handwritten: result change]*

El profesor **está** calvo. *[handwritten: bald]*

Mi abuela **está** muerta.

ACTIVIDADES

6. ¿Ser o estar? (entre dos) *Formulen preguntas y respuestas.*

MODELOS   ESTUDIANTE 1: ¿Tu madre? ¿Enferma?

ESTUDIANTE 2: **No, mi madre no está enferma.**

ESTUDIANTE 3: ¿Tu amigo Ricardo? ¿Rico?

ESTUDIANTE 4: **Sí, mi amigo Ricardo es rico.**

1. ¿Yo? ¿Nervioso/a? 2. ¿El salón de clase? ¿Moderno? 3. ¿Tu cuarto? ¿Limpio? 4. ¿Tu mochila? ¿Llena? 5. ¿Tu universidad? ¿Grande? 6. ¿Tu padre? ¿Generoso? 7. ¿La puerta? ¿Abierta? 8. ¿(nombre de un/a estudiante)? ¿Ausente? 9. ¿(nombre de un político)? ¿Inteligente? 10. ¿(nombre de una actriz)? ¿Bonita?

7. Biografías y autobiografías (entre dos). *Comenzando con preguntas, inventen pequeñas biografías y autobiografías.*

EJEMPLOS   ESTUDIANTE 1: **¿Cómo estás?**

ESTUDIANTE 2: **Estoy sano y tranquilo.**

ESTUDIANTE 1: **¿Cómo es tu mamá?**

ESTUDIANTE 2: **Es alta, bella y brillante como yo.**

¿Cómo eres? ¿Cómo es... ?	¿Cómo estás? ¿Cómo está... ?	
joven	liberal	modesto
sano	cansado	de buen humor
guapo	contento	furioso
simpático	conservador	enfermo
tranquilo	fatal	de mal humor
rico	inteligente	?

8. Retratos personales (entre dos o en pequeños grupos). *Describan a sus compañeros. Usen los adjetivos de la actividad anterior como punto de partida. Hagan contrastes con «generalmente» y «hoy».*

EJEMPLOS   **Generalmente tú eres feliz, pero hoy estás triste.**
Generalmente eres simpática, pero hoy estás de mal humor.

9. Don Tremendón y Gumersinda (entre dos o en pequeños grupos). *Don Tremendón y Gumersinda son dos personajes cómicos (y a veces repugnantes) que figuran en muchas páginas de este libro. Son brutos, feos y felices. Describa a Gumersinda y a su amigo Don Tremendón.*

EJEMPLOS   ESTUDIANTE 1: **Don Tremendón no es muy inteligente.**
ESTUDIANTE 2: **Gumersinda es fea pero está contenta.**

Cómo se bace para preguntar si algo es correcto
¿Es correcto... ? ¿Está bien... ?
¿Es correcto decir... ? ¿Está bien decir... ?
¿Está mal... ? ¿Está mal decir... ?

Situaciones
1. Invente una frase correcta y pregúntele a alguien si está bien o mal. Experimente con distintas formas de preguntar.
2. Invente una frase totalmente loca y pregúntele a alguien si está bien o mal. Experimente con distintas formas de preguntar.

2.4 ¿De qué nacionalidad es usted?

PRIMER PASO

Una socióloga tiene preguntas para la Sra. Valera.

Socióloga:	La Sra. Valera:
¿Es usted **norteamericana?**	No, soy **mexicana** pero soy residente de los Estados Unidos; mi esposo es **norteamericano.**
¿Tiene usted profesión?	Sí, soy **abogada.**
¿Y su esposo?	Mi esposo es **ingeniero.**
¿Tiene usted hijos?	Tengo dos hijos, Laura y Raúl.
¿Son estudiantes?	No. Laura es **médica** y Raúl es **biólogo.**
¿De qué partido político son?	Laura es **republicana** y Raúl es **demócrata.**
¿Y de qué religión son?	Raúl es **católico;** Laura es **agnóstica.**

Conclusiones   **Categorías de nacionalidad, religión, afiliación política y profesión**

1. Se usa **ser** con una categoría.
2. Los sustantivos y adjetivos de categoría que terminan en **-o** tienen una forma masculina y femenina: **abogado / abogada; judío / judía.**

SEGUNDO PASO

Mi padre es **artista**.	Mi madre es **artista** también.
Carlos es **budista**.	Amalia es **budista** también.
Andrés es **socialista**.	Irma es **economista**.
Teodoro es **demócrata**.	Su madre también es **demócrata**.
Mi padre es **protestante**.	Su familia no es **protestante**.
Raúl es **policía**.	Ana Luisa es **policía también**.

Conclusiones

Las terminaciones *-ista, -ócrata* y *ante,* y el uso de *policía*

1. Los adjetivos y sustantivos que terminan en **-ista, -ócrata** y **-ante** son masculinos y femeninos.
2. **Policía** también es masculino y femenino: **un policía, una mujer policía. La policía** se refiere a la organización de todos los policías. Con la excepción de **mujer policía**, la palabra **policía** se usa poco como adjetivo.

TERCER PASO

Pierre es **francés**.	Marie es **francesa**.
Roger es **inglés**.	Pamela es **inglesa**.
Javier es **español**.	Graciela es **española**.
Ludwig es **alemán**.	Mi abuela es **alemana**.
John es **canadiense**.	Martha es **canadiense**.
Steve es **estadounidense**.	Patty es **estadounidense**.

Conclusiones

Concordancia de adjetivos de nacionalidad

1. Si un adjetivo de nacionalidad termina en consonante, su forma femenina termina en **-a**; note que la forma femenina no necesita acento: **alemán / alemana; inglés / inglesa; francés / francesa; japonés / japonesa.**
2. La terminación **-ense** es invariable: **un canadiense** y **una canadiense.**
3. Se usa letra minúscula con un adjetivo de nacionalidad, religión o afiliación política.

CUARTO PASO

Mi tío es químico.	Mi tío es **un** químico **famoso**.
Alfredo es protestante.	Alfredo es **un** protestante **liberal**.
Mi madre es cantante.	Mi madre es **una** cantante **fabulosa**.

Conclusiones

Omisión del artículo indefinido y la posición del adjetivo descriptivo

1. Generalmente no se usa un artículo definido entre **ser** y una categoría que no está modificada: **Soy médico. Sara es protestante.**
2. Generalmente se usa un artículo indefinido con una categoría modificada: **Luis Miguel es un católico devoto.**
3. Un adjetivo descriptivo (**bonito, liberal, famoso**, etc.) casi siempre está después del sustantivo que modifica.

ACTIVIDADES

10. ¿De qué nacionalidad es? (entre dos) *Usted es agente de inmigración. Determine la nacionalidad de las personas a continuación.*

MODELO   Iván / ruso o francés
ESTUDIANTE 1: **¿Es Iván ruso o francés?**
ESTUDIANTE 2: **Iván es ruso.**

1. Pierre / español o francés
2. Gerhard / mexicano o alemán
3. Marie / canadiense o brasileña
4. Juanita / colombiana o china
5. Pietro / italiano o irlandés
6. el Sr. López / cubano o checo
7. la Sra. Tamagawa / japonesa o rusa
8. Heather Jones / norteamericana o chilena

11. Religión y política (entre dos). *Identifiquen la religión o la afiliación política de la gente a continuación.*

EJEMPLO   el senador Dole → **El senador Dole es republicano.**

1. el Papa en Roma
2. Jerry Falwell
3. la Primera Dama
4. William F. Buckley
5. Jane Fonda
6. tu madre
7. el senador Kennedy
8. ?

12. Biografías y autobiografías (entre dos o en pequeños grupos). *Describan a un amigo, una amiga, un miembro de su familia, un enemigo o una enemiga. Usen las preguntas a continuación como guía.*

1. ¿Cómo es físicamente? *(alto, bajo, delgado, gordo, moreno, rubio, grande, pequeño, viejo, joven, guapo, feo, etc.)*
2. ¿Qué temperamento tiene? *(lógico, bruto, simpático, antipático, trabajador, perezoso, generoso, tacaño, pasivo, activo, arrogante, modesto, cortés, maleducado, etc.)*
3. ¿Qué profesión tiene? *(abogado, comerciante, carpintero, electricista, ingeniero, político, científico, médico, profesor, enfermero, obrero, etc.)*
4. ¿Qué religión tiene? *(ateo, cristiano, judío, musulmán, católico, protestante, budista, agnóstico, etc.)*
5. ¿Qué orientación política tiene? *(demócrata, republicano, socialista, comunista, liberal, conservador, anarquista, independentista, etc.)*

13. Descripción de Gumersinda y de Don Tremendón (entre dos o en pequeños grupos). *Ahora describa a la pobre Gumersinda y al desafortunado Don Tremendón, usando las preguntas en la actividad anterior como guía.*

EJEMPLO   **Don Tremendón no es lógico; es bruto. No es simpático; es antipático, arrogante y maleducado.** *Etc.*

2.5 ¿De qué color son tus calcetines?

PRIMER PASO

LA ROPA

el vestido

el sombrero

el abrigo

la corbata

el traje

las medias

los zapatos

el gorro

la camisa

el saco

la blusa

el cinturón

la falda

la chaqueta

el pantalón

los calcetines

¿**De qué color** es el zapato?	¿**De qué color son los** zapatos?
El zapato es negro.	**Los** zapatos **son** negros.
La blusa es rosada.	**Las** blusas **son** rosadas.
La falda es anaranjada.	**Las** faldas **son** anaranjadas.
La corbata es roja.	**Las** corbatas **son** rojas.
El abrigo es azul.	**Los** abrigos **son** azules.
El pantalón es blanco.	**Los** pantalones **son** blancos.
La pared es gris.	**Las** pared**es son** grises.
El calcetín es amarillo.	**Los** calcetines **son** amarillos.

Conclusiones **Pluralización de adjetivos y sustantivos**

1. Un sustantivo plural requiere un adjetivo plural.

    Black zapato negro → **zapatos negros**

    White falda blanca → **faldas blancas**

2. El plural de un sustantivo o adjetivo terminado en <u>vocal</u> se forma con **-s.**

    abrigo → **abrigos**

    corbata → **corbatas**

    rojo → **rojos** *Red*

3. El plural de un sustantivo o adjetivo terminado en <u>consonante se forma con **-es.**</u>

    reloj → **relojes**

    Blue azul → **azules** *Blue*

    Grey gris → **grises**

4. **Los** es el plural de **el. Las** es el plural de **la. Son** es el plural de **es.**

SEGUNDO PASO

El examen es fácil.	Los **exámenes** son fáciles.
El joven es inteligente.	Los **jóvenes** son inteligentes.
El cinturón es negro.	Los **cinturones** son negros.

El calcetín es blanco.	Los **calcetines** son blancos.
La modista es feliz.	Las modistas son **felices.**
La luz es amarilla.	Las **luces** son amarillas.

Conclusiones

Acentuación y cambios ortográficos en las formas plurales

1. La forma plural de **joven** y **examen** requiere un acento escrito para conservar el énfasis original.

   joven → **jóvenes**   examen → **exámenes**

2. Una palabra terminada en **-n** o **-s** con un acento escrito sobre la última sílaba no necesita acento en plural.

expresión →	**expresiones**	cinturón →	**cinturones**
dirección →	**direcciones**	alemán →	**alemanes**
francés →	**franceses**	japonés →	**japoneses**

3. El plural de una palabra terminada en **-z** se forma con **-ces.**

   luz → **luces**   feliz → **felices**   lápiz → **lápices**

Cómo se hace para preguntar sobre el significado de algo

No comprendo...	¿Qué significa la expresión... ?
No comprendo la palabra...	¿Cómo se dice... en español?
¿Qué significa... ?	¿Cuál es la diferencia entre... y... ?

Situaciones

1. Busque en el libro una palabra que usted no comprende. Pregúntele a alguien sobre el significado de la palabra.
2. Busque en el libro una expresión que usted no comprende. Pregúntele a alguien sobre el significado de la expresión.
3. Pregúntele a alguien sobre la diferencia entre dos palabras o dos expresiones.

ACTIVIDADES

14. ¿Cómo se forma el plural de... ? *Don Tremendón tiene un problema visual; para él, todo está en duplicado. ¿Qué dice y por qué tiene el problema visual?*

MODELO   El examen es fácil. → **Los exámenes son fáciles.**

1. El calcetín es verde.   2. El chico es francés.   3. El joven es feliz.   4. El inglés es alto y elegante.   5. El pantalón es gris.   6. La joven es interesante.   7. El abrigo es azul.   8. El cinturón es negro.   9. El examen es difícil.   10. La blusa es blanca. 11. El gorro es amarillo.

15. Curiosidad (entre dos). *Pregúntele a alguien en la clase el color de la ropa de sus compañeros. Use la tabla como guía.*

¿De qué color es... ?	la falda de	los zapatos de
¿De qué color son... ?	el saco de	las medias de
	el pantalón de	el gorro de
	la chaqueta de	los calcetines de
	el abrigo de	la corbata de
	el vestido de	la camisa de

NOTA CULTURAL

Conciencia de la moda

En el mundo hispano, generalmente la gente usa ropa que está de acuerdo con su trabajo, su profesión o su estatus social. Por ejemplo, la ropa de un banquero o de un ejecutivo es muy tradicional; casi siempre usa un traje oscuro, con camisa blanca y corbata. Igualmente, una abogada o una ejecutiva casi siempre usa un vestido conservador.

Por lo tanto, para muchos hispanos es inaceptable la imagen de un ejecutivo norteamericano que está sentado con los **pies** sobre el escritorio, sin saco y sin corbata. **Tampoco** es aceptable la imagen de un turista norteamericano que usa ropa de **campesino.** Para el turista, la ropa de campesino es pintoresca, una manifestación de «color local». **En cambio,** para muchos hispanos, la ropa de campesino sugiere una clase social que no es la clase social del turista.

por lo tanto: consecuentemente
pies: *feet*
tampoco: *nor*
campesino: *peasant*
en cambio: en contraste

2.6 ❯ **¿De dónde eres?**

PRIMER PASO

Un nuevo alumno está en la universidad; es alto, guapo, elegante, exótico y obviamente tiene mucho dinero.

Preguntas de la clase:	Respuestas:
¿De quién es el Porsche?	Es **del** nuevo alumno.
¿Cómo se llama?	Se llama Javier Rodríguez.
¿De dónde es?	Es de Madrid.
¿De qué es su reloj?	Es de oro.
¿De qué son sus calcetines?	Son **de** seda.
¿De dónde es su coche?	Es **de** Alemania.

Conclusiones   ### Usos de *de*

1. **¿De qué es... ?** = **¿De qué sustancia es... ?**
2. **¿De quién es... ?** = **¿Quién es el posesor de... ?**
3. **¿De dónde es... ?** = **¿Cuál es el origen geográfico de... ?**
4. Generalmente se usa **ser** con **de** para indicar:
   a. Origen: **¿De dónde eres tú? Soy de Bolivia.**
   b. Posesión: **¿De quién es el coche? El coche es de mi papá.**
   c. Sustancia (composición material): **¿De qué es tu cartera? Es de cuero.**

SEGUNDO PASO

¿De qué es el reloj?	Es de **oro.**
¿De qué es el suéter?	Es de **lana.**
¿De qué son los calcetines?	Son de **lana** también.
¿De qué son los zapatos?	Son de **cuero.**
¿De qué es la silla?	Es de **metal** y **plástico.**
¿De qué es tu camisa?	Es de **tela;** es de **poliéster** y **algodón.**

¿De qué es la corbata elegante?   Es de **seda.**
¿De qué es la mesa?   Es de **madera.**
¿De qué es la ventana?   Es de **vidrio.**

Conclusiones   ## Algunos materiales comunes

el acrílico *acrilic cotton*	el metal *metal*	el poliéster
el algodón	el nilón *nylon*	la seda *silk*
el cuero *leather*	el oro *Gold*	la tela
la lana *wool*	el plástico *plastic*	el vidrio *Glass*
la madera *wood*		

ACTIVIDADES

16. Intuiciones (entre dos). *¿De qué son los artículos a continuación?*

MODELO   la cartera
              ESTUDIANTE 1: **¿De qué es la cartera?**
              ESTUDIANTE 2: **Es de cuero.**

1. los zapatos   2. el traje   3. los calcetines   4. el abrigo   5. el vestido
6. la cartera   7. la camisa   8. la mesa   9. la silla   10. la falda   11. la ventana
12. la corbata

17. Preguntas para respuestas (entre dos). *Invente una pregunta para las respuestas de otra persona en la clase. Siga el modelo.*

MODELO   ESTUDIANTE 1: **Luis es de México.**
              ESTUDIANTE 2: **¿De dónde es Luis?**

1. Mi pantalón es de algodón.   5. El anillo es de oro.
2. El pupitre es de madera.   6. El sobre es de papel.
3. La bolsa es de Bianca.   7. Alicia es de Madrid.
4. Gumersinda es de otro planeta.   8. El suéter horrible es de Don
                                          Tremendón.

18. Preguntas personales (entre dos o en pequeños grupos). *Formulen preguntas y respuestas para sus compañeros usando la tabla como guía.*

¿De dónde es tu madre?   ¿De quién es el reloj?
       es (nombre de otra persona)?   la mochila?
       es tu familia?   el suéter rojo?
¿De dónde eres tú?   ?
¿De dónde soy yo?   ¿De qué es la puerta?
¿De qué color es el suéter de (?)   la silla?
       la pared?   la ventana?
       ?

Cómo se hace para presentar a alguien

—**Quisiera** presentar a mi amiga Cristina.

—Mucho **gusto.** José Gambaro a sus órdenes.

—El gusto es mío.

—Quisiera presentar al Sr. Bustamante.

—**Encantada.** Marisela López **para servirle.**

—**Igualmente** estoy yo a sus órdenes.

quisiera: *I would like*

gusto: placer

encantado/a: mucho gusto

para servirle: a sus órdenes

igualmente: también

Situaciones

1. Presente a alguien de la clase a otra persona.
2. Responda a una presentación.

¿Cuántos años tienes?

Preguntas sobre Ana y su familia.

¿Cuántos años tienes?	**Tengo veintidós años.**
¿Cuántos años tiene tu papá?	**Tiene cincuenta y cuatro años.**
¿Cuántos años tiene tu abuelo?	**Tiene setenta y cinco años.**
¿Cuántos años tiene tu profesor de español?	¡La pregunta es muy indiscreta!

Conclusiones   **La edad y los números del *veinte* al *cien***

1. Se usa **tener** para indicar la edad: **Tengo dieciocho años.**
2. Se usa **¿Cuántos años + tener** para preguntar sobre la edad.
   ¿Cuántos años tiene tu tío?
3. Los números del 20 al 29 se escriben con una sola palabra. Note el uso del acento en **veintidós, veintitrés** y **veintiséis.**

20 veinte	25 veinticinco
21 veintiuno	26 veintiséis
22 veintidós	27 veintisiete
23 veintitrés	28 veintiocho
24 veinticuatro	29 veintinueve

4. Excepto los números que terminan en cero, los números del 31 al 99 se escriben con tres palabras.

30 treinta	50 cincuenta	70 setenta	90 noventa
31 treinta y uno	51 cincuenta y uno	71 setenta y uno	91 noventa y uno
32 treinta y dos	52 cincuenta y dos	72 setenta y dos	92 noventa y dos
etc.	etc.	etc.	etc.
40 cuarenta	60 sesenta	80 ochenta	100 cien
41 cuarenta y uno	61 sesenta y uno	81 ochenta y uno	
42 cuarenta y dos	62 sesenta y dos	82 ochenta y dos	
etc.	etc.	etc.	

ACTIVIDADES

19. Telefonista. *En el mundo hispano, los números de teléfono se dicen frecuentemente en combinación. Imagínese que usted es telefonista; lea los números a continuación para un cliente.*

MODELO   782-5492 → **siete, ochenta y dos, cincuenta y cuatro, noventa y dos**

1. 562-4140	4. 785-2937	7. 224-7281
2. 393-2713	5. 525-4161	8. 337-2856
3. 432-1150	6. 375-3425	9. 226-1420

20. La edad (entre dos o en pequeños grupos). *Pregúntele a alguien de la clase...*

1. cuántos años tiene.
2. cuántos años tiene su papá.
3. cuántos años tiene su mamá.
4. cuál es su número de teléfono.
5. cuál es el número de teléfono de su mejor amiga.
6. cuántos años tiene su coche.
7. cuántos años tiene su perro.
8. cuántos años tiene?
9. cuál es el número de teléfono de (*nombre de alguien famoso*).

21. Conversación incompleta (entre dos). *Complete la conversación.*

ANDRÉS   Hola, Maga. ¿_____?

MAGA   Muy bien, gracias. ¿_____?
ANDRÉS   Regular. ¡Qué bonito perro tienes!

MAGA   Es bonito pero _____

ANDRÉS ¿_____?

MAGA   Tiene tres años. Bueno, adiós.

ANDRÉS _____

22. Diálogo profundo e impresionante (entre dos o en pequeños grupos).
Preparen un diálogo entre dos amigos/as. Impresionen a su profesor/a con su maravilloso dominio del español.

PRONUNCIACIÓN Y ORTOGRAFÍA

A. *Escuche la pronunciación de cada grupo de vocales.*

[ai]	Jaime	Jaime es de Jamaica.
[au]	autor	Mauricio es autor.
[ei]	seis	Tengo veintiséis peines.
[eu]	Europa	Eusebio está en Europa.
[oi]	estoico	Hoy estoy estoico.
[ia]	piano	el piano de Cecilia
[ie]	Diego	Diego está bien.
[io]	patio	Mario está en medio del patio.
[iu]	viuda	una viuda de la ciudad
[ua]	cuatro	Cuarenta y cuatro peruanas están en el cuarto.
[ue]	puerta	la puerta de Manuela
[ui]	Luisa	Luisa es de Suiza.
[uo]	cuota	una cuota de virtuosas

Ai, au, ei, uo, etc. son **diptongos.**
A, e y **o** son vocales fuertes.
I y **u** son vocales débiles.

Un **diptongo** es una combinación de una **vocal fuerte** (a, e, o) con una **vocal débil** (i, u) o una combinación de dos vocales débiles.

En la división silábica, un **diptongo** es el núcleo de **una** sílaba. Por ejemplo:

seis	= 1 sílaba	Die-go	= 2 sílabas
au-tor	= 2 sílabas	pa-tio	= 2 sílabas
Jai-me	= 2 sílabas	viu-da	= 2 sílabas
Eu-ro-pa	= 3 sílabas	die-ci-séis	= 3 sílabas

Dos vocales fuertes forman dos sílabas. Por ejemplo.

á-re-a	= 3 sílabas	o-cé-a-no	= 4 sílabas
a-e-ro-puer-to	= 5 sílabas	po-e-ta	= 3 sílabas

B. *Pronuncie las palabras a continuación.*

escritorio	es-cri-to-rio	agencia	a-gen-cia
portafolio	por-ta-fo-lio	democracia	de-mo-cra-cia
ejercicio	e-jer-ci-cio		

Io es un diptongo. Un diptongo se considera como **una** vocal fuerte en la división silábica. No se usa acento escrito en palabras como *escritorio, portafolio* y *ejercicio* porque el énfasis ya está en la penúltima sílaba.

Compare

Gloria	Glo-ria	María	Ma-rí-a
agencia	a-gen-cia	compañía	com-pa-ñí-a
baile	bai-le	país	pa-ís
radio	ra-dio	gentío	gen-tí-o
Laura	Lau-ra	Raúl	Ra-úl

Con un acento escrito, una vocal débil (1) se convierte en vocal fuerte, (2) es núcleo de sílaba y (3) recibe el énfasis.

Nota. Cuando es necesario un acento escrito en un diptongo, se escribe el acento sobre la vocal fuerte: *dieciséis, veintiséis,* etc.

EJERCICIOS

A. *Divida cada palabra a continuación en sílabas.*

1. calendario
2. italiano
3. dirección
4. palacio
5. ausente
6. siete
7. nueve
8. cuaderno
9. geografía
10. bien
11. gracias
12. museo
13. respuesta
14. edificio
15. diez

B. *Escriba un acento si es necesario. La vocal que recibe el énfasis está en negrilla.*

1. ba**u**l
2. M**a**rio
3. tamb**ie**n
4. **a**gua
5. cam**io**n
6. ma**i**z
7. Mar**i**a
8. d**i**a
9. r**i**o
10. viol**i**n
11. filosof**i**a
12. televis**io**n
13. abreviat**u**ra
14. diecis**e**is
15. peri**o**dico

EN CONTEXTO

EN VIVO

Preguntas   1. ¿Qué es una bota?   2. ¿Qué es una bota de tubo?   3. La parte de abajo de la bota consiste en dos partes, la suela y el tacón. ¿Cuál es la diferencia entre suela completa y suela con tacón?   4. ¿De dónde son las botas?   5. Según el dibujo, ¿qué es una chamarra?   6. El anuncio menciona tres tallas: chica, mediana y grande. ¿Qué significa la palabra «talla»?   7. ¿Cuál es el precio normal de la chamarra?

LECTURA

Retrato de un amigo

Tengo un amigo maravilloso. Es de Panamá y se llama Sebastián Vallejo. Es alto, moreno, guapo y muy buen atleta. Es estudiante en la **misma** universidad que yo, pero (obviamente) no está en la clase de español porque el español es su **lengua** nativa. Es muy simpático y tiene muchos amigos y amigas.

   La ropa de Sebastián es muy interesante. Usa blue jeans, camisas de algodón, **zapatillas** —**igual que** los norteamericanos. Pero su ropa **siempre** tiene una nota diferente, una nota de cierta elegancia.

   Sebastián tiene ideas muy diferentes de **las mías.** Es de una familia muy católica y muy conservadora. Sebastián, **en cambio,** es liberal. En política, Sebastián **dice que** es socialista, pero tengo la impresión de que su socialismo no es muy radical. En religión, Sebastián también es católico, pero no es muy estricto. Dice que yo, como protestante, soy más estricta que él.

   Sebastián es estudiante de medicina. Siempre está muy preparado para sus clases porque es un estudiante muy diligente. Tengo la impresión de que está contento en los Estados Unidos y con el sistema universitario de aquí. Pero también tengo la impresión de que tiene mucha nostalgia por Panamá. Sebastián es un amigo **formidable.**

misma: idéntica

lengua: idioma
zapatillas: zapatos para deportes
igual que: *just like*
siempre: consistentemente
las mías: mis ideas
en cambio: en contraste
dice que: afirma que

formidable: estupendo

Preguntas   1. ¿De dónde es Sebastián?   2. ¿Cómo es Sebastián físicamente?   3. ¿Es popular Sebastián?   4. ¿Cómo es la ropa de Sebastián?   5. ¿Cómo es la familia de Sebastián?   6. ¿Es Sebastián como su familia? ¿Por qué no?   7. ¿Qué estudia Sebastián?   8. ¿Está totalmente contento Sebastián en los Estados Unidos?   9. ¿Quién narra el retrato de Sebastián —un hombre o una mujer?   10. ¿Tiene usted un amigo como Sebastián?

Galería hispánica: Panamá

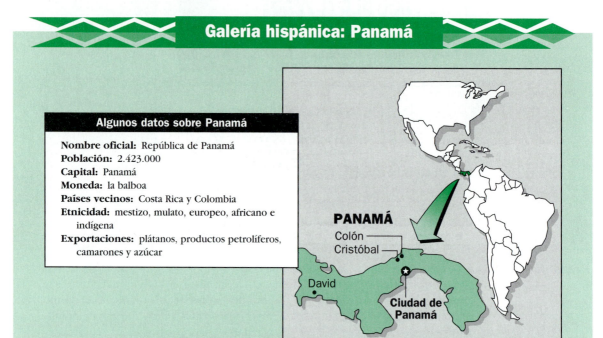

Algunos datos sobre Panamá

Nombre oficial: República de Panamá
Población: 2.423.000
Capital: Panamá
Moneda: la balboa
Países vecinos: Costa Rica y Colombia
Etnicidad: mestizo, mulato, europeo, africano e indígena
Exportaciones: plátanos, productos petrolíferos, camarones y azúcar

PANAMÁ
Colón
Cristóbal
David
Ciudad de Panamá

Geografía y destino en Panama

Existe una conexión muy fuerte entre la historia y la geografía de Panamá. Panamá es el país más **estrecho** del istmo de Centroamérica. Consecuentemente, **desde** los primeros tiempos de la colonia, muchos tienen la opinión de que Panamá es un lugar ideal para conectar los dos océanos. **Era** la ruta favorita de los españoles entre Perú y España durante los tiempos de la colonia. En 1849, muchos norteamericanos **pasaron** por Panamá **rumbo a** los campos de oro de California. En 1914 se **terminó** la construcción del canal de Panamá que se usa en nuestros tiempos. La Zona del canal ahora está bajo el control de los Estados Unidos. En 1999, según un **tratado** de 1979, el canal **pasará** al control del gobierno panameño.

estrecho: *narrow*
desde: *since*

era: pasado de *es*
pasaron: pasado de *pasar*
rumbo a: en la dirección de
terminó: pasado de *terminar*
tratado: *treaty;* **pasará:** futuro de *pasar*

Preguntas   1. ¿Cuáles son las exportaciones principales de Panamá?   2. ¿Cómo se llama su moneda nacional?   3. ¿Por qué se considera que Panamá es un lugar ideal para un canal entre el Atlántico y el Pacífico?   4. ¿En qué año se terminó el canal de Panamá?   5. ¿Qué país controla el canal ahora?   6. ¿Qué país controla el canal después de 1999?

 A ESCUCHAR

Escuche el párrafo.

Ahora, escuche el mismo párrafo por partes y seleccione la respuesta correcta.

1. a. Es de los Estados Unidos.
   b. Es de Miami.
   c. Es de Lima, Ohio.
   d. Es del Perú.
2. a. Tiene dieciocho años.
   b. Tiene diecinueve años.
   c. Tiene veinte años.
   d. Tiene diecisiete años.
3. a. Es rubia y alta.
   b. Es morena y baja.
   c. Es alta y morena.
   d. Es alta y gorda.
4. a. Es abogado.
   b. Es ingeniero.
   c. Es psicólogo.
   d. Es católico.
5. a. Está en Lima, Perú.
   b. Está en los Estados Unidos.
   c. Está en la clase de español.
   d. Está con la familia de Gumersinda.

6. a. Tiene tres hijos.
   b. Tiene cuatro hijos.
   c. No tiene hijos.
   d. Tiene dos hijos.
7. a. Es el hermano de Mimí.
   b. Es el padre de la familia norteamericana.
   c. Es uno de los hijos de la familia norteamericana.
   d. Es un amigo de Lima.
8. a. liberal
   b. atea
   c. conservadora
   d. radical
9. a. liberal
   b. bajo
   c. feo
   d. joven

SITUACIONES

Situación 1   Usted está con una nueva alumna. Preguntas posibles: ¿De dónde es? ¿De qué religión es? ¿Qué afiliación política tiene? ¿Qué profesión tiene su madre? ¿Qué profesión tiene su padre? ¿Qué profesión tiene ella? ¿De qué es estudiante?

Situación 2   Usted tiene una nueva amiga. Describa a su amiga. Información para la clase: ¿Es inteligente o bruta? ¿Alta o baja? ¿Rica o pobre? ¿Perezosa o trabajadora? ¿Interesante o aburrida? ¿Cortés o maleducada? ¿Gorda o flaca? ¿Morena o rubia? ¿Simpática o antipática? ¿De qué nacionalidad es? ¿Qué profesión tiene? ¿Es estudiante? ¿De qué?

Situación 3   Usted tiene un amigo que tiene un examen hoy. Describa la condición emocional de su amigo. ¿Está nervioso o tranquilo? ¿Bien preparado o mal preparado? ¿Triste o contento? ¿Animado o cansado?

COMPOSICIÓN

Tema 1   Escriba una composición sobre su amigo o amiga ideal. Use la lectura sobre Sebastián como modelo.

Tema 2   Usted es estudiante de un país hispano. (Es una fantasía.) Escriba una composición sobre un/a estudiante norteamericano/a típico/a.

VOCABULARIO ACTIVO

Pronombres

él	tú	yo
ella	usted (Ud.)	

Condiciones y características

abierto/a ≠ cerrado/a	feliz = alegre	rico/a ≠ pobre
alto/a ≠ bajo/a	flaco/a ≠ gordo/a	sentado/a ≠ de pie
cansado/a ≠ enérgico/a	fuerte ≠ débil	simpático/a ≠ antipático/a
contento/a ≠ triste	grande ≠ pequeño/a	trabajador/a ≠ perezoso/a
cortés ≠ maleducado/a	guapo/a ≠ feo/a	viejo/a ≠ joven
de buen humor ≠ de	inteligente ≠ bruto/a	
mal humor	interesante ≠ aburrido/a	
enfermo/a ≠ sano/a	moreno/a ≠ rubio/a	

Profesiones y oficios

el/la abogado/a	el/la enfermero/a	el/la ministro/a
el ama de casa	el/la ingeniero/a	el/la psicólogo/a
el/la comerciante	el/la maestro/a	el/la químico/a
el/la contador/a	el/la médico/a	el/la vendedor/a

Preferencias religiosas y políticas

agnóstico/a

anarquista

ateo/a

católico/a

comunista

conservador/a

cristiano/a

demócrata

judío/a

liberal

musulmán/a

protestante

republicano/a

socialista

Telas y materiales

el acrílico

el algodón

la franela

la lana

la madera

el metal

el nilón

el oro

el plástico

la plata

el poliéster

la seda

Expresiones interrogativas

¿cómo?

¿cuántos años... ?

¿de dónde?

¿de qué?

¿de quién?

Ropa

el abrigo

la blusa

el calcetín

la camiseta

el cinturón

la corbata

la chaqueta

la falda

el gorro

la media

el pantalón

el saco

la sandalia

el sombrero

el traje

el uniforme

el vestido

el zapato

Colores

amarillo/a

anaranjado/a

azul

blanco/a

claro/a

gris

morado/a

negro/a

oscuro/a

rojo/a

rosado/a

verde

Preposiciones

a la derecha de ≠ a la izquierda de

cerca de ≠ lejos de

con ≠ sin

en medio de ≠ a un extremo de

Vocabulario personal

_____

_____

_____

_____

_____

_____

_____

_____

_____

_____

CAPÍTULO 3

LA VIDA ESTUDIANTIL

EN MARCHA

3.1 ▶ **¿Cómo están ustedes?**

PRIMER PASO

Conversación en el supermercado entre María, su novio Miguel y los Sres. Ávila.

MARÍA	Buenos días, señores. ¿Cómo **están** ustedes?
SRA. DE ÁVILA	Nosotros **estamos** muy bien. ¿Y vosotros? ¿Cómo **estáis?**
MIGUEL	**Estamos** muy bien también, gracias. ¿Y cómo **están** los chicos?
SR. DE ÁVILA	Ellos **están** bien. **Están** en la escuela.
MARÍA	¿**Están** contentos?
SRA. DE ÁVILA	Claro que **están** contentos. Sus maestras son muy buenas.
MIGUEL	¡Qué bien! Bueno, hasta luego.
LOS SRES. DE ÁVILA	Adiós.

Conclusiones

La conjugación completa de *estar* y los pronombres sujetos plurales

1. **Nosotros/as, vosotros/as, ustedes, ellos** y **ellas** son pronombres plurales. Se refieren a un grupo de personas.
2. En España, **vosotros** es el plural de **tú** y **ustedes** es el plural de **usted.**
3. En Hispanoamérica, **ustedes** es el plural de **usted** y de **tú. Vosotros** no es común en la lengua oral de Hispanoamérica. La abreviatura de **ustedes** es **Uds.**
4. En el plural, se usan las formas masculinas (**nosotros, vosotros** y **ellos**) si el grupo es masculino o mixto. Se usan las formas femeninas (**nosotras, vosotras** y **ellas**) si el grupo es femenino.

Sinopsis

estar		
	singular	*plural*
primera persona	yo **estoy**	nosotros/as **estamos**
segunda persona familiar	tú **estás**	vosotros/as **estáis** (España)
		ustedes **están** (Hispanoamérica)
segunda persona formal	usted **está**	ustedes **están**
tercera persona	él **está**	ellos **están**
	ella **está**	ellas **están**

SEGUNDO PASO

Es el primer día de clase en un curso de literatura (un curso avanzado).

JAVIER	¿De qué nacionalidad **son** ustedes?
LUISA	Nosotros **somos** peruanos.
JAVIER	¿Y cómo **son** los peruanos?
LUISA	(*señalando a una compañera*) Como nosotras. **Son** guapos, inteligentes, simpáticos...
JAVIER	Y modestos.

MIGUEL	¿Y vosotros? ¿De dónde **sois**?
SOFÍA	**Somos** de Chile. Y ustedes sin duda **son** españoles.
MIGUEL	¿Por qué?
SOFÍA	Porque «**sois**» es una forma verbal que sólo se usa en España.

Sinopsis

<table>
<tr><td colspan="4" align="center">ser</td></tr>
<tr><td>yo</td><td>soy</td><td>nosotros, nosotras</td><td>somos</td></tr>
<tr><td>tú</td><td>eres</td><td>vosotros, vosotras</td><td>sois</td></tr>
<tr><td>usted, él, ella</td><td>es</td><td>ustedes, ellos, ellas</td><td>son</td></tr>
</table>

ACTIVIDADES

1. Cambio de sujetos. *¿Cómo está la gente a continuación?*

MODELO   El profesor está cansado.   (nosotros)
→ **Nosotros estamos cansados.**

1. El alumno está contento.
   (los chicos, tú, el Sr. López, ellas, Javier y yo, Juan y Jorge)
2. Los doctores están ocupados.
   (yo, la profesora, nosotros, nosotras, las chicas, María y Sara)

2. ¿Qué está de moda? (entre dos) *Usted es experto/a en la moda. ¿Qué está y qué no está de moda?*

EJEMPLO   los trajes de lana o de poliéster
ESTUDIANTE 1: **¿Están de moda los trajes de lana o de poliéster?**
ESTUDIANTE 2: **Los trajes de lana están de moda.**

1. las camisas de poliéster o de seda
2. los calcetines amarillos o negros
3. las corbatas con rayas o puntos
4. los cinturones rojos o verdes
5. las camisetas blancas o rosadas
6. los colores oscuros o claros
7. las mochilas o las bolsas
8. los coches grandes o pequeños
9. los chicos flacos o gordos
10. las personas jóvenes o mayores
11. el español o el francés
12. los trajes o los sacos sport

3. Cambio de sujetos. *Elena describe a varias personas. ¿Qué dice?*

Graciela es alta.
(yo, ellas, mis amigas, tú, vosotras, la novia de Juan, mi hermano y yo)

4. Describa a la gente (entre dos). *Complete las oraciones de forma creativa. Las palabras entre paréntesis son posibilidades.*

1. Mis hermanos... *(antipático, alto, guapo, inteligente, horrible)*
2. Nosotros... *(trabajador, liberal, simpático, bueno, bello)*
3. Mis amigos y yo... *(generoso, serio, brillante, fabuloso, elegante)*
4. Los alumnos de... *(horrible, fatal, feo, perezoso, bruto, desastroso)*

3.2 ¿Qué tienen ustedes?

Una conversación en el comedor estudiantil.

ADOLFO Mi computadora está descompuesta (*descompuesta = no funciona*).
¿Tenéis vosotras una computadora personal?

LAURA Juana y yo **tenemos** una, pero también está descompuesta. Miguel y
Javier **tienen** una en su cuarto.

ADOLFO ¿Qué tipo es? ¿Es DOS o Apple?

LAURA Es una Macintosh.

ADOLFO ¡Qué problema! Yo **tengo** una DOS, y no son compatibles.

Conclusión *Tener* es un verbo de posesión

Sinopsis

tener	
tengo	tenemos
tienes	tenéis
tiene	tienen

ACTIVIDADES

5. Buenos consumidores (entre dos). *¿Quién tiene qué?*

1. Los alumnos / un traje oscuro
2. Nosotros / pantalones de cuero
3. Mi amiga Laura / un coche alemán
4. Yo / amigos generosos y simpáticos
5. Mi familia / perro perezoso
6. Mi compañero / computadora
7. Tú / un saco sport de lana
8. Mis amigos y yo / mucho dinero

6. Entrevista (entre dos). *Pregúntele a alguien en la clase si tiene...*

EJEMPLOS un coche o una moto
ESTUDIANTE 1: **¿Tienes un coche o una moto?**
ESTUDIANTE 2: **Tengo un coche** *y* **una moto. Soy un buen
consumidor.**

1. un estéreo o un televisor.
2. una computadora o una calculadora.
3. una bicicleta o una moto.
4. una blusa de seda o de algodón.
5. un amigo en México o en Perú.
6. blue jeans o pantalones de lana.
7. una casa o un departamento.
8. un saco de cuero o de seda.

7. Gente de recursos variados (entre dos). *Sin revoluciones o resentimientos de
clase, formulen preguntas y respuestas sobre las posesiones de la gente, usando la tabla como guía.*

EJEMPLO ESTUDIANTE 1: **¿Qué tienen los estudiantes ricos?**
ESTUDIANTE 2: **Tienen botas Gucci y una vida muy fácil.**

¿Qué tiene(n)...?

los millonarios	botas Gucci
la gente de clase media	una vida fácil / difícil
la gente de clase baja	relojes Cartier / Timex
los profesores de español	suéteres de alpaca
?	anillos de oro
Gumersinda	?

3.3 ¿Cómo se llama nuestro profesor?

¿Dónde están **mis** medias?	**Tus** medias están en la lavandería.
¿Dónde está la ropa de Raúl?	**Su** traje y **sus** medias están en el ropero.
	Sus zapatos están debajo de la cama.
Berta y Jaime están en casa con **su** padre.	También están con **sus** hermanos.
Isabel y Luz tienen **su** clase de química hoy.	Isabel y Luz tienen todas **sus** clases difíciles hoy.
¿Tienen interés en la moda **vuestros** hijos?	Depende. **Nuestro** hijo mayor está obsesionado por la moda masculina. **Nuestros** dos hijos que están en medio tienen interés en la ropa *punk*. Y **nuestra** hija menor, que es muy pequeña, no tiene interés en la moda para nada.
¿Dónde está la ropa de Isabel y Enrique?	La ropa **de ella** está en su dormitorio. La ropa **de él** está en la lavandería.

Conclusiones

Los adjetivos posesivos y su concordancia

1. Los adjetivos **mi, tu** y **su** concuerdan en número con los sustantivos que modifican.
2. Los adjetivos posesivos **nuestro, nuestra, nuestros, nuestras, vuestro, vuestra, vuestros** y **vuestras** concuerdan en número y en género con los sustantivos que modifican.
3. **Su** y **sus** tienen muchas equivalencias.

su amigo	el amigo de usted el amigo de él el amigo de ella el amigo de ustedes el amigo de ellos el amigo de ellas	**sus** amigos	los amigos de usted los amigos de él los amigos de ella los amigos de ustedes los amigos de ellos los amigos de ellas	

4. Cuando **su** y **sus** son ambiguos, se usa **de él, de ella, de ellos,** etc. para clarificar el significado.

Sinopsis

mi, mis	nuestro, nuestra, nuestros, nuestras
tu, tus	vuestro, vuestra, vuestros, vuestras
su, sus	su, sus

ACTIVIDADES

8. ¿Dónde está... ? (entre dos) *Preguntas para alguien en la clase.*

MODELO   tu cartera
ESTUDIANTE 1: **¿Dónde está tu cartera?**
ESTUDIANTE 2: **Mi cartera está en mi bolsillo.**

1. tu mochila
2. tu libro de español
3. tus zapatos
4. la computadora de?
5. las medias de?

6. el restaurante favorito de?
7. los amigos de ustedes
8. nuestra pizarra
9. la oficina de la profesora
10. el pupitre de? y?

9. Cuestiones de gusto (entre dos). *Describa el gusto de la gente famosa (y no famosa).*

EJEMPLOS   los pantalones de Bozo el Payaso
ESTUDIANTE 1: **¿Cómo son los pantalones de Bozo el Payaso?**
ESTUDIANTE 2: **Sus pantalones son rojos y tienen puntos morados y amarillos. Son de poliéster y son de un gusto horrible.**

1. las chaquetas de Tom Cruise
2. los vestidos de Madonna
3. la ropa de la Primera Dama
4. las corbatas de tu papá
5. mi pantalón

6. los trajes del presidente
7. la moda de los alumnos de?
8. tus zapatos
9. la camisa de?
10. mis medias

10. Chismes (entre dos). *Un chisme es una anécdota o una pequeña historia sobre otra gente. A veces, un chisme es malicioso o malintencionado, pero no siempre. A veces un chisme sólo manifiesta nuestro interés en la gente. Terminen las oraciones a continuación con chismes auténticos o inventados.*

EJEMPLO   nuestro profesor de español
ESTUDIANTE 1: **¿Cómo es nuestro profesor de español?**
ESTUDIANTE 2: **Nuestro profesor es un hombre divino, simpático, maravilloso y ejemplar. ¡También es el hermano de Julia Roberts!**

1. nuestro curso de sociología
2. nuestro presidente
3. la ropa de Gumersinda
4. la casa de Don Tremendón

5. el novio de?
6. la novia de?
7. los amigos de?
8. nuestros amigos?

3.4 ¿Es muy difícil el cálculo?

El padre de Adolfo tiene preguntas sobre su programa de estudio.

Papá:
¿Cómo es tu clase de biología?
¿Es difícil tu clase de sociología?

Adolfo:
Es **muy** interesante.
No, es **bastante** fácil, pero **muy** aburrida.

¿Tiene muchos estudiantes tu curso de cálculo?	No, la clase es **algo** pequeña. Tiene sólo ocho estudiantes.
¿Es fácil el cálculo?	No, es **demasiado** difícil.
¿Es aburrido tu curso de arte?	No, **no** es **nada** aburrido. Es mi curso favorito.
¿Cómo es el director del coro?	Es **poco** competente.
¿Cómo son tus compañeros?	Son **tan** fascinantes. Estoy **muy** contento.

Conclusiones

Adverbios de intensificación

1. **Muy, bastante, algo, poco, demasiado, tan** y **no... nada** son adverbios de intensificación.
2. Un adverbio modifica un verbo, un adjetivo u otro adverbio.
3. Un adverbio tiene una sola forma; es invariable.

Sinopsis

demasiado	=	excesivamente
muy	=	extremadamente
bastante	=	suficientemente
algo	=	más o menos
poco	=	insuficientemente
no... nada	=	inexistente
tan	=	intensamente, muy

ACTIVIDADES

11. La vida y sus problemas (entre dos). *Describan sus clases. (Si ustedes no tienen las clases a continuación, usen su imaginación.)*

MODELO   curso de arte

ESTUDIANTE 1: **¿Cómo es tu curso de arte?**
ESTUDIANTE 2: **Mi curso de arte es bastante interesante.**

1. curso de química orgánica
2. profesor/a de psicología
3. curso de matemáticas
4. curso de literatura inglesa
5. compañeros del curso de historia europea
6. curso de música
7. alumnos de filosofía
8. clases de piano
9. curso de física
10. discusiones de ciencias políticas

12. Discusión sobre la calidad (entre dos o en pequeños grupos). *Describan la calidad de diferentes miembros de los grupos; usen todos los intensificadores* (**no... nada, muy, poco, algo, bastante, demasiado** y **tan**) *con cada grupo.*

EJEMPLO   mis cursos

Mi curso de química no es nada fácil, mi curso de sociología es algo aburrido, mi curso de matemáticas es bastante fácil, mi curso de inglés es demasiado difícil y mi curso de español es tan divertido.

Algunos grupos posibles:

1. los actores y actrices
2. los profesores
3. las universidades
4. los coches
5. la ropa de distintas tiendas
6. las películas americanas
7. mi ropa
8. los restaurantes
9. mis profesores

Cómo se hace para expresar aprobación

¡Qué bueno!
¡Magnífico!

¡Estupendo!
¡Qué bien!

¡Formidable!
¡Fantástico!

Cómo se hace para expresar desaprobación

¡Qué horror!
Es (son) un horror.

¡Qué espanto!
Es (son) un espanto.
(*espanto = horror*)

Es fatal.
Son fatales.
¡Es un desastre total!

Situaciones

1. *Un/a compañero/a de clase expresa una opinión y usted expresa su reacción.*

EJEMPLO   ESTUDIANTE 1: **Tenemos un examen mañana.**
ESTUDIANTE 2: **¿Qué horror!**

2. *Pregúntele a alguien en la clase sobre su opinión de un objeto, clase o persona.*

EJEMPLO   ESTUDIANTE 1: **¿Qué opinión tienes de Don Tremendón?**
ESTUDIANTE 2: **¡Es un desastre total!**

3.5 ▸ ¿Quién es más guapo —él o yo?

PRIMER PASO

¿Es barata (*barata = cuesta poco dinero*) la ropa de Sears?

Relativamente. Es **más barata que** la ropa de Bloomingdales, pero es **más cara que** la ropa de Kmart (*cara ≠ barata*).

¿Son **menos caras** las camisas americanas **que** las camisas extranjeras (*extranjero = importado*)?

¿Cómo es tu curso de química?

Depende. A veces las camisas americanas son **tan caras como** las camisas extranjeras.

Es **un poco más difícil que** mi curso de biología, y es **mucho menos interesante que** mi curso de español.

Conclusiones   ## Comparaciones de adjetivos

1. **Más... que, menos... que** y **tan... como** se usan en comparaciones de adjetivos.
2. Después de **que** o **como** en una comparación se usa un pronombre sujeto (*yo, tú, nosotras,* etc.) o un sustantivo.
   Chela es más alta que **yo.** Gumersinda es menos inteligente que **tú.**
3. Se usa **mucho, poco** y **un poco** para intensificar **menos** y **más.**

Sinopsis

más + adjetivo + **que:**	*comparativo de superioridad*
menos + adjetivo + **que:**	*comparativo de inferioridad*
tan + adjetivo + **como:**	*comparativo de igualdad*

SEGUNDO PASO

El poliéster es muy bueno.

Sí, pero en mi opinión, el algodón es **mejor que** el poliéster.

Los pantalones aquí son bastante buenos.

Sí, pero en mi opinión, las camisas son **mejores que** los pantalones.

¿Es malo tu profesor de química?

No, pero es **peor que** mi profesor del semestre pasado.

Las notas D y F son **peores que** la nota C, ¿verdad?

Sí, pero para mí, las notas no son muy importantes.

Mi hermano Luis tiene treinta años y yo tengo veinte.

Luis es **mayor que** yo; yo soy **menor que** él.

Los profesores tienen más años que los estudiantes.

Los profesores son **mayores que** los estudiantes; los estudiantes son **menores que** los profesores.

Conclusiones

Comparaciones irregulares

1. **Mejor que** es la comparación que corresponde a **bueno** y **buena.** Su forma plural es **mejores que.**
2. **Peor que** es la comparación que corresponde a **malo** y **mala.** Su forma plural es **peores que.**
3. **Mayor que** = *que tiene más años.* **Menor que** = *que tiene menos años.* Sus formas plurales son **mayores que** y **menores que.**

ACTIVIDADES

13. Comparaciones con gente famosa. *¿Cómo se compara la gente a continuación?*

MODELO   nosotros / inteligente / Goofy → **Somos más inteligentes que Goofy.**

1. yo / alto / Shaquille O'Neal
2. Woody Allen / macho / Patrick Swayze
3. Tom Cruise / guapo / Sylvester Stallone
4. Bob Hope / viejo / Johnny Carson
5. Sally Field / buena actriz / Cher
6. nosotros / inteligente / Einstein
7. Joan Rivers / simpático / Jane Fonda
8. ? / ? / ?

14. Opiniones (entre dos). *Describan sus opiniones sobre los grandes temas a continuación.*

MODELO   el poliéster o el algodón
ESTUDIANTE 1: **¿Cuál es mejor, el poliéster o el algodón?**
ESTUDIANTE 2: **El algodón es mejor que el poliéster.** *o*
                      El poliéster es peor que el algodón.

1. el Toyota o el Peugeot
2. la ropa americana o la ropa rusa
3. el vino californiano o el vino francés
4. el fútbol americano o el fútbol europeo
5. los abogados o los médicos
6. mis amigos o tus amigos
7. tu gato o el gato de?
8. nuestra profesora de español o?

15. Más opiniones trascendentales. *En su opinión ¿son iguales o no?*

MODELO vino español / bueno / vino francés → **El vino español es (no es) tan bueno como el vino francés.**

1. mis amigos / generoso / tus amigos
2. nuestra clase / avanzado / la otra clase
3. el tren / rápido / el coche
4. los coches japoneses / caro / los coches americanos
5. la ropa americana / bonito / la ropa francesa
6. los actores americanos / profesional / los actores ingleses
7. el fútbol americano / peligroso / el fútbol europeo

16. Entrevista (entre dos o en pequeños grupos). *Pregúntele a alguien de la clase...*

1. si su ropa es tan cara como la ropa de... ?
2. si sus amigos son más ricos o más pobres que él/ella.
3. si su ropa está más de moda que la ropa de sus padres.
4. si él/ella es más inteligente que... ?
5. si su curso de... ? es tan interesante como su curso de... ?
6. si los zapatos americanos son más fuertes que los zapatos brasileños.
7. si los alumnos de (*nombre de otra universidad*) son tan trabajadores como ustedes.
8. si... ?

Cómo se hace para comentar un curso

El curso es fácil.	Las conferencias son fascinantes.
difícil.	(*conferencia = discurso* interesantes.
un horror.	*académico*) tediosas.
brillante.	aburridas.
La profesora es generosa.	Los exámenes son fatales.
tonta (*tonta ≠ inteligente*).	duros pero justos.
justa.	(*duro = difícil*)
injusta.	fáciles pero largos.
tolerante.	cortos pero difíciles.
exigente (*estricta*).	Las notas son altas.
	bajas.
	justas.
	injustas.

Situaciones

1. Pregúntele a alguien de la clase sobre su curso más interesante y menos interesante. Incluya preguntas sobre los profesores, los exámenes, las notas y las conferencias.
2. Explique a una nueva alumna qué cursos y qué profesores son los más interesantes (y menos interesantes) de su universidad o colegio.

NOTA CULTURAL

Las notas

El sistema de calificación (*de notas*) es distinto en muchos países hispanos del sistema que se usa en los Estados Unidos. Generalmente, los estudiantes no reciben notas con letras —A, B, C, C+, etc. **Más bien,** reciben un número. La nota más alta en su sistema es un diez; la nota más baja que se acepta es un cuatro o un cinco. Muy pocos estudiantes reciben notas de diez. La «inflación de las notas» que se observa en los Estados Unidos no se nota mucho en los países hispanos.

más bien: en contraste

3.6   ¿A qué hora es tu clase de ciencias políticas?

PRIMER PASO

¿Qué hora es?

12:00	12:00	1:00	1:15	9:00	9:00
Es mediodía.	Es medianoche.	Es la una de la madrugada.	Es la una y cuarto de la tarde.	Son las nueve de la mañana.	Son las nueve de la noche.

¿Qué hora es?   Son las diez.
Es la una.   Son las nueve y media de la mañana.
Es la una y cinco en punto.   Son las siete y cuarto en punto.
Es la una menos veinte.   Son las diez menos cuarto.
Es la una y media de la tarde.   Es muy temprano. **Son las siete y media**
Es muy tarde. **Es la una de la**   **de la noche.**
   madrugada.

Conclusiones   **La hora**

1. **Es** se usa con **la una, mediodía** y **medianoche.**
2. **Son** se usa con las otras expresiones de la hora.

SEGUNDO PASO

¿Cuándo es tu clase de espanõl?   Es **por la mañana.**
¿Cuándo es tu clase de geología?   Es **por la tarde.**
¿Cuándo es tu clase de danza?   Es **por la noche.**
¿A qué hora es tu clase de inglés?   Es a la una en punto.
¿A qué hora es tu clase de música?   Es **al** mediodía.
¿A qué hora es tu clase de arte?   Es **a** las dos y media.

¿**A qué hora comienza** la clase, y **a qué hora termina?**

Comienza a la una y **termina** a las dos.

Conclusiones

Expresiones que se usan con la hora

1. **Por la mañana, por la tarde** y **por la noche** se usan cuando no se menciona una hora específica. **De la mañana, de la tarde** y **de la noche** se usan cuando se menciona una hora específica. Compare:

    Mi clase es a las once **de la mañana.**   Tengo mi clase **por la mañana.**

2. **A** se usa en la pregunta ¿**A qué hora... ?** y en la respuesta **Es a las...** para indicar la hora de un evento.

3. **Comienza** y **termina** son verbos que frecuentemente se usan con la hora.

Cómo se hace para ganar tiempo para reflexionar

Eh...	Pues...	Bien, eh...	Es decir...
Bueno...	Este...	Bien, pues...	Mmmm...

Situación

Con mucho discreción empiece sus respuestas a las preguntas de sus compañeros (y también de su profesor/a) con algunas de las fórmulas de arriba. Pero, ¡no exagere!

ACTIVIDADES

17. La rutina diaria (entre dos). *Explíquele a alguien de la clase dónde está usted a ciertas horas.*

MODELO   9:30 a.m.

ESTUDIANTE 1: ¿**Dónde está usted a las nueve y media de la mañana?**

ESTUDIANTE 2: A las nueve y media de la mañana estoy en mi clase de danza moderna.

1. 7:00 A.M.
2. 8:15 A.M.
3. 9:10 A.M.
4. 10:30 A.M.
5. 12:00 A.M.

6. 12:45 P.M.
7. 2:22 P.M.
8. 7:05 P.M.
9. 10:41 P.M.
10. 3:35 P.M.

18. Entrevista (entre dos o en pequeños grupos). *Pregúntele a alguien de la clase...*

1. qué hora es.
2. a qué hora comienza la clase de español.
3. a qué hora termina la clase.
4. a qué hora está en casa por la noche.
5. a qué hora es su clase más difícil.
6. a qué hora está en el laboratorio de lenguas.

7. dónde está por la noche.
8. dónde está por la tarde.
9. con quién está por la mañana.
10. qué clases tiene por la tarde.
11. a qué hora es su clase más fácil.
12. dónde está Gumersinda a la medianoche.

¿Quién dice que el español es difícil?

La señora **está** al lado de Javier. ⎫
Es mi profesora de ciencias políticas. ⎭ = La señora **que** está al lado de Javier es mi profesora de ciencias políticas.

El edificio está al lado de nosotros. ⎫
El edificio es el laboratorio de lenguas. ⎭ = El edificio **que** está al lado de nosotros es el laboratorio de lenguas.

Las chicas están en la biblioteca. ⎫
Las chicas son mis amigas. ⎭ = Las chicas **que** están en la biblioteca son mis amigas.

Tengo dos amigos. ⎫
Son de España. ⎭ = Tengo dos amigos **que** son de España.

Javier: «Tengo muchos problemas.»   Javier **dice que** tiene muchos problemas.
Los alumnos: «Este examen es   Los alumnos **dicen que** este examen es
demasiado difícil.»   demasiado difícil.

Conclusiones

El pronombre relativo *que* y los verbos *dice* y *dicen*

1. **Que** (sin acento) es un pronombre relativo. Un pronombre relativo se usa para combinar y relacionar una parte de la oración con otra.
2. **Que** es muy versátil: se refiere a personas, objetos y lugares, en singular y en plural.
3. **Dice que** = *informa que, reporta que*. **Dicen que** = *informan que, reportan que*.

ACTIVIDADES

19. Terminen la oración. *Usando las frases como punto de partida, haga una oración verdadera.*

EJEMPLO La chica que está sentada a mi lado...
            La chica que está sentada a mi lado se llama Ana.

1. El coche que yo tengo...
2. Los chicos que están en el gimnasio...
3. La ropa que tiene Don Tremendón...
4. Los profesores que tienen muchos alumnos...
5. El curso que comienza a las diez y media...
6. Las camisas que son de poliéster...
7. Los cursos que son por la mañana...
8. Los profesores que tengo yo...

20. Reportaje. *¿Qué dice la gente a continuación?*

MODELO Magda: Mi novio es divino.
            → **Magda dice que su novio es divino.** (Obviamente está enamorada.)

1. Los alumnos: Ese examen es un horror.
2. Miguel: Mi coche está descompuesto.
3. Mis padres: Estás en la calle demasiado.
4. El presidente de la universidad: Nuestros alumnos son los mejores.
5. La Sra. Sánchez: Mi hijo es mucho más guapo que los otros chicos.
6. Don Tremendón: Las corbatas con puntos y rayas son mis favoritas.
7. Gumersinda: Don Tremendón es un imbécil.

21. Cadena (en pequeños grupos). *El primer alumno hace una pregunta; la segunda alumna responde a la pregunta; el tercer alumno reporta la respuesta.*

EJEMPLO   ESTUDIANTE 1: **Laura, ¿cómo es tu papá?**
ESTUDIANTE 2: **Mi papá es inteligente, alto, moreno, guapo y generalmente fabuloso —como yo.**
ESTUDIANTE 3: **Laura dice que su papá es inteligente, alto, moreno, guapo y generalmente fabuloso —como ella.**

PRONUNCIACIÓN Y ORTOGRAFÍA

A. *Con muy pocas excepciones, la pronunciación de la letra* **s** *es* [s]. *Escuche y repita las palabras a continuación.*

posible	presente	Isabel	lesión	Rosa	discusión
niños	libros	visión	Susana	confusión	
presidente	ilusión	expresión	sesión	esposo	

B. *Escuche la pronunciación de* **ce** *y de* **ci** *en las palabras a continuación.*

cerrado	concepto	difícil	excelente	gracias	negación
cero	ciencia	fácil	cerca	situación	
francés	cinco	ceremonia	cepillo	emoción	

Escuche la pronunciación de **z** *en las palabras a continuación.*

| vez | luz | zapato | zona | lanza |
| influenza | Venezuela | lápiz | cerveza | pizarra |

En toda Hispanoamérica y en partes de España, la pronunciación de la letra **z** *y de* **c** *en combinaciones* **ce** *y* **ci** *es* [s]. *En muchas partes de España es* [ɵ]. *Repita las palabras de arriba y ponga atención especial a la pronunciación de* **ce, ci** *y* **z.**

C. *Escuche la pronunciación de* **t** *en las palabras a continuación.*

| hasta | estudiante | patio | piñata | tal |
| techo | pregunta | bestial | cuestión | celestial |

Para la pronunciación de la **t** *en español, la punta de la lengua siempre está directamente detrás de los dientes frontales. También se pronuncia sin «aspiración». Escuche la explicación de su profesor/a del fenómeno llamado «aspiración». Repita correctamente las palabras de arriba.*

D. *La ortografía del sonido* [k].

[ka] se escribe **ca** como en **loca**
[ko] se escribe **co** como en **coco**
[ku] se escribe **cu** como en **cucaracha**
[ke] se escribe **que** como en **qué** o en **queso**
[ki] se escribe **qui** como en **quién** o en **química**

EN CONTEXTO

EN VIVO

Preguntas

1. El término «bachillerato» es el nombre de un diploma o título escolar. ¿Qué término que se usa en inglés tiene un significado similar?   2. ¿Cuántos años tienen los estudiantes más jóvenes en ese programa?   3. ¿Qué es una empresa?   4. Antes de comenzar la escuela, los niños de cinco años van a un jardín de niños. ¿Cómo se llama un/a profesor/a de un jardín de niños?   5. ¿Cuántas direcciones tiene el Centro de Estudios?   6. ¿Qué garantía (o casi garantía) tienen los cursos del Centro de Estudios?

LECTURA
Cursos, opiniones y problemas

El profesor Pérez tiene alumnos interesantes y variados. Casi todos sus alumnos son simpáticos, pero otros (muy pocos, gracias a Dios) son algo antipáticos.

Algunos son diligentes, pero otros son un poco perezosos. El profesor Pérez está muy preocupado por los alumnos perezosos.

¿Qué opiniones tienen los estudiantes sobre la clase de español? Para Joan, la clase es interesante y totalmente necesaria porque su novio Mario es de Honduras. **Según** Joan, Mario es guapo, inteligente y casi (pero no totalmente) perfecto. Según los otros estudiantes, Joan no es totalmente objetiva.

según: en la opinión de

¿Qué opinión tienen los estudiantes sobre los cursos de la universidad? Depende del curso, de los profesores y de los intereses de cada individuo. Manolo, por ejemplo, tiene ambiciones de ser el hombre más rico del universo. **Por lo tanto,** para él los cursos de economía y de estadística son los más importantes y fascinantes en la universidad.

por lo tanto: consecuentemente

En cambio, Claudio tiene interés en las lenguas y en la literatura. En su vida, el arte y la **belleza** tienen mucha importancia. Según Claudio, Manolo es un bárbaro materialista, un **salvaje** auténtico. Según Manolo, Claudio es poco práctico y exquisito. Manolo y Claudio no tienen mucho en común.

en cambio: en contraste
belleza: *beauty*
salvaje: una persona no civilizada

Preguntas

1. ¿Son simpáticos todos los alumnos del profesor Pérez?   2. ¿Por cuáles de los alumnos está preocupado el profesor Pérez?   3. Según Joan, ¿cómo es Mario? ¿Es totalmente objetiva Joan?   4. ¿Cuáles son los intereses de Manolo? ¿Y de Claudio? 5. Para usted, ¿quién es más interesante, Manolo o Claudio? ¿Por qué?

Galería hispánica: Honduras

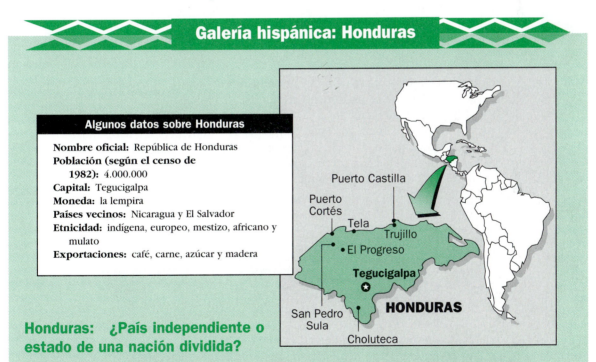

Algunos datos sobre Honduras

Nombre oficial: República de Honduras
Población (según el censo de 1982): 4.000.000
Capital: Tegucigalpa
Moneda: la lempira
Países vecinos: Nicaragua y El Salvador
Etnicidad: indígena, europeo, mestizo, africano y mulato
Exportaciones: café, carne, azúcar y madera

Puerto Castilla
Puerto Cortés
Tela
Trujillo
El Progreso
Tegucigalpa
San Pedro Sula
Choluteca
HONDURAS

Honduras: ¿País independiente o estado de una nación dividida?

Centroamérica consiste en siete naciones distintas (ocho si se incluye a Belice). Pero no **fue** así siempre porque durante los tiempos de la colonia española, toda Centroamérica **formaba** parte del mismo **virreinato.** Después de la independencia, en 1821, se **proclamó** el Imperio de México, que **incluía** Centroamérica, con José de Iturbide como emperador. Más tarde, en 1825, se formó la Federación

fue: pasado de *ser*
formaba: pasado de *formar*
virreinato: *viceroyalty*
proclamó: pasado de *proclamar*
incluía: pasado de *incluir*

Centroamericana, que incluía los países centroamericanos de ahora. Pero a causa de muchos conflictos regionales, entre 1838 y 1839, la Federación se **separó** en distintas naciones. La historia de Centroamérica es una historia de conflicto. Por esta razón, **a veces** Centroamérica se llama una nación dividida. Sin embargo, es una zona de mucha **riqueza** y de gran **belleza** natural. Honduras tiene mucho en común con las otras naciones centroamericanas. Es muy agradable y tiene mucho potencial. Pero también es muy pequeño. **Tal vez** en el futuro **habrá** una sola nación centroamericana, es decir, una Centroamérica no dividida.

separó: pasado de *separar*
a veces: ocasionalmente
riqueza: *wealth*
belleza: *beauty*
tal vez: *perhaps*
habrá: *there will be*

Preguntas   1. ¿Cuántas naciones están en Centroamérica?   2. ¿En qué año se separa Centroamérica oficialmente de España?   3. ¿Cómo se llama la nación que se forma después de la separación de España?   4. ¿En qué año se forma la República de Honduras?   5. ¿Es Honduras un país industrial?   6. ¿Por qué no existe ahora la Federación Centroamericana?

 A ESCUCHAR

Escuche la conversación entre Teresa y Mario.
Ahora, escuche la conversación por partes y seleccione la respuesta correcta.

1. a. porque su clase de música es muy difícil
   b. porque tiene un examen en su clase de biología
   c. porque tiene un curso de química que es muy difícil
   d. porque sus amigos están preocupados
2. a. Es un compañero de la clase de química.
   b. Es el muchacho más guapo de la universidad.
   c. Está en la clase de química pero no es un amigo.
   d. Es un amigo que no está en la clase de química.
3. a. Tiene un examen en su clase de química.
   b. Tiene un examen en su clase de biología.
   c. No tiene un examen.
   d. Tiene un examen en todas sus clases.
4. a. Están tranquilos.
   b. Están preocupados.
   c. Están sucios.
   d. Están sanos y contentos.
5. a. porque está tan preparado como sus amigos
   b. porque Mario tiene una amiga que se llama Gumersinda
   c. porque está menos preparada que sus compañeros
   d. porque el examen es hoy
6. a. Es hoy a las dos de la tarde.
   b. Es mañana por la noche.
   c. Es mañana a las dos de la tarde.
   d. Es mañana por la mañana.

SITUACIONES

Situación 1   Seleccione una foto para alguien en la clase. Su compañero/a describe la foto y especula sobre la persona (o las personas) en la foto. Por ejemplo: ¿Cómo es su casa? ¿Qué coche tiene? ¿Qué otras cosas tiene? ¿Qué ropa está de moda en su vida? ¿Cómo es la persona —simpática, antipática, inteligente, bruta?

Situación 2   Usted está con sus padres. Explique su horario. ¿Qué cursos tiene? ¿A qué hora son sus clases? ¿Cómo son sus cursos —difíciles, fáciles, interesantes, aburridos? ¿Cómo son los profesores —fabulosos, competentes, ineptos, desastrosos?

Situación 3   Usted está en una entrevista con estudiantes extranjeros. Usted tiene interés en la vida de esos estudiantes y en su país de origen. Comience las preguntas con: ¿De dónde... ¿De quién... ¿Qué curso... ¿Qué cursos... ¿Cómo es... ¿De qué color... ¿A qué hora... ¿Cuándo...

Situación 4   Usted es de España, y tiene interés en la moda (masculina y femenina) norteamericana. Información que usted necesita: ¿Qué telas están de moda? ¿Qué tiendas tienen buena ropa? ¿Qué marcas están de moda? ¿Qué colores se usan y qué colores no se usan?

COMPOSICIÓN

Tema 1   Escriba una larga descripción de sus compañeros en la clase de español —su ropa, sus opiniones, sus problemas, sus preocupaciones, sus intereses, sus cursos favoritos, etc. Use la *Lectura* como punto de partida.

Tema 2   Describa su día académico. Un posible comienzo para su composición: *Mi primera clase del día es a las ocho y media de la mañana. Es un curso de cálculo y es muy interesante. La clase termina a las... Mi próxima clase es a las... Es una clase muy aburrida porque el profesor es un desastre. Después tengo mi clase de...*

VOCABULARIO ACTIVO

Adverbios de intensificación

algo *– something*	muy	poco
bastante *– enough*	no... nada	tan
demasiado		

Materias

el álgebra	las ciencias políticas	la literatura
la astronomía	la filosofía	la música
la biología	la física	la química orgánica
el cálculo	la geografía	la psicología
la contabilidad	la historia	la química
las ciencias económicas	la lingüística	

Otros sustantivos

el/la bebé	el estado	el país
la calidad	el horario	el punto
el/la chico/a	la lengua	la raya
el color	la madrugada	el río
el/la consumidor/a	la marca	la ropa
el curso	la moda	la tela
la entrevista	el/la modista	la tienda
la escuela	la nota	la vida

Otros adjetivos

barato/a		lindo/a
bello/a	entero/a	mundial
caro/a	escrito/a	ocupado/a
común	exigente	peligroso/a
corto/a	extranjero/a	poblado/a
divertido/a	fuerte ≠ débil	último/a
duro/a	largo/a ≠ corto/a	

Verbos

comienza	estar	tener
dura	ser	terminar

Expresiones útiles

algunos/algunas	en cambio	quizás
allí	entonces	sin embargo
consecuentemente	nunca	temprano

La hora

¿A qué hora... ?	de/por la tarde	la medianoche
de/por la madrugada	de/por la noche	en punto
de/por la mañana	el mediodía	¿Qué hora es?

Expresiones de comparación

más... que	menor	peor
mayor	menos... que	tan... como
mejor		

Vocabulario personal

_____   _____

_____   _____

_____   _____

_____   _____

_____   _____

CAPÍTULO 4

ACTIVIDADES Y ESPECTÁCULOS

EN MARCHA

4.1 ¿Dónde trabajan ustedes?

PRIMER PASO

María trabaja en un hospital.

El tren llega a la estación a las nueve y media.

Luisa y Teresa escuchan música cuando estudian en casa.

Luis habla con sus padres por teléfono.

Una conversación entre compañeros

PACO	Javier, ¿dónde **trabajas** tú?
JAVIER	Yo **trabajo** en un restaurante. ¿Y tú?
PACO	**Trabajo** en el centro con unos abogados.
JAVIER	Tu papá es abogado, ¿no?
PACO	Sí, pero él no **trabaja** allí con nosotros. Su socio y él **trabajan** en un suburbio que está cerca de aquí.
JAVIER	¿Por qué no **trabajamos** juntos tú y yo?
PACO	Esa es una buena idea para el futuro, pero por el momento, necesitamos terminar nuestros estudios.

Conclusiones **Los verbos regulares de la primera conjugación**

1. **Trabajar** es un verbo regular de la primera conjugación. Los infinitivos de la primera conjugación terminan en **-ar.**

2. Cada verbo regular tiene dos partes: una raíz y una terminación. L[a]
   bajar es **trabaj-**. La terminación de **trabajar** es **-ar**.
3. Las terminaciones de un verbo conjugado siempre corresponden en persona
   en número al sujeto del verbo.
4. Todo verbo regular de la primera conjugación usa las mismas terminaciones.

Sinopsis

trabajar		
sujeto	*raíz*	*terminación*
yo	**trabaj-**	**-o**
tú	**trabaj-**	**-as**
Ud., ella, él, Juan, etc.	**trabaj-**	**-a**
nosotros / nosotras	**trabaj-**	**-amos**
vosotros / vosotras	**trabaj-**	**-áis**
Uds., ellos, ellas, las chicas, etc.	**trabaj-**	**-an**

SEGUNDO PASO
Los lugares y sus actividades

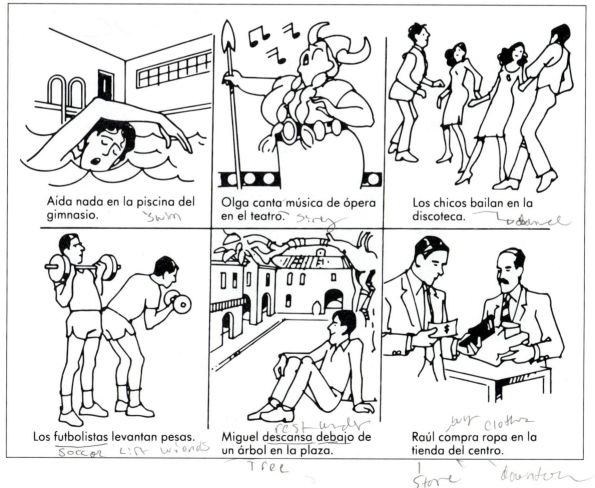

Aída nada en la piscina del gimnasio.

Olga canta música de ópera en el teatro.

Los chicos bailan en la discoteca.

Los futbolistas levantan pesas.

Miguel descansa debajo de un árbol en la plaza.

Raúl compra ropa en la tienda del centro.

Algunas actividades:

Tomamos el tren en la estación de trenes; **tomamos** el autobús en la terminal.

Generalmente, **estudiamos** en la biblioteca, pero a veces **conversamos**.

Hablo con mis padres por teléfono dos veces por semana.

Siempre **llego** a clase temprano y tú **llegas** a la hora. Pocos estudiantes **llegan**
tarde.

Nado en la piscina que está en el gimnasio. ¿Dónde **nadas** tú?

¿Dónde **compráis** vuestra ropa? Nosotros **compramos** ropa en el centro.

A veces **escucho** música cuando **estudio**. Es imposible **escuchar** música en la biblioteca.

Conclusión

**Casi el noventa por ciento (90%) de los verbos en español termi-
nan en *-ar* y se conjugan como *trabajar* (¡Qué fácil!)**

Sinopsis

tomar	estudiar	hablar	necesitar	comprar
tomo	estudio	hablo	necesito	compro
tomas	estudias	hablas	necesitas	compras
toma	estudia	habla	necesita	compra
tomamos	estudiamos	hablamos	necesitamos	compramos
tomáis	estudiáis	habláis	necesitáis	compráis
toman	estudian	hablan	necesitan	compran

ACTIVIDADES

1. ¿Qué actividades? *Dos compañeros de cuarto describen sus actividades en distintos lugares.*

MODELO   en el parque / caminar o trabajar → **En el parque caminamos.**

1. en la biblioteca / estudiar o charlar con los amigos
2. en la piscina / nadar o estudiar
3. en el supermercado / comprar comida o trabajar
4. en la discoteca / bailar o escuchar música
5. en el gimnasio / levantar pesas o descansar
6. en el baño / cantar o hablar por teléfono
7. en la casa / descansar o meditar sobre el significado cósmico del amor
8. en la clase de español / ?

2. ¿Poco, bastante, mucho o demasiado? (entre dos) *¿Con qué frecuencia participan Uds. en las actividades a continuación?*

MODELO   conversar con tus amigos
   ESTUDIANTE 1: **¿Conversas mucho (*poco, bastante, demasiado*) con tus amigos?**
   ESTUDIANTE 2: **Converso con mis amigos mucho.**

1. cantar en público
2. escuchar música rock
3. bailar en una discoteca
4. meditar sobre los misterios de la vida
5. estudiar con mis amigos
6. trabajar en la biblioteca
7. hablar por teléfono
8. nadar en la piscina

3. **Reportaje (entre dos o en pequeños grupos).** *Describan las actividades de Ud. y sus compañeros. Usen la tabla para formar oraciones profundas y originales.*

yo	escuchar...	siempre
tú	cantar	poco / mucho / demasiado
(nombre de un compañero)	nadar	tarde / temprano
(nombre de una amiga)	bailar	antes / después de clase
nosotros/as	estudiar...	hasta medianoche
vosotros	trabajar	en el baño
(dos compañeros)	llegar a clase	por la mañana / la noche
(varias compañeras)	necesitar el amor	en mi coche
los alumnos de	tomar Coca-Cola	a la hora en punto
(una universidad rival)	descansar	en el laboratorio de lenguas
	conversar	en el gimnasio
	hablar con...	en la piscina
	meditar sobre...	en una discoteca
		en la biblioteca
		en casa

4. **Confesiones (entre dos o en pequeños grupos).** *Pregúntele a alguien de la clase con qué frecuencia participa en las actividades a continuación.*

EJEMPLO mirar televisión → **Robert, ¿miras televisión poco o demasiado?**

1. escuchar música decadente
2. exagerar tus virtudes
3. fumar cigarrillos
4. tomar vino

5. conversar sobre química orgánica
6. nadar sin ropa / a medianoche
7. trabajar bien
8. hablar inglés en la clase

5. **Chismes (entre dos o en pequeños grupos).** *Ahora informe al resto de la clase, con* **dice que...,** *sobre las virtudes (o los vicios) de su compañero/a.*

4.2 ¿Qué día es hoy?

PRIMER PASO

lunes	martes	miércoles	junio jueves	viernes	sábado	domingo
			1	2	3	4
5	6	7	8	9	10	11
12	13	14	15	16	17	18
19	20	21	22	23	24	25
26	27	28	29	30		

¿Cuáles son los días de la semana?

Los días de la semana son: **lunes, martes, miércoles, jueves, viernes, sábado y domingo.**

¿Qué día es hoy?

Hoy es miércoles.

¿Qué día es mañana?

Mañana es **jueves.**

Conclusión   **No se usa** *el* **después de** *hoy es* **o** *mañana es*

SEGUNDO PASO

¿Cuál es tu día favorito?	**El** domingo es mi día favorito.
¿Cuál es tu día más ocupado?	**El** lunes es mi día más ocupado.
¿Cuál es el primer día de la semana en español?	A diferencia del inglés, el primer día es **el** lunes.
¿Cuándo es la próxima reunión?	La próxima reunión es **el** martes.
¿Cuándo es tu cita con el médico?	Es **el** jueves por la mañana.
¿Estudias **los** sábados?	Sí, estudio **los** sábados pero no estudio **los** domingos.
¿Qué días están Juana y Hortensia fuera de la ciudad?	Están fuera de la ciudad **los** sábados y **los** domingos.
¿Hasta qué hora trabajan Uds. **los** viernes?	Trabajamos **los** viernes hasta las seis y media de la tarde.

Conclusiones   ## El uso de *el* y *los* con los días de la semana y las formas plurales

1. Se usa **el** cuando se refiere a un día en general.
   El domingo es un día libre *(libre = sin trabajo)*.
2. Se usa **el** cuando se refiere a un evento específico que ocurre una vez.
   El próximo partido de fútbol es **el** sábado.
3. Se usa **los** cuando se refiere a un evento habitual.
   Trabajo **los** martes y **los** jueves.
4. **Sábado** y **domingo** tienen una forma singular y plural. Compare:

el sábado → **los sábados**	el domingo → **los domingos**
el lunes → **los lunes**	el jueves → **los jueves**

ACTIVIDADES

6. Información esencial. *Complete las oraciones de forma creativa.*

MODELO   yo trabajo... → **Yo trabajo los lunes y los jueves.**

1. nosotros estudiamos...	4. compro comida...
2. el/la profesor/a enseña...	5. mis amigos están cansados...
3. Miguel estudia...	6. hablamos español...

7. Eventos importantes (entre dos). *¿Cuándo es... ?*

MODELO   la fiesta de Carlos / lunes
    ESTUDIANTE 1: **¿Cuándo es la fiesta de Carlos?**
    ESTUDIANTE 2: **Es el próximo lunes.**

1. el baile de nuestra clase / sábado	4. el concierto / viernes
2. la boda de Marta / domingo	5. la reunión / miércoles
3. el examen final / martes	6. el simposio / fin de semana

8. Entrevista (entre dos). *Pregúntele a alguien de la clase...*

1. qué clases tiene los lunes.	5. qué día es el próximo examen.
2. qué clases tiene los martes.	6. qué día es la próxima fiesta.
3. dónde está los fines de semana.	7. qué días trabaja.
4. qué días está con sus amigos.	8. qué días estudia.

9. Su horario (entre dos o en pequeños grupos). *Describa su horario a sus compañeros de clase; use la tabla como guía.*

los lunes	a las... de la mañana	tengo mi clase de...
los martes	al mediodía	tengo una cita con...
los miércoles	a la una de la tarde	mi mejor amigo y yo...
los sábados	a las... de la tarde	estoy con...
los domingos	a las... de la noche	llamo por teléfono a...
el viernes	a la medianoche	tenemos examen en...
el sábado	a la hora de Drácula	mi mejor amiga y yo...

4.3 ¿Cómo manejan Uds.?

PRIMER PASO

Carlos canta **bien**.	Edgardo canta **mal**.
Pablo habla **rápido**.	Enrique habla **despacio**.
Mario es un chico lógico.	Explica las cosas **lógicamente**.
La conversación está animada.	Los amigos hablan **animadamente**.
Silvia es una estudiante atenta.	Silvia saluda **atentamente**.
Gregorio es muy cortés.	Gregorio contesta **cortésmente**.
¿Cómo maneja Javier?	Maneja **muy cuidadosamente**.
¿Cómo es Marta?	Es **demasiado** obsesiva.
¿Cómo son los malos alumnos?	Son **poco** diligentes.
¿Es difícil el examen?	Sí, es **tan** difícil.

Conclusiones

Los adverbios y su formación

1. Las palabras en negrilla son adverbios. Un adverbio modifica un verbo (**Canto bien**.), otro adverbio (**muy bien, muy mal**) o un adjetivo (**demasiado obsesiva, poco diligente, tan difícil**). Los adverbios son invariables; tienen una sola forma.
2. **Bien, mal, rápido, despacio, muy, demasiado, poco, bastante** y **tan** son adverbios sencillos; no terminan en **-mente**.
3. Otros adverbios son derivados de un adjetivo. Para formar un adverbio de un adjetivo, se agrega **-mente** a la forma femenina del adjetivo. Si el adjetivo tiene acento, el adverbio conserva el acento.

Sinopsis

adjetivo		adverbio	adjetivo		adverbio
claro	→	**claramente**	feliz	→	**felizmente**
lógico	→	**lógicamente**	cortés	→	**cortésmente**
atento	→	**atentamente**	fácil	→	**fácilmente**
frecuente	→	**frecuentemente**	difícil	→	**dificilmente**

SEGUNDO PASO

Carlos es un **buen** alumno.	Enrique también es un alumno **bueno**.
Sofía es una **buena** directora.	Sí, pero es una pianista **mala**.
Mi tío Paco es un **mal** novelista.	Sí, pero no es un hombre **malo**.

Esa es una **mala** película.   En cambio, la otra en el mismo cine es
                                                  una película **buena.**

Conclusiones   ### Posición de *bueno, malo* y sus formas

1. Los adjetivos **buen, buena, buenos, buenas, mal, mala, malos** y **malas** se usan con frecuencia delante del sustantivo.
2. **Buen** y **mal** se usan delante de un sustantivo masculino singular. **Malo** y **bueno** se usan detrás de un sustantivo masculino singular.
3. La posición de **bueno, malo** y sus formas no cambia el significado.
4. **Nota importante:** No confunda **buen** con **bien. Buen** es un adjetivo. Describe un sustantivo. Por ejemplo:
   Carlos es un **buen** chico.
   Bien es un adverbio que describe una acción. Por ejemplo:
   Mi amiga Lisa nada **bien.**

TERCER PASO

corto

largo

una gran mujer   una mujer grande

El Hotel del Prado es un hotel **grande.**   El presidente es un **gran** hombre.
No tenemos una casa muy **grande.**   Gabriela Mistral es una **gran** mujer.
¿De quién son esos zapatos **grandes?**   Cervantes siempre figura en las listas
                                                  de los **grandes** escritores.
Tengo que comprar dos maletas **grandes.**   Hay muchas **grandes** personas en
                                                  la historia del país.
El río Amazonas es muy **largo.**   Las reuniones demasiado **largas** no
                                                  son interesantes.

Conclusiones   ### Usos de *grande, largo* y sus formas

1. Cuando **gran** o **grandes** se usan delante de un sustantivo, significan **noble** o **eminente.**
2. **Gran** se usa delante de sustantivos singulares, femeninos o masculinos.
3. Cuando **grande** o **grandes** se usan después de un sustantivo, significan **enorme** o **inmenso.** Es decir, se refieren al tamaño en general.
4. **Largo** y sus formas se refieren a la extensión, y no al tamaño en general.

ACTIVIDADES

10. ¿Cómo? (entre dos) *Describa las acciones de la gente.*

MODELO   Javier está alegre. ¿Cómo habla?
 ESTUDIANTE 1: **Javier está alegre. ¿Cómo habla?**
 ESTUDIANTE 2: **Habla alegremente.**

1. Miguel es lógico. ¿Cómo explica?
2. Ana está triste. ¿Cómo camina?
3. Somos inteligentes. ¿Cómo conversamos?
4. María está alegre. ¿Cómo canta?
5. Soy atento/a. ¿Cómo saludo?
6. Eres cuidadoso. ¿Cómo manejas?
7. Sois brillantes. ¿Cómo habláis?
8. Ana es una nadadora rápida. ¿Cómo nada?

11. Reacciones (entre dos). *Describa sus reacciones a las situaciones con una forma de* **bueno** *o* **malo**.

EJEMPLO   Javier estudia todos los días. / alumno
 ESTUDIANTE 1: **Javier estudia todos los días. ¿Qué clase de alumno es?**
 ESTUDIANTE 2: **Es un buen alumno.**

1. Ana actúa muy bien. / actriz
2. Saúl pinta muy bien. / pintor
3. Enrique actúa muy bien. / actor
4. Mis hermanas escriben mal. / escritoras
5. Mi hermano maneja mal. / chofer
6. Lisa y Jorge bailan bien. / bailarines
7. Mi tío escribe mal. / novelista
8. Gumersinda y su hermano Don Tremendón cantan mal. / cantantes

12. ¿Gran o grande? (entre dos) *¿Qué necesitan Uds. en estas situaciones? Conteste con* **gran, grande** *o* **grandes**.

MODELO   maleta / para un viaje largo
 ESTUDIANTE 1: **¿Qué clase de maleta necesitan Uds. para un viaje largo?**
 ESTUDIANTE 2: **Necesitamos una maleta grande.**
cantante / para cantar una ópera → **Necesitamos una gran cantante.**

1. profesor / para hablar bien español
2. perro / para guardar la casa
3. general / para ganar una guerra
4. avión / para transportar a mucha gente
5. cuaderno / para muchos apuntes
6. actriz / para actuar en Broadway
7. auditorio / para las clases populares
8. cartera / para llevar mucho dinero

13. ¿Buen o bien? (entre dos) *Reformule las oraciones usando la frase «en otras palabras». Siga el modelo.*

MODELO   Javier canta bien. / cantante
 ESTUDIANTE 1: **Javier canta bien.**
 ESTUDIANTE 2: **En otras palabras, es un buen cantante.**

1. María nada bien. / nadadora
2. Jorge escribe bien. / escritor
3. Raquel es una buena trabajadora / trabaja
4. Jacinto baila bien. / bailarín
5. Roberto es un buen consumidor. / consume
6. Antonia estudia bien. / estudiante

14. ¿Bien o buen? (entre dos) *Reformule las oraciones usando la frase «es decir» (es decir = en otras palabras). Siga el modelo.*

MODELO   Javier es un buen cantante. / canta
           ESTUDIANTE 1: **Javier es un buen cantante.**
           ESTUDIANTE 2: **Es decir, canta bien.**

1. Mario es un buen bailarín. / baila
2. Patricio es un buen nadador. / nada
3. Los alumnos son buenos trabajadores. / trabajan
4. Las chicas son buenas jugadoras. / juegan
5. Mi tía es buena conversadora. / conversa
6. Los niños son buenos lectores. / leen

4.4 ¿Cómo se llama ese edificio?

PRIMER PASO

Introducción a la ciudad universitaria.

Este edificio que está al lado de nosotros es el laboratorio.
Ese edificio que está en frente es el gimnasio.
Aquel edificio que está en la otra cuadra es el auditorio.
Las oficinas de humanidades están en **esta** esquina.
La biblioteca está en **esa** calle.
El departamento de ciencias políticas está en **aquella** esquina.

Conclusiones   **Los adjetivos demostrativos**

1. Las palabras en negrilla son adjetivos demostrativos.
2. Los adjetivos demostrativos en español marcan tres grados de distancia.
   a. **Este, esta, estos** y **estas** se usan para señalar objetos que están cerca.
   b. **Ese, esa, ésos** y **esas** se usan para señalar objetos que están relativamente lejos.
   c. **Aquel, aquella, aquellos** y **aquellas** se usan para señalar objetos que están muy lejos.

Sinopsis

masculino		femenino	
singular	*plural*	*singular*	*plural*
este	estos	esta	estas
ese	esos	esa	esas
aquel	aquellos	aquella	aquellas

SEGUNDO PASO

Estas camisas son más bonitas que **ésas.**
Esos alumnos son más inteligentes que **aquéllos.**
Juan dice que **éste,** y no **aquél,** es su libro.

Conclusiones ## Los pronombres demostrativos

1. Los adjetivos demostrativos funcionan como pronombres demostrativos cuando se usan sin sustantivo.
2. Los pronombres demostrativos llevan acento en la sílaba enfatizada.

TERCER PASO

¿Qué es **esto?**	Es mi nueva computadora.
¿Qué es **eso?**	Es mi nuevo cuaderno de inglés.
Según Margarita, tienes mucho dinero, una casa enorme y un novio espléndido.	**Eso** es cierto, gracias a Dios.
Según Don Tremendón, Uds. son parásitos sociales.	**¡Aquello** es un chisme malicioso! ¿Qué típico de Don Tremendón!

Conclusiones ## Los pronombres demostrativos neutros

1. **Esto, eso** y **aquello** se refieren a cosas no identificadas o ideas abstractas.
2. **Esto, eso** y **aquello** no se combinan con sustantivos y no llevan acento.

ACTIVIDADES

15. Comparaciones (entre dos). *Terminen las oraciones con un pronombre demostrativo.*

MODELO   este edificio es tan moderno → **Este edificio es tan moderno como aquél.**

1. esos alumnos son tan guapos como
2. esa computadora es tan potente como
3. aquellos hoteles son tan caros como
4. esta oficina está más cerca que
5. este restaurante es mejor que
6. aquellos alumnos son mejores que
7. este chico es tan guapo como
8. aquel teatro es más grande que

16. Comparaciones originales (entre dos). *Usen los elementos para formar oraciones originales.*

EJEMPLO   estos... son más lindos... → **Estos zapatos son más lindos que aquéllos.**

1. este... es mejor que...
2. estos... son peores que...
3. aquella... no es tan buena como...
4. aquel... es más feo que...
5. esas... están más cansadas que...
6. ese... es tan rico como...
7. esos... son tan modestos como...
8. esta... es mejor que...

17. Nombres y posesiones (entre dos). *Explíquele a un alumno nuevo los nombres o la pertenencia (pertenencia = quién es el posesor) de personas, objetos y edificios.*

EJEMPLO   alumnos
        ESTUDIANTE 1: alumnos
        ESTUDIANTE 2: **Este alumno se llama Miguel, esa alumna se llama Ana y aquel alumno se llama Alejandro.**

1. libros
2. pupitres
3. edificios
4. calles

5. cuadernos
6. abrigos
7. estudiantes
8. zapatos

4.5 ¿Qué hay en la plaza?

PRIMER PASO

1. la calle
2. la esquina
3. el parque
4. las flores
5. el árbol
6. el lago
7. la montaña
8. la fuente
9. la carretera
10. la iglesia
11. la catedral
12. la nube

Hay un hombre en la calle.

Hay hombres en la calle.
Hay unos hombres en el centro.
Hay varios hombres en la plaza.
Hay cincuenta hombres en la casa.

Hay una flor en el florero que está
en la mesa.

Hay flores en el florero.
Hay unas flores en la mesa.
Hay algunas rosas en el jardín.
Hay bastantes flores en tu
dormitorio.

¿Cuántos exámenes hay este semestre?

Hay pocos exámenes durante el
semestre.

¿Cuántos árboles hay en la calle?

No hay muchos árboles en la calle.

¿Cuántas violetas hay en tu jardín?

No hay muchas violetas allí.

Conclusiones   Usos de *hay*

1. **Hay** es una expresión verbal que se combina con sustantivos singulares y plurales. Tiene dos significados.
   a. Localización: **Hay** un dinosaurio en el museo.
   b. Existencia: **Hay** un examen mañana a las diez y media.

2. **Unos/unas, varios/varias, algunos/algunas, poco/a/os/as, demasia-do/a/os/as** y **bastante/s** son expresiónes de cantidad no específica. **¿Cuántos?** y **¿cuántas?** son palabras interrogativas de cantidad.

SEGUNDO PASO

Hay un lago en las montañas.	**El** lago **está** en las montañas.
Hay una estación de gasolina en la carretera.	**La** estación de gasolina **está** en la esquina.
Hay estatuas en el museo.	**Las** estatuas **están** en ese salón.
Hay tres árboles enfermos allí.	**Estos** árboles **están** enfermos.
Hay muchas niñas en el patio.	**Esas** niñas **están** en el patio.
Hay algunas casas en la esquina.	**Nuestra** casa **está** en la esquina.
Hay pocos profesores en el auditorio.	**Mi** profesor **está** en el auditorio.
No hay mucha vegetación en el desierto.	**La** vegetación más abundante **está** en el valle.

Conclusiones

Comparación de *hay* y *estar*

1. **Hay** y **no hay** se combinan con sustantivos sin artículo, con artículos indefinidos y con expresiones de cantidad.

> **Hay agua** en el piso.
> **No hay perros** en la calle.
> **Hay un** chico en la clase que tiene padres mexicanos.
> **Hay pocos** hombres en mi vida.
> **Hay tres** coches en el garage.
> **¿Cuántas** fuentes **hay** en Barcelona?

2. **Estar** se combina con artículos definidos, adjetivos posesivos y adjetivos demostrativos.

> **El** lago **está** cerca de la ciudad; **las** montañas **están** más lejos.
> **Mi** casa **está** en los suburbios. ¿Dónde **está tu** casa?
> **Estos** dormitorios **están** en medio del campus.

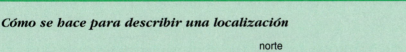

Cómo se hace para describir una localización

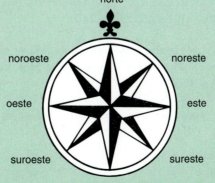

—¿Dónde está Ciudad Juárez?
—Está **al norte** de Chihuahua y **al sur** de El Paso. Está **al oeste** de Waco y **al este** de Tucson.
—¿Dónde está Tijuana?

—Está **al noroeste** de Hermosillo y **al sureste** de Los Ángeles.

—¿Dónde está Cuba?

—Está **al noreste** de Nicaragua y **al suroeste** de la Florida.

—¿A qué distancia está Nueva York de Boston?

—Está a doscientos cuarenta kilómetros (ciento cincuenta millas).

Situaciones

1. Describa la localización de su ciudad a otra persona.

2. Pregúntele a alguien en la clase sobre la localización de su ciudad natal.

3. Usando los mapas que están al principio de este libro, descríbale a un/a compañero/a de clase la localización de un país o de una ciudad, sin decir su nombre. Después pregúntele si sabe el nombre.

ACTIVIDADES

18. Complejidades de la vida (entre dos). *Comenten los excesos e insuficiencias de su vida y del mundo en general usando expresiones de cantidad como* **pocos, suficientes, bastantes, demasiados,** *etc.*

EJEMPLOS   dinero en mi bolsillo

ESTUDIANTE 1: **Hay poco dinero en mi bolsillo.**

ESTUDIANTE 2: **No hay bastante dinero en mi bolsillo.**

1. chicos en la clase de español
2. gente inteligente en Washington
3. tarea en esta clase
4. médicos en el mundo
5. abogados en nuestra sociedad
6. fiestas en esta universidad
7. música en los ascensores
8. gente bruta en...
9. problemas en mi vida amorosa
10. personas lindas en...

19. Informe (entre dos o en pequeños grupos). *Con* **dice que...,** *informen a la clase sobre los excesos e insuficiencias identificadas en la actividad anterior.*

EJEMPLO   **Mario dice que hay demasiada música en los ascensores y en los supermercados también.**

20. ¿Hay o estar? (entre dos o en pequeños grupos) *Miguel tiene visita y está describiendo dónde vive. Sus descripciones requieren* **hay** *o una forma de* **estar.** *¿Qué dice?*

EJEMPLOS   **La calle principal está en el centro. Hay mucho tráfico en la calle principal.**

1. mucha agua en las fuentes
2. edificios altos en el centro
3. la calle principal
4. una pequeña ciudad al lado
5. un café en esa esquina
6. El Hotel Dorado
7. aquellas montañas
8. demasiados bares
9. nuestro restaurante favorito
10. tres hospitales

1996 milnovecientos Noventa

4.6 ¿Es cierto que los profesores ganan un millón de dólares por año?

F = m

100	cien
100 hombres	cien hombres
100 mujeres	cien mujeres
101 chicos	ciento **un** chicos
101 chicas	ciento **una** chicas
200 alumnos	doscien**tos** alumnos
200 alumnas	doscien**tas** alumnas
255 dólares	doscien**tos** cincuenta y cinco dólares
255 pesetas	doscien**tas** cincuenta y cinco pesetas
300	trescientos / trescientas
400	cuatrocientos / cuatrocientas
500	quinientos / quinientas
600	seiscientos / seiscientas
700	setecientos / setecientas
800	ochocientos / ochocientas
900	novecientos / novecientas
1.000	mil
1.010	mil diez
5.000	cinco mil
12.745	doce mil setecientos cuarenta y cinco
147.400	ciento cuarenta y siete mil cuatrocientos
1.000.000	un millón
$32.000.000	trienta y dos millones **de** dólares
1.000.000.000	un billón
$2.000.000.000	dos billones **de** dólares

Conclusiones

Los números mayores de noventa y nueve y su concordancia

1. **Cien** significa **100. Ciento** se usa en combinación con otros números.
   ciento uno, ciento noventa y nueve, etc.
2. Los números entre **doscientos** y **novecientos** tienen una forma masculina y otra femenina.
   trescientos chicos   **trescientas chicas**
   quinientos cuarenta dólares   **quinientas cuarenta pesetas**
3. **Mil** es invariable: **mil, dos mil, trece mil,** etc. No se usa **un** con **mil**.
4. **Miles** se usa sólo para indicar un número impreciso.
   miles de personas, miles y miles de dólares, etc.
5. Se usa punto (.) y no coma (,) en números mayores de 999.
   492.243 pesos
   Una excepción común: los años
     1492   mil cuatrocientos noventa y dos
     1810   mil ochocientos diez
     1995   mil novecientos noventa y cinco
6. Se usa **de** con **millón, millones, billón** y **billones.**
   un millón de pesetas   **diez billones de dólares**

7. Se usa **un** delante de un sustantivo masculino y **una** delante de un sustantivo femenino.

     mil cuatrocientos cincuenta y un hombres
     mil cuatrocientas cincuenta y una mujeres

Cómo se hace para expresar sorpresa

¡Dios mío!	¡¿De verdad?!	¡Qué increíble!
¡¿De veras?!	¿En serio?	¡¿Cómo?!

Situaciones

1. *Reaccione a los comentarios de un/a compañero/a.*

EJEMPLO   ESTUDIANTE 1: **Yo estudio quince horas por día.**
              ESTUDIANTE 2: **¿En serio? ¡Qué increíble!**

2. *Describa un aspecto pintoresco de la vida de Gumersinda o de Don Tremendón para determinar la reacción de sus compañeros.*

EJEMPLO   ESTUDIANTE 1: **Gumersinda gana un millón de dólares por año.**
              ESTUDIANTE 2: **¿De veras? ¡Dios mío!**

ACTIVIDAD

21. Cantidades (entre dos). *Conteste las preguntas según las indicaciones.*

1. ¿Cuántos alumnos hay en la Universidad Nacional Autónoma de México? (300.000)   2. ¿Cuántas páginas hay en este libro? (???)   3. ¿Cuántos estudiantes hay en tu universidad? (???)   4. ¿Cuántos kilómetros hay entre Ciudad Juárez y Monterrey? (1.194)   5. ¿Cuántas millas hay entre San Francisco y Los Ángeles? (421)   6. ¿Cuántos dólares tienes en el banco? (???)   7. ¿Cuántos dólares tienen los Rockefeller en el banco? (???)   8. ¿Cuántos argentinos hay en la Argentina? (33.000.000)

NOTA CULTURAL

Los días festivos

En el mundo hispano no se festejan todos los mismos días que en otras partes del mundo. **Además,** hay mucha variedad de país en país. Obviamente los días nacionales no son los mismos, y algunos países celebran más de un día nacional. Por ejemplo, en la Argentina el primer día de independencia es el 25 de mayo. En esa fecha en 1810, el **Cabildo** de Buenos Aires **declaró** su independencia de España. Seis años después, el 9 de julio de 1816, el primer congreso constituyente, con representantes de todas las provincias argentinas, declaró su independencia de España. ¿Qué fecha se celebra en nuestros tiempos? Las dos, **por supuesto.**

además: también

cabildo: gobierno municipal durante los tiempos de la colonia
declaró: el pasado de *declarar*
por supuesto: ¡Claro que sí!

Sin embargo, hay algunas fechas que todos los países hispanos tienen en común —pero otra vez no son fechas que se festejan en otras partes del mundo. Uno de los días más importantes es el día de la Raza, que es el doce de octubre. En ese día en 1492, Cristóbal Colón **llegó** a tierra americana. Otras fechas importantes en el mundo hispano son el día de Todos los Santos (el primero de noviembre) y el día de los Muertos (el dos de noviembre). Pero estas fiestas no son días nacionales. **Más bien** son fiestas religiosas.

sin embargo: *nevertheless*

llegó: pasado de *llegar*

más bien: *rather*

4.7 ¿Cuáles son los meses del año?

	enero	febrero	marzo	abril	mayo	junio
	D L M M J V S	D L M M J V S	D L M M J V S	D L M M J V S	D L M M J V S	D L M M J V S
2	1	1 2 3 4 5	1 2 3 4 5	1 2	1 2 3 4 5 6 7	1 2 3 4
0	2 3 4 5 6 7 8	6 7 8 9 10 11 12	6 7 8 9 10 11 12	3 4 5 6 7 8 9	8 9 10 11 12 13 14	5 6 7 8 9 10 11
0	9 10 11 12 13 14 15	13 14 15 16 17 18 19	13 14 15 16 17 18 19	10 11 12 13 14 15 16	15 16 17 18 19 20 21	12 13 14 15 16 17 18
0	16 17 18 19 20 21 22	20 21 22 23 24 25 26	20 21 22 23 24 25 26	17 18 19 20 21 22 23	22 23 24 25 26 27 28	19 20 21 22 23 24 25
	23 24 25 26 27 28 29	27 28	27 28 29 30 31	24 25 26 27 28 29 30	29 30 31	26 27 28 29 30
	30 31					

	julio	agosto	septiembre	octubre	noviembre	diciembre
	D L M M J V S	D L M M J V S	D L M M J V S	D L M M J V S	D L M M J V S	D L M M J V S
	1 2	1 2 3 4 5 6	1 2 3	1	1 2 3 4	1 2 3
	3 4 5 6 7 8 9	7 8 9 10 11 12 13	4 5 6 7 8 9 10	2 3 4 5 6 7 8	6 7 8 9 10 11 12	4 5 6 7 8 9 10
	10 11 12 13 14 15 16	14 15 16 17 18 19 20	11 12 13 14 15 16 17	9 10 11 12 13 14 15	13 14 15 16 17 18 19	11 12 13 14 15 16 17
	17 18 19 20 21 22 23	21 22 23 24 25 26 27	18 19 20 21 22 23 24	16 17 18 19 20 21 22	20 21 22 23 24 25 26	18 19 20 21 22 23 24
	24 25 26 27 28 29 30	28 29 30 31	25 26 27 28 29 30	23 24 25 26 27 28 29	27 28 29 30	25 26 27 28 29 30 31
	31			30 31		

Los meses del año son:

enero	**julio**
febrero	**agosto**
marzo	**setiembre (septiembre)**
abril	**octubre**
mayo	**noviembre**
junio	**diciembre**

¿Cuántos meses hay en un año?	Hay doce meses en el año.
¿Cuántos días hay en un año?	Depende. En un año regular hay trescientos sesenta y cinco días; en un año bisiesto hay trescientos sesenta y seis días.
¿Cuáles son las estaciones del año?	Las cuatro estaciones son **la primavera, el verano, el otoño** y **el invierno.**
¿Cuáles son los meses del verano?	Los meses del verano son junio, julio y agosto.
¿Cuáles son los meses del invierno?	Los meses del invierno son diciembre, enero y febrero.
¿Cuál es la fecha de hoy?	Es **el primero** de octubre.
¿Cuál es la fecha del día de los Novios?	Es **el catorce** de febrero.

25/X/1979 = el veinticinco de octubre de mil novecientos setenta y nueve
4/VII/1776 = el cuatro de julio de mil setecientos setenta y seis
1/XI/1517 = el primero de noviembre de mil quinientos diecisiete

Conclusiones — Los meses y las fechas

1. En español los meses y las estaciones se escriben con minúscula.
   febrero, mayo, setiembre, diciembre, etc.
2. Se usa **el primero** para el primer día del mes. Se usa el número cardinal (**el siete, el catorce, el treinta y uno,** etc.) para los otros días.
3. En la abreviatura, el día precede al mes y el mes se indica con número romano.
   25/XII/88
4. Los años se leen igual que los números.
   1492 → mil cuatrocientos noventa y dos
   1995 → mil novecientos noventa y cinco

Cómo se hace para pedir perdón

¡Perdón!	Lo siento.	Disculpe.
Perdóneme.	Lo siento mucho.	Discúlpeme.

Situaciones
1. ¿Qué le dice a la profesora cuando Ud. llega a clase sin la tarea?
2. ¿Qué le dice a un amigo que dice que su perro está enfermo, que trabaja sesenta horas por semana y que su novia ama a otra persona?
3. ¿Qué dice Ud. si necesita entrar en un edificio y otra persona está bloqueando la puerta?

ACTIVIDADES

22. Días festivos. *Ud. está con un estudiante extranjero que no comprende los días festivos de su país. Identifique las fechas de estos días festivos.*

1. el día de los Novios
2. el día de la Independencia
3. el día de Acción de Gracias
4. Navidad
5. el día de los Muertos
6. el día de Martin Luther King, Jr.
7. el día de la Madre
8. el día del Trabajador
9. Año Nuevo
10. el cumpleaños de Ud.

23. Entrevista (entre dos o en pequeños grupos). *Pregúntele a alguien de la clase...*

1. cuándo es su cumpleaños.
2. cuándo es el cumpleaños de ?.
3. cuándo comienzan las vacaciones de invierno.

4. cuándo comienzan las clases del próximo semestre.
5. qué día es el examen final.
6. cuál es la fecha y el año en este momento.

Los signos del zodiaco

Capricornio: del 22 de diciembre al 19 de enero

Tauro: del 20 de abril al 20 de mayo

Libra: del 23 de setiembre al 23 de octubre

Escorpión: del 24 de octubre al 21 de noviembre

Géminis: del 21 de mayo al 21 de junio

Cáncer: del 22 de junio al 22 de julio

Sagitario: del 22 de noviembre al 21 de diciembre

Aries: del 21 de marzo al 19 de abril

Leo: del 23 de julio al 22 de agosto

Virgo: del 23 de agosto al 22 de setiembre

Acuario: del 20 de enero al 18 de febrero

Piscis: del 19 de febrero al 20 de marzo

24. Autorretrato (entre dos o en pequeños grupos). *Con su signo del zodíaco, haga un corto autorretrato.*

EJEMPLO **Mi signo es Virgo. Mi cumpleaños es el 17 de setiembre. Como Virgo, yo soy muy intelectual, organizado y poco sentimental. Pero también soy honesto, sincero y serio. Los virgos somos muy buenos amigos y esposos. El mundo necesita más gente como nosotros.**

PRONUNCIACIÓN Y ORTOGRAFÍA

A. *La letra **d** se pronuncia de dos formas en español: una **d** oclusiva [d] y una **d** fricativa [đ]. Para la pronunciación de la **d** oclusiva, la punta de la lengua está en contacto directo con los dientes frontales. Este sonido ocurre al principio de una frase y después de una pausa. También ocurre después de las letras **l** y **n.** Escuche y pronuncie las frases a continuación.*

¿De quién es la falda amarilla?	Esa falda es de Yolanda Meléndez.
Daniel tiene un diez en su examen.	El día está lindo.

B. *La **d** fricativa [đ] ocurre en todas las otras posiciones de la letra **d**. Para pronunciar la **d** fricativa, la lengua está en casi la misma posición que para la **d** oclusiva, pero la punta de la lengua no llega a los dientes frontales. Escuche y pronuncie las frases a continuación.*

Soy de los Estados Unidos.	Adriana es de Madrid.
Tengo diez cuadernos verdes.	Mi vida es demasiado complicada.

C. *En las frases a continuación, identifique cuáles son las **d** oclusivas y cuáles son las **d** fricativas. Después, lea las frases en voz alta con buena pronunciación.*

¿De dónde es Alfredo?	Alfredo es del estado de Colorado.
¿Dónde están Yolanda y Diego?	Están al lado del edificio verde.
¿Cuándo tienes tu cita con el médico?	Tengo mi cita con el médico el día dos de diciembre.
¿Es Estados Unidos más grande que el Ecuador?	Sí, Estados Unidos es más grande que el Ecuador.
¿Es verdad que el español es difícil?	No, no es verdad. Estudiar español es una gran oportunidad.

EN CONTEXTO

EN VIVO

Estudie el programa televisivo del martes en la página 89 y conteste las preguntas a continuación.

1. Estudie los nombres de las novelas (telenovelas) y especule sobre su contenido.   2. ¿Cuántos canales hay en este anuncio?   3. ¿Cómo se llaman los programas para niños?   4. ¿Qué programas son noticieros (i.e., de noticias)?   5. ¿Qué programa se dedica a enseñar a cocinar?   6. ¿Qué programas son de comediantes?   7. ¿En qué programas pasan películas?   8. ¿Qué programas son exportaciones de los Estados Unidos?

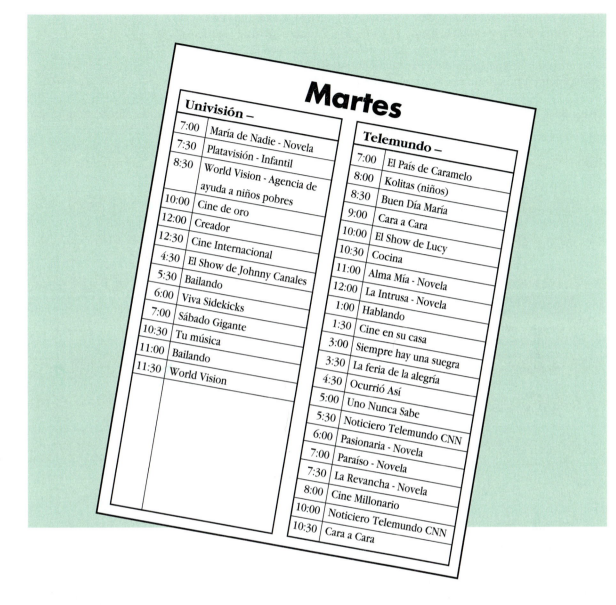

Martes

Univisión –	
7:00	María de Nadie - Novela
7:30	Platavisión - Infantil
8:30	World Vision - Agencia de ayuda a niños pobres
10:00	Cine de oro
12:00	Creador
12:30	Cine Internacional
4:30	El Show de Johnny Canales
5:30	Bailando
6:00	Viva Sidekicks
7:00	Sábado Gigante
10:30	Tu música
11:00	Bailando
11:30	World Vision

Telemundo –	
7:00	El País de Caramelo
8:00	Kolitas (niños)
8:30	Buen Día María
9:00	Cara a Cara
10:00	El Show de Lucy
10:30	Cocina
11:00	Alma Mía - Novela
12:00	La Intrusa - Novela
1:00	Hablando
1:30	Cine en su casa
3:00	Siempre hay una suegra
3:30	La feria de la alegría
4:30	Ocurrió Así
5:00	Uno Nunca Sabe
5:30	Noticiero Telemundo CNN
6:00	Pasionaria - Novela
7:00	Paraíso - Novela
7:30	La Revancha - Novela
8:00	Cine Millonario
10:00	Noticiero Telemundo CNN
10:30	Cara a Cara

LECTURA
La tertulia

En los países hispanos, la vida en la calle y en los lugares públicos como parques y plazas es mucho más intensa que en los Estados Unidos. Cada ciudad tiene una plaza central. En frente de esa plaza, casi siempre hay dos edificios esenciales: una **iglesia** y el **palacio municipal** que representan las grandes instituciones de la sociedad.

Pero al lado de esos grandes edificios solemnes, hay pequeños restaurantes, bares y tabernas que a veces tienen también una importancia institucional. La gente pasa mucho tiempo en esos lugares. Hablan de todo: de la política, del arte, del amor, de los amigos, etc. A veces la **misma** gente se reúne en los mismos lugares durante muchos años para conversar.

iglesia: templo, edificio eclesiástico
palacio municipal: edificio para el gobierno municipal

misma: idéntica

Esas conversaciones habituales se llaman «tertulias» y en algunos casos adquieren mucha importancia histórica y literaria. Grandes artistas, políticos, escritores, intelectuales —todos en algún momento participan en una tertulia. Obviamente la vida institucional que **tiene lugar** en los grandes edificios es muy importante. Pero no menos importante es la vida de las tertulias.

tener lugar: ocurrir

Preguntas   1. ¿Qué es una tertulia?   2. ¿En los Estados Unidos pasa la gente mucho tiempo en los espacios públicos?   3. ¿Cómo es una plaza típica de una ciudad tradicional española?   4. ¿De qué habla la gente en una tertulia?   5. ¿En qué sentido son importantes las tertulias en la historia de los países hispanos?

Galería hispánica: Nicaragua

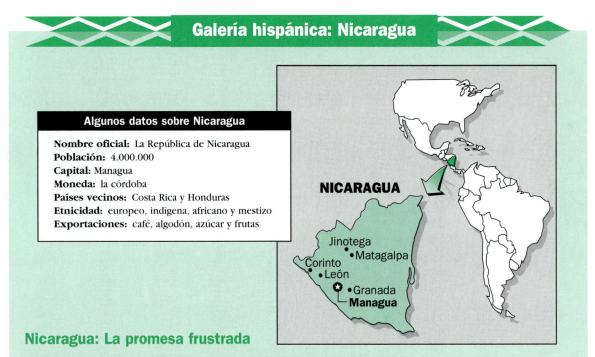

Algunos datos sobre Nicaragua

Nombre oficial: La República de Nicaragua
Población: 4.000.000
Capital: Managua
Moneda: la córdoba
Países vecinos: Costa Rica y Honduras
Etnicidad: europeo, indígena, africano y mestizo
Exportaciones: café, algodón, azúcar y frutas

NICARAGUA

Jinotega
•Matagalpa
Corinto
•León
✪ •Granada
└**Managua**

Nicaragua: La promesa frustrada

Sin duda, Nicaragua es uno de los países más hermosos del mundo. Casi un 50% (cincuenta por ciento) de su territorio está **cubierto** de **bosques** tropicales con muchísimos tipos de árboles, flores y otras plantas. También es posible encontrar en los bosques nicaragüenses numerosos animales, incluso **venados, pumas,** cocodrilos y serpientes. Hay una gran variedad de **paisajes** en Nicaragua —playas, montañas, **sabanas** y dos grandes lagos muy hermosos. También hay muchos recursos naturales, no todos explotados. Algunos nicaragüenses trabajan en minas de oro y **cobre,** pero existe la posibilidad de muchas otras industrias que no se cultivan por falta de capital, organización y tecnología.

La historia de Nicaragua en este siglo es interesantísima, aunque no siempre feliz. Entre 1936 y 1979, el país **fue** dominado por la familia Somoza y gobernado por dos dictadores de esa misma familia. Después de cuarenta y dos años de **dictadura,** el movimiento revolucionario de los sandinistas **derrocó** a Somoza e **instaló** un gobierno socialista.

cubierto: *covered*
bosque: *forest*
venado: *deer*
puma: un gato grande
paisaje: *landscape*
sabana: *plain*

cobre: *copper*

fue: el pasado de *ser*
dictadura: gobierno de un dictador
derrocó: *defeated*
instaló: el pasado de *instalar*

Los sandinistas **encontraron** mucha oposición de los conservadores de su propio país y también del gobierno de los Estados Unidos. La oposición **creció** mucho a causa de serios problemas económicos. En 1990, el gobierno sandinista fue derrocado en elecciones democráticas. Desde ese momento, un gobierno democrático gobierna el país.

El mayor problema de Nicaragua es la **pobreza.** Muchos niños nicaragüenses estudian en escuelas **fundadas** por el gobierno sandinista, pero hasta ahora la economía del país no sostiene un **alto nivel de vida** para todos sus habitantes. Sin embargo, el espíritu del pueblo nicaragüense es muy fuerte, y muchos jóvenes nicaragüenses trabajan para mejorar su país. Nicaragua también es un país de poetas. Por ejemplo, el poeta Rubén Darío (1867–1916) es considerado por algunos críticos el mejor poeta hispanoamericano de todos los tiempos, y en nuestros tiempos el nombre de Ernesto Cardenal siempre figura en las listas de los mejores poetas de este siglo.

encontraron: el pasado de *encontrar*
creció: *grew*

pobreza: *poverty*
fundadas: *founded*
alto nivel de vida: *high standard of living*

Preguntas   1. ¿Cómo son los paisajes de Nicaragua?   2. ¿Qué animales se encuentran en los bosques de Nicaragua?   3. ¿Cuáles son los principales recursos naturales de Nicaragua?   4. ¿Cómo se llama la familia que dominó la política de Nicaragua durante los años 1936 y 1979?   5. ¿Cómo se llama el grupo que derrocó a esa familia?   6. ¿Qué tipo de gobierno tiene Nicaragua ahora?   7.¿Cuál es el mayor problema social de Nicaragua?   8. ¿Tiene Nicaragua un alto nivel de vida?   9. ¿Por qué se dice que Nicaragua es un país de poetas?   10. ¿Cómo se llaman dos de los más importantes poetas de Nicaragua?

A ESCUCHAR

Escuche la selección.

Ahora, escuche la selección por partes e indique si las oraciones son verdaderas o falsas.

1. v   f   5. v   f   8. v   f
2. v   f   6. v   f   9. v   f
3. v   f   7. v   f   10. v   f
4. v   f

SITUACIONES

Situación 1   Ud. está con una amiga de otra universidad. Hágale preguntas sobre la vida estu-
                  diantil en su universidad. Información que Ud. desea: ¿Qué días de la semana tienen
                  clases? ¿Qué clases son? ¿A qué hora son las clases? ¿Dónde está su universidad? ¿En
                  el campo? ¿En el centro de una gran ciudad? ¿Dónde están los estudiantes los fines
                  de semana? ¿Cuándo estudian? ¿Cuántas horas por día estudian? ¿Estudian más
                  durante la semana o los fines de semana? ¿Cuándo hay fiestas? ¿Qué toman en las
                  fiestas? ¿Bailan en las fiestas o sólo conversan? ¿A qué hora terminan las fiestas?

Situación 2   Invente una parodia de la vida estudiantil en una universidad rival. Por ejemplo: *El
                  centro social de la universidad XXX es el gimnasio porque todos tienen la con-
                  centración en educación física. Los alumnos estudian veinte minutos por sema-
                  na, pero solamente si es muy necesario. No hay más que fiestas todo el día por-
                  que no es necesario estudiar para sacar una buena nota,* etc.

Situación 3   Formule veinte preguntas sobre un punto del mapa. Usando los mapas que están al
                  principio de este libro, seleccione un país o una ciudad del mundo hispano.
                  Después conteste las preguntas de sus compañeros de clase con sí o no. Cuando
                  alguien adivina *(adivinar: to guess)* la respuesta, esa persona selecciona un lugar.
                  Preguntas posibles: *¿Está en Latinoamérica o España? ¿Está al norte o al sur de
                  Venezuela? ¿Está al suroeste o al noroeste de Buenos Aires? ¿Está cerca de la
                  costa o está en el centro del país?*

Situación 4   Ud. está con una estudiante de intercambio que se llama Marta. Marta es de Chile,
                  donde el año escolar no tiene las mismas fechas que en los Estados Unidos porque
                  las estaciones del hemisferio sur son distintas. Describa su año escolar a Marta. ¿En
                  qué fecha comienzan las clases? ¿Cuáles son las fechas de los exámenes de mitad de
                  semestre? ¿Cuáles son las fechas de las vacaciones de invierno? ¿Cuándo son las
                  vacaciones de primavera? Etc. Un/a compañero/a de clase es Marta.

COMPOSICIÓN

Tema 1   Escriba una composición sobre su ciudad natal. Use la *Lectura* como guía.

Tema 2   Escriba una parodia de una ciudad que Ud. no admira.

VOCABULARIO ACTIVO

Los meses del año

enero	mayo	setiembre
febrero	junio	octubre
marzo	julio	noviembre
abril	agosto	diciembre

Los días de la semana

lunes	jueves	sábado
martes	viernes	domingo
miércoles		

Las estaciones

la primavera	el otoño
el verano	el invierno

Otras expresiones de tiempo

el año	mañana	próximo/a
el día	el mes	la semana
el fin de semana	pasado mañana	el siglo
hoy		

Verbos

bailar	escuchar	manejar
caminar	estudiar	nadar
cantar	fumar	necesitar
comprar	ganar	practicar
charlar	hablar	separar
descansar	llegar	tomar
desear	llevar	trabajar

Lugares y edificios

el ascensor	la discoteca	el palacio municipal
el auditorio	la esquina	la plaza
el barrio	la fuente	el restaurante
la calle	el gimnasio	el supermercado
el campo	la iglesia	la taberna
la carretera	el jardín	el teatro
la catedral	el jardín zoológico	el templo
la ciudad	el lago	la terminal
la colina	el mar	la torre
la cuadra	el museo	el valle
el desierto	la nube	

Otros sustantivos

el amor	la fiesta	el/la novio/a
el árbol	la flor	el/la perro/a
el baile	la mitad	el/la socio/a
el concierto	la Natividad	las vacaciones
el cumpleaños	el/la niño/a	

Expresiones útiles

algún, alguno/a	en frente de	unos/unas
desde	mientras	ya
durante	todavía	

Adjetivos

atento/a	demasiado/a	muerto/a
bastante	espléndido/a	nuevo/a
bueno/a → mejor	lógico/a	poco/a
cortés	malo/a → peor	próximo/a
cuidadoso/a	mucho/a	tanto/a

Adverbios

rápido ≠ despacio

Expresiones interrogativas

¿a cuántas horas?	¿cada cuándo?	¿cuántos/cuántas?
¿a qué distancia?	¿cuánto/cuánta?	

Los puntos cardinales

el este	el norte	el sureste
el noreste	el oeste	el suroeste
el noroeste	el sur	

Vocabulario personal

_____   _____

_____   _____

_____   _____

_____   _____

_____   _____

CAPÍTULO 5

VAMOS A COMER

TEMAS
- La comida
- Los deseos, obligaciones y responsabilidades
- El tiempo
- El transporte
- Los planes

FUNCIONES
- Iniciar una conversación
- Preguntar a alguien si sabe algo
- Decir que uno no sabe
- Pedir comida en un restaurante

GRAMÁTICA
5.1 Los verbos regulares de la segunda conjugación
5.2 *Hacer, poner, traer, saber* y *ver*
5.3 *Ir* y *venir*
5.4 Algunos usos del infinitivo
5.5 El tiempo
5.6 Los pronombres después de preposiciones
5.7 *Ir a* con infinitivos

GALERÍA HISPÁNICA
Chile

EN MARCHA

5.1 ¿Qué comemos hoy?

El desayuno

el jugo de naranja
la taza de té
los huevos fritos
el vaso de leche
la mantequilla
el tocino
la taza de café
el bizcocho
el jamón
los panqueques
los cereales

El almuerzo

el queso
el refresco
la hamburguesa
la lechuga
la cerveza
el pan
el agua mineral
la manzana
la naranja
las papas fritas
el dulce

La cena

LA CARNE
el vino
EL POSTRE
las chuletas de puerco
el rosbif
el pavo
el pastel
el puré de papas
el pollo
las verduras
el biftec
el pescado
el helado

PRIMER PASO

¿**Comes** mucho tú? ¡Ay, sí! Yo **como** demasiado.

¿**Come** Ud. carne? No, no **como** carne. Soy vegetariana.

¿**Comen** Uds. pollo o pescado los viernes? **Comemos** pescado los viernes.

¿Qué **coméis** vosotros para el almuerzo? **Comemos** arroz con pollo con verduras.

Aprendemos los términos para la comida en el mundo hispano.

Bebo café con el desayuno y un refresco con el almuerzo.

Raúl **come** mucho porque **corre** diez kilómetros por día.

Mi madre **cree** que los libros no son necesarios para cocinar bien.

Conclusiones

Los verbos regulares de la segunda conjugación

1. **Comer** es un verbo regular de la segunda conjugación. Los infinitivos de la segunda conjugación terminan en **-er**.
2. Otros verbos comunes de la segunda conjugación son **aprender, beber, comprender, correr, creer** y **leer**.

Formación

sujetos	raíz	terminaciones	comer
yo	**com-**	**-o**	como
tú	**com-**	**-es**	comes
Ud., él, ella	**com-**	**-e**	come
nosotros / nosotras	**com-**	**-emos**	comemos
vosotros / vosotras	**com-**	**-éis**	coméis
Uds., ellos, ellas	**com-**	**-en**	comen

Sinopsis

aprender	**beber**	**comer**	**comprender**	**creer**	**leer**
aprendo	bebo	como	comprendo	creo	leo
aprendes	bebes	comes	comprendes	crees	lees
aprende	bebe	come	comprende	cree	lee
aprendemos	bebemos	comemos	comprendemos	creemos	leemos
aprendéis	bebéis	coméis	comprendéis	creéis	leéis
aprenden	beben	comen	comprenden	creen	leen

SEGUNDO PASO

¿Cuándo comes?	Como cuando **tengo hambre.**
¿Por qué llora el niño?	Llora porque **tiene mucha hambre.**
¿Cuándo bebes cerveza?	Bebo cerveza cuando **tengo sed.**
¿Deseas una cerveza ahora?	No, porque **tengo poca sed.**

Conclusiones

Expresiones con *hambre* y *sed*

1. **Tener** se usa con **hambre** y **sed**.
2. Se usan adjetivos (**mucha, poca, demasiada,** etc.) con **hambre** y **sed**.

ACTIVIDADES

1. ¿Qué come la gente?

MODELO   Jorge / pan tostado → **Jorge come pan tostado.**

1. Ana / jamón con queso
2. nosotros / naranjas
3. esos hombres / bistec
4. tú / huevos
5. vosotros / ensalada
6. yo / un helado
7. Tomás y yo / cereales
8. Toni / un sandwich
9. nosotros / galletas
10. tú / verduras
11. el conejo / lechuga
12. los ratones / queso

2. ¿Qué bebe la gente? (entre dos)

MODELO   Micaela / con el desayuno
   E<small>STUDIANTE</small> 1: **¿Qué bebe Micaela con el desayuno?**
   E<small>STUDIANTE</small> 2: **Bebe café con leche con el desayuno.**

1. mi mejor amigo / a medianoche	5. su profesor(-a) / con la cena
2. los estudiantes de... / por la noche	6. tú / a mediodía
3. los españoles / con el almuerzo	7. los italianos / con pizza
4. nosotros / con un sandwich	8. Don Tremendón / siempre

3. Entrevista (entre dos). *Pregúntele a un/a compañero/a de clase qué come y qué bebe durante el día. Use la tabla para formular sus preguntas y sus respuestas.*

1. ¿Qué come Ud. para el desayuno?	4. ¿Qué bebe Ud. con la cena?
2. ¿Qué come Ud. para el almuerzo?	5. ¿Qué bebe Ud. con el almuerzo?
3. ¿Qué come Ud. para la cena?	6. ¿Qué bebe Ud. con el desayuno?

huevos fritos	una ensalada mixta	rosbif
jugo de naranja	un agua mineral	papas fritas
jamón	cereales con leche	un sandwich de...
pan tostado	un refresco	una hamburguesa
café con leche	queso	verduras
leche fría	té con limón	chocolate (caliente)
sopa de tomate	una ensalada de frutas	pescado
chuletas de puerco	un helado	pavo
un bistec	un dulce	pollo frito
puré de papas	sopa de frijol	ponche

4. Informe. *Ahora, con* **dice que...,** *informe a la clase sobre los gustos culinarios de su compañero/a de la actividad anterior.*

5. La comida en momentos especiales (entre dos). *Pregúntele a un/a compañero/a qué prepara (o que cocina) para momentos especiales.*

EJEMPLOS   si tiene poca hambre
   E<small>STUDIANTE</small> 1: **¿Qué preparas si tienes poca hambre?**
   E<small>STUDIANTE</small> 2: **Preparo una ensalada de frutas.**

   si tiene invitados a quienes desea impresionar
   E<small>STUDIANTE</small> 1: **¿Qué cocinas si tienes invitados a quienes deseas impresionar?**
   E<small>STUDIANTE</small> 2: **Cocino un pescado a la veracruzana.**

1. si vienen amigos a tu casa	6. para el día de Acción de Gracias
2. si viene la madre de su novio/a	7. para el día de las Madres
3. si tiene una sed terrible	8. si los niños de su barrio tienen hambre y vienen a comer
4. cuando tiene hambre a medianoche	
5. para una fiesta de fin de año	

5.2 ¿Qué traes a la fiesta?

PRIMER PASO

la taza
el vaso
el platillo
el plato
la copa
la servilleta
el cuchillo
el tenedor
la cuchara

¿Dónde **pone** Ud. el vaso?
¿**Trae** Ud. el vino para la cena?
¿Qué **ves** tú en la mesa?
¿**Sabes** dónde están los platos?
¿Qué **haces** para la fiesta?

Pongo el vaso detrás del plato.
Sí, con todo gusto **traigo** el vino.
Veo una servilleta sucia.
No, pero **sé** que no están aquí.
Hago un pastel de manzana.

Conclusiones

Hacer, poner, traer, saber y ver

1. **Hacer, poner, traer, saber** y **ver** son verbos de la segunda conjugación que son irregulares en la primera persona singular.
2. Las otras formas son regulares. Note que **veis**, la forma de **ver** que corresponde a *vosotros*, no lleva acento porque es una sola sílaba.

Sinopsis

hacer	poner	traer	saber	ver
hago	**pongo**	**traigo**	**sé**	**veo**
haces	pones	traes	sabes	ves
hace	pone	trae	sabe	ve
hacemos	ponemos	traemos	sabemos	vemos
hacéis	ponéis	traéis	sabéis	veis
hacen	ponen	traen	saben	ven

SEGUNDO PASO

¿Qué **hace** tu amigo cuando come?
¿Qué **haces** hoy?
¿Qué **hacéis** en la biblioteca?
¿Quién **hace** ese ruido?
¿Quiénes **hacen** esos pasteles?

Lee el periódico.
Trabajo todo el día.
Leemos y conversamos.
Mi hermanito hace ese ruido.
Mis tías hacen esos pasteles para Navidad.

Conclusiones

El verbo *hacer* tiene dos significados principales

1. ¿Qué hace Juan? = *¿Cuál es la actividad de Juan?*
2. ¿Quién hace coches? = *¿Quién fabrica coches?*

Cómo se hace para preguntar a alguien si sabe algo

¿Sabe Ud. si... ?   ¿Sabe Ud. algo acerca de... ?
¿Sabes si... ?   ¿Sabe Ùd. cómo (dónde, cuándo, etc.)... ?

Cómo se hace para decir que uno no sabe

No sé.   No tengo idea.
No lo sé.   ¡Qué sé yo!
Disculpe, pero no sé...   ¡Ni idea!

Situaciones

1. Ud. tiene poco tiempo en su universidad y necesita saber dónde tomar el autobús, dónde comprar libros y dónde comer. Con otro/a estudiante de la clase, inicie una serie de preguntas usando las fórmulas de arriba.
2. Escuche las preguntas de su compañero/a de la situación de arriba. Si sabe la respuesta, conteste las preguntas de forma positiva. Si no sabe la respuesta, explíquele eso a su compañero/a usando una de las fórmulas de arriba.

ACTIVIDADES

6. ¿Cómo se pone la mesa? (entre dos) *Ud. tiene que explicar a un/a compañero/a cómo se pone la mesa.*

MODELO   el tenedor
ESTUDIANTE 1: **¿Dónde pones el tenedor?**
ESTUDIANTE 2: **Pongo el tenedor entre el plato y la taza.**

1. el platillo   4. el vaso   7. la copa
2. el cuchillo   5. el plato   8. los cubiertos
3. la servilleta   6. la cuchara   9. la taza

7. Otras costumbres. *Ahora, describa como otra gente pone la mesa. Use sujetos como:* **mi madre, mi compañero/a de cuarto y yo, Gumersinda,** *etc.*

8. ¿Cómo se organiza una fiesta? (entre dos) *Ud. y algunos amigos desean organizar una fiesta. Use la tabla para explicar quién trae qué.*

MODELO   los refrescos
ESTUDIANTE 1: **¿Quién trae los refrescos?**
ESTUDIANTE 2: **Yo traigo los refrescos.**

1. las galletas   7. la carne   13. el queso
2. el jamón   8. la ensalada   14. la cerveza
3. las servilletas   9. el helado   15. el ponche
4. los cubiertos   10. los vasos   16. las frutas
5. el postre   11. los discos   17. el aperitivo
6. el vino   12. el pan   18. la mantequilla

9. Entrevista (entre dos). *Pregúntele a un/a compañero/a qué hace en las situaciones a continuación.*

MODELO   en un restaurante
ESTUDIANTE 1: **¿Qué haces en un restaurante?**
ESTUDIANTE 2: **Como y bebo en un restaurante.**

1. en una piscina
2. en la biblioteca
3. en un bar
4. en una discoteca

5. en una cafetería
6. en una taberna
7. en un club vegetariano
8. en la casa de Don Tremendón

10. ¿Qué ves? (entre dos) *Conteste las preguntas de un/a compañero/a sobre las cosas que ves y no ves en los lugares en la lista.*

EJEMPLO   ESTUDIANTE 1: **¿Ves carne en un restaurante vegetariano?**
ESTUDIANTE 2: **No, no veo carne en un restaurante vegetariano.**

1. carne
2. leche
3. cerveza
4. papas fritas
5. naranjas
6. refrescos
7. huevos fritos
8. pan
9. ?

a. en un Burger King
b. en una iglesia
c. en un bar
d. en una ensalada de frutas
e. en un restaurante elegantísimo
f. en una hamburguesa
g. en un vaso
h. en una taza
i. ?

11. ¿Qué haces para... ? (entre dos) *Explíquele a alguien de la clase qué plato haces para las comidas, reuniones, fiestas, etc. a continuación.*

EJEMPLO   ESTUDIANTE 1: **¿Qué haces para el desayuno?**
ESTUDIANTE 2: **Hago huevos fritos para el desayuno.**

1. para una fiesta de niños
2. para una fiesta de fin de año
3. para una cena elegante
4. para un picnic

5. para un desayuno entre amigos
6. para una larga noche de estudio
7. para un almuerzo informal
8. para una boda

Ahora describa qué hace Gumersinda y su hermano Don Tremendón para las mismas ocasiones.

EJEMPLO   **Don Tremendón y Gumersinda hacen hamburguesas con chocolate para una cena elegantísima.**

5.3   ¿Adónde vas y de dónde vienes?

PRIMER PASO

¿**Adónde vas** tú?
¿Cómo **va** Marisa al centro?
¿**Van** Uds. en coche o a pie?
¿**Vais** a Nueva York en tren o en avión?

(Yo) **voy** a un café.
Creo que **va** en taxi.
Vamos a pie.
Vamos en autobús.

Conclusiones

El verbo *ir*

1. El infinitivo de los verbos en el Primer paso es **ir**. Es un verbo de movimiento, y es muy irregular.
2. **Adónde** es una palabra interrogativa que se usa mucho con **ir.**

	ir	
voy		vamos
vas		vais
va		van

SEGUNDO PASO

¿Cómo **viene** Ud. a la universidad?   **Vengo** en moto.
¿Por qué siempre **vienes** tarde?   Estás equivocado. Siempre **vengo** a la hora.
¿De dónde **viene** esa chica alta?   Rafael dice que **viene** de Chile.
¿**Venís** vosotros a mi casa esta noche?   No, pero **venimos** mañana.

Conclusiones

El verbo *venir*

1. **Venir** es el contrario de **ir**.
2. **De dónde** es una expresión interrogativa que se usa mucho con **venir**.

Sinopsis

	venir	
vengo		venimos
vienes		venís
viene		vienen

TERCER PASO

Estoy en Madrid, pero **voy** con frecuencia **a** Barcelona.
Raúl casi siempre **estudia en** la biblioteca, pero esta noche **viene a** mi casa para estudiar.

Conclusiones

A y *en* con nombres de lugar

1. Se usa **a** entre *ir, venir* y otros verbos de movimiento y un nombre de lugar.
   Voy a Málaga.   **Venimos a** clase todos los días.
   Vamos al campo.   ¿Cuándo **vienes a** casa?
2. Entre verbos que no son de movimiento y un nombre de lugar se usa **en**.
   Estamos en la playa.   **Comemos en** ese restaurante.
   Trabajo en McDonalds.   **Estoy en** Madrid.

Cómo se hace para iniciar una conversación
Perdone...   ¡Qué calor!
Disculpe...   ¡Qué frío!
Oiga, señor, ...   ¡Qué lindo (feo) está el día!

Situaciones

1. Ud. está en el ascensor con una persona fabulosa. Inicie una conversación usando una de las fórmulas de arriba.

2. Ud. está en la parada del autobús. Hay una persona interesante en la misma parada. Inicie una conversación usando una de las fórmulas de arriba.

ACTIVIDADES

12. Retratos y autorretratos (entre dos). *Explique adónde van Ud. y los otros sujetos a continuación en las ocasiones indicadas.*

MODELO   Miguel / a medianoche (a casa)
ESTUDIANTE 1: **¿Adónde va Miguel a medianoche?**
ESTUDIANTE 2: **Va a casa.**

1. tú / a las tres de la tarde (al gimnasio)
2. Uds. / los sábados (al campo)
3. Ana y Lisa / cuando tienen hambre (a Wendy's)
4. tu papá / cuando necesita dinero (al banco)
5. Jaime / cuando necesita un libro (a la biblioteca)
6. vosotros / después de clase (a casa)

13. Medios de transporte (entre dos). *Pregúntele a un/a compañero/a sobre los medios de transporte que usa para ir a distintos lugares.*

MODELO   a la playa / en coche o en avión
ESTUDIANTE 1: **¿Cómo vas a la playa, en coche o en avión?**
ESTUDIANTE 2: **Voy en coche.**

1. al centro / a pie o en moto
2. al parque / en bicicleta o en tren
3. a la iglesia / en autobús o a pie
4. a España / en coche o en avión
5. a un picnic / a pie o en avión
6. a clase / a pie o en helicóptero
7. al teatro / en metro o en barco
8. a una isla / en moto o en barco
9. al garaje / a pie o en submarino
10. al cine / en avión o en taxi

14. Una fiesta (entre dos). *Ud. y unos amigos hacen planes para una fiesta. Conteste las preguntas de forma original.*

MODELO   con quién / María
ESTUDIANTE 1: **¿Con quién viene María?**
ESTUDIANTE 2: **Viene con su novio.**

1. a qué hora / Pablo y Roberto
2. con quién / tú
3. con quiénes / Uds.
4. tarde o temprano / vosotros
5. solo o con otra persona / Marisa
6. con mucha hambre / todo el

15. ¿En o a? *Ayúdele al pobre de Pepito que no sabe distinguir entre* **en** *y* **a.**

1. Estamos _____ un restaurante.

2. Antonio viene _____ mi casa.

3. Estudio _____ una escuela primaria.

4. Como _____ la cafetería.

5. Nadamos _____ el gimnasio.

6. Vamos _____ la plaza.

7. Mi mamá viene _____ la reunión.

8. Mañana voy _____ la casa de un amigo.

16. Entrevista (entre dos). *Ud. está en la casa de alguien de la clase. Invente preguntas para su amigo/a. Use la tabla para formar las preguntas.*

1. ¿Adónde vas depués de clase?
   antes de comer?
   después de estudiar?
   a mediodía?
   los fines de semana?
   los domingos?

2. ¿Quién viene a la universidad hoy?
   ¿Quiénes vienen a medianoche?
   los fines de semana?
   los viernes por la noche?
   los sábados por la mañana?

3. ¿Cómo vas al centro?
   al teatro?
   al laboratorio?
   a Europa?
   a otro planeta?
   a la playa?

4. ¿Quién viene a clase en taxi?
   en moto?
   a caballo?
   en bicicleta?
   en un coche morado y amarillo?

NOTA CULTURAL

¿A qué hora comemos?

En España y en muchos países de Hispanoamérica el horario típico de las comidas no es igual que en los Estados Unidos. El desayuno, que general-mente consiste en café con leche, pan tostado o pan dulce, es temprano por la mañana. La gente trabaja hasta la una de la tarde. El almuerzo no es hasta las dos de la tarde, y es una comida grande, con varios aperitivos, un plato principal de carne, pollo o pescado, papas o arroz, una ensalada y un **postre**.

Después de un almuerzo tan grande, la gente obviamente necesita descan-sar un poco. El descanso es la famosa siesta que dura más o menos una hora. Casi todo el mundo está de acuerdo: la siesta es una **costumbre** muy civili-zada. A las cuatro de la tarde la gente regresa a su trabajo. Trabajan a veces hasta las siete o las ocho de la noche.

La cena no es hasta las nueve o las diez de la noche y **por lo general** consiste en un plato **ligero** de huevos, pescado o sopa. La gente general-mente trabaja tantas horas como los norteamericanos. Pero su horario es dis-tinto—y quizás más humano—que nuestro horario.

postre: un plato dulce que se come al final de una comida

costumbre: hábito o práctica social

por lo general: general-mente
ligero: de poca sustancia, *light*

5.4 ▷ **¿Sabes manejar?**

¿Por qué **es necesario estudiar**?	**Es necesario estudiar para aprender**.
¿Es posible aprender sin estudiar?	Quizás para algunas personas, pero yo **necesito estudiar** mucho **para sacar** notas aceptables.
¿Qué **deseáis comprar**?	**Deseamos comprar** carne y papas.
¿Tienes que comer ahora?	Sí, **tengo que comer antes de prac-ticar** al fútbol.
¿Corres **antes** o **después de comer**?	Corro **antes de comer. No es posi-ble correr después de comer.**
¿Qué **debemos comer para ser** fuer-tes y sanos?	**Deben comer** granos enteros y muchas legumbres.
¿Sabes hacer tamales?	Sí, **sé hacer** comida mexicana, pero no **sé lavar** platos.
¿Es bueno tomar mucho alcohol?	No, (el) **tomar** demasiado es malo para la salud. (El) **fumar** también es un vicio.

Conclusiones   **Algunos usos del infinitivo**

1. El infinitivo se combina con **ser + adjetivo**.
   Es importante comer bien. **Es posible tomar** demasiado.
2. El infinitivo se combina con expresiones como **necesitar, desear, deber, saber** y **tener que**.
   Guillermo **necesita trabajar**. *(necesitar = tener necesidad)*
   Deseamos estar en casa. *(desear = tener un deseo)*
   Debes estar más atento. *(deber = tener una obligación)*
   No **sé manejar**. *(saber = tener la capacidad)*
   Tienes que escuchar más. *(tener que = tener una obligación inescapable)*

3. El infinitivo se usa después de preposiciones.
> **antes de llegar, después de comer, sin trabajar**

4. El infinitivo después de **para** indica el propósito o el objetivo del verbo.
> Estudio **para sacar** buenas notas.
> Corremos **para estar** en buena forma.

5. El infinitivo funciona a veces como el sujeto de una oración; en estos casos es posible (pero no frecuente) usar **el** antes del infinitivo.
> **Nadar** *(El nadar)* es un buen ejercicio.
> **Fumar** *(El fumar)* es malo para la salud.

ACTIVIDADES

17. Opiniones (entre dos). *¿Qué opinan Uds. sobre las actividades a continuación? Invente oraciones originales usando la tabla como guía.*

EJEMPLOS   ESTUDIANTE 1: **¿Es imposible comer demasiado?**
ESTUDIANTE 2: **No, es posible y malo comer demasiado.**

Es bueno / malo	beber vino en clase
Está bien / mal	traer discos a una fiesta
Es posible / imposible	bailar en la carretera
Es (poco) necesario	manejar después de beber mucho
Es legal / ilegal	beber café después de medianoche
(No) Es peligroso	correr diez millas por día
(No) Está permitido	comer pasteles y dulces todo el día

18. Motivos y propósitos (entre dos). *Como Uds. comprenden muy bien la psicología humana, formulen preguntas y respuestas sobre la motivación posible de la gente a continuación.*

EJEMPLO   ESTUDIANTE 1: **¿Por qué estudia Marisela?**
ESTUDIANTE 2: **Marisela estudia para sacar buenas notas.**

1. ¿Por qué va Miguel al gimnasio?
2. ¿Por qué vas tú a la biblioteca?
3. ¿Por qué corren las chicas todos los días?
4. ¿Por qué venimos a clase?
5. ¿Por qué va al centro?
6. ¿Por qué escuchan música y (?)
7. ¿Por qué compra Pepe una nueva pluma?
8. ¿Por qué trabajas como una mula?

a. para hacer la tarea
b. para comprender la explicación
c. para beber jugo de frutas
d. para sacar buenas notas
e. para ser el/la mejor alumno/a
f. para estar en buena forma
g. para estar con los amigos
h. para meditar sobre el amor

19. ¿Qué deben hacer? (entre dos) *Uds. son preceptores del mundo y tienen que explicar qué debe y qué no debe hacer la gente.*

EJEMPLOS   ESTUDIANTE 1: **¿Qué debe hacer un niño de cinco años?**
ESTUDIANTE 2: **Debe ir a la escuela todos los días.**
ESTUDIANTE 1: **¿Qué no debe hacer un niño de cinco años?**
ESTUDIANTE 2: **No debe fumar la pipa de su papá.**

1. un chico de catorce años
2. una persona que no ve
3. una niña de ocho años
4. los profesores
5. los estudiantes
6. los políticos
7. los ricos
8. todo el mundo

a. manejar
b. tomar cerveza
c. ir a la escuela
d. respetar a ?
e. comer granos enteros
f. comer postre y nada más
g. insultar a ?
h. ?

20. ¿Antes o después? (entre dos) *Pregúntele a alguien en la clase cuándo hace las cosas. Esa persona debe contestar con* **antes** *o* **después.**

EJEMPLO   ESTUDIANTE 1: **¿Cuándo comes?**
ESTUDIANTE 2: **Como antes de correr.** *o*
Como después de llegar a casa.

1. ¿Cuándo bebes café?
2. ¿Cuándo comes?
3. ¿Cuándo compras vino?
4. ¿Cuándo nadas?
5. ¿Cuándo compras comida?
6. ¿Cuándo corres?

a. estudiar
b. ir a una fiesta
c. llegar a la playa
d. preparar la cena
e. comer
f. hacer ejercicio

21. Entrevista (entre dos o en pequeños grupos). *Pregúntele a alguien de la clase...*

1. qué es necesario para comer bien.
2. qué tiene que hacer para sacar buenas notas.
3. si va a la playa para nadar o tomar sol.
4. qué hace después de beber mucho.
5. si come antes de correr o si corre antes de comer.

6. qué vehículos sabe manejar.
7. qué platos sabe preparar.
8. cuándo cree que es bueno comer demasiado.
9. si viene a clase para aprender o para estar con sus amigos.
10. qué compra para hacer una fiesta.

5.5 ¿Qué tiempo hace hoy?

Está despejado.   Hace sol.   Hace frío.   Hace viento.

Hace calor.

Está nublado.

Está lloviendo.

Está nevando.

¿Qué tiempo hace en el invierno?
¿Qué tiempo hace en el desierto?
¿Hace frío en el Ecuador?
¿En qué mes hace viento?
¿Hace mucho sol hoy?
¿Está nublado hoy?
¿De qué color **está** el cielo?
¿Está seco o **húmedo** hoy?
¿Tienes frío?
¿Qué tiene tu perro?

Hace frío en el invierno.
Por lo general, **hace calor.**
No, pero **hace fresco** a veces.
Hace mucho viento en marzo.
No, **hace poco sol** hoy.
No, hoy el cielo **está despejado.**
Está muy azul.
Está muy húmedo.
¡Estás loco! **Tengo mucho calor.**
El pobre animal **tiene frío.**

Conclusiones

Hablando del tiempo

1. **Hace** se combina con sustantivos como **sol, viento, calor, frío, fresco** y **tiempo** para describir el tiempo.
2. Se usan adjetivos como **mucho, poco, bastante** y **demasiado** para modificar sustantivos como **sol, frío** y **viento.**
3. **Está** se combina con adjetivos como **nublado, húmedo, seco, azul** y **despejado** para hablar del tiempo.
4. Se usa **tener** con **frío** y **calor** cuando el sujeto es una persona o un animal.
5. Se usan **llueve** y **nieva** para indicar el tiempo usual o habitual. Se usan **está lloviendo** y **está nevando** para describir el tiempo en este momento.

ACTIVIDADES

22. **¿Qué tiempo hace hoy?** *En el hemisferio sur, las estaciones están al revés que en el hemisferio norte. Ud. está con un amigo chileno que no comprende los distintos climas y estaciones del hemisferio norte. Use la tabla para describir el tiempo de su país.*

EJEMPLO   En Arizona en el mes de julio hace mucho calor.

En Canadá	en el mes de julio	(no) hace calor / frío
En el Polo Norte	durante la primavera	hace fresco
En California del Sur	en el mes de enero	(no) llueve mucho
En Seattle	durante el otoño	hace mucho sol
En la Florida	en setiembre	(no) nieva demasiado
En Nueva Inglaterra	durante el invierno	está despejado / nublado

| En Chicago | durante el verano | está húmedo / seco |
| En nuesta ciudad | en este momento | está lloviendo / nevando |

23. Entrevista (entre dos). *Use la tabla de la actividad anterior para formular una pregunta para alguien en la clase.*

EJEMPLO ESTUDIANTE 1: **¿Qué tiempo hace en Chicago durante el invierno?**
ESTUDIANTE 2: **Hace frío, nieva mucho y hace mucho viento.**

24. Fantasías (entre dos o en pequeños grupos). *Use las frases dadas para crear una tremenda fantasía.*

EJEMPLO Estoy en Alaska...
→ Estoy en Alaska. Por lo general nieva mucho en Alaska, pero no está nevando ahora. El cielo está despejado y azul. Hace frío, pero no tengo frío porque estoy en un iglú con mi amigo favorito. Estamos muy contentos y no tenemos frío porque él está muy cerca de mí.

1. Estoy en medio del desierto...
2. Estoy en el parque en invierno...
3. Estoy en los Andes con...

4. Mi mejor amigo/a y yo estamos en las montañas en el verano...
5. Mi perro y yo estamos en la playa a las tres de la tarde...

5.6 ¿Tienes un mensaje para mí?

PRIMER PASO

Esta sopa es para **ti**, Susana.
Estas papas son para **Ud.**, señora.
¿Es de Juan esa botella de vino?
¿Para quién es este pastel?
¿Es la cena para **vosotros**?
¿Para quiénes son esos cubiertos?
Esta bicicleta es para **mí**. Es **mi** bicicleta.

¿Para **mí**? ¡Qué bien! Tengo hambre.
No, no son para **mí**; son para **ella**.
Sí, es de **él**.
Es para **Uds.** ¡Feliz aniversario!
Sí, es para **nosotros**.
Son para **ellos**.

Conclusiones **Los pronombres después de preposiciones**

1. Se usa **mí, ti, Ud. él, ella, nosotros/as, vosotros/as, Uds., ellos** y **ellas** después de muchas preposiciones (**a, de, en, para, sin**, etc.).
2. Excepto **mí** y **ti**, estos pronombres son iguales que los pronombres de sujeto.
3. **Mí** con acento se usa después de una preposición. **Mi** sin acento es un adjetivo posesivo.
   La ensalada es para **mí**. Es **mi** ensalada.

SEGUNDO PASO

¿Quién va de vacaciones **contigo**?
¿Quiénes van al cine **con Ud.**?
¿Van **con Uds.** los niños?

Mi esposa va **conmigo**.
Mis hijos van **conmigo**.
Sí, van **con nosotros**.

Este es un secreto **entre tú** y **yo**.
Todos tenemos que hacer la tarea, **incluso tú** y **yo**.
Todo el mundo come demasiado, **excepto tú** y **yo**.

Conclusiones   Preposiciones después de *con* y algunas excepciones

1. **Conmigo** y **contigo** se usan en lugar de **con + mí** y **con + ti**.
2. **Entre, incluso** y **excepto** se combinan con **yo** y **tú**.

Cómo se hace para pedir comida en un restaurante
—**Quisiera** ver un menú.
—¿Cuál es el plato del día?
—Quisiera un ... con ... y ... para beber.
—¿Son grandes (pequeñas) las porciones?
—Prefiero la carne **bien cocida**, (medio cocida, poco cocida).
—¿Está incluido el servicio, o es necesario dejar **propina**?
—La cuenta, por favor.

quisiera: *I would like*

bien cocida: *well cooked*
propina: dinero extra para el mozo

Situación
Ud. trabaja en un restaurante. Entra una cliente que desea comer. ¿Qué conversación tienen Uds.?

ACTIVIDADES

25. Ilusiones de grandeza. *Ud. es una de las personas más ricas del mundo entero, y quizás de toda la historia y del universo entero. ¿Cómo distribuye Ud. sus posesiones?*

EJEMPLOS   el petróleo de México → **El petróleo de México es para mí.**
→ **El petróleo de México es para Ricardo.**

1. ese Ferrari que está en la calle
2. todo el té de China
3. esa bolsa Gucci
4. los desiertos de África
5. la Universidad de ?

6. las minas del Brasil
7. la General Motors
8. la Estatua de la Libertad
9. la ropa de Don Tremendón
10. ?

26. Un viaje (entre dos). *La clase desea organizar un viaje. Uds. dos tienen los únicos coches y tienen que decidir quién viaja con quién.*

EJEMPLO   el profesor
ESTUDIANTE 1: **¿Con quién va el profesor?**
ESTUDIANTE 2: **El profesor va conmigo.**

1. tu perro
2. Don Tremendón

3. Tom Cruise
4. Madonna

5. ?
6. ? y ?

27. Reglas (entre dos). *Explique quién está incluido y excluido de las actividades a continuación.*

EJEMPLO   hacer la tarea
ESTUDIANTE 1: **¿Quiénes tienen que hacer la tarea?**
ESTUDIANTE 2: **Todos tienen que hacer la tarea excepto tú, yo y dos o tres otros privilegiados como nosotros.**

1. comer a mediodía
2. correr cinco millas al día
3. beber tres litros de agua
4. contribuir a la pensión para profesores de español
5. ir al laboratorio de lenguas
6. estudiar día y noche
7. comer mucha proteína
8. preparar pasteles, galletas y golosinas para la clase

5.7 ¿Dónde vas a estar esta noche?

¿Cuándo **vas a comer**?	**Voy a comer** dentro de unos minutos.
¿Cuándo **van a estar** Uds. en Madrid?	**Vamos a estar** allí el mes entrante.
¿Cuándo **vamos a regresar**?	**Vamos a regresar** la semana que viene.
¿Qué **va a hacer** Ud. esta noche?	**Voy a estudiar** esta noche.

Conclusiones

El futuro con *ir a*

1. **Ir a + infinitivo** describe un evento futuro.
2. En esta construcción, solo **ir** se conjuga. El infinitivo es invariable.
3. **Nota:** A veces se usa el presente simple para eventos futuros.

Vamos esta tarde. = **Vamos a ir** esta tarde.

Almorzamos mañana a la una. = **Vamos a almorzar** mañana a la una.

Regreso a casa la semana próxima. = **Voy a regresar** a casa la semana próxima.

ACTIVIDADES

28. Planes para un viaje. *Un chico de Segovia va a hacer un viaje y tiene que explicar a su mamá qué va a hacer. ¿Qué dice?*

MODELO mañana / estar con un amigo → **Mañana voy a estar con un amigo.**

1. pasado mañana / tomar el tren a Madrid
2. el domingo a la tarde / llegar a Madrid
3. esa noche / estar con un amigo
4. el martes / ver una obra de teatro
5. el miércoles / viajar a Málaga
6. el día siguiente / ir a la playa
7. el viernes / descansar en la playa
8. el sábado / regresar a casa cansado pero contento

29. Ambiciones (entre dos). *Describan sus ambiciones. Comiencen sus oraciones con frases como* **El año que viene voy a estar en...**, **En dos años voy a ser un/a...**, **En el año 2000 voy a tener...**, *etc.*

30. Profecías (entre dos o en pequeños grupos). *Uds. son profetas. Inventen profecías fabulosas (y absurdas) sobre sus compañeros de clase. Usen la tabla como guía.*

EJEMPLO **Dentro de dos años (nombre) va a estar casada con un millonario.**

esta noche	yo	visitar…
pasado mañana	tú	ser un/a…
la semana próxima	estudiante 1	ser presidente/a de…
el mes entrante	estudiante 2	tener siete hijos
el año que viene	? y ?	viajar a otro planeta
dentro de dos años	el/la profesor/a	comprender el amor
en cincuenta años	? y yo	saber el secreto de la vida

PRONUNCIACIÓN Y ORTOGRAFÍA

A. *Las letras* **b** *y* **v** *tienen exactamente la misma pronunciación. Hay dos pronunciaciones asociadas con esas letras: una* **b oclusiva** *o* [b], *y una* **b fricativa** *o* [ɓ]. *La* **b oclusiva** *ocurre al principio de una frase y después de una pausa. Se pronuncia igual que la* **b** *en inglés. Escuche y repita las frases a continuación.*

Venezuela es un país próspero.
Venimos más tarde.
¿Vienes conmigo?

¿Vas tú a la fiesta con nosotros?
Víctor es un excelente amigo de Teresa.

B. *La* **b oclusiva** *también ocurre después del sonido* [m]. *Note que la letra* **n** *se pronuncia* [m] *antes de* **b** *o* **v**. *Escuche y repita las palabras a continuación.*

también	en vano	Juan viene	en Venezuela
invierno	invitación	un vaso	conversación

C. *En todos los otros casos, la pronunciación de* **b** *y de* **v** *es* [ɓ], *es decir, una* **b fricativa**. *Para pronunciar la* **b fricativa**, *los labios no están totalmente cerrados. Escuche y repita las palabras a continuación.*

Yo voy al centro el viernes.
Los labios no están totalmente cerrados.

Abel viene a beber vino.
Tengo mucho trabajo.
Yo bebo vino del vaso.

D. *En el ejercicio a continuación, identifique cuáles de las letras* **b** *y* **v** *son oclusivas y cuáles son fricativas. Después, lea las frases en voz alta con buena pronunciación.*

¿Viene Beatriz a la boda?

No, no viene porque está con su abuela.

¿Vosotros tenéis una invitación al baile?

Sí, pero no vamos.

¿Adónde vas con tu abuelo?
¿Vas a la fiesta con Víctor?
¿Bebe mucho Víctor?

Vamos a Sevilla para ver al barbero.
Sí, pero no voy a beber vino como él.
No, no bebe mucho, pero bebe más que yo.

EN CONTEXTO

EN VIVO

añadas.
VINOS DE LA CASA
Valdepeñas, Tinto o Blanco
Botella . . . . 225 Ptas.
1/2 Botella 115
Torremilanos (Ribera del Duero) Tinto
Botella . . . . .395 Ptas.
1/2 Botella . . . . .235 "
Rosado (Alto Ebro)
Botella . . . . .225 "
1/2 Botella . . . . .115 "
Sangría
Jarra de Sangría . . . . .395 "
1/2 Jarra de Sangría . . . . . . .235 "

Jugos de Tomate, Naranja 200
Entremeses variados 615
Jamón Serrano (Jabugo) 1.485
Melón con Jamón 1.050
Ensalada rusa 520
Ensalada de lechuga, tomate y cebolla 310
Ensalada BOTIN (con pollo y jamón) 615
Ensalada de endivias .520
Morcilla de burgos 285

SALMON AHUMADO 1.335
SURTIDOS DE AHUMADOS 1.475

SOPAS
Sopa al cuarto de hora (de pescados y mariscos) .640
Consomé de pollo con legumbres 370
Crema de zanahoria .310
Gazpacho Campero .395

HUEVOS
Huevos revueltos con salmón ahumado 700
Huevos revueltos con champiñón 410
Huevos a la Flamenca 410
Tortilla con gambas .700
Tortilla con chorizo .410
Tortilla con espárragos 410
Tortilla con escabeche 410

LEGUMBRES
Espárragos dos saisas 815
Guisantes con jamón 530
Alcachofas salteadas con jamón 530
Judías verdes con tomate y jamón 530
Setas a la Segoviana .640
Champiñón dalteado 530
Patatas fritas 190
Patatas asadas 190

PESCADOS
Angulas 2.510
Almejas BOTIN 1.105
Langostinos con mahonesa 2.450
Cazuela de Pescados a la Marinera 1.125
Merluza rebozada .1.425
Merluza al horno .1.425
Merluza con salsa mahonesa 1.425
Calamares fritos 695
Languado frito, al horno a la plancha (pieza) . . .1.445

CARTA

SERVICIO E.L.V.A. 6% INCLUIDO

RESTAURANT
3 catagoría

ASADOS Y PARRILLAS
COCHINILLO ASADO 1.550
CORDERA ASADO 1.690
Pollo asado 1/2 con arroz 515
Pollo en cacerola 1/2 620
Perdiz estofada (o escabechada) 1/2 950
Chuletas de cerdo adobadas 745
Filete de ternera con patatas 1.290
Escalope de ternura con patatas 1.550
Ternera asada con guisantes 1.090
Solomillo con patatas 1.550
Solomillo con champiñón 1.550
Entrecot a la plancha, con guarnición 1.295
Ternera a la Riojana 1.180

POSTRES
Cuajada 260
Tarta helada 350
Tarta de crema 350
Tarta de limón 350
Flan 250
Flan con nata 380
Helado de vainilla, chocolate o caramelo 270
Espuma de chocolate 270
Melocotón con nata 390
Fruta de tiempo 335
Quesa 480
Piña natural al Dry-Sack 385
Fresón al gusto 480
Sorbete de limón .340
Melón 295

MENU DE LA CASA
(Primavera - Verano)

Presto: 2.350 - Pts.

Gazpacho
Cochinillo Asado
Helado
Vino o cerveza o agua mineral

CAFE 90 - PAN 45 - MANTEQUILLA 60
HORAS DE SERVICIO: ALMUERZO, de 1:00 A 4:00 – CENA, de 8:00 A 12:00
ABIERTO TODOS LOS DIAS

HAY HOJAS DE RECLAMACION

Preguntas   1. ¿Qué otra palabra en español es el equivalente de «menú»?   2. ¿Qué tipos de ensaladas se sirven en este restaurante?   3. ¿De qué país es este menú?   4. ¿Tiene la palabra «tortilla» el mismo sentido en España que en México? ¿Cómo son diferentes?   5. ¿Cuánto cuesta una jarra de sangría?   6. ¿Por qué se incluye la sangría con los vinos?   7. El menú dice que el servicio y el I.V.A están incluidos. ¿Qué es el I.V.A.?   8. ¿Para qué son las «hojas de reclamación»?

LECTURA
En un restaurante de Santiago de Chile

Nota: Chile es un país donde se come muy (pero muy) bien. Tiene excelentes vinos y muy buenos platos de pescado y mariscos.

En la calle.

ANA   ¡Qué bonito restaurante! Allí está el menú en la ventana. Vamos a ver si la comida es muy cara.

LUIS   **Parecen** muy razonables los precios. Y **además**, la selección es buena.

> parecer: tener la apariencia de
> además: también

En el restaurante.

MOZO   Muy buenos días, señores. Aquí está el menú. Si tienen alguna pregunta, estoy **a la orden**.

ANA   Muchas gracias. ¿Qué recomienda Ud.?

MOZO   El **pulpo** a la portuguesa es muy bueno. También es buena la **merluza**.

LUIS   ¿Qué viene con esos platos?

MOZO   Papas fritas, o si Ud. prefiere, puré de papa. Si desean sopa o ensalada, eso viene **aparte**.

LUIS   ¿Qué ensaladas hay?

MOZO   Hay ensalada mixta con lechuga, tomate y cebolla. También hay **ensalada rusa** de papa y mayonesa.

ANA   ¿Y las sopas?

MOZO   Tenemos crema de **zanahoria** y un excelente **consomé** de pollo con legumbres.

ANA   Bueno, yo **quisiera** la crema de zanahoria y la merluza con puré de papas y una ensalada mixta.

LUIS   Y yo quiero el pulpo, el consomé y una **porción** de ensalada rusa.

MOZO   ¿Y para beber?

ANA   Yo sólo quiero agua.

LUIS   ¿Agua? ¿Cómo es posible estar en Chile y no tomar un buen vino? ¿Qué va mejor con el pulpo? ¿Un vino blanco o un vino **tinto**?

MOZO   **Como** el pulpo viene en una salsa medio fuerte, yo recomiendo un vino tinto.

LUIS   Está bien. Quisiera media botella de Merlot.

> a la orden: a su disposición
> pulpo: un marisco con tentáculos
> merluza: un pescado
> aparte: extra, por separado
> ensalada rusa: ensalada fría de papas y mayonesa
> zanahoria: una legumbre larga y anaranjada
> consomé: una sopa clara
> quisiera: *I would like*
> porción: cantidad de comida para una sola persona
> tinto: rojo
> como: *since* en una secuencia lógica

Un poco después.

MOZO   ¿Qué tal la comida?

ANA   Excelente. ¿Hay postre?

MOZO   **¡Cómo no!** Hay **flan** y un pastel delicioso de **fresas** con crema.

ANA   Bueno, yo quiero el flan, por favor.

LUIS   Y yo, ese pastel **sabroso** de fresas.

MOZO   ¿No desean café?

LUIS   Sí, por favor. Un café con leche y azúcar por favor.

ANA   Y para mí, la **cuenta**. Hoy **me toca a mí**.

> cómo no: *sí* enfático
> flan: un postre de leche, huevo y azúcar
> fresas: una fruta roja y pequeña
> sabroso: delicioso
> cuenta: un papel que indica el precio
> me toca a mí: es mi turno

Preguntas

1. ¿Dónde están Ana y Luis cuando ven el menú?   2. ¿Cómo son los precios y la selección?   3. ¿Qué recomienda el mozo?   4. ¿Qué incluye el pulpo a la portuguesa y la merluza?   5. ¿Qué no incluye?   6. ¿Qué ensaladas hay y cómo son?   7. ¿Qué sopas hay?   8. ¿Qué deciden beber Ana y Luis?   9. ¿Qué postre comen?   10. ¿Quién paga la cuenta?

Galería hispánica: Chile

Algunos datos sobre Chile

Nombre oficial: República de Chile
Población: 13.000.000
Capital: Santiago
Moneda: el peso
Países vecinos: la Argentina, Bolivia y el Perú
Etnicidad: europeo y mestizo
Exportaciones: cobre, fierro, vino y pescado

Antofagasta

Valparaíso
Santiago
Concepción

CHILE

Chile: El país de tercios

Chile es el país más **largo** y más **angosto** del mundo. Su **extraña** forma se explica por la presencia de las montañas Andes que separan Chile de sus vecinos. Esas montañas forman una barrera casi impenetrable, sobre todo durante los meses de invierno (junio, julio y agosto en el hemisferio sur).

largo: *long*
angosto: *narrow*
extraña: rara

Chile se divide en tres grandes zonas geográficas: norte, centro y sur. Cada zona tiene un clima distinto. En el norte del país hay un desierto muy árido que se llama el Atacama. El centro del país tiene un clima moderado. La mayor parte de la población vive en el centro y es allí donde se encuentran las grandes ciudades de Santiago, Valparaíso, Viña del Mar y Concepción. Los grandes **viñedos** que producen vinos que se aprecian en todo el mundo también se encuentran en el centro del país. El sur es una zona montañosa y fría. Aunque está poco poblado, el sur ofrece al visitante dramáticas vistas de montañas, bosques, costas rocosas, bahías y glaciares.

viñedos: campos donde se cultiva la uva para hacer vino

También es posible decir que Chile tiene tres grandes clases sociales: una alta, otra de clase media y otra de pocos **ingresos**. Los intereses de cada clase social se notan en la política del país.

ingresos: salario, *income*

Chile también se divide en tres grandes grupos políticos: uno de izquierda, otro de derecha y otro del centro. Entre 1973 y 1990, Chile **tuvo** un gobierno militar que representaba los intereses de la derecha. Sin embargo, desde 1990, Chile tiene un gobierno democrático y el consenso predomina en la política del país. **De hecho**, tradicionalmente Chile tiene el sistema más democrático y más estable de Latinoamérica.

tuvo: pasado de *tener*

de hecho: en verdad

Preguntas 1. ¿Cómo se explica la extraña forma de Chile? 2. ¿Cómo se llaman las montañas entre Chile y la Argentina? 3. ¿Cuáles son las tres grandes zonas geográficas de Chile?   4. ¿Cómo se llama el desierto del norte de Chile?   5. ¿Cómo se llaman los campos donde se cultivan uvas para hacer vino?   6. ¿Cuáles son las tres grandes clases sociales de Chile?   7. ¿Cuáles son algunas de las divisiones políticas de Chile?   8. ¿Qué país latinoamericano tiene la más larga tradición democrática?

 ## A ESCUCHAR

Escuche el párrafo entero.
Ahora escuche el párrafo por partes e indique si las oraciones son verdaderas o falsas.

1. v f	4. v f	7. v f
2. v f	5. v f	8. v f
3. v f	6. v f	9. v f

SITUACIONES

Situación 1   Ud. lleva poco tiempo en un país hispano y desea saber el horario de sus comidas y sus platos favoritos. Otra persona de la clase debe tomar el rol de un/a nativo/a del país. Comience sus preguntas con frases como: *¿A qué hora comen Uds..., ¿Qué comen Uds. para..., ¿Qué beben Uds. con..., ¿Qué plato (postre, bebida) preparan Uds. para (un día especial), etc.*

Situación 2   Ahora invierta los roles de la situación anterior, y explíquele a alguien las costumbres culinarias de su propio país.

Situación 3   Con unos compañeros de clase, organicen una fiesta. Temas: lugar, ropa, comida, bebida, cómo llegar, a quiénes van a invitar, etc.

Situación 4   Ud. tiene hambre y no sabe dónde comer. Comience una conversación con alguien. Pídale información sobre los restaurantes que están cerca. Alguien de la clase toma el papel *(papel = rol)* de la otra persona.

Situación 5   Con dos o tres compañeros, prepare un corto miniteatro sobre una comida en un restaurante. Un/a estudiante debe hacer el papel del mozo, de la moza, y los/las otros/as dos deben hacer el papel de los/las clientes.

COMPOSICIÓN

Tema 1   Escriba una composición sobre la comida en su casa (o residencia estudiantil). Información posible: ¿Qué comen en su casa a distintos momentos del día? ¿Qué comida preparan para días especiales? ¿Qué comida no comen nunca, y por qué? ¿Qué ingredientes hay en cada plato? Etc.

Tema 2   Escriba una obra de teatro, seria o paródica, sobre una visita a un restaurante.

VOCABULARIO ACTIVO

La comida

el aperitivo
el arroz
el azúcar
el biftec
el bistec
el bizcocho
la carne
la cena
los cereales
la crema
la chuleta
el dulce
la ensalada
el flan

la fresa
el frijol
la fruta
la galleta
la golosina
la hamburguesa
el helado
el huevo
la lechuga
la legumbre
la mantequilla
la manzana
la naranja
el pan

el panqueque
las papas fritas
el pastel
el pescado
el pollo
el postre
el puerco
el queso
el rosbif
la sopa
el tocino
el tomate
la verdura
la zanahoria

Las bebidas

el agua
el agua mineral
la cerveza
el coctel

el jugo
la leche
la limonada
el ponche

el refresco
la soda
el té
el vino

La mesa

la botella
los cubiertos
la cuchara
el cuchillo

el menú
el plato
la propina
la servilleta

la taza
el tenedor
el vaso

Otros sustantivos

el almuerzo
el bar
la cena
la cocina
el/la cocinero/a
la costumbre
la cuenta

el desayuno
el descanso
el gusto
el hambre
el litro
el/la mozo/a

la parrilla
la porción
el precio
el ruido
la salud
la siesta

Verbos

aprender
beber
cocinar
comer
comprender
correr
creer
deber

dejar
desear
hacer
ir
leer
pagar
poner
preparar

saber
traer
vender
venir
ver
viajar

Adjetivos

caliente
cocido/a
dulce
frío/a

frito/a
ligero/a
pesado/a
rico/a

sabroso/a
único/a

Medios de transporte

a pie	la bicicleta	la moto
el autobús	el coche	la motocicleta
el avión	el helicóptero	el taxi
el barco	el metro	el tren

Expresiones de futuridad

dentro de	esta tarde	pasado mañana
entrante	más adelante	próximo/a
esta mañana	más tarde	que viene
esta noche		

Expresiones meteorológicas

el clima	está nevando	hace sol
está despejado	está nublado	hace viento
está húmedo	hace fresco	llueve
está lloviendo	hace frío	nieva

Expresiones útiles

además	estar al revés	tener frío
aparte	estar equivocado/a	tener hambre
¡ay!	me toca a mí	tener sed
conmigo	quisiera	
contigo	tener calor	

Vocabulario personal

_____   _____

_____   _____

_____   _____

_____   _____

_____   _____

CAPÍTULO 6

LAS DIVERSIONES

TEMAS
- Los deportes y los juegos
- La música
- El teatro y el cine
- Los pasatiempos
- Los aparatos

FUNCIONES
- Pedir permiso
- Dar y denegar permiso
- Hablar por teléfono I

GRAMÁTICA
6.1 Los verbos regulares de la tercera conjugación
6.2 Los verbos con cambios de raíz *o → ue*
6.3 *Jugar, tocar* y *poner*
6.4 El *se* impersonal
6.5 Los verbos con cambios de raíz *e → ie*
6.6 Expresiones indefinidas y negativas
6.7 Los números ordinales

GALERÍA HISPÁNICA
La Argentina

EN MARCHA

PRIMER PASO

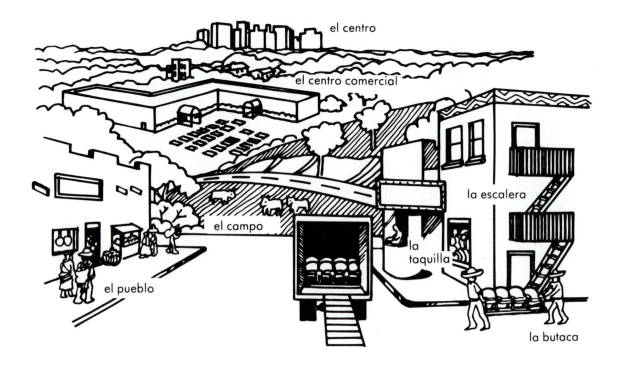

el centro

el centro comercial

la escalera

el campo

la taquilla

el pueblo

la butaca

¿**Vives** en el centro?	No, **vivo** en Flores, frente al estadio de fútbol.
¿Dónde **vive** Juan?	**Vive** al lado del teatro municipal.
¿**Viven** Uds. en el campo?	No, **vivimos** cerca de la playa.
¿Para qué **viven** tus primos?	**Viven** para ver fútbol.
¿**Vivís** en Madrid?	No, **vivimos** en Salamanca.

La taquilla no está abierta. ¿A qué hora **abre**?
Nunca **decidimos** qué obra vamos a ver sin leer la crítica primero.
Mi padre **escribe** el número de las butacas en su agenda.
Subimos al balcón porque se escucha mejor allá arriba (*subir ≠ bajar*).

Conclusiones **Los verbos regulares de la tercera conjugación**

1. Los infinitivos de los verbos de la tercera conjugación terminan en **-ir**.
2. Las terminaciones de la segunda y la tercera conjugaciones son iguales excepto en las formas de **nosotros** y de **vosotros**. Compare:

   comemos / vivimos   coméis / vivís

Sinopsis

sujeto	terminaciones	**vivir**	**abrir**	**escribir**	**subir**
yo	**-o**	vivo	abro	escribo	subo
tú	**-es**	vives	abres	escribes	subes
Ud. / él / ella	**-e**	vive	abre	escribe	sube
nosotros / nosotras	**-imos**	vivimos	abrimos	escribimos	subimos
vosotros / vosotras	**-ís**	vivís	abrís	escribís	subís
Uds. / ellos / ellas	**-en**	viven	abren	escriben	suben

SEGUNDO PASO

¿**Asistes a** todos los ensayos de tu banda?

Cómo no. Si no **asisto a** los ensayos, nunca aprendo la música.

¿A qué hora **sales del** ensayo?

Salgo del ensayo a eso de las seis de la tarde.

¿A qué hora **salen** Uds. **del** auditorio?

Salimos del auditorio cuando termina el ensayo.

Conclusiones

Salir de y asistir a

1. Cuando **asistir** se combina con un sustantivo, **a** precede al sustantivo. Note que **asistir a** significa **estar en**.
2. Cuando **salir** se combina con un sustantivo de lugar, **de** precede al sustantivo.
3. La primera persona singular de **salir** es **salgo**. Todas las otras formas son regulares.

   salgo, sales, sale, salimos, salís, salen

ACTIVIDADES

1. ¿Dónde vive la gente? (entre dos) *Conteste las preguntas según el modelo.*

MODELO   Ana / en la ciudad
    ESTUDIANTE 1: **¿Dónde vive Ana?**
    ESTUDIANTE 2: **Vive en la ciudad.**

1. tú / en mi casa
2. Uds. / en una casa particular
3. yo / en un pueblito chiquito
4. tu mejor amiga / con sus padres
5. los millonarios / en mansiones
6. los jugadores de fútbol / con sus amigos
7. tus mejores amigos / cerca del gimnasio
8. Gumersinda / debajo de un árbol

2. Biografías y confesiones (entre dos). *Usando la tabla a continuación, infórmele a un/a compañero/a de clase sobre su vida, gustos, secretos y amores.*

EJEMPLO   **Yo abro la boca para comer y hablar.**

yo	abrir la boca	todos los días
mi mejor amiga	salir de casa	a gente misteriosa
mi mejor amigo	escribir cartas	con poca frecuencia
Gumersinda	asistir a clase	para sacar libros y
los futbolistas	subir por la escalera	lápices
? y yo	abrir el portafolio	para estar con los amigos
?	vivir	en un lugar horrendo
? y ?	?	con una persona rarísima
		en un edificio espléndido
		para comer
		?

3. Entrevista (entre dos o en pequeños grupos). *Pregúntele a alguien de la clase...*

1. quién(es) vive(n) en las montañas *(en el campo, cerca de un parque, cerca de un cine, cerca de un teatro, cerca de una cancha de tenis, etc.).*
2. quién(es) asiste(n) a ensayos teatrales *(a ensayos de orquesta, etc.).*
3. quién(es) escribe(n) en la pizarra *(novelas trágicas, poesía sentimental, composiciones interminables, obras de teatro, crítica de música, etc.).*
4. qué hace cuando sale de clase *(del trabajo, del gimnasio, de casa por la mañana, de su ensayo de música o de teatro, etc.).*
5. con quién sale para ir al cine *(para ver teatro, para escuchar música, para bailar, para hablar de temas grandes y profundos, para hablar de cosas triviales pero interesantes, etc.).*

6.2 ¿Vuelves a clase mañana?

PRIMER PASO

¿**Recuerdas** tus líneas favoritas de esa película de May West?

Sí, **recuerdo** esas líneas porque son inolvidables.

¿No **recuerdan** Uds. el himno de la universidad?

Recordamos la melodía, pero no **recordamos** la letra. *(recordar = tener memoria de).*

¿A qué hora **vuelven** Uds. del ensayo?

Volvemos a eso de las cinco *(a eso de = aproximadamente).*

¿Cuándo **vuelves** del cine?

Vuelvo temprano *(volver = regresar).*

¿Cuántas horas **duermes** por día?

Duermo ocho horas por día.

¿**Dormís** a veces cuando vais al teatro?

Depende. Si la obra es buena, no **dormimos** nunca.

Conclusiones   ### Los verbos con cambios de raíz *o → ue*

1. Muchos verbos en español tienen un cambio de raíz en las formas que no corresponden a **nosotros** y a **vosotros**.
2. El cambio de raíz ocurre en la última vocal de la raíz.
3. Las terminaciones de estos verbos son regulares; sólo la raíz cambia.
4. Los verbos con cambios de raíz se citan en el diccionario con el cambio entre paréntesis; por ejemplo, **dormir (ue)**.

Sinopsis

recordar (ue)		volver (ue)		dormir (ue)	
recuerdo	recordamos	vuelvo	volvemos	duermo	dormimos
recuerdas	recordáis	vuelves	volvéis	duermes	dormís
recuerda	recuerdan	vuelve	vuelven	duerme	duermen

SEGUNDO PASO

Yo **almuerzo** solo los miércoles; mis amigos y yo **almorzamos** juntos los domingos *(almorzar = comer a mediodía)*.

Las entradas **cuestan** mil pesetas cada una. (¿Cuánto cuesta? = *¿Cuál es el precio?*)

Los alumnos **encuentran** muchos libros útiles en la biblioteca municipal.

Muchas personas **mueren** en accidentes de coche *(morir ≠ vivir)*.

Vuelvo mañana a las seis de la tarde; **devuelvo** los libros la semana próxima *(volver = regresar en persona; devolver = regresar un objeto)*.

Mamá, ¿**puedo** ir a la casa de Paco?	No, no **puedes** ir a la casa de Paco porque tienes que estudiar. ¿Comprendes? *(poder = tener permiso o tener la capacidad)*
¿**Pueden** Uds. cenar conmigo hoy?	No, hoy no **podemos** porque tenemos otro compromiso.

Conclusiones

Otros verbos con el cambio de raíz *o → ue*

1. **Almorzar, costar, encontrar**, **morir** y **poder** también tienen el cambio de raíz **o → ue**.
2. **Poder** + infinitivo se usa para pedir permiso.

ACTIVIDADES

4. ¿Cuánto cuesta? (entre dos) *Ud. quiere saber el precio de varios artículos. Otro/a estudiante puede contestar sus preguntas.*

MODELO   una buena camisa de algodón
      ESTUDIANTE 1: **¿Cuánto cuesta una buena camisa de algodón?**
      ESTUDIANTE 2: **Creo que cuesta unos veinticinco dólares.**

1. una entrada a un partido de béisbol
2. un estéreo completo
3. una novela barata y escandalosa
4. un disco compacto
5. un video de una película popular
6. una grabadora
7. un televisor a colores
8. los videos en blanco

5. Miniteatro (entre dos o en pequeños grupos). *Suponga que Ud. tiene que pedir permiso a un policía, a su madre, a una profesora o a alguna otra persona para hacer algo. Use la tabla como guía. (Recuerde que las preguntas y respuestas originales siempre son más interesantes.)*

EJEMPLO Estudiante 1: **Profesor, ¿puedo tomar el examen más tarde?**

       Estudiante 2: **Claro que no. Ud. no puede tomar el examen más tarde. Tiene que tomar el examen hoy como todo el mundo. ¿Comprende?**

Profesor	¿puedo	ir al cine?
Profesora	¿podemos	ver una telenovela?
Sr. Policía	¿dónde puedo	tomar el examen otro
(un/a compañero/a)	¿dónde podemos	día?
Papá		usar su coche?
Mamá		usar su tarjeta de crédito?
Sr./Sra. (apellido)		comer comida mexicana?
		ver películas extranjeras?
		dormir todo el día?
		salir con Gumersinda y Don Tremendón?
		escuchar un disco de música rock?

6. Entrevista (entre dos o en pequeños grupos). *Use la tabla para formular preguntas para alguien de la clase.*

1. a qué hora *(con quién, qué)* almuerza
2. cuántas horas *(dónde)* duerme
3. si duerme en el cine *(en la clase de ?, en el auditorio, en la ópera, etc.)*
4. a qué hora vuelve a casa *(a clase, al laboratorio, etc.)*
5. cuánto cuesta(n) una computadora *(un almuerzo, un coche, las camisas de seda, las motocicletas grandes, etc.)*
6. si recuerda la diferencia entre *ser* y *estar (el primer día de clase, el nombre de su primer amor, dónde está su coche, etc.)*
7. cuántas millas puede correr *(nadar)*

Ahora, formule preguntas sobre otras personas.

EJEMPLO **¿Cuántas horas duerme por día su compañera de cuarto?**

Cómo se hace para pedir permiso

¿Puedo (infinitivo)... ?	¿Está permitido... ?	¿Se permite... ?
¿Se puede (infinitivo)... ?	¿Está prohibido... ?	¿Se prohíbe... ?

Cómo se hace para dar permiso a alguien

Sí.	Claro que puede.	¡Claro que sí!
Sí, por supuesto.	¡Por supuesto!	¡Por supuesto que sí!
Sí se puede.	¡Cómo no!	¿Por qué preguntas?

Cómo se hace para no dar permiso a alguien

¡No! ¡Imposible!	No, naturalmente que no.	De ningún modo.
De ninguna manera.	No, no está permitido.	De ninguna forma.

Situaciones

1. Ud. quiere usar el coche de su mejor amigo esta noche. ¿Qué le dice Ud.? Y ¿qué contesta él?
2. Una estudiante extranjera quiere saber dónde puede fumar un cigarrillo. Desgraciadamente (para ella), en la universidad de Ud. no se permite fumar. ¿Qué le dice ella a Ud., y qué le contesta Ud. a ella?

6.3 ¿Juegas al fútbol?

PRIMER PASO
Los juegos y los deportes

los naipes (las cartas)   el ajedrez   las damas

el baloncesto (el básquetbol)

el equipo

la jugadora

el boliche

el fútbol

el entrenador

| ¿**Juega** Ud. (al) baloncesto? | No, ya no **juego** porque es un deporte para jóvenes. |
| ¿**Juegas** bien (al) tenis? | Sí, **juego** bien si el otro jugador no es muy bueno. |

¿Dónde **jugáis** (al) ajedrez?

¿Cuántos jugadores **juegan** en un equipo de béisbol?

¿Dónde **juegan** los niños cuando hace mal tiempo?

Jugamos en el parque.

Hay nueve jugadores en un equipo de béisbol.

Juegan en casa o en el gimnasio cuando hace mal tiempo.

Conclusiones

El verbo *jugar*

1. **Jugar** es el único verbo en español que tiene el cambio de raíz **u → ue**.
2. **Jugar** se usa con juegos (y no con música).
3. A veces se usa **a + artículo definido** entre **jugar** y el nombre del juego.

jugar (ue)	
juego	jugamos
juegas	jugáis
juega	juegan

SEGUNDO PASO
La música

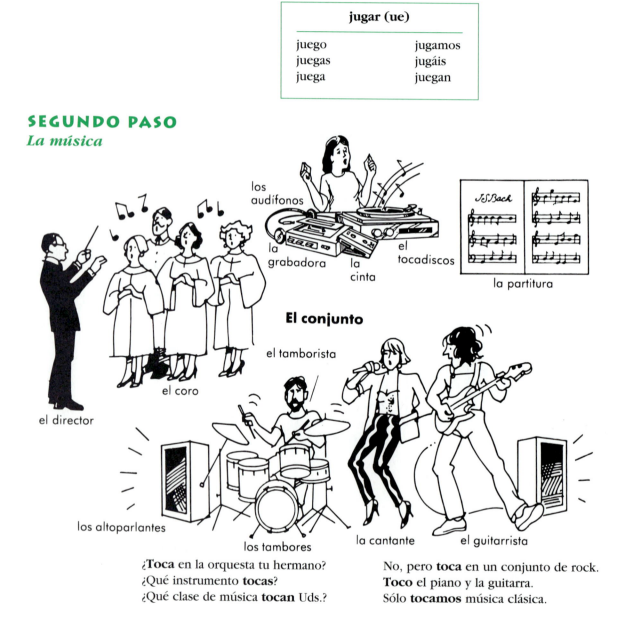

los audífonos

la grabadora   la cinta   el tocadiscos

la partitura

El conjunto

el tamborista

el coro

el director

los altoparlantes

los tambores

la cantante   el guitarrista

¿**Toca** en la orquesta tu hermano?

¿Qué instrumento **tocas**?

¿Qué clase de música **tocan** Uds.?

No, pero **toca** en un conjunto de rock.

Toco el piano y la guitarra.

Sólo **tocamos** música clásica.

¿Qué disco vas a **poner**?	Voy a **poner** un disco de jazz.
¿Qué música **pones** cuando lees?	No **pongo** música cuando leo.
¿Por qué no **ponéis** el estéreo?	No **ponemos** el estéreo después de medianoche.

Conclusiones   *Tocar* y *poner*

1. **Tocar** se usa con instrumentos musicales y tipos de música.
2. **Poner** se usa con discos, cintas y aparatos eléctricos.

ACTIVIDADES

7. ¿Qué juega la gente? (entre dos) *Usando los elementos a continuación, invente una pregunta para un/a compañero/a.*

MODELO   tu abuela / el fútbol o las cartas
ESTUDIANTE 1: **¿Juega tu abuela al fútbol o a las cartas?**
ESTUDIANTE 2: **Juega a las cartas.**

1. tu mejor amiga / el boliche o el fútbol
2. los chicos de secundaria / el baloncesto o el dominó
3. tus abuelos / el bridge o el vólibol
4. tú / el golf o el tenis
5. Uds. en la primavera / el béisbol o el fútbol
6. vosotros cuando hace frío / el croquet o las damas
7. tú cuando llueve y estás en casa / la pelota o el ajedrez

8. Entrevista (entre dos o en pequeños grupos). *Pregúntele a alguien de la clase...*

1. qué deporte juega en el invierno.
2. si esquía en el verano.
3. cuál es su juego favorito.
4. cuántos jugadores hay en un equipo de béisbol, *(de fútbol, de bridge, etc.).*
5. si juega a los naipes (a las cartas).
6. con quién juega al baloncesto (al básquetbol).
7. dónde juega al fútbol.
8. con qué otra persona de la clase desea jugar?.

9. Opiniones sobre la gran cultura (entre dos o en pequeños grupos).
Pregúntele a alguien de la clase sobre sus gustos y capacidades musicales. Use la tabla para formular preguntas y respuestas.

el acordeón	el arpa	la guitarra	el violín
el clarinete	la mandolina	la viola	la armónica
el oboe	el piano	el banjo	la trompeta
el tambor	el trombón	el órgano	los cimbales
el violonchelo	el violón	el saxofón	el corno

1. ¿Qué instrumento tocas?
2. ¿Qué instrumento escuchas?
3. ¿Qué instrumentos son necesarios para tu música favorita?
4. ¿Qué instrumentos se usan en una banda militar?
5. ¿Qué instrumento tocan los ángeles?
6. ¿Qué instrumentos tocan tus mejores amigos/as?
7. ¿Qué instrumentos se usan en un cuarteto de cuerdas?

10. Entrevista (entre dos o en pequeños grupos). *Pregúntele a alguien de la clase...*

1. qué disco pone para trabajar.
2. qué música escucha cuando lee.
3. si canta música folklórica.
4. si escucha música de teatro musical.
5. cuándo pone el radio.
6. si pone el radio cuando maneja.
7. qué música escucha cuando corre.
8. qué música pone para bailar.

NOTA CULTURAL

La música en el mundo hispano

No hay nada más interesante ni más agradable en la cultura hispana que su música. Por un lado, los países hispanos forman parte de la gran tradición musical de occidente; la música de compositores famosos como Tomás de Victoria (España, 1549–1611), Isaac Albéniz (España, 1860–1909), Manuel de Falla (España, 1876–1946), Carlos Chávez (México, 1899–1978) y Alberto Ginastera (La Argentina, 1916–1983) se escucha en los mejores auditorios del mundo.

Por otro lado, la música popular de los países hispanos también es muy famosa: el flamenco, el tango y la salsa son distintos tipos de música popular que tienen aficionados en todas partes. Igual que el jazz en los Estados Unidos, la música popular de Hispanoamérica es una fascinante mezcla de elementos europeos, indigenistas y africanos.

Hoy día los jóvenes hispanos escuchan muchos tipos de música, incluso música rock de Inglaterra y de los Estados Unidos.

Algunos críticos consideran la popularidad del rock una forma de «imperialismo cultural». **Sin embargo, aunque** la música extranjera en el mundo hispano es muy popular, nunca puede **reemplazar** la música nacional porque cada nueva generación combina elementos extranjeros con elementos tradicionales para hacer una música **propia**.

La música es una lengua universal; no es de ningún país específico. Es cierto que la música rock tiene aficionados en todo el mundo hispano. Pero también es cierto que la música popular en todo país (incluso los Estados Unidos) es una combinación de muchos elementos, algunos locales y algunos extranjeros. En otras palabras, es igual que la música en todos los siglos: es un fenómeno que trasciende a las **fronteras** nacionales.

hoy día: en estos días

sin embargo: *however*
aunque: *although*
reemplazar: tomar el lugar de

propia: personal; no de otra persona

frontera: línea que separa dos países

6.4 ▶ **¿Dónde se ve buen teatro en esta ciudad?**

Se habla español en la clase de español; no **se habla** inglés nunca.
¿Dónde **se puede** bailar toda la noche?
¿Cómo **se va** al cine? ¿**Se va** en tren o **se va** en coche?
No **se debe** fumar en los ascensores.
Desde aquí **se ve** toda la escena.
¿Dónde **se encuentra** el Teatro Juárez?
Se venden entradas en la boletería.
¿Dónde **se encuentran** los mejores asientos?
Se ven muy buenas obras de teatro en Madrid.

Conclusiones

El *se* impersonal

1. **Se** en las oraciones anteriores señala que el sujeto es una persona (o personas) no especificada.
2. Con **se** y un sustantivo plural, a veces el verbo está en plural también:
   Se compran entradas en aquella taquilla.
3. Las oraciones en el cuadro son más o menos equivalentes.

> **Se vende** comida aquí. = { **Alguien vende** comida aquí.
> **Uno vende** comida aquí.
> **La gente vende** comida aquí.
> **Venden** comida aquí.

ACTIVIDADES

11. Transformaciones. *Haga una oración equivalente con* **se.**

MODELO   Venden entradas en la taquilla. → **Se venden entradas en la taquilla.**

1. Hablan español en México.
2. Bailan tango en la Argentina.
3. La gente ve buena ópera en Madrid.
4. Uno come muy bien en Puerto Rico.

5. Uno escucha buena música folklórica en aquel club.
6. Venden libros sobre cine en aquella librería.

7. La gente puede comprar buenos altoparlantes en aquella tienda.

12. Los encantos de la ciudad (entre dos). *Uno/a de Uds. es un/a turista que tiene mil preguntas sobre la ciudad. La otra persona es un/a agente de viajes que tiene que explicar cuáles son los sitios más interesantes de la ciudad. Usen la tabla para formular sus preguntas y respuestas.*

EJEMPLOS   Comer buena comida china en...
ESTUDIANTE 1: **¿Dónde se come buena comida china?**
ESTUDIANTE 2: **Se come buena comida china en el Hunan Wok.**

1. comer buena comida mexicana en...
2. hablar español en...
3. vender buenos zapatos en...
4. ver buenas películas en...
5. escuchar música rock en...
6. bailar hasta la madrugada en...
7. ver teatro aceptable en...
8. comprar entradas en...

13. Opiniones (entre dos o en pequeños grupos). *Pregúntele a alguien de la clase...*

1. dónde se vive mejor en los Estados Unidos *(en el mundo entero).*
2. dónde se vende(n) ropa para hombres *(ropa barata, entradas de teatro, dinosaurios de plástico, buenos coches usados, fotos de actores y actrices, un programa de televisión).*
3. en qué profesión se gana *(mucho, poco, demasiado, suficiente)* dinero.
4. en qué profesión se trabaja mucho *(para el bien de la sociedad, solamente para el bien de la compañía, sólo para ganar dinero).*
5. dónde se encuentran libros serios *(hombres guapos, mujeres lindas, tiendas de ropa, supermercados sin música).*

6.5 ▶ ¿A qué hora comienza la película?

PRIMER PASO

¿Cuándo se **cierra** la taquilla?
¿**Cierran** Uds. los libros durante los exámenes?
¿**Quieres** ir al cine con nosotros?
¿Qué **quiere** hacer esta noche?
¿Qué **quieren** Uds. en esta vida?
¿Qué **queréis** hacer esta noche?
¿Por qué **prefieres** el cine al teatro?

¿Qué juego **prefieren** Uds., el fútbol o el fútbol americano?
¿**Queréis** venir conmigo o **preferís** estudiar?

Se **cierra** cuando la obra **comienza.**
Claro que **cerramos** los libros durante los exámenes.
Claro que **quiero** ir con Uds.
Quiere ir al circo.
Queremos amor y dinero.
Queremos ver una obra de teatro.
Prefiero el cine porque tiene más posibilidades técnicas.
Preferimos nuestro fútbol, por supuesto.
Preferimos estudiar porque hay un examen mañana.

Conclusiones

Los verbos con cambios de raíz *e* → *ie*

1. Los verbos de esta sección tienen el cambio de raíz **e** → **ie**.
2. Igual que el cambio **o** → **ue**, el cambio **e** → **ie** ocurre sólo en la última sílaba de la raíz en todas las formas que no corresponden a *nosotros* o a *vosotros*.
3. Las terminaciones de estos verbos son regulares.

Sinopsis

cerrar (ie)		querer (ie)		preferir (ie)	
cierro	cerramos	quiero	queremos	prefiero	preferimos
cierras	cerráis	quieres	queréis	prefieres	preferís
cierra	cierran	quiere	quieren	prefiere	prefieren

SEGUNDO PASO

La función **comienza** a las ocho y media en punto.
Yo **riego** mis plantas una vez por semana *(regar = echar agua)*.
El espectáculo **empieza** a las once *(empezar = comenzar)*.
Siempre **pienso** en cosas grandes y profundas *(pensar = actividad mental)*.
Yo no **entiendo** la popularidad de esa película *(entender = comprender)*.
Las películas de ese director siempre **pierden** dinero *(perder ≠ ganar)*.

¿Por qué no **enciendes** un cigarrillo?	Porque no **quiero** fumar más. *(encender ≠ apagar)*.
¿Cuándo **mienten** Uds.?	No **mentimos**. Somos honestos. *(mentir = no decir la verdad)*.
¿Qué **piensan** Uds. **hacer** esta noche?	Yo **pienso estudiar**, pero Enrique **piensa ir** a una fiesta. *(pensar + infinitivo = tener planes)*.
¿Qué **quiere decir** «pensar»?	«Pensar» es una actividad mental.
¿Qué **quiere decir** «comenzar»?	«Comenzar» quiere decir «empezar». *(querer decir = significar)*.

Conclusiones

Otros verbos con el cambio de raíz *e* → *ie*

1. **Empezar, comenzar, pensar, cerrar, encender, entender, perder** y **mentir** son verbos comunes con este cambio de raíz.
2. **Pensar + infinitivo** significa *tener planes*; **querer decir** significa *significar*.

ACTIVIDADES

14. Planes para la noche (entre dos). *Usen la tabla para formular preguntas y respuestas sobre los planes que la gente tiene para la noche.*

EJEMPLOS tú / ir a la playa
ESTUDIANTE 1: **¿Qué piensas hacer esta noche?**
ESTUDIANTE 2: **Pienso ir a la playa.**

1. Miguel / ir al partido
2. Uds. / ir a un restaurante
3. tú / pasar la noche con nosotros
4. tu compañero(-a) de cuarto / rentar un video

5. vosotros / ir a un club de jazz
6. Pablo / ver una película de Sylvester Stallone
7. Teresa y Luis / escuchar música y ver televisión
8. Micaela / bailar en una discoteca con su novio

15. Preferencias (entre dos). *Usando la tabla como guía, describan las preferencias de la gente.*

EJEMPLO   **Yo prefiero el fútbol a la natación.**

yo	el fútbol	a las damas (*al bridge, etc.*)
tú	la música clásica	
Uds.	el teatro experimental	a la natación (*al ténis, etc.*)
? y yo preferir	las películas de ?	
? y tú	el ajedrez	al jazz (*al rock, al silencio*)
mis padres	el piano (*violín, flauta, etc.*)	
?		a las películas de ?
? y ?	(nombre de un actor)	al teatro clásico
	?	al órgano (*al clarinete, etc.*)
		a la música folklórica
		a ?

16. Ambiciones (en pequeños grupos). *Usando la tabla y el verbo* **querer**, *describan las ambiciones de la gente.*

EJEMPLO   **En diez años Miguel quiere ser rico y poderoso.**

Esta noche	yo	comer fuera
Mañana	tú	terminar un libro
La semana que viene	Uds.	ser (*médico, abogada, etc.*)
El año próximo	? y yo querer	
En el año ?	? y tú	tener una casa en ?
En diez años	?	comprar un/a ?
En ? años	? y ?	ganar un salario de ?
		?

17. Entrevista (entre dos o en pequeños grupos). *Pregúntele a alguien de la clase sobre sus planes para el verano. Use las sugerencias para formar sus propias preguntas.*

1. si quiere hacer alpinismo
2. si quiere ir a Colorado para esquiar
3. si prefiere ver cine o televisión
4. a qué países piensa viajar
5. si quiere comprar entradas para algún espectáculo
6. si quiere un nuevo estéreo
7. qué deportes prefiere ver
8. qué coche piensa comprar
9. si prefiere ópera o teatro
10. si quiere pasar tiempo con sus amigos

18. «College Bowl» (entre dos). *Ud. y otra persona de la clase tienen que definir los términos a continuación.*

EJEMPLOS   libro / un objeto con varias páginas que...

ESTUDIANTE 1: **¿Qué quiere decir «libro»?**

ESTUDIANTE 2: **Un libro es un objeto con varias páginas que se lee.**

1. casa / un lugar donde...
2. teléfono / un aparato que se usa para...
3. piscina / un lugar para...
4. ópera / un espectáculo donde...

5. cine / un lugar para...
6. ciudad / un lugar donde...
7. concierto / una reunión donde...
8. auditorio / un lugar donde...

6.6 ¿Quieres comprar algo?

PRIMER PASO

¿Necesitas **algo** en el centro?	No, **no** necesito **nada**, gracias.
¿Hay **alguien** interesante en ese show?	No, **no** hay **nadie** interesante.
¿Tienes **algunos** amigos en Hollywood?	No, **no** tengo **ningún** amigo allí.
¿Tienes **algunas** entradas extras?	No, **no** tengo **ninguna** entrada extra.
¿Se venden videos en **alguna parte**?	No, **no** se venden videos en **ninguna parte.**
¿Vas a **alguna parte** el martes?	No, **no** voy a **ninguna parte** el martes.
¿**A veces** compras asientos baratos?	No, **no** compro entradas baratas **nunca.**
¿**Siempre** vas a la ópera solo?	No, **no** voy a la ópera solo **nunca.**
¿Quieres ver cine **o** televisión?	**No** quiero ver **ni** cine **ni** televisión.
¿Vas a ser actor **o** director?	**No** voy a ser **ni** actor **ni** director.

Conclusiones   **Las expresiones indefinidas y negativas**

1. Las palabras en negrilla en la primera columna son expresiones indefinidas.
2. Las palabras en negrilla en la segunda columna son expresiones negativas que corresponden a las expresiones indefinidas de la primera columna.
3. Siempre se usa **no** antes del verbo cuando hay una expresión negativa después del verbo.

expresiones indefinidas	expresiones negativas
algo	nada
alguien	nadie
algún	ningún
alguna	ninguna
algunos	ningún, ninguno
algunas	ninguna
alguna parte	ninguna parte
siempre	nunca, jamás
a veces	nunca, jamás
o... o	ni... ni

SEGUNDO PASO

¿Hay **algunos** músicos en el teatro?   No, no hay **ninguno**.
¿Tienes primos en Europa?   No, **ninguno** de mis primos está allí.
¿Cúal de esas películas quieres ver?   No quiero ver **ninguna** de ellas.
¿Vas a comprar **algunas** entradas?   No, no voy a comprar **ninguna**.

Conclusiones   *Ninguno* y *ninguna*

1. **Ninguno** y **ninguna** funcionan como pronombres; es decir, toman el lugar de un sustantivo.
2. Las formas plurales (*ningunos* y *ningunas*) casi nunca se usan.

TERCER PASO

Yo juego al baloncesto; mi hermano juega al baloncesto **también.**
No juego al béisbol; mi novia **no** juega al béisbol **tampoco.**

Conclusiones   *También* y *tampoco*

1. Se usa **también** para reafirmar una cosa afirmada anteriormente; es igual que **igualmente**. Se usa después de una frase afirmativa.
   Margarita va al partido; Miguel va **también**.
2. Se usa **tampoco** para negar una cosa negada anteriormente. Se usa después de una frase negativa.
   Nicolás no va al partido; yo **no** voy **tampoco**.

CUARTO PASO

Nada explica por qué esos jóvenes siempre llegan tarde a los ensayos.
Nadie piensa en cosas serias durante una fiesta.
Ningún estudiante piensa asistir a clase los sábados.
Ninguno de mis amigos va a ver esa película.
Ninguna de mis amigas juega al fútbol.
Nunca como carne. **Tampoco** como pollo.
Jamás pienso regresar a ese restaurante.
Ni Juan **ni** José prefieren la música clásica a la música moderna.
No hay **nadie** en **ninguna** parte.
No viene **nadie** aquí **nunca**.
Nadie quiere comprar **nada** aquí.

Conclusiones   Negaciones simples y múltiples

1. **No** se omite cuando una expresión negativa precede al verbo.
2. Las expresiones negativas se pueden combinar con otras expresiones negativas.

ACTIVIDADES

19. Un tremendo pesimista (entre dos). *Don Tremendón, el hermano de Gumersinda, es una persona tremendamente negativa. ¿Cómo contesta las preguntas a continuación?*

MODELO   ESTUDIANTE 1: **¿Viene alguien a la fiesta?**
                ESTUDIANTE 2: **No, no viene nadie a la fiesta.**

1. ¿Hay alguien importante aquí?
2. ¿Siempre funciona el tocadiscos?
3. ¿A veces son interesantes los programas de televisión?
4. ¿Hay algunos buenos restaurantes en esta ciudad?
5. ¿Hay alguien interesante en las películas de Brian de Palma?
6. ¿Hay algo bello en alguna parte de este estado?
7. ¿Hay algunos políticos honestos?
8. ¿Quieres hablar con alguien?

20. Gente sana y cuerda (entre dos). *Algunas personas hacen cosas tontas, pero los amigos de Josefina nunca hacen nada tonto. ¿Cómo contesta Josefina las preguntas a continuación?*

MODELO   leer novelas sentimentales

ESTUDIANTE 1: **¿Leen novelas sentimentales algunos/as de sus amigos/as?**

ESTUDIANTE 2: **No, ninguno/a de mis amigos/as lee novelas sentimentales.**

1. tocar jazz a las siete de la mañana
2. tomar el sol a medianoche
3. bailar en la biblioteca
4. beber alcohol antes de manejar
5. hacer alpinismo en Kansas
6. esquiar durante el verano
7. poner un disco de ópera para bailar
8. querer comprar el puente Brooklyn

21. Opiniones y confesiones (entre dos). *Use **a veces, siempre, nunca** o **jamás** para formular preguntas y respuestas sobre los grandes temas a continuación.*

EJEMPLOS   ver películas X con tu madre

ESTUDIANTE 1: **¿A veces ves películas X con tu madre?**

ESTUDIANTE 2: **No, nunca veo películas X con mi madre.**

1. sacar buenas notas
2. jugar al bridge
3. ir a la ópera con mi tía
4. bailar la noche entera
5. volver a casa a las cinco de la madrugada
6. salir con motociclistas
7. ver películas sobre vampiros
8. comprar ropa de?
9. cantar canciones patrióticas
10. ?

22. ¡Qué buen imitador! *Pepito adora a su hermano Miguel, y siempre hace las mismas cosas que hace su hermano. Describa su conducta.*

MODELOS   Miguel baila tango. → **Pepito baila tango también.**
               Miguel no fuma. → **Pepito no fuma tampoco.**

1. Miguel juega al béisbol.
2. Miguel canta en el baño.
3. Miguel no come demasiado.
4. Miguel actúa en el teatro estudiantil.
5. Miguel no conversa en la biblioteca.
6. Miguel no llega a clase sin preparar.
7. Miguel no esquía en julio.
8. Miguel quiere ser rico y famoso.

23. Entrevista (entre dos o en pequeños grupos). *Pregúntele a alguien de la clase...*

1. si a veces escucha música. ¿Qué música? ¿De qué grupos? ¿De qué compositores?

2. si hay alguien interesante en su clase de.... ¿Quién es? ¿Cómo es?
3. si algunos de sus amigos están casados. ¿Quiénes son? ¿Cuántos años tienen? ¿Tienen hijos? ¿Cuántos?
4. si trabaja en alguna parte. ¿Qué hace? ¿Hay algo interesante en su trabajo? ¿Qué es? ¿Por qué es interesante?
5. si tiene algún interés en particular. ¿Qué interés es?
6. si quiere algo especial para su próximo cumpleaños. ¿Qué?

6.7 Estoy en el quinto asiento de la sexta fila.

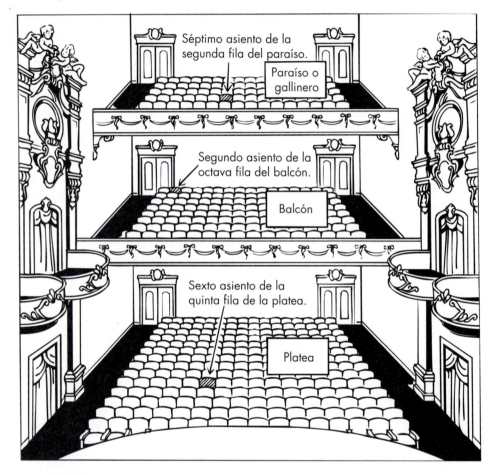

Séptimo asiento de la segunda fila del paraíso.

Paraíso o gallinero

Segundo asiento de la octava fila del balcón.

Balcón

Sexto asiento de la quinta fila de la platea.

Platea

Estoy en el **tercer** asiento de la **sexta** fila del teatro.
Enero es el **primer** mes del año y mayo es el **quinto**.
Hay nueve entradas en béisbol. En este momento estamos en la **séptima**.
Hay cuatro períodos en el fútbol americano. Ahora estamos en el **tercero**.
El español es la **tercera** lengua que estudio. Pero no va a ser la última.
Yo vivo en el **cuarto** piso; mi hermana y su esposo viven en el **octavo**.
¿Quién está sentado en el **noveno** asiento de la **séptima** fila?
Felipe II (**segundo**) e Isabel I (**primera**) son contemporáneos.
¿Estás en el **décimo piso** o el **piso once**?
Las **tres primeras** lecciones son fáciles.

Conclusiones

Los números ordinales

1. Los números ordinales en español concuerdan en número y género con el sustantivo que modifican. Generalmente van antes del sustantivo.
2. Se usa **primer** y **tercer** antes de un sustantivo masculino singular.
3. El número cardinal precede al número ordinal.
     los **diez primeros** estudiantes
4. Con títulos reales y religiosos el número ordinal está después del sustantivo.
     Alfonso X → Alfonso **décimo**   Pío VIII → Pío **octavo**
5. Generalmente se usan números cardinales después de **décimo**, y se ponen después del sustantivo.
     Vivo en el **décimo** piso. Estamos en el piso **catorce**.
     Juan XXIII → Juan **veintitrés**   Alfonso XIII → Alfonso **trece**

Sinopsis

1er, 1°, 1ª	primer, primero, primera		6°, 6ª	sexto, sexta
2°, 2ª	segundo, segunda		7°, 7ª	séptimo, séptima
3er, 3°, 3ª	tercer, tercero, tercera		8°, 8ª	octavo, octava
4°, 4ª	cuarto, cuarta		9°, 9ª	noveno, novena
5°, 5ª	quinto, quinta		10°, 10ª	décimo, décima

ACTIVIDADES

24. Reyes, reinas y papas. *¿Cuál es el nombre completo de la ilustre gente a continuación?*

MODELO   Carlos III → **Carlos tercero**

1. Enrique VIII
2. Pío VI
3. Isabel I
4. Felipe III
5. Juan Pablo II

6. Carlos V
7. Fernando VII
8. Caterina IX
9. Faviola IV
10. Alfonso XIII

25. Miniteatro (entre dos). *Ud. es un/a acomodador/a en un teatro y tiene que explicar a la gente dónde están los asientos.*

MODELO   6ª 10° → **Ud. está en la sexta fila y en el décimo asiento.**

1. 10ª 4°
2. 8ª 3ᵉʳ
3. 2ª 5°
4. 1ª 8°

5. 6ª 1ᵉʳ
6. 7ª 2°
7. 9ª 10°
8. 3ª 7°

26. Entrevista (entre dos o en pequeños grupos). *Pregúntele a alguien de la clase...*

1. en qué piso está ahora.
2. en qué piso vive.
3. quién es la reina de Inglaterra.
4. cómo se llama el papa actual (*actual = de ahora*).

5. quién está en tercer año de universidad.
6. quién tiene un/a hermanito/a en primer grado de primaria.
7. de historia, cuál es su favorito.

Cómo se hace para hablar por teléfono I

SRA. LÓPEZ	Hola (Diga, Bueno, Aló).
LUIS	Buenos días, señora. Habla Luis. (Soy Luis.)
SRA. LÓPEZ	Ah, buenos días, Luis. ¿Cómo le va?
LUIS	Muy bien, gracias. **¿Se encuentra** Ana? (¿Está Ana? ¿Se puede hablar con Ana?)
SRA. LÓPEZ	Un momentito. **No cuelgue**. (**No corte**.) Voy a ver si está. (*un minuto después*) No se encuentra. (No está.) ¿Quiere Ud. dejar algún **recado**? (¿Quiere Ud. dejar un mensaje?)
LUIS	No, gracias. **Vuelvo a llamar** (Llamo otra vez) más tarde.
SRA. LÓPEZ	Cómo no. Hasta luego.
LUIS	Adiós.

se encuentra: está

no cuelgue: don't hang up

recado: mensaje

volver a + infinitivo: hacer otra vez, repetir

Situaciones

Con un/a compañero/a de clase, improvisen dos conversaciones telefónicas.
1. En la primera, la persona a quien Ud. quiere hablar está en casa.
2. En la segunda, esa persona no está y Ud. tiene que dejar un recado.

PRONUNCIACIÓN Y ORTOGRAFÍA

A. *El sonido de las letras* **j, g + e** *y* **g + i** *es* [x]. *Este sonido no existe en inglés, pero es muy fácil de pronunciar porque es una* **k fricativa** *o* [k̄]. *Imite bien el modelo de su profesor/a.*

jugar   juego   jugo   José   Juana   jefe   pájaro   ja, ja, ja
gente   gimnasio   general   legible   gema   ginecología   ángel

Algunos nombres conservan una ortografía arcaica; en tales palabras la letra **x** *se pronuncia como* [x]. *Por ejemplo:* **México, Texas** *y* **Oaxaca**. *A veces tales palabras se escriben con ortografía moderna:* **Méjico, Tejas,** *y* **Oajaca.**

B. *En los verbos que terminan en* **-ger,** *se cambia la* **g** *por* **j** *para conservar el sonido original en algunas combinaciones.*

¿Quién recoge los platos después de cenar?

Yo **recojo** los platos después de la cena.(*recoger = coleccionar, reunir*)

¿Escoges tú las fechas de tus vacaciones?

No, yo no **escojo** las fechas de mis vacaciones. (*escoger = seleccionar*)

Sinopsis

recoger: **recojo**, recoges, recoge, recogemos, recogéis, recogen
escoger: **escojo**, escoges, escoge, escogemos, escogéis, escogen

EN CONTEXTO

EN VIVO

TEATROS

Alcalá Palace. ☎ 435 46 08 / Alcalá, 90 / Aparcamiento: Felipe II / Metro Goya / Refrigerado.
—**El guardapolvo.** Todos los días, 7 y 10.45. Lunes, descanso. ¡Segundo año éxito cómico! Justo Alonso presenta a Pepe Rubio, con Flavia Zarzo y Nené Morales, en *El guardapolvo*. Escrita y dirigida por Juan José Alonso Millán. Con Paco Benítoch, Tony Valento, Javier de Pablo, Pascual Martín y la colaboración de Marisol Ayuso. Escenografía: Alex Tarraguell. La crítica ha dicho: "¡Torrente de carcajadas!" (López Sancho, *Abc*), "El público respondió a la provocación cómica con risas estruendosas" (Haro Tecglen, EL PAÍS), "Golferías en la Costa del Sol" (*Ya*), "El vodevil de la *jer*" (López Negrín, *El Independiente*), "Pepe Rubio, un monstruo de la especialidad" (Carlos Avilés, *El Sol*).
Alcázar. ☎ 532 06 16 / Alcalá, 20; Centro / Metro y aparcamiento: Sevilla.
—**Rosas de otoño.** Juanjo Seoane presenta a Amparo Rivelles y Alberto Closas en *Rosas de otoño*, de J. Benavente (premio Nobel 1922). Con Ramón Pons, Pedro del Río, Emilio Alonso, Javier Blanco, Carmen del Valle, Rosa Díaz, Isa Escartín, Pepa Sarsa, Jorge Seoane y Ana Hurtado en María Antonia, y la colaboración especial de Margot Cottens. Dirección: José Luis Alonso. Horario funciones: martes, miércoles, viernes y sábados, 7 tarde y 10.30 noche; jueves y domingos, 7 tarde. Lunes, descanso compañía. Producida en colaboración con el INAEM, Ministerio de Cultura y Consejería de Cultura de la Comunidad de Madrid. Se ruega máxima puntualidad.

Preguntas   1. ¿Cómo se llama el teatro donde se presenta *El guardapolvo*?   2. ¿Cómo se llama el aparcamiento donde se puede dejar el coche?   3. ¿En qué estación del metro se debe bajar para llegar al Teatro Alcalá Palace?   4. ¿Es una tragedia o una comedia *El guardapolvo*?   5. ¿Qué tipo de obra es *Rosas de otoño*?   6. ¿Quién escribió *Rosas de otoño*?   7. ¿En qué año ganó Jacinto Benavente el Premio Nobel?   8. ¿Qué noches tienen dos funciones de *Rosas de otoño*?

LECTURA
La religión del fútbol

Cuando se dice «fútbol» en un país hispano, no se refiere al «football» norteamericano que es una derivación del rugby inglés; se refiere al fútbol que se juega con una pelota **redonda** que se toca casi exclusivamente con los pies o la cabeza. Ese fútbol en Europa y en Latinoamérica es casi una religión. Los estadios son las catedrales de esa religión, los jugadores son sus santos, los partidos son sus rituales y los **hinchas** son sus devotos. Los periódicos están llenos de información sobre el fútbol y hay gente que puede hablar horas enteras sobre estadísticas, jugadores, tácticas, entrenadores, etc. con un fervor que **parece** religioso. Y una discusión entre hinchas de distintos equipos puede llegar a la violencia.

redonda: esférica

hincha: aficionado

parece: tiene la apariencia de

¿Cuál es el resultado de tanto fervor y tanta devoción? En casi **cualquier** momento de cualquier barrio de cualquier ciudad de Latinoamérica, hay niños en la calle que juegan al fútbol, y durante un partido importante, todos los hinchas si no están en el estadio, están **pegados** a su televisor o a su radio. Gracias a ese fervor, tres países latinoamericanos —la Argentina, el Brasil y México— siempre pueden **mandar** un equipo nacional para competir en la Copa Mundial, el espectáculo futbolístico más grande del mundo. La Copa Mundial es un auténtico **torneo** internacional porque se incluyen equipos de casi todos los países del mundo. En 1990 el equipo de los Estados Unidos **participó** por primera vez en la Copa Mundial. **Ganó** pocos partidos en el mundial de 1990, pero en 1994, el equipo estadounidense casi **llegó** a los semifinales. ¿Qué necesita hacer el equipo estadounidense para ganar en 1998?

cualquier: *any*

pegados: muy cerca

mandar: *to send*

torneo: competencia deportiva con varios equipos

participó, ganó y **llegó**: pasado de *participar, ganar* y *llegar*

Preguntas   1. ¿Cómo se llama popularmente en los Estados Unidos el fútbol que se juega en Europa y en Latinoamérica?   2. ¿Juega Ud. al fútbol? ¿A cuál?   3. ¿Qué deporte en los Estados Unidos inspira mucho interés?   4. ¿De qué deporte(s) es Ud. hincha?   5. ¿Existe una «copa mundial» para el béisbol?   6. ¿Por qué no se juega el fútbol tanto en los Estados Unidos como en otras partes del mundo?   7. ¿Piensa Ud. que los Estados Unidos puede mandar un buen equipo a la próxima Copa Mundial?   8. ¿Tiene Ud. interés en jugar al fútbol «auténtico»?

Galería hispánica: La Argentina

Algunos datos sobre la Argentina

Nombre oficial: República Argentina
Capital: Buenos Aires
Población: 33.000.000
Moneda: el peso
Países vecinos: Chile, el Uruguay, el Paraguay, el Brasil y Bolivia
Etnicidad: Principalmente europeo (español e italiano)
Productos principales: carne, lana, cuero y cereales
Recursos: petróleo, gas natural y algunas de las mejores tierras del mundo

Tucumán
Córdoba
Rosario
Mendoza
Buenos Aires
La Plata
Viedma
Bahía Blanca
Carmen de Patagones
ARGENTINA

El enigma de la Argentina

Ningún país del mundo tiene más **recursos** que la Argentina. Y cuando decimos «recursos», no sólo hablamos de recursos naturales como buenísimas tierras, minerales, petróleo y potencial hidroeléctrico. También hablamos de recursos humanos.

Desde el siglo pasado, la educación pública en la Argentina es la mejor y la más completa de Latinoamérica. Las universidades argentinas producen excelentes profesionales —ingenieros, químicos,

recurso: *resource*

médicos— y la Argentina es el único país hispano que tiene dos premiados Nobel en ciencia y medicina. La **tasa de alfabetización** en la Argentina es casi tan alta como la de los países más industrializados como el Japón, los Estados Unidos y Europea occidental. **De manera que** podemos concluir que la Argentina tiene muchas características de un país de primer mundo. **De hecho**, durante los años 1915 a 1930, la Argentina **fue** uno de los diez países más prósperos del mundo entero.

    Sin embargo, con el final de la segunda **guerra** mundial, la Argentina **entró** en un serio **declive** marcado por tensión social, inflación e inestabilidad política. Es **todavía** uno de los países más ricos del mundo en recursos naturales y humanos. Pero la promesa de la Argentina todavía no se realiza. De hecho, la distancia que separa la promesa de la Argentina de la realidad de la Argentina es un enigma que nadie comprende muy bien.

tasa de alfabetización: porcentaje de la población que sabe leer

de manera que: *therefore*

de hecho: en realidad, *indeed*
fue: pasado de *ser*
sin embargo: *nonetheless*
guerra: conflicto armado
entró: pasado de *entrar*
declive: descenso; *decline*
todavía: *still*

Preguntas   1. ¿Cuáles son algunos de los recursos naturales de la Argentina?   2. ¿Por qué se dice que la Argentina también tiene grandes recursos humanos?   3. ¿Cuáles son algunos de los profesionales que se producen en la Argentina?   4. ¿En qué época fue la Argentina uno de los diez países más ricos del mundo?   5. ¿Cuáles son algunas de las causas del declive argentino?   6. ¿Por qué se dice que la Argentina es un enigma?

A ESCUCHAR

Escuche la conversación.

Ahora, escuche la conversación por partes y conteste las preguntas según la información que está a continuación.

1. a. Miguel conversa con Francisco.
   b. Francisco conversa con Javier.
   c. Guillermo conversa con Francisco.
   d. Federico conversa con Guillermo.
2. a. Porque siempre está emocionado.
   b. Porque Guillermo es su mejor amigo.
   c. Porque hay un partido de baloncesto esta noche.
   d. Porque va a un partido de fútbol esta tarde.
3. a. de tenis
   b. de fútbol
   c. de béisbol
   d. de baloncesto
4. a. Se llama el Club Federal.
   b. Se llama el Club Liberal.
   c. Se llama el Club Municipal.
   d. Se llama el equipo nacional.
5. a. Porque Francicso es aficionado al fútbol.
   b. Porque el equipo de Francisco y su equipo son rivales.
   c. Porque su equipo es un horror.
   d. Porque quiere ir al estadio y está lloviendo.
6. a. Dice que son muy guapos.
   b. Dice que son más rápidos y más inteligentes que el otro equipo.
   c. Dice que son rápidos pero lentos.
   d. Dice que son menos lentos que el equipo de Guillermo.
7. a. Van a casa para ver un partido por televisión.
   b. Van al estadio para jugar al fútbol.
   c. Van al estadio, pero no van juntos.
   d. Van a ver un partido de fútbol entre dos equipos rivales.

SITUACIONES

Situación 1   Ud. quiere dejar su coche en un lugar donde está prohibido estacionar para entrar en un negocio por sólo un minuto. Hay un policía delante del negocio. Pídale permiso para dejar el coche, explíquele que va a estar en el negocio por sólo un minuto. Otro estudiante puede hacer el papel del policía.

Situación 2   Ud. tiene que hacer una llamada telefónica a la casa de un amigo. Contesta su madre. Su amigo no se encuentra. Deje un recado.

Situación 3   Ud. llama por teléfono a la casa de una amiga. Ud. quiere saber a qué hora va a ir a la universidad. También quiere saber si va en coche y si Ud. puede ir con ella.

Situación 4   Ud. está con una amiga española que quiere saber cuáles son los pasatiempos y diversiones de Ud. y sus amigas.

Situación 5   Ud. quiere saber algo acerca del deporte favorito de un/a amigo/a. ¿Cuál es? ¿Dónde y en qué época del año se juega? ¿Cuántos jugadores hay en un equipo? ¿Hay entrenador? ¿Quiénes son los mejores jugadores de ese juego? ¿Cuándo es el próximo partido? ¿Se puede ver por televisión? ¿Cuánto cuestan las entradas?

COMPOSICIÓN

Tema 1   Escriba una composición sobre su fin de semana ideal. ¿Adónde va Ud.? ¿Qué hace Ud. allí? ¿Qué come? ¿Qué espectáculos ve? ¿Qué juegos ve? ¿Qué deportes juega? ¿Con quién va Ud.? Etc.

Tema 2   Escriba una composición sobre las diversiones de su universidad para un/a estudiante extranjero/a. ¿Qué hacen los estudiantes cuando no estudian? Describa los deportes, las fiestas, los espectáculos, los bailes, etc.

VOCABULARIO ACTIVO

Juegos y deportes

el ajedrez	el deporte	el juego
el alpinismo	el dominó	el/la jugador/a
el baloncesto	el/la entrenador/a	los naipes
el básquetbol	el equipo	el partido
el béisbol	el estadio	la pelota
el boliche	el fútbol	el período
el bridge	la gimnasia	el tenis
la cancha	el golf	el torneo
el croquet	el/la hincha	el vólibol
las damas		

Espectáculos

el/la aficionado/a	la crítica	el programa
el asiento	la entrada	el público
la boletería	el escenario	la taquilla
el boleto	la fila	la telenovela
el cine	la función	la temporada
el circo	la película	el video
la comedia		

La música

la banda	el concierto	la obra
la canción	el conjunto	la orquesta
el/la cantante	el disco	la orquesta sinfónica
la cinta	el ensayo	la sinfonía
el/la compositor/a	la grabadora	el tambor

Otros sustantivos

el aparato	la escuela primaria	la estadística
el/la bailarín/a	la escuela secundaria	la juguetería

la llamada

el/la músico/a

el permiso

el piso

el/la radio

el recado

el tamaño

la tarjeta

el viaje

Verbos

abrir

almorzar (ue)

asistir

cerrar (ie)

comenzar (ie)

costar (ue)

dar

devolver (ue)

dormir (ue)

empezar (ie)

encontrar (ue)

entender (ie)

escoger

escribir

jugar (ue)

llamar

mentir (ie)

morir (ue)

pensar (ie)

perder (ie)

poder (ue)

preferir (ie)

querer (ie)

recoger

recordar (ue)

salir

tocar

vivir

volver (ue)

Adjetivos

agradable

chiquito/a

deportivo/a

extranjero/a

insatisfecho/a

junto/a

redondo/a

supuesto/a

tonto/a

Expresiones útiles

acerca de

aló

allá

aunque

¡Claro que sí!

¡Cómo no!

de nada

de nuevo

no corte

no cuelgue

no hay de qué

¡Por supuesto!

Números ordinales

primer, primero/a

segundo/a

tercer, tercero/a

cuarto/a

quinto/a

sexto/a

séptimo/a

octavo/a

noveno/a

décimo/a

Expresiones indefinidas

a veces

algo

alguien

algún

alguna

alguna parte

algunas

algunos

o... o

siempre

Expresiones negativas

jamás

nada

nadie

ni... ni

ningún

ninguna

ninguna parte

ninguno

nunca

Vocabulario personal

_____   _____

_____   _____

_____   _____

_____   _____

CAPÍTULO 7

LA CASA Y SUS ACTIVIDADES

TEMAS
- La casa y sus cosas
- Los deberes domésticos
- Alquilar y arreglar un departamento
- Relaciones interpersonales
- Sueños y planes

FUNCIONES
- Alquilar un departamento
- Alquilar una habitación de hotel
- Preguntar sobre las obligaciones
- Decir que uno va o no va a hacer algo

GRAMÁTICA
7.1 Los complementos directos pronominales para cosas
7.2 Verbos que requieren preposiciones antes de sustantivos
7.3 La *a* personal
7.4 Verbos terminados en *-cer* y *-cir*; *saber* y *conocer*
7.5 Los complementos directos para personas
7.6 Frases de clarificación y de énfasis para el complemento directo
7.7 *Oír* y verbos terminados en *-uir*

GALERÍA HISPÁNICA
Bolivia

EN MARCHA

7.1 ¿Quién lava los platos y quién los seca?

PRIMER PASO
Las actividades de la casa

barrer el piso   lavar los platos   recoger los juguetes   sacar la basura

pintar la pared   limpiar las ventanas   cortar el césped   regar (ie) las plantas

cuidar el jardín   pasar la aspiradora   cocinar   coser

Historia de un martirio

MARTA   Miguel, ¿quién lava los platos en tu casa?
MIGUEL   **Los** lavo yo.
MARTA   ¿Y quién cuida el jardín?
MIGUEL   **Lo** cuido yo.
MARTA   ¿Y quién saca la basura?
MIGUEL   **La** saco yo.
MARTA   ¡Qué notable! ¿Y quién recoge los juguetes de los niños?
MIGUEL   **Los** recojo yo.
MARTA   ¡Qué horror! ¿Y quién limpia las ventanas?

MIGUEL **Las** limpio yo.

MARTA ¿Y se puede saber por qué haces todo ese trabajo?

MIGUEL Porque mi vida es un martirio, un sufrir constante. Existo sólo para trabajar.

(...y se escucha música de fondo, suave y triste, que refleja la tragedia del pobre Miguel.)

Conclusiones ## Los complementos directos y sus pronombres

1. Las palabras en negrilla en las oraciones de arriba son complementos directos. El complemento directo recibe la acción del verbo; es decir, contesta la pregunta *¿Verbo + qué?* Por ejemplo:

   Yo tengo **dos libros**.   **¿Yo tengo qué? Dos libros. (Dos libros** es el complemento directo de **tengo**.)

   Marisela mira **las fotos**.   **¿Marisela mira qué? Las fotos. (Las fotos** es el complemento directo de **mira**.)

2. **Lo, la, los** y **las** en la segunda columna de abajo son pronombres que toman el lugar de los complementos directos de la primera columna.

3. Los pronombres del complemento directo preceden al verbo y concuerdan con el sustantivo que reemplazan.

   Barro **el piso**.   →   **Lo** barro.

   Limpio **la sala**.   →   **La** limpio.

   Recogemos **los juguetes**.   →   **Los** recogemos.

   Guardo **las tazas**   →   **Las** guardo.

SEGUNDO PASO

¿Quieres comprar ese refrigerador?   Sí, quiero comprar**lo**.
   Sí, **lo** quiero comprar.

¿Vas a limpiar la cocina?   Sí, voy a limpiar**la**.
   Sí, **la** voy a limpiar.

¿Cuándo debo quemar esos papeles?   Debes quemar**los** ahora mismo.
   Los debes quemar ahora mismo.

Conclusiones ## Los complementos pronominales con infinitivos

1. Es posible agregar (*agregar = combinar con*) un complemento pronominal con un infinitivo.

2. Con un infinitivo, también es posible poner el complemento pronominal antes del verbo conjugado. Por ejemplo:

   Lo voy a hacer. = Voy a hacer**lo**.

ACTIVIDADES

1. ¿De quién son los deberes de la casa? (entre dos) *Explíquele a alguien de la clase quién hace qué en su casa.*

MODELO ESTUDIANTE 1: ¿Quién lava los platos?
ESTUDIANTE 2: **Yo los lavo.**

1. ¿Quién limpia el baño?
2. ¿Quién recoge la ropa sucia?
3. ¿Quién barre los pisos?
4. ¿Quién quema la basura?

5. ¿Quién arregla la sala?
6. ¿Quién saca la basura?

7. ¿Quién riega las plantas?
8. ¿Quién cuida el jardín?

2. ¿En qué cuarto se hacen las cosas? (entre dos) *Conteste las preguntas con un complemento pronominal.*

MODELO ESTUDIANTE 1: ¿Guardas tu champú en la cocina o en el baño?
ESTUDIANTE 2: **Lo guardo en el baño.**

1. ¿Guardas tu coche en el garaje o en el refrigerador?
2. ¿Preparas la comida en el baño o en la cocina?
3. ¿Barres el piso con una escoba o con un rifle?
4. ¿Limpias las ventanas con un trapo o con un cuchillo?
5. ¿Lavas los platos en el dormitorio o en el lavabo?
6. ¿Pintas las paredes con una brocha o con un trapo?
7. ¿Guardas la basura en el basurero o debajo de la mesa?
8. ¿Dejas tu bicicleta en la calle o en la sala?

3. ¿Dónde vas a poner las cosas? (entre dos) *Uds. tienen una nueva casa y tienen que decidir en qué cuarto van a poner las cosas. Usen la tabla como guía.*

EJEMPLO ESTUDIANTE 1: **¿Dónde vas a poner la estufa?**
ESTUDIANTE 2: **Voy a ponerla en la cocina.**

1. el refrigerador
2. la mesa
3. el sillón
4. el espejo
5. el armario
6. el cuadro
7. las sillas
8. el coche
9. la cama
10. las plantas

a. en la sala
b. en la cocina
c. en el comedor
d. en el dormitorio
e. en el garaje
f. en el vestíbulo
g. en el pasillo
h. en el baño
i. en el patio
j. en el jardín

4. La nueva casa (entre dos). *Ud. y algunos compañeros van a alquilar (alquilar = rentar) una casa y Ud. (como la persona más importante) tiene que decidir quién hace qué.*

MODELO ESTUDIANTE 1: ¿Quién va a limpiar el refrigerador?
ESTUDIANTE 2: *(nombre de un/a estudiante)* **va a limpiarlo.**

1. ¿Quién va a pagar el depósito?
2. ¿Quién va a cuidar el jardín?
3. ¿Quién va a cortar el césped?
4. ¿Quién va a pasar la aspiradora?
5. ¿Quién va a colgar los cuadros?

6. ¿Quién va a traer los muebles?
7. ¿Quién va a lustrar los pisos?
8. ¿Quién va a conectar la luz?
9. ¿Quién va a instalar la estufa?
10. ¿Quién va a limpiar el baño y la cocina?

el baño

el dormitorio

el pasillo

la cocina

el vestíbulo

la sala

el comedor

La casa

la cama

el espejo

el armario

el sillón

la estufa

el cuadro

el trapo

la lavadora de ropa

la brocha

la aspiradora

el cortacésped

la escoba

Los muebles y otras cosas de la casa

Cómo se hace para alquilar una habitación de hotel
—Quisiera una habitación sencilla (*sencilla = de una sola cama*).
—Quisiera una habitación doble de dos camas.
—Quisiera una habitación con baño (con ducha, con balcón, con vista al mar, con vista a la calle, con aire acondicionado, etc.).
—¿Cuánto cuesta (¿Cuál es el precio?) por noche (por semana, por mes)?
—¿Puedo ver la habitación?
—¿Tiene algo más grande (más barato, más pequeño, más tranquilo, mejor)?
—¿Está incluido el desayuno?
—¿Es de media pensión o de pensión completa? (*media pensión = con dos comidas; pensión completa = con todas las comidas*)
—¿A qué hora se sirve el desayuno (el almuerzo, la cena)?
—Está bien. La tomo.

Situación
Ud. está en un hotel en La Paz, Bolivia, pero no sabe si tiene suficiente dinero para el hotel, o si el hotel tiene todas las cosas que Ud. necesita. Con otra persona de la clase que hace el papel del/de la hotelero/a, haga preguntas sobre el hotel, cómo son las habitaciones, el costo de cada habitación, qué comidas se incluyen, etc.

7.2   **¿En qué piensas?**

PRIMER PASO

¿Con qué **sueñas?**	**Sueño con** mi casa ideal.
¿Por dónde **se entra en** tu casa ideal?	**Se entra en** la casa por un jardín.
¿En qué **consisten** los muebles de tu casa ideal?	**Consisten en** una cama de agua y un piano de cola.
¿En qué **piensas** ahora?	**Pienso en** el examen de mañana. La realidad es dura, y no puedo **soñar con** mi casa ideal todo el tiempo.
¿Qué **piensas de** mi casa ideal?	**Pienso que** es una maravilla, pero no puedo **pensar en** eso ahora porque también tengo un examen mañana.

Conclusiones   **Verbos que requieren una preposición antes de un sustantivo**

1. **Soñar con, entrar en, consistir en** y **pensar en** requieren una preposición antes de un sustantivo.
2. Otros verbos similares que Ud. ya sabe son **ir a, salir de** y **asistir a**.
3. **Pensar en, pensar de** y **pensar que** tienen significados distintos.
   a. **Pensar en** significa **considerar** o **tener en mente.**
      Pienso mucho **en mi familia.**
   b. **Pensar de** significa **tener una opinión.**
      ¿Qué **piensas de** mi nuevo sillón?
   c. **Pensar que** se usa con un verbo.
      Pienso que tu nuevo sillón es muy lindo y cómodo.

Sinopsis

asistir a ir a consistir en entrar en } + un sustantivo	pensar en, de salir de soñar (ue) con } + un sustantivo

SEGUNDO PASO

¿Dónde **escuchas** el estéreo?	Lo **escucho** en la sala.
¿Qué **escuchas** cuando limpias la casa?	**Escucho** música alegre.
¿Cómo **pagas** esos muebles?	Los **pago** con la ayuda del banco.
¿Quién **paga** el seguro contra robos?	Lo **pagamos** entre todos.
¿Qué **buscas**?	**Busco** la escoba para barrer el piso.
¿Qué vas a **buscar** en el centro?	Quiero **buscar** un cuadro para la sala.
¿Qué **miras**?	**Miro** esos pájaros en el jardín.
¿Por qué los **miras**?	Los **miro** porque son divertidos.
¿Dónde **esperas** el autobús?	Lo **espero** allí enfrente de la casa.

Conclusiones

Algunos verbos que no requieren una preposición antes de un sustantivo

1. A diferencia de sus equivalentes en inglés, **buscar, escuchar, esperar, mirar** y **pagar** no necesitan preposición antes de un sustantivo.
2. Estos verbos tampoco usan una preposición con complementos pronominales. Compare:

    Quiero **pagar la cuenta**. → Quiero **pagarla**.
    Vamos a **escuchar el disco**. → Vamos a **escucharlo**.
    Vamos a **esperar el autobús** aquí. → Vamos a **esperarlo** aquí.
3. **Esperar** con un sustantivo generalmente significa permanecer en un lugar donde se cree que alguien o algo va a venir.

TERCER PASO

¿Qué **piensas hacer** esta noche?	**Pienso ir** al cine con unos amigos.
¿Cuándo **piensan tomar** el examen Uds.?	**Pensamos tomarlo** al final del semestre.
¿Qué **esperan** Uds. en la vida?	**Esperamos tener** una familia con tres chicos.
¿**Esperas ganar** mucho dinero?	No, sólo **espero ganar** suficiente para vivir bien.

Conclusiones

Esperar y *pensar* con infinitivos

1. **Esperar + infinitivo** generalmente significa *ver el futuro con optimismo.*
2. **Pensar + infinitivo** generalmente significa *tener planes.*

ACTIVIDADES

5. Su casa ideal (entre dos o en pequeños grupos). *Formulen preguntas y respuestas originales.*

1. ¿En qué consiste su casa (*mansión, palacio, departamento, piso, condominio*) ideal?
   Vocabulario para las respuestas: *dormitorios, sala, vestíbulo, clóset, cocina, comedor, baños, jardín, garaje, estudio, piscina, etc.*

2. ¿En qué cuarto piensa Ud. poner la ropa (*el televisor, el sofá, la cama de agua, los sillones, la estufa, la mesa, los platos y cubiertos, la computadora, el escritorio, los muebles para los niños*)?
   Vocabulario para las respuestas: *Igual que en el número 1.*

3. ¿Cómo va Ud. a pagar la casa (*los muebles, la piscina, el piso*)?
   Vocabulario para las respuestas: *con un préstamo de banco, con un préstamo de sus padres, con el dinero que espera ganar en la lotería*

4. ¿Con quién espera Ud. compartir su casa (*condominio, palacio, etc.*)?
   Vocabulario para las respuestas: *con sus amigas, con su marido, con su esposa, con su compañero/a, con sus padres, con sus hijos, con su perro, con su gato, etc.*

5. En su casa (*palacio, castillo, etc.*), ¿por dónde se entra en el garaje, (*la cocina, la sala, el vestíbulo, el baño, el dormitorio de los chicos, el comedor, el estudio, etc.*)?
   Vocabulario para las respuestas: *Igual que en el número 1.*

6. Confesiones (entre dos). *Conteste las preguntas con respuestas, si no verdaderas, por lo menos interesantes.*

1. ¿En qué consiste tu dieta?
2. ¿En qué piensas cuando estás solo/a?
3. ¿Qué piensas del presidente actual? (*actual = de este momento*)
4. ¿Con quién (qué) sueñas con mucha frecuencia?
5. ¿Quién paga la comida en tu departamento?
6. ¿A qué hora sales de casa para llegar a tu primera clase?
7. ¿Adónde vas los fines de semana?
8. ¿En qué piensas cuando entras en la clase de español?
9. ¿Asistes a todas las sesiones de todas tus clases, sin falta?

7. Chismes (entre dos). *Ahora repita las preguntas de la actividad anterior, pero con otros sujetos.*

EJEMPLOS: Estudiante 1: **¿En qué consiste la dieta de Gumersinda?**
Estudiante 2: **La dieta de Gumersinda consiste en chocolate con hamburguesa, papas fritas con helado, mayonesa con mermelada y otras exquisiteces culinarias.**

8. Entrevista (entre dos o en pequeños grupos). *Pregúntele a alguien de la clase...*

1. qué busca en la cocina *(en el comedor, en la sala, en el vestíbulo, en el garaje, en el dormitorio, etc.).*
2. qué mira en la sala *(en la calle, en la playa, en la televisión, en el gimnasio, etc.).*
3. qué espera de la vida *(en el futuro, en su vida amorosa, de sus padres, de su mejor amigo/a, etc.).*
4. quién paga la luz *(la comida, el gas, el alquiler, el seguro, etc.).*

Cómo se hace para preguntar sobre las obligaciones

—¿Tengo que *(infinitivo)*... ?
—¿Estoy obligado/a a *(infinitivo)*... ?
—¿Debo *(infinitivo)*... ?

—¿Es obligatorio *(infinitivo)*... ?
—¿Tengo la obligación de *(infinitivo)*... ?
—¿Hay que *(infinitivo)*... ?

Cómo se hace para decir que uno va o no va a hacer algo

—Voy a *(infinitivo)*...
—Pienso *(infinitivo)*...
—Tengo la intención de *(infinitivo)*...

—No voy a *(infinitivo)*...
—No pienso *(infinitivo)*...
—No tengo la menor intención de *(infinitivo)*...

Situaciones

1. Ud. no comprende muy bien algunas de las reglas de la clase y de la universidad. ¿Qué preguntas hace Ud. para saber más sobre sus obligaciones como estudiante?
2. Describa sus planes para las próximas vacaciones. Incluya información sobre las cosas que piensa hacer y también sobre las cosas que no piensa hacer.

7.3 ¿Ves a Jorge allí en la puerta?

Recordamos la dirección de la casa de nuestros amigos.

Julia encuentra sus libros en el vestíbulo.

Pablo lleva el televisor a su cuarto.

Marisela busca sus llaves en el gabinete.

Esperamos la nueva cama que va a llegar esta tarde.

¿Qué buscas?

¿A quién buscas?

¿Qué miras?

¿A quiénes miras?

También recordamos **a nuestros amigos.**

Julia encuentra **a sus amigas** en el comedor.

Pablo lleva **a Pepito** a su cuarto.

Marisela busca **a Rafael** en el jardín.

Esperamos **a los hombres** que van a entregar el sofá.

Busco un sillón para la sala.

Busco **a mi compañera de cuarto**.

Miro un programa de televisión.

Miro **a aquellos carpinteros**.

Conclusiones   ## La *a* personal

1. Después de todos los verbos, se usa **a** antes de un complemento directo que es una persona o un grupo de personas.

2. Se usa **a quién** y **a quiénes** en la pregunta si **quién** o **quiénes** son el complemento directo del verbo.

ACTIVIDADES

9. ¿Qué pasa en la casa de Javier? *Uds. están en la casa de Javier. Describan la escena.*

1. La madre de Javier busca *(una escoba, Juanito, su marido, el perro, un trapo, la señora que limpia).*
2. Javier escucha *(la radio, su papá, los comentarios de su hermanito, los pájaros).*
3. Su hermanito no comprende *(nada, cómo funciona el radio, la señora que limpia, los adultos, las grandes palabras de Javier, nadie).*

10. Preguntas. *Invente una pregunta con* **qué, quién, quiénes, a quién** *o* **a quiénes** *para las respuestas a continuación.*

EJEMPLOS   Isabel mira a Roberto. → **¿Quién mira a Roberto?** *o*
                             → **¿A quién mira Isabel?**

1. Ricardo mira televisión.
2. Ana limpia las ventanas.
3. Javier busca a su hermano.
4. Esperamos a Miguel y a Juan.
5. Jorge barre el piso.
6. Beti quiere a Javier.
7. Javier adora a Beti.
8. Donaldo escucha a sus amigos.
9. No comprendemos a Gumersinda.
10. Papá lava platos en la cocina.

11. La telenovela (en pequeños grupos). *Describan a los personajes de su propia telenovela; usen una* **a** *personal si es necesario.*

EJEMPLOS   **Sara ama a Javier, pero Javier busca el dinero y la fama.**
                            La dama misteriosa quiere el amor pero sospecha a los hombres guapos.

Javier	ama	Javier, Sara, el dinero
Sara	busca	la madre de Sara
La madre de Javier	deplora	la fama, el amor
El policía O'Conner	sospecha	la seguridad
El abuelo de Sara	espera	los hombres guapos
La dama misteriosa	nunca ve	las mujeres bellas
El hombre en poliéster	quiere	el fin de esta telenovela

Ahora, usando los nombres de sus compañeros, inventen una telenovela basada en la gente de la clase de español.

7.4 ¿Conoces al nuevo jefe del departamento?

PRIMER PASO

¿Quién **conoce** al nuevo jefe?
¿**Conoces** también a sus hijos?
¿**Conoces** México?

Yo lo **conozco** bastante bien.
Sí, todos los **conocemos**.
Conozco la capital, pero no **conozco** las provincias muy bien.

¿Qué otros países **conocéis**?   **Conocemos** toda Sudamérica.

Ud. no va a **reconocer** a Susana; está más bonita ahora que nunca.
No **reconozco** tu voz cuando hablas por teléfono.
Nunca **traduzco** del inglés cuando hablo español.

Conclusiones   *Conocer, reconocer* y *traducir*

1. Los verbos terminados en **-cer** y **-cir** muchas veces usan la desinencia
   -zco en la primera persona singular. Las otras formas son regulares.
2. **Hacer** y **decir** son excepciones a esa regla.
      hago, haces, hace. etc.
      digo, dices, dice, etc.

Sinopsis

conocer		reconocer		traducir	
conozco	conocemos	**reconozco**	reconocemos	**traduzco**	traducimos
conoces	conocéis	reconoces	reconocéis	traduces	traducís
conoce	conocen	reconoce	reconocen	traduce	traducen

SEGUNDO PASO   *Saber* versus *Conocer*

1. **Saber** se combina con preguntas incrustadas y con **si**. Por ejemplo:
      ¿Sabes dónde se consiguen muebles usados?
      ¿Saben Uds. **cuánto** cuesta aquella casa que está en la esquina?
      No **sabemos si** Pepito está en su cuarto.
      Nadie **sabe si** la criada viene hoy o mañana.
2. **Saber** se combina con infinitivos. En estos casos no es necesario decir **cómo**.
   Por ejemplo:
      Nadie **sabe coser** ahora como antes.
      No **sé llegar** a tu casa.
3. **Saber** se combina con **que**. Por ejemplo:
      Mamá está preocupada porque **sabe que** Pepito está en la cocina.
      Sé que una alfombra de lana dura más que una alfombra de algodón.
4. **Conocer** se combina con personas y lugares. Por ejemplo:
      No **conozco** a Ricardo pero **conozco** bien a su hermano Héctor.
      Todavía no **conocemos** Buenos Aires.
5. **Conocer** indica un conocimiento superficial y general. **Saber** es el resultado de
   aprender o de memorizar. Compare:
      Lisa **sabe** el poema. = *Lisa puede recitar el poema de memoria.*
      Juan **conoce** el poema. = *Juan sabe cómo es el poema y lo reconoce cuan-*
                                      do lo escucha.
      Javier **sabe** esa sonata. = *Javier sabe tocar la sonata.*
Marina **conoce** esa sonata. = *Marina sabe cómo es la sonata y la reconoce*
                                      cuando la escucha.

ACTIVIDADES

12. ¿Saber o conocer? (entre dos o en pequeños grupos) *Ud. y algunos amigos*
tienen un nuevo departamento. ¿Qué saben y qué conocen Uds. de su
nuevo barrio?

1. Yo...   *dónde está el supermercado, a la vecina de enfrente, el horario de los autobuses, el teléfono del dueño*
2. Raúl no...   *el nombre de la otra calle, a la nueva criada, el Parque San Carlos, si mis padres vienen esta noche*
3. Tú no...   *pintar paredes y limpiar baños bien, al hijo del dueño, dónde está el correo más cercano, a mi hermano que viene a ayudar, si la aspiradora funciona*
4. Tú y yo...   *que la calle es tranquila, al chico que viene a reparar el lavaplatos, el barrio nuevo, dónde está la aspiradora, que es la hora para dejar de trabajar*

13. Entrevista (entre dos). *Pregúntele a alguien de la clase...*

1. qué barrios conoce.
2. a qué personas quiere conocer.
3. qué receta sabe de memoria.
4. si sabe cocinar y coser.
5. si conoce a un carpintero.
6. si sabe barrer y limpiar.
7. si conoce una casa con piscina y cancha de tenis.
8. cuál es la casa más bonita que conoce.
9. quién es la persona más famosa que conoce.

7.5 ▶ Tengo un amigo que quiere conocerte.

PRIMER PASO

¿Recuerdas **a tu abuelo**?   Cómo no. **Lo** recuerdo muy bien.

¿Conoces **a Aida**?   Sí. Claro que **la** conozco. Es mi tía.

¿Dónde busca Jorge **a su tío**?   **Lo** busca en el jardín.

¿Dónde hay que esperar **a la médica**?   Debemos esperar**la** en la sala.

¿Cuándo vas a ver **a Josefina**?   Pienso ver**la** mañana en su nuevo condominio.

Conclusiones   **Los complementos directos pronominales para personas en tercera persona**

1. **Lo, la, los** y **las** se refieren a objetos (ver 7.1) y a personas en tercera persona singular y plural.
2. Todos los complementos pronominales se pueden agregar a un infinitivo.

SEGUNDO PASO

¿No **me** reconoce?   No, chiquito, no **te** reconozco.

No, señor, no **lo** reconozco. ¿Es Ud. el médico?

No, señora, no **la** reconozco. ¿Es Ud. la madre de Beatriz?

¿No **nos** reconoce?   No, no **los** reconozco. ¿Son Uds. los Sres. Beltrán?

No, no **las** reconozco. ¿Son Uds. las hijas del Dr. Martínez?

No, no **os** reconozco. ¿Sois los niños del Colegio Cervantes?

¿Cuándo quieres ver**me**?

¿Dónde vas a esperar**nos**?

Doctor, ¿puedo ver**lo** mañana?

Quiero ver**te** mañana si es posible.

Voy a esperar**los** en el Café Prado.

No, pero puede ver**me** el viernes.

Conclusiones

Los complementos directos pronominales para personas

1. **Me, te, nos** y **os** son complementos directos pronominales que siempre se refieren a personas.
2. **Lo** reemplaza **Ud.** masculino y **él**. **La** reemplaza **Ud.** femenino y **ella**.
3. **Los** reemplaza **Uds.** masculino y **ellos**. **Las** reemplaza **Uds.** feminino y **ellas**.

Sinopsis

pronombre sujeto		complemento directo
yo	→	me
tú	→	te
Ud. *(m.)* él	→	lo
Ud. *(f.)* ella	→	la
nosotros/nosotras	→	nos
vosotros/vosotras	→	os
Uds. *(m.)* ellos	→	los
Uds. *(f.)* ellas	→	las

ACTIVIDADES

14. La nueva casa (entre dos). *Miguel y Jorge quieren celebrar su nuevo departamento con una fiesta. Lidia quiere saber quiénes van a ser los invitados. ¿Qué pregunta ella y qué contestan ellos?*

MODELO   a los Martínez

ESTUDIANTE 1: **¿Van a invitar a los Martínez?**

ESTUDIANTE 2: **Sí, vamos a invitarlos.**

1. a mi hermano
2. a Rosa y Teresa
3. -me
4. -nos

5. a la Sra. Delgado
6. a Aida y Jacinto
7. a Horacio y Manuel
8. a Pedro y a mí

15. Visitas y llamadas (entre dos). *Describa su calendario social contestando las preguntas de un/a compañero/a.*

1. ¿Quién te visita los fines de semana?
2. ¿Cada cuándo te llaman tus padres?
3. ¿Quién te conoce mejor, tu papá o tu mamá?
4. ¿Cada cuándo llamas a tus padres? (conteste con ***los***)
5. ¿Cada cuándo llamas a tu mejor amiga?
6. ¿Sabes el número de teléfono de tu novio/a de memoria?
7. ¿Ves a tus amigos más durante la semana o los fines de semana?
8. ¿Nos invitas a tu próxima fiesta?

9. ¿Me llamas por teléfono un día de estos?
10. ¿Vas a ver a (?) pronto?

16. El nuevo barrio (entre dos). *Marisela tiene un nuevo departamento. ¿Está acostumbrada a su nuevo barrio?*

EJEMPLOS ESTUDIANTE 1: **¿Conoces al vecino que vive enfrente?**
ESTUDIANTE 2: **Sí, lo conozco.**
ESTUDIANTE 1: **¿Sabes si hay una farmacia cerca?**
ESTUDIANTE 2: **Sí, hay una en la esquina.**

¿Sabes...
¿Conoces...

1. dónde está el correo?
2. a los dueños de tu edificio?
3. a los chicos que viven al lado?
4. qué está detrás del edificio?
5. si hay un buen garaje cerca?
6. a esa señora que toca el piano todo el día?
7. llegar al centro?
8. si está permitido tener perros en el edificio?
9. a la viejita que vive enfrente?
10. cuánto cuesta un departamento de dos dormitorios?

17. Opiniones sobre gente y cosas (entre dos o en pequeños grupos). *Ahora es el gran momento en que Ud. puede expresar sus opiniones sobre varios temas candentes. Con alguien de la clase, use la tabla para formular preguntas y respuestas.*

EJEMPLOS los jugadores del fútbol / respeto porque...
ESTUDIANTE 1: **¿Qué piensas de los jugadores de fútbol?**
ESTUDIANTE 2: **Los respeto porque son más grandes que yo.**

¿Qué piensas de ...

los mecánicos?	a. necesito porque...
el transporte público?	b. quiero porque...
las casas victorianas?	c. respeto porque...
las estufas eléctricas?	d. detesto porque...
las camas de agua?	e. adoro porque...
los plomeros?	f. odio porque...
las alfombras persas?	g. admiro porque...
los cuadros abstractos?	h. busco porque...
(nombre de otra universidad)?	i. escucho porque...
las flores de plástico?	j. temo porque...
los muebles modernos?	
la música en los ascensores?	
?	

¿Apartamento, departamento o piso?

Muy pocas lenguas tienen la extensión geográfica que tiene el español. El español se habla en España, en dieciocho repúblicas latinoamericanas y en una buena parte de los Estados Unidos. Esa variedad geográfica exhibe también una variedad lingüística. **Es decir**, cada región, y hasta cierto punto, cada país, tiene su propio acento y su propio vocabulario. Muchas veces es posible reconocer a un puertorriqueño, a un mexicano o a un uruguayo sólo por su forma de hablar. **Por lo tanto**, cuando uno llega a un nuevo país, tiene que aprender qué palabras se usan para ciertas cosas. (Esta confusión a veces es muy divertida porque hay palabras que son perfectamente aceptables en algunos países pero que son indecentes en otro.)

En este libro se enseña *departamento* para referirse a un cuarto o una serie de cuartos que se **aquilan**. **Sin embargo**, hay otras palabras que se usan en lugar de *departamento*. En España, por ejemplo, se dice *piso* para un departamento grande, y en México es común decir *apartamento*. También hay variedad en las palabras que se refieren a un cuarto. La palabra *cuarto* es común en México y Centroamérica, pero en la Argentina es más común decir *habitación* o *ambiente*. Y para complicar las cosas más, en España es común

es decir: en otras palabras

por lo tanto: consecuentemente

alquilar: rentar
sin embargo: *however*

decir *pieza*. Por lo tanto, aprender español consiste en aprender no sólo la lengua «universal» (si tal cosa existe); también consiste en aprender la lengua de una región específica.

7.6 ▶ **¿La quieres conocer a ella, o lo quieres conocer a él?**

¿Ve Ud. **mi nuevo sillón?**	Sí, **lo** veo.
¿Ve Ud. **a Pepe que está en el sillón?**	Sí, **lo** veo **a él.**
¿Me ve Ud.?	Sí, **lo** veo **a Ud.**
¿Reconoce Ud. **mi nueva casa?**	Sí, **la** reconozco.
¿Me reconoce Ud. **a mí?**	Sí, **la** reconozco **a Ud.**, señora.
¿Reconoce Ud. **a mi hija?**	Sí, **la** reconozco **a ella.**
¿Recuerda Ud. **esos árboles?**	Sí, **los** recuerdo.
¿Recuerda Ud. **a nuestros vecinos?**	Sí, **los** recuerdo **a ellos.**
¿Nos recuerda Ud. **a nosotros?**	Sí, **los** recuerdo **a Uds.**
¿Quieres **aquellas sillas?**	Sí, **las** quiero.
¿Quieres **a Ana y Luisa?**	Sí, **las** quiero **a ellas.**
¿Nos quieres **a nosotras?**	Sí, **las** quiero **a Uds.**
¿Me quieres **a mí** o **lo** quieres **a él?**	**Te** quiero **a ti.**
¿Nos quieres **a nosotros** o **los** quieres **a ellos?**	**Os** quiero **a vosotros.**

Conclusiones

Frases de clarificación y de énfasis para el complemento directo

1. Cuando un pronombre simple como **lo, la, los** y **las** resulta ambiguo, se puede agregar **a Ud., a ella, a él, a Uds., a ellos** o **a ellas** para clarificación, énfasis o contraste.
2. **A mí, a ti, a nosotros, a nosotras, a vosotros** y **a vosotras** también se usan para énfasis, clarificación y contraste.
3. El pronombre simple (**me, te, nos, os, lo, los, la, las**) es obligatorio. La frase de clarificación no se usa sin el pronombre simple.

Sinopsis

pronombre simple		frase de clarificación o de énfasis	ejemplo
me	→	a mí	Alicia **me** mira **a mí.**
te	→	a ti	Alicia **te** mira **a ti.**
nos	→	a nosotros/a nosotras	Alicia **nos** mira **a nosotros.**
			Alicia **nos** mira **a nosotras.**
os	→	a vosotros/a vosotras	Alicia **os** mira **a vosotros.**
			Alicia **os** mira **a vosotras.**
lo	→	a él	Alicia **lo** mira **a él.**
		a Ud. (*m.*)	Alicia **lo** mira **a Ud.**
la	→	a ella	Alicia **la** mira **a ella.**
		a Ud. (*f.*)	Alicia **la** mira **a Ud.**
los	→	a ellos	Alicia **los** mira **a ellos.**
		a Uds. (*m.*)	Alicia **los** mira **a Uds.**
las	→	a ellas	Alicia **las** mira **a ellas.**
		a Uds. (*f.*)	Alicia **las** mira **a Uds.**

ACTIVIDADES

18. ¿A quién? *Complete las oraciones con frases de clarificación o de énfasis. En algunos casos hay dos posibilidades.*

MODELO Lo conocemos... → **Lo conocemos a Ud.**
→ **Lo conocemos a él.**

1. Ella me quiere...
2. Los alumnos nos escuchan...
3. Los veo...
4. Te escucho...
5. La buscamos...
6. Gaby os espera...
7. Los alumnos las adoran...
8. Mi padre nos llama...

19. Hablando con énfasis (entre dos). *Conteste las preguntas de forma enfática.*

MODELO ¿Quiere Beti a Sebastián?
ESTUDIANTE 1: **¿Quiere Beti a Sebastián?**
ESTUDIANTE 2: **Sí, lo quiere a él.**

1. ¿Espera Susana a Ana?
2. ¿Nos odia Gumersinda?
3. ¿Te adora tu papá?
4. ¿Admiras a... ?
5. ¿Me saludas a mí o a Enrique?
6. ¿Buscas a Antonio o a Beti?
7. ¿Respetas más a (nombre de una mujer) o a (nombre de un hombre)?

20. Los amores de Don Tremendón (entre dos). *Don Tremendón (como muchos machistas) cree que todo el mundo está enamorado de él. ¿Cómo contesta Don Tremendón las preguntas a continuación?*

MODELO ESTUDIANTE 1: Carmen quiere a José.
ESTUDIANTE 2: **No es verdad. No lo quiere a él; me quiere a mí.**

1. Beatriz ama a Javier.
2. Pepito adora a su abuelo.
3. Las chicas del barrio quieren a Maradona.
4. Gumersinda quiere a su amiga.
5. Los estudiantes adoran a su profesora.
6. Yo quiero a ?.

21. La telenovela (la secuela) (entre dos o en pequeños grupos). *Suponga que algunos miembros de la clase de español forman parte de una telenovela. Describa quién quiere a quién, quién no quiere a quién y por qué.*

EJEMPLO **Pablo quiere a María, pero ella no lo quiere a él porque tiene muebles de un gusto horrible. Cristina quiere a Miguel, pero Miguel no la quiere a ella porque no tiene una casa en Beverly Hills. Francisco... etc.**

Cómo se hace para alquilar un departamento
Una conversación telefónica

AGENTE Buenos días. **Inmobiliaria** Hernández.
JUAN Buenos días. Tengo unas preguntas sobre un departamento que Uds. tienen en la calle Once. ¿Puede Ud. ayudarme?

inmobiliaria: negocio que vende y alquila propiedades

AGENTE	Cómo no. ¿Qué quiere saber?
JUAN	¿Cuánto es el **alquiler** por mes?
AGENTE	Son 2.500 pesos por mes más luz y teléfono. El gas, la **calefacción**, el agua **caliente** y el aire acondicionado están incluidos.
JUAN	¿Es necesario dejar un depósito?
AGENTE	Sí, **hay que** pagar el alquiler del primer mes y otros 2.500 pesos de depósito para ocupar el departamento, todo **por adelantado**. Devolvemos el depósito cuando Ud. desocupe el departamento.
JUAN	¿Cuántos cuartos tiene?
AGENTE	Tiene sala, cocina, comedor, baño y dos dormitorios. También hay un pequeño cuarto de servicio.
JUAN	¿Está **amueblado**?
AGENTE	La cocina viene con refrigerador y estufa. También tenemos algunos muebles a la disposición de los **inquilinos**, pero cuestan extra.
JUAN	¿Cuándo puedo ver el departamento?
AGENTE	En cualquier momento. Siempre estamos aquí a sus órdenes.

alquiler: renta

calefacción: ≠ aire acondicionado

caliente: ≠ frío

hay que: es necesario

por adelantado: antes de ocupar el departamento

amueblado: con muebles

inquilinos: personas que alquilan

Situación

Ud. está en la oficina de una inmobiliaria que tiene varios departamentos vacantes. Explique qué tipo de departamento quiere Ud., qué servicios requiere y cuánto puede pagar.

7.7   ¿Qué oyes?

Cuando Uds. hacen una fiesta, ¿**incluyen** a todos sus amigos?

No, no los **incluimos** a todos porque la casa es muy pequeña.

¿Se **incluye** el servicio de mucama en el alquiler?

No, no se **incluye**.

¿Me **incluyes** en tus planes para el verano?

Claro que te **incluyo**. ¿Qué son las vacaciones si no estás tú?

El plomero dice que no **concluye** su trabajo hasta mañana.

El jardín **contribuye** mucho a la casa.

Las casas que se **construyen** de ladrillo resisten a los incendios.

A veces una tormenta fuerte **destruye** las casas y otros edificios.

¿**Oyes** los párajos en el jardín?

Sí, los **oigo**. ¡Qué bonito! ¿No?

¿**Oyen** Uds. mi estéreo?

Sí, lo **oímos** demasiado bien.

¿Se **oye** mucho ruido de la calle en tu departamento?

Depende. Si no hay mucho tráfico, no se **oye** casi nada.

Conclusiones   **Los verbos terminados en *-uir* y el verbo *oír***

1. Los verbos terminados en **-uir** sustituyen -**y**- por -**i**- en las formas que no corresponden a *nosotros* y a *vosotros*.

2. Verbos comunes de este tipo son **concluir, contribuir, construir, destruir, disminuir, excluir, incluir, influir, instruir** y **sustituir**.

3. **Oír** se conjuga como los verbos terminados en **-uir** excepto en la primera persona singular y plural. Compare:

    incluyo w / oigo   incluimos / oímos

Sinopsis

concluir		destruir		oír	
concluyo	concluimos	destruyo	destruimos	oigo	oímos
concluyes	concluís	destruyes	destruís	oyes	oís
concluye	concluyen	destruye	destruyen	oye	oyen

ACTIVIDADES

22. La cena de la Primera Dama. *Usando* **incluir** *y* **excluir**, *imagínense quiénes son los invitados —y no invitados— de la Primera Dama en una enorme cena de estado.*

EJEMPLO   **La Primera Dama incluye a... porque es demócrata. Excluye a... porque es enemigo de su esposo. Incluye a... porque tiene mucho dinero... etc.**

23. La lista de invitados (entre dos). *Uds. van a hacer una cena enorme y elegantísima. ¿A quiénes incluyen y a quiénes excluyen?*

EJEMPLO   tu hermanito Pepito
            ESTUDIANTE 1: **¿Incluyes a tu hermanito Pepito?**
            ESTUDIANTE 2: **Sí, lo incluyo.** *o* **No, no lo incluyo.**

1. sus padres
2. su vecina favorita
3. Don Tremendón
4. el/la presidente/a de la universidad
5. su profesor/a de ?
6. alguien para lavar platos
7. los amigos que van a ayudar
8. Gumersinda y sus mil gatos

24. ¿Qué oyes? (entre dos) *¿Qué y a quiénes oyes en distintas partes de tu casa?*

MODELO   el cuarto de servicio / la lavadora de ropa o el lavaplatos
            ESTUDIANTE 1: **¿Qué oyes en el cuarto de servicio?**
            ESTUDIANTE 2: **Oigo la lavadora de ropa.**

1. la sala / el televisor o el lavaplatos
2. el dormitorio / los niños que duermen o la lavadora de ropa
3. el baño / papá que canta o los pájaros que juegan en los árboles
4. el jardín / el cortacésped o el televisor
5. la cocina / el lavaplatos o la aspiradora
6. el estudio / la computadora o la tostadora
7. la piscina / los chicos que nadan o la secadora de ropa

25. Entrevista (entre dos o en pequeños grupos). *Pregúntele a alguien de la clase...*

1. qué oye por la mañana.
2. si incluye noticias amorosas en las cartas que escribe a sus padres.
3. quién (o qué) influye mucho en su vida.
4. a qué obra de caridad contribuye.
5. a qué hora concluye la clase.
6. si construye muebles (o alguna otra cosa).
7. si su alquiler incluye gas y luz.
8. qué oye en este momento.
9. a quién oye en este momento.

PRONUNCIACIÓN Y ORTOGRAFÍA

A. *La letra **r** cuando está entre vocales representa el sonido [r]; este sonido se llama una **vibrante simple**. Imite la pronunciación de la **r** cuando está entre vocales en las palabras a continuación.*

ahora	para
cero	ópera
cara	María

Quiero ir a la feria con Aurelio.
Queremos estudiar el vocabulario ahora.
¿Quieres escuchar un aria de ópera?

B. *Cuando la letra **r** está después de una consonante, también es una vibrante simple. Escuche y repita.*

frío	libro	promesa
drama	droga	pronto
gracias	detrás	previene
tres	creo	palabra
entre	cuatro	primo

C. *Muchas veces los hablantes nativos del inglés confunden los sonidos de la **r** y de la **d** cuando estas letras se encuentran entre vocales. Repase la pronunciación de **d** que se encuentra en el Capítulo 4. Esta confusión puede tener consecuencias muy graves. Compare y repita la palabras a continuación.*

cedo/cero	mido/miro
seda/sera	todos/toros
dudo/duro	modo/moro
todo/toro	oda/hora

EN CONTEXTO

EN VIVO

Un anuncio en el diario puede resultar un poco caro. Por lo tanto los anuncios se escriben con muchas abreviaturas. Por ejemplo, «amb» significa ambiente o cuarto, y «coch» significa cochera, que es donde se puede estacionar un coche en una casa particular. Estudie los anuncios y conteste las preguntas.

ALQUILER OFRECIDO

A 1-2 amb. bcón fte mar dño. coch. opt. 773-5427 791-8453.

AM3 c-coch 241-1002 E-F

AMB div ampl 4-p 629-4931

AV. COLON Costa Dño. 2-3 amb. 2 bñs. Enero-Febrero 790-8233.

A frte mar 2-3 amb 87-8270

C.CORRIENTES Dpto 180 m2 4 dor 1 suite dep-ser 2 coch categ fte mar pil solárium Feb-Mzo 786-8097 782-0641.

COLON-OLAV. 2 amb 687-6679.

COSTE Y FREULER Uruguay 1064 (814-4542). Alquileres temporada, enero/febrero. Los mejores precios. CONSULTENOS! en Mar del Plata Corrientes 1741.

CTRO 2 amb Feb dño 28-1896

DEPTO 3 amb c/coch v/mar TE (023) 2-2288 8. Center.

DÑO 2 a lumin. 943-1607

DÑO 2 amb. En-Feb 83-0515

DTO. 4 amb. cochera vista mar Z-Torreón U$S 1.800. 773-3132.

DUEÑO alquila depto ene feb 7 pers 743-8946.

LA PERLA Dña alq herm depto tipo casa c-coch dep-serv fte al mar Enero 922-8637.

MAR DEL PLATA Plaza Colón. 1-2-3 amb. mes-quinc. fracc. menor consulta-reservas en Buenos Aires Tel. 784-3286 MDP Colón 2034 (023) 48692.

MdP dpto 170 m2 4 dor 1 suite d-serv 2 coch 17 vent al mar pil nat feb-mzo 786-8097

P GDE 3 amb En-Fb 804-2601

Preguntas

1. ¿Cuál de los anuncios ofrece un departamento de uno o dos ambientes que tiene un balcón frente al mar? 2. Estos anuncios son de un diario de Mar del Plata. ¿Está Mar del Plata sobre la costa o en el interior de la Argentina? 3. ¿Cuántos departamentos son alquilados por su dueño? 4. ¿Qué significa «alquileres temporada»? 5. ¿Qué departamento tiene cocheras para dos coches? 6. ¿Qué anuncio incluye un teléfono de Buenos Aires? 7. ¿Cuántos pies cuadrados son 180 metros cuadrados? 8. ¿Qué significa el símbolo m^2? 9. Mar del Plata ofrece departamentos a alquilar que están frente al mar y que se alquilan por temporada. ¿Qué clase de ciudad es?

LECTURA

La casa tradicional hispana

Aunque muchas de las casas modernas en el mundo hispano son muy similares a las casas modernas de todos los países del siglo veinte, todavía se conservan en cada país hispano algunos ejemplos de las casas tradicionales. La casa tradicional está detrás de altos **muros**. Si se pasa por la calle delante de una casa tradicional, no se puede ver nada interesante excepto el muro, las ventanas y la puerta. Si la casa es de dos pisos, tiene probablemente balcones de donde se puede mirar la calle. Por fuera la casa tradicional es poco atractiva, pero por dentro, puede ser **hermosa**.

muro: una barrera alta alrededor de una casa antigua o de una ciudad

hermosa: muy bonita

    Cuando uno entra en una casa tradicional, se encuentra inmediatamente en un vestíbulo de donde se pasa a un patio. El patio es un espacio abierto, sin techo. En medio del patio hay por lo general una fuente o una pequeña escultura. Alrededor de la fuente, hay flores, árboles y toda clase de plantas.

    A veces la gente de la casa está sentada en el patio, debajo de un árbol, para leer y conversar —o solamente para escuchar el dulce **murmullo** de la fuente. La belleza del patio no es para impresionar a la gente que pasa por la calle; es para contentar a los habitantes de la casa.

murmullo: ruido suave

    Los cuartos de la casa están alrededor del patio. En un rincón, por ejemplo, se encuentra la cocina donde se prepara la comida. Al lado de la cocina está el comedor donde se come. En otro rincón, se puede encontrar la sala con los mejores muebles de la casa: un sofá, varios sillones, lámparas, cuadros, etc. En otras partes de la casa se encuentran los dormitorios, los baños y todos los demás cuartos.

Casi todos los cuartos tienen una **vista** del patio —una vista reservada solamente para la gente de la casa. Si se quiere leer en el jardín del patio, o tomar sol, es posible hacerlo totalmente en privado. En la calle, la vida puede ser muy agitada, pero en el interior de la casa, con su hermoso patio y el murmullo del agua de la fuente, todo es paz y tranquilidad.

vista: perspectiva

Las casas modernas son más prácticas en algunos sentidos, pero hay muchas personas que recuerdan las casas tradicionales y las prefieren a las casas modernas porque están lejos del ruido y de los problemas del mundo. Sueñan con la tranquilidad de la vida tradicional que la casa típica simboliza.

Preguntas

1. Si uno está en la calle, ¿qué puede ver de una casa tradicional?   2. ¿Cómo se llama el primer cuarto que uno ve cuando entra en una casa tradicional?   3. ¿Qué hay en medio del patio?   4. ¿Qué hay alrededor de la fuente?   5. ¿Cuáles son algunos de los otros cuartos de la casa?   6. ¿Qué se puede hacer en el patio?   7. ¿Cuáles son algunas de las diferencias entre el patio de la casa tradicional hispana y el *front yard* de las casas modernas suburbanas?   8. ¿Por qué prefiere mucha gente las casas tradicionales a las casas modernas?

Galería hispánica: Bolivia

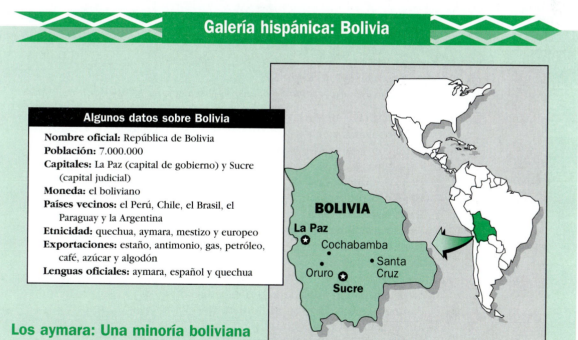

Algunos datos sobre Bolivia

Nombre oficial: República de Bolivia
Población: 7.000.000
Capitales: La Paz (capital de gobierno) y Sucre (capital judicial)
Moneda: el boliviano
Países vecinos: el Perú, Chile, el Brasil, el Paraguay y la Argentina
Etnicidad: quechua, aymara, mestizo y europeo
Exportaciones: estaño, antimonio, gas, petróleo, café, azúcar y algodón
Lenguas oficiales: aymara, español y quechua

Los aymara: Una minoría boliviana

Mucho antes de la conquista y la colonización española, el continente que ahora se llama América **era** una tierra de imperios. En 1492, cuando Colón **llegó** a América, la mayor parte de Mesoamérica (ahora México y Centroamérica) **estaba** bajo el control del imperio azteca. De forma similar, la mayor parte de la zona andina (ahora Bolivia, el Ecuador y el Perú) estaba en manos de los incas.

era: pasado de *ser*
llegó: pasado de *llegar*
estaba: pasado de *estar*

Pero dentro de esos imperios (como dentro de todos los imperios) **había** grupos minoritarios y a veces disidentes. En el caso de la zona que ahora es Bolivia, la población mas grande antes de la invasión de los incas eran los aymara. Los incas (igual que muchos imperios modernos) **intentaron** colonizar la zona para limitar la influencia de los aymara. Pero con mucho **esfuerzo**, los aymara **conservaron** su cultura y su lengua —y las conservan todavía.

La conquista española en cierto sentido **fue** otro intento de colonizar la zona. Pero aunque el nombre del país ahora viene del nombre del libertador Simón Bolívar, y la lengua que más se habla es el español, los aymara continúan su resistencia a la asimilación. Bolivia tiene dos grandes poblaciones indígenas, los quechua (descendientes de los incas) y los aymara. Esos dos grupos son casi el 50% del país y aunque son rivales históricos, están unidos en su resistencia a la cultura europea dominante.

había: pasado de *hay*

intentaron: *tried*

esfuerzo: *effort*
conservaron: pasado de *conservar*
fue: pasado de *ser*

Preguntas

1. ¿Había minorías en los imperios americanos?   2. ¿Cuáles son los nombres de esas minorías?   3. ¿Quiénes intentaron colonizar las tierras de los aymara?   4. ¿Cómo se llaman los dos grupos indígenas más grandes de Bolivia?   5. ¿Qué cultura es la dominante en Bolivia: europea, quechua o aymara?

A ESCUCHAR

Escuche la conversación telefónica.
Ahora, escuche la conversación por partes y seleccione la opción más lógica.

1. a. Ana conversa con María.
    b. Marta conversa con María.
    c. Marta conversa con su hermana Marisela.
    d. Marta conversa con Ana.
2. a. Tiene una nueva casa.
    b. Tiene una cocina bien organizada.
    c. Tiene un nuevo departamento.
    d. Tiene nuevos muebles para la sala.
3. a. Tiene tres dormitorios.
    b. Tiene un solo baño.
    c. No tiene comedor.
    d. Tiene dos baños y dos dormitorios.
4. a. Porque su nuevo departamento tiene dos dormitorios.
    b. Ana es una chica estupenda.
    c. Porque Ana y Marta son grandes amigas.
    d. Porque no puede pagar el alquiler sola.
5. a. Son 5.000 pesetas por año.
    b. No está incluida la calefacción.
    c. Incluye agua, calefacción, gas y luz.
    d. Es menos de 5.000 pesetas al mes.
6. a. que es demasiado
    b. que es bastante

       c. que es razonable

       d. que es un regalo

7. a. en una fiesta el próximo mes

    b. la semana que viene

    c. antes de la fiesta de la próxima semana

    d. después de hablar con Ana

8. a. Porque Marta tiene que hablar con su compañera de cuarto.

    b. Porque Marta tiene que ir a su trabajo.

    c. Porque Ana espera una llamada.

    d. Porque María tiene que ir a su trabajo.

SITUACIONES

Situación 1   Ud. va de viaje a un país hispano y tiene que alquilar un departamento por teléfono. Alguien de la clase (su profesor/a o un/a compañero/a) puede hacer el papel del/de la dueño/a. Use *Cómo se hace* en la página 161 como punto de partida.

Situación 2   Seleccione un equipo de tres o cuatro estudiantes que pueden ser sus compañeros de casa y después, como grupo, determinen cuáles son las obligaciones de cada persona y expliquen por qué. Por ejemplo: ¿Quién va a limpiar, (cocinar en qué día, sacar la basura, cuidar el jardín, barrer los pisos, pasar la aspiradora, comprar la comida, lavar los platos, etc.)?

Situación 3   Alquile una habitación de hotel. Use *Cómo se hace* en la página 150 como punto de partida.

Situación 4   Ud. tiene una reservación en un hotel, pero cuando Ud. llega a su habitación, encuentra que la habitación es muy chiquita, que no hay baño particular, que la vista es horrenda, etc. Explíquele al hotelero qué clase de habitación quiere Ud., y por qué no puede aceptar la habitación que tiene.

Situación 5   Describa sus planes para el verano. Use *Cómo se hace* en la página 153 como punto de partida.

Situación 6   Suponga que Ud. es un/a nuevo/a alumno/a en la clase de español y tiene que preguntar sobre las obligaciones del curso. Otro/a estudiante puede hacer el papel de su profesor/a.

COMPOSICIÓN

Tema 1   Escriba una descripción de una casa vieja que Ud. conoce. Puede ser una casa victoriana o una casa colonial. Use la lectura de este capítulo como guía.

Tema 2   Escriba una descripción de su casa y de la distribución de trabajo que hay en su casa. Por ejemplo: ¿Quién limpia los baños (saca la basura, trabaja en la cocina, corta el césped, compra la comida, barre los pisos, lava los platos, lava la ropa, etc.)?

VOCABULARIO ACTIVO

La casa y sus cuartos

el apartamento	el departamento	el piso
el balcón	el dormitorio	el rincón
el baño	el estudio	la sala
el clóset	el garaje (garage)	la terraza
el comedor	la habitación	el vestíbulo
el cuarto	el pasillo	

Las cosas de la casa

el aire acondicionado	el cuadro	el lavaplatos
la alfombra	la deuda	los muebles
el alquiler	la escoba	el refrigerador
la aspiradora	la estufa	la renta
la basura	el gabinete	la secadora
la brocha	el gas	el seguro
la calefacción	el ladrillo	el sillón
la cama	la lámpara	el sofá
el césped	el lavabo	la tostadora
la cortadora	la lavadora	el trapo

Actividades de la casa

alquilar	cuidar	pintar
arreglar	guardar	quemar
barrer	instalar	reciclar
colgar (ue)	lavar	recoger
cortar	limpiar	reparar
coser	lustrar	

Otros verbos

ayudar	destruir	oír
buscar	emplear	pagar
compartir	escuchar	reconocer
concebir (i)	esperar	sacar
concluir	excluir	soñar (ue)
conocer	incluir	sustituir
conseguir (i)	influir	traducir
construir	instruir	ver
contribuir	mirar	

Otros sustantivos

la ayuda	el estilo	la propiedad
el barrio	la falta	el robo
el condominio	el/la inquilino/a	el sueño
el deber	la limpieza	la voz

Adjetivos

actual

afortunado/a

amueblado/a

antiguo/a

apasionado/a

caliente

cercano/a

cómodo/a

preocupado/a

propio/a

relacionado/a

suave

verdadero/a

Expresiones útiles

alrededor de

aún

contra

hay que (+ *infinitivo*)

inmediatamente

los demás

Vocabulario personal

_____

_____

_____

_____

_____

_____

_____

_____

_____

_____

CAPÍTULO 8

EL COMERCIO Y EL TRABAJO

TEMAS
- Los empleos
- Compras y ventas
- Opiniones y gustos
- Deseos y otras emociones
- Las carreras

FUNCIONES
- Comenzar y terminar una carta
- Invitar a alguien
- Aceptar o rechazar una invitación
- Determinar un precio

GRAMÁTICA
8.1 Verbos que requieren una partícula antes de un infinitivo

8.2 Los verbos con el cambio de raíz $e \rightarrow i$

8.3 *Dar, parecer* y los complementos indirectos

8.4 Frases de clarificación y de énfasis para el complemento indirecto

8.5 Expresiones idiomáticas con *tener* y *dar*

8.6 El presente progresivo y algunos usos del gerundio

8.7 *Por* y *para* I

GALERÍA HISPÁNICA
El Perú

EN MARCHA

8.1 ¿A qué hora comienzas a trabajar?

PRIMER PASO

El negocio

la dueña

el jefe (el gerente)

la supervisora   la asistente

la secretaria   el contador

el dependiente   la cliente

Nadie **aprende a** trabajar sin esfuerzo.

Poco a poco **comenzamos a** comprender cómo funciona el negocio.

Poco a poco **empiezo a** cumplir con los deberes de mi nuevo empleo.

Nuestro jefe nos **enseña a** respetar a los clientes.

También nos **ayuda a** sacar cuentas.

Creo que **voy a** recibir un aumento de salario dentro de poco.

Un compañero de trabajo nos **invita a** tomar un trago esta noche.

¿**Vienes a** tomar un trago con nosotros?

¿Por qué **dejas de** fumar? | Quiero **dejar de** fumar porque nadie en mi compañía fuma.

¿A qué hora **terminan de** trabajar Uds.? | **Terminamos de** trabajar a las ocho.

¿**Tratas de** hablar español con tus clientes hispanos? | Depende. Si están dispuestos, **trato de** hablar español con ellos.

¿**En** qué **consiste** aprender tu carrera? | **Consiste en** estudiar y practicar.

¿**En** qué **insiste** tu jefe? | **Insiste en** atender bien a los clientes.

¿Qué **tienes que** hacer ahora? | **Tengo que** cobrar un cheque.

¿Qué **hay que** hacer para impresionar al jefe? | **Hay que** trabajar y trabajar bien.

Conclusiones   **Verbos que requieren una preposición o *que* antes de un infinitivo**

1. **Aprender, ayudar, comenzar (ie), empezar (ie), enseñar, invitar, ir** y **venir** requieren **a** cuando se combinan con un infinitivo.
2. **Dejar, terminar** y **tratar** requieren **de** cuando se combinan con un infinitivo.
3. **Consistir** e **insistir** requieren **en** cuando se combinan con un infinitivo.
4. **Tener** y **hay** requieren **que** cuando se combinan con un infinitivo.

Sinopsis

verbo + *a*	verbo + *de*	verbo + *en*	verbo + *que*
aprender a	dejar de	consistir en	tener que
ayudar a	terminar de	insistir en	hay que
comenzar (ie) a	tratar de		
empezar (ie) a			
enseñar a			
invitar a			
ir a			
venir a			

SEGUNDO PASO

Necesitamos hablar con el dependiente.
Luis **desea depositar** un cheque en su cuenta de ahorros.
Elena y yo **esperamos ser** banqueros.
Pablo **piensa poner** un negocio en esa esquina.
Queremos trabajar horas extras.
Mi padre **sabe hacer** muebles muy lindos.
Debes devolver ese sofá a la tienda porque tiene un defecto.
No **podemos ir** a la carnicería ahora.
El jefe **suele llegar** temprano (*soler + infinitivo = generalmente*).
Ellos siempre **deciden gastar** demasiado.
Yo **prefiero ser** gerente. No **quiero ser** empleado toda la vida.

Conclusiones   **Algunos verbos que se combinan directamente con el infinitivo (sin preposición o *que*)**

1. **Necesitar, desear, esperar, pensar (ie), querer (ie), saber, deber, poder (ue), soler (ue), decidir** y **preferir (ie)** no requieren una partícula cuando se combinan con un infinitivo.
2. Con todos estos verbos, sólo el primero de los verbos se conjuga.

Sinopsis

Verbos que se combinan directamente con el infinitivo		
deber	necesitar	querer (ie)
decidir	pensar (ie)	saber
desear	poder (ue)	soler (ue)
esperar	preferir (ie)	

ACTIVIDADES

1. El trabajo de Ana. *Ana describe su trabajo. ¿Qué partículas usa en su descripción?*

Comienzo _____ trabajar a las ocho de la mañana. Mi trabajo consiste _____

ayudar a los clientes _____ encontrar los productos que buscan. Mi compañero

Francisco me enseña _____ hacer las cosas que no comprendo. En mi trabajo

tengo _____ tratar bien a los clientes aunque no los quiero. Siempre trato

_____ ser simpática con todo el mundo, pero con algunos clientes hay _____

tener mucha paciencia. Termino _____ trabajar a las cinco de la tarde. Casi siem-

pre algunos de mis compañeros me invitan _____ tomar un trago. Siempre acep-

to, pero insisto _____ no tomar demasiado porque tengo _____ manejar a casa

después.

2. ¿Cómo es su trabajo? (entre dos) *Use la tabla a continuación para describir su trabajo (real o imaginario).*

EJEMPLO ESTUDIANTE 1: **¿Qué haces a las nueve?**
ESTUDIANTE 2: **A las nueve suelo abrir el negocio.**

¿Qué haces... ?
¿Qué pasa... ?

a las nueve	comienzo...	abrir el negocio
a las diez	voy...	depositar los cheques
a mediodía	trato...	tomar café
a las cinco	insisto...	cobrar los cheques
los lunes	tengo...	vender mercancía
los viernes	puedo...	ir al banco
dos veces por año	quiero...	recibir un ascenso
una vez por año	suelo...	recibir un aumento
en el futuro	dejo...	trabajar tarde
siempre	hay...	sacar cuentas

3. Entrevista (entre dos). *Pregúntele a alguien de la clase sobre su trabajo.*

1. a qué hora comienza a trabajar
2. en qué consiste su trabajo
3. cuánto dinero suele ganar
4. cuándo va a ser jefe/a de la compañía
5. si trata de ahorrar dinero
6. si su jefe/a lo/la invita a cenar
7. cuándo empieza a perder la paciencia
8. si tiene que atender a muchos clientes
9. a qué hora deja de trabajar
10. cuándo va a recibir un aumento

4. **Reportaje (entre dos o en pequeños grupos).** *Basado en la entrevista en la actividad anterior, informe a la clase sobre el trabajo de su compañero/a.*

Cómo se hace para invitar a alguien

¿Quieres *(inf.)*... ?

Te invito a *(inf.)*.

Lo/La quiero invitar a *(inf.)*.

¿Te apetece *(inf.)*... ?

¡Vamos a *(inf.)*!

¿Por qué no... ?

Quisiera invitarlos a...

Quisiera invitarte a...

Cómo se hace para aceptar o rechazar una invitación

Aceptar

Sí, gracias.

¡Encantado/a, gracias!

¡Con mucho gusto!

¡Qué buena idea!

Rechazar

No, gracias, pero no puedo.

Ahora no, gracias.

Lo siento, pero me resulta imposible.

¡Ni hablar!

Situaciones

1. Ud. quiere invitar a su profesora de química a tomar un café —y hablar de su nota. ¿Qué le dice?

2. Ud. está superenamorado de una persona superdivina. ¿Qué le dice para invitar a esa persona a pasar más tiempo con Ud.?

3. Responda a las invitaciones de sus compañeros usando una de las fórmulas de arriba —para aceptar o rechazar.

8.2 **¿Dónde consigues buenos pasteles?**

PRIMER PASO

¿Qué **pide** Ud. en una librería?

¿Dónde se **pide** información sobre coches?

Pido libros en una librería.

Se **pide** esa información en una agencia de automóviles.

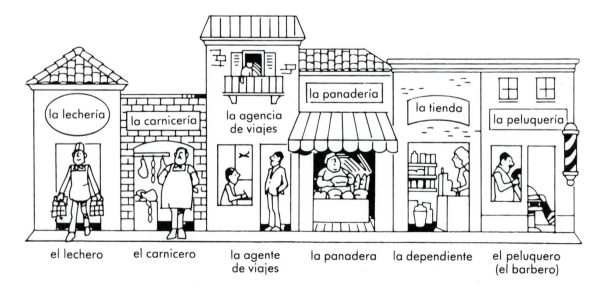

el lechero   el carnicero   la agente de viajes   la panadera   la dependiente   el peluquero (el barbero)

¿Qué **pides** en una farmacia?

Pido medicamentos para mi hermana.

¿Qué **pedís** vosotros en una carnicería?

Pedimos carne en una carnicería.

¿Se **sirve** buena comida en ese restaurante?

Sí, se **sirve** tan buena comida allí que todo el mundo **repite**.

¿Para qué **sirve** un cheque?

Sirve para sacar dinero del banco.

¿**Repiten** Uds. las preguntas de los clientes?

No. No **repetimos** las preguntas; las contestamos.

Conclusiones

Los verbos con el cambio de raíz e → i

1. **Repetir, pedir** y **servir** tienen un cambio de raíz de **e → i** en las formas que no corresponden a **nosotros** y **vosotros**.
2. **Servir** también quiere decir **funcionar.**
   Un banco **sirve** para prestar dinero. Ese radio no **sirve**.
3. Todos los verbos con el cambio de raíz **e → i** son de la tercera conjugación (verbos que terminan en **-ir**).

Sinopsis

pedir (i)		*repetir* (i)		*servir* (i)	
pido	pedimos	repito	repetimos	sirvo	servimos
pides	pedís	repites	repetís	sirves	servís
pide	piden	repite	repiten	sirve	sirven

SEGUNDO PASO

¿Me **sigues** al banco?

Sí, te **sigo** en mi coche.

¿Dónde **consigue** Ud. esos pasteles?

Los **consigo** en esa pastelería.

¿Por qué **ríes** tanto?

Río porque mi compañero es muy cómico.

¿Por qué **sonríen** Uds.?

Sonreímos porque estamos de buen humor.

¿Siempre **dices** la verdad?

Digo toda la verdad y nada menos que toda la verdad.

¿Qué **dicen** Uds. del gerente?

Decimos que es un buen tipo.

Conclusiones

Verbos terminados en *-guir, -eír* y el verbo *decir*

1. Estos verbos también tienen el cambio de raíz **e → i**.
2. La primera persona singular de los verbos terminados en **-guir** pierde la **-u-**. **consigo**, consigues, consigue, etc.
3. Los verbos terminados en **-eír** necesitan un acento escrito para indicar el énfasis sobre la **i**.
4. La primera persona singular de **decir** es **digo**. Las otras formas son regulares pero con el cambio de raíz **e → i**.

Sinopsis

seguir (i)		*reír* (i)		*decir* (i)	
sigo	seguimos	río	reímos	digo	decimos
sigues	seguís	ríes	reís	dices	decís
sigue	siguen	ríe	ríen	dice	dicen

ACTIVIDADES

5. El buen empleado (entre dos). *¿Qué hace un/a buen/a empleado/a?*

MODELO   cuando habla su jefe / no reír
ESTUDIANTE 1: **¿Qué hace un buen empleado cuando habla su jefe?**
ESTUDIANTE 2: **Un buen empleado no ríe cuando habla su jefe.**

1. cuando quiere aprender algo / seguir las instrucciones del manual
2. cuando necesita ayuda / pedir ayuda a un(a) compañero/a
3. cuando saluda a los clientes / sonreír
4. cuando escucha un chisme sobre un compañero inocente / no repetirlo
5. cuando su jefe dice un chiste / reír como loco
6. cuando un cliente no está satisfecho / decir «Lo siento mucho.»
7. cuando recibe un cheque / ir al banco
8. cuando pasa Gumersinda / cerrar las puertas

6. El mal empleado (entre dos). *Ahora, usando las preguntas de la actividad anterior, describa de forma creativa la conducta de un/a mal/a empleado/a (Don Tremendón o su ilustre hermana Gumersinda, por ejemplo).*

EJEMPLO   ESTUDIANTE 1: **¿Que hace el mal empleado cuando habla su jefe?**
ESTUDIANTE 2: **El mal empleado dice chistes y ríe como loco.**

7. ¿En qué lugar? (entre dos) *¿Dónde se consiguen las cosas en su ciudad? Use la segunda columna como guía para formular preguntas y respuestas.*

EJEMPLO   ESTUDIANTE 1: **¿Dónde se consigue buena comida mexicana?**
ESTUDIANTE 2: **Se consigue buena comida mexicana en el restaurante El Azteca.**

¿Dónde se consigue(n)... ?	¿Dónde se sirve(n)... ?	¿Dónde consigues... ?
¿Dónde se vende(n)... ?	¿Dónde hay... ?	¿Dónde sirven... ?

buena carne
buena comida mexicana
pasteles frescos
flores frescas
buen helado
medicamentos
un buen peluquero
libros de texto
pan fresco
buena comida china

en la farmacia...
en la heladería...
en la librería...
en la pastelería...
en la panadería...
en el restaurante...
en la peluquería...
en la papelería...
en la carnicería...
en la librería...

8. Entrevista (entre dos o en pequeños grupos). *Pregúntele a alguien de la clase...*

1. cuándo sonríe.
2. si ríe cuando trabaja.
3. qué comida se sirve en Wendy's.
4. cuándo no dice la verdad.
5. qué pide en un restaurante.

6. si repite los secretos de sus amigos.
7. dónde se consigue mucho dinero.
8. si sigue alguna telenovela.
9. por qué sonríe.
10. si sigue el ejemplo de Don Tremendón.

NOTA CULTURAL

Preparación para una carrera

El sistema educativo en una gran parte del mundo hispano consiste **por lo general** en cuatro **etapas**: la primera es la primaria que es de seis años; la segunda es la secundaria que es de tres años; la tercera es la preparatoria que también es de tres años, y la cuarta es la universidad que puede ser de cuatro a seis años **según** la carrera seleccionada.

En el sistema hispano, los cursos que nosotros asociamos con el *liberal arts education* (lengua, historia, filosofía, literatura, ciencias básicas, matemáticas, etc.) son cursos de secundaria y preparatoria, y no de universidad. Cuando los estudiantes terminan la preparatoria, reciben el bachillerato. Aunque los chicos en ese momento tienen solamente dieciocho años, se supone que ya están preparados para estudios especializados.

Por lo tanto, en la universidad los estudiantes no tienen *majors*, ni tampoco tienen requisitos de educación general. **Más bien**, siguen carreras. **Es decir**, comienzan a estudiar medicina, filosofía y letras, derecho, arquitectura, administración de empresas, etc., en el primer año de universidad. Eso **quiere decir** que en muchos países hispanos no hay escuelas profesionales ni estudios **de posgrado** como en los Estados Unidos. La preparación para la carrera comienza en el primer año de universidad. Por esa razón, los profesionales en el mundo hispano pueden ser mucho más jóvenes que los mismos profesionales en otros países.

por lo general: generalmente

etapa: período, paso

según: dependiendo de

por lo tanto: consecuentemente

más bien: *rather*

es decir: en otras palabras

querer decir: significar

de posgrado: después de la graduación

8.3 ¿Cuándo le dan un aumento?

PRIMER PASO

El carnicero vende carne **a mi mamá**.

El panadero vende pan **a sus clientes**.

La compañía manda cheques **a sus empleados** por correo.

¿Quién **te** paga tus estudios?

¿Quién **les** enseña las instrucciones?

¿Quiénes **os** prestan dinero?

¿Quieres prestar**me** cinco dólares?

El carnicero **le** vende carne.

El panadero **les** vende pan.

La compañía **les** manda cheques por correo.

Mi hermano **me** paga los estudios.

La jefa **nos** enseña todo.

Los banqueros **nos** prestan dinero.

No puedo prestar**te** nada ahora.

Conclusiones

Los complementos indirectos pronominales

1. Las palabras en negrilla son complementos indirectos. **Me, te, le, nos, os** y **les** son complementos indirectos pronominales.
2. El complemento indirecto es la persona o cosa que recibe el complemento directo. Por ejemplo:

    El panadero vende pan a Miguel.   ¿Qué vende el panadero? Pan.
    («*Pan» es el complemento directo.*)
    ¿Quién recibe el pan? Miguel.
    («*Miguel» es el complemento indirecto.*)

3. Los pronombres del complemento directo y del complemento indirecto son iguales excepto en la tercera persona.
4. Los pronombres del complemento indirecto se colocan antes del verbo conjugado o pueden agregarse directamente a un infinitivo.
5. En algunas partes del mundo hispano, sobre todo en España, se usa **le** y **les** como complementos directos. Para un/a estudiante principiante, es mejor no confundirlos.

Sinopsis

complementos directos pronominales		*complementos indirectos pronominales*	
me	nos	me	nos
te	os	te	os
lo, la	los, las	le	les

SEGUNDO PASO

¿Quién me **da** cinco dólares?

¿Qué le **das** a tu hijo para su cumpleaños?

¿A qué caridad **dan** Uds. dinero?

Te **doy** tres; no tengo más.

Yo le **doy** ropa. Mi esposa le **da** libros.

Siempre **damos** a la iglesia y a la Cruz Roja.

Conclusiones

El verbo *dar*

1. **Dar** se usa mucho con complementos directos.
2. La primera persona de **dar** es **doy**; las otras formas son regulares. Note que *dais* no lleva acento porque es una sola sílaba.

Sinopsis

dar	
doy	damos
das	dais
da	dan

TERCER PASO

¿Qué te **parece** el jefe?

¿Qué os **parecen** vuestros salarios?

¿Qué les **parece** Don Tremendón?

Me **parece** justo.

Nos **parece** que son muy bajos.

Nos **parece** que es una persona escandalosa.

Conclusiones

El verbo *parecer*

1. **Parecer** se usa mucho con el complemento indirecto.
2. Se usa en lugar de **pensar que** o **tener la impresión de que.**

Sinopsis

¿Qué te parece mi salario? = *¿Qué piensas de mi salario?*

Me parece muy alto.
Me parece que es muy alto. } = *Pienso que es muy alto.*

¿Qué les parecen esos chicos? = *¿Qué piensan Uds. de esos chicos?*

Nos parecen muy divertidos.
Nos parece que son muy divertidos. } = *Pensamos que son muy divertidos.*

ACTIVIDADES

9. El cumpleaños de la supervisora. *Es el cumpleaños de la supervisora. ¿Qué regalos le dan sus empleados?*

MODELO   María / flores → **María le da flores**.

1. yo / un pastel de chocolate
2. el dueño / entradas al teatro
3. sus secretarias / un plato decorado
4. el recepcionista y yo / un disco

5. la telefonista / una novela apasionada
6. tú/un nuevo suéter
7. Gumersinda / flores de plástico
8. Don Tremendón / ?

10. Regalos de Navidad (entre dos). *El Sr. Paredes es gerente de una gran compañía. ¿Qué regalos tiene para su familia y sus empleados para Navidad?*

MODELO   a su papá / una corbata
ESTUDIANTE 1: **¿Qué va a darle el Sr. Paredes a su papá?**
ESTUDIANTE 2: **Va a darle una corbata. (Le va a dar una corbata.)**

1. a su esposa / un vestido de seda
2. a su abuela / unas flores
3. a sus hijos / entradas de teatro
4. a sus clientes / un descuento

5. a su abogado / una agenda
6. a sus empleados / un día libre
7. a los chicos del barrio / dulces de chocolate

11. ¿Quién te (les) hace eso? (entre dos) *Elijan la persona o las personas más indicadas de la segunda columna para contestar las preguntas en la primera.*

EJEMPLO   ESTUDIANTE 1: **¿Quién te trae flores?**
                ESTUDIANTE 2: **El florista me trae flores.**

1. ¿Quién te vende carne?
2. ¿Quién te manda dulces y bombones?
3. ¿Quién les da exámenes?
4. ¿Quiénes te dan dinero?
5. ¿Quiénes les sirven comida?
6. ¿Quiénes te prestan apuntes?
7. ¿Quién te cobra los cheques?
8. ¿Quién te quita dinero?

a. los profesores
b. el amor de mi vida
c. el banco
d. el cartero
e. el gobierno
f. mis padres
g. los meseros
h. el carnicero

12. Opiniones de alto valor (entre dos). *Usen la tabla para formular preguntas y respuestas.*

EJEMPLO   ESTUDIANTE 1: **¿Qué te parecen las películas de Brian di Palma?**
                ESTUDIANTE 2: **Me parecen demasiado violentas.**

¿Qué te parece... ?
¿Qué te parecen... ?

1. esta universidad
2. la universidad ?
3. la vida social de aquí
4. las películas de ?
5. la comida de ?
6. tu jefe/a
7. la música de ?
8. los amores de ?
9. los chicos de ?
10. los chistes de ?
11. las flores de plástico
12. la ropa de poliéster
13. la comida en ?
14. la novia / el novio de ?
15. ?

a. excelente
b. horrendo
c. aburrido
d. fascinante
e. desastroso
f. estupendo
g. repugnante
h. fabuloso
i. triste
j. aceptable
k. alegre
l. de muy mal / buen gusto
m. interesante
n. simpático / antipático
o. ?

8.4 ¿Me hablas a mí o le hablas a él?

¿Vas a mandar**le** un paquete **a tu padre**?

Sí, voy a mandar**le** un paquete **a él**.

¿Le presta Ud. dinero **a Gumersinda**?

No, nunca **le** presto dinero **a ella**.

¿Pueden Uds. dar**me** el informe mañana?

Sí, con todo gusto **le** damos **a Ud.** el informe mañana.

¿Les presta Ud. dinero **a sus vecinos**?

No, no **les** presto nada **a ellos**.

¿Va Ud. a dar**nos** las llaves **a nosotros**?

No. Voy a dar**les** las llaves **a ellos.**

¿Vas a explicar**les** las reglas a las nuevas empleadas?

No, no es necesario explicar**les** las reglas **a ellas**, porque ya las saben.

¿**A quién le** vas a mostrar esas fotos?

Les muestro estas fotos sólo **a mis mejores amigos**.

¿**Me** hablas **a mí**, o **le** hablas **a él**?

Te hablo **a ti**.

¿**A quién** va Ud. a prestar**le** el dinero? ¿**A mí** o **a ella**?

Le presto el dinero **a Ud.**

¿**Nos** escribe Juan a veces?

Juan **te** escribe **a ti**, pero nunca **me** escribe **a mí**.

¿No quieres decir**nos** el secreto **a nosotros**?

Sí, **a vosotros os** digo el secreto, pero **a ellos** no **les** digo nada.

Conclusiones

Frases de clarificación y de énfasis para complementos indirectos

1. Cuando el significado de los pronombres simples, **le** o **les,** es ambiguo, es posible clarificarlo con **a Ud., a él, a ella, a Uds., a ellos** o **a ellas.**
2. Muchas veces se usa un sustantivo para clarificar **le** o **les.**
    Les digo todo **a mis padres**.
    Voy a preguntar**le** algo **a Roberto**.
3. Se usan **a mí, a ti, a nosotros, a nosotras, a vosotros** y **a vosotras** para clarificar y enfatizar los pronombres simples **me, te, nos** y **os**.
4. El pronombre simple es obligatorio. Las frases de clarificación y de énfasis son opcionales.

Sinopsis

Los complementos indirectos pronominales		
pronombre simple	*frase de clarificación o de énfasis*	*ejemplo*
me →	a mí	Ana **me** trae la ropa **a mí**.
te →	a ti	Ana **te** trae la ropa **a ti**.
nos →	a nosotros / a nosotras	Ana **nos** trae la ropa **a nosotras**.
os →	a vosotros / a vosotras	Ana **os** trae la ropa **a vosotros**.
le →	a Ud.	Ana **le** trae la ropa **a Ud.**
	a él	Ana **le** trae la ropa **a él**.
	a ella	Ana **le** trae la ropa **a ella**.
les →	a Uds.	Ana **les** trae la ropa **a Uds.**
	a ellos	Ana **les** trae la ropa **a ellos**.
	a ellas	Ana **les** trae la ropa **a ellas**.

ACTIVIDADES

13. ¿Cómo van a ayudar a Laura? *Laura va a hacer un viaje y necesita ayuda. ¿Quién le ayuda?*

MODELO   Miguel / comprar los pasajes → **Miguel le compra los pasajes.**

1. su madre / hacer las maletas
2. Jaime / devolver los libros a la biblioteca
3. yo / guardar la correspondencia
4. Marta / cuidar los gatos
5. nosotros / cancelar el diario
6. Rosa / prestar su coche
7. yo / dar un mapa
8. los niños García / regar las plantas
9. su papá / buscar los pasajes
10. yo / llamar un taxi

14. En la tienda con Aida. *Aida, una amiga de José, trabaja en una tienda. José quiere describirnos qué vende Aida y a quién. ¿Qué dice?*

MODELO   un suéter a Ricardo → **Aida le vende un suéter a Ricardo.**

1. una camisa a Ignacio
2. un pantalón a ti
3. medias a nosotras
4. vestidos a las chicas
5. botas a Isabel y a María
6. un abrigo a mí
7. un brazalete a vosotros
8. un zapato viejo a Don Tremendón

15. Ambigüedades. *Describan sus actividades y las actividades de otra gente con precisión. En algunos casos hay varias posibilidades.*

MODELO   Le vendo mis libros usados... → **Le vendo mis libros usados a Juan.**
→ **Le vendo mis libros usados a Ud.**
→ **Le vendo mis libros usados a ella.**
(etc.)

1. Le doy las gracias...
2. Le presto mi coche...
3. Voy a regalarles un perro...
4. Queremos mandarles un regalo...
5. Les doy la mano...
6. Le describo la computadora...
7. Me regalan un televisor...
8. Le van a dar un aumento...

 16. Regalos (entre dos). *Pregúntele a alguien en la clase qué va a regalarles a distintas personas para distintas ocasiones.*

MODELO   Cristófero / Navidad
ESTUDIANTE 1: **¿Qué vas a regalarle a Cristófero para Navidad?**
ESTUDIANTE 2: **Voy a regalarle un reloj (a Cristófero).**

1. mamá / cumpleaños
2. profesor/a el último día de clase
3. novio/a el día de los Novios
4. padres / aniversario
5. hermanos menores / cumpleaños
6. los chicos del barrio / el día de los Muertos
7. nosotros / nuestra graduación
8. mí / todos los días

8.5 ¿Tienes ganas de tomar un refresco?

PRIMER PASO

Tengo (mucho) **calor** en la oficina. Voy a poner el aire acondicionado.
Tengo (bastante) **frío** porque está encendido el aire acondicionado.
Tenemos (mucho) **sueño**. Queremos dormir.
Tenemos (mucha) **sed**. ¿Nos traes un poco de agua?
Ricardo **tiene** (mucho) **miedo** cuando ve películas de Drácula.
También **tiene miedo de** estar en casa solo las noches de plenilunio.
Mi jefe siempre cree que **tiene razón**. Cree que nunca está equivocado.
Tenemos (mucha) **prisa** porque no queremos llegar tarde.
David **tiene éxito** porque trabaja mucho. Nunca fracasa.

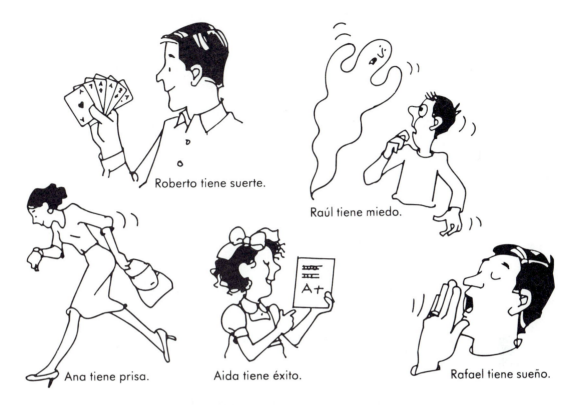

Roberto tiene suerte.

Raúl tiene miedo.

Ana tiene prisa.

Aida tiene éxito.

Rafael tiene sueño.

Lulú gana cuando juega en póker porque **tiene** (mucha) **suerte.**
Yo, en cambio, nunca gano porque **tengo mala suerte**.
Los empleados **tienen ganas de** tomar un día libre.

Conclusiones

Algunos modismos con *tener*

1. Los modismos de arriba *(modismo = expresión idiomática)* consisten en **tener
   + sustantivo**; se usan con mucha frecuencia.
2. **Tener ganas de + infinitivo** = *querer, desear*
3. **Tener miedo de + infinitivo** = *creer que uno está en peligro, temer*

SEGUNDO PASO

Las películas de Drácula me **dan miedo**.
El calor me **da sed**.
Hacer mucho ejercicio me **da hambre**.
Esos vientos del norte me **dan frío**.
Mi esposa no puede tomar esa medicina porque le **da sueño**.
El sol de invierno no nos **da** (mucho) **calor**.
Este anillo me **da suerte**.
Un gato negro y el número trece **dan mala suerte**.

Conclusiones

Algunos modismos con *dar*

1. **Dar** se combina con muchos de los mismos sustantivos que se usan con **tener**.
2. **Dar + sustantivo** significa un cambio o un resultado.

ACTIVIDADES

17. Consecuencias (entre dos). *Completen las oraciones de la primera columna con un resultado lógico de la segunda.*

EJEMPLO   Cuando hace calor... → **Cuando hace calor, tengo sed.**

1. Cuando hago ejercicio...	miedo (de...)
2. Durante el invierno...	ganas de...
3. Cuando necesito dormir...	frío
4. Cuando juego al póker...	calor
5. Cuando tengo que llegar a un sitio y ya es tarde...	sed
	sueño
6. Cuando estoy solo/a a media-noche en una calle oscura...	prisa
	razón
7. Defiendo mi opinión cuando...	éxito
8. Cuando hace mucho sol...	suerte
9. Cuando tengo hambre...	mala suerte
10. Gano la lotería cuando...	

18. Reacciones (entre dos). *Usen la tabla para formular preguntas y respuestas.*

MODELO   ESTUDIANTE 1: **¿Qué te da el viento?**
            ESTUDIANTE 2: **(El viento) me da frío.**

1. una película aburrida	a. buena suerte
2. un monstruo de otro planeta	b. miedo
3. una tormenta	c. sueño
4. la clase de aeróbica	d. calor
5. el número trece	e. mala suerte
6. el olor de un buen bistec	f. frío
7. los amores de Gumersinda	g. sed
8. ?	h. hambre

19. Entrevista (entre dos). *Pregúntele a alguien de la clase...*

1. cuándo tiene frío.	6. qué hace cuando tiene sueño.
2. cuándo tiene miedo.	7. qué hace cuando tiene ganas de insultar a su jefe/a
3. cuándo tiene sed.	
4. cuándo tiene hambre.	8. quién en su vida siempre tiene razón.
5. qué le da buena / mala suerte.	

Cómo se hace para determinar un precio

¿Cuánto cuesta(n)... ?	¿A qué precio está(n)... ?
¿En cuánto me deja Ud... ?	¿Cuánto me cobra Ud. por... ?
¿En cuánto me sale(n)... ?	¿A cuánto está(n)... ?
¿Cuánto vale(n)... ?	

8.6 ¿Qué está haciendo en este momento?

PRIMER PASO

¿Qué **está haciendo** Ud.?

¿Qué **estás haciendo**?

¿Qué **está haciendo** Pepito?

¿Qué **están haciendo** los dependientes?

¿Cuándo vas a llamar al gerente?

Estoy escribiendo a máquina.

Estoy terminando una carta.

Está jugando con la computadora.

Uno **está oyendo** las quejas de un cliente insatisfecho y el otro **está leyendo** un informe.

Estoy llamándolo ahora mismo.

Conclusiones ### El presente progresivo

1. El presente progresivo consiste en una forma de **estar** y un **gerundio**. Se usa para indicar una acción que está en progreso.
2. La terminación del gerundio de los infinitivos terminados en **-ar** es **-ando.**
   hablar → **hablando**   pensar → **pensando**
3. La terminación del gerundio de los infinitivos terminados en **-er** e **-ir** es **-iendo**.
   volver → **volviendo**   subir → **subiendo**
4. Si la raíz de un verbo en **-er** o **-ir** termina en una vocal, la terminación del gerundio es **-yendo.**

   traer → **trayendo**   leer → **leyendo**

   construir → **construyendo**   oír → **oyendo**
5. Un complemento pronominal puede estar antes del verbo conjugado, o combinado con el gerundio; si se agrega el pronombre al gerundio, se pone acento para conservar el énfasis original.

   Adolfo está buscándo**me**. = Adolfo **me** está buscando.

   Estamos escuchándo**te**. = **Te** estamos escuchando.

SEGUNDO PASO

Creo qué estás **pidiendo** un aumento demasiado alto. No puedo darte tanto.

Ese chico no está **diciendo** la verdad; está **mintiendo**.

Estamos **siguiendo** tu ejemplo y **repitiendo** tus palabras sabias y hermosas.

¡Cómo ronca ese señor! No sé si está **durmiendo** o **muriendo**.

Conclusiones ### Cambios de raíz en el gerundio

1. Los infinitivos terminados en **-ir** que tienen cambios de raíz en el presente también tienen un cambio de raíz en el gerundio.

2. Si hay dos vocales en el cambio de raíz en el presente, el cambio en el gerundio consiste en la primera vocal de ese cambio.

mentir (ie)	**ie → i: mintiendo**
sentir (ie)	**ie → i: sintiendo**
morir (ue)	**ue → u: muriendo**
dormir (ue)	**ue → u: durmiendo**

3. Si hay una sola vocal en el cambio de raíz en el presente, se conserva el mismo cambio en el gerundio.

decir (i):	**diciendo**
pedir (i):	**pidiendo**
seguir (i):	**siguiendo**

TERCER PASO

Marisa llega el año que viene.
Vamos a ver televisión esta noche.
Estoy fumando menos ahora que antes.

Estamos aprendiendo mucho.

Marisa está llegando en este momento.
Estamos viendo televisión ahora.
Fumar es malo para la salud.
Quiero dejar **de fumar**.
Aprender es interesante.
Después **de aprender** una palabra, quiero usarla inmediatamente.

Conclusiones ## Algunos usos (y limitaciones) del gerundio

1. El gerundio en español, a diferencia del inglés, se usa casi exclusivamente para indicar eventos en progreso.
2. Se usa el presente simple o **ir a + infinitivo** para indicar planes futuros (*ver* §5.7).
3. Se usa el infinitivo como sujeto y como objeto de preposiciones. *Nunca* se usa el gerundio en estos casos.

ACTIVIDADES

20. En el trabajo. *Ud. es supervisor/a y tiene que explicarle a su jefe qué están haciendo las personas que trabajan bajo Ud.*

MODELO   Sra. Méndez / trabajar con la computadora → **La Sra. Méndez está trabajando con la computadora.**

1. Miguel / pedirle información a una cliente
2. esos chicos / sacar copias Xerox
3. Isabel / atender a un cliente
4. yo / enseñarle algo a un nuevo empleado
5. Sr. López / leer un informe
6. Jorge / escribir a máquina
7. Jorge y Martín / traer café
8. Gumersinda / dormir debajo de una mesa
9. Don Tremendón / mentir acerca de su vida amorosa

21. Un jefe mandón (entre dos). *Su jefe quiere saber qué pasa con ciertas tareas en la oficina.*

MODELO   los cheques / / Miguel / depositar
  ESTUDIANTE 1: **¿Qué pasa con los cheques?**
  ESTUDIANTE 2: **Miguel está depositándolos.**

1. la máquina Xerox / / un señor / reparar
2. la carta de la IBM / / Ana / leer
3. esos clientes / / yo / atender
4. ese informe / / Jorge / pedir
5. el café / / Héctor / traer
6. la lista de salarios / / yo / buscar
7. ese cliente insatisfecho / / Susana / llamar
8. Gumersinda / / Javier / calmar

22. Fantasías (entre dos). *Pregúntele a alguien de la clase qué está haciendo cuando sueña con estos lugares.*

EJEMPLO   en Suiza
  ESTUDIANTE 1: **Estás en Suiza...**
  ESTUDIANTE 2: **Estoy en Suiza y estoy esquiando con mi mejor amigo.**

1. en el Vaticano
2. en Madrid
3. en la playa
4. en la Casa Blanca
5. en el Palacio Buckingham
6. en un teatro de Broadway
7. en una película con ?
8. en tu sala con ?

8.7 ¿Por cuánto tiempo vas a trabajar?

*Una conversación entre un cliente y una dependiente que trabaja **para** un gran almacén.*

SR. SÁNCHEZ	¡Qué lindo aparato! ¿Qué es?
DEPENDIENTE	Es una procesadora de comida.
SR. SÁNCHEZ	**¿Para** qué sirve?
DEPENDIENTE	Sirve **para** muchas cosas. Se puede usar **para** picar carne **para** hacer hamburguesas. O sirve **para** recortar legumbres. O también se puede usar **para** batir huevos.
SR. SÁNCHEZ	¿Cuánto cuesta?
DEPENDIENTE	En este momento están de oferta y las están vendiendo **por** mil pesetas. Es un excelente regalo **para** la señora de la casa.
SR. SÁNCHEZ	Sin duda, pero yo la quiero **para** mi hijo que está tomando un curso de cocina francesa.
DEPENDIENTE	**¿Para** cuándo la quiere? Le pregunto porque estos aparatos van a estar en oferta **por** solamente tres o cuatro días más.

Conclusiones   **Algunos usos de *por* y *para***

1. **Por** se usa para indicar *duración*.
   Voy a trabajar **por** ocho horas mañana.
   Nadie quiere trabajar **por** mucho tiempo sin descansar.

2. **Por** se usa para indicar *intercambio*.

    Las venden **por** muy poco dinero.

    Te doy mi coche **por** tu motocicleta.

3. **Para** se usa para indicar *empleo*.

    Trabajo **para** la IBM.

4. **Para** se usa para indicar el *recipiente* de un objeto o de una acción.

    Este regalo es **para** mi hijo.

    Voy a limpiar la casa **para** mi hermana.

5. **Para** se usa con un infinitivo para explicar el *propósito* o la *función* de un objeto o de una acción.

    Necesito tiempo **para** preparar el informe.

    Ricardo escucha atentamente **para** impresionar a su jefe.

    Nélida trabaja **para** ganar dinero **para** estudiar.

6. Si se anticipa una respuesta con **por** o **para**, se usan también en la pregunta.

    ¿**Para** quién es el regalo?

    ¿**Para** qué compañía trabajas?

    ¿**Por** cuánto tiempo tienes que trabajar mañana?

    ¿**Por** cuánto dinero me vendes tus libros del año pasado?

ACTIVIDADES

23. ¿Para qué sirve? (entre dos) *Usen la tabla para formular preguntas y respuestas.*

EJEMPLO   ESTUDIANTE 1: **¿Para qué sirve trabajar durante el verano?**

              ESTUDIANTE 2: **Sirve para ganar dinero.**

1. una bicicleta
2. un diploma universitario
3. dormir ocho horas al día
4. una calculadora
5. una tarjeta de crédito
6. trabajar durante el verano
7. una agencia de viajes
8. una buena carta de recomendación

a. organizar viajes
b. impresionar a los amigos
c. ganar dinero para estudiar
d. hacer ejercicio
e. hacer estudios graduados
f. sacar cuentas
g. comprar cuando uno no lleva dinero
h. conseguir un buen trabajo

24. Regalos (entre dos). *Uds. están organizando una fiesta de fin de año. ¿Qué van a regalar y a quién?*

EJEMPLO   ESTUDIANTE 1: **¿Qué vas a comprar para tu novio?**

              ESTUDIANTE 2: **Voy a comprar un disco para mi novio.**

1. tu novio/a
2. la profesora de ?
3. tu papá
4. tu mejor amiga
5. tu hermano menor
6. tu compañero/a de cuarto
7. tu vecino antipático
8. Don Tremendón
9. ?
10. ? y ?

25. Determinando precios (entre dos). *Explíquele a alguien de la clase por cuánto se consiguen las cosas.*

EJEMPLO   una blusa de seda
ESTUDIANTE 1: **¿Por cuánto se consigue una blusa de seda?**
ESTUDIANTE 2: **Se consigue por más o menos cuarenta dólares.**

1. una computadora Macintosh
2. una buena falda de lana
3. un Lamborghini
4. un reloj Cartier

5. una bolsa Gucci
6. un buen vino tinto
7. los apuntes Cliff
8. ?

26. Entrevista (entre dos o en pequeños grupos). *Pregúntele a alguien de la clase...*

1. para quién trabaja.
2. por cuántas horas trabaja por semana.
3. por cuánto quiere vender su coche.
4. para qué estudia tanto.
5. para quiénes prepara comida.

6. para qué compañía quiere trabajar.
7. por cuánto tiempo va a estar de vacaciones.
8. si come para vivir o vive para comer.
9. si estudia por mucho tiempo.

Cómo se hace para comenzar y terminar una carta

Saludos formales	*Saludos amistosos*	*Despedidas formales*	*Despedidas amistosas*
Estimado/a señor/a...	Querido...	Un saludo de...	Un abrazo,
A quien corresponda...	Queridísima...	Atentamente...	Un beso,
De mi estima...	Amor mío...	Sinceramente...	Muero por verte,

Situaciones

1. Escriba una carta formal al patrón de un negocio donde Ud. quiere trabajar. Escoja bien la salutación y la despedida.
2. Escriba una carta informal a una amiga. Escoja una salutación y una despedida apropiada para una carta informal.

PRONUNCIACIÓN Y ORTOGRAFÍA

A. *Generalmente la* **n** *en español se pronuncia* [n], *igual que en inglés. Pero a veces cambia de sonido.*

Cuando una **n** *precede a las letras* **b, v, p** *o* **m** *se pronuncia* [m]. *Escuche y repita las palabras y frases a continuación.*

n + b → [mb]: un beso, un banco, están borrachos, Juan bebe
n + v → [mb]: envuelve, envidia, invitación, convenio, Juan viene
n + p → [mp]: un peso, un pájaro, sin problemas, es tan poco, Juan pierde
n + m → [mm]: inmoral, inmediatamente, en marzo, sin mujeres, Juan mira

*Identifique la pronunciación correcta de cada **n** en las frases a continuación. Después, lea las oraciones en voz alta con buena pronunciación.*

¡Juan Pérez es un muchacho tan bueno y tan pobre!
Un borracho que conduce es un problema y un peligro.
Gracián puede invertir un millón de dólares en mayo.
Julia baila tan bien. Es un verdadero talento.

B. *Cuando la **n** precede a los sonidos [g] (ga, go, gu), [k] (ca, co, cu que, qui), [x] (j, ge, gi) o [w] (hue), se pronuncia como **ng** en inglés. Escuche y repita las palabras y frases a continuación.*

n + [k] = [ngk]: tanque, tronco, banco, un coche, sin camión, Juan copia
n + [g] = [ng]: lengua, inglés, un guante, sin ganas, Juan galopa
n + [x] = [ng]: ángel, ingeniero, en general, un joven, Juan jura
n + [w] = [ngw]: un huevo, en Huelva, en huelga, Juan huele bien

*Estudie las frases a continuación. Identifique la pronunciación correcta de cada **n**. Después, lea las frases en voz alta con buena pronunciación.*

Gracián Gil es un joven tan bueno y tan guapo.
Es increíble como ese viejo tiene un cuerpo tan joven.
Un general es un jefe en el ejército.
En general, un buen vino tiene un precio inmoralmente alto.
Juan viene en coche con un primo de Julián García.
Si no tienen coche, pueden caminar conmigo.

EN CONTEXTO

EN VIVO

Estudie el anuncio en la página 193 que es del Departamento de Justicia del gobierno de los Estados Unidos. Trate de comprender el sentido del anuncio aunque no comprende cada palabra o cada tiempo verbal.

Preguntas

1. ¿Para qué personas está destinado este anuncio?   2. ¿Por qué debe estar dispuesto un patrón a emplear a una persona que parece extranjera?   3. ¿Necesitan las personas que buscan trabajo una autorización para trabajar?   4. ¿Cuál es el propósito del Formulario I-9?   5. ¿Qué dice la ley sobre los trabajadores que no nacieron en los Estados Unidos?   6. ¿Qué trabajadores deben buscar un empleador según el anuncio? 7. «Despedida» significa el acto de decir «adiós». ¿Qué signifca «despido» en el anuncio?   8. ¿De qué oficina del gobierno son los números de teléfono que se dan al final del anuncio?

Todas estas personas no nacieron en los Estados Unidos, pero ...

¡Todas son elegibles para trabajar aquí!

Si alguien parece extranjero o no habla un ingles perfecto, ¿estaria usted dispuesto a tomarlo como empleado?

La respuesta a esta pregunta debe ser "¡SI!" Si no tiene las ideas muy claras con respecto a las nuevas leyes contra la discriminación, sepa usted que:

■ Los empleadores no necesitan ni deben discriminar en contra de posibles empleados por el hecho de que parecen extranjeros.

■ Despues de haber contratado al empleado, llene el Formulario de Verificación de Elegibilidad de Empleo (Formulario I-9), el cual sirve para verificar, de forma facil y sencilla, la identidad y la autorizacion para trabajar.

No se preocupe por el origen nacional, ciudadania o verficacion de empleo y no deje que estos motivos le impidan entrevistar y contratar a los mejores candidatos. ¡La discriminación en la contratación, despido y recluta-miento de empleados está prohibida por la ley!

SI TIENE DUDAS CON RESPECTO A LAS LEYES DE INMIGRACION Y A LA DISCRIMINACION EN EL EMPLEO, LLAME A LA ASESORIA LEGAL ESPECIAL AL NUMERO 1-800-255-7688 (O AL 1-800-227-2515, CON DISPOSI-TIVO PARA SORDOS).

"¡No tiene que haber nacido en los Estados Unidos para poder trabajar en los Estados Unidos!"

LECTURA

Una carta a mamá

12 de noviembre de 19—

Querida Mamá,

Muchas gracias por tu carta de la semana pasada. Parece que todo va bien en casa, y que mis hermanos menores no están causándote demasiados problemas. Supongo que papá también está bien. Tienes que decirle que no le va a costar nada escribirme unas líneas. Ya sé que él me quiere, pero no comprendo por qué nunca tiene ganas de escribir. Aquí también estoy bien. Ya estoy trabajando. Es un empleo modesto pero bueno. Por el momento, me están pagando un salario de 5,000 pesos al mes más beneficios médicos. No me parece demasiado, pero con eso puedo pagar el **alquiler** y vivir más o menos bien. En este momento estoy trabajando como asistente de oficina, **encargado** de **entregar** correspondencia, sacar copias y cosas por el estilo. Mientras tanto, voy aprendiendo cómo funciona el negocio. Tengo una compañera que está enseñándome a hacer cosas más complicadas. **Más adelante** pienso pedirle un ascenso al jefe —con un aumento de salario desde luego.

También sigo bastante ocupado fuera del trabajo. Estoy siguiendo un curso nocturno en **computación**. Es muy interesante, y me va a ayudar mucho en el futuro, **ya que** en las oficinas modernas todo se hace con computadoras. El problema es que todo el mundo quiere estudiar computadoras ahora, **aún** la gente que no tiene ninguna capacidad para hacerlo. Por lo tanto, la clase está llena de gente que —hablando francamente— no va a

alquiler: renta

encargado: responsable

entregar: dar según un acuerdo previo

más adelante: en el futuro

computación: el estudio de computadoras

ya que: porque

aún: *even*

terminar el curso nunca. Sin embargo, la profesora ayuda a todo el mundo **por igual**; es **exigente** pero buena. El mayor problema de la clase es la falta de computadoras. Si no llego temprano, tengo que **compartir** con otro estudiante, y aprendo menos.

Con respecto a mi vida social, ya conozco a varias personas de mi edad. Es gente buena e interesante que, igual que yo, **apenas** está comenzando a trabajar, así que tenemos mucho en común. Estoy viviendo con tres chicos en un departamento bastante **amplio**. Y también estoy aprendiendo a cocinar. Para tu próxima visita, voy a prepararte un plato de creación **propia**; mis compañeros de cuarto lo llaman «Pollo a la Jorge» y, modestia aparte, me parece delicioso.

Bueno, tengo mucho que hacer ahora. La clase empieza en menos de una hora, y tengo prisa por llegar. Les mando saludos a papá y a los chicos.

> Un beso,
> Jorge

por igual: igualmente; sin hacer distinciones

exigente: que pide mucho

compartir: usar entre dos

apenas: *barely*

amplio: grande

propia: personal

Preguntas   1. ¿Quién es Jorge?   2. ¿Dónde está?   3. ¿A quién escribe?   4. ¿Qué clase de trabajo tiene (de fábrica, de construcción, de oficina)?   5. ¿Cuánto está ganando? ¿Es suficiente?   6. ¿Cuáles son sus deberes?   7. ¿Quién le está ayudando a aprender cosas nuevas?   8. ¿Por qué quiere hablarle al jefe?   9. ¿Qué curso está tomando?   10. ¿Cuántos estudiantes están tomando el curso?   11. ¿Cómo es la profesora?   12. ¿Con quién vive Jorge?   13. ¿Qué está aprendiendo a hacer?   14. ¿Cómo se llama su gran creación?   15. ¿Por qué es corta la carta?

Galería hispánica: El Perú

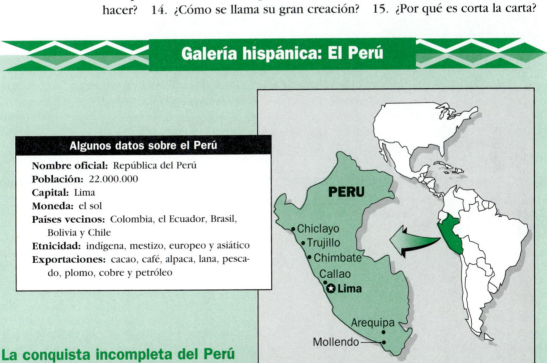

Algunos datos sobre el Perú

Nombre oficial: República del Perú
Población: 22.000.000
Capital: Lima
Moneda: el sol
Países vecinos: Colombia, el Ecuador, Brasil, Bolivia y Chile
Etnicidad: indígena, mestizo, europeo y asiático
Exportaciones: cacao, café, alpaca, lana, pescado, plomo, cobre y petróleo

PERU

• Chiclayo
• Trujillo
• Chimbate
Callao
✪ Lima

Arequipa
Mollendo

La conquista incompleta del Perú

La conquista de América por los españoles **fue** una de las grandes aventuras de la experiencia humana. Las historias (hay mucho más que una) de la conquista incluyen ejemplos de crueldad y **avaricia** así como ejemplos extraordinarios de sacrificio y heroísmo.

fue: pasado de *ser*

avaricia: *greed*

Sin embargo, si la **meta** de la conquista **era** la total hispanización del continente, fue un **fracaso,** un fracaso porque en muchos países la cultura indígena **sobrevive,** y en algunos países el vigor de las culturas indígenas rivaliza con la cultura europea.

sin embargo: *nevertheless*
meta: intención
era: pasado de *ser*
fracaso: *failure*
sobrevivir: *to survive*

El Perú demuestra este punto. Se calcula que aproximadamente un 46% (cuarenta y seis por ciento) de la población peruana no habla español, o lo habla como segundo idioma. Su primer idioma es el quechua o el aymara. **Además,** los indígenas conservan mucho de su religión pre-hispánica. Por lo tanto, la conquista española fue incompleta porque el Perú sigue siendo un país de varias culturas.

además: también

Uno de los mejores novelistas de este siglo, José María Arguedas, es un novelista peruano que explora el alma dividido del indígena peruano. En su novela, *Los ríos profundos,* Arguedas narra la historia de un adolescente que está igualmente **atraído** por la sociedad criolla (hispana) y la cultura indígena. Los ríos profundos que se nombran en el título de la novela son precisamente las influencias indígenas que sobreviven en el joven **a pesar de** las presiones asimiladoras de la cultura dominante.

atraído: *attracted*

a pesar de: *in spite of*

Cuando visitamos Lima o algunas de las otras grandes ciudades peruanas, podemos creer en el mito de la conquista completa. Pero si salimos al campo empezamos a ver signos de fragmentación cultural. Obviamente, esa fragmentación afecta la unidad económica y política del país. Cómo integrar a los indios en la vida nacional sin violar sus derechos humanos y culturales es un problema que preocupa a muchos peruanos y que debe preocuparnos a todos.

Preguntas   1. ¿Qué porcentaje de los peruanos siguen hablando una lengua indígena como lengua primera?   2. ¿Domina el catolicismo totalmente en las comunidades indígenas?   3. ¿Qué simbolizan los ríos profundos en la novela de Arguedas?   4. ¿Dónde se ve más la influencia europea, en el campo o en las ciudades?   5. ¿Cree Ud. que es posible asimilar a los indígenas a la cultura europea sin destruir su cultura nativa?

 A ESCUCHAR

Escuche la conversación telefónica.
Ahora, escuche la conversación por partes e indique si las oraciones son verdaderas o falsas.

1. v f	4. v f	7. v f	10. v f
2. v f	5. v f	8. v f	11. v f
3. v f	6. v f	9. v f	12. v f

SITUACIONES

Situación 1   Ud. es un/a investigador/a sociológico/a y quiere saber cómo es el trabajo de otra persona en la clase. Información que Ud. quiere: a qué hora empieza a trabajar, a qué hora deja de trabajar, qué está tratando de aprender en el trabajo, cómo son sus compañeros, cómo es su jefe/a, qué está haciendo Ud. para impresionar al/a la jefe/a, cuánto gana, si puede ahorrar dinero, etc. Un/a compañero/a de clase puede hacer el papel de la otra persona.

Situación 2   Ud. tiene que convencerle a un gran empresario con muchísimo dinero que debe poner una fábrica en su ciudad. Explíquele cuáles son los aspectos positivos de su ciudad, por qué los futuros empleados son buenos, qué posibilidades culturales y educativas ofrece su ciudad, qué otros negocios hay (buenas tiendas, farmacias, panaderías) y por qué su fábrica puede tener éxito en la ciudad de Ud. y fracasar en otra. Un/a compañero/a de clase puede hacer el papel del/de la empresario/a.

Situación 3   Ud. es un/a pequeño/a empresario/a y quiere poner un negocio en su ciudad. Organice el negocio con sus compañeros de clase. ¿Quiénes van a ser los emplea-dos? ¿Quién va a trabajar en qué? ¿Qué productos van a vender y a quién? ¿Cuánto va a costar cada producto? ¿Cuánto van a ganar los distintos tipos de empleados?

Situación 4   Está Ud. en México con una nueva amiga que le pide información sobre el sistema educativo de los Estados Unidos. Explíquele cómo funcionan la primaria y la secun-daria aquí. Descríbale cómo es su universidad y el programa subgraduado (*subgra-duado = de estudiantes que están estudiando para el B.A.*). Y después explíquele cómo funcionan los estudios de posgrado (de derecho, de medicina, etc.) después del B.A. Un/a compañero/a de clase puede hacer el papel de la amiga.

Situación 5   Ud. quiere invitar a un compañero de trabajo a tomar un trago o a almorzar. Primero dice que no puede en este momento. Entonces, usted tiene que encontrar una hora conveniente para los dos.

Situación 6   Una persona que Ud. no quiere demasiado lo/la invita a Ud. a tomar un trago. ¿Cómo explica Ud. que no puede?

COMPOSICIÓN

Tema 1   Escriba una carta a un amigo o a un miembro de su familia sobre su trabajo. Use la *Lectura* de este capítulo como punto de partida.

Tema 2   Escriba una carta a un amigo hispano imaginario sobre el sistema educativo de los Estados Unidos. Use la *Nota cultural* y la *Lectura* de este capítulo como punto de partida.

VOCABULARIO ACTIVO

Lugares de trabajo

la agencia	la heladería	la papelería
la carnicería	la lechería	la pastelería
la fábrica	la librería	la peluquería
la farmacia	la oficina	el salón de belleza
la florería	la panadería	la tienda

Personas que trabajan

el/la agente de viajes	el/la encargado/a	el/la mozo/a
el/la banquero/a	el/la farmacéutico/a	el/la panadero/a
el/la camarero/a	el/la florista	el/la peinador/a
el/la carnicero/a	el/la gerente	el/la peluquero/a
el/la cartero/a	el/la jefe/a	el/la portero/a
el/la dependiente	el/la lechero/a	el/la secretario/a
el/la dueño/a	el/la librero/a	el/la supervisor/a
el/la empleado/a	el/la mesero/a	el/la técnico/a
el/la empresario/a		

Expresiones verbales asociadas con el trabajo

atender (ie)	costar (ue)	mandar
cobrar	devolver (ue)	mostrar (ue)
conseguir (i)	entregar	sacar copias
convencer	escribir a máquina	sacar cuentas

Otros verbos

ahorrar	pedir (i)	seguir (i)
dar	prestar	servir (i)
decir (i)	reír (i)	sonreír (i)

Otros sustantivos asociados con el trabajo

el ascenso	el crédito	la máquina de escribir
el aumento	el cheque	la mercancía
el beneficio	el descuento	el paquete
la carrera	el empleo	la queja
la carta	la empresa	el reembolso
la computadora	el éxito	el salario
la correspondencia	el impuesto	la suerte

Expresiones con tener

tener calor	tener ganas de	tener (buena) mala suerte
tener éxito	tener miedo de	tener razón
tener frío	tener sueño	tener suerte

Expresiones útiles

apenas	aún	estar dispuesto/a

Vocabulario personal

_____   _____

_____   _____

_____   _____

_____   _____

_____   _____

CAPÍTULO 9

DE VACACIONES Y DE COMPRAS

EN MARCHA

9.1 **¿Dónde puedo pedir un reembolso?**

Preguntas que se oyen en un gran almacén.

ANA	¿A qué hora abre el almacén mañana?	
LOLA	¿Dónde se consigue un recibo?	
LUPE	¿Están de oferta los televisores?	
RAÚL	¿Puedo probar ese suéter?	

Reportando las preguntas.

Ana le **pregunta** a la dependiente **a qué hora** abre el almacén mañana.

Lola le **pregunta dónde** se consigue un recibo.

Lupe le **pregunta si** los televisores están de oferta.

Rául le **pregunta si** puede probar un suéter.

Consejos para un buen consumidor.

Cuando no tengo dinero, **pido un préstamo** al banco pero con bajos intereses.
Siempre **pido un reembolso** cuando un producto resulta defectuoso.
No es mala idea **pedir un descuento**.

Conclusiones   *Preguntar versus pedir*

1. **Preguntar** se usa para reportar una pregunta; se combina con una expresión interrogativa (**qué, de quién, a qué hora,** etc.) o con **si**.
2. Cuando se reporta una pregunta, se conserva el acento escrito en la expresión interrogativa.
3. **Pedir** se usa para solicitar algo; se combina con sustantivos.
4. Entre **pedir** y el sustantivo, no se usa preposición.

ACTIVIDADES

1. ¿Pedir o preguntar? (entre dos) *Sigan el modelo.*

EJEMPLOS   Miguel al dependiente: «¿Cuánto cuesta el radio?»
ESTUDIANTE 1: **¿Qué hace Miguel?**
ESTUDIANTE 2: **Miguel le pregunta al dependiente cuánto cuesta el radio.**

Micaela a la cajera: «Déme un recibo, por favor.»
ESTUDIANTE 1: **¿Qué hace Micaela?**
ESTUDIANTE 2: **Micaela le pide un recibo a la cajera.**

1. Pepe a Marta: «¿Cuánto cuesta un radio barato?»
2. Ana a Raúl: «¿A qué hora abre la librería?»
3. Inés al frutero: «Déme dos kilos de tomates, por favor.»
4. Enrique a sus padres: «Préstenme cinco dólares, por favor.»
5. Raúl al dependiente: «¿Puedo probar esa camisa azul?»
6. Marta al carnicero: «¿Por cuánto vende Ud. un kilo de jamón?»
7. Juana a la dependiente: «¿Aceptan Uds. tarjetas de crédito?»
8. La Sra. Ara a sus alumnos: «Entreguen la tarea, por favor.»

2. ¿Qué está haciendo la gente? (entre dos) *Informe a alguien de la clase qué está haciendo la gente.*

MODELO   Miguel / cuánto gana Laura
ESTUDIANTE 1: **¿Qué está haciendo Miguel?**
ESTUDIANTE 2: **Miguel está preguntando cuánto gana Laura.**

1. José / si está el dueño
2. Lola / un recibo al dependiente
3. mi papá / dónde hay muebles
4. el cliente / si hay algo mejor
5. nosotros / a qué hora cierra el almacén
6. Pepa / si la tienda está cerca
7. Micaela / un reembolso
8. los niños / dónde se venden juguetes

9.2 ¡Está lindísimo tu coche! ¿Me lo prestas?

PRIMER PASO

¿Quién me presta diez dólares?
¿Quién te muestra los anillos?
¿Quién les entrega la leche a Uds.?

Yo **te los** presto.
El dependiente **me los** muestra.
El lechero **nos la** entrega.

¿Quién os trae ese café de Colombia?	Juan Valdez **nos lo** trae.
Cuando Nico no está, ¿quién le cuida el negocio?	Su vecina **se lo** cuida (a él).
¿Quién les manda las facturas a ellos?	El contador **se las** manda (a ellos).
¿Quién nos envuelve los paquetes?	Yo **se lo** envuelvo (a Uds.).

Conclusiones

Complementos pronominales en combinación

1. Cuando se emplean dos complementos pronominales, el complemento indirecto siempre precede al complemento directo.
2. Si los dos complementos pronominales son de tercera persona (**le** / **les** con **lo** / **la** / **los** / **las**) el complemento indirecto se convierte en **se**.

SEGUNDO PASO

Tengo un secreto, y nunca se lo voy a decir a Ud.	= Tengo un secreto, y nunca voy a **decírselo** a Ud.
Se la debo prestar.	= Debo **prestársela**.
Renata me lo está contando en este momento.	= Renata está **contándomelo** en este momento.
Nos las están reparando ahora mismo.	= Están **reparándonoslas** ahora mismo.

Conclusiones

Complementos pronominales en combinación con infinitivos y gerundios

1. Es posible agregar dos complementos pronominales a un infinitivo y un gerundio.
2. Cuando se agregan dos complementos, se pone acento para conservar el énfasis original.

Sinopsis

complemento indirecto	complemento directo	frases de énfasis o de clarificación
me	me	a mí
te	te	a ti
nos	nos	a nosotros / a nosotras
os	os	a vosotros / a vosotras
le (se)	lo	a Ud. (m.) / a él
	la	a Ud. (f.) / a ella
les (se)	los	a Uds. (m.) / a ellos
	las	a Uds. (f.) / a ellas

ACTIVIDADES

3. La generosidad (entre dos). *Ud. es una persona generosa, pero tiene sus límites. ¿Qué hace Ud. en las situaciones a continuación? Después, trate de justificar su decisión.*

EJEMPLOS

ESTUDIANTE 1: Un amigo necesita tu calculadora. ¿Qué haces? (prestar)

ESTUDIANTE 2: **No se la presto.**

ESTUDIANTE 1: ¿Por qué?

ESTUDIANTE 2: **Porque las calculadoras son caras y en este momento la necesito yo.**

1. Tu jefe quiere tu coche para hacer un viaje largo. ¿Qué haces? (prestar)
2. Un compañero de clase necesita tu computadora para escribir una composición larguísima. ¿Qué haces? (prestar)
3. Tu hermana quiere llevar tus discos favoritos a una fiesta. ¿Qué haces? (prestar)
4. Un compañero perezoso viene a clase sin su tarea y quiere copiar tu tarea. ¿Qué haces? (prestar)
5. Un hombre borracho te pide dos dólares para comprar comida. ¿Qué haces? (dar)
6. Un/a rival te pide la dirección y el número de teléfono de tu novia/o. ¿Qué haces? (dar)

4. Dilemas y obligaciones morales (entre dos). *La vida está llena de dilemas morales. ¿Qué debe hacer la gente en las situaciones a continuación? Después, justifique su decisión.*

EJEMPLOS

ESTUDIANTE 1: El hermanito de Clara le pide fósforos. ¿Qué debe hacer Clara?

ESTUDIANTE 2: **Debe dárselos.** *o* **No debe dárselos.**

ESTUDIANTE 1: ¿Por qué?

ESTUDIANTE 2: **Porque los niños no deben jugar con fósforos.**

1. Un niño le pide a Rosa dinero para la Cruz Roja. ¿Qué debe hacer Rosa?
2. Una persona que no es de la religión de David le pide una contribución para construir una nueva iglesia. ¿Qué debe hacer David?
3. Tú me pides mis apuntes de la clase de ayer. ¿Qué debo hacer?
4. Uds. le piden a su profesor/a mejores notas. ¿Qué debe hacer su profesor/a?
5. Un amigo que quiere dejar de fumar le pide a Raúl un cigarrillo. ¿Qué debe hacer Raúl?
6. Yo estoy de dieta y les pido a Uds. cinco dólares para comprar un helado colosal de 2.000 calorías. ¿Qué deben hacer Uds.?

Cómo se hace para dar las gracias

Muchas gracias.   Mil gracias.   Estoy muy agradecido/a.   Se (te) lo agradezco.

Cómo se hace para devolver las gracias

De nada.   Por nada.   No hay de qué.

Cómo se hace para ofrecer, aceptar y rechazar ayuda

¿Te (le) ayudo?	¿Puedo ayudarte(le)?	¿Puedo ayudarle(te)	¿Me permite ayudarle?
Sí, gracias.	Sí, gracias por tu (su)	en algo?	(¿Me permites ayu-
No, gracias.	ayuda.	Sí, muy amable.	darte?)
	No, gracias. Lo	Muy amable de su	Gracias por su (tu)
	puedo hacer yo.	parte, pero...	atención, pero no.

Situaciones

1. Ud. está en el aeropuerto, y un niño está batallando mucho con una maleta enorme. ¿Qué le dice Ud. al niño? (Otra persona puede hacer el papel del niño.)
2. Su mamá tiene un montón de paquetes en el coche que quiere entrar en la casa. ¿Qué le dice Ud. a su mamá? (Una compañera de clase puede hacer el papel de la madre.)

9.3 ¡Venga a México! ¡Deje el frío y pase sus vacaciones con nosotros!

PRIMER PASO
La ubicación

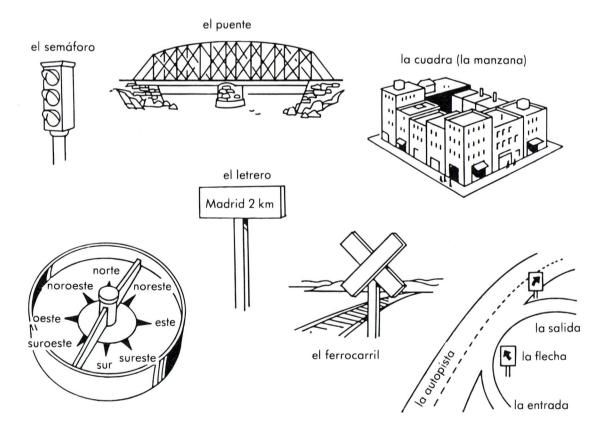

¿Cómo hago para llegar a la autopista?

Camine Ud. derecho hasta el semáforo. En esa esquina, **doble** a la izquierda y **camine** dos cuadras hasta llegar a un puente. **Cruce** el puente y **mire** a la derecha. Allí **busque** el letrero con la flecha que señala la entrada a la autopista.

Explíquenos cómo llegar a tu casa.

Caminen dos cuadras para allá, y **busquen** el número 267. **Toquen** el timbre de abajo. Y por favor, no **lleguen** tarde.

Conclusiones

El imperativo formal de los infinitivos terminados en *-ar*

1. El mandato formal de los verbos terminados en **-ar** se forma agregando **-e** para **Ud.** y **-en** para **Uds.** a la raíz de la forma del verbo que corresponde a la primera persona singular.
2. El pronombre sujeto es común pero no es obligatorio.

    Cruce la calle. Cruce Ud. la calle.

    Cierren la puerta. Cierren Uds. la puerta.
3. Las terminaciones del mandato formal para infinitivos terminados en **-gar** son **-gue** y **-guen.**

    No **llegue** Ud. tarde.

    Lleguen Uds. a la hora.
4. Las terminaciones del mandato formal para infinitivos terminados en **-car** son **-que** y **-quen**.

    Toque Ud. algo en el piano.

    Expliquen Uds. ese punto para la clase.
5. Las terminaciones del mandato formal para infinitivos terminados en **-zar** son **-ce** y **-cen.**

    Comience ahora, por favor.

    No **empiecen** Uds. ahora.

    Espere y **almuerce** conmigo.

Formación

infinitivo	primera persona singular	terminaciones	forma completa
trabajar	trabajo		**trabaje** Ud. **trabajen** Uds.
comenzar	comienzo	-e -en	**comience** Ud. **comiencen** Uds.
recordar	recuerdo		**recuerde** Ud. **recuerden** Uds.

SEGUNDO PASO
Vocabulario turístico

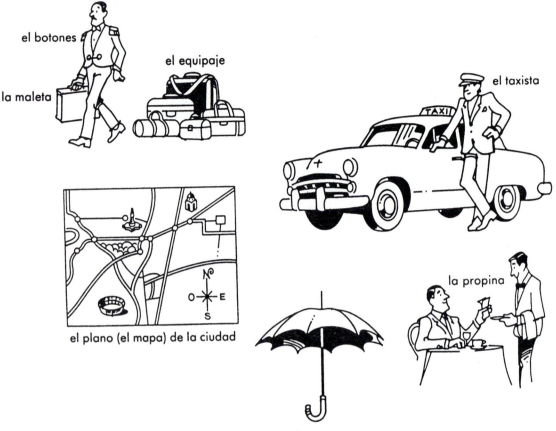

el botones

el equipaje

la maleta

el taxista

el plano (el mapa) de la ciudad

la propina

el paraguas

Instrucciones del profesor Sánchez a sus estudiantes que van de viaje.

Duerman bien la noche antes del viaje.
No **salgan** de casa sin comer primero.
No **traigan** más de dos maletas no muy grandes.
Lleguen al aeropuerto una hora antes del vuelo.
Sigan las instrucciones del botones.
No **coman** la comida que se vende en la calle.
No **beban** el agua sin hervirla primero.

Conclusiones

El imperativo formal de los infinitivos terminados en *-er* e *-ir*

1. El mandato formal de los verbos terminados en **-er** e **-ir** se forma agregando -**a** para **Ud.** y -**an** para **Uds.** a la raíz de la forma del verbo que corresponde a la primera persona singular.
2. El pronombre sujeto no es obligatorio.
   No duerma Ud.
   Chicos, no mientan nunca.
   Tengan Uds. paciencia y vengan mañana.

Formación

infinitivo	primera persona singular	terminaciones	forma completa
aprender	aprendo		**aprenda** Ud. **aprendan** Uds.
tener	tengo	-a	**tenga** Ud. **tengan** Uds.
venir	vengo	-an	**venga** Ud. **vengan** Uds.
dormir	duermo		**duerma** Ud. **duerman** Uds.

TERCER PASO

El mismo profesor (es un poco pesado) continúa con sus instrucciones.

Chicos, no **sean** malos; **sean** buenos embajadores del país.
Estén en el aeropuerto a las seis en punto.
No **vayan** sin dejarle una buena propina al taxista.
Den el equipaje al botones.
Y **sepan** todo el capítulo siete de memoria para después de las vacaciones.

Conclusiones

El imperativo formal de *ser, estar, dar, ir* y *saber*

1. Si la primera persona singular no termina en -**o**, el mandato es irregular.
2. Los mandatos de **ser, estar, dar, ir** y **saber** son:
   - ser → **sea** Ud.; **sean** Uds.
   - estar → **esté** Ud.; **estén** Uds.
   - dar → **dé** Ud.; **den** Uds.
   - ir → **vaya** Ud.; **vayan** Uds.
   - saber → **sepa** Ud.; **sepan** Uds.

CUARTO PASO

Perdone, Sr. Policía, pero ¿dónde puedo conseguir un mapa?
¿Le doy la cuenta a Ud. o a su amiga?

No **me lo pida** a mí; **pídaselo** a algún agente de turismo.
No **me la dé** a mí; **désela** a ella. Ella tiene el dinero.

Conclusiones

Posición de pronombres con mandatos

1. Los complementos pronominales de todo tipo (*directo e indirecto*) *siempre* se agregan a un mandato afirmativo.
2. Los complementos pronominales *nunca* se agregan a un mandato negativo.
3. Cuando se agrega un pronombre a un mandato afirmativo, se pone acento para conservar el énfasis original. Compare:
   - Traiga el mapa.   **Tráigamelo**, por favor.
   - Expliquen el horario.   **Explíquennoslo.**

ACTIVIDADES

5. Los turistas perdidos. *Todo buen turista (y mal turista) se pierde a veces. Liliana está tratando de ayudar a un turista perdido. ¿Qué dice?*

MODELO cruzar la calle → **Cruce la calle.**

1. seguir derecho
2. ir hasta la esquina
3. doblar a la izquierda
4. cruzar un puente
5. bajar hasta el río
6. buscar un letrero que dice *SALIDA*
7. subir por esa calle
8. pedir información a un policía
9. doblar a la derecha
10. dar vuelta a la derecha

6. Mandones y obedientes. *Durante un minuto Ud. es EL GRAN JEFE MANDÓN y un/a compañero/a de la clase es su sirviente/a obediente. ¿Qué manda? (Después de un minuto, su compañero/a es EL GRAN JEFE MANDÓN / LA GRAN JEFA MANDONA así que sea Ud. respetuoso/a.)*

EJEMPLOS **Escriba su nombre en la pizarra.**
Ponga su mochila en la mesa.

1. escribir... en la pizarra
2. poner... en la mesa
3. abrir (*la puerta, la ventana,* etc.)
4. ir a (*la puerta, la pizarra,* etc.)
5. traer (*dinero, vino,* etc.) a clase mañana
6. hacer (*un pastel, un omelette,* etc.) para ?
7. no hablar mal de ?
8. almorzar con ? mañana
9. comprar ? para ?
10. no salir nunca con ?
11. tener cuidado con ?
12. no jugar con ?

7. Una conversación con Don Tremendón, tremendo egoísta (entre dos). *Don Tremendón quiere saber todo y tener todo. ¿Qué le contesta a Ud.?*

MODELO Yo tengo dos coches. (dar)
ESTUDIANTE 1: Yo tengo dos coches.
ESTUDIANTE 2: **Démelos.**

1. Yo sé un secreto. (decir)
2. Yo tengo un bombón. (dar)
3. Nosotros tenemos diez dólares. (prestar)
4. Yo tengo las llaves de ese BMW. (dar)
5. Yo sé una palabra mágica. (decir)
6. Yo tengo muchos juguetes. (dar)
7. Nosotros estamos comiendo una pizza. (dar)
8. Yo tengo un suéter hermosísimo. (prestar)

8. Mandatos para gente famosa (entre dos o en pequeños grupos). *Ahora Ud. puede mandar a TODO EL MUNDO. ¿Qué dice Ud. a la gente a continuación?*

EJEMPLO ESTUDIANTE 1: William F. Buckley
ESTUDIANTE 2: **Sr. Buckley, no use palabras tan grandes.**

1. William F. Buckley
2. Hillary Rodham Clinton
a. jugar con nuestro equipo
b. cantar en nuestra producción de ?

3. Rush Limbaugh
4. Dolly Parton
5. Bill Clinton
6. Oprah Winfrey
7. Jane Fonda
8. Michael Jordan
9. ?

c. bailar con ?
d. no usar palabras tan grandes
e. ser presidente de ?
f. donar un millón de dólares para ?
g. no usar ropa de ?
h. tener cuidado con ?
i. ?

9. El Sr. Quierelotodo (entre dos o en pequeños grupos). *Ud. es el Sr. Quierelotodo. Usando mandatos, ¿qué les demanda Ud. a las personas a continuación?*

EJEMPLO **Bo Jackson, consígame entradas para su próximo partido de fútbol.**

Bo Jackson	consíga(n)me	entradas para su próxima película
Dolly Parton	dé(n)me	
Jane Fonda	cómpre(n)me	entradas para su próximo partido
Patrick Swayze		un nuevo Porsche 944
Stephen King		una A en todos mis cursos
Pat Schroeder		un ejemplar de su próximo libro
Presidente ?		una cita con ?
?		un disco de ?
? y ?		?

Cómo se hace para llamarle la atención a alguien

¡Chsst!

Perdone, señor...
Oiga, señorita...
Oye (*familiar*)...

¡Oiga! ¿Puede Ud. atenderme?
¡Caballero!
¿Me atiende por favor?

¡Señorita!
¡Mozo!
¡Camarero!

Cómo se hace para pedirle algo a alguien

¿Puede Ud. darme... ?
¿Puedes pasarme... ?
¿Me deja Ud... ?

¿Podría Ud. darme... ?
¿Me permite su... ?

Alcánceme...
Déme...
Permítame...

Situaciones

1. Ud. entra en una tienda que vende sombreros. Llámele la atención a la dependiente, y pídale uno de los sombreros para probar.
2. Ud. entra en un restaurante. Llámele la atención a uno de los mozos, y pídale un menú para ver qué tipo de comida sirven.

¿Vas a comprar toda tu ropa antes de viajar?

Roberto está hablándole a Luisa sobre las vacaciones que va a tomar con su familia. ¿Qué dicen?

Luisa:	*Roberto:*
¿Adónde van?	Vamos a pasar **toda la semana** en la capital.
¿Qué van a hacer?	Vamos a pasear por **todo el centro** y vamos a visitar **todas las tiendas**. Estamos en la época de las liquidaciones y muchas cosas están de oferta.
¿Quiénes van?	Va **toda mi familia**.
¿Van a museos y teatros?	Sí, queremos ir a **todos esos lugares**.
¿Dónde van a dormir?	**Todos** vamos a estar en la casa de una tía.
¿Pero tienen tiempo para hacer **todo eso** en un solo fin de semana?	No, y es un problema porque tenemos interés en **todo.**

Conclusiones

Usos de *todo, toda, todos* y *todas*

1. **Todo, toda, todos** y **todas** cuando se combinan con sustantivos significan *entero*.
   - toda la familia = la familia entera
   - todos los chicos = el grupo entero de chicos
2. **Todo, toda, todos** y **todas** suelen combinarse con artículos, adjetivos posesivos y adjetivos demostrativos.
   - todo **un** hombre, todos **los** chicos, toda **la** noche
   - todos **mis** amigos, toda **nuestra** familia, todo **tu** trabajo
   - toda **esa** gente, todo **este** dinero, todos **aquellos** hombres
   - **Nota importante**: No se usa **de** después de **todo** y sus formas.
3. Cuando se usan sin sustantivo, **todo** significa *todas las cosas*, y **todos** significa *todo el mundo*.
   - **Todos** van al partido. = Todo el mundo va al partido.
   - Tengo interés en **todo**. = Tengo interés en todas las cosas.
4. **Todo** y sus formas también funcionan como pronombres.
   - ¿Van todas las chicas? Sí, van **todas**.
   - ¿Está todo el dinero allí? Sí, **todo** está allí.

ACTIVIDADES

10. ¿Qué está de oferta? *Ud. es dependiente en un gran almacén que en este momento tiene una gran liquidación. Describa las cosas que están de oferta.*

MODELO zapatos → **Todos los zapatos están de oferta.**

1. televisores a colores
2. lavadoras de ropa
3. zapatos importados
4. ropa interior
5. microcomputadoras
6. videos en blanco
7. perfume francés
8. cerveza mexicana

11. ¿Cuántos? (entre dos) *Un par de estudiantes están discutiendo las verdaderas actividades de la gente. ¿Qué dicen y qué opinan?*

EJEMPLO nuestros compañeros / ver televisión
ESTUDIANTE 1: **¿Cuántos de nuestros compañeros ven televisión?**
ESTUDIANTE 2: **Todos nuestros compañeros ven televisión.** *o* **No todos nuestros compañeros ven televisión.**

1. los políticos / mentir
2. nuestros profesores / ser simpáticos
3. los libros de texto / ser caros
4. los noticieros / ser informativos
5. las farmacias / vender revistas
6. nuestros compañeros / venir preparados

7. la comida del comedor estudiantil / estar bien preparada
8. los estudiantes / deber ir al laboratorio de lenguas

12. ¿Dónde hacen Uds. las cosas? (entre dos o en pequeños grupos). *Pregúntele a alguien de la clase dónde hace ciertas cosas.*

EJEMPLO comprar gasolina
ESTUDIANTE 1: **Luisa, ¿dónde compras gasolina?**
ESTUDIANTE 2: **Compro toda mi gasolina en Kelly's Service.**

1. comprar zapatos
2. comprar revistas
3. lavar ropa
4. conseguir entradas de teatro

5. guardar dinero
6. cambiar cheques
7. preparar comida
8. conseguir discos

NOTA CULTURAL

Mercados, almacenes y tiendas

En todo país es interesante **hacer compras**. Pero en el mundo hispano, **ir de compras** tiene un sabor especial, en parte porque los lugares que venden son especiales.

   Una de las instituciones más viejas del mundo hispano es el mercado. El mercado suele ser un gran edificio con muchos **puestos** para todo tipo de **mercancía**: carne, legumbres, ropa y todos los productos imaginables. Una ironía: el mercado, que es muy viejo como institución, es similar al *shopping mall*, que es relativamente nuevo. Son similares porque en los dos **sitios** se vende de todo. Pero hay una gran diferencia: en los mercados tradicionales, se puede **regatear** con los dependientes, que muchas veces son los dueños del negocio. El **regateo** es un capitalismo puro donde los consumidores presionan directamente al vendedor. El regateo también es una de las costumbres más respetadas del mundo hispano. Gracias al regateo, es muy **divertido** ir de compras en el mundo hispano.

   En las ciudades hay almacenes que son tiendas grandes con varios departamentos; aunque un almacén puede vender muchos de los productos

hacer compras: comprar cosas

ir de compras: hacer un viaje para comprar

puesto: negocio pequeño
mercancía: productos para vender

sitio: lugar

regatear: discutir un precio

regateo: el proceso de regatear

divertido: que da placer

(excepto comida) que se encuentran en el mercado, su **clientela** suele tener más dinero y ser de otra clase social.

clientela: clientes

También hay negocios en cada barrio dedicados a vender distintos productos. Su nombre con el sufijo *-ería* indica qué venden: papelería, pastelería, lechería, etc. **Poco a poco** los supermercados y los grandes almacenes están reemplazando los mercados y los negocios especializados de los barrios. Pero todavía hay mucha gente que prefiere el contacto personal de los mercados y los pequeños negocios al servicio despersonalizado de los grandes negocios.

poco a poco: gradual-mente

9.5 ¿Qué programas de televisión te gustan?

PRIMER PASO

"Hoy en la Casa Blanca..."

¿Le **gusta** el diario de esta ciudad?

Sí. Me **gusta** el diario mucho.

¿Te **gusta** la revista *La Nación*?

Sí. Me **gusta** más que muchas otras revistas.

¿Qué marca de computadora les **gusta** más a Uds., APPLE o IBM?

Depende del uso. En principio nos **gustan** las dos marcas.

¿A ellos les **gusta** más el noticiero de NBC o de CBS?

No sé qué noticiero les **gusta** más.

¿A Ud. le **gustan** las telenovelas?

Sí. Las telenovelas me **gustan** muchísimo. Son mi vicio secreto.

¿Te **gustan** las miniseries más que las películas?

Es difícil decir. Algunas miniseries me **gustan** mucho.

¿A Uds. les **gustan** los anuncios comerciales?

No, no nos **gustan**, pero a veces son divertidos.

¿A los chicos les **gustan** las revistas sobre la moda?

Sí. Les **gusta** ver los anuncios de ropa.

¿Te **gusta leer** el diario por la mañana?

Sí. Me gusta **leer** el diario y **tomar** el café.

Conclusiones

Algunos usos de *gustar*

1. **Gustar** es el contrario de **disgustar**. Significa *dar placer* o *dar satisfacción*.
2. Normalmente se usa solamente en tercera persona singular y plural (**gusta, gustan**) con pronombres del complemento indirecto (**me, te, le, nos, os** y **les**).
3. El sujeto de **gustar** está generalmente después del verbo.
4. Un infinitivo también puede ser el sujeto de **gustar**. Con uno o más infinitivos, se usa solamente la forma singular (**gusta**).

Sinopsis

complemento indirecto	verbo	sujeto
Me		el café.
		esa tienda.
Te	**gusta**	ir de compras.
		la ropa de lana.
Le		correr y nadar.
Nos		los perros grandes.
		esas casas nuevas.
Os	**gustan**	los zapatos que se venden allí.
		los coches alemanes.
Les		los suéteres de Escocia.

SEGUNDO PASO

A mí me gustan mucho los programas educacionales.
¿**A ti** no te gustan los programas de música clásica?
A Rosita le gustan poco las novelas de amor.
¿**A Ud.** le gustan los televisores de blanco y negro?
A Juan y a mí no nos gusta nada esa marca.
¿**A vosotros** os gustan los anuncios comerciales?
A José y a Teresa les gustan los videos porque no tienen anuncios.

Conclusiones

Frases de clarificación y de énfasis con *gustar*

1. Las frases de clarificación con **gustar** casi siempre se ponen antes del pronombre simple.
2. Se usan **mucho, poco, demasiado, no... nada**, etc. para intensificar a **gustar**.

TERCER PASO

El nuevo show de Disney te **va a gustar**.
Hay un artículo en *La Nueva República* que te **debe gustar.**
La marca X no le **puede gustar** a nadie.
A mi mamá no le **van a gustar** esas noticias.
Ese programa es tan sensacional que te **tiene que gustar**.
La crítica de *Nuestros Tiempos* **está comenzando a gustarme**.

Conclusión

Gustar se combina con muchos verbos que Ud. ya sabe

ACTIVIDADES

13. ¿Te gusta o no te gusta? (entre dos) *Usando las frases a continuación, formulen preguntas y respuestas. Usen* **mucho, poco** *o* **nada** *para indicar su grado de gusto o disgusto.*

EJEMPLOS   los programas de Disney

ESTUDIANTE 1: **¿Te gustan los programas de Disney?**

ESTUDIANTE 2: **Me gustan los programas de Disney mucho.** *o*
No, no me gustan nada esos programas. *o*
Me gustan esos programas un poco.

1. las telenovelas
2. la revista ?
3. el diario ?
4. el/la editor/a de ?

5. la marca ?
6. las películas de terror
7. la red ABC (CNN, NBC, etc.)
8. apagar el televisor

14. ¿A quién le gusta? (entre dos) *Usando las frases a continuación como punto de partida, formulen preguntas y respuestas para indicar a cuál de sus compañeros de clase le gustan (o no le gustan) las cosas y personas mencionadas.*

EJEMPLOS   las películas de vampiros

ESTUDIANTE 1: **¿A quién(es) le(s) gustan las películas de vampiros?**

ESTUDIANTE 2: **A Ricardo le gustan las películas de vampiros.** *o*
A mis abuelos les gustan las películas de vampiros.

1. las entrevistas
2. (un actor de cine)
3. (una actriz de cine)
4. las novelas de ciencia ficción
5. la ropa de ?

6. los anuncios comerciales
7. Drácula y los vampiros
8. los paneles de discusión
9. la marca ?
10. la revista ?

15. Preferencias (entre dos). *Formulen preguntas y respuestas sobre qué les gusta más.*

EJEMPLO   el rock o la música folklórica

ESTUDIANTE 1: **¿Qué te gusta más, el rock o la música folklórica?**

ESTUDIANTE 2: **Me gusta más el rock.**

1. el español o el francés
2. la marca ? o la marca ?
3. las películas estadounidenses o extranjeras
4. la televisión o la radio
5. (nombre de un coche) o (nombre de otro coche)
6. el noticiero o los partidos
7. las series o las películas
8. los programas o los anuncios comerciales
9. Gumersinda o Don Tremendón
10. ? o ?

16. Chismes (entre dos o en pequeños grupos). *Formulen preguntas y respuestas originales sobre gente famosa o sobre sus compañeros.*

EJEMPLO   ESTUDIANTE 1: **¿Qué le gusta a Gumersinda?**
ESTUDIANTE 2: **A Gumersinda le gusta dormir dieciocho horas por día.**

17. ¿Qué actividades les gustan y cuándo? (entre dos o en pequeños grupos)
Usen la tabla a continuación para inventar preguntas para sus compañeros.

¿Cuándo te gusta... ?
¿A qué hora te gusta... ?
¿En qué estación del año te gusta... ?
¿Con quién te gusta... ?

1. nadar	5. montar a bicicleta	9. comer helado
2. correr	6. jugar al tenis	10. visitar a los abuelos
3. esquiar	7. hacer alpinismo	11. comer pavo
4. ir de compras	8. tomar el sol	12. ?

9.6 ¿Es verdad que la televisión contribuye al crimen?

Nuestra meta es **la** protección de **los** consumidores.
El crimen aumenta **los** precios.
La televisión es una fuerza poderosa en nuestra economía.
Los periódicos son menos importantes ahora que antes.
Me parece peligrosa **la** violencia en **las** películas y en **la** televisión.
Los anuncios comerciales son un mal necesario.

Conclusiones

El artículo definido con totalidades y generalidades

1. El artículo definido se usa para indicar un individuo genérico, un grupo genérico, una idea en general o un grupo total.
2. Compare:

Me gusta **la** música de Mozart.	*Se usa el artículo porque se refiere a toda la música de Mozart en general.*
Ese cuarteto va a tocar música de Mozart.	*Se omite el artículo porque van a tocar sólo una parte de la música de Mozart.*
Los perros son animales útiles.	*Se usa el artículo porque se habla de todos los perros en general.*
Hay perros en la calle.	*Se omite el artículo porque no están en la calle todos los perros en general.*
Los perros de Juan son bravos.	*Se usa el artículo porque se refiere a un grupo específico en su totalidad.*
El odio y **el** amor son pasiones contrarias.	*Se usa el artículo porque se refiere al odio y al amor en general.*

Ella me mira con odio, pero yo la miro con amor.

Se omiten los artículos porque no se puede mirar con todo el odio o todo el amor en general.

Necesito **el** amor de aquel hombre.

Se usa el artículo porque se refiere al amor en total de un hombre específico.

ACTIVIDADES

18. ¿Qué quieres y por qué? (entre dos) *Estás de visita en la casa de unas amigas y te quieren entretener. ¿Cómo respondes a sus preguntas? (¿Por qué se usa el artículo en la respuesta, pero no en la pregunta?)*

MODELO   escuchar música

ESTUDIANTE 1: **¿Quieres escuchar música?**
ESTUDIANTE 2: **Sí, me gusta la música.** *o*
            No, no me gusta la música.

1. comer carne
2. comer ensalada
3. tomar café
4. comer pan
5. comer una naranja
6. escuchar jazz
7. comer helado
8. ver televisión
9. hablar del amor

19. Principios, valores y opiniones (entre dos o en pequeños grupos).
Pregúnteles a sus compañeros sobre sus opiniones. Usen la tabla a continuación para formular sus preguntas y respuestas.

EJEMPLOS   ESTUDIANTE 1: **¿Qué te parece la violencia en televisión?**
             ESTUDIANTE 2: **Me parece horrenda.** *o* **Protestamos en contra de la violencia.**

¿Qué te parece... ?
¿Qué os parece... ?
¿Qué les parece a Uds... ?
¿Qué opinión tenéis de... ?

1. el aborto
2. la violencia en televisión
3. el amor
4. la amistad
5. la libertad
6. el futuro
7. los derechos de la mujer
8. la justicia
9. la discriminación social
10. ?

a. no acepto / no aceptamos
b. acepto / aceptamos
c. creo en / creemos en
d. no creo en / no creemos en
e. protesto / protestamos en contra de
f. vamos / voy a defender
g. me parece bueno / horrendo
h. estoy / estamos a favor de
i. ?

9.7 ¿Te duele la cabeza cuando estudias?

El cuerpo humano

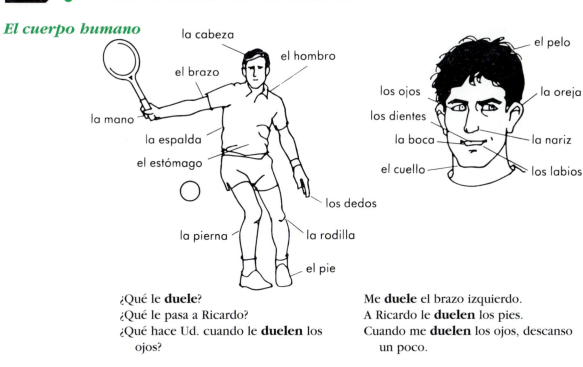

¿Qué le **duele**?

¿Qué le pasa a Ricardo?

¿Qué hace Ud. cuando le **duelen** los ojos?

Me **duele** el brazo izquierdo.

A Ricardo le **duelen** los pies.

Cuando me **duelen** los ojos, descanso un poco.

Conclusiones

Verbos que se usan como *gustar*

1. Hay muchos verbos que se usan como **gustar** —casi siempre en tercera persona y con los pronombres del complemento indirecto.
2. Algunos de los más importantes son **convenir (ie), encantar, fascinar, hacer falta, faltar, importar, interesar, molestar** y **repugnar**.

Nos **conviene** esperar la liquidación.	=	*Es mejor para nosotros esperar la liquidación.*
No nos **conviene** comprar ahora.	=	*No debemos comprar ahora.*
Nos **encanta** ir de compras.	=	*Nos gusta mucho ir de compras.*
A Ricardo le **encantan** sus regalos.	=	*A Ricardo le gustan mucho sus regalos.*
A Ana le **hace falta** un suéter.	=	*Ana necesita un suéter.*
A Ana le **falta** un suéter.	=	*Ana tiene un suéter, pero no lo encuentra ahora.*
A mis hijos les **fascinan** los programas de deportes.	=	*Mis hijos tienen mucho interés en los programas de deportes.*
A mis padres no les **importan** mis notas.	=	*Mis padres no dan mucha importancia a mis notas.*
A mis alumnos les **interesa** la vida amorosa de Gumersinda.	=	*Mis alumnos tienen interés en la vida amorosa de Gumersinda.*

Me **repugna** ese programa de televisión (*repugnar = no gustar nada*).

Nos **molesta** ese anuncio (*molestar = irritar*).

ACTIVIDADES

20. El hipocondríaco (entre dos). *Usen la tabla para formular preguntas y respuestas sobre sus dolores y ñañas* (ñañas = pequeños pero persistentes dolores).

EJEMPLO ESTUDIANTE 1: **¿Qué te duele cuando lees mucho?**
ESTUDIANTE 2: **Me duelen los ojos.**

¿Qué te duele cuando...

1. corres mucho?
2. nadas mucho?
3. tomas mucha cerveza?
4. comes demasiado?
5. tienes gripe?
6. juegas mucho al tenis?
7. ves una mala película?
8. lees demasiado?
9. hablas con Gumersinda?

a. la cabeza
b. los pies
c. las piernas
d. el estómago
e. los ojos
f. los brazos
g. los hombros
h. todo el cuerpo
i. la conciencia

21. ¿Qué te hace falta? (entre dos) *¿Qué les hace falta durante (o después) de ciertas actividades? Usen la tabla para formular preguntas y respuestas.*

EJEMPLO ESTUDIANTE 1: **¿Qué te hace falta cuando comes demasiado?**
ESTUDIANTE 2: **Me hace falta un antiácido.**

¿Qué te hace falta cuando...

1. tienes sed?
2. haces mucho ejercicio?
3. trabajas demasiado?
4. nadie te comprende?
5. tienes examen mañana?
6. alguien pone el estéreo a todo volumen?
7. el televisor no funciona?
8. ?

a. una tarjeta de crédito
b. dormir
c. salir de casa
d. los apuntes de un compañero
e. hablar con una buena amiga
f. un refresco
g. descansar
h. ?

22. La sociedad de consumo (entre dos). *Cuando la vida está dura... ¡VAMOS DE COMPRAS! Están Uds. de compras y tienen que explicarle a su compañero/a qué y dónde les interesa comprar.*

EJEMPLO interesar
ESTUDIANTE 1: **¿Qué te interesa?**
ESTUDIANTE 2: **Me interesa una nueva falda.**

1. encantar *los televisores a colores, las faldas de cuero, los coches alemanes, la ropa interior de seda, etc.*
2. interesar *la liquidación en Macy's, las ofertas en Sears, la ropa usada del Ejército de la Salvación, etc.*
3. hacer falta *otro abrigo de invierno, un nuevo impermeable, papel para mi computadora, etc.*

23. Opiniones sabias y absurdas (entre dos o en pequeños grupos). *Usen la primera columna para formular preguntas. Usen la segunda columna para contestarlas.*

EJEMPLO   ESTUDIANTE 1: ¿Qué te encanta?
ESTUDIANTE 2: **Me encantan las revistas sobre la moda.**

1. ¿Qué te encanta?
2. ¿Qué te hace falta?
3. ¿Qué te fascina?
4. ¿Qué te importa?
5. ¿Qué te interesa?
6. ¿Qué te molesta?
7. ¿Qué te repugna?
8. ¿Qué te gusta?

la familia
los futbolistas
la marca ?
ganar dinero
el amor de ?
los anuncios de ?
un amigo millonario
las flores de plástico
las telenovelas
la ópera
el cine francés
las comedias musicales
mi curso de ?
la música de ?
(alguien famoso)

24. Opiniones de otra gente (entre dos o en pequeños grupos). *Usen la tabla de la actividad anterior para investigar las opiniones de otros miembros de la clase.*

EJEMPLO   ESTUDIANTE 1: **¿Qué le repugna a Isabel?**
ESTUDIANTE 2: **A Isabel le repugnan todas las telenovelas.**

PRONUNCIACIÓN Y ORTOGRAFÍA

A. *Ud. ya sabe que la letra* **r** *en palabras como* **cara, para, tres** *y* **pronto** *representa el sonido* [r], *que es una* **vibrante simple** *(véase Capítulo 6). Hay otro sonido asociado con la letra* **r** *que es una* **vibrante múltiple** *que se representa con* [rr]; [rr] *es obligatorio en dos casos.*

1. Cuando una palabra comienza con la letra **r.** Escuche y repita las palabras y frases a continuación.

    rama, rico, repita, reina, renta, rojo, ron, rumba, ruso
    Repito que no reconozco a Ronaldo.
    Ese ron es muy rico.
    La rica Raimunda parece una reina.

2. Cuando se encuentra la letra **rr.** Escuche y repita las palabras a continuación.

    pizarra, ocurre, perro, borro, carro, ahorra, gorro, barro

B. *Es muy importante distinguir entre* [r] *y* [rr] *porque muchas veces esa diferencia determina el significado de una palabra. Compare y repita.*

pero/perro   caro/carro   foro/forro   vara/barra   fiero/fierro

C. *Antes de una consonante o al final de una frase (no necesariamente al final de una palabra), la letra* **r** *se puede pronunciar* [r] *o* [rr]. *Escuche y repita.*

carta, gordo, cerca, verdad, parque, Argentina, tarde, viernes, largo

hablar con, ir pronto, estudiar más tarde, venir con Carlos

EN CONTEXTO

EN VIVO

IGUAZU Con alojamiento en el exclusivo *San Martin* HOTEL IGUAÇU BRASIL

Localizado junto al Parque Nacional de Brasil y rodeado de parques y jardines, en confortables habitaciones y suites con baño privado, aire acondicionado, heladera individual, TV Color, música ambiental, sauna, piscinas, restaurante internacional, snack bar, piano bar, bolte, sala de juegos, canchas de tenis, fútbol, etc.

Desayuno a la Brasileña y comidas, trasiados y visitas a Puerto Iguazú, Parque Nacional. Cataratas Argentina, Garganta del Diablo, Hito 3 Fronteras, Foz do Iguaçú, Cataratas Brasil y compras en Paraguay.

	DIAS	DESDE
en AVION	3 - 4 5 u 8	u$s 353
en BUS de LUJO Salidas: Domingos y Jueves	5 ó 7	₳ 1.330.000

Preguntas

1. ¿Por qué en este anuncio «Iguazú» se escribe también «Iguaçu»?   2. ¿Es este anuncio de Brasil o de la Argentina?   3. ¿En qué país está el Hotel San Martín?   4. ¿De qué maneras se puede viajar a Iguazú?   5. ¿Qué es una sala de juegos?   6. Ud. ya sabe que **hielo** significa agua congelada. ¿Qué es una heladera? ¿Qué palabra se usa en otros países para el mismo objeto?   7. La palabra **hito** significa un punto donde varios puntos convergen. ¿De qué países son las fronteras que convergen en el Hito 3 Fronteras?   8. ¿En qué países se encuentran las cataratas Iguazú?

LECTURA

EN UNA PELETERÍA
Comedia en dos actos

Escena I

DEPENDIENTE   Muy buenos días, señor. Dígame, ¿en qué puedo servirle? Tome todo el tiempo que necesite. Tengo muy buenos precios y la mejor calidad de la ciudad. Aquí sólo se venden los mejores productos de **cuero** y tenemos algunas cosas que están de oferta.

cuero: *leather*

CLIENTE   ¿Puedo ver ese saco que está allí?

DEPENDIENTE	¿Este?
CLIENTE	No, muéstreme aquél, por favor.
DEPENDIENTE	¡Cómo no! Se nota que Ud. tiene excelente gusto porque es uno de los mejores sacos que tengo. *(Le pone el saco al cliente.)* ¡Qué elegante! ¿No le gusta?
CLIENTE	Claro que me gusta. Eh... Dígame... ¿Cuánto cuesta?
DEPENDIENTE	A Ud. le doy un precio especial. Por lo general, cuesta ciento quince mil pesos, pero a Ud. le cobro solamente 112.000 pesos. ¡Qué barato! Es una verdadera **ganga**.
CLIENTE	¡No me diga! ¡112.000 pesos! ¿Eso le parece barato a Ud.? ¿Eso le parece una ganga? ¡A mí me parece una barbaridad! No le doy más que 70.000 pesos por ese saco.

ganga: de buen precio

DEPENDIENTE Obviamente Ud. tiene un gran sentido del humor y piensa que este negocio es una agencia de caridad. Le vendo el saco en 111.000 pesos. Este es mi último precio. No puedo venderlo en menos.

CLIENTE Pero, ¿cómo es posible? En la tienda de enfrente, venden el mismo saco por la **mitad** del precio que me pide Ud.

mitad: el 50% (cincuenta por ciento)

DEPENDIENTE Perdóneme, señor, pero no es el mismo saco. A ellos les interesa vender sólo a los turistas y a los gringos. No les importa la calidad de las cosas.

CLIENTE Bueno, yo voy a ver qué tienen. Si no me gustan las cosas de allí, vuelvo más tarde.

DEPENDIENTE Vuelva cuando quiera. Aquí lo espero con una absoluta tranquilidad porque sé que le conviene comprar aquí. No le van a gustar las cosas que tienen ellos.

Escena II

(un poco más tarde)

CLIENTE Buenas tardes, señor. ¿**Todavía** tiene Ud. mi saco?

todavía: *still*

DEPENDIENTE Me parece un poco prematuro eso de «mi saco». Hay que comprarlo primero.

CLIENTE Ah, es cierto. A veces no recuerdo esos detalles. ¿Cuánto cuesta? Si no recuerdo mal, son 70.000 pesos, ¿no?

DEPENDIENTE Se nota que Ud. tiene una memoria creativa. Le dejo el saco en 110.500 pesos.

CLIENTE Me parece que Ud. no comprende mi situación. No soy un gringo lleno de dólares. Soy un pobre estudiante que trabaja para vivir, así que sea razonable por favor. Le doy 80.000.

DEPENDIENTE Bueno, como Ud. es tan excelente persona, voy a ser razonable. Se lo dejo en 100.000. Salgo perdiendo, pero es para **guardar** la buena **voluntad** de los clientes.

guardar: retener
voluntad: disposición

CLIENTE Le doy 80.500.

DEPENDIENTE Acepto 90.000.

CLIENTE Está bien. ¿Me acepta un cheque de **viajero**?

viajero: alguien que viaja

DEPENDIENTE Con mucho gusto.

Preguntas 1. ¿Dónde está el cliente? 2. ¿Qué busca? 3. Según el dependiente, ¿cuánto cuesta un saco por lo general? 4. ¿Cree Ud. que ese es el precio común? 5. ¿Por qué dice el dependiente que el cliente tiene un gran sentido del humor? 6. ¿Adónde va el cliente después del primer encuentro? ¿Por qué? 7. ¿Por qué vuelve el cliente? 8. ¿Por qué dice el dependiente que el cliente tiene una memoria creativa? 9. ¿Por qué dice el dependiente que sale perdiendo? 10. ¿Existe algo como el regateo en los Estados Unidos? ¿Dónde y en qué circunstancias?

Galería hispánica: El Ecuador

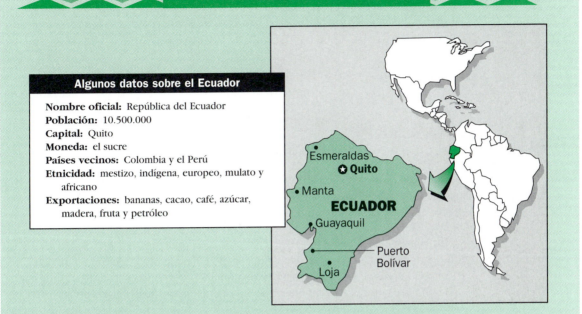

Algunos datos sobre el Ecuador

Nombre oficial: República del Ecuador
Población: 10.500.000
Capital: Quito
Moneda: el sucre
Países vecinos: Colombia y el Perú
Etnicidad: mestizo, indígena, europeo, mulato y
  africano
Exportaciones: bananas, cacao, café, azúcar,
  madera, fruta y petróleo

Las telas otavaleñas: Una industria casera internacional

Al norte de Quito, muy cerca del ecuador, se encuentra la pequeña ciudad de Otavalo, capital del grupo indígena llamado los otavaleños. Casi
todos los otavaleños trabajan en la misma industria: la **fabricación** y
venta de **telas** y de ropas hechas de esas telas.

    Los otavaleños fabrican lo que visten. La **vestimenta** de las mujeres se
caracteriza por vestidos de colores vivos y atractivos, collares de miles de
cuentas y **peinados** elaborados con **cintas** de varios colores. Los hombres en cambio visten un pantalón casi siempre blanco y un poncho de
color **soberbio**. En cuanto al peinado masculino, todos los hombres tienen una **trenza** que llega casi al cinturón. Un aspecto curioso de la moda
otavaleña es que los niños visten igual que los adultos. **Es decir**, una niña
lleva la ropa de una pequeña mujer y un niño, la de un pequeño hombre.

    La industria textil de los otavaleños puede llamarse «**casera**», pero no
se limita a Otavalo, ni tampoco al Ecuador. Las telas otavaleñas son conocidas en todo el mundo por su alta calidad y la originalidad de sus dise-
ños. **De hecho**, no es sorprendente ver a un representante comercial de
la comunidad otavaleña en las capitales del comercio internacional —
siempre vestido a la moda de su comunidad.

fabricación: manufactura
tela: *cloth*
vestimenta: ropa

cuentas: *beads*
peinado: el arreglo del pelo
cinta: *ribbon*
soberbio: de color oscuro
trenza *braid*
es decir: en otras palabras
casera: de la casa

de hecho: en realidad, incluso

Preguntas 1. ¿Dónde está la ciudad de Otavalo?   2. Describa la industria principal de los
otavaleños.   3. ¿Por qué se dice que un niño otavaleño es un pequeño hombre,
y una niña, una pequeña mujer?   4. ¿Cómo es el peinado de los hombres? Y ¿de
las mujeres?   5. ¿Por qué se dice que la industria de Otavalo es casera e internacional al mismo tiempo?

A ESCUCHAR

Escuche la conversación.
Ahora, escuche la conversación por partes e indique si las oraciones son verdaderas o falsas.

1. v f	4. v f	7. v f	10. v f
2. v f	5. v f	8. v f	11. v f
3. v f	6. v f	9. v f	12. v f

SITUACIONES

Situación 1 Ud. quiere comprar un poncho en una tienda en Otavalo, Ecuador. El precio le parece muy alto. Pregúntele al/a la dependiente (alguien de la clase) por qué cuesta tanto. Trate de conseguir un precio mejor. Inicie bien la conversación y después pídale ayuda.

Situación 2 Suponga que su ciudad (o universidad o clase de español) es un gran almacén y todo está en venta. Con sus compañeros de clase, determinen cuánto va a costar cada objeto, a qué clase de persona se lo van a vender, qué objetos deben estar de oferta, etc.

Situación 3 Suponga que Ud. es un/a estudiante extranjero/a que quiere saber cuáles son los mejores programas de televisión —y por qué.

Situación 4 Hoy hay examen en la clase de español. Ud. tiene que convencerle a su profesor/a que no puede tomar (sufrir) el examen porque está demasiado enfermo/a. Si su profesor/a acepta su pretexto, trate de encontrar una hora para tomar el examen en el futuro.

Situación 5 Ud. tiene que subir una maleta muy pesada a su cuarto y necesita ayuda. Pídale ayuda a alguien de la clase, y explíquele por qué la necesita.

Situación 6 Suponga que Ud. no conoce la ciudad y necesita saber cómo llegar al correo. Pídale esa información a alguien de la clase —y no termine la conversación sin saber la respuesta.

Situación 7 Ud. está con el/la hijo/a de su supervisora y (obviamente) quiere dejar una buena impresión. Pregúntele al/a la chico/a sobre sus gustos.

COMPOSICIÓN

Tema 1 Describa sus vacaciones ideales (las vacaciones que quiere tomar este verano próximo).

Tema 2 Escriba un corto sainete (comedia) sobre un encuentro entre un turista y un vendedor.

VOCABULARIO ACTIVO

Sustantivos relacionados con el turismo

el/la aduanero/a	el equipaje	el ómnibus
el/la azafata	la excursión	el puente
el botones	el ferrocarril	el puesto
la cámara	la ficha	la raya
la clientela	la flecha	la reservación
el cónsul	el folklor	el semáforo
el consulado	el gasto	la señal
el costo	el/la hotelero/a	las señales de tránsito
la cuadra	el letrero	la tarifa
el detective	la maleta	el/la taxista
la divisa	la mercancía	el/la turista
la embajada	el/la mesero/a	el/la viajero/a
el/la embajador/a	la moneda	el vuelo

Verbos

agradecer	culpar	guardar
agregar	discutir	gustar
arruinar	doblar	hacer falta
aumentar	doler (ue)	importar
bajar	empacar	interesar
caminar	encantar	molestar
cobrar	ensuciar	probar (ue)
confirmar	entregar	regatear
contar (ue)	faltar	reservar
cruzar	fascinar	utilizar

Expresiones útiles

acá, allá	hacer las maletas	pensión completa
ahí, allí	media pensión	poco a poco
dar la vuelta		

Más sustantivos relacionados con las compras

el almacén	la cuenta	el par
el anuncio	el cheque de viajero	la peletería
la calidad	la docena	la perfumería
el centavo	la factura	el puesto
la compañía	la ganga	el recibo
el/la consumidor/a	el gramo	el reembolso
el consumismo	la liquidación	el regateo
el consumo	la marca	la tarjeta de crédito
el contado	el paquete	la venta

Algunas partes del cuerpo

la boca	el cuello	el diente
el brazo	el cuerpo	la espalda
la cabeza	el dedo	el estómago

el hombro   la nariz   el pelo

el labio   el ojo   la pierna

la mano   la oreja   la rodilla

Vocabulario personal

_____   _____

_____   _____

_____   _____

_____   _____

_____   _____

CAPÍTULO 10

LAS NOTICIAS

EN MARCHA

10.1 ¿Escuchaste el noticiero anoche?

PRIMER PASO

LUISA   Oye, Mario. ¿**Escuchaste** las noticias esta mañana?
MARIO   No. No las **escuché**. ¿**Pasó** algo interesante?
LUISA   **Pasaron** muchas cosas, y todas en tu barrio.
MARIO   No me digas. ¿Qué **pasó**?
LUISA   Bueno, una mujer **asesinó** a su esposo y la policía la **arrestó**. Después, **encontraron** a dos ladrones en tu mismo edificio, y los **arrestaron**. Y después...
MARIO   Basta. ¿No **escuchaste** nada agradable?
LUISA   Sí. Los Red Sox, que son mi equipo favorito, **ganaron** anoche a los Yankees.
MARIO   ¡Pero los Yankees son mi equipo!
LUISA   Y bueno. No **ganaron**.
MARIO   ¡Este es un día fatal!

Conclusiones   ### El pretérito de los verbos terminados en -ar

1. En español hay dos tiempos pasados, el pretérito y el imperfecto. Ud. va a aprender acerca del imperfecto en el próximo capítulo.
2. Las terminaciones de los infinitivos terminados en **-ar** en el pretérito son **-é, -aste, -ó, -amos, -asteis** y **aron**, y se agregan a la raíz del infinitivo.

3. No hay cambios de raíz para los verbos terminados en **-ar** en el pretérito. Compare:

> Generalmente **cierro** el negocio a las seis, pero anoche lo **cerré** a las siete.
> Anoche **recordé** a un viejo amigo, Juan Páez. ¿Lo **recuerdas** tú?

4. Las formas correspondientes a **nosotros** son iguales en el presente y en el pretérito. El contexto indica el significado. Compare:

> Casi siempre **tomamos** refrescos a mediodía, pero ayer **tomamos** té helado.

Sinopsis

sujeto	terminación	*tomar*	*recordar*
yo	**-é**	tomé	recordé
tú	**-aste**	tomaste	recordaste
Ud. / él / ella	**-ó**	tomó	recordó
nosotros / nosotras	**-amos**	tomamos	recordamos
vosotros / vosotras	**-asteis**	tomasteis	recordasteis
Uds. / ellos / ellas	**-aron**	tomaron	recordaron

SEGUNDO PASO Algunas expresiones para describir una secuencia y hablar en el pasado

Primero regresó el presidente; **después** regresó el vicepresidente, y **entonces** regresó la primera dama con su perra. **Más adelante**, llegaron el Secretario de Estado y dos senadores.

Anoche a las once regresó el presidente de su viaje a Europa.

Ayer por la tarde la policía arrestó a un ladrón.

Ayer por la mañana un tren chocó en el norte de México.

Anteayer llegaron los representantes de la Unión Panamericana.

Anteanoche los Braves empataron con los White Sox (*empatar = salir igual*).

La semana pasada el Bolshoi bailó en el Teatro Colón.

El año pasado algunos terroristas dejaron una bomba en el centro.

En el siglo XIX (diecinueve) comenzaron las guerras de independencia.

ACTIVIDADES

1. La buena (?) memoria de Don Tremendón (entre dos). *Don Tremendón describe sus actividades de ayer, y su hermana, la ilustrísima Gumersinda, lo corrige.*

MODELO llamar a mamá ayer (el año pasado)
> ESTUDIANTE 1: **Llamé a mamá ayer.**
> ESTUDIANTE 2: **No, llamaste el año pasado.**

1. llegar temprano anoche (tarde)
2. cenar con discreción (como un puerco)
3. hablar con Madonna (no... nadie)
4. lavar todos los platos (ningún plato)
5. estudiar toda la noche (cinco minutos)
6. trabajar muchísimo (no... nada)
7. pasar toda la noche en casa (en la calle)
8. tomar solamente agua (?)

2. Grandes eventos (entre dos). *Formulen preguntas y respuestas (en el pretérito por supuesto) sobre los eventos y personajes a continuación.*

EJEMPLO   ESTUDIANTE 1: **¿Quién compró Luisiana?**
ESTUDIANTE 2: **Tomás Jefferson compró Luisiana.**

¿Quién... ?

1. jugar al béisbol
2. actuar en *The Wizard of Oz*
3. conquistar a México
4. hablar por teléfono
5. clavar sus tesis en una iglesia
6. matar a sus esposas
7. salvar a Francia
8. inventar el tocadiscos

a. Alexander Graham Bell
b. Martín Lutero
c. Juana de Arco
d. Judy Garland
e. Babe Ruth
f. Thomas Edison
g. Hernán Cortés
h. Enrique VIII
i. Don Tremendón

3. Historia policial. *Además de ser estudiante de español, Ud. es un/a GRAN DETECTIVE y tiene que poner los acontecimientos a continuación (acontecimiento = evento) en su orden más lógico —en el pretérito por supuesto. Describa bien la secuencia con términos como* **primero, después, entonces** *y* **adelante.**

1. Javier llama a la policía.
2. Javier no encuentra su coche.
3. Todo termina bien.
4. Javier deja su coche delante de su casa.
5. La policía encuentra el coche a dos cuadras de su casa.
6. Un ladrón le roba el coche.
7. Javier entra en su casa.

Ahora, comparta su solución con sus compañeros de clase.

4. ¿Qué pasó en las noticias? (entre dos) *Usen la tabla para formular preguntas y respuestas sobre las noticias.*

EJEMPLOS   ESTUDIANTE 1: **¿Qué pasó ayer por la tarde?**
ESTUDIANTE 2: **Ayer por la tarde Fidel Castro habló por cuatro horas.**
ESTUDIANTE 1: **¿Qué pasó en España ayer?**
ESTUDIANTE 2: **Los Reyes de España viajaron a México.**

¿Qué pasó... ?

ayer por la tarde	el presidente de ?	viajar a...
ayer por la mañana	Fidel Castro	regresar de...
anoche	los Reyes de España	bailar en...
la semana pasada	(nombre de un/a artista)	cantar en...
el domingo pasado	(nombre de alguien famoso)	hablar con / por...
esta mañana		comenzar...
	el equipo de ?	ganar a...
	la reunión de ?	terminar...
	el partido de ?	

5. Confesiones y chismes (entre dos). *Usen la tabla para describir sus actividades y las actividades de otra gente en distintos momentos pasados.*

EJEMPLO ESTUDIANTE 1: **¿Qué pasó en el siglo quince?**
ESTUDIANTE 2: **En el siglo quince, Colón llegó a América.**

¿Qué pasó... ?

ayer...		hablar con...
anoche...	yo	estudiar...
anteayer...	tú	regresar de...
el año pasado...	(nombre de una persona)	cenar con...
la semana pasada...	(nombres de varias personas)	comprar...
el sábado...	sonas)	arrestar a...
esta mañana...	nosotros	entrar en...
el viernes...	vosotros	llegar...
ayer por la mañana...		ganar...
en el siglo ?...		llamar a...

 6. Entrevista (entre dos o en pequeños grupos). *Pregúntele a alguien de la clase...*

1. a qué hora regresó a casa anoche.
2. a qué hora llegó a clase hoy.
3. si escuchó las noticias anoche.
4. qué compró la semana pasada.
5. si llamó a alguien por teléfono.
6. qué estudió esta mañana.
7. con quién habló anoche.
8. si llegó a clase a la hora.
9. si cenó con alguien interesante anoche.
10. con qué (quién) soñó anoche.

10.2 ¿Adónde fueron Uds. anoche?

PRIMER PASO

Los desastres y los accidentes

el choque

el diluvio (la inundación)

la guerra

el incendio　　　　el terremoto　　　　la tormenta

Hubo un terremoto en San Francisco en 1906.
En los Andes entre la Argentina y Chile **hubo** un choque de avión.
Hubo un incendio en el centro ayer por la mañana.

Conclusión　　*Hubo* **es el pretérito de** *hay.* **Se usa para hablar de eventos.**

SEGUNDO PASO

¿**Fuiste** al parque ayer?
¿Adónde **fuisteis** después?

Sí, **fui** con cuatro amigos.
No **fuimos** al mismo sitio. Yo **fui** al museo, Javier **fue** a casa y los otros dos chicos **fueron** al cine.

Roberto y yo **fuimos** compañeros de escuela durante tres años.
Mis clases del año pasado **fueron** interesantes pero difíciles.
Fui el primer hijo de mis padres. Soy el mayor.

Conclusiones　　*Ir* y *ser* **en el pretérito**

1. **Ir** y **ser** tienen exactamente las mismas formas en el pretérito.
2. El contexto indica el significado.

Sinopsis

ir / ser	
fui	fuimos
fuiste	fuisteis
fue	fueron

ACTIVIDADES

7. ¿Qué hubo y en qué lugar? (entre dos) *Formulen preguntas y respuestas sobre la localización de los acontecimientos a continuación.*

EJEMPLO　　un asesinato
　　　　ESTUDIANTE 1: **¿Dónde hubo un asesinato?**
　　　　ESTUDIANTE 2: **Hubo un asesinato en el centro ayer.**

1. un incendio
2. un accidente
3. una inundación
4. muchas guerras

a. en la cocina
b. en Hispanoamérica el siglo pasado
c. en Santiago de Chile
d. en la esquina de mi casa

5. un terremoto	e. en Nebraska
6. una tormenta eléctrica	f. en el centro
7. un asesinato	g. en la biblioteca
8. un robo	h. ?

8. ¿Adónde fue la gente? (entre dos) *Usando la tabla, formulen preguntas y respuestas lógicas.*

EJEMPLO   Joaquín / para esquiar
ESTUDIANTE 1: **¿Adónde fue Joaquín para esquiar?**
ESTUDIANTE 2: **Joaquín fue a Colorado para esquiar.**

1. los García / para tomar el sol	a. España
2. Beatriz / para esquiar	b. las montañas de Chile
3. Uds. / para ver teatro	c. la playa de Punta del Este
4. tú / para ir de compras	d. la casa de unos amigos
5. Elena y Luisa / para estudiar español	e. el centro comercial
6. yo / para pasarlo bien	f. Madrid

9. Entrevista (entre dos o en pequeños grupos). *Pregúntele a alguien de la clase...*

1. adónde fueron él/ella y sus amigos anoche para cenar.
2. adónde fueron los alumnos después de la última clase del año pasado.
3. si fue al cine anoche y con quién.
4. con quién fue a almorzar ayer.
5. si fue el primer/la primera hijo/a de sus padres.
6. si fue más difícil el último examen en esta clase que el primero.
7. quiénes fueron los primeros americanos.

10.3 ¿A qué hora saliste de casa?

Una conversación.

Dónde **comiste** tú anoche?	**Comí** en el centro con unos amigos.
¿Qué **comieron** Uds.?	**Comimos** arroz con pollo.
¿**Comió** con Uds. Miguel?	No, Miguel no **salió** de casa anoche.
¿A qué hora **abrió** el restaurante?	**Abrió** a las siete.
¿A qué hora **salieron** Uds. del restaurante?	**Salimos** como a las nueve y **volvimos** directamente a casa.

Otra conversación.

Ana, ¿qué película **viste** anoche?	No **vi** una película; María y yo fuimos al teatro.
¿Qué **visteis** vosotras?	**Vimos** *La vida es sueño* de Calderón.
¿Os **dio** alguien las entradas?	Sí, Marci y Samuel nos las **dieron**.

Conclusiones   **El pretérito de los verbos regulares terminados en *-er* y en *-ir***

1. Los verbos regulares de la segunda y la tercera conjugaciones tienen las mismas terminaciones en el pretérito: **-í, -iste, -ió, -imos, -isteis** e **-ieron**.

2. **Dar** en el pretérito usa las mismas desinencias que los infinitivos terminados en **-er** e **-ir.**

   di, diste, dio, dimos, disteis, dieron

3. Verbos de una sola sílaba (**di, dio, fui, fue, vi, vio,** etc.) no requieren acento.

4. Los infinitivos terminados en **-er** que tienen cambios de raíz en el presente no los tienen en el pretérito.

   Generalmente **vuelvo** temprano, pero anoche **volví** tarde.

   (Algunos infinitivos terminados en -ir tienen cambios de raíz en el pretérito que Ud. va a aprender en el Capítulo 12.)

5. Las formas que corresponden a **nosotros** en la tercera conjugación son iguales en el presente y en el pretérito (**vivimos / vivimos**); el contexto indica el significado.

Sinopsis

sujeto	terminación	*volver*	*escribir*	*dar*
yo	**-í**	volví	escribí	di
tú	**-iste**	volviste	escribiste	diste
Ud. / él / ella	**-ió**	volvió	escribió	dio
nosotros / nosotras	**-imos**	volvimos	escribimos	dimos
vosotros / vosotras	**-isteis**	volvisteis	escribisteis	disteis
Uds. / ellos / ellas	**-ieron**	volvieron	escribieron	dieron

ACTIVIDADES

10. Excepciones (entre dos). *A veces la gente tiene que variar su rutina. Describan qué pasó en la vida de la gente a continuación.*

MODELO: Generalmente Ana vuelve a casa a las siete, pero ayer... (ocho)
   → **Generalmente Ana vuelve a casa a las siete, pero ayer volvió a las ocho.**

1. Por lo general, Raúl les escribe a sus padres dos veces por mes, pero el mes pasado... (solamente una vez)
2. Generalmente comemos a mediodía, pero ayer... (a la una)
3. Casi siempre Ana y María asisten a todas las reuniones, pero la semana pasada... (a solamente una)
4. Por lo general, yo duermo ocho horas al día, pero anoche... (solamente seis)
5. Generalmente, tú me das tus entradas extras, pero anoche... (dárselas a Raúl)

11. El día ocupadísimo de Luisa (entre dos). *¿Cómo fue el día de Luisa? Combinen los eventos de la segunda columna con la hora más lógica de la primera —en una oración completa y hermosa en el pretérito por supuesto. Usen también términos como* **primero, después, entonces** *y* **más adelante.** *Alternen entre compañeros, es decir, un estudiante hace los números impares (1, 3, 5, etc.) y la otra hace los números pares (2, 4, 6, etc.).*

EJEMPLO   **Luisa salió de casa a las 8.00 de la mañana.**

1. 8:00 AM
2. 8:30 AM
3. 8:45 AM

a. ver televisión antes de dormir
b. subir al autobús para ir al trabajo
c. almorzar con una amiga

4. 9:00 AM
5. mediodía
6. 1:00 PM
7. 5:00 PM
8. 6:30 PM
9. hasta las 9:00 PM
10. 9:30 PM

d. ir a casa de su mamá después del trabajo
e. volver a casa por la noche
f. salir del trabajo
g. salir de casa para tomar el autobús
h. tomar el desayuno
i. comenzar a trabajar
j. volver al trabajo después de almorzar

12. Grandes acontecimientos del siglo XX (entre dos). *Uds. son historiadores (o quizás modestos profesores de historia) y tienen que explicar en qué año ocurrieron los grandes acontecimientos del siglo. Alternen entre compañeros, es decir, un estudiante hace los números impares (1, 3, 5, etc.) y la otra hace los números pares (2, 4, 6, etc.).*

1. 1914 / la primera guerra mundial
2. 1918 / la primera guerra mundial
3. 1929 / la gran depresión económica
4. 1939 / los nazis
5. 1945 / los norteamericanos
6. 1963 / Lee Harvey Oswald
7. 1968 / James Earl Ray
8. 1969 / los Estados Unidos
9. 1974 / Richard Nixon
10. 1974 / España
11. durante los 80 / el Perú y la Argentina
12. 1990 / la Unión Soviética
13. 1996 / ?

a. comenzar
b. asesinar a John Kennedy
c. llegar a la luna
d. invadir Polonia
e. abandonar el comunismo
f. terminar
g. renunciar a la presidencia
h. volver a la democracia
i. asesinar a Martin Luther King, Jr.
j. explotar la primera bomba atómica
k. establecer una monarquía constitucional
l. ?

13. Ficciones y realidades (entre dos). *Describan (o inventen) acontecimientos en su vida y en la vida de sus compañeros. Usen la tabla como guía.*

EJEMPLO   ESTUDIANTE 1: **¿Qué pasó con Luis el lunes?**
ESTUDIANTE 2: **Luis recibió un ascenso el lunes.**

¿Qué pasó... ?
¿Qué pasó con... ?
¿Qué sucedió... ?

el lunes	yo	vivir en...
ayer	tú	ir a...
anteayer	?	almorzar en...
anoche	? y yo	empezar a...
el sábado	(nombre de una persona)	comer en...
la semana pasada	(nombre de varias personas)	tratar de...
el año pasado		recibir un aumento
el siglo pasado		pasar tiempo en...
		dar un regalo a...
		arrestar a...
		terminar de...
		escribir una carta a...

Cómo se hace para preguntar si alguien está seguro

¿Está Ud. seguro/a?	¿De verdad?	¿Lo sabes de cierto?
¿De veras?	¿Cree Ud. que es cierto?	¿Estás del todo convencido?

Cómo se hace para decir que uno está o no está seguro

¡Sí, claro!	No lo sé.	¿Quién sabe?
¡Claro que sí!	¡Yo que sé!	No estoy muy seguro/a.
¡Por supuesto!	¡Qué sé yo!	No sé qué decirle(te).
¡Te (se) lo juro!	Tengo mis dudas.	Necesito más información.

Situaciones

1. Entreviste a otra persona de la clase sobre sus actividades de anoche. Después de sus respuestas más dudosas, pídale una confirmación.
2. Ud. fue testigo de un terrible crimen (que Ud. puede inventar). Un/a policía le pregunta sobre lo que vio. Ud. le contesta con varios grados de seguridad.

10.4 ¿Qué leyeron Uds.?

PRIMER PASO

Cristina, ¿por qué empezaste a estudiar tan tarde?

Comencé a estudiar tarde porque **llegué** tarde. **Llegué** tarde porque fui al banco. En el banco **saqué** un poco de dinero y después fui a La Cabaña donde **almorcé** con una vieja amiga. **Pagué** el almuerzo y entonces volví a casa. **Toqué** el piano un rato y por fin **empecé** a estudiar.

Conclusiones

Cambios ortográficos en el pretérito de los infinitivos terminados en -gar, -car y -zar

1. La primera persona singular del pretérito de los infinitivos terminados en **-gar** es **-gué.**
   Llegué a la boletería y **pagué** las entradas.
2. La primera persona singular del pretérito de los infinitivos terminados en **-car** es **-qué.**
   Saqué la música y **toqué** la sonata.
3. La primera persona singular del pretérito de los infinitivos terminados en **-zar** es **-cé.**
   Almorcé y después **comencé** a leer.
4. Igual que en el imperativo (ver 9.7), estos cambios ortográficos son necesarios para conservar el sonido original de la raíz.

Sinopsis

llegar		*tocar*		*comenzar*	
llegué	llegamos	**toqué**	tocamos	**comencé**	comenzamos
llegaste	llegasteis	tocaste	tocasteis	comenzaste	comenzasteis
llegó	llegaron	tocó	tocaron	comenzó	comenzaron

SEGUNDO PASO

¿**Leíste** el artículo sobre el incendio?	No, pero me lo **leyó** mi esposa.
¿Dónde **leyeron** Uds. sobre el diluvio?	**Leímos** un artículo en el diario.
¿**Oyeron** tus amigos la buena noticia?	Sí, la **oyeron**, pero no la **creyeron**.
¿Cómo se **destruyó** la ciudad antigua?	Se **destruyó** en un terremoto.
¿**Creíste** el chisme que **oíste**?	No, no lo **creí**.
¿Por qué **reísteis** tanto?	**Reímos** porque el chisme nos pareció chistoso.
¿**Cayeron** las hojas en la tormenta?	Sí. **Cayeron** algunas pero no todas.

Conclusiones

Cambios ortográficos en el pretérito de *oír* y de infinitivos terminados en *-aer, -eer* y *-uir*

1. Si la raíz de un infinitivo terminado en **-er** e **-ir** termina en vocal (**caer, creer, leer, oír, destruir, instruir**, etc.), se cambia la **i** de la terminación del pretérito por **y** en la tercera persona singular y plural.

ca**yó** / ca**yeron**	o**yó** / o**yeron**
le**yó** / le**yeron**	destru**yó** / destru**yeron**

2. Si la raíz termina en **a, e** u **o** (**caer, creer, reír, oír,** etc.), todas las formas excepto la tercera persona plural llevan acento.
3. Los verbos terminados en **-uir** requieren acento en el pretérito sólo en la primera y tercera persona singular.

Sinopsis

caer	*leer*	*oír*	*construir*
caí	leí	oí	construí
caíste	leíste	oíste	construiste
ca**yó**	le**yó**	o**yó**	constru**yó**
caímos	leímos	oímos	construimos
caísteis	leísteis	oísteis	construisteis
ca**yeron**	le**yeron**	o**yeron**	constru**yeron**

ACTIVIDADES

14. ¿Qué causó el desastre? (entre dos) *Sandra está explicándole a Raúl la causa de varios desastres. ¿Qué dice?*

MODELO   ese edificio / terremoto
   ESTUDIANTE 1: **¿Qué destruyó ese edificio?**
   ESTUDIANTE 2: **Un terremoto lo destruyó.**

1. ese almacén / un incendio
2. esa torre / una tormenta eléctrica
3. tu jardín / las inundaciones de la primavera
4. esas ciudades / una guerra
5. esas casas / un diluvio
6. tus flores / las tormentas
7. ese tren / un choque
8. la sociedad / Gumersinda y Don Tremendón

15. ¿Por qué saben tanto? (entre dos) *Expliquen los grandes conocimientos de la gente a continuación.*

MODELO   Beatriz / el amor / *Redbook* o *Road and Track*
ESTUDIANTE 1: **¿Por qué sabe Beatriz tanto sobre el amor?**
ESTUDIANTE 2: **Porque leyó un artículo en *Redbook*.**

1. Raquel / el béisbol / *Sports Illustrated* o *Seventeen*
2. nosotros / los coches / *Cosmopolitan* o *Modern Mechanics*
3. Rubén y Edgardo / la moda masculina / *Time* o *GQ*
4. yo / la política / *Heavy Metal* o *Foreign Affairs*
5. tú / música rock / *Rolling Stone* u *Opera News*
6. (nombre de un/a estudiante) / el amor / *Boy's Life* o *National Enquirer*
7. (nombre de otro/a estudiante) / ? / ?
8. Gumersinda y Don Tremendón / esta universidad / ?

16. Entrevista (entre dos o en pequeños grupos). *Pregúntele a alguien de la clase...*

1. si lloró cuando cayeron las hojas.
2. qué novelas leyó el verano pasado.
3. a qué hora comenzó a estudiar anoche.
4. quién le pagó la matrícula este año.
5. qué oyó esta mañana al primer momento.
6. si construyó algo alguna vez.
7. cuál fue el último juego que jugó.
8. a qué hora llegó a clase hoy.
9. cuánto dinero sacó del banco.
10. con quién almorzó ayer.

NOTA CULTURAL

El noticiero hispano

En español el término *el noticiero* se refiere al programa de noticias que se oye en la radio o que se ve en la televisión. El noticiero presenta *las noticias*, y cada historia, anécdota o episodio que se narra en el noticiero se llama *una noticia*. **Sin embargo**, **tal vez** no esté bien hablar del «noticiero hispano» porque este término sugiere una uniformidad en el mundo hispano que **a lo mejor** no existe. En realidad, el término *mundo hispano* se refiere a países muy distintos. Por ejemplo, España, la Argentina y México, **aunque** hablan una sola lengua son tan distintos como Inglaterra, los Estados Unidos, Jamaica y Australia —que también hablan una sola lengua. **Es decir**, cada país tiene una historia y una identidad propia.

sin embargo: *however*
tal vez: posiblemente
a lo mejor: probablemente
aunque: *although*

es decir: en otras palabras

A pesar de las diferencias que hay entre los países hispanos, existe ahora una fuerza nueva que ayuda a unificar el mundo hispano: el cine, la radio y la televisión. Películas españolas, mexicanas, argentinas y cubanas se ven regularmente en todo el mundo hispano. Y para televisión, hay buenísimas «miniseries» españolas sobre temas históricos, y los noticieros y telenovelas mexicanos son populares en todas partes, incluso entre los **hispanoparlantes** de los Estados Unidos. Esa distribución de libros, revistas, diarios, películas y programas de televisión ayuda a crear la sensación de una verdadera comunidad hispana internacional. A lo mejor, Ud. puede encontrar un canal de televisión o una estación de radio en su propia ciudad que lleva algunos de esos programas hispanos.

hispanoparlante: una persona que habla español

10.5 ¿Cuánto tiempo hace que llegaste?

Conversación entre un policía y un testigo de un posible intento terrorista.

POLICÍA   ¿Qué vio Ud.?
TESTIGO   Un tipo dejó un paquete allí en esa silla.

POLICÍA	**¿Cuánto tiempo hace que pasó eso?**
TESTIGO	**Hace como una hora que dejó** el paquete y desapareció.
POLICÍA	¿Y qué pasó después?
TESTIGO	Bueno, cuando el tipo no volvió, **llamé a la policía.**
POLICÍA	**¿Cuántos minutos hace que Ud. llamó?**
TESTIGO	**Hace unos quince minutos que llamé.**
POLICÍA	¿Y qué pasó entonces?
TESTIGO	Buenos, **llegaron Uds. hace unos cinco minutos** y ahora usted está hablando conmigo.
POLICÍA	Así es. ¿Podría (*podría = forma cortés de «puede»*) identificar al tipo?
TESTIGO	Creo que sí.
POLICÍA	Bueno, entonces acompáñenos a la comisaría; así podemos mostrarle unas fotos.

Conclusiones

Hace... que con el pretérito

1. **Hace... que** se usa con el pretérito para indicar un período de tiempo entre el presente y un evento pasado.
2. Se omite **que** cuando **hace + (el período de tiempo)** está después del verbo.

Sinopsis

***Hace ... que* en una pregunta**

¿Cuánto tiempo		Ud. lavó los platos?
¿Cuántos meses	**hace que**	José dejó de fumar?
¿Cuántas horas		llegaron tus padres?

***Hace ... que* en una respuesta**

	tres horas		lavé los platos.
Hace	dos meses	**que**	José dejó de fumar.
	una hora		llegaron mis padres.

***Hace* + (período de tiempo) después del verbo en una respuesta**

Lavé los platos		tres horas.
José dejó de fumar	**hace**	dos meses.
Mis padres llegaron		una hora.

ACTIVIDADES

17. Preguntas para respuestas. *Haga una pregunta para las respuestas a continuación.*

MODELO   Marisa llegó hace un año. → **¿Cuántos años hace que Marisa llegó?**

1. Marina nació hace cincuenta años.
2. Hace dos días que fui a Barcelona.
3. Hace media hora que Pepe llegó.
4. Dejé de fumar hace dos años.
5. Hace cinco siglos que Colón llegó a América.
6. Hace mucho tiempo que Ana Bolena perdió la cabeza.

18. El supervisor vigilante (entre dos). *Ud. trabaja en una oficina y su supervisor quiere saber cuándo empezaron los empleados a hacer su trabajo.*

MODELO   Margarita / sacar copias (una hora)

        ESTUDIANTE 1: **¿Cuánto tiempo hace que Margarita empezó a sacar copias?**

        ESTUDIANTE 2: **Hace una hora que Margarita empezó a sacar copias.**

1. Gaby / escribir la carta (cinco minutos)
2. La Sra. Gómez / atender a clientes (dos horas)
3. Miguel y Javier / sacar cuentas (media hora)
4. vosotros / revisar facturas (dos días)
5. Ana y Luis / dar una demostración a un cliente
6. Ud. / hablar conmigo (demasiado tiempo)

19. Entrevista (entre dos o en pequeños grupos). *Invente preguntas para alguien en la clase usando la tabla a continuación como guía.*

¿Cuánto tiempo hace que	yo	llegar a clase
¿Cuántos meses hace que	tú	salir con ?
¿Cuántos años hace que	Ud.	conocer a la profesora
¿Cuántas horas hace que	Ud. y ?	ver un accidente
¿Cuántos...	(otra persona)	escribir algo escandaloso
	(otras personas)	hablar con ?
		nacer
		sacar una mala / buena nota
		limpiar la casa
		?

Cómo se hace para preguntar sobre un suceso

¿Qué pasó?	¿Cómo fue?	¿Pasó algo?
¿Qué sucedió?	¿Cómo le (te) fue?	¿Cómo fue todo?
¿Qué aconteció?	¿Qué ocurrió?	¿Cómo salió todo?

Situación

Una compañera de clase vio un accidente la semana pasada. Pídale información sobre el accidente usando algunas de las fórmulas de arriba.

10.6 ¿Quién acaba de llegar?

¿Cuándo terminaste tu composición?	La **acabo de terminar**.
¿A qué hora llegó tu compañero?	**Acaba de llegar** en este momento.
¿Hace mucho tiempo que Uds. salieron?	No, **acabamos de salir**.

Conclusiones *Acabar de* + **infinitivo**

1. **Acabar de + infinitivo** se usa para describir un evento muy reciente.
2. Las oraciones a continuación son equivalentes.

> **Acabo de** llegar. = Llegué hace muy poco tiempo.
> José **acaba de** llamar a María. = José llamó a María hace muy poco tiempo.
> **Acabamos de** ver esa película. = Vimos esa película hace muy poco tiempo.

ACTIVIDADES

20. Explicación de motivos (entre dos). *Usando las frases como punto de partida, expliquen el estado de ánimo de la gente a continuación.*

MODELO   María / estar de buen humor (sacar una buena nota en un examen)
        ESTUDIANTE 1: **¿Por qué está de buen humor María?**
        ESTUDIANTE 2: **Porque acaba de sacar una buena nota en un examen.**

1. Miguel / estar muy contento (recibir una llamada de su novia)
2. El profesor de arte / tener miedo (recibir una visita de su jefe)
3. A José / dolerle el estómago (comer tres hamburguesas con un kilo de papas fritas)
4. Raimunda / estar bailando en la calle (ganar la lotería nacional)
5. Jorge y Luis / estar en una tremenda depresión (ver una película de Ingmar Bergman)
6. María y Luisa / querer descansar (correr diez millas)
7. Roberto / ir de compras / (recibir su cheque mensual)
8. Gumersinda / correr a toda velocidad (ver a la policía)
9. Don Tremendón / estar en un estado inconsciente (beber una botella entera de vodka)
10. ? / ? (??)

21. Charadas (en pequeños grupos). *Cada estudiante tiene que representar alguna acción (tomar un trago, cerrar un libro, ganar la lotería, chocar con un policía, conocer a Gumersinda, etc.). Después los otros estudiantes tienen que describir qué acaba de pasar usando* **acabar de** + ***infinitivo***.

EJEMPLO   ESTUDIANTE 1: *(pone una cara de extremo dolor)*
        ESTUDIANTE 2: **¡Acabas de cenar en casa de Don Tremendón!**

Cómo se hace para prolongar una conversación (y sacar más información)

Una marca de los buenos reporteros (y chismosos) es saber escuchar. Pero saber escuchar no es igual que no hablar. De hecho, los buenos escuchantes saben «**tirar** de la lengua» para sacar más información. Estudien la conversación para ver cómo Julia le tira de la lengua a un amigo.

tirar: to pull

ROBERTO   Acabo de ver a Luis y a Marta en el centro.
JULIA   ¿Sí? ¡Qué interesante!

ROBERTO	Sí. Parece que están novios de nuevo.	
JULIA	¡No me diga!	
ROBERTO	Sí, es verdad. Dicen que Luis abandonó a Susana.	
JULIA	¡No puede ser!	
ROBERTO	Sí, es cierto. Y ahora Marta está en conflicto con Beni.	
JULIA	**¿De veras?**	**de veras:** en verdad, realmente
ROBERTO	Sí. Y parece que Beni sabe que Luis y Marta salen juntos ahora.	
JULIA	**¿En serio?** ¡Qué cosa!	**en serio:** en verdad, realmente
ROBERTO	Y dicen que Beni está furioso y que está buscando a Marta para acusarle de todo.	
JULIA	¡Qué horror!	
ROBERTO	Y... (*continúa la historia*).	

Situaciones

1. Escuche un chisme (real o inventado) de otra persona en la clase. Tírele de la lengua para sacar más información. Otra persona de la clase puede hacer el papel del chismoso.
2. Ud. trabaja para un gran periódico y está entrevistando a un famoso mafioso. ¿Qué le dice Ud. para sacar mucha información sobre sus múltiples crímenes? Otra persona de la clase puede hacer el papel del mafioso.

PRONUNCIACIÓN Y ORTOGRAFÍA

A. *La entonación española difiere mucho de la entonación inglesa. Generalmente, en una frase normal (que no es ni pregunta ni exclamación) el tono más agudo se da en la primer sílaba tónica (la primera sílaba que recibe el énfasis). Esa entonación es muy distinta de la entonación inglesa. Compare y repita.*

Somos de México.   *We are from Mexico.*

Nadie es perfecto.   *No one is perfect.*

Jugamos mañana.   *We are playing tomorrow.*

Me llamo Juan.   *My name is John.*

B. *La entonación de una pregunta en español que comienza con una pala-bra interrogativa es casi igual que la entonación de la frase normal de la sección anterior. Compare y repita.*

¿De dónde es ella?

Where is she from?

¿Cuándo vienes a mi casa?

When are you coming to my house?

¿Cuándo vamos a jugar?

When are we going to play?

¿Adónde vas?

Where are you going?

C. *En una pregunta que no comienza con una palabra interrogativa, la entonación es más o menos como en inglés. Compare y repita.*

¿Es usted español?

Are you Spanish?

¿Van ustedes al partido?

Are you going to the game?

¿Toca María la flauta?

Does Mary play the flute?

D. *En inglés, la duración de cada sílaba varía mucho. En español, cada síla-ba, incluso las sílabas átonas (que no reciben el énfasis), tiene más o menos la misma duración. Lea las frases a continuación, poniendo aten-ción especial a la entonación y la duración de las sílabas.*

Nadie debe estudiar antes de mediodía después de una noche difícil.
Mis hijos descansan en el gimnasio después de la práctica de fútbol.
Tenemos que trabajar diligentemente para salir adelante.
Duermo bien si mi bebé no llora demasiado temprano.
Esta noche voy a dormir como un tronco porque tengo mucho sueño.

EN MARCHA

EN VIVO

ENLACE RUIZ OLALDE - CAPUTO

El día sábado 28 en la Iglesia Catedral se celebró la unión matrimonial de Alejandra Ruiz Olalde y Eduardo Caputo. Fueron padrinos por parte de la novia, Susana Risso de Ruiz Olalde y Guido Ruiz Olalde; por el novio lo hicieron Eduardo Mario Caputo Videla y Elena Platero de Caputo. Después de la ceremonia religiosa agasajaron a familiares y amigos.

Preguntas

1. Siguiendo su intuición y mirando bien el contexto, ¿qué significa la palabra **enlace**? 2. ¿Ya pasó la boda o es éste un anuncio para los invitados? 3. ¿Cuál es el apellido del novio? 4. ¿Por qué se llama su madre «Elena Platero de Caputo» en lugar de «Elena Platero Caputo»? 5. ¿Cómo se indica que la madre de la novia es la esposa de Guido Ruiz Olalde? 6. Después de su boda, ¿cuál va a ser el nombre completo de la novia? 7. ¿Dónde se celebró la boda? 8. Pensando en lo que pasa inmediatamente después de una boda y mirando bien el contexto, ¿qué significa el verbo **agasajar**?

LECTURA
El noticiero del día

¡Escuchen las noticias de hoy en su **radiodifusora** favorita, K-B-O-M K-BOM, LA GRANDE. Y díganles a todos sus amigos que lo escucharon primero en K-BOM, LA GRANDE.

> **radiodifusora:** estación de radio

Según informó la policía, unos ladrones entraron en un negocio en el centro. Sacaron la caja fuerte al **callejón** detrás del negocio, la abrieron y **se llevaron** unos 500.000 pesos. Si Ud. tiene información sobre este **asunto**, háganos el favor de comunicársela a la policía.

> **callejón:** una calle pequeña
> **llevarse:** transportar a otra parte
> **asunto:** tema

Ayer llegó a nuestra ciudad el Senador Rodríguez. Pronunció un discurso en El Ateneo frente a un público numeroso. Habló de la necesidad de no subir los **impuestos**, de mantener las normas de las escuelas, de proteger a la familia y de otros temas igualmente **novedosos**.

> **impuestos:** dinero que se da al gobierno
> **novedosos:** nuevos

Hubo tres choques automovilísticos ayer. Gracias a Dios, no murió nadie. En cada accidente hubo un chofer **tomado**. Recuerden siempre: si toman, no manejen; si manejan, no tomen.

> **tomado:** borracho

En béisbol, los Lobos ganaron a los Coyotes, dos a cero. En baloncesto, los Tigres perdieron a los Panteras, y en fútbol Los Gatos empataron con Los Águilas.

Y por fin, en la página social, en Hollywood, se descubrió que Patricio Quegua Poés tiene una nueva novia, una chica misteriosa que nadie conoce. La **antigua** (y muy resentida) ex novia de Patricio reveló que Patricio, en realidad, es una persona muy aburrida y que esos hermosos ojos azules que tiene resultan de sus lentes de contacto. Afirmó también que Patricio mueve los labios cuando lee y que usa ropa de poliéster. Además insinuó que su nueva novia **se parece a** Gumersinda. ¿Es posible?

> **antigua:** anterior
>
> **se parece a:** tiene la apariencia de

Para el próximo noticiero, no cambien de estación. Escuchen siempre K-B-O-M, K-BOM LA GRANDE, la estación que primero le informa.

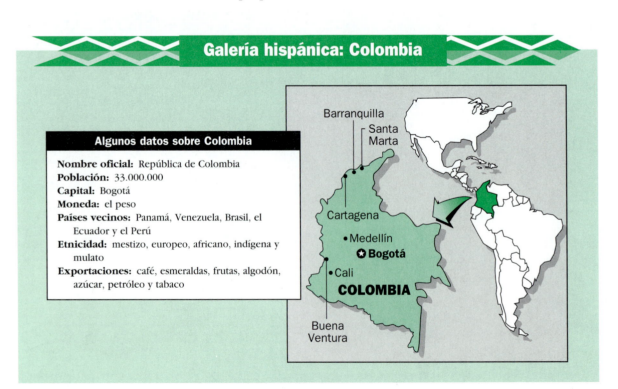

Galería hispánica: Colombia

Algunos datos sobre Colombia

Nombre oficial: República de Colombia
Población: 33.000.000
Capital: Bogotá
Moneda: el peso
Países vecinos: Panamá, Venezuela, Brasil, el Ecuador y el Perú
Etnicidad: mestizo, europeo, africano, indígena y mulato
Exportaciones: café, esmeraldas, frutas, algodón, azúcar, petróleo y tabaco

Barranquilla
Santa Marta
Cartagena
Medellín
✪ Bogotá
Cali
COLOMBIA
Buena Ventura

El carnero: Un libro con algunas noticias, algo de historia y muchísima chismografía

Durante la época colonial, España trató de proteger a sus colonias americanas de las malas influencias de Europa. **Por lo tanto** prohibió la publicación y circulación de todas las novelas. Fue muy curiosa esa prohibición, en parte porque la primera novela moderna de Europa, *Don Quijote de la Mancha* de Miguel de Cervantes, es una creación española. **A pesar de** la ley, muchas novelas llegaron ilegalmente a las colonias, pero ninguna se publicó allí.

O casi ninguna. En Bogotá, Colombia, en el siglo XVII, un escritor llamado Juan Rodríguez Freile escribió un libro con el título aburrido de *Historia de la fundación de la ciudad de Bogotá*. Tal vez porque el título original es muy largo, el libro tiene el **apodo** de *El carnero*. (Un carnero es una **oveja**.) En realidad, no es una historia, y de ninguna forma es aburrida. Más bien, es una estupenda colección de anécdotas, noticias y **chismes**. Incluso, no sin razón se dice que *El carnero* es una obra maestra de la chismografía porque en ese libro abundan historias de intrigas, robos, adulterios, asesinatos, amoríos, crímenes de toda clase y **venganzas**, todos narrados con humor e ironía y sin demasiada preocupación por la veracidad de los hechos. Un pequeño misterio: nadie sabe por qué el libro tiene el apodo de *El carnero*. Muchos creen que es un chiste privado que murió con el autor.

En fin, es cierto que no salieron de las colonias hispanoamericanas novelas en el sentido más estricto de este término. Pero también es cierto que en *El carnero*, la primera obra maestra de la literatura colombiana, hay buen material novelístico, y tal vez telenovelístico, ya que muchos de sus episodios **harían** una excelente **telenovela**.

por lo tanto: consecuentemente

a pesar de: *in spite of*

apodo: *nickname*
oveja: *sheep*
chismes: *gossip*

venganzas: *revenge*

harían: *would make*
telenovela: *soap opera*

Preguntas   1. ¿Por qué trató España de prohibir la importación de novelas?   2. ¿Qué novela se considera la primera novela moderna de Europa?   3. ¿En qué país vivió Juan Rodríguez Freile?   4. ¿Cuál es el título original de su libro?   5. ¿Es *El carnero* una buena historia académica? ¿Por qué?   6. ¿Por qué se considera *El carnero* una obra maestra de la chismografía?   7. ¿Por qué tiene el libro el apodo de *El carnero*?   8. ¿Por qué se considera *El carnero* una obra novelística y aún telenovelística?

 A ESCUCHAR

Escuchen la conversación entre Teresa y Ricardo.
Ahora escuchen la conversación por partes e indique si las oraciones son verdaderas o falsas.

1. v f   4. v f   7. v f   10. v f
2. v f   5. v f   8. v f   11. v f
3. v f   6. v f   9. v f   12. v f

SITUACIONES

Situación 1   Un amigo de Ud. sabe un chisme sabroso y jugoso y Ud. quiere saberlo. ¿Cómo inicia Ud. la conversación y qué hace para «tirarle de la lengua»?

Situación 2   Ud. acaba de ver un choque entre dos coches delante de su casa. Ud. tiene que llamar a la policía y explicarles qué pasó, a qué hora, dónde, si se necesita una ambulancia, etc. Describa bien la secuencia con **primero, después, entonces** y **más adelante.**

Situación 3   Con un/a compañero/a de clase o un grupo de compañeros, hagan un noticiero de radio. Incluyan información sobre los accidentes, los desastres naturales, los deportes, la moda y el tiempo.

Situación 4   Inventen un juego de *Trivia* con fichas (*fichas = pedazos cuadrados de papel*), preguntas, fechas, nombres y todo. Preguntas posibles: ¿Cómo se llama el hombre que llegó primero a la luna? ¿Qué equipo de béisbol ganó la serie mundial en 1952? ¿Quién escribió... ? etc.

Situación 5   Ud. está escuchando un chisme fabuloso (inventado por alguien en la clase), pero Ud. tiene que estar seguro/a de que la otra persona está diciendo la verdad. ¿Qué dice Ud. a la otra persona para expresar sus dudas, y qué dice él/ella para indicar que está totalmente convencido/a?

Situación 6   Ud. acaba de conocer a un tipo rarísimo que se llama Rip Van Winkle que quiere saber las noticias principales de los últimos treinta años. ¿Qué le dice Ud.? (Incluya en su descripción elecciones, desastres, guerras, diluvios, etc.)

COMPOSICIÓN

Tema 1   Escriba un informe sobre los crímenes más notables de la última semana.

Tema 2   Escriba un guión (texto) para un noticiero de radio.

VOCABULARIO ACTIVO

Accidentes y desastres

la batalla	el diluvio	la inundación
el choque	la guerra	el terremoto
el desastre	el incendio	la tormenta

Los crímenes y los criminales

el/la asaltador/a	la extorsión	el rapto
el asalto	el/la extorsionista	el robo
el crímen	el fraude	el terrorismo
el/la criminal	el/la ladrón/a	el/la terrorista
el/la delincuente	el/la raptador/a	la violación

Otros sustantivos

el acontecimiento	la cita	la noticia
la amenaza	la foto	el noticiero
el/la antepasado/a	la hoja	el paquete
el artículo	el impuesto	la radiodifusora
el asunto	el/la locutor/a	el suceso
la bomba		

Algunas expresiones para hablar en pasado y para describir una secuencia

anoche	ayer	en el siglo...
anteanoche	ayer por la mañana	entonces
anteayer	ayer por la tarde	más adelante
el año pasado	después	la semana pasada

Verbos

abandonar	dificultar	pasar
acontecer	empatar	percibir
arrestar	establecer	regresar
asesinar	explotar	renunciar
caer	invadir	revelar
conquistar	llevar	revisar
corregir (i)	matar	suceder
cubrir	nacer	variar
descubrir	ocurrir	

Expresiones útiles

acabar de + infinitivo	de nuevo	es decir
basta	en seguida	sin embargo

Vocabulario personal

_____   _____

_____   _____

_____   _____

_____   _____

_____   _____

CAPÍTULO 11

LA NARRACIÓN Y LA HISTORIA

EN MARCHA

11.1 ¿Dónde estabas anoche a medianoche?

PRIMER PASO

Un recuerdo.

Cuando yo **estaba** en la secundaria, mis amigos y yo **visitábamos** con frecuencia una playa que se **llamaba** Playa del Rey. Allí, **nadábamos** y **jugábamos** al vólibol. Dos de nuestros compañeros **jugaban** al ajedrez. Cuando uno **ganaba** el otro **entraba** en una tremenda depresión. ¡Qué locura! ¿**Jugabas** tú a algún deporte cuando **estabas** en la secundaria? ¿A qué deporte **jugabais** tú y tus compañeros?

Conclusiones   ### El imperfecto de los infinitivos terminados en *-ar*

1. El segundo tiempo del pasado en español es el imperfecto. Ud. va a aprender cómo se compara con el pretérito en la sección 11.5.
2. Para formar el imperfecto de los verbos de la primera conjugación se agregan las terminaciones **-aba, -abas, -aba, -ábamos, -abais** y **-aban** a la raíz del infinitivo.
3. No hay cambios de raíz en el imperfecto, y sólo las formas que corresponden a **nosotros** llevan acento.
4. Las formas de primera y tercera persona singular son iguales en todos los verbos del imperfecto.

Sinopsis

sujeto	terminaciones	*estar*	*llamar*	*pensar*
yo	**-aba**	estaba	llamaba	pensaba
tú	**-abas**	estabas	llamabas	pensabas
Ud. / él / ella	**-aba**	estaba	llamaba	pensaba
nosotros / nosotras	**-ábamos**	estábamos	llamábamos	pensábamos
vosotros / vosotras	**-abais**	estabais	llamabais	pensabais
Uds. / ellos / ellas	**-aban**	estaban	llamaban	pensaban

SEGUNDO PASO

Otra narración (¿acusación?).

Cuando yo te vi en la biblioteca no **estabas estudiando. Estabas charlando** con Miguel, y todo el mundo os **estaba escuchando** porque **estabais hablando** de cosas muy, pero muy interesantes. Ahora bien, yo **estaba leyendo** y Carla, mi buena amiga, **estaba escribiendo** una composición así que no oímos nada en particular. Pero por favor, no me digáis que Miguel y tú **estabais estudiando** porque no es cierto.

Conclusiones   ### El imperfecto progresivo

1. El imperfecto progresivo consiste en el imperfecto de **estar** y el gerundio.
2. Se usa para describir un evento en progreso en el pasado.

(los reyes, los monarcas)

la reina

el rey

el príncipe

la princesa

La familia real

ACTIVIDADES

1. La vida de los grandes. *Describa las actividades históricas a continuación según las indicaciones.*

MODELO   Colón / desear descubrir una ruta al Japón.
→ **Cólon deseaba descubrir una ruta al Japón.**

1. el rey / necesitar más soldados
2. los monarcas católicos / desear más comercio
3. Simón Bolívar / pelear contra España
4. el príncipe Juan Carlos / esperar ser rey
5. Felipe II / nunca descansar
6. San Martín / negociar con Bolívar
7. la reina y yo / gobernar con justicia
8. vosotros / apoyar al libertador

2. Gente indignada. *La gente a continuación está indignada porque trabajaban mientras otras personas no trabajaban. ¿Qué pasaba? (Usen* **mientras** *o* **al mismo tiempo que** *en sus respuestas.)*

MODELO   Roberto cocinar / María mirar televisión
→ **Roberto cocinaba mientras María miraba televisión.** *o*
→ **Roberto cocinaba al mismo tiempo que María miraba tele-visión.**

1. yo estudiar / Carlos jugar
2. mamá limpiar / yo descansar
3. Luis sacar cuentas / Ana escuchar música
4. nosotros ayudar a clientes / Uds. tomar Coca-Cola
5. Miguel y yo pensar en cosas profundas / tú estudiar el horóscopo
6. María y Luisa hablar de negocios / sus maridos mirar un partido
7. yo preparar la cena / vosotros ?

3. ¿Qúe les gustaba hacer? (entre dos o en pequeños grupos) *Cuando Uds. estaban en la secundaria, ¿qué les gustaba hacer? Usen la tabla para formular preguntas y respuestas.*

EJEMPLO ESTUDIANTE 1: **Ricardo, ¿qué te gustaba hacer los sábados por la noche?**

ESTUDIANTE 2: **Me gustaba ir a la casa de un amigo para ver videos.**

ESTUDIANTE 3: **¿A quién le gustaba escuchar música en el ascensor?**

ESTUDIANTE 4: **A Gumersinda y a Don Tremendón les gustaba.**

¿Qué te gustaba hacer... ?	¿A quién(es) le(s) gustaba... ?
los sábados por la noche	escuchar música de ?
los domingos por la mañana	ir de compras en Kmart
cuando tus padres no estaban	jugar al ?
cuando tus amigos estaban de visita	hablar de ?
cuando ?	ir a los partidos de ?
	ver películas de ?

4. ¿Qué estabas haciendo cuando... ? (entre dos) *Usen la tabla para formular preguntas y respuestas.*

EJEMPLOS ESTUDIANTE 1: **¿Qué estabas haciendo cuando entró la profesora?**

ESTUDIANTE 2: **Estaba tratando de encontrar la tarea para hoy.**

¿Qué estabas haciendo cuando... ?	¿Qué estabas haciendo mientras... ?
entró la profesora	hablabas por teléfono
empezó tu programa favorito de televisión	cenabas
te llamaron tus padres la última vez	estudiabas
cerraron la biblioteca	mirabas televisión
?	?

11.2 ¿Qué hacías cuando estabas en España?

Lourdes acaba de pasar un semestre en España, y Jorge le está haciendo unas preguntas porque también tiene interés en estudiar en el extranjero.

Jorge:

Cuando tú estabas en España, **¿asistías** a las conferencias en el museo?

¿Dónde **vivían** los reyes de España?

Vivía el príncipe con sus padres?

¿Qué **comía** la gente en el siglo quince?

Luisa:

Sí, yo **asistía** a todas las conferencias posibles porque me fascina la historia.

Vivían en varios sitios porque **tenían** muchos palacios.

No, por lo general, el príncipe **vivía** con sus tutores.

Dependía de la estación. Durante el invierno, **tenían** una dieta monótona de carne salada, pan y garbanzos. Sólo durante el verano y el otoño **comían** legumbres y frutas.

Conclusiones

El imperfecto de los infinitivos terminados en *-er* e *-ir*

1. Se forma el imperfecto de los verbos regulares de la segunda y tercera conjugaciones agregando **-ía, -ías, -ía, -íamos, -íais** e **-ían** a la raíz del infinitivo. No hay cambios de raíz en el imperfecto.
2. Todas las formas del imperfecto de estos verbos llevan acento.
3. Las formas de primera y tercera persona singular son iguales.

Sinopsis

sujeto	terminaciones	*comer*	*volver*	*vivir*
yo	**-ía**	comía	volvía	vivía
tú	**-ías**	comías	volvías	vivías
Ud. / él / ella	**-ía**	comía	volvía	vivía
nosotros / nosotras	**-íamos**	comíamos	volvíamos	vivíamos
vosotros / vosotras	**-íais**	comíais	volvíais	vivíais
Uds. / ellos / ellas	**-ían**	comían	volvían	vivían

ACTIVIDADES

5. Los trabajos de Isabel. *Ayer Ud. visitó la casa de su amiga Isabel y ahora está explicando a la clase que pasaba en esa casa mientras Ud. estaba allí.*

1. el bebé / llorar
2. los dos chicos mayores / comer
3. su abuela / leer una revista
4. su marido / dormir en el jardín
5. el perro / jugar con el gato
6. su abuelo y yo / beber refrescos
7. Isabel / barrer el piso
8. el gato / hacer mucho ruido

6. Autobiografías (entre dos). *Usen la tabla para formular preguntas y respuestas sobre las actividades de las personas cuando tenían cierta edad.*

EJEMPLO   ESTUDIANTE 1: **¿Qué hacías los domingos cuando tenías seis años?**
ESTUDIANTE 2: **Asistía a la iglesia.**

1. los domingos / seis años
2. los viernes a la noche / 18 años
3. entre semana / 10 años
4. los sábados durante el día / 15 años
5. cada fin de semana / 14 años

a. asistir a ?
b. visitar a ?
c. comer ?
d. trabajar en ?
e. jugar al / con ?

11.3 ¿De qué nacionalidad era Simón Bolívar?

¿De dónde **era** Hernán Cortés?	**Era** de Extremadura.
¿De dónde **eran** los colonos españoles?	Muchos **eran** de Extremadura y Andalucía.
¿Erais niños modelos vosotros?	Sí, **éramos** casi perfectos.
Cuando vivías en España, ¿**ibas** con frecuencia a los museos?	Yo **iba** mucho, pero mis amigos **iban** poco.
¿**Ibais** a muchos conciertos?	Eso sí. Todos **íbamos** a conciertos.

¿Qué programas de televisión **veía** Ud. cuando **era** niña?

¿Y Uds., señoras? ¿Qué programas **veían** Uds.?

Yo **veía** muchos dibujos animados.

No **veíamos** televisión porque no teníamos televisor.

Conclusiones

El imperfecto de *ser, ir* y *ver*

1. Hay solamente tres verbos irregulares en el imperfecto: **ser, ir** y **ver.**
2. Las formas de **ser** e **ir** que corresponden a **nosotros** llevan acento: **éramos** e **íbamos.** Todas las formas de **ver** en el imperfecto llevan acento.

Sinopsis

ser		*ir*		*ver*	
era	éramos	iba	íbamos	veía	veíamos
eras	erais	ibas	ibais	veías	veíais
era	eran	iba	iban	veía	veían

ACTIVIDADES

7. Gente del pasado (entre dos). *Formulen preguntas y respuestas siguiendo el modelo.*

MODELO   los romanos / ir / al cine o al circo
        ESTUDIANTE 1: **¿Iban los romanos al cine o al circo?**
        ESTUDIANTE 2: **Iban al circo.**

1. los puritanos / ir / a la iglesia o a los bailes
2. los conquistadores españoles / ser / católicos o protestantes
3. los filósofos griegos / ir / al foro o a un estadio de fútbol

4. un azteca típico / ir / al parque municipal o a un templo

5. un santo típico / ser / pío o hedonista

6. un príncipe español del Renacimiento / ver / televisión o teatro

7. una mujer burguesa del siglo XIX / ser / ama de casa o profesional

8. los hombres típicos de hace dos siglos / ser / más o menos altos que los hombres de ahora

8. Descripciones de épocas pasadas (entre dos). *Uds. están estudiando para un examen en su clase de historia. ¿Cómo caracterizan Uds. las épocas a continuación?*

EJEMPLOS   los protestantes durante la Reforma

ESTUDIANTE 1: **¿Qué hacían los protestantes durante la Reforma?**

ESTUDIANTE 2: **Cuestionaban la autoridad de la Iglesia católica.**

¿Qué hacía(n)... ?

1. los protestantes durante la Reforma
2. los misioneros españoles
3. los nativos norteamericanos en el siglo XVII
4. los aztecas de México
5. los españoles en el siglo XV
6. los ingleses en el siglo XVII
7. los revolucionarios franceses

a. conquistar nuevas tierras
b. controlar la mayor parte de la tierra
c. creer en el sacrificio humano
d. cuestionar la autoridad de la Iglesia
e. criticar a la aristocracia
f. convertir a los indios
g. fundar nuevas ciudades en Norteamérica

9. Entrevista (entre dos o en pequeños grupos). *Pregúntele a alguien de la clase...*

1. si iba a la iglesia cuando era niño/a.
2. dónde estudiaba cuando tenía nueve años.
3. dónde vivía su familia en 1980.
4. qué actor/actriz de cine le gustaba más cuando tenía quince años.
5. en qué pensaba más cuando estaba en la secundaria.
6. qué programas de televisión veía cuando tenía ocho años.
7. de dónde eran sus antepasados (abuelos, padres de sus abuelos, etc.).

Cómo se hace para reportar un accidente
Una conversación telefónica.

MARCI   Acaba de ocurrir un accidente delante de mi casa.

POLICÍA   ¿Dónde **queda** su casa?

MARCI   En la calle Bolívar, entre Juárez y Paseo Colón.

POLICÍA   ¿Qué pasó?

MARCI   Chocaron dos coches.

POLICÍA   ¿Hay **heridos**?

MARCI   Parece que sí. Hay una mujer que no quiere salir del coche.

No sé si está **lastimada** o no. El otro chofer está caminando

quedar: estar (se usa para objetos y lugares inmovibles)

heridos: personas con fracturas, contusiones, etc.

lastimada: herida

por la calle, pero tiene **sangre** en la cara. Creo que deben mandar una ambulancia.

POLICÍA   Yo también lo creo. ¿Ud. vio el accidente?

MARCI   No. Sólo oí el ruido. Pero creo que hay **testigos.**

POLICÍA   Muy bien. Voy a mandar a un **patrullero. Mientras tanto,** no traten de sacar a la señora de su coche. También, por favor explíqueles a los testigos que deben esperar a la policía.

> **sangre:** líquido rojo que corre por las venas
> **testigo:** alguien que vio el accidente
> **patrullero:** un policía de patrulla
> **mientras tanto:** *meanwhile*

Situaciones

1. Ud. acaba de ver un accidente delante de la oficina donde trabaja. Llame a la policía para reportar el accidente y pedir ayuda.
2. Ud. es policía y recibe una llamada telefónica sobre un accidente. ¿Cómo responde y qué preguntas hace Ud.?

NOTA CULTURAL

El Archivo de Indias

En Sevilla, una de las ciudades más hermosas de Europa, se encuentra el Archivo de Indias, un centro que tiene mucho de biblioteca y algo de museo. El Archivo contiene la mayor colección de documentos relacionados con la conquista y la colonización de América que hay en el mundo. **El porqué** de los documentos y el porqué del Archivo son historias interesantes.

> **el porqué:** la razón

El Archivo es **en gran medida** el resultado del sistema **gubernativo** de la corona española durante los tiempos coloniales. Los reyes españoles, sobre todo Felipe II que fue rey de España entre 1556 y 1598, trataron de **mantenerse al tanto** de todo lo que pasaba en el Nuevo Mundo. Es decir, siempre buscaban una forma más **eficaz** para centralizar su poder. Este deseo resultó en una de las burocracias más grandes de toda la historia. Fruto de esa burocracia fueron los miles y miles de informes que los burócratas escribían para el rey.

> **en gran medida:** principalmente
> **gubernativo:** del gobierno
> **mantenerse al tanto:** estar totalmente informado
> **eficaz:** eficiente

Muchos de esos documentos se encuentran ahora en el Archivo de Indias en Sevilla, y son para los historiadores una mina de oro. Para muchos historiadores no hay nada más interesante que pasar horas en el Archivo consultando memorias, diarios, crónicas, informes y cartas de gente que participó en la conquista y la colonización de América.

11.4 ▶ ¿Qué vio Ud. cuando entró?

El pretérito se usa para describir en el pasado:

1. El comienzo de una acción o de un estado

El presidente **habló** a la una.   (*La acción de «hablar» comenzó a la una.*)

La familia **cenó** a las seis anoche.   (*La acción de «cenar» comenzó a las seis.*)

Mario entró en el cuarto y **vio a su hermano.**

(*La acción de «ver a su hermano» comenzó después de que Mario entró en el cuarto.*)

La chica salió al balcón y **miró hacia la calle.**

(*La acción de «mirar hacia la calle» comenzó después de que la chica salió al balcón.*)

1:00

El presidente habló a la una.

(*La acción comenzó.*)

2. El fin de una acción

Los bancos **cerraron** a las tres.

(*La acción de «cerrar» terminó a las tres.*)

Salimos de casa a las siete.

(*La acción de «salir» terminó a las siete.*)

Compré un coche ayer.

(*La acción de «comprar un coche» terminó.*)

1:30

El presidente tomó asiento a la una y media.

(*La acción terminó.*)

3. La totalidad de un evento: el evento comenzó y terminó

Esperé cinco minutos.

(*La acción de «esperar» comenzó, duró cinco minutos y terminó.*)

Lo **llamé** cinco veces anoche.

(*La acción de «llamar» comenzó, se repitió un número determinado de veces y terminó.*)

Bolívar **vivió** cuarenta y siete años.

(*La acción de «vivir» comenzó, duró 47 años y terminó.*)

1:00   1:30

El presidente habló por media hora.

(*La acción comenzó, duró media hora y terminó.*)

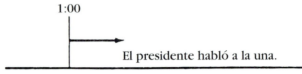

11.5 ▶ Cenábamos cuando sonó el teléfono.

PRIMER PASO

El imperfecto se usa para describir en el pasado:

1. Una acción habitual

Mi padre **fumaba** cuando era joven.

(*Mi padre tenía el hábito de fumar durante un período no específico.*)

Nicolás **iba** a la iglesia los domingos.

(*Habitualmente Nicolás iba a la iglesia.*)

Cada vez que Luci nos **visitaba,** nos **traía** regalos.

(*La frase «cada vez que» indica hábito o costumbre.*)

2. Una acción en progreso, equivalente del imperfecto progresivo

Anoche a las nueve, yo **escuchaba** música.

(*A las nueve, yo estaba escuchando música.*)

9:00

|

Yo escuchaba música a las nueve.

∿∿∿∿∿∿∿∿∿∿∿∿∿∿∿∿∿∿∿∿∿∿∿∿∿

(*La acción ya estaba en progreso a las nueve.*)

Juan llegó cuando **cenábamos.**

(*La acción de «cenar» ya estaba en progreso cuando Juan llegó. Su llegada interrumpió la cena.*)

Mientras algunos alumnos **estudiaban,** otros **conversaban.**

(*Las acciones de «estudiar» y de «conversar» estaban en progreso simultáneamente.*)

Mientras algunos estudiantes estudiaban,

∿∿∿∿∿∿∿∿∿∿∿∿∿∿∿∿∿∿∿∿∿∿

otros charlaban con sus amigos.

∿∿∿∿∿∿∿∿∿∿∿∿∿∿∿∿∿∿∿∿∿∿

(*Dos acciones estaban en progreso simultáneamente.*)

3. Una intención: el pasado de **ir a** + infinitivo

José me explicó que **iba a ir** al cine con Aida.

Aida nos informó que su madre **iba a visitarla.**

4. Descripciones

Mi abuela **era** alta y **tenía** ojos negros.

El cielo **estaba** nublado y **hacía** mucho frío.

5. Expresiones de tiempo: la hora, la fecha, la estación del año, la edad, etc.

¿Cuál **era** la fecha?   **Era** el quince de noviembre.

¿Qué día **era?**   **Era** viernes.

¿Y qué hora **era?**   **Eran** las dos y media de la tarde.

¿**Era** joven o viejo Luis en 1990?   **Era** muy joven; **tenía** como catorce años.

¿Cuántos años **tenías** cuando fuiste a Madrid?   Creo que **tenía** unos veinte años.

SEGUNDO PASO

Algunas comparaciones entre el pretérito y el imperfecto

1. El imperfecto describe un estado mental o emocional en progreso; el pretérito con los mismos verbos describe el comienzo de un estado mental o emocional. Compare:

Raúl **pensaba** que Ana lo **quería.**	*«Pensaba» y «quería» indican estados mentales en progreso; la oración no indica cuándo comenzaron.*
Isabel escuchó la noticia y **creyó** que Jorge esta bien.	*Isabel empezó a creer que Jorge estaba bien después de escuchar la noticia.*
Jorge leyó el artículo y **comprendió** mejor la situación.	*Jorge terminó de leer el artículo y comenzó a comprender mejor la situación. «Comprendió» describe un estado mental que comenzó.*
Raúl no **conocía** a Ana antes de la fiesta. La **conoció** en la fiesta.	*Raúl y Ana no eran amigos antes de la fiesta. Su amistad comenzó en la fiesta.*

2. El pretérito de **ir a** + infinitivo describe un evento terminado. El imperfecto de **ir a** + infinitivo describe una intención.

| Roberto **fue a recoger** a sus hijos. | *«Fue» describe un evento terminado.* |
| Roberto **iba a recoger** a sus hijos. | *«Iba» describe una intención.* |

ACTIVIDADES

10. Las costumbres de don Pepe. *Dos hermanos, Elena y Ricardo, están hablando de su tío don Pepe y de las cosas que hacía cuando vivía con ellos. ¿Qué dicen? (Como todos los eventos en este ejercicio eran habituales, obviamente se usa solamente el imperfecto.)*

Siempre (comer) lo mismo para el desayuno —panqueques con mermelada. (Salir) de casa a las nueve de la mañana e (ir) al parque a caminar. Si (hacer) frío, (llevar) su abrigo. Si (llover), (llevar) su paraguas. En el parque (conversar) con sus amigos y (dar) de comer a los pájaros. También (fumar) su pipa mientras (leer) el diario. (Volver) a casa como a la una de la tarde y (almorzar) con la familia. Después (descansar) hasta las cuatro de la tarde. Por la noche (ver) televisión o (ayudar) a Pepito, nuestro hermanito, a hacer su tarea. (Leer) hasta las diez y media y después (ir) a su dormitorio para dormir.

11. El día excepcional de don Pepe. *Un día todo fue inesperado en la vida de don Pepe. (Los eventos aquí son narrativos; es decir, comenzaron y/o terminaron. Por lo tanto, se usa el pretérito.)*

Un día don Pepe (salir) de la casa tarde. (Mirar) el cielo y (ver) muchas nubes. (Volver) a la casa y (buscar) su paraguas. Lo (encontrar) detrás de la puerta. (Salir) de nuevo y (caminar) hacia el parque. En el parque no (encontrar) a ninguno de sus amigos. Tampoco (hallar) ningún pájaro. De repente, (comenzar) a llover. Don Pepe (abrir) el paraguas y (correr) hacia la casa. (Pasar) una hora buscando la casa, pero no la (encontrar). En ese momento, (reconocer) que estaba soñando. Estaba todavía en cama.

12. Motivos (entre dos). *Explique los motivos. Como un motivo es frecuentemente una descripción o un estado en progreso, ¿qué tiempo es el más indicado: el pretérito o el imperfecto?*

MODELO   Estudiante 1: **¿Por qué te prestó tu hermano su coche?**
Estudiante 2: **Me prestó su coche porque mi coche andaba mal.**

1. ¿Por qué te prestó diez dólares tu compañero/a de cuarto?   2. ¿Por qué abrió la profesora la ventana?   3. ¿Por qué llegaste tarde a casa anoche?   4. ¿Por qué compraste un nuevo abrigo?   5. ¿Por qué no te gustó la película (nombre de una película reciente)?   6. ¿Por qué llegó (nombre de un/a estudiante de la clase) tarde?   7. ¿Por qué explicó el profesor el pretérito dos veces?   8. ¿Por qué compraste este libro?

13. Interrupciones (entre dos). *La vida moderna está llena de interrupciones. Haga y conteste las preguntas según las indicaciones.*

MODELO   ¿Qué pasó mientras Uds. / comer?   (sonar el teléfono)
Estudiante 1: **¿Qué pasó mientras Uds. comían?**
Estudiante 2: **Mientras comíamos, sonó el teléfono.**

1. ¿Qué pasó mientras tú / estudiar?   (llamar un amigo)   2. ¿Qué pasó mientras Javier / conversar con su novia?   (llegar su ex novia)   3. ¿Qué pasó mientras Marisa y Ana / tomar el sol?   (empezar a llover)   4. ¿Qué pasó cuando / tú caminar por la calle?   (encontrar un perro simpático)   5. ¿Qué pasó mientras Ud. / comer?   (tocar la puerta una persona misteriosa)   6. ¿Qué pasó cuando Javier / explicar la solución?   (lo interrumpir Gumersinda)

14. El día en que el conde Drácula descubrió la comida orgánica. *Seleccionen bien entre el pretérito y el imperfecto y Uds. van a aprender la verdadera resolución de la historia del Notorio Vampiro de Transylvania, el conde Drácula.*

En otra época, en Transylvania, encima de una montaña (vivir) un hombre extraño, el conde Drácula. Drácula (ser) alto, moreno, guapo y muy elegante. Pero (tener) la mala costumbre de seducir a mujeres y chuparles la sangre. Drácula nunca (salir) de día porque el sol le (afectar) la piel. Una noche, Drácula (tener) ganas de tomar un buen trago de sangre. (Salir) de su castillo, (bajar) la montaña y (entrar) en la pequeña ciudad que (estar) al pie de la montaña. Allí (conocer) a una chica muy linda que se (llamar) Beatriz. Drácula y Beatriz (hablar) por una media hora. Entonces Drácula la (invitar) a su castillo para ver sus cuadros. Pero la chica le (contestar) que ella no (poder) ir a su castillo porque (tener) una cita con su novio don Magnum Opus, que (ser) muy grande, muy fuerte, muy musculoso y muy intolerante de los hombres que (flirtear) con Beatriz. Cuando Drácula (oír) eso, (comenzar) a llorar, porque (tener) mucha sed. Entonces Beatriz le (dar) un jugo de tomate orgánico que no (tener) químicos, pesticidas, hormonas, colorantes u otras sustancias antinaturales. La bebida le (gustar) tanto al conde Drácula que (decidir) no beber sangre nunca más. (Volver) a su castillo y a partir de ese momento (vivir) muy contento bebiendo jugo de tomate orgánico y dejando en paz a las mujeres.

15. Una narración original (entre dos o en pequeños grupos). *Inventen una historia con descripciones y estados (imperfecto), y eventos comenzados y/o terminados (pretérito). Las frases de la columna A suelen combinarse con el imperfecto; las frases de la columna B suelen combinarse con el pretérito.*

A	B
Todos los días (lunes, sábados, etc.)	Una vez
Cada vez que	Cinco (diez, veinte, etc.) veces
Mientras	De repente
Los fines de semana	De pronto
Por lo general	Inmediatamente

Ayudas:

Cuando yo tenía _____ años, iba con frecuencia a _____...
Mi mejor amigo/a en ese momento era (*nombre de la persona*)...

Él/Ella tenía _____ años y era... (*descripción de la persona*)
Por lo general nosotros de día... (*¿Qué hacían Uds. habitualmente de día?*)
Y por la noche... (*Qué hacían Uds. de noche?*)
Pero un día... (*¿Qué pasó un día? —adónde fueron, qué vieron, etc.*)
Mientras... (*fondo descriptivo para un evento*)
De repente... (*¿Qué pasó de repente?*)
Inmediatamente... (*¿Cómo reaccionaron Uds.?*)

Cómo se hace para pedir y dar una descripción de alguien
—¿Cómo era tu abuelo? (*Descríbame a su abuelo.*)
—Era alto y muy fuerte.
—¿Cuánto medía? (*¿Cuán alto era?*)
—Medía un metro con ochenta centímetros.
—¿De qué color tenía el pelo?
—Tenía el pelo negro pero con muchas **canas.** Yo por lo menos lo recuerdo muy **canoso.**
—¿De qué color tenía los ojos?
—También tenía los ojos negros.
—¿Qué más recuerdas de él?
—Recuerdo que tenía las manos muy grandes y fuertes, pero bien formadas. Tocaba muy bien la guitarra y tenía manos de músico.
—¿Tenía alguna otra marca distintiva —un **lunar** o una **cicatriz?**
—Tenía un pequeño lunar en el cuello, un poco debajo de la oreja. También debía tener alguna cicatriz porque lo operaron una vez por apendicitis. Pero claro, esa cicatriz, nunca la vi yo porque soy su nieta.

canas: pelos grises
canoso/a: se dice de uno que tiene muchas canas

lunar: una mancha roja u oscura de la piel que uno tiene al nacer
cicatriz: marca que queda después de una herida o una operación

Situaciones
1. Pregúntele a alguien en la clase sobre su maestra favorita de primaria.
2. Ud. acaba de ver un robo y tiene que describir al ladrón para la policía.
3. Ud. está en este momento en el año 2020 y tiene que describir a alguien de su clase de español de ahora. Haga su descripción en pasado para ver si sus compañeros saben de quién está hablando.

11.6 ▶ **Al salir de casa, noté que no estaba mi coche.**

1. **Al + infinitivo:** cuando...

   Al salir de la casa, noté que mi coche no estaba. = Cuando salí de casa, noté que mi coche no estaba.

   Al empezar a hablar, Mario miró a su amigo.   = Cuando Mario empezó a hablar, miró a su amigo.

2. **A pesar de:** *in spite of*

   A pesar de la nieve, no sentíamos el frío.

3. **Al final de:** en la última parte

   Al final del semestre, siempre hay exámenes.

4. **Al mismo tiempo:** concurrentemente

   Rafaela escuchaba música al mismo tiempo que trabajaba.

5. **Al principio de:** en la primera parte de

   Al principio del curso, los alumnos no sabían nada de español.

6. **Aunque:** *although*

   Aunque el examen era difícil, todos los alumnos sacaron buenas notas.

7. **En parte:** parcialmente

   La casa fue destruida en parte por la lluvia y en parte por el terremoto.

8. **En vez de:** en lugar de

   En vez de trabajar, algunos alumnos no hacían más que jugar.

9. **Es decir:** en otras palabras

   Somos primos hermanos; es decir, nuestras madres son hermanas.

10. **Por lo tanto:** consecuentemente

    Llegué al centro sin dinero; por lo tanto, no compré nada.

11. **Por un lado:** *on the one hand*

12. **Por otro lado:** *on the other hand*

    Por un lado, mi trabajo me ofrece muchas oportunidades, pero por otro lado me causa muchas presiones.

13. **Sin embargo:** *however*

    La reina Isabel tenía ciertas dudas sobre Colón; sin embargo, le dio una audiencia.

14. **Sin duda:** obviamente

    Sin duda, estas expresiones para narrar son útiles.

15. **Sobre todo:** principalmente

    Hay que conocer la historia sobre todo para no repetir los errores del pasado.

ACTIVIDADES

16. **Retrato de Luisa.** *Luisa está recordando su primer año de universidad. Ayúdele a completar las oraciones lógicamente.*

1. Llegué al campus (al final de / al principio de) el año académico.
2. (Aunque / En parte) no conocía a nadie, estaba contenta.
3. No sabía qué cursos iba a tomar; (en parte / es decir) no tenía concentración todavía.
4. (Al mismo tiempo / En vez de) hablar con un profesor, decidí hablar con una estudiante de segundo año que se llamaba Margarita.
5. Margarita me explicó que yo podía seguir varios cursos (al mismo tiempo / sin embargo) que seleccionaba una concentración.
6. (Es decir / Aunque), no era necesario tomar una decisión en ese momento.

7. También me explicó (sin embargo / sin duda) que me convenía seleccionar una concentración antes de terminar el segundo año.

8. (Sobre todo / Por lo tanto), decidí seguir cursos en varios campos para ver cuál me interesaba más.

9. (A pesar de / En parte) mi confusión durante los primeros meses del año, mi primer año fue (en vez de / sin duda) uno de los años más interesantes de mi vida.

10. También, (al / aunque) terminar mis estudios, voy a estar más preparada.

17. Confesiones y opiniones (entre dos o en pequeños grupos). *Terminen las frases, si no con algo verdadero, con algo interesante.*

1. Me gusta esta universidad a pesar de...
2. Al principio del año yo no...
3. La comida del comedor estudiantil no es mala; sin embargo...
4. Me gustó mucho mi curso de... en parte porque...
5. Anoche, en vez de... unos amigos y yo...
6. El aspecto de esta ciudad que más me gusta es sin duda...
7. En esta vida quiero sobre todo...
8. Quiero tener bastante dinero aunque...
9. Yo puedo... al mismo tiempo que...
10. Por un lado soy...; pero por otro lado soy...
11. Al volver a casa...

PRONUNCIACIÓN Y ORTOGRAFÍA

A. *La* **p** *en español se pronuncia* **sin aspiración.** *Una aspiración es un pequeño sopladito de aire que se oye en inglés entre la* **p** *y la vocal que la sigue. Tal aspiración no existe en español. Escuche e imite la pronunciación de la letra* **p** *en las palabras a continuación.*

papaya, papagayo, poco, popote, pan, propio, pupitre, Pepe, preparas
Popocatepetl y el Pico de Orizaba son montañas mexicanas.
El pobre de Pepito come papas y papaya.

B. *Igual que la* **p,** *en español la* [k] *se pronuncia sin aspiración. Escuche e imite la pronunciación de* [k] (ca, que, qui, co *y* cu) *en las palabras y frases a continuación.*

El cacao y el coco se cultivan en Colombia.
El cocodrilo come carne con poca etiqueta.
¿De quién es el quinqué?
El quinqué es del Sr. Carlos Quintana.

C. *Al principio de una frase y después de la letra* **n,** *la* **g** *es oclusiva igual que en inglés. Escuche e imite la pronunciación de la* **g** *en las palabras a continuación.*

Un gringo desprevenido puede engordar con la comida de aquí.
Goya fue un gran pintor.
Guardo un gran recuerdo de mis años en Granada.

D. *Si la* **g** *no se encuentra al principio de una frase o después de una* **n**, *es fricativa y se pronuncia* [ǥ]. *Escuche e imite la pronunciación de la* **g** *en las palabras a continuación.*

El lago está lleno de agua.
La agricultura depende de la irrigación.
Regar e irrigar son sinónimos.
La huelga va a ser larga y amarga.

EN CONTEXTO

EN VIVO

> Hace mil años, en dos monasterios situados en el corazón de España, fueron escritas por primera vez unas palabras en el idioma de los campesinos del lugar, que es el que hoy hablamos más de 300 millones de personas.

Preguntas

1. ¿Cuáles son algunas de las ciudades del «corazón de España»? 2. ¿Cómo se llama ahora el idioma que hace mil años era «de los campesinos del lugar»? 3. Hace mil años, ¿se llamaba ese idioma «castellano» o «español»? ¿Por qué? 4. ¿Quiénes eran los primeros escribanos del castellano? 5. Antes de ese momento, ¿cuál era la lengua escrita en lo que ahora es España?

LECTURA
Francisco de Goya: Un comentarista de la historia

Sin duda, uno de los pintores más **notorios** en la historia del arte es el pintor español Francisco de Goya. Goya nació en 1746, y empezó su carrera artística bajo contrato con aristócratas y **prelados** de la Iglesia. **Llegó a ser** respetado y próspero. Sin embargo, algunos críticos afirman que los primeros años de Goya fueron demasiado **cómodos,** que tenía en esos años algo de «pintor comprado». **Es decir,** su vida le presentaba pocos conflictos y pocos motivos para especular sobre el sentido de la vida.

notorio: notable, admirable
prelado: alto oficial
llegar a ser: *to become*
cómodo: confortable
es decir: en otras palabras

Comenzó a conocer la adversidad en 1788 cuando murió Carlos III, uno de los mejores reyes de España, y Carlos IV, uno de los peores, llegó al **trono.** Aunque Goya prosperó bajo el nuevo rey, que lo nombró Pintor de la Corte, sus cuadros de la época son una sutil denuncia de la decadencia de sus patrones a quienes pintó con un realismo brutal, casi **caricaturesco.**

En 1792, a causa de una enfermedad, Goya quedó **sordo,** y desde ese momento su arte empieza a adquirir un carácter **sombrío** y pesimista. En 1799 se publicó una serie de **grabados** titulada *Los caprichos* donde el artista explora la vida española, atacando y satirizando los abusos políticos, religiosos y sociales de la época. Aún los cuadros oficiales de personajes reales contienen algo de ese pesimismo, enseñándonos en gran detalle la extraordinaria vulgaridad y **fealdad** de ciertos miembros de la aristocracia.

Con la invasión de los ejércitos de Napoleón en 1808, Goya, ya a los sesenta y dos años, encontró el tema que domina los últimos años de su producción artística: la guerra y todos los horrores que la acompañan. Sus obras de esa época constituyen una severísima denuncia de la violencia, el sufrimiento, la depravación, la **locura** y la muerte que se manifiestan cíclicamente en ese montruoso espectáculo llamado la guerra. Los cuadros de Goya que corresponden a ese momento trágico en la historia de España trascienden a los límites de la representación realista y adquieren un carácter de **pesadillas,** sacadas de los **recintos** más oscuros de la subconciencia humana.

trono: silla de un rey o de una reina

caricaturesco: de caricatura; paródico
sordo: que no puede oír
sombrío: oscuro, negro
grabado: *engraving*

fealdad: la cualidad de ser feo

locura: la enfermedad de los locos
pesadilla: sueño horrorífico
recinto: un lugar pequeño y oscuro

Galería hispánica: España

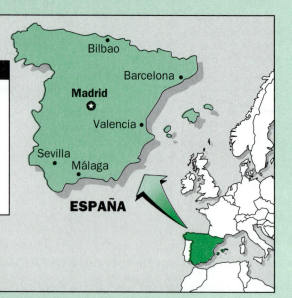

Algunos datos sobre España

Nombre oficial: Reino de España
Población: 40.000.000
Capital: Madrid
Moneda: la peseta
Países vecinos: Francia, Portugal y Marruecos
Sistema político: monarquía constitucional
Nombre del rey: Juan Carlos I
Exportaciones: frutas, legumbres, vino, pescado, corcho, coches y cerámica

La reconquista de la historia española

Uno de los **lugares comunes** de la **historiografía** es que los victoriosos siempre escriben la historia. Hay dos premisas importantes en esa afirmación. Por un lado, indica que la historia no es el pasado; es **más bien** una versión del pasado construida según los criterios (y los prejuicios) de los

lugar común: verdad obvia que se repite mucho
historiografía: la disciplina de los historiadores
más bien: *rather*

historiadores. Por otro lado, esa afirmación sugiere que la historia de todo país suele ser la historia escrita por y para las clases **dirigentes.**

Es por eso que pocos escribieron sobre la historia de los minoritarios o de las mujeres **hasta que** algunos minoritarios y mujeres adquirieron el **poder** necesario para reconstruir el pasado desde su punto de vista. La **creciente** presencia de mujeres y minoritarios en la vida intelectual de los Estados Unidos explica en parte por qué ahora hay cursos sobre la historia femenina, afroamericana o chicana en las universidades. Tales cursos son relativamente nuevos, y **reflejan** la creciente incorporación de minoritarios y mujeres en los centros del poder de la vida norteamericana.

La historiografía en España siguió **pautas** similares. España en la Edad Media era una región de tres culturas: la árabe (la morisca), la judía y la cristiana. Esa **convivencia** de tres culturas empezó a desaparecer cuando los cristianos del norte de España comenzaron en el siglo ocho una tremenda campaña para «reconquistar» las tierras del sur donde vivía la gran **mayoría** de los judíos y árabes. (El término «reconquistar» era más propagandístico que real **ya que** las tierras del sur nunca fueron totalmente cristianas.) Las guerras de la reconquista duraron hasta 1492 cuando los cristianos **derrotaron** el reino de Granada, el último reino **moro** de la península ibérica.

La nueva cultura dominante no quedó contenta con su dominio político. También **reclamó** la historia para los **vencedores.** Es decir, durante varios siglos las historias «oficiales» de España enfatizaron la cultura cristiana e ignoraron las culturas árabe y judía que también formaban parte del pasado español. Esa situación empezó a cambiar en este siglo cuando varios historiadores encontraron en los documentos de la Edad Media y del Renacimiento **pruebas** irrefutables de la enorme importancia de las culturas no cristianas en España. Uno de los principales historiadores en

dirigentes: que tienen el poder

hasta que: *until*
poder: potencia, capacidad
creciente: que expande

reflejar: repetir una imagen

pauta: *pattern*

convivencia: vida en común

mayoría: la porción más grande
ya que: porque
derrotar: vencer, ganar
moro: musulmán, árabe

reclamar: *to claim*
vencedor: el victorioso

prueba: demostración, evidencia

esa reconstrucción de la historia española fue Américo Castro, un estudioso importantísimo que revolucionó nuestro concepto de la historia española con sus libros *La realidad histórica de España* y *De la edad conflictiva.*

Gracias a su labor, y a la labor de muchos otros estudiosos, entre ellos algunos judíos y árabes, todo el mundo reconoce ahora que España, a diferencia de otros países europeos, tiene tres raíces, todas de una enorme importancia: la cristiana, la judía y la islámica.

Preguntas   1. ¿Está Ud. de acuerdo en que los victoriosos siempre escriben la historia? ¿Por qué sí/no?   2. Comente la oración: «La historia no es el pasado; es una versión del pasado construida según los criterios y prejuicios de los historiadores.»   3. ¿Quiénes triunfaron en España después de la Edad Media?   4. ¿Qué efecto tuvo (*tuvo* = el pretérito de *tener*) el triunfo de los cristianos en la historia «oficial» de España?   5. ¿Quiénes eran los moros?   6. ¿Cómo se llama el historiador español que ayudó mucho a reconstruir el pasado árabe y judío de España?   7. ¿Qué fenómenos similares conoce Ud. en la historia de su país?

 A ESCUCHAR

Escuche la selección.

Ahora escuche la selección por partes e indique si las oraciones son verdaderas o falsas.

1. v f	5. v f	8. v f
2. v f	6. v f	9. v f
3. v f	7. v f	10. v f
4. v f		

SITUACIONES

Situación 1   Entreviste a alguien de la clase sobre las cosas que él/ella y sus amigos hacían habitualmente durante su último año de secundaria. Es decir, ¿adónde iban? ¿Dónde bailaban? ¿Qué bebían? ¿Qué hacían en las fiestas? ¿Qué comían? ¿Cuánto y qué estudiaban? ¿Qué clase de estudiantes eran? Etc.

Situación 2   Ud. acaba de ver un accidente y tiene que llamar a la policía para decirles qué pasó, dónde pasó y otros detalles por el estilo (*por el estilo = de este tipo*). Otra persona de la clase puede hacer el papel (*papel = rol*) de la policía.

Situación 3   Con alguien de la clase, inicie una conversación sobre un tema de su propia elección. La otra persona debe indicar si le interesa o no. Después, inviertan los papeles.

Situación 4   Pregúntele a alguien de la clase sobre sus recuerdos de uno de sus parientes. Información que Ud. quiere: cuánto medía, de qué color tenía el pelo (los ojos, la piel, etc.), qué ropa usaba, etc.

Situación 5   Suponga que Ud. es una persona famosa (y real) y que un/a compañero/a de clase le va a hacer una entrevista sobre su vida, su formación, sus opiniones, los eventos más significativos de su vida, cómo eran sus padres y profesores, dónde aprendió las muchas cosas que sabe, sus recomendaciones para los jóvenes de ahora, etc. Empiece su presentación con algo como: «Ahora, Barbara Walters va a entrevistar a Robert Redford.»

Situación 6   Suponga que Ud. está ahora en el año 2030 y está hablando con sus nietos (los hijos de sus hijos). Sus nietos (unos compañeros de clase) le hacen preguntas a Ud. sobre las cosas que Ud. hacía en el año remotísimo de 19-. Sus temas deben incluir descripciones y costumbres (imperfecto) y eventos que pasaron solamente una vez (pretérito).

COMPOSICIÓN

Tema 1   Prepare una narración sobre el evento más significativo de su vida.

Tema 2   Escriba una composición sobre el momento más embarazoso de su vida (o de la vida de otra persona).

VOCABULARIO ACTIVO

Personajes, grupos y momentos históricos

el/la antepasado/a	la época	el príncipe
la aristocracia	el/la estudioso/a	el/la puritano/a
el/la aristócrata	el/la filósofo/a	el/la rebelde
el/la burócrata	el/la historiador/a	la Reforma protestante
el/la colono/a	la Ilustración	el Renacimiento
el conde/la condesa	el imperio	el rey/la reina
el/la conquistador/a	el/la indio/a	el romanticismo
el cura	el/la minoritario/a	el/la santo/a
el/la dirigente	el/la moro/a	el/la vencedor/a
la Edad Media	la princesa	

Expresiones para narrar

a causa de	de repente	por lo tanto
a la vez	en parte	por un lado
a pesar de	en vez de	por otro lado
al final de	es decir	sin duda
al mismo tiempo	mientras	sin embargo
aunque	mientras tanto	sobre todo

Verbos

adquirir (ie)	derrotar	reclamar
andar	desaparecer	reflejar
crecer	lograr	reinar
cuestionar	merecer	traicionar
charlar	partir	vencer

Otros sustantivos

la bandera	la duda	el prejuicio
la batalla	el fondo	la rebelión
la campaña	el lunar	el reino
la cana	la llegada	la sangre
la cicatriz	la mayoría	el sueño
la conquista	la memoria	la traición
la corona	la noticia	el triunfo
el dibujo	la potencia	

Adjetivos

árabe	histórico/a	irrefutable
canoso/a	indignado/a	moro/a
creciente	inesperado/a	narrativo/a
eficaz	informado/a	victorioso/a
extraño/a	intolerante	

Vocabulario personal

_____   _____

_____   _____

_____   _____

_____   _____

_____   _____

CAPÍTULO 12

LA FAMILIA Y LOS ANTEPASADOS

TEMAS
- Los antepasados y su historia
- La familia y sus rituales
- Opiniones y abstracciones
- Causas y efectos

FUNCIONES
- Cambiar de tema
- Pedir que algo se repita
- Decir algo de otra manera
- Indicar acuerdo y desacuerdo
- Hablar por teléfono II

GRAMÁTICA
12.1 Los verbos irregulares en el pretérito I
12.2 Los verbos irregulares en el pretérito II
12.3 Usos de *lo que*
12.4 Usos de *lo* + adjetivo
12.5 Verbos con cambios de raíz en el pretérito
12.6 *Había* vs. *hubo*
12.7 *Qué* vs. *cuál(es)* y *porque* vs. *a causa de*

GALERÍA HISPÁNICA
Venezuela

EN MARCHA

12.1 ¿Dónde puso Carlos el pastel que hizo?

PRIMER PASO

La reunión familiar.

¿Cómo **vinieron** Uds. a la reunión familiar?

¿Qué **hicieron** Uds. para la fiesta de aniversario de los abuelos?

Yo **vine** en autobús, mi tía **vino** en bicicleta y mis suegros **vinieron** en taxi. ¿Cómo **viniste** tú?

Ricardo y yo **hicimos** un pastel, Beti **hizo** una ensalada y Carlos y Pablo **hicieron** un ponche. Las hermanas de la abuela **dijeron** que iban a traer un pavo, pero quién sabe si lo **trajeron** o no.

Conclusiones

Algunos verbos irregulares del pretérito

1. Con la excepción de **ir** y **ser,** los verbos irregulares en el pretérito siguen el mismo patrón.
2. Su irregularidad consiste en una raíz irregular con terminaciones regulares excepto en la primera y tercera persona singular: **-e** y **-o** sin acento.
3. Ninguna de las formas lleva acento.
4. Si la raíz irregular termina en **-j-,** se sustituye la desinencia **-eron** por **-ieron** en la tercera persona plural.
5. Para conservar el sonido de la raíz, la raíz de la tercera persona singular de **hacer** es **hiz-.**

Formación

infinitivo → raíz		sujeto	terminaciones
andar → **anduv-**			
hacer → **hic-** (**hiz-**)		yo	**-e**
poner → **pus-**		tú	**-iste**
venir → **vin-**		Ud. / él / ella	**-o**
traer → **traj-**		nosotros / nosotras	**-imos**
decir → **dij-**		vosotros / vosotras	**-isteis**
producir → **produj-**		Uds. / ellos / ellas	**-ieron** (**-eron**)
traducir → **traduj-**			

Sinopsis

hacer	*poner*	*venir*	*traer*	*decir*
hice	puse	vine	traje	dije
hiciste	pusiste	viniste	trajiste	dijiste
hizo	puso	vino	trajo	dijo
hicimos	pusimos	vinimos	trajimos	dijimos
hicisteis	pusisteis	vinisteis	trajisteis	dijisteis
hicieron	pusieron	vinieron	trajeron	dijeron

SEGUNDO PASO

Papá **propuso** una gran fiesta para el aniversario de mi abuela.
Mamá y mi hermano Juan **compusieron** la invitación.
Mi abuela, que no es tonta, **supuso** que algo íbamos a hacer.
Nada la **distrajo** de los preparativos que hacíamos para la fiesta.

Conclusiones   **Verbos formados de verbos irregulares en el pretérito**

1. Verbos como **componer, exponer, proponer** y **suponer** se conjugan en el pretérito igual que **poner.**
2. Verbos como **distraer** y **extraer** se conjugan como **traer** en el pretérito.

ACTIVIDADES

1. ¿Qué trajeron a las bodas de oro? (entre dos) *Hoy se celebran las bodas de oro de los Sres. Puértolas y la familia está haciendo un picnic. ¿Qué trajeron los miembros de la familia al picnic?*

MODELO   sus nietas / un pavo enorme → **Sus nietas trajeron un pavo enorme.**

1. mi tío Javier / champaña
2. mi madre / una ensalada de frutas
3. tú / helado de fresas
4. vosotros / un pollo rostizado
5. un vecino / su acordeón
6. yo / un pastel de manzana
7. la tía Luisa / una pelota para jugar al fútbol
8. sus hijas Josefina y Pepa / un tremendo jamón

2. ¿Y qué dijeron que iba a pasar? (entre dos) *Sin embargo, no todos los planes salieron bien para el picnic. Algunos dijeron que iban a hacer algo y después hicieron otra cosa. ¿Qué dijeron?*

MODELO   tú / invitar a Isabel → **Tú dijiste que ibas a invitar a Isabel.**

1. mi compadre Memo / traer una botella de vino
2. vosotros / invitar al presidente municipal
3. el tío Roberto / no tomar demasiado
4. el meteorólogo / hacer buen tiempo
5. Juan y yo / cuidar a los niños
6. la prima Angélica y tú / ayudar en la cocina
7. yo / arreglar la red del vólibol
8. Don Tremendón y Gumersinda / no pasar toda la noche

3. Un poco de genealogía (entre dos). *Estudien bien el dibujo en la página 274. Después contesten las preguntas.*

La familia de Sara

1. Luis Hostos García es el **abuelo paterno** de Sara. ¿Cómo se llama tu abuelo paterno?
2. Ana López de Hostos es la **suegra** de Teresa. ¿Cómo se llama la suegra de tu mamá?
3. Sergio Trigo Siepi es el **suegro** de Enrique. ¿Cómo se llama el suegro de tu papá?
4. Teresa es la **nuera** de Ana López de Hostos. ¿Cómo se llama la nuera de tu abuela?

5. Enrique es el **yerno** de Sergio Trigo Siepi. ¿Cómo se llama el yerno de tu abuela?

6. Ana Luisa Vázquez de Trigo es la **abuela materna** de Nicolás. ¿Cómo se llama tu abuela materna?

7. Elena es la **cuñada** de Enrique. ¿Cómo se llama la cuñada de tu mamá?

8. José es el **cuñado** de Teresa. ¿Cómo se llama el cuñado de tu papá?

9. Andrés es el **sobrino** de Teresa. ¿Cuántos sobrinos tiene tu mamá y cómo se llaman?

10. Marisa es **prima** de Sara, pero no es prima de Andrés. ¿Cuántos primos tienes?

11. Javier y Elena son **tíos** de Sara y padres de Marisa. ¿Quién es tu tía favorita? ¿Cómo se llama tu tío favorito?

12. Daniel es **nieto** de cuatro personas. ¿Quiénes son? ¿Tienen esas personas **nietas?** ¿Cuántos **nietos** tienen en total?

4. Entrevista (entre dos o en pequeños grupos). *Pregúntenles a sus compañeros de clase sobre su última reunión de familia. Usen las preguntas como guía.*

1. ¿Cuándo fue la última reunión de su familia? (fecha, ocasión, etc.)
2. ¿Quién(es) hizo (hicieron) la comida? (tíos, primos, abuelos, etc.)
3. ¿Qué discos pusieron?

4. ¿Quién(es) trajo (trajeron) qué? (cuñados, suegros, nietos, etc.)
5. ¿Qué dijo la gente cuando llegó?
6. ¿Quién(es) vino (vinieron)?
7. ¿Quién(es) no vino (vinieron) y por qué?
8. ¿Qué hicieron después de comer?
9. ¿Se produjo algún escándalo?
10. ¿Salieron todos contentos? ¿Por qué?

Cómo se hace para cambiar de tema

¡Ah!, otra cosa que quería decirte...

Oiga (oye), por cierto...

Perdón, pero...

A propósito...

Hablando de otra cosa...

Eso que dices me hace pensar en...

Cómo se hace para pedir que algo se repita

Perdón, ¿puede repetir lo que dijo?

Perdón, pero no entendí muy bien. ¿Qué dijo Ud.?

¿Me lo repite, por favor?

¿Pero qué dice(s)?

¿Cómo dice(s)?

No le (te) oí muy bien. ¿Qué dijo (dijiste)?

¿Cómo?

Situaciones

1. Ud. está hablando con una persona monumentalmente aburrida que sólo habla de sí misma. ¿Cómo hace Ud. para cambiar de tema?
2. Ud. está conversando con una persona confusa que no dice las cosas de una forma muy clara. Pídale que repita las cosas varias veces.

12.2 ¿Cuándo supiste que el senador era tu primo?

PRIMER PASO

BETO   ¡Así que Isabel **tuvo** un bebé! ¿Cómo **supiste**?

CHICO   **Tuve** una llamada de Mario anoche. Pobre. Estaba muy cansado porque no **pudo** dormir en toda la noche.

BETO   ¿Sigue Isabel en el hospital?

CHICO   No. **Estuvo** en el hospital sólo la noche del parto y el día después. Ahora está en casa.

BETO   ¿Ya llamaste a Luisa para informarle?

CHICO   **Quise** llamarla esta mañana pero no estaba en casa.

Conclusiones   ### Más verbos irregulares en el pretérito

1. **Estar, poder, querer, saber** y **tener** en el pretérito se forman igual que los verbos estudiados en la sección 12.1.
2. Tienen una raíz irregular con terminaciones regulares excepto en la primera y tercera persona singular. Las raíces son:

   estar   → **estuv**-
   poder   → **pud**-
   querer → **quis**-
   saber   → **sup**-
   tener   → **tuv**-

3. Verbos que contienen -**tener** (**detener, mantener, obtener,** etc.) se conjugan igual que **tener** en el pretérito.

   Dos policías **detuvieron** al criminal.

   Durante quince años la Sra. Jensen **mantuvo** a su familia.

   Mi hija **obtuvo** el primer premio en natación.

Sinopsis

estar	*poder*	*querer*	*saber*	*tener*
estuve	pude	quise	supe	tuve
estuviste	pudiste	quisiste	supiste	tuviste
estuvo	pudo	quiso	supo	tuvo
estuvimos	pudimos	quisimos	supimos	tuvimos
estuvisteis	pudisteis	quisisteis	supisteis	tuvisteis
estuvieron	pudieron	quisieron	supieron	tuvieron

SEGUNDO PASO

El sentido de *conocer, estar, poder, querer, saber* y *tener* en el imperfecto y en el pretérito

Estos verbos generalmente indican *estados* y se usan mucho en el imperfecto. En el pretérito, sin embargo, indican el *comienzo de un estado* que muchas veces se entiende como una *acción.* (*Ver 11.6, Sección B, donde se explica un fenómeno similar.*) Compare:

1. **Conocer**

   Mario **conocía** a Susana. = *Mario sabía quién era.*

   Mario **conoció** a Susana. = *Alguien presentó a Mario a Susana; su conocimiento de ella empezó.*

2. **Estar**

   Luis **estaba** aquí a las ocho. = *La frase no dice cuando llegó Luis; ya estaba a las ocho.*

   Luis **estuvo** aquí a las ocho. = *Luis llegó (comenzó a estar) a las ocho.*

   Los chicos **estuvieron** en México dos años. = *La acción comenzó, duró dos años y terminó.*

3. **Poder**

   Ana **podiá** entrar. = *Ana tenía la capacidad de entrar. La oración no dice si entró o no.*

   Después de varios intentos, **pude** entrar. = *Tuve éxito en entrar. Logré entrar (lograr = tener éxito en).*

   Trataron de abrir la puerta, pero no **pudieron.** = *No tuvieron éxito. No lograron abrir la puerta.*

4. **Querer**

   Quería entrar. = *Tenía ganas de entrar.*

   Quise entrar. = *Traté de entrar.*

   No queríamos ir. = *No teníamos ganas de ir.*

No quisimos ir.	= *Rehusamos ir. No aceptamos la invitación.*

5. **Saber**

Yo no **sabía** su nombre.	= *No tenía esa información.*
Ayer **supe** su nombre.	= *Conseguí esa información ayer; aprendí su nombre.*

6. **Tener**

Juan **tenía** una carta en su mano.	= *Había una carta en su mano.*
Juan **tuvo** una carta ayer.	= *Juan recibió una carta ayer.*
Irma **tenía** dos hijos.	= *Irma era madre de dos hijos.*
Irma **tuvo** un hijo ayer.	= *El bebé nació ayer.*
Yo **tenía que** hablar con mi jefe.	= *Tenía la obligación de hablar con mi jefe.*
Yo **tuve que** hablar con mi jefe.	= *La situación me obligó a hablar con mi jefe, y en verdad hablé con él.*

ACTIVIDADES

5. La vida y sus sorpresas. *¿Qué noticia supo la gente a continuación?*

MODELO   Miguel / su novia tenía otro novio
→ **Miguel supo que su novia tenía otro novio.**

1. Ana María / le iban a dar un premio por su escultura
2. Luis y Pedro / Mario salía con Manuela
3. nosotros / la computadora estaba descompuesta
4. tú / yo no tenía tanto dinero
5. yo / tú eras millonario
6. vosotros / vuestro profesor de química estaba enfermo
7. Juan y yo / hubo un baile anoche en el gimnasio
8. Don Tremendón / el mundo es redondo

6. Confirmaciones (entre dos). *Contesten las preguntas usando el verbo que está entre paréntesis.*

MODELO   ESTUDIANTE 1: ¿Recibió Raúl una carta ayer? (tener)
ESTUDIANTE 2: **Sí, Raúl tuvo una carta ayer.**

1. ¿Trató Alberto de entrar en la casa? (querer)
2. ¿Tuvieron Uds. éxito en conseguir los datos? (poder)
3. ¿Llegaron los empleados a tiempo? (estar)
4. ¿Dio a luz Irma ayer? (tener un bebé)
5. ¿Aprendiste algo interesante anoche? (saber... nada)
6. ¿Aceptó Aida ir a la cena? (querer)
7. ¿Te presentaron a Paula anoche? (conocerla)
8. ¿Recibieron tus padres el cheque ayer? (tener)

7. Entrevista (entre dos o en pequeños grupos). *Pregúntele a alguien de la clase...*

1. si conoció a alguien interesante ayer.
2. cuánto tiempo hace que supo que Santa Claus no existe.

3. cuántos hijos tuvo su mamá.
4. de quién fue la última carta que tuvo.
5. a qué hora estuvo en clase hoy.
6. si algunas personas no quisieron tomar el último examen.
7. qué trabajo pudo conseguir el verano pasado.
8. si quiso reparar un televisor alguna vez y qué pasó después.
9. si la policía lo/la detuvo alguna vez y por qué.
10. si obtuvo algún premio en la secundaria y qué premio fue.

8. Motivos (entre dos o en pequeños grupos). *Expliquen por qué la gente está como está.*

EJEMPLO   ESTUDIANTE 1: **¿Por qué está furioso Mario?**
               ESTUDIANTE 2: **Porque tuvo que pagar una multa.**

¿Por qué...

1. está triste Javier?
2. no vinieron Beni y Sandra?
3. no trajo Miguel su coche?
4. está tan contenta Lisa?
5. está furiosa la Sra. García?
6. están cansados Ana y Romeo?

a. estar dos años en las montañas
b. tener que pagar una multa
c. conocer al amor de su vida anoche
d. no poder encontrar la llave
e. no estar en casa toda la noche
f. no querer

Cómo se hace para decir algo de otra manera
Es decir, ...   O sea, ...
En otras palabras, ...   Dicho con otras palabras, ...

Cómo se hace para indicar acuerdo y desacuerdo
Estoy de acuerdo con Ud. (contigo.)   No estoy de acuerdo.
Es verdad. Tiene(s) razón.   Eso no lo puedo aceptar.
Claro que sí.   No es verdad. Ud. está equivocado/a.
Sí, por supuesto.   Claro que no.
Desde luego.   ¿Estás loco? ¿Cómo puedes decir eso?

Situaciones
1. Ud. está hablando con una persona que no comprende las cosas la primera vez que Ud. las dice, así que Ud. tiene que decir las cosas dos veces de dos maneras. Diga algo, y después, usando una de las fórmulas de arriba, diga lo mismo de otra manera.
2. Responda a los comentarios de sus compañeros indicando si Ud. está o no está de acuerdo.

12.3 ¿Qué fue lo que dijiste?

Conversación entre Chela la Chismosa y Delia la Discreta.

CHELA   ¿Qué hizo tu sobrina anoche?
DELIA   **Lo que** hizo es un gran misterio.
CHELA   Bueno, **¿qué fue lo que** trató de hacer?
DELIA   No presto atención a **lo que** hace mi sobrina.

CHELA   Me molesta **lo que** hacen los chicos de hoy.

DELIA   **Lo que** me molesta son las personas mayores que siempre critican a los jóvenes.

CHELA   Estoy de acuerdo contigo. **Todo lo que** dices me parece correcto.

DELIA   Entonces, ¿por qué me hiciste tantas preguntas?

CHELA   Eh... bueno... eh... era para ver qué decías. Sólo eso.

Conclusiones — Usos de *lo que*

1. **Lo que** es un pronombre neutro que se refiere a una idea, a una abstracción o a las cosas en general.

    lo que me gusta = *la idea, el concepto, el asunto que me gusta*

    lo que no comprendo = *el concepto, la idea que no comprendo*

2. Cuando **todo** se combina con **lo que,** no se usa **de.**

    Todo lo que hace Gumersinda nos parece raro.

3. **¿Qué es lo que... ?** es una interrogación muy común.

    ¿Qué es lo que Ud. dijo? = *¿Qué dijo Ud.?*

    ¿Qué fue lo que ellos hicieron? = *¿Qué hicieron ellos?*

    ¿Qué es lo que Mario quiere? = *¿Qué quiere Mario?*

4. Si **lo que** se combina con un predicado plural (*predicado = lo que viene después del verbo*), el verbo está en plural.

    Lo que no comprendo **son** esas teorías abstractas.

    Lo que más me gusta **son** las películas extranjeras.

ACTIVIDADES

9. ¿Qué es lo que le gusta a la tía abuela? (entre dos) *A su tía abuela le gustan las cosas de su generación. ¿Cuáles son?*

MODELOS   la música de Glenn Miller → **Lo que le gusta es la música de Glenn Miller.**

las películas de Groucho Marx → **Lo que le gustan son las películas de Groucho Marx.**

1. la voz de Bing Crosby
2. las canciones de Kate Smith
3. la cara de Clark Gable
4. la banda de Lawrence Welk
5. los coches enormes
6. la década de los cincuenta
7. las novelas de Hemingway
8. las visitas de sus nietos

10. Reacciones (entre dos). *¿Aceptan Uds. lo que dice la gente? Indiquen su acuerdo (o desacuerdo) usando las estrategias de arriba.*

MODELO   ESTUDIANTE 1: **Luisa dice que eres muy inteligente.**

ESTUDIANTE 2: **Por supuesto. Acepto lo que dice Luisa.**

1. Raúl dice que eres muy inteligente.
2. Angélica cree que la luna es de queso.
3. Josefina tiene mucho dinero.
4. Tu suegra cree que eres una gran persona.
5. Dicen que eres un/a estupendo/a alumno/a.
6. Tus padres dicen que el tabaco es peligroso.
7. Gumersinda dice que tienes mil novios.

a. Me gusta...
b. Me parece absurdo...
c. (No) Acepto...
d. Me molesta...
e. Estoy de acuerdo con...
f. Me parece lógico...
g. Me interesa...

11. Opiniones y reacciones (entre dos o en pequeños grupos). *¿Qué opinan Uds.? Usen la tabla para formular preguntas y respuestas sobre sus gustos y disgustos.*

EJEMPLO   ESTUDIANTE 1: **¿Qué te gusta de Dolly Parton?**
             ESTUDIANTE 2: **Lo que me gusta de Dolly Parton son sus canciones.**

¿Qué te gusta de... ?
¿Qué te molesta de... ?
¿Qué te repugna de... ?
¿Qué te atrae de... ?
¿Qué te fascina de... ?
¿Qué te interesa de... ?

1. Tom Cruise
2. el presidente
3. Dolly Parton
4. la situación política
5. tu familia
6. esta universidad
7. este libro
8. ?

Cómo se hace para hablar por teléfono II
Una llamada local.
—Hola.
—Buenos días. Habla Ricardo Gómez. ¿Está el Sr. Sans?
—No, no **se encuentra.** ¿Quiere dejar un **recado?**
—Sí, dígale por favor que llamé y que voy a llamarlo mañana en su oficina, más o menos a mediodía. ¿Está bien?
—Cómo no. Con mucho gusto.

encontrarse: estar
recado: mensaje

Otra llamada local.
—Aló.
—Buenas tardes. ¿Se encuentra Luisa?
—¿De parte de quién?
—De parte de Marta Paredes.
—Ah, bueno. Voy a ver si está. No **cuelgue.** (*Después de una pausa*) No puede hablar ahora porque acaba de salir. ¿Puede Ud. llamar **de nuevo** esta noche?
—Cómo no. Muchas gracias.
—De nada.

colgar (ue): *to hang up*
de nuevo: otra vez

Situaciones
1. Haga una llamada a la casa de una amiga. Su amiga no se encuentra en este momento. Pregunte cuándo va a estar. Deje un recado.
2. Ud. recibe una llamada de alguien que quiere hablar con su compañero de cuarto, que en este momento se encuentra en el baño. Explique a la persona que llama que tiene que llamar de nuevo más tarde.

12.4   Lo mejor de mi familia son sus miembros.

Una conversación entre hermanos.

¿Cuál es la peor característica de nuestra prima Angélica?

Lo peor de Angélica es que le gusta pelear.

¿Cuál es la única cosa que no te gusta de nuestra familia?	**Lo único** que no me gusta de mi familia es que comen demasiado.
¿Cuál es el aspecto más notable de tu relación con tu cuñado?	**Lo más notable** de nuestra relación es nuestro desacuerdo político.
¿Cuál es el aspecto más interesante de la familia?	**Lo más interesante** son el afecto y el amor que tenemos a pesar de los problemas.
¿Qué es **lo más difícil** de la familia?	**Lo más difícil** en este momento es el divorcio de los tíos Sara y Antonio.
¿Qué es **lo más frustrante** de la familia?	**Lo más frustrante** es que a veces hay conflictos innecesarios.

Conclusiones

Usos de *lo* + adjetivo

1. La expresión **lo + adjetivo masculino singular** funciona como un sustantivo. Las frases a continuación son equivalentes.

la parte interesante	= **lo interesante**
la peor característica	= **lo peor**
la mejor cualidad	= **lo mejor**
la única consideración	= **lo único**
la cosa más lógica	= **lo más lógico**

2. Cuando **lo + adjetivo** se combina con un predicado plural, el verbo está en plural.

   Lo peor de esta zona **son** los terremotos.
   Lo más notable de mi familia **son** las comidas.

3. **Lo + adjetivo** muchas veces se combina con una cláusula comenzada con **que**.

   Lo peor de este año es **que** tengo demasiado trabajo.

4. Cuando **lo + adjetivo** se combina con un infinitivo o varios infinitivos, el verbo está en singular.

   Lo difícil es estudiar de noche y trabajar de día.

ACTIVIDADES

12. La familia de Gustavo. *Gustavo está describiendo las cualidades de su familia. ¿Qué dice?*

MODELO más interesante / las conversaciones entre mis tíos
→**Lo más interesante son las conversaciones entre mis tíos.**

1. mejor / el respeto que tenemos para los abuelos
2. más absurdo / las peleas entre la tía Hortensia y el tío Armando
3. más notable / los muchos esposos y ex esposos de la tía Mariana
4. malo / que muchos no pueden asistir a reuniones familiares
5. difícil / recordar el nombre de todos los primos y sobrinos
6. más divertido / los chistes de mi padrino
7. más delicioso / los pasteles de la suegra María
8. bueno / que nunca queremos perder el contacto

13. Entrevista (entre dos o en pequeños grupos). *Usen la tabla para formular preguntas y respuestas sobre temas varios y diversos.*

EJEMPLO ESTUDIANTE 1: **¿Qué es lo mejor del cine norteamericano?**
ESTUDIANTE 2: **Lo mejor del cine norteamericano son los actores.**

lo más lógico	de tu vida	
lo mejor	de tu familia	
lo peor	del español	
lo más absurdo	de esta universidad	es...
lo más ridículo	de tu casa	es que...
lo bueno	de nuestro equipo de ?	son...
lo malo	de tu compañero/a de cuarto	
lo más difícil	de ?	
lo ?		

NOTA CULTURAL

El compadrazgo

Una de las instituciones sociales más viejas del mundo hispano es el compadrazgo. En el compadrazgo, cuando los niños se bautizan, un amigo y una amiga de los padres participan en el **rito** como padrino y madrina. Ese **arreglo** entre padres y padrinos es lo que se llama «el compadrazgo». El compa

rito: un ritual religioso
arreglo: acuerdo

drazgo se establece en el rito bautismal cuando el padrino y la madrina consienten en cuidar al niño en caso de la muerte de los padres. Aunque el compadrazgo es específicamente religioso, los padrinos también aceptan cierta responsabilidad en la educación y la **crianza** del niño, que después del bautismo es su ahijado. Los padrinos son como padres auxiliares, y en muchos casos, si los padres mueren, los padrinos adoptan a los hijos.

crianza: preparación de niños

Esa relación entre padres y padrinos es más que un arreglo para ayudar al niño. Es una forma visible de **fortalecer** y oficializar una amistad, porque los padres y los padrinos, después del bautismo, son compadres; es decir, son casi **familiares.** Por lo tanto, en el mundo hispano los términos de *comadre, compadre, padrino, madrina, ahijado* y *ahijada* marcan relaciones de mucho valor.

fortalecer: hacer más fuerte

familiares: de la familia

12.5 ¿Mintieron los chicos o siguieron el ejemplo de sus padres?

¿En qué año **murió** tu bisabuelo?

Murió en el año 1989.

¿**Mintió** Ud. cuando le preguntaron la edad?

No, no **mentí.** Tengo 29 años y hace 20 años que los tengo.

¿Qué le **pidieron** sus nietos?

Lo de siempre. **Pidieron** dulces y más dulces.

Conclusiones

Verbos con cambios de raíz en el pretérito

1. Los únicos verbos con cambios de raíz en el pretérito son de la tercera conjugación; es decir, son de infinitivos terminados en **-ir.**
2. El cambio ocurre sólo en la tercera persona, singular y plural.
3. Si hay dos vocales en el cambio de raíz en el presente, el cambio en el pretérito consiste en la primera vocal de ese cambio.

    miente / mintió   **duerme / durmió**
    mienten / mintieron   **duermen / durmieron**

4. Si hay una sola vocal en el cambio de raíz en el presente, se conserva el mismo cambio en el pretérito.

    pide / pidió   **repiten / repitieron**   **siguió / siguieron**

Formación

Presente:	duerme	mueren	siente	mienten	pide	repiten
	↓	↓	↓	↓	↓	↓
Pretérito:	durmió	murieron	sintió	mintieron	pidió	repitieron

Sinopsis

dormir (ue; u)		*sentir (ie; i)*		*pedir (i; i)*	
dormí	dormimos	sentí	sentimos	pedí	pedimos
dormiste	dormisteis	sentiste	sentisteis	pediste	pedisteis
durmió	durmieron	sintió	sintieron	pidió	pidieron

Nota: Estos mismos cambios se encuentran en el gerundio (*sección 8.6*). Apréndalos bien porque ocurren en otros tiempos verbales que Ud. va a encontrar más adelante.

ACTIVIDADES

14. Gumersinda la débil. *Gumersinda está explicando su comportamiento diciendo que sólo hizo lo que hicieron los demás. ¿Qué dice?*

MODELO   Le pedí una buena nota al maestro porque Don Tremendón...
→ **Le pedí una buena nota al maestro porque Don Tremendón también se la pidió.**

1. Mentí porque mis amigos también...
2. Seguí un mal camino porque Don Tremendón...
3. Pedí un préstamo exorbitante porque mi papá...
4. Sentí el ruido cuando mis compañeros...
5. Dormí quince horas anoche porque mi compañera...

15. ¿Qué hizo la gente? *Seleccionen una reacción de la columna B en el pretérito que lógicamente completa la frase de la columna A.*

A	B
1. En su fiesta, Rita...	a. (pedir) ayuda
2. El político dijo que...	b. (dormir) casi doce horas
3. Después de una vida larga y productiva...	c. porque (conseguir) una ganga
4. El cliente del banco...	d. su novio la (seguir)
5. Marta entró primero y...	e. (servir) refrescos y vino
6. Como no escuchó la respuesta...	f. el otro candidato (mentir)
7. Raúl estaba enfermo y...	g. Cervantes (morir)
8. Los García compraron el coche...	h. Ana (repetir) la pregunta

16. Entrevista (entre dos o en pequeños grupos). *Pregúntele a alguien de la clase...*

1. quién durmió doce horas anoche.
2. quién siguió una telenovela el año pasado.
3. quién murió el año pasado.
4. quién mintió al amor de su vida.
5. quién pidió una nota alta en español.
6. quién le pidió un favor anoche.
7. qué consiguió Gumersinda anoche.
8. quiénes rieron cuando su jefe dijo un chiste.

12.6 ¿Qué hubo anoche en tu casa?

Mario, ¿qué **había** en la casa de tus abuelos?

Había mucha gente siempre, parientes y amigos. **Había** muchos muebles antiguos, **había** flores de muchos tipos, y también **había** casi siempre un olor a comida, sobre todo de pasteles.

Sr. Policía, ¿qué **hubo** de interesante anoche?

Uy, anoche **hubo** de todo. **Hubo** tres choques de automóviles, **hubo** un incendio, y **hubo** una tremenda pelea en una fiesta. ¿Te parece poco?

Conclusiones   *Había* y *hubo*

1. **Había** es el imperfecto de **hay. Hubo** es el pretérito de **hay.**
2. **Había** casi siempre se usa para describir una situación o un estado. **Hubo** casi siempre se usa con incidentes.
3. **Había** y **hubo** tienen una sola forma; es decir, se combinan con sujetos en singular y en plural.

ACTIVIDADES

17. Las aventuras de la niñera. *Marisa es la niñera* (niñero = una persona que cuida a los niños) *de la familia Pacheco y está contando las aventuras de la noche anterior con los niños Pacheco. Complete su historia con* **hubo** *o* **había.**

MODELO   un cuadro roto en la pared → **Había un cuadro roto en la pared.**

1. juguetes en el inodoro
2. leche en el piso
3. un incendio en la cocina
4. una pelea entre los niños Pacheco y unos niños vecinos
5. platos rotos en el piso
6. una explosión en la estufa
7. una disputa con una vecina
8. gran alivio cuando volvieron los padres

18. Autorretrato (entre dos o en pequeños grupos). *Narren una historia de su propia vida usando* **había** *para descripciones y* **hubo** *para eventos. Use la tabla como punto de partida.*

En mi casa (*ciudad, escuela, etc.*)   había (*una profesora, un perro, un médico, etc.*)

Una vez   hubo (*un incendio, una pelea, un escándalo, un incidente, etc.*)

19. La verdadera historia de Caperucita Roja. *Para ver cómo es la auténtica versión de una vieja historia, seleccione la forma más indicada del pretérito o del imperfecto de los verbos que están entre paréntesis.*

Érase una vez una niña que se (llamar) _____ Caperucita Roja. Sus amigos le (dar)

_____ ese nombre porque siempre (usar) _____ una enorme caperuza que casi

le (tapar) _____ la cara.

Todos los sábados, Caperucita (ir) _____ a la casa de su abuela que (vivir)

_____ al otro lado de un gran bosque donde (haber) _____ muchos animales.

Casi todos los animales (ser) _____ amigos de Caperucita, y por esa razón, ella no

les (tener) _____ ningún miedo. El único animal que le (dar) _____ miedo (ser)

_____ un lobo maleducado que (tener) _____ la incivilizada costumbre de

comer a todos los niños que (poder) _____.

Un sábado, muy temprano, Caperucita (salir) _____ de su casa y (comenzar)

_____ a caminar hacia la casa de su abuela. Mientras (cruzar) _____ el bosque,

(hablar) _____ con sus amigos los pájaros, las ardillas y todos los otros animales

que (estar) _____ en su camino. Por fin, (llegar) _____ a la casa de su abuela.

(Tocar) _____ la puerta, pero no (contestar) _____ nadie. Después de esperar

un minuto, (entrar) _____ en la casa.

—Hola, abuelita, (llamar) _____. ¿Dónde estás? Soy yo, Caperucita.

—Aquí estoy en el dormitorio, (contestar) _____ una voz muy rara.

Caperucita (cruzar) _____ la sala y (abrir) _____ la puerta del dormitorio

donde (ver) _____ que alguien (estar) _____ en la cama —alguien que no

(parecer) _____ ser su abuela.

—Pero abuelita, (decir) _____ Caperucita, ¡Qué grandes orejas tienes!
—Para escucharte mejor, mi hija.
—Y, ¡qué enorme nariz tienes!
—Para olerte mejor, mi querida.
—Y ¡Dios mío! ¡Qué gigantescos dientes tienes!
—Para comerte mejor, mi dulce bombón.

Y entonces (saltar) _____ de la cama... ¡¡¡EL LOBO!!!

Pero en ese momento, (salir) _____ la abuela del armario y cuando (ver)

_____ lo que (pasar) _____, (gritar) _____:

—¡Lobo desgraciado! ¡Animal imbécil! ¡Salvaje infiel! Eres igual que todos los
hombres. Si encuentras a una chica más joven, olvidas inmediatamente de la única
mujer que te quiere.

Y con eso (sacar) _____ una pistola antigua, y con tres tiros, (matar) _____
al desafortunado lobo.

12.7 ¿Cuál de esos chicos es tu sobrino?

PRIMER PASO

¿**Qué** es un número de teléfono?

Es un código que se usa para comunicarse de un teléfono a otro.

¿**Cuál** es tu número de teléfono?

Es 891-2537.

¿**Qué** es un apellido?	Es el nombre de la familia.
¿**Cuál** es tu apellido?	Es López Corona.
¿**Qué** son tíos?	Son los hermanos de mi madre o mi padre.
¿**Qué** son tus tíos?	Son ingenieros.
¿**Cuáles** de los hombres allí son tus tíos?	Son aquellos dos hombres que están hablando con mi cuñado.

Conclusiones ### *Cuál(es)* versus *qué*

1. **Qué** se usa para pedir una definición o una descripción.
2. **Cuál** y **cuáles** se usan para seleccionar entre los miembros de un grupo y se refiere a cosas o a personas.

¿**Cuál** es la fecha de hoy?	*Se usa **cuál** porque todas las fechas posibles forman un grupo.*
¿**Cuál** es tu número de teléfono?	*Se usa **cuál** porque todos los números de teléfono forman un grupo.*
¿**Cuáles** de esos chicos son tus primos?	*Se usa **cuáles** porque todos los chicos son miembros de un grupo.*

SEGUNDO PASO

Fuimos a la playa **porque** hacía calor.	Fuimos a la playa **a causa del** calor.
El coche anduvo mal **porque** era viejo.	El coche anduvo mal **a causa de** los años que tenía.
Me levanté temprano **porque** tenía que trabajar.	Me levanté temprano **a causa de** mi trabajo.

Conclusiones ### *Porque* versus *a causa de*

1. **Porque** se combina con una cláusula. Una cláusula es una frase con un sujeto y un verbo dentro de una oración más grande.
2. **A causa de** se combina con sustantivos. **Por** se usa a veces en lugar de **a causa de.**
   Volvimos temprano a causa del frío. = Volvimos temprano por el frío.

ACTIVIDADES

20. Haciendo preguntas (entre dos). *Inventen preguntas con* **qué, cuál** *o* **cuáles** *para las respuestas a continuación.*

1. Mi cuñado es aquel hombre al lado de mi hermana.   2. Un cuñado es el esposo de una hermana.   3. Mi dirección es Vicente López, 283, 4° B.   4. Es el 22 de octubre.   5. Un padrino participa en el bautismo de un niño.   6. Mis sobrinos son aquellos jóvenes altos, guapos y musculosos.   7. La familia es la institución básica de la sociedad occidental.   8. Una dirección es un código que se usa para indicar una residencia.   9. Es 535-1246.

21. Una reunión inolvidable. *Susana está contando la historia de una memorable reunión familiar. Completen su historia con* **porque** *o* **a causa de.**

1. Todos llegaron tarde _____ la lluvia.

2. Mi madre estaba molesta _____ nadie trajo juegos para los niños.

3. Mi tía Paca estaba enferma _____ un virus.

4. Los niños estaban peleando _____ los niños siempre pelean.

5. Mi tía Lula fue a otra ciudad _____ no escribió bien la dirección.

6. El padre O'Conner no vino _____ una emergencia en la iglesia.

7. Mi primo Juan no hizo nada para ayudar _____ estaba con su nueva novia.

8. Estuve enferma _____ el ruido que hacían los niños.

9. Pero quiero ir a la reunión del año próximo _____ adoro a mi familia.

Cómo se hace para hablar por teléfono III
Una llamada de larga distancia.
—Dígame.
—Buenas noches. Quisiera hacer una llamada **por cobrar** al número 281-4590 en Orizaba.
—¿Quiere hablar de teléfono a teléfono o de persona a persona?
—De teléfono a teléfono.
—¿Y cómo se llama Ud.?
—Jaime Alarcón.
—Gracias. Ahora lo comunico. No cuelgue.

> **por cobrar:** paga la persona que recibe la llamada

Una llamada en un hotel.
—Dígame.
—¿**Podría** Ud. comunicarme con la habitación del Sr. Castro?
—Está ocupado. ¿Quiere esperar?
—No, gracias. **Vuelvo a** llamar más tarde.

> **podría:** forma cortés de *puede*
> **volver a** + infinitivo: hacer de nuevo

Situaciones
1. Ud. perdió su tarjeta de crédito y tiene que llamar por cobrar a la casa de sus padres para reportar la pérdida y pedir un préstamo.
2. Ud. quiere hablar con un amigo que está en un hotel. Ud. no sabe el número de su habitación. Llame al telefonista del hotel y dígale con quién quiere hablar.

PRONUNCIACIÓN Y ORTOGRAFÍA

A. *Escuche e imite la pronunciación de la* **l** *en las palabras a continuación.*

El elemento más elemental puede ser el más esencial.
El filósofo eligió hablar sobre la moral de Vasconcelos.
El Sr. Sandoval vive en una zona rural.
La linda Lolita tiene rulos en el pelo.

La **l** *en español se pronuncia con la lengua en una posición más alta y más tensa que en inglés.*

B. *Escuche e imite la pronunciación de la* **y** *y de la* **ll** *en las frases a continuación.*

Yo me llamo Yolanda Villanueva y soy bella.
La Sra. Lavalle se desmayó cuando vio a su yerno.
La leyenda de la llorona se oye en todo México.

En casi todos los dialectos del español, la **ll** *y la* **y** *cuando comienzan una sílaba se pronuncian de la misma manera. Por lo general, la pronunciación es* [y], *más o menos como la* **y** *en inglés, pero más fuerte. En el Río de la Plata (La Argentina y el Uruguay) se pronuncian* [ž], *más o menos como la* **z** *en azure. En algunas zonas, se distingue entre* **y** *y* **ll**; *por ejemplo, en algunas partes de España y de Hispanoamérica, la* **ll** *se pronuncia* [ly], *y la* **y** *se pronuncia* [y].

EN CONTEXTO

EN VIVO

Familia argentina.
Sobre tu unidad monolítica la sociedad construirá el porvenir.
Familia indisoluble: derrota de egoísmo donde se cambia el "yo" por el "nosotros".
Donde ninguna pena se vive en soledad. Y la alegría se agranda al compartirse.
Fundamento de la sociedad, de la patria, de un mundo renovado en la fe y la esperanza.
Familia argentina unida, realidad fecunda de un futuro mejor.

Venga y vamos
Unidos para siempre

La Familia Argentina

Lavalle 120 - 4º Piso - (1047) Buenos Aires - Argentina
Tel. 312-6870 6899/6890/3589

Preguntas   1. ¿Qué sugiere el término «unidad monolítica»?   2. ¿Qué sugiere la frase «se cambia el "yo" por el "nosotros"»?   3. ¿Por qué dice el anuncio que en una familia unida ninguna pena se vive en la soledad?   4. ¿Cree Ud. que la familia es realmente el fundamento de la patria?   5. ¿De qué tipo de institución es este anuncio? ¿Cómo lo sabe Ud.?   6. ¿Está Ud. de acuerdo con la idea de que una familia unida es la base para un futuro mejor?

LECTURA
Retrato de una madre

La Sra. Jensen llegó el primer día a la clase diciendo que quería aprender español. Era obviamente una persona alerta y **vivaz.** Lo único que la distinguía de los otros estudiantes era su edad: en ese momento tenía sesenta y nueve años. Su historia es interesante.

vivaz: de mucha energía y fuerza vital

El esposo de la Sra. Jensen murió **inesperadamente** de un ataque cardíaco cuando ella tenía **apenas** treinta años, dejándola sola con cuatro hijos y ningún **oficio** para ganarse la vida. Sus padres estaban muertos, los abuelos paternos de sus hijos tenían muy pocos recursos, y ella no tenía otros parientes para ayudarla. **En efecto,** la muerte de su esposo le destruyó la vida. Al ver bien su situación, ella reconoció que tenía que repensar todos sus planes y rehacer su vida sobre otras bases.

Recibió algún dinero del **seguro** de su esposo, y con esos **fondos** se matriculó en una facultad de enfermería. Muy pronto reconoció que el dinero del seguro no era suficiente. Por lo tanto, vendió su casa y **se mudó** con sus cuatro hijos a un pequeño departamento en un barrio pobre de la ciudad. Allí consiguió un trabajo como mesera en un pequeño restaurante donde trabajaba cinco días a la semana, desde las seis de la mañana hasta las dos de la tarde. Siguió estudiando de tarde y de noche, y también los fines de semana. Su hijo mayor, que en ese momento tenía apenas catorce años, cuidaba a sus hermanos menores mientras su madre asistía a clases.

Después de cuatro años difíciles, la Sra. Jensen por fin **se recibió** de enfermera; se graduó de la universidad en el mismo año que su hijo mayor se graduó de la secundaria. Consiguió su primer trabajo en un hospital universitario donde pronto **llegó a ser** una de las enfermeras más respetadas de todo el hospital. Después de poco tiempo la hicieron supervisora, y más adelante, bajo los estímulos de varios médicos, empezó a estudiar de nuevo, esta vez para conseguir la **maestría** en enfermería pediátrica. Recibió la maestría a los cuarenta y dos años, y casi inmediatamente la nombraron a un **puesto** en el que dividía su tiempo entre enfermería aplicada, donde atendía a pacientes, y la **enseñanza** donde ayudaba a preparar a futuros enfermeros y enfermeras.

Ocupó ese puesto hasta los sesenta y cinco años cuando le dijeron que tenía que **jubilarse.** Mientras tanto, ella ayudó a sus hijos a terminar sus estudios. Todos se graduaron de la universidad, y dos de ellos, un hijo y una hija, siguieron los intereses de su madre y ahora son médicos.

Al jubilarse, la Sra. Jensen trató de llevar una vida de persona jubilada; empezó a cultivar flores y a jugar al bridge; esperaba impacientemente las visitas de sus nietos. Pero muy pronto **se aburrió** de esa vida tranquila, y salió a buscar trabajo. Pero todo el mundo le decía que era demasiado vieja para trabajar como enfermera y que **además,** como no le faltaba el dinero, debía **quedarse** en casa y dejar lugar para gente más joven. Cansada de esos comentarios, la Sra. Jensen **por fin** se presentó como enfermera voluntaria en una clínica pública en el barrio hispano de su ciudad. Pronto reconoció que para servir bien a sus nuevos pacientes, sobre todo a los niños que eran su especialidad, tenía que aprender español.

Fue **así** que llegó a mi clase de español. Al principio, los estudiantes jóvenes no sabían qué hacer con esa alumna que era madre y también abuela. Sin embargo, al ver su dedicación y entusiasmo, concluyeron que en muchos sentidos la Sra. Jensen era la persona más joven de la clase.

inesperadamente: sin anticipación
apenas: *barely*
oficio: profesión, especialidad; *skill*
en efecto: en realidad

seguro: póliza de seguro; *insurance policy*
fondos: dinero
mudarse: cambiar de residencia

recibirse: graduarse

llegar a ser: *to become*

maestría: el título de *Masters*
puesto: responsabilidad dentro del trabajo
enseñanza: acto de enseñar
jubilarse: retirarse, dejar de trabajar

aburrirse: *to get bored*

además: también
quedarse: *to stay*
por fin: finalmente

así: de esa manera

Preguntas   1. ¿Cuántos años tenía la Sra. Jensen cuando su esposo murió?   2. ¿Por qué no podía seguir viviendo de la misma forma?   3. ¿Cómo se ganaba la vida la Sra. Jensen mientras iba a la escuela?   4. ¿Quién cuidaba a sus hijos mientras ella iba a la escuela?   5. ¿Dónde consiguió la Sra. Jensen su primer trabajo?   6. ¿En qué

campo recibió la maestría?   7. ¿Cuántos años tenía la Sra. Jensen cuando se jubi-
ló?   8. ¿Por qué no pudo la Sra. Jensen conseguir trabajo después de jubilarse?
9. ¿Por qué quería estudiar español?   10. ¿Cree Ud. que «ser joven» es sólo cuestión
de años? ¿Por qué?

Galería hispánica: Venezuela

Algunos datos sobre Venezuela

Nombre oficial: República de Venezuela
Capital: Caracas
Población: 20.000.000
Moneda: el bolívar
Países vecinos: Colombia, Brasil y Guayana
Etnicidad: mestizo, europeo y africano
Exportaciones: petróleo, café, madera, alumi-
nio, fierro y productos petroquímicos

Barquisimeto
Puerto Cabello
La Guaira
Caracas
Valencia
VENEZUELA
Maracaibo

Cuando el petróleo es una bendición mixta

En 1918 comenzó la explotación del petróleo en el golfo de Maricaibo en
Venezuela. Pronto se reconoció que Venezuela tenía enormes recursos de
petróleo. Para 1928 Venezuela era el exportador de petróleo más importante del mundo. A pesar del descubrimiento de petróleo en el medio
oriente en 1936, Venezuela sigue siendo un país muy importante en la
producción del petróleo. **De hecho,** debido al petróleo, Venezuela **goza**
del **ingreso** por persona más alto de Latinoamérica.

    Sin embargo, muchos creen que Venezuela depende demasiado de las
ganancias del petróleo. Lo cierto es que, a causa del petróleo, otros sectores de la economía —por ejemplo, la industria y la agricultura— no cre-
cieron todo lo que podían porque era más fácil importar productos del
exterior que producirlos dentro de Venezuela. Cuando el precio del
petróleo se mantenía alto, eso funcionaba más o menos bien. Pero cuando el precio **mundial** del petróleo bajaba, todos los venezolanos sufrían.

    En nuestros días el gobierno venezolano está tratando de diversificar
la economía para evitar los problemas que causa la excesiva dependencia
de una sola **fuente** de ingresos. Sin embargo, los enormes recursos petroleros que tiene Venezuela es un problema que muchos **quisiéramos**
tener.

de hecho: *in fact*
gozar: *to enjoy*
ingreso: lo que se gana
ganancia: lo que se gana

mundial: del mundo

fuente: origen
quisiéramos: *would want*

Preguntas   1. ¿En qué año empezó la exportación del petróleo venezolano?   2. ¿Entre qué
años fue Venezuela el país que más petróleo exportaba en el mundo?   3. ¿Qué
país latinoamericano tiene el ingreso más alto per cápita?   4. ¿Es verdad que el

petróleo contribuyó al desarrollo de otros sectores de la economía? ¿Por qué sí o por qué no?   5. ¿Por qué es vulnerable un país que depende demasiado de un solo producto?   6. ¿Por qué quiere el gobierno venezolano diversificar la economía del país?

 A ESCUCHAR

Escuche toda la selección.
Ahora, escuche la selección por partes y complete las oraciones con la opción más lógica.

1. a. una ciudad mexicana.
   b. en la capital de México.
   c. con sus abuelos.
   d. con dos primos.
2. a. tienen diecinueve años.
   b. viven en Chihuahua.
   c. son de Bogotá.
   d. están en Chihuahua solamente para las bodas de oro de sus abuelos.
3. a. quieren hacer una gran fiesta.
   b. celebraron sus bodas de oro el año pasado.
   c. van a celebrar sus bodas de oro.
   d. no están casados todavía.
4. a. están jubilados.
   b. no tienen nietos.
   c. están casados desde hace veinte años.
   d. tienen un puesto en la administración del gobierno.
5. a. recibieron mucho dinero de su familia.
   b. construyeron una casa para su familia.
   c. trabajaron juntos en una empresa que construía casas.
   d. tenían mucho dinero.
6. a. ganó algo, pero nunca prosperó.
   b. creció bastante.
   c. ahora está jubilado.
   d. está en manos de los hermanos del padre de Raquel.
7. a. van a jubilarse el año que viene.
   b. dejaron el negocio a sus tres hijos.
   c. dejaron el negocio en manos del padre de Raquel.
   d. tuvieron que cerrar el negocio cuando se jubilaron.
8. a. tres hermanos y una hermana.
   b. cinco hermanos y hermanas.
   c. una empresa de construcción.
   d. una empresa que fabrica medicinas.
9. a. es la hermana de Raquel.
   b. vive en Chihuahua con su marido, que es de Guadalajara.
   c. no vive con sus hijos.
   d. está casada con un hombre de Guadalajara.

10. a. consiste en su marido y un hijo.
    b. son los únicos miembros de la familia que no viven en Chihuahua.
    c. vinieron a Guadalajara para las bodas de oro de sus padres.
    d. está preparando una gran fiesta.

SITUACIONES

Situación 1 Ud. quiere hacer una llamada telefónica por cobrar desde España hasta la casa de sus padres. Alguien en la clase puede hacer el papel del/de la telefonista. Use *En contexto* como guía.

Situación 2 Tome una figura histórica como su identidad. Después, en una narración de primera persona, describa su vida. Si Ud. hace bien su papel, el resto de la clase puede adivinar quién es. Por ejemplo, si Ud. quiere ser J. S. Bach puede decir: «Nací en 1685, tuve dos esposas fui padre de más de veinte chicos, viví en Alemania y compuse muchísima música para todos los instrumentos y todas las voces. Morí en 1750. ¿Quién soy?»

Situación 3 Suponga que estamos en el año 2050 y que Ud. ya es muy viejo/a, con hijos, nietos y aun bisnietos. Otro/a estudiante de la clase lo / la está entrevistando sobre su familia.

Situación 4 Llama una persona a su casa y quiere hablar con su compañero/a de cuarto. Su compañero/a de cuarto no quiere hablar con esa persona. ¿Qué pretextos le da Ud. para explicar por qué su compañero/a no puede atender al teléfono?

Situación 5 Ud. está en una conversación y quiere cambiar de tema. ¿Qué dice?

Situación 6 Ud. no comprendió algo que dijo una compañera. ¿Qué le dice?

Situación 7 Una amiga de Ud. tiene una opinión que Ud. no acepta. ¿Cómo indica Ud. que no está de acuerdo?

Situación 8 Ud. está con su supervisora —a quién Ud. quiere impresionar. ¿Cómo indica Ud. que está de acuerdo con ella?

COMPOSICIÓN

Tema 1 Explique en gran detalle quiénes son sus parientes. Incluya nombres de padres, padrinos, hermanos, tíos, abuelos, bisabuelos, tíos abuelos, primos, cuñados, sobrinos, nietos, esposos, etc. Ud. puede dibujar un árbol genealógico para facilitar su explicación.

Tema 2 Prepare un informe escrito sobre alguien que Ud. admira, usando «Retrato de una madre» como guía. Si es posible, escriba algo sobre la vida de alguien en su familia, por ejemplo, su abuela o bisabuela.

VOCABULARIO ACTIVO

Sustantivos relacionados con la familia

el/la abuelo/a	el/la cuñado/a	el/la novio/a
los abuelos	la disputa	la nuera
el/la ahijado/a	el/la divorciado/a	el padre
el aniversario	el divorcio	los padres
el bautismo	el/la hijo/a mayor	el padrino
el/la bisabuelo/a	el/la hijo/a menor	los padrinos
el/la bisnieto/a	la madre	el parto
la boda	la madrina	el/la sobrino/a
las bodas de oro	la muerte	el/la soltero/a
el casamiento	el/la muerto/a	el/la suegro/a
la comadre	el nacimiento	el/la tío/a
el compadrazgo	el/la nieto/a	el/la tío/a abuelo/a
el compadre	el/la niñero/a	el yerno
los compadres		

Verbos

acabar	distraer	oler (ue)
atraer	exponer	pelear
besar	extraer	proponer
colgar (ue)	fingir	suponer
componer	gritar	tapar

Otros sustantivos

el alivio	el camino	el escándalo
el ánimo	la cárcel	los fondos
la ardilla	el comportamiento	el inodoro
el armario	la crianza	el lobo
el arreglo	la crisis	la pelea
el asunto	la cualidad	el premio
la base	la década	el recado
el bosque	la enseñanza	

Adjetivos

desafortunado/a	infiel	muerto/a
desgraciado/a	inolvidable	paterno/a
familiar	jubilado/a	roto/a

Expresiones útiles

además	estar de acuerdo	no cuelgue
apenas	estar en desacuerdo	por cobrar
así	estar equivocado/a	por fin
dar a luz	ganarse la vida	tener un bebé
de nuevo	mientras tanto	volver a + infinitivo

Vocabulario personal

_____   _____

_____   _____

_____   _____

_____   _____

_____   _____

CAPÍTULO 13

RUTINAS Y TRANSICIONES

TEMAS
- La rutina diaria
- La higiene
- Transiciones y cambios
- Ritos de pasaje

FUNCIONES
- Describir las etapas de la vida
- Empezar un chisme
- Comprar algo en una farmacia
- Hacer una pregunta delicada

GRAMÁTICA
13.1 La construcción reflexiva y el reflexivo recíproco
13.2 Algunos verbos de rutina diaria y la construcción reflexiva con ropa y partes del cuerpo
13.3 Algunos verbos que cambian de significado en una construcción reflexiva
13.4 La construcción reflexiva para indicar cambios y transiciones
13.5 *Llegar a ser*, *hacerse* y *ponerse*
13.6 Construcciones intransitivas (reflexivas) y construcciones transitivas
13.7 *Por* y *para* II

GALERÍA HISPÁNICA
México

EN MARCHA

13.1 ¿Por qué se mira Narciso en el agua?

PRIMER PASO

Mario, ¿por qué **te miras** en el espejo?	**Me miro** en el espejo porque **me encuentro** guapísimo.
¿También **te consideras** inteligente?	Sí, mis amigos y yo **nos consideramos** brillantes.
¿Con quiénes **se identifican** sus amigos?	**Se identifican** con todos los guapos y bellos de la historia.
¿**Se identifica** Don Tremendón con vosotros?	Sí, pero nadie quiere **identificarse** con él.
¿Así que vosotros **os creéis** los hombres más lindos del universo?	No, pero estamos **presentándonos** muy bien. ¿No cree Ud.?

Señora, **mírese** en el espejo para ver si le gusta ese vestido.
Señores, **preséntense** al jefe. Los quiere conocer.

Conclusiones

La construcción reflexiva

1. La construcción reflexiva consiste en un sujeto, un pronombre reflexivo y un verbo, todos de la misma persona.
2. En las oraciones de arriba el sujeto literalmente actúa sobre sí mismo.
3. Los pronombres reflexivos pueden agregarse a un infinitivo, a un gerundio o a un mandato afirmativo. Si es necesario, se pone acento para conservar el énfasis original.

Sinopsis

sujeto	pronombre reflexivo	verbo
Yo	**me**	**miro** en el espejo.
Tú	**te**	**miras** en el espejo.
Ud. / Él / Ella	**se**	**mira** en el espejo.
Nosotros / Nosotras	**nos**	**miramos** en el espejo.
Vosotros / Vosotras	**os**	**miráis** en el espejo.
Uds. / Ellos / Ellas	**se**	**miran** en el espejo.

SEGUNDO PASO

Yo me miro **a mí mismo / a mí misma.**
Tú tienes que defenderte **a ti mismo / a ti misma.**
Javier se ama **a sí mismo**; Isabel se mira **a sí misma.**
Nosotros / Nosotras nos queremos **a nosotros mismos / a nosotras mismas.**
¿Os aceptáis **a vosotros mismos / a vosotras mismas**?
Ellos / Ellas se adoran **a sí mismos / a sí mismas.**
Chico, **cuídate a ti mismo.** Nadie más te va a cuidar.

Conclusiones

Frases de clarificación y de énfasis con el reflexivo

1. Cuando el sujeto literalmente hace y recibe la acción, es posible usar frases de clarificación o de énfasis con una forma de **mismo.**
2. Las frases de clarificación y de énfasis del reflexivo concuerdan en persona, número y género con el sujeto.

Sinopsis

pronombre reflexivo	frase de clarificación o de énfasis	pronombre reflexivo	frase de clarificación o de énfasis
me	a mí mismo a mí misma	os	a vosotros mismos a vosotras mismas
te	a ti mismo a ti misma	se	a sí mismo a sí misma a sí mismos a sí mismas
nos	a nosotros mismos a nosotras mismas		

TERCER PASO

Elena se mira a sí misma.

Elena y Juana se miran a sí mismas.

Elena y Juana se miran la una a la otra.

Después de la boda, los novios **se** abrazaron y **se** besaron **el uno a la otra.**
Es obvio que **se** quieren mucho.
Mis tías solteras **se** cuidan **la una a la otra.**
Todos los chicos de la clase **se** ayudan **los unos a los otros.**
Mis padres y yo **nos** hablamos por teléfono cada semana.

Conclusiones

El reflexivo recíproco

1. El reflexivo recíproco indica un intercambio entre los distintos miembros de un sujeto plural.
2. Cuando el reflexivo recíproco requiere clarificación, se dice **el uno al otro, el uno a la otra, la una a la otra, los unos a los otros, las unas a las otras,** etc. Compare:

   Los socios de ese club se quieren mucho **a sí mismos.**
   Los socios de ese club se quieren mucho **los unos a los otros.**

ACTIVIDADES

1. El mundo vanidoso. *Esa gente es muy vanidosa y siempre se están mirando en el espejo. Descríbanlos en toda su vanidad con el presente progresivo.*

MODELO   María → **María está mirándose en el espejo. ¡Qué vanidosa!**

1. yo
2. tú y yo
3. (un actor)

4. (una cantante)
5. vosotros
6. los futbolistas

7. (un político)
8. las modelos
9. ?

2. Más vanidosos (entre dos). *Describan a la gente con una frase de énfasis o de clarificación.*

MODELO   cuidar / Raúl
ESTUDIANTE 1: **¿Quién cuida a Raúl?**
ESTUDIANTE 2: **Raúl se cuida a sí mismo.**

1. adorar / Pepa
2. querer / esos chicos
3. defender / Ramón

4. cuidar / los niños
5. amarlos / Uds.
6. respetar / los alumnos

3. Autorretrato (entre dos o en pequeños grupos). *Haga una descripción de sí mismo/a usando las frases dadas como guía.*

1. Me considero (*inteligente, guapo, capaz, maravillosa, encantadora*).
2. Me identifico con (*mi madre, mi profesor/a de español, una actriz*).
3. Estoy preparándome para (*una fiesta, un examen, una cita, un baile*).
4. No me creo demasiado (*tonta, diligente, rico, ridículo, fabuloso*).
5. Tengo que limitarme cuando (*no tengo dinero, estoy enferma*).
6. Puedo defenderme sin problema cuando (*hablo español, juego al béisbol*).

Ahora, describan a otros estudiantes de la clase, usando las frases de arriba como punto de partida. Por ejemplo, **Luisa se cree... , se identifica con... ,** *etc.*

4. Entrevista (entre dos o en pequeños grupos). *Pregúntele a alguien de la clase...*

1. si se cree guapo/a.
2. cuándo se mira en el espejo.
3. si se considera inteligente.
4. cuándo se prepara para un examen.

5. con quién(es) se identifica.
6. con quién va a encontrarse esta noche.
7. si puede defenderse en un debate.
8. cuándo tiene que controlarse.

5. Clarificaciones (entre dos). *Completen las oraciones con frases de clarificación o reflexiva o recíproca.*

EJEMPLOS   Mi amigo y yo nos queremos... → **Mi amigo y yo nos queremos el uno al otro.**
→ **Mi amigo y yo nos queremos a nosotros mismos.**

1. Mis compañeros se defienden...
2. Las dos alumnas se ayudan...

3. Mis tíos se cuidan...
4. Después de un gol, los jugadores se abrazan...

5. Mis hermanos y yo nos compren–
demos...

6. ¿Os ayudáis... ?

7. Todos los miembros de mi familia
se apoyan...

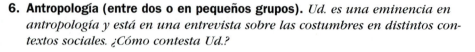

6. Antropología (entre dos o en pequeños grupos). *Ud. es una eminencia en antropología y está en una entrevista sobre las costumbres en distintos contextos sociales. ¿Cómo contesta Ud.?*

EJEMPLO   los hombres / abrazarse

ESTUDIANTE 1:   **¿En qué contexto social (sociedad, cultura) se abrazan los hombres los unos a los otros?**

ESTUDIANTE 2:   **En una cancha de fútbol, después de ganar un partido, los hombres se abrazan los unos a los otros en los Estados Unidos.**

1. las mujeres / abrazarse
2. las mujeres y los hombres / abrazarse
3. los hombres / no tocarse
4. los hombres / besarse en la mejilla

5. los hombres / besarse en la boca
6. las mujeres / besarse
7. los hombres / tocarse sólo la mano
8. los hombres / abrazarse

NOTA CULTURAL

Un abrazo y un beso

Muchos norteamericanos, cuando visitan un país hispano por primera vez, tienen que aprender a saludar y a **despedirse** según nuevas normas sociales porque las **costumbres** no son iguales. Algunas de esas nuevas normas incluyen las siguientes.

1. *El beso:* Es muy común en el mundo hispano que un amigo y una amiga, o dos amigas, se saluden y se despidan con un beso en la **mejilla. Desde luego,** ese beso es un beso amistoso, se puede decir victoriano, que no sugiere ninguna intención romántica.

2. *Dar la mano:* Si no se besan cuando se saludan, los hispanos siempre se dan la mano, igual que en los Estados Unidos. Pero a diferencia de los estadounidenses, los hispanos también siempre dan la mano para despedirse. **De hecho,** se considera una falta de **atención** no darse la mano para despedirse.

3. *El abrazo:* También entre amigos —hombres con hombres, mujeres con hombres, y mujeres con mujeres— es muy común el **abrazo,** a veces para saludar y a veces para despedirse. De hecho, en ocasiones festivas como los cumpleaños, la Navidad o las fiestas de fin de año, el abrazo es obligatorio entre buenos amigos. En los Estados Unidos, los hombres no suelen tocarse tanto, pero en el mundo hispano es muy común, entre hombres y mujeres, caminar por la calle abrazados, es decir, con el brazo del uno sobre el **hombro** del otro.

despedirse: decir «adiós»
costumbre: práctica cultural

mejilla: *cheek*
desde luego: obviamente

de hecho: en verdad
atención: cortesía

abrazo: *hug*

hombro: *shoulder*

13.2 ¿A qué hora te levantaste esta mañana?

PRIMER PASO
La rutina diaria

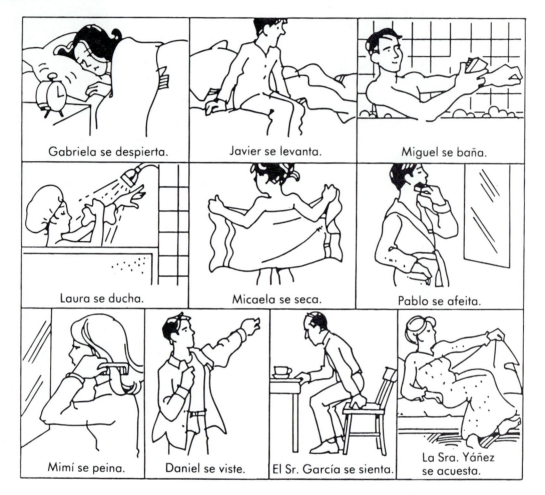

Gabriela se despierta.

Javier se levanta.

Miguel se baña.

Laura se ducha.

Micaela se seca.

Pablo se afeita.

Mimí se peina.

Daniel se viste.

El Sr. García se sienta.

La Sra. Yáñez se acuesta.

Martín, ¿qué haces para comenzar el día?

Bueno, **me despierto** a las siete, **me levanto, me baño, me seco** con una toalla, **me afeito, me peino, me visto** y **me siento** para tomar el desayuno.

Sra. Gómez, ¿qué hacen sus hijos antes de dormir?

Primero **se desvisten, se duchan** y **se secan.** Después de **ducharse** y **secarse, se acuestan** y **se duermen.**

Conclusiones   La construcción reflexiva para actividades de rutina diaria

1. La construcción reflexiva se usa para muchas actividades de rutina diaria. Apréndalos en su orden más lógico.

despertarse (ie)	afeitarse	desvestirse (i)
levantarse	peinarse	ducharse
bañarse	vestirse (i)	acostarse (ue)
secarse	sentarse (ie)	dormirse (ue)

2. La mayor parte de los verbos en esta lista no necesitan frases de clarificación.

SEGUNDO PASO

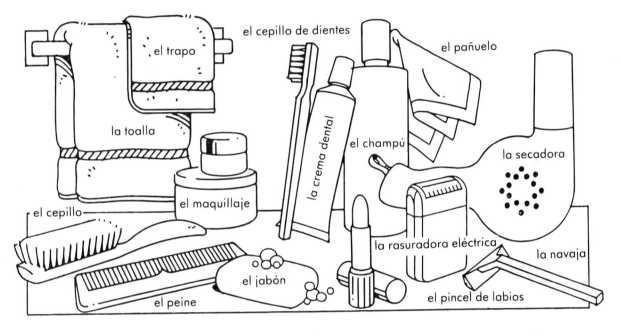

el cepillo de dientes

el trapo

el pañuelo

la toalla

la crema dental

el champú

la secadora

el maquillaje

el cepillo

la rasuradora eléctrica

la navaja

el jabón

el peine

el pincel de labios

Ana, ¿qué haces antes de acostarte?	Primero, **me lavo los dientes** y **me lavo la cara.** Después, **me quito la ropa** y **me pongo un piyama.**
¿Con qué **te secas el pelo (cabello)**?	Depende. Si tengo una secadora, **me seco el pelo** con la secadora. Si no, **me lo seco** con una toalla.
¿**Te pones** maquillaje todos los días?	Depende. Casi siempre **me pinto** los labios un poco, y **me pongo** un poco de rímel.
¿Cuándo **te lavas las manos?**	**Me lavo las manos** antes de comer; también **me las lavo** antes de acostarme.

Conclusiones   ## La construcción reflexiva con ropa y partes del cuerpo

1. La construcción reflexiva se usa para indicar posesión de artículos de ropa y partes del cuerpo.

   Me lavo la cara. Raúl se quita el pantalón.

   Sr. Gómez, póngase este abrigo, a ver si le gusta.

   Chicos, pónganse los suéteres; hace frío.

2. El pronombre reflexivo también se usa con un pronombre del complemento directo.

¿Mi abrigo? Me lo pongo y después me lo quito.

Javier, busque su abrigo y **póngaselo** antes de salir.

3. Casi nunca se usa un adjetivo posesivo en estos casos.

ACTIVIDADES

7. La vida poco escandalosa de Pilar (entre dos). *Pilar es una chica que lleva una vida normal y decente. Describa su vida normal y decente.*

MODELO   despertarse / 6:30
ESTUDIANTE 1: **¿Cuándo (a qué hora) se despierta Pilar?**
ESTUDIANTE 2: **Se despierta a las seis y media.**

1. levantarse / 6:45
2. bañarse / 6:47
3. secarse con una toalla / 7:00
4. peinarse / 7:02
5. vestirse / 7:05
6. pintarse los labios / 7:15

7. lavarse los dientes / 7:30
8. ponerse el abrigo / 7:40
9. desvestirse / 10:30
10. ponerse el piyama / 10:35
11. acostarse / 10:40
12. dormirse / 11:00

8. ¿Qué hiciste hoy? (entre dos) *Usando la actividad anterior como punto de partida, formulen preguntas y respuestas sobre lo que hicieron hoy.*

EJEMPLO   ESTUDIANTE 1: **¿A qué hora te levantaste?**
ESTUDIANTE 2: **Me levanté a las siete.**

9. ¿Con qué? (entre dos) *¿Qué usa Gumersinda para arreglarse?*

MODELO   lavarse el pelo / un trapo o champú
ESTUDIANTE 1: **¿Con qué se lava el pelo Gumersinda?**
ESTUDIANTE 2: **Debe lavarse el pelo con champú pero a veces usa un trapo.**

1. limpiarse los zapatos / un trapo o detergente
2. arreglarse el pelo / un cepillo o una toalla
3. lavarse la ropa / detergente o crema dental
4. pintarse los labios / una brocha o un pincel de labios

5. afeitarse las piernas / una rasuradora o un peine
6. lavarse los dientes / un cepillo de dientes o un pañuelo
7. limpiarse las narices / una secadora o un pañuelo
8. lavarse las manos / jabón o detergente

10. La cena formal (entre dos). *Elena y Mario invitaron a su jefa y su esposo, los Sres. Muñiz, a cenar con ellos. ¿Qué les dicen?*

MODELO   servirse un poco de vino → **Sírvanse un poco de vino.**

1. sentarse aquí
2. hacerse cómodos
3. servirse un poco de jerez

4. no levantarse
5. servirse más carne
6. saludarles a los chicos de nuestra parte

11. Entrevista (entre dos o en pequeños grupos). *Pregúnteles a un/a compañero/a...*

1. cuándo se pone un abrigo.
2. a qué hora se levanta.
3. cuándo se pone mucho maquillaje.
4. si se afeita con rasuradora o navaja.
5. cada cuándo se corta el pelo.

6. si se pone un piyama para dormir.
7. si se baña o se ducha.
8. cuándo se quita la ropa.
9. con qué se lava el pelo.
10. con qué se lava la cara.

Cómo se hace para empezar un chisme

¿Sabes que... ?
¿Quieres saber algo?
¿Sabes una cosa?
Todo el mundo dice que...
¿Sabes lo último de... ?

Se comenta que...
Se dice que...
No me vas a creer pero...
No se lo digas a nadie pero...
¡Te tengo un chisme gordo y jugoso!

Cómo se hace para hacer una pregunta delicada

¿Me permite una pregunta medio delicada?
¿Le puedo hacer una pregunta un poco indiscreta?

Perdone la pregunta, pero...
Dispense la pregunta, pero...

Situaciones

1. Ud. oyó que uno de sus amigos está enamorado y se quiere casar, pero que sus padres se oponen porque la chica es muy joven y tiene otro novio, y... Cuente la historia a otra persona con muchos detalles.
2. Invente la historia de un escándalo y cuénteselo a un/a amigo/a.
3. Ud. es un/a médico/a y tiene que preguntarle a una paciente vanidosa cuántos años tiene. ¿Cómo comienza la pregunta?

13.3 ¡Se comieron Uds. toda la pizza!

comer:	**Como** todos los días. (**comer:** *ya se sabe*)
comerse:	Tengo tanta hambre que puedo **comerme** toda una pizza. (**comerse:** *comer con mucha intensidad, vorazmente*)
dormir:	Trato de **dormir** ocho horas por día. (**dormir:** *ya se sabe*)
dormirse:	Si estoy cansada, **me duermo** sin problema. (**dormirse:** *empezar a dormir*)
ir:	**Voy** a la biblioteca para estudiar en paz. (**ir:** *ya se sabe*)
irse:	**Me voy** y no pienso volver. (**irse:** *el contrario de **llegar***)
llamar:	Te **llamo** esta noche por teléfono. (**llamar:** *ya se sabe*)
llamarse:	Esta ciudad **se llama** Saltillo. (**llamarse:** *tener un nombre*)
quedar:	¿Dónde **queda** el parque municipal? (**quedar:** *igual que estar; se usa solamente con lugares y edificios*)
quedarse:	No salgo hoy; **me quedo** en casa. (**quedarse:** *seguir en el mismo lugar; contrario de **salir** y de **irse***)
sentir:	El gato **siente** la vibración. (**sentir (ie):** *percibir*)
sentirse:	No **me siento** bien; debo estar enfermo. (**sentirse:** *percibir un estado físico personal*)

ver:	Te **veo** más tarde si quieres. (**ver:** *ya se sabe*)
verse:	¡Qué elegante **te ves**! (**verse:** *tener la apariencia de*)

Conclusión   **Algunos verbos cambian de significado en una construcción reflexiva**

ACTIVIDADES

12. Más instrucciones para Pepito. *¿Qué le dice la niñera a Pepito (que sin duda va a necesitar un psiquiatra en veinte años)? Note que cuando la niñera está MUY enojada, le habla a Pepito de* **Ud.**

MODELO   irse a su dormitorio → **Váyase a su dormitorio.**

1. comerse todo
2. irse al baño
3. quedarse en casa
4. no irse de casa
5. acostarse temprano
6. dormirse pronto

13. Reacciones. *Describa la reacción más lógica de la gente a continuación.*

MODELO   Delia quiere saber el nombre de una persona. (llamar / llamarse)
Delia dice: «¿Cómo _____ Ud.?» → **Delia dice: «¿Cómo se llama Ud.?»**

1. Margarita y Josefina tienen muchísima hambre. (comer / comerse)

   Van a _____ una pizza.

2. Beti está cósmicamente cansada. (dormir / dormirse)

   Se acuesta y _____ inmediatamente.

3. Miguel no quiere salir esta noche. (quedar / quedarse)

   Quiere _____ en casa.

4. Aida y José viven en Olvidadoburgo; quieren vivir en España. (ir / irse)

   Quieren _____ de Olvidadoburgo.

5. Jaime tiene una cita con una persona divina esta noche. (ver / verse)

   Quiere _____ bien.

6. Roberto está comiendo como un animal. (sentir / sentirse)

   Dentro de poco va a _____ mal.

14. Entrevista (entre dos o en pequeños grupos). *Formulen preguntas y respuestas para sus compañeros usando la tabla.*

EJEMPLO   ESTUDIANTE 1 **¿Cómo te sientes después de bailar toda la noche?**
ESTUDIANTE 2: **Me siento cansada pero relajada** (*relajada = descansada*)**.**

1. ¿Cómo te sientes... ?
2. ¿Cómo te ves... ?

a. cuando tienes mucha hambre
b. durante las vacaciones

3. ¿Dónde vas a quedarte... ?	c. los sábados por la noche
4. ¿Qué te comes... ?	d. después de comer demasiado
5. ¿Adónde te vas... ?	e. después de bailar toda la noche
6. ¿A qué hora te duermes... ?	f. con un kilo de maquillaje

13.4 ¿Te enamoraste durante las vacaciones?

casarse

enamorarse

¡¡¡GRRR!!!

¡Que mal me siento!

Esta medicina es una maravilla.

¿Que hago ahora?

enojarse   enfermarse   curarse   aburrirse

—Rafael, ¿cómo te fue el año pasado?

—Fue un año de muchas transiciones y cambios. Mi mejor amigo **se enfermó** al principio de año, pero después **se curó** y ahora está bien. Después mis vecinos **se separaron, se divorciaron** y ahora parece que van a **casarse** de nuevo. También, **me mudé** a otro barrio. Al principio no me gustó, pero ahora **me estoy acostumbrando.** Y por último, conocí a una persona divina y **me enamoré** locamente. Pero no debes **preocuparte**; no pienso **casarme** antes de **graduarme.**

Conclusiones

La construcción reflexiva para transiciones y cambios

1. La construcción reflexiva se emplea muchas veces para indicar cambios de tipo físico, mental, emocional o social.

2. Algunos cambios físicos

cansarse:	**Me cansé** mucho jugando al tenis.
criarse:	**Me crié** en Arizona, pero ahora vivo en California.
curarse:	Mi padre **se curó** gracias a una nueva droga.
emborracharse:	Mucha gente **se emborrachó** en la fiesta de fin de año.
enfermarse:	Mis hijos **se enfermaron** a causa del frío.
mudarse:	**Nos mudamos** porque estábamos cansados de la otra casa.

3. Algunos cambios mentales

aburrirse:	**Se aburrieron** los chicos porque la película no era interesante.
convertirse (ie):	Samuel **se convirtió** al catolicismo hace un año.

4. Algunos cambios emocionales

enamorarse de:	**Me enamoré** de mi esposa en el momento de conocerla.
enojarse:	El jefe **se enoja** cuando faltan los empleados.
frustrarse:	Todos **nos frustramos** cuando no entendemos algo.
molestarse:	**Me molesté** mucho cuando el banco no quiso aceptar el cheque.
preocuparse:	Todos los padres **se preocupan** cuando no vuelven sus hijos a tiempo.

5. Algunos cambios sociales

casarse:	Mis padres **se casaron** hace más de treinta años.
divorciarse:	Casi el cincuenta por ciento (50%) de los matrimonios **se divorcian** antes de cumplir cuatro años de casados.
graduarse:	Pienso **graduarme** el año que viene.
separarse:	Mi hermano y mi cuñada **se separaron** pero no se divorciaron.

ACTIVIDADES

15. Tempus fugit. *El año que acaba de cumplirse fue para Adolfo un período de muchos cambios. ¿Qué dice?*

MODELO mi amiga Ernestina / graduarse en Administración de empresas
→ **Mi amiga Ernestina se graduó en Administración de empresas.**

1. Ronaldo / enamorarse locamente de una persona misteriosa
2. el Sr. Pacheco / divorciarse y casarse de nuevo
3. yo / mudarse a un barrio más caro
4. mis sobrinas Irma y Gaby / enojarse con su jefe y cambiarse de trabajo
5. mi cuñado / enfermarse de un virus y después curarse
6. tú / empezar a preocuparse por la salud de sus padres
7. Gumersinda / molestarse con Don Tremendón y emborracharse con vino barato
8. Molly Brown / aburrirse cósmicamente e irse a Europa

16. Causas y efectos (entre dos). *Usen la tabla para formular preguntas y respuestas.*

EJEMPLO ESTUDIANTE 1: **¿Cuándo te enojas?**
ESTUDIANTE 2: **Me enojo cuando se descompone mi computadora.**

1. aburrirse	a. estoy en una fiesta
2. emocionarse	b. estoy en mi clase de ?
3. enojarse	c. mis amigos hablan de ?
4. enfermarse	d. se anuncia un examen
5. calmarse	e. se publican las notas

6. cansarse
7. preocuparse
8. enamorarse
9. dormirse
10. irse
11. sentirse mal/bien

f. escucho música rock
g. como la comida de ?
h. estoy con ?
i. pienso en ?
j. corro
k. escucho a (*nombre de una persona*)
l. un policía me sigue
m. pago impuestos
n. hay un incendio
o. estoy sin empleo
p. se descompone mi computadora

17. Chismes (entre dos o en pequeños grupos). *Usen la tabla de la actividad anterior para formular comentarios (chismes) sobre otra gente.*

EJEMPLO   ESTUDIANTE 1: **¿Cuándo se enoja Roberto?**
    ESTUDIANTE 2: **Roberto se enoja mucho cuando la gente habla mal de él.**

18. Entrevista (entre dos o en pequeños grupos). *Pregúntele a alguien de la clase...*

1. dónde se crió.
2. cuándo va a casarse.
3. cuándo se cansa.
4. de qué se aburre.
5. de qué se enfermó la última vez.
6. si se preocupa por algo.

7. cuándo se molesta.
8. por qué se enojó la última vez.
9. si se emborrachó alguna vez.
10. si piensa mudarse pronto.
11. de qué tipo de persona se enamora.
12. en qué año va a graduarse.

13.5 ¿Cuándo te hiciste amiga de Josefina?

—¿Qué hay de la vida de Beti?
—Beti está muy bien. La vi hace un par de días y **se puso** muy contenta de verme (como es lógico). El año pasado consiguió un trabajo en una gran empresa donde **se hizo** muy amiga de la jefa. Después **llegó a ser** supervisora de una sección importante. ¡Esa Beti! Parece que siempre le va bien en todo.

Conclusiones   *Llegar a ser, hacerse y ponerse*

1. **Llegar a ser, hacerse** y **ponerse** son expresiones que se usan mucho para indicar cambios y transiciones.
2. **Llegar a ser** y **hacerse** se combinan con sustantivos y con adjetivos que también se usan con **ser** (*ver sección 2.3*).
    El Sr. López **llegó a ser** presidente de la compañía.
    Marisela **llego a ser** muy respetada en su profesión.
    Miguel **se hizo** médico gracias a su dedicación.
    Roberto y José **se hicieron** más simpáticos con el tiempo.
3. **Ponerse** se combina con adjetivos que también se usan con **estar** (*ver sección 2.3*).
    Me puse furioso cuando me pidieron más dinero.
    Margarita **se puso** contenta cuando recibió la carta de su mamá.

ACTIVIDADES

19. ¿Qué pasó con... ? (entre dos) *Dos viejos amigos están hablando de gente que conocen. ¿Qué dicen?*

MODELO   la Srta. Vargas / enfermera
ESTUDIANTE 1: **¿Qué pasó con la Srta. Vargas?**
ESTUDIANTE 2: **Llegó a ser enfermera.** *o* **Se hizo enfermera.**

1. el profesor Sánchez / presidente
2. la Sra. Meléndez / jefa de una compañía
3. contigo / tu buen amigo
4. tus primos Juan y Ana / médicos
5. Mario y Jorge / famosos
6. vosotros / importantes
7. conmigo / mi buen amigo
8. Don Tremendón y Gumersinda / los primeros residentes de Marte

20. Biografías de gente famosa (entre dos). *Describan lo que pasó con la gente en la primera columna, usando* **llegar a ser** *o* **hacerse.**

EJEMPLO   ESTUDIANTE 1: **¿Qué llegó a ser Napoleón?**
ESTUDIANTE 2: **Napoleón llegó a ser emperador de Francia.**

1. Juana de Arco
2. Hernán Cortés
3. Cristóbal Colón
4. los hermanos Marx
5. Evita Duarte de Perón
6. Tomás Jefferson
7. los hermanos Grimm
8. Simone de Beauvoir

a. un gran pensador de la independencia
b. una heroína de los pobres de su país
c. autores de cuentos de hadas
d. el conquistador de México
e. grandes cómicos del cine norteamericano
f. una gran teórica del feminismo
g. una mártir de la libertad francesa
h. el primer europeo en América

21. Reacciones lógicas (entre dos). *Elijan la reacción más lógica para la gente y las situaciones.*

MODELO   Jorge / recibir el premio (contento o triste)
ESTUDIANTE 1: **¿Como se puso Jorge después de recibir el premio?**
ESTUDIANTE 2: **Se puso muy contento.**

1. nosotros / ganar la lotería nacional (extáticos o morbosos)
2. Ricardo / comer cinco hamburguesas con papas fritas (enfermo o satisfecho)
3. mi jefe / verme llegar tarde (enojado o nervioso)
4. Luisa / decir una mala palabra delante de la abuela de su novio (rojo o tranquilo)
5. tú / ver al amor de tu vida esta mañana (incoherente o cansado)
6. yo / recibir una carta de mi padre sobre mis notas (tranquilo o inquieto)

22. Entrevista (entre dos o en pequeños grupos). *Pregúntele a alguien de la clase...*

1. quién llegó a ser el primer presidente del país.
2. si se hizo el/la niño/a favorito/a de sus maestros de primaria.
3. quién se puso enfermo después de las vacaciones.
4. quién se hizo amigo de alguien importante alguna vez.

5. quién llegó a ser oficial de algún club estudiantil el año pasado.
6. si Juana de Arco llegó a ser reina de Francia.
7. cuándo se puso enfermo (*borracho, nervioso, furioso*) la última vez.
8. qué va a llegar a ser en la vida.

23. **La maravillosa historia de Don Juan Sinluces, el Matamoscas.** *A continuación se encuentra la historia de un hombre valiente, Don Juan Sinluces, el Matamoscas, que llegó a ser uno de los más favorecidos de su rey. Completen la historia con las formas más indicadas, o del pretérito o del imperfecto, y Uds. van a ver cómo fue su historia.*

Érase una vez un pobre vago que se (llamar) _____ Juan Sinluces. Juan (ser)

_____ muy devoto a la religión de Baco, y se (dedicar) _____ religiosamente a

una dieta líquida, de cerveza, de vino o, en casos de extrema emergencia, de agua.

Un día mientras Juan (estar) _____ sentado en la calle, se le (caer) _____

unas pocas gotas de cerveza al suelo. De repente, (llegar) _____ unas moscas que

(empezar) _____ a beber las gotas de cerveza. Como las moscas no le (pedir)

_____ permiso a Juan, Juan (enojarse) _____ mucho, les (dar) _____ un fuer-

te golpe y (matar) _____ varias de ellas. Juan las (contar) _____ y (ver) _____

que (ser) _____ muchas las moscas muertas. Con eso (ponerse) _____ muy

contento, y (empezar) _____ a gritar: «Soy un hombre valiente, matador de ani-

males feroces.» Cuando sus amigos (saber) _____ de su extraordinaria valentía, le

(poner) _____ el nombre de Don Juan Sinluces, el Matamoscas.

Cerca de la ciudad, (haber) _____ un enorme bosque donde (vivir) _____

un lobo feroz. (Según entendemos, no (ser) _____ el amigo de la abuela de

Caperucita porque, como ya sabemos, ese lobo (morir) _____ en el *Capítulo*

doce.) Cada vez que el lobo (tener) _____ hambre de carne humana, (entrar)

_____ en la ciudad donde (matar) _____ y (comer) _____ a mucha gente. El

lobo no (preocuparse) _____ por nada, y una vez (matar) _____ a un soldado

del rey y se lo (comer) _____ entero.

El rey (frustrarse) _____ mucho a causa del lobo, y cuando (saber) _____ del valiente Don Juan Sinluces, el Matamoscas, lo (mandar) _____ inmediatamente al bosque en busca del terrible lobo.

Juan (fortificarse) _____ con un poco de vino, y (entrar) _____ sin miedo en el bosque. Cuando el lobo (sentir) _____ la presencia de Juan, (enojarse) _____ mucho y (querer) _____ matar al intruso. Al ver el lobo, Juan (ponerse) _____ muy nervioso y (empezar) _____ a correr a toda velocidad hacia el palacio. Juan (llegar) _____ al palacio primero y (esconderse) _____ debajo de una mesa. El lobo, que ahora (estar) _____ furiosísimo, (entrar) _____ corriendo detrás de Juan, pero los soldados del rey lo (estar) _____ esperando, y le (dar) _____ muerte con una catapulta de último modelo.

El rey (contentarse) _____ tanto con Juan que le (poner) _____ un título de noble. Mientras tanto, la princesa Poopsi (enamorarse) _____ locamente del hombre valiente e (insistir) _____ en ser su esposa. Poopsi y Juan (casarse) _____ y (tener) _____ muchos hijos, todos tan valientes como su padre, el Hidalgo Don Juan Sinluces, Matador de Animales Feroces.

Cómo se hace para hablar sobre las etapas de la vida

—¿En qué año nació Ud.?
—Nací en 1970.
—¿Cómo se llama su ciudad **natal?**
—**Me crié** en San Juan.
—¿Pasó su niñez allí?
—No, mis padres se mudaron a Flores, e hice mis estudios **primarios** allí.
—¿También hizo la **secundaria** en Flores?
—No, hice la **secundaria** y la **preparatoria** en la capital.
—¿En qué año completó Ud. sus estudios universitarios?
—**Me recibí** el año pasado.
—**¿A qué se dedica** Ud.?
—Soy química. Trabajo para el gobierno.

natal: de nacimiento
criarse: *to grow up*

primario: primero a sexto grado
secundaria: séptimo a noveno grado
preparatoria: décimo a doceavo grado
recibirse: diplomarse
¿A qué se dedica?: ¿En qué trabaja?

—¿Es Ud. **casada** o **soltera?**
—**Comprometida.** Me caso el mes que viene.
—¡Felicidades!

casada: que tiene esposo
soltera: no casada
comprometida: que se va a casar

Situaciones

1. Ud. acaba de conocer a una persona muy interesante. Pregúntele acerca de algunos detalles de su vida por ejemplo, dónde nació, dónde se crió, dónde estudió, etc.
2. Ud. está en un programa de intercambio y tiene que presentarse a sus nuevos compañeros de estudio.

13.6 ¿Te aburrió la música?

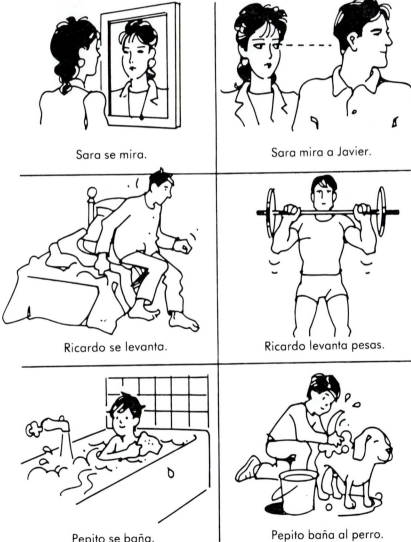

Sara se mira.

Sara mira a Javier.

Ricardo se levanta.

Ricardo levanta pesas.

Pepito se baña.

Pepito baña al perro.

Mario se enfermó a causa de la comida.
Maga se casó en una iglesia anglicana.
Mi hermana y mi cuñado se separaron.

Esas ideas **me enferman.**
Un rabino **casó a mis amigos.**
La maestra **separó a los dos chicos** que estaban peleando.

Ana se levantó temprano.	Tuve que **levantar el coche** para repararlo.
El vaso se rompió cuando se cayó.	Paquito **rompió el juguete** que no le gustaba.
Mi hermana se baña por la mañana.	Mi hermana **baña a mi sobrinito** dos o tres veces por día.

Esta mañana no me desperté solo; mi madre **me despertó.**
Mi sobrinita no puede bañarse sola; su madre **la baña.**
No pude calmarme después de esa película; una aspirina **me calmó.**
No me emborraché; mis malos compañeros **me emborracharon.**
Yo me crié en el campo, pero pienso **criar a mis hijos** en la ciudad.

Conclusiones

Construcciones reflexivas y construcciones transitivas

1. Casi todos los verbos que se usan en construcciones reflexivas pueden usarse también como verbos transitivos.
2. Un verbo transitivo tiene un complemento directo.
3. La construcción reflexiva sugiere que el sujeto hace la acción sin ayuda y sin influencia exterior. La construcción transitiva dice que el sujeto literalmente actúa sobre el complemento directo. Compare:

Miguel se despertó a la seis. = *Miguel se despertó solo, sin ayuda.*
   Miguel despertó a Javier. = *Javier no se despertó solo; Miguel actuó sobre él.*

ACTIVIDADES

24. La boda escandalosa de Gumersinda (entre dos). *¿Qué pasó en la boda de Gumersinda?*

MODELO   el sermón / aburrir a todo el mundo.
   ESTUDIANTE 1: **¿Qué tal el sermón?**
   ESTUDIANTE 2: **El sermón aburrió a todo el mundo.**

1. la música / dormir a todo el mundo
2. el vestido / molestar a los puritanos
3. las flores / enfermar a los alérgicos
4. su madre / ponerle mal el vestido
5. sus damas de honor / bañarla en perfume
6. el ministro / empezar a casar a los padres
7. Don Tremendón / emborrachar a todo el mundo

25. Opiniones (entre dos). *Formulen preguntas usando la tabla A, y respuestas usando la tabla B.*

EJEMPLO   ESTUDIANTE 1: **¿Qué te enferma?**
   ESTUDIANTE 2: **Las flores de plástico me enferman.**

A

¿Qué
¿Quién
¿Quiénes

1. te enferma(n)
2. te despierta(n)
3. te molesta(n)
4. te va a casar
5. te aburre(n)
6. te preocupa(n)
7. te emociona(n)

B

el color morado	los anuncios comerciales	la sociología
las flores de plástico	la nueva moda	la gente a la moda
mi reloj	un rabino	la guerra nuclear
mi hermano	un cura	mis notas
los pájaros	un ministro	mi relación con ?
mi perro	un juez	?

26. Entrevista (entre dos o en pequeños grupos). *Pregúntele a alguien de la clase...*

1. ¿Cuándo vas a casarte? ¿Te va a casar un rabino, un ministro, un cura o un juez?
2. ¿Se baña un perro sin ayuda, o lo baña su amo?
3. ¿Te despiertas sin ayuda, o te despierta tu reloj?
4. Cuando tenías menos de un año, ¿te vestías o te vestía alguien?
5. En un hospital, ¿se acuestan los pacientes sin ayuda, o a veces tienen los enfermeros que acostarlos?
6. ¿Te cortas el pelo, o te lo corta un peluquero?

13.7 ▶ Salgo para Rosario por tren.

PRIMER PASO

Para casi siempre indica un destino o una destinación.

1. El destino es un lugar (*para = hacia*).
   Mientras Josefina iba **para** el parque, miraba **para** las montañas.
   Salgo mañana **para** Guadalajara; después me voy **para** Tampico.
2. Una persona (o un grupo de personas) es el destino de un objeto.

¿Para quién es la rosa?	Es **para** Inés; se gradúa hoy.
¿Para quiénes son las flores?	Son **para** unos amigos que se casan.

3. Una persona (o un grupo de personas) es el destino de una acción.

¿Para quién limpias la casa?	La limpio **para** mi hermana.
¿Para quiénes cantan Uds.?	Cantamos **para** nuestro público.

4. El destino es el propósito de un objeto.
   Esa foto de tu primera comunión es **para** tu abuela.
   Ese vestido es **para** la boda de mi mejor amiga.
5. Empleo (destino del trabajo).

¿Para quién trabajas?	Trabajo **para** la Sra. López.
¿Para qué compañía trabajas?	Trabajo **para** la IBM.

6. Carrera (destino de los estudios).

¿Para qué carrera estudias?	Estudio **para** abogado.

7. Un infinitivo es el destino o el propósito de un objeto o de una acción.
   Este trapo es **para** limpiar zapatos; no es **para** lavar platos.
   Trabajo **para** ganar dinero **para** pagar el alquiler.
8. Destino en el tiempo (tiempo o fecha límite).

¿Para cuándo piensas terminar el informe?	Pienso terminarlo **para** el próximo martes.
¿Para cuándo tenemos que saber las palabras?	Tenemos que saberlas **para** el examen de mañana.

Nota: Observe que se usa **para** en la pregunta cuando se anticipa una respuesta con **para.**

> **¿Para** quién compraste el regalo?
> **¿Para** dónde iban Uds.?
> **¿Para** qué día tenemos que terminar?

SEGUNDO PASO

Hay dos sentidos de *para* que no indican destino.

1. Comparación desigual con una norma.

   Para un estudiante, Ronaldo tiene mucho dinero.   *Según la norma, los estudiantes no suelen tener mucho dinero.*

2. En la opinión de (*para = según*).

   Para mí, tu boda fue una de las más lindas del mundo.

TERCER PASO

Algunos usos de *por*

1. A cambio de:

   Me dieron cinco mil dólares **por** mi coche usado.
   Cambié mi falda **por** una nueva blusa.

2. Agente o medio:

   Mario conoció a su futura esposa **por** un anuncio en el diario.
   Vamos a California **por** tren y no **por** avión.

3. En lugar de:

   Tengo que trabajar **por** Marisa porque se enfermó anoche.
   Cuando me divorcié, mi abogado habló **por** mí.

4. Causa o motivo:

   Me casé **por** amor; tú te casaste **por** dinero.
   ¿A qué hora vienes **por** mí?   Voy **por** ti como a las ocho.

5. Duración de tiempo:

   El presidente habló **por** una media hora en su inauguración.
   Miguel estuvo casado **por** cinco años.

6. A beneficio de, por el bien de:

   Lo hice **por** mi familia.
   La madre trabaja mucho **por** sus hijos.

7. Velocidad, porcentajes, frecuencia y otras medidas (**medida:** *measure*):

   Manejaba a casi cien millas **por** hora.
   Voy al laboratorio tres veces **por** semana.
   El noventa **por** ciento (90%) de los estudiantes salieron bien.

8. Tiempo impreciso:

   Allá **por** los años veinte, muchos se enfermaron en una epidemia de influenza.
   Estudio **por** la noche y trabajo **por** día.

9. Movimiento o acción en un espacio determinado:

   Caminabas **por** la calle cuando te vi.
   Los chicos corrían **por** el parque.
   El túnel pasaba **por** la montaña.
   Viajamos **por** todo el estado de Veracruz.
   Los coches corren rápidamente **por** la nueva autopista.
   Se llega a Lima **por** ese camino.

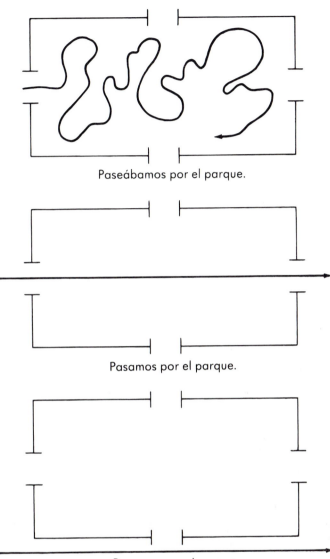

Paseábamos por el parque.

Pasamos por el parque.

Pasamos por el parque.

10. Cerca de, alrededor de:
   Había muchos árboles **por** mi casa.
   Allá **por** la calle Once hay muchas farmacias.

CUARTO PASO

Algunas expresiones idiomáticas con *por*

Por favor, Juan, ¿puedes explicar qué es lo que haces?

¡**Por supuesto! Por fin** me preguntaste. **Por lo general,** trabajo en un pequeño restaurante. Pero **por ahora,** estoy trabajando como jardinero porque paga **por lo menos** el triple del otro trabajo.

Sinopsis

> por ahora = por el momento
> por ejemplo = como evidencia
> por fin = finalmente
> por lo general = generalmente
> por lo menos = como mínimo
> por supuesto = claro que sí

ACTIVIDADES

27. El antropólogo extraterrestre (entre dos). *Ud. acaba de conocer a un extraterrestre que le está haciendo mil preguntas sobre la vida en nuestro planeta. ¿Qué preguntas hace el extraterrestre, y cómo se las contesta Ud.?*

EJEMPLO   ESTUDIANTE 1: **¿Para qué es una boda?**
ESTUDIANTE 2: **Una boda es para casar a dos novios.**

1. una boda
2. un bautismo
3. una coronación
4. una graduación
5. una fiesta de fin de año
6. una misa fúnebre
7. un divorcio
8. una inauguración

a. terminar un matrimonio
b. bendecir a un muerto
c. casar a dos novios
d. iniciar a un/a nuevo/a presidente/a
e. aceptar a alguien en la iglesia
f. iniciar a un/a nuevo/a monarca
g. festejar el nuevo año
h. entregar un diploma

28. Ambiciones (entre dos o en pequeños grupos). *Describa las ambiciones de sus compañeros de clase.*

EJEMPLO   ESTUDIANTE 1: **¿Para qué estudia Miguel?**
ESTUDIANTE 2: **Miguel estudia para ingeniero.**

Algunas carreras posibles:

ingeniero/a	banquero/a	contador/a
abogado/a	profesor/a de ?	comerciante
enfermero/a	químico/a	?

29. La vida siempre fascinante de Don Tremendón (entre dos). *Usando* **para,** *imagínese algún motivo para lo que Don Tremendón hace a continuación.*

EJEMPLO   Don Tremendón / ir al centro
ESTUDIANTE 1: **¿Para qué va Don Tremendón al centro?**
ESTUDIANTE 2: **Para comprar un pantalón morado.**

1. Don Tremendón / estudiar
2. Don Tremendón / prender el televisor
3. Don Tremendón / ir al gimnasio
4. Don Tremendón / acostarse
5. Don Tremendón / casarse
6. Don Tremendón / llamar a Gumersinda

30. Entrevista (entre dos). *Pregúntele a alguien de la clase qué hace para…*

MODELO ESTUDIANTE 1: **¿Qué haces para no engordar?**
ESTUDIANTE 2: **No como postres.**

¿Qué haces para…

1. impresionar a sus amigos?
2. sacar notas fabulosas?
3. no molestar a los vecinos?
4. ganar dinero?
5. no trabajar demasiado?
6. no engordar?
7. no dormir en… ?
8. estar informado/a sobre… ?

31. Fantasías (entre dos). *Invente una pregunta con* **para qué.** *Siga el ejemplo.*

EJEMPLO tú / ir a casarte
ESTUDIANTE 1: **¿Para qué vas a casarte?**
ESTUDIANTE 2: **Voy a casarme para vivir bien.**

1. nosotros / venir a clase   2. tu jefe / existir   3. tú / ir a casarte   4. tú / querer graduarte   5. tú / necesitar una buena nota en esta clase   6. Ud. / ir al cine   7. tú / hacer ejercicios   8. los profesores / trabajar

32. Costumbres (entre dos). *Indique con qué frecuencia Ud. participa en las actividades a continuación.*

EJEMPLO nadar
ESTUDIANTE 1: **¿Cada cuándo nadas?**
ESTUDIANTE 2: **Nado tres veces por semana.**

1. ir a la biblioteca
2. bañarse
3. venir a la clase de español
4. ir al teatro
5. hacer una fiesta
6. enfermarse
7. enojarse
8. emborracharse

33. Causas y motivos (entre dos). *Haga una oración original describiendo el motivo más probable de los eventos a continuación.*

MODELO Ana / casarse (el amor o el dinero)
ESTUDIANTE 1: **¿Por qué se casó Ana?**
ESTUDIANTE 2: **Se casó por el amor.**

1. Miguel / enfermarse (el calor o el frío)
2. el profesor / enojarse (la brutalidad o la inteligencia de sus alumnos)
3. los García / divorciarse (la falta de compatibilidad o el exceso del amor)
4. Sylvia / graduarse en primer lugar (su inteligencia o su indisciplina)
5. los alumnos / molestarse (sus buenas notas o sus malas notas)
6. Ud. / preocuparse (el examen de mañana o el fin del mundo)

34. De cómo el Sr. Hyde llegó a Hollywood. *A continuación se encuentra una nueva versión de una vieja historia. Complete la historia con **por** y **para** y Ud. va a ver qué pasó con un médico frustrado que quería ser actor.*

Allá _____ los años 1940 había un médico que se llamaba el Dr. Jekyll. El Dr. Jekyll vivía en una casa amplia sobre una calle que pasaba _____ el río Támesis en Londres. El Dr. Jekyll pagó mucho dinero _____ la casa, en parte _____ la calidad de la casa, y en parte _____ la zona donde se encontraba. Tenía un consultorio también en un barrio rico _____ atraer a clientes con mucho dinero. Como su clientela era muy próspera, el Dr. Jekyll cobraba mucho _____ sus servicios y pronto llegó a ser uno de los médicos más ricos de Londres.

Pero si _____ fuera el Dr. Jekyll estaba contento, _____ dentro era un hombre muy frustrado. Se frustraba _____ las enfermedades inventadas de sus clientes, y también se frustraba _____ su carrera de médico porque en el fondo, el Dr. Jekyll quería ser actor. Pero _____ ser actor, se requiere mucho trabajo, y al Dr. Jekyll no le gustaba trabajar.

_____ fin el Dr. Jekyll decidió que se sentía frustrado _____ falta de vitaminas en su dieta. _____ lo tanto salió _____ la farmacia _____ comprar unas vitaminas orgánicas. Mientras caminaba _____ la calle, sintió de nuevo las tremendas ganas que tenía de ser actor.

Llegó a la farmacia, y compró unas megavitaminas _____ mucho dinero. Pagó tanto porque creía que _____ ser caras debían ser buenas. Pero el farmacéutico no le dio vitaminas al pobre del Dr. Jekyll; _____ equivocación, le dio una droga muy experimental fabricada especialmente _____ el Agente 007 que en ese momento tomaba sol en Bora Bora.

Cuando el Dr. Jekyll volvió a su consultorio, se tomó una doble dosis de las «vitaminas». De repente, se sintió extraño y empezó a gritar. Afortunadamente, en ese momento un policía pasaba _____ el consultorio, y al escuchar los gritos del

Dr. Jekyll, entró _____ ver qué pasaba. Y allí encontró —¡¡¡A UN MONSTRUO!!!

Pero _____ el policía (que era un crítico frustrado de cine), no era un monstruo;

era un actor escapado de Hollywood. _____ lo tanto, el policía llamó a un famoso

director que en ese momento se encontraba en Londres, y de esa manera, el Dr.

Jekyll consiguió su gran oportunidad de actor.

Se fue a vivir en Hollywood, se cambió el nombre a Hyde e hizo muchas pelí-

culas. También se ganó mucho dinero, en parte porque no pagaba nada _____ el

maquillaje.

Cómo se hace para comprar algo en una farmacia

—Buenos días, señora. ¿En qué puedo servirle?

—**Quisiera** una crema para las manos (pasta dental, loción, champú, etc.). · **quisiera:** forma cortés de *quiero*

—Tenemos de varios tipos. ¿Prefiere Ud. alguna **marca** en especial? · **marca:** nombre comercial

—Quiero algo para **piel** seca y delicada. · **piel:** membrana que cubre el cuerpo

—¿No le gusta esta marca?

—Sí, ¿pero no la tiene en un **tamaño** más grande? · **tamaño:** cantidad

—Cómo no. ¿Algo más?

—¿Hay crema solar?

—Cómo no. ¿Quiere Ud. crema o **aceite**? · **aceite:** *oil*

—Me gusta más el aceite.

—¿Está bien este?

—Me parece perfecto. ¿Cuánto le debo?

—Son seiscientas pesetas más el **impuesto.** ¿Se lo envuelvo? · **impuesto:** dinero para el gobierno

—Sí, por favor. ¿Dónde pago? · **caja:** donde se paga

—Allí en la **caja** por favor. Presente esta **boleta** al señor y él le va a dar su paquete. · **boleta:** hojita de papel que indica el precio

—Muchas gracias.

—A Ud.

Situaciones

1. Ud. acaba de llegar a un lugar donde hace mucho frío y necesita comprar una pomada para los labios.
2. Ud. y unos amigos llegaron a la playa sin bronceador. ¿Cómo hacen para encontrar una farmacia y comprar el producto que necesitan?

EN CONTEXTO

EN VIVO

Dese un baño de salud disfrutando un exclusivo descanso

Contra la tensión y el desgaste y para mantenerse saludable, nunca se inventará nada mejor que la bañera con chorros de agua... la tina de hidromasajes, donde el agua a presión recorre su cuerpo, relajando los músculos y estimulando la circulación. Eso se llama HIDROTERAPIA. Una ciencia muy antigua creada por quienes tenían la sabiduría para usar las fuerzas de la naturaleza en su beneficio, sin destruír la fuente, ni a sí mismos.

Preguntas   1. ¿Qué tipo de tina se necesita para «un baño de salud»?   2. ¿Qué es un hidromasaje?   3. ¿Qué hace el hidromasaje para los músculos y la circulación?   4. ¿Qué otro nombre tiene el hidromasaje?   5. Según el anuncio, ¿quiénes crearon la ciencia de la hidroterapia?   6. ¿Por qué se supone que el hidromasaje utiliza las fuerzas de la naturaleza?   7. Según el contexto, ¿qué significa el verbo «disfrutar»? 8. ¿Qué otra palabra se usa para «tina» en el anuncio?

LECTURA
Los ritos de pasaje

Toda vida en toda sociedad está marcada por ciertos ritos que marcan el progreso de esa vida, desde la infancia hasta la **vejez.** Esos ritos a veces son privadas y personales: por ejemplo, la primera vez que una joven viaja sola, o la primera vez que un joven vive fuera de la casa de sus padres. Otros ritos suelen ser secretos o privados: por ejemplo, las primeras experiencias sexuales o el primer cigarrillo.

    Otros ritos de pasaje se celebran con grandes y bien elaborados rituales y ceremonias. Por ejemplo, cuando los jóvenes se gradúan de la universidad, el ritual de la graduación confirma públicamente que esos jóvenes ya no son estudiantes sino adultos completos que con su graduación están preparados para entrar en un mundo adulto y profesional. De la misma forma, cuando los emigrados a cualquier país se hacen ciudadanos de ese país, es decir, cuando se naturalizan, siempre hay una ceremonia en la cual un **juez** o algún otro oficial del gobierno les confiere la ciudadanía.

    En las sociedades hispanas, esos ritos de pasaje frecuentemente están **vinculados** a las **costumbres** religiosas, empezando con el bautismo donde se da nombre al bebé y se establecen las relaciones entre compadres, padrinos y ahijados. (*Ver la nota cultural sobre el compadrazgo en la página 282.*) El

vejez: los años de viejo

juez: oficial que preside una corte de ley

vinculado: conectado

costumbre: práctica social tradicional

rito del matrimonio también señala un importante rito de pasaje en el que una pareja anuncian públicamente que van a **compartir** su vida. En las sociedades hispánicas el matrimonio casi siempre se celebra en una iglesia donde se dice que todos los reunidos y Dios mismo son **testigos.** De la misma forma, al pasar por el último pasaje de la vida, la muerte, la iglesia da al **moribundo** la extrema unción, que es una bendición especial para los muy enfermos que están a punto de morir.

Uno de los ritos más notables en la vida de los niños es la primera comunión. A los seis o siete años, casi todos los niños hispanos se preparan para la primera comunión tomando clases de doctrina católica. Para la primera comunión los padres compran un **trajecito** o vestido especial que son obligatoriamente de color blanco, símbolo de la **pureza** de los niños que **comulgan** por primera vez. Aunque es un momento solemne, también es una ocasión para fiestas y fotos. Casi todos los hispanos católicos conservan con **cariño** las fotos de su primera comunión.

compartir: tener en común

testigo: *witness*

moribundo: alguien que está muriendo

trajecito: un traje pequeño

pureza: inocencia

comulgar: recibir la comunión en la misa

cariño: amor, afecto

Preguntas   1. ¿Cuáles son algunos de los ritos de pasaje privados?   2. ¿Cuáles son algunos de los ritos de pasaje públicos?   3. ¿Qué festividades públicas se observan para los ritos de pasaje públicos?   4. ¿Qué ritual se asocia con el matrimonio?   5. ¿Qué ritual se asocia con el nacimiento de un bebé?   6. ¿Qué ritual se asocia con la muerte?   7. ¿Tiene la religión en los Estados Unidos la misma importancia ritual que en los países hispanos? ¿Por qué sí o por qué no?   8. ¿En qué consiste la primera comunión?   9. ¿Tienen las otras religiones un ritual para los niños que corresponda a la primera comunión?

Galería hispánica: México

Algunos datos sobre México

Nombre oficial: Estados Unidos Mexicanos
Capital: La Ciudad de México (también el Distrito Federal o solamente «México»)
Población: 90.000.000
Moneda: el nuevo peso
Países vecinos: los Estados Unidos y Guatemala
Etnicidad: mestizo, indígena, europeo y mulato
Exportaciones: petróleo, gas, manufacturas, artesanía, plata, oro, algodón, frutas y vegetales

MEXICO

Tijuana   Ciudad Juárez

Chihuahua   Monterrey

Mazatlán   Tampico

Guadalajara   México

Puebla
Veracruz
Coatzacoalcos

Retrato de Ana

Ana Martínez es una mujer mexicana que durante varios años vivió en los Estados Unidos. Mientras estaba en los Estados Unidos, siguió un curso de inglés enseñado por el autor. Incluyo su historia aquí porque, por un lado, me parece admirable, y por otro, es representati-va de la experiencia de muchos hispanos que entran sin visa en este país.

Ana nació en un rancho del estado de Guanajuato en México. Era la menor de once hijos. La madre de la familia murió cuando Ana tenía cuatro años, y Ana apenas la recuerda.

Aunque la familia de Ana era pobre, en comparación con otras familias del campo, vivían relativamente bien. Cultivaban maíz, frijoles y algunas legumbres, y también tenían gallinas, puercos, dos cabras, un burro y una vaca. Pero aun con eso, el rancho no producía lo suficiente para la familia. Por lo tanto, su padre y sus hermanos mayores trabajaban cuando podían en otros ranchos, sobre todo en una gran hacienda que **pertene-cía** a un hombre rico de la ciudad. **De esa forma,** aunque la familia no vivía con **lujo,** tampoco pasaba hambre.

Ana aprendió a trabajar muy de niña y llegó a ser esencial en la vida diaria del rancho. También estudió, pero sólo hasta el tercer grado. Sin embargo, aprendió a leer y a escribir. Aunque la vida en el rancho era **dura,** Ana tiene buenos recuerdos de su infancia, de los amigos de sus primeros años y de su familia. Conmigo, hablaba del rancho con cierta nostalgia pero en ningún momento quiso volver.

Los hermanos de Ana no pudieron quedarse en el campo porque no había ni trabajo ni tierra. Por lo tanto, todos abandonaron el rancho cuando tenían dieciséis o diecisiete años para buscar trabajo en el Distrito Federal, la capital del país. Sus tres hermanas, en cambio, se casaron con hombres del pueblo y siguen viviendo allí.

Cuando Ana tenía catorce años, murió su papá, y por un detalle legal que Ana nunca comprendió, la familia perdió el rancho. Aunque Ana se puso muy triste con la muerte de su padre, reconoció que no podía quedarse en el rancho. Por lo tanto, Ana también se fue del campo para vivir con un hermano en la capital.

En la capital, Ana quiso estudiar más, pero no pudo porque tenía que trabajar. Se hizo asistente de una **costurera** y allí aprendió a coser. Más adelante, consiguió trabajo con una **modista** que le enseñó a hacer ropa fina. Ana llegó a ser muy **hábil** en su trabajo, y por tener un **oficio** se consideraba más afortunada que la mayoría de sus amigas que trabajaban en fábricas o en casas de familias más ricas.

A los dieciocho años, Ana se casó con un muchacho del barrio y después de un año tuvo una hija a quien le pusieron el nombre de Gabriela o Gaby. Pero la vida pronto se hizo más difícil porque dos años después, el marido murió en un accidente, dejando solas a Ana y a Gaby. Ana tuvo varias posibilidades de casarse de nuevo, pero no quiso. Prefirió buscar otra vida. Fue ese deseo que la **atrajo** a los Estados Unidos.

Dejó a Gaby en su pueblo con una hermana y se fue para «El Norte». **Como** no tenía visa, se pasó a los Estados Unidos clandestinamente. En Los Ángeles consiguió empleo en una pequeña fábrica de ropa que empleaba exclusivamente a extranjeros como Ana —gente sin protección legal. Para sus jefes, los indocumentados (**obreros** sin visa) eran una buena fuente de **mano de obra** barata. Le pagaban poco y no le daban

pertenecer: ser propiedad de

de esa forma: de esa manera

lujo: opulencia

dura: difícil

costurera: una persona que cose y hace ropa

modista: una persona que diseña ropa

hábil: competente

oficio: profesión

atrajo: pretérito de *atraer*

como: porque, por el motivo de que

obrero: alguien que hace trabajo manual

mano de obra: los obreros en general

beneficios médicos. Sin embargo, le sacaban **impuestos** y cuotas para el seguro social, dinero que Ana nunca iba a recuperar ni en servicios ni en jubilación. Ana mandaba casi el setenta por ciento (70%) de lo que ganaba a su familia en México para mantener a su hija. Ana trabajaba de día y estudiaba inglés de noche. Fue en una de esas clases que yo la conocí.

> **impuestos:** dinero que el gobierno colecciona

Ana pronto se cansó del trabajo en la fábrica y consiguió trabajo como criada en varias casas norteamericanas. Cuando las señoras norteamericanas vieron que Ana era una excelente costurera, empezó a ganar más, haciendo vestidos para las señoras, sus hijas y sus amigas. Todo iba bien hasta que un día la detuvo un oficial del Servicio de Inmigración de los Estados Unidos.

Ana sabía que algunas personas la consideraban una criminal, pero ella no se preocupaba demasiado por esa opinión. Su punto de vista era bien claro: quería vivir mejor, quería una independencia que muchas mujeres de su clase social no podían tener, y quería darle a su hija ciertas oportunidades que ella nunca tuvo. Por otra parte, sabía que pocos norteamericanos estaban **dispuestos** a trabajar como ella por el salario que ella cobraba. Y sobre todo, sabía que su trabajo era honesto: ganaba porque trabajaba. Lo único que ella pedía era la oportunidad de trabajar. No buscaba nada **gratis.**

> **dispuesto:** *willing*

> **gratis:** que no cuesta dinero

Durante los dos años que Ana estudió conmigo, la policía la detuvo cuatro o cinco veces, pero ella, de alguna forma, siempre pudo volver, a veces después de una ausencia de solamente cuatro o cinco días. Para ella, la policía era una inconveniencia menor. Siguió trabajando y aprendió inglés bastante bien. Después de terminar el curso, se mudó a San Diego, y perdimos el contacto.

Unos dos o tres años después, en una de las coincidencias más notables de mi vida, tuve la linda sorpresa de ver a Ana en una calle en Tijuana, donde supe el resto de la historia. Al llegar a San Diego, Ana hizo contacto con varias tiendas norteamericanas y empezó a hacer vestidos por orden especial. Por fin, ella y una amiga reunieron suficiente dinero para poner una costurería en Tijuana. El negocio prosperó y ahora tiene clientes de **ambos** lados de la frontera. Su hija Gaby vive ahora con Ana, y estudia en una escuela privada. Según Ana, es una de las mejores alumnas.

> **ambos:** los dos

Preguntas
1. ¿Cómo conoció el autor a Ana? 2. ¿Dónde nació Ana? 3. Describa las circunstancias de su familia durante su niñez. 4. ¿Cuántos años estudió Ana en México? 5. ¿Por qué fue Ana a vivir en el Distrito Federal? 6. ¿Qué oficio aprendió en el Distrito Federal? 7. ¿Qué atrajo a Ana a los Estados Unidos? 8. ¿Cómo distribuía Ana su salario? 9. ¿Por qué no se consideraba Ana una criminal? 10. ¿Qué piensa Ud.? ¿Era criminal Ana? 11. ¿Qué contactos tuvo Ana con el Servicio de Inmigración de los Estados Unidos? 12. ¿Por qué cree Ud. que Ana volvió a México a vivir?

A ESCUCHAR

Escuche la selección.
Ahora escuche la selección por partes e indique si las oraciones son verdaderas o falsas.

1. v f   4. v f   7. v f   10. v f
2. v f   5. v f   8. v f   11. v f
3. v f   6. v f   9. v f   12. v f

SITUACIONES

Situación 1   Ud. llegó hace muy poco a la universidad y ahora vive en una residencia estudiantil. Pero Ud. no conoce los reglamentos de la residencia. Información que Ud. necesita: ¿Dónde puede uno bañarse, ducharse, afeitarse, lavarse los dientes, lavarse la ropa? ¿Dónde se consigue pasta dental, jabón, champú, etc.? Pídale toda la información que Ud. necesite a un/a compañero/a de clase.

Situación 2   Un amigo tiene que tomar una limosina al aeropuerto que sale a las cinco de la mañana. ¿Qué debe hacer para llegar a tiempo? Es decir, Ud. tiene que decirle cuando debe acostarse, dormirse, prepararse las maletas, lavarse la ropa, bañarse, afeitarse, etc. Use el imperativo de **Ud.** para decirle lo que debe hacer.

Situación 3   Ud. tiene que enseñarle a un niño chiquito buenas costumbres higiénicas. Sus primeros consejos pueden ser: Debes levantarte a las siete de la mañana. Debes bañarte todos los días. Otros temas: lavarse las manos, bañarse, ducharse, limpiarse la nariz, limpiarse las orejas, peinarse, cortarse el pelo, cortarse las uñas, lavarse el pelo, lavarse la ropa, etc.

Situación 4   Suponga que Ud. es periodista de televisión y tiene que hacer una entrevista con un personaje importante —un actor, una actriz, un político, una artista— y Ud. tiene que informarse sobre los grandes momentos y hechos de su vida (graduaciones, éxitos, premios, casamientos, divorcios, etc.). Otra persona de la clase puede hacer el papel del personaje importante.

Situación 5   Ud. necesita comprar pasta dental en una farmacia. Identifique lo que Ud. necesita, pregunte cuánto cuesta, en qué tamaños se consigue, etc.

Situación 6   Ud. quiere saber la edad de otra persona (su estado de salud después de una operación, su peso, si está encinta, etc.). ¿Cómo empieza la pregunta?

Situación 7   Ud. sabe un chisme sabroso y jugoso, y quiere compartirlo con un amigo. ¿Cómo empieza Ud. la conversación?

COMPOSICIÓN

Tema 1   Describa su rutina diaria de ayer, empezando con el momento de despertarse y terminando con el momento de dormirse. Narre todo en el pasado.

Tema 2   Los ritos de pasaje que señalan distintos momentos de transición en la vida (graduaciones, ritos religiosos, fiestas especiales, etc.) varían de cultura en cultura. Escriba
una descripción para un lector imaginario de otro país sobre los ritos de pasaje de
una persona típica de la cultura de Ud.

VOCABULARIO ACTIVO

Algunos artículos de higiene y belleza

el cepillo	el espejo	el peine
el cepillo para dientes	la espuma de afeitar	el perfume
la colonia	el jabón	el pincel
la crema dental	la loción	la rasuradora
la crema solar	el maquillaje	el rímel
el champú	la navaja	la secadora
el desodorante	el pañuelo	la toalla
el detergente	la pasta dental	el trapo

Verbos de rutina diaria

acostarse (ue)	dormirse (ue)	peinarse
afeitarse	ducharse	ponerse (la ropa)
bañarse	lavarse	quitarse (la ropa)
desayunarse	levantarse	secarse
despertarse (ie)	limpiarse	vestirse (i)
desvestirse (i)		

Verbos de transiciones y cambios

aburrirse	curarse	graduarse
acostumbrarse	descomponerse	hacerse
bautizarse	detenerse (ie)	llegar a ser
calmarse	divorciarse	molestarse
cambiarse	emborracharse	mudarse
cansarse	emocionarse	preocuparse
casarse	enamorarse	ponerse
contentarse	enfermarse	recibirse
convertirse (ie)	enojarse	recuperarse
criarse	frustrarse	separarse

Otros verbos que se usan mucho en reflexivo

comerse	irse	quedarse
cortarse	llamarse	sentarse (ie)
cuidarse	odiarse	sentirse (ie)
defenderse (ie)	olvidarse	verse
despedirse de (i)		

Más partes del cuerpo

la barba	la mejilla	el pie
el bigote	las narices	la piel
el cabello	las pestañas	las uñas
el cuello		

Etapas de la vida

la adolescencia
la edad adulta
la infancia

la jubilación
la muerte
el nacimiento

la niñez
la vejez

Adjetivos

ambos/as
capaz
casado/a
comprometido/a
descompuesto/a
desigual
duro/a

fabricado/a
gratis
hábil
higiénico/a
natal
orgulloso/a
redondo/a

secundario/a
soltero/a
universitario/a
vago/a
valiente
vanidoso/a
vinculado/a

Expresiones útiles

de nuevo

en seguida

de hecho

Expresiones con por

por ahora
por ejemplo
por fin

por lo general
por lo menos

por el momento
por supuesto

Vocabulario personal

_____   _____

_____   _____

_____   _____

_____   _____

_____   _____

CAPÍTULO 14

LA POLÍTICA

TEMAS

- La política
- El gobierno
- La influencia y los deseos
- Opiniones

FUNCIONES

- Quejarse de algo o de alguien
- Pedir un consejo
- Dar un consejo
- Aconsejar cuidado
- Pedir una opinión

GRAMÁTICA

GALERÍA HISPÁNICA

El Salvador

EN MARCHA

14.1   **¿Para quién quieres que yo vote?**

PRIMER PASO

Comentarios que se oyeron durante una campaña política.

Mi madre no quiere que yo **trabaje** en la campaña.
Quiero que **almuerces** con el jefe del partido mañana.
El presidente pide que el congreso **apruebe** su proyecto de ley.
María espera que **votemos** por ella en las próximas elecciones.
Nadie quiere que vosotros os **quedéis** en la capital.
Los diarios quieren que los candidatos **expliquen** mejor sus posiciones.
El jefe del partido quiere que yo **organice** a los voluntarios.
Yo prefiero que el partido **pague** los viajes de sus empleados.

Conclusiones   **Formación del presente del subjuntivo de los verbos terminados en -*ar***

1. Para los verbos regulares terminados en **-ar,** el presente del subjuntivo se forma sustituyendo **-e-** por la primera vocal de la terminación; note lo parecido de las formas del presente del subjuntivo con las formas del mandato formal (*ver 9.3*).
   voto → vote; votamos → votemos, etc.
2. El presente del subjuntivo conserva los cambios de raíz del presente del indicativo.
   recuerdas → recuerdes; recordáis → recordéis, etc.
3. El presente del subjuntivo de verbos terminados en **-gar, -car** y **-zar** se forma con **-gue, -que** y **-ce** (igual que los mandatos formales y la primera persona del pretérito que Ud. ya sabe).
   pagar   → **pague, pagues, pague,** etc.
   marcar   → **marque, marques, marque,** etc.
   comenzar   → **comience, comiences, comience,** etc.

Sinopsis

fumar		contar	
presente del indicativo	**presente del subjuntivo**	**presente del indicativo**	**presente del subjuntivo**
	e ↓ **e**		e ↓ **e**
fumo	fum **e**	cuento	cuent **e**
fumas	fum **es**	cuentas	cuent **es**
fuma	fum **e**	cuenta	cuent **e**
fumamos	fum **emos**	contamos	cont **emos**
fumáis	fum **éis**	contáis	cont **éis**
fuman	fum **en**	cuentan	cuent **en**

SEGUNDO PASO

Ángel oye que el teléfono suena.

Ángel espera que el teléfono suene.

Mamá ve que Pepito compra bombones.

Mamá prohíbe que Pepito compre bombones.

Usos del subjuntivo con verbos de influencia

1. El subjuntivo casi siempre ocurre en cláusulas subordinadas. Una cláusula es una frase con sujeto y verbo. En las oraciones de arriba, las cláusulas subordinadas comienzan con **que.** Se llaman *cláusulas subordinadas* porque dependen de otra cláusula que se llama la cláusula principal. Por ejemplo:

Yo quiero que Ernesto me llame.   *Yo quiero es la cláusula principal; que Ernesto me llame es la cláusula subordinada.*

2. Se usa el subjuntivo en la cláusula subordinada cuando una de las cláusulas influye o indica el deseo de influir sobre la otra. En las oraciones de la primera columna a continuación, los verbos de la cláusula principal no indican influencia; por lo tanto, no se usa el subjuntivo en la cláusula subordinada. En las oraciones de la segunda columna a continuación, los verbos de la cláusula principal son verbos de influencia; por lo tanto, el subjuntivo es obligatorio en la cláusula subordinada. Compare:

Indicativo

Sé que siempre **votas** por mí.
Los políticos **comprenden** que los ciudadanos se **cansan** de esos gastos.
Oigo que esos armamentos **cuestan** una barbaridad este año.

Subjuntivo

Quiero que siempre **votes** por mí.
Los políticos **esperan** que los ciudadanos no se **cansen** de esos gastos.

Debemos **prohibir** que esos armamentos **cuesten** tanto el año que viene.

Indicativo	*Subjuntivo*
Dicen los diarios que esa ley se **aprueba** mañana.	Todos **preferimos** que esa ley se **apruebe** mañana.

3. Algunos verbos de influencia comunes siguen.

demandar	mandar	preferir (ie)
desear	necesitar	prohibir
esperar	pedir (i)	querer (ie)
exigir	permitir	rogar (ue)

TERCER PASO

Tres detalles más

1. Por lo general, si no hay un cambio de sujeto, se usa un infinitivo en vez de una cláusula subordinada. Compare:

Infinitivo	*Subjuntivo*
Yo prefiero no **fumar** dentro del edificio.	**Yo** prefiero que **tú** no **fumes** dentro del edificio.
Guillermo quiere **casarse** pronto.	Sus **padres** quieren que **él se case** el año que viene.

2. **Decir** puede ser neutral o sugerir influencia según el contexto. Compare:
   Margarita le dice a su vecina que su hijo estudia mucho (*decir = reportar*).
   Margarita le dice a su hijo que estudie más (*decir = mandar*).

3. El subjuntivo se usa para narrar (reportar) un mandato. Compare:

Mandato	*Narración de un mandato*
Luisa: Señores, vuelvan pronto.	Luisa les dice a los señores que vuelvan pronto.
Raúl: Compañeros, no lleguen tarde.	Raúl les manda a sus compañeros que no lleguen tarde.
Mamá: Chicos, recuerden lo que dije.	Mamá les dice a los chicos que recuerden lo que dijo.
Mamá: Pepito, no digas mentiras.	Mamá le dice a Pepito que no diga mentiras.

ACTIVIDADES

1. Esperanzas del senador (entre dos). *Ud. está entrevistando al/a la senador/a (otro/a estudiante) sobre sus esperanzas para las futuras elecciones. ¿Qué dice?*

MODELO mi rival/no ganar
   Estudiante 1: **¿Qué opina Ud. en cuanto a su rival?**
   Estudiante 2: **Espero que mi rival no gane.**

1. la juventud / votar por mí
2. los diarios / no atacarme mucho
3. su partido / apoyarme solamente a mí
4. sus amigos millonarios / ayudarme
5. el jefe de Microsoft / prestarme un millón de dólares
6. su rival / no hablar del aborto
7. los voluntarios / trabajar bien
8. su director de relaciones públicas / organizar bien la campaña

2. Entre padres e hijos (entre dos). *Los chicos a continuación no comparten las opiniones de sus padres. ¿Cuáles son algunas de las diferencias?*

MODELO   Pablo quiere estudiar leyes. (estudiar medicina)
ESTUDIANTE 1: Pablo quiere estudiar leyes.
ESTUDIANTE 2: Es cierto, pero sus padres prefieren que estudie medicina.

1. Ana María quiere tocar la guitarra. (tocar el piano)
2. Margarita y Juan quieren alquilar una casa. (alquilar un departamento)
3. Josefina piensa votar por el candidato demócrata. (votar por el candidato republicano)
4. Nosotros queremos buscar trabajo en otra ciudad. (buscar trabajo cerca de casa)
5. Pepito quiere acostarse con sus padres. (acostarse en su propia cama)
6. Tú quieres almorzar con los otros estudiantes. (almorzar en casa)

3. Combinaciones (entre dos). *Combinen los fragmentos según las indicaciones de su compañero/a.*

EJEMPLO   ESTUDIANTE 1: **4-4-5**
ESTUDIANTE 2: **El presidente pide que nosotros votemos por él.**

1. Mi padre sabe que	1. yo	1. trabajar por la paz
2. Mi abuela espera que	2. los diarios	2. no criticar al senado
3. El partido quiere que	3. tú	3. aceptar la nueva ley
4. El presidente pide que	4. nosotros	4. luchar por la causa
5. Los diarios dicen que	5. el congreso	5. votar por ?

4. Puntos de vista (entre dos o en pequeños grupos). *Usen la tabla A para formular preguntas sobre las opiniones políticas de sus compañeros, sus padres y sus amigos; usen la tabla B para formular respuestas.*

EJEMPLO   ESTUDIANTE 1: **¿Qué opinas de los republicanos?**
ESTUDIANTE 2: **Espero que no controlen el congreso.**

A

¿Qué opinas de... ?	los republicanos
¿Qué te parece(n)... ?	los demócratas
¿Qué opinión tienes sobre... ?	el/la senador/a?
¿Qué opina tu madre sobre... ?	los liberales
¿Qué piensan Uds. de... ?	el/la diputado/a?
¿Qué opinan (?) y (?) sobre... ?	las fuerzas armadas
	?

B

yo	querer	(no) ganar las próximas elecciones
mi madre	esperar	controlar el congreso
mi papá	saber	regresar a casa para siempre
nosotros	oír	protestar el presupuesto militar
?	preferir	votar a favor/en contra del aborto
? y ?	entender	pelearse con ?
	demandar	luchar por los derechos humanos

prohibir	(no) comprar más armamentos
recordar	recordar a los pobres

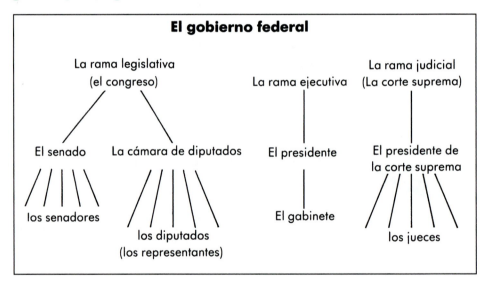

5. Narraciones (toda la clase). *Volvió EL GRAN JEFE MANDÓN y Ud. tiene que narrar lo que manda. Inventen mandatos para sus compañeros y después reporte el mandato usando el subjuntivo.*

EJEMPLO   ESTUDIANTE 1 (RAÚL): **Jaime, levántese.**
                          ESTUDIANTE 2: **Raúl le dice a Jaime que se levante.**

Algunas acciones posibles:

levantarse	despertarse temprano	tomar la mano de ?
cerrar la puerta	no quedarse en cama	abrazar a ?
sentarse	no quitarse la ropa ahora	comprar ?
apuntar su nombre	saludar a ?	almorzar con ?

14.2 ► No me gusta que paguemos tantos impuestos.

El gobierno federal

La rama legislativa
(el congreso)

La rama ejecutiva

La rama judicial
(La corte suprema)

El senado   La cámara de diputados

El presidente

El presidente de
la corte suprema

los senadores

los diputados
(los representantes)

El gabinete

los jueces

Me alegro de que los senadores de nuestro estado **apoyen** al presidente.
    (**alegrarse de:** ponerse contento)
Sentimos mucho que Uds. no **piensen** igual que nosotros.
    (**sentir:** lamentar)
No **me gusta** que **paguemos** tantos impuestos.
Me molesta que **cierren** las oficinas del gobierno tan temprano.
Todo el mundo **teme** que **suelten** (*soltar = dejar caer*) una bomba atómica.
    (**temer:** tener miedo)
El congreso **se queja de** que el presidente **vete** (*vetar = poner «veto»*) la ley.
    (**quejarse de:** manifestar resentimiento)

Conclusiones   ## El subjuntivo con verbos de emoción

1. Si hay un verbo de emoción en la cláusula principal, se usa el subjuntivo en la cláusula subordinada.

2. Algunos verbos que comúnmente describen emociones siguen.

alegrarse de	quejarse de
gustar	sentir (ie)
lamentar	temer
molestar	tener miedo de

ACTIVIDADES

6. Reacciones (entre dos). *En la vida política hay una gran diversidad de opiniones. ¿Qué opinan las personas a continuación?*

MODELO   el senador Bentley / apoyar a los militares / / Miguel lamenta
ESTUDIANTE 1: **El senador Bentley apoya a los militares.**
ESTUDIANTE 2: **Miguel lamenta que el senador Bentley apoye a los militares.**

1. el diputado Riley / votar en contra del presupuesto del presidente / / a Teresa le molesta
2. el gobierno / gastar poco en programas educativos para los pobres / / Ricardo lamenta
3. nosotros / pagar muchos impuestos federales / / a mis padres no les gusta
4. se / fabricar cada día más bombas atómicas / / algunos senadores se quejan de que
5. los gobernadores de estado/contar para poco en el gobierno federal / / los populistas sienten
6. los jueces de la corte suprema / equivocarse a veces / / yo temo
7. en este país todo el mundo / opinar / / nos alegramos de que

7. Opiniones (entre dos o en pequeños grupos). *Usando la tabla, formulen preguntas y respuestas para sus compañeros.*

EJEMPLO   ESTUDIANTE 1: **¿A quién le gusta que su jefe le pague tan poco?**
ESTUDIANTE 2: **A nadie le gusta que su jefe le pague tan poco.**

¿A quién le molesta que... ?	su jefe / pagarle tan poco
¿A quién le gusta que... ?	el gobierno / gastar tanto en ?
¿A quiénes les gusta que... ?	los políticos / (no) hablar de ?
¿Quién lamenta que... ?	el congreso / (no) preocuparse por ?
¿Quién(es) teme(n) que... ?	el presidente / (no) apoyar ?
¿Quién(es) tiene(n) miedo de que... ?	la prensa / (no) criticar ?
¿Quién(es) se alegra(n) de que... ?	las leyes / (no) tomar en cuenta el
¿Quién(es) se queja(n) de que... ?	ambiente

14.3 ¿Temes que el presidente se oponga?

PRIMER PASO

Instrucciones e información que se dan a los miembros de un grupo político.

Les pedimos a todos que **escriban** a su representante.
Me alegro de que **puedas** hablar con tus amigos izquierdistas.
Quiero que Ud. **aprenda** a defenderse ante los ataques de la derecha.
El presidente teme que no **comprendamos** lo que dice.

Me gusta que vosotros **entendáis** mi posición.
Esperamos que algunos alumnos **quieran** participar en la campaña.
Juan teme que nosotros no **volvamos** a tiempo para su discurso.
No me gusta que vosotros me **mintáis.**
El jefe espera que no nos **durmamos** durante su discurso.
El senador espera que no le **pidamos** ayuda.

Conclusiones

El presente del subjuntivo de verbos terminados en *-er* e *-ir*

1. Para formar el presente del subjuntivo de los verbos de la segunda y tercera conjugaciones, se sustituye **-a-** por la primera vocal de la terminación del presente del indicativo; note lo parecido de estas formas con las formas del mandato formal (*ver 6.7*).

    como → coma; escribimos → escribamos, etc.

2. Los verbos terminados en **-er** conservan los cambios de raíz del presente del indicativo.

    vuelve → vuelva; volvemos → volvamos, etc.

Sinopsis

escribir		*poder*	
presente del indicativo	**presente del subjuntivo**	**presente del indicativo**	**presente del subjuntivo**
	a ↓		a ↓
escribo	escrib **a**	puedo	pued **a**
escribes	escrib **as**	puedes	pued **as**
escribe	escrib **a**	puede	pued **a**
escribimos	escrib **amos**	podemos	pod **amos**
escribís	escrib **áis**	podéis	pod **áis**
escriben	escrib **an**	pueden	pued **an**

3. Los verbos terminados en **-ir** conservan los cambios de raíz del presente del indicativo, pero tienen un cambio adicional en el presente del subjuntivo: la raíz de las formas correspondientes a **nosotros** y **vosotros** conserva la primera vocal del cambio que ocurre en las otras formas.

    mentimos → **mintamos**   dormimos → **durmamos**   pedimos → **pidamos**
    mentís → **mintáis**   dormís → **durmáis**   pedís → **pidáis**

Nota: El cambio adicional en los verbos terminados en **-ir** es el mismo que se encuentra en el gerundio (*ver 8.6*) y en el pretérito en tercera persona (*ver 12.4*).

Sinopsis

mentir (ie,i)	*dormir (ue,u)*	*repetir (i,i)*
mienta	duerma	repita
mientas	duermas	repitas
mienta	duerma	repita
mintamos	durmamos	repitamos
mintáis	durmáis	repitáis
mientan	duerman	repitan

SEGUNDO PASO

Más comentarios que se oyeron en la campaña.

Prefiero que **vengan** Uds. a ayudarme.
Necesitamos que tú nos **hagas** un favor.
Pedro quiere que **conozcamos** a su candidato favorito.
Me alegro de que tu prima **tenga** tanto éxito en su carrera política.
Espero que los conservadores no se **opongan** a nuestro plan.
Queremos que el partido nos **ofrezca** más dinero para la campaña.

Conclusiones

El presente del subjuntivo de verbos terminados en *-go* y *-zco* en primera persona

1. Se usa la raíz irregular de verbos terminados en **-go** y en **-zco** para formar el presente del subjuntivo.
2. Las terminaciones no varían.

Sinopsis

tener (tengo)	*poner (pongo)*	*hacer (hago)*	*conocer (conozco)*
tenga	ponga	haga	conozca
tengas	pongas	hagas	conozcas
tenga	ponga	haga	conozca
tengamos	pongamos	hagamos	conozcamos
tengáis	pongáis	hagáis	conozcáis
tengan	pongan	hagan	conozcan

TERCER PASO

¿A quién van a elegir para presidente?

No sé. Espero que **elijan** a alguien de mi partido.

¿Escogieron a los candidatos para las próximas elecciones?

Todavía no. Espero que los **escojan** en la próxima elección.

Conclusiones

El presente del subjuntivo de infinitivos terminados en *-ger* y *-gir*

1. En el subjuntivo la raíz de los verbos terminados en **-ger** y **-gir** termina en **-j-.**
2. Este cambio es totalmente ortográfico; existe sólo para conservar el sonido original de la raíz.

Sinopsis

escoger (escojo)		*elegir (elijo)*	
escoja	escojamos	elija	elijamos
escojas	escojáis	elijas	elijáis
escoja	escojan	elija	elijan

CUARTO PASO

Más comentarios que se oyeron en la campaña.

Prefiero que ese señor no nos **dé** dinero.
Espero que el próximo primer ministro **sea** de nuestro partido.
Me alegro de que **vayas** a repartir volantes (*volante = una hoja propagandística*) con nosotros.

Necesitamos que los carteles (*cartel = anuncio que se pega en una pared*) **estén** listos para la reunión.

Queremos que los senadores **sepan** lo que pensamos.

Conclusiones

Verbos irregulares en el presente del subjuntivo

1. Hay solamente cinco verbos irregulares en el presente del subjuntivo: **dar, estar, ir, saber** y **ser.**
2. Son irregulares porque la primera persona singular en el presente del indicativo no termina en **-o.**

Sinopsis

dar	*estar*	*ir*	*saber*	*ser*
dé	esté	vaya	sepa	sea
des	estés	vayas	sepas	seas
dé	esté	vaya	sepa	sea
demos	estemos	vayamos	sepamos	seamos
deis	estéis	vayáis	sepáis	seáis
den	estén	vayan	sepan	sean

ACTIVIDADES

8. Combinaciones (entre dos). *Combine los elementos de las tres columnas según las indicaciones de sus compañeros.*

EJEMPLO   ESTUDIANTE 1: **2-4-6**

ESTUDIANTE 2: **Mis padres piensan que los jóvenes piden ayuda al estado.**

1. Al presidente no le gusta que	1. yo	1. no tener el voto
2. Mis padres piensan que	2. tú	2. escoger al candidato
3. Mario teme que	3. Ud.	3. repartir propaganda
4. Mis amigos sienten que	4. los jóvenes	4. seguir al presidente
5. Los ciudadanos saben que	5. nosotros	5. dormirse en la reunión
6. Los políticos esperan que	6. vosotros	6. pedir ayuda al estado

9. El presidente don Máximo (entre dos o en pequeños grupos). *Ud. es EL PRESIDENTE DON MÁXIMO, MAGNUM OPUS PER SECULA SECULORUM, el hombre más poderoso del mundo conocido. Exprese sus esperanzas, gustos, disgustos, temores y secretas ambiciones usando la tabla como guía.*

EJEMPLO   Quiero que todos los profesores, sobre todo los profesores de español, reciban un gran aumento de salario.

Voy a prohibir que	los menores de edad	recibir un aumento de salario
Me gusta que	los alumnos de ?	tener que trabajar menos
Sé que	los demócratas	perder/ganar las elecciones
Temo que	los comunistas	controlar la burocracia
Prefiero que	los republicanos	tener control del senado
Me alegro de que	el congreso	no aprobar mi proyecto de ley
Me molesta que	mis enemigos	no ponerse tanto maquillaje

Siento mucho que	mi gabinete	reconocer mi poder
Comprendo que	las fuerzas armadas	ponerse ropa de poliéster
Voy a pedir que	los burócratas	decir la verdad sobre ?
Mando que	los inmigrantes	volver a casa para siempre
Exijo que	Gumersinda	luchar por una causa justa
Espero que	Don Tremendón	jugar sucio
Me dicen que	la izquierda	apoyar ?
Noto que	los derechistas	votar por ?
	? y ?	escuchar música de ?
	?	?

10. ¿Qué quiere la imperiosa Lulú? (entre dos) *Lulú está describiendo todo lo que quiere. ¿Qué dice?*

MODELO   su novio/darle un helado colosal
ESTUDIANTE 1: **¿Qué quiere Lulú de su novio?**
ESTUDIANTE 2: **Lulú quiere que su novio le dé un helado colosal.**

1. sus padres/estar en casa temprano porque necesitan dormir
2. los políticos/saber que tienen que pedirle permiso a ella para todo
3. nosotros/ser más simpáticos y menos exigentes
4. vosotras/ir con ella para protestar la contaminación atmosférica
5. su papi/darle un Porsche y una tarjeta de crédito
6. todos los demás/ser exactamente como ella

11. Entrevista (entre dos o en pequeños grupos). *Usando la tabla del ejercicio 9, inventen preguntas para sus compañeros.*

EJEMPLO   **¿Esperas que los demócratas tengan control del senado después de las próximas elecciones?**

12. Opiniones y confesiones (entre dos o en pequeños grupos). *Pregúntele a alguien de la clase...*

1. qué quiere que sus padres le den.
2. qué quieren sus padres que él/ella les dé.
3. dónde espera que sus amigos estén esta noche a las nueve.
4. quién quiere que sea presidente/a.
5. adónde quiere que su peor enemigo se vaya.
6. qué es lo que quiere que todo el mundo sepa.

Cómo se hace para pedir una opinión

¿Qué le (te) parece(n)... ?	Quiero que me des tu opinión sobre...
¿Qué opina Ud. de... ?	Quiero saber lo que piensa Ud. sobre...
¿Le (Te) parece bien o mal que... ?	Sin duda tienes alguna idea interesante sobre...

Cómo se hace para aventurar una opinión

A mí me parece que...	Esa idea me parece buena (mala, infundada, etc.).
Tengo la impresión de que...	Eso me hace pensar que...
Yo opino que...	Yo digo que...

Situaciones

1. Ud. está con una persona muy informada sobre política y quiere saber su opinión sobre distintos fenómenos y personajes de la vida política del país.
2. Un reportero le está preguntando sobre distintos aspectos de la política del país. ¿Cómo contesta Ud. sus preguntas?

14.4 ▸ Es evidente que no quieres venir, pero es importante que vengas.

Compare:

Es obvio que no **conoces** bien al alcalde.	**Es necesario** que lo **conozcas** mejor.
Es cierto que no **somos** grandes políticos ahora.	Pero **es posible** que **seamos** grandes políticos algún día.
Es verdad que muchos ciudadanos no **votan** en las elecciones.	**Es preciso** que más ciudadanos **voten** en las próximas elecciones.
Es evidente que el pueblo **quiere** mucho al gobernador.	Pero **es probable** que el gobernador **tenga** algunos enemigos.

Conclusiones

El subjuntivo con expresiones impersonales

1. **Es obvio, es posible, es preciso,** (*es preciso = es necesario*), **está bien,** etc. son expresiones impersonales.
2. Se usa el indicativo con expresiones impersonales que indican certeza o seguridad. Por ejemplo: **es obvio, es cierto, es verdad** y **es evidente.**
3. Se usa el subjuntivo en todos los demás casos. Las siguientes expresiones impersonales son las más comunes que se combinan con el subjuntivo.

es absurdo	es increíble	es posible
es bueno	es una lástima	es preciso
es difícil	es lógico	es probable
es fácil	es malo	es trágico
es importante	es natural	es triste
es imposible	es necesario	está bien

ACTIVIDADES

13. Conciencia social (entre dos). *¿Cómo reaccionan Uds. frente a estas situaciones?*

EJEMPLOS   El gobierno municipal no les da casa a los pobres. (¿bueno o malo?)

ESTUDIANTE 1: El gobierno municipal no les da casas a los pobres. ¿Es bueno o malo esto?

ESTUDIANTE 2: **Es malo que el gobierno municipal no les dé casas a los pobres.**

1. Muchos ciudadanos no conocen la historia de su país. (¿lamentable o bueno?)
2. Algunos políticos defienden los intereses de las grandes empresas. (¿malo o necesario?)

3. Muchos matrimonios terminan en divorcio. (¿triste o inmoral?)

4. Muchos jóvenes no respetan las leyes. (¿probable o evidente?)

5. Se paga muy mal a los profesores de español. (¿natural o repugnante?)

6. Se fabrican muchos armamentos hoy día. (¿necesario o peligroso?)

7. La guerra es la única forma de resolver algunos problemas. (¿cierto o falso?)

8. Los niños juegan con juguetes que parecen armas. (¿natural o absurdo?)

9. Las rentas están muy altas. (¿inevitable o deplorable?)

 14. Invención (entre dos o en pequeños grupos). *Completen las oraciones de forma creativa.*

1. Es necesario que los políticos en Washington... 2. Es muy malo que mis compañeros... 3. Es cierto que los republicanos... 4. Es importante que mi senador... 5. Está bien que nosotros... 6. Es bueno que el gobierno municipal... 7. Es evidente que los demócratas... 8. Es probable que el próximo presidente... 9. Está mal que el ejército... 10. Es verdad que la marina... 11. Es inevitable que las fuerzas armadas... 12. Es importante que los soldados de mi generación...

NOTA CULTURAL

La política y las universidades en el mundo hispano

Las universidades de Latinoamérica son mucho más activas en la política de su país que las universidades norteamericanas. Las elecciones universitarias, por ejemplo, no se dedican exclusivamente a **asuntos** estudiantiles. Más bien, se

asunto: tema, *affair*

dedican a influir en la vida política de todo el país. No es raro que los partidos políticos del país sean también los partidos que controlan distintos sectores de la universidad. Por ejemplo, en la Argentina, es posible que la Facultad de Letras sea del Partido Justicialista (Peronista); que la Facultad de Leyes sea del Partido Radical; y que la Facultad de Medicina sea del Partido Socialista. Todos esos partidos son partidos reales que consideran el **apoyo** de los estudiantes un **logro** importante.

La politización de las universidades contribuye a una situación que les parece caótica a muchos norteamericanos. Por ejemplo, en las paredes hay inscripciones y **carteles** de todo tipo, y casi todos los días hay reuniones, manifestaciones, protestas y discursos políticos que a veces terminan en **huelgas** y violencia. Esa actividad tiene su efecto; no son pocos los gobiernos en el mundo hispano que cayeron en parte a causa de una protesta o una huelga estudiantil.

Muchos se preguntan si es posible aprender en un **ambiente** tan politizado. Por un lado es probable que la actividad política de los estudiantes hispanos interfiera a veces en su preparación académica. Pero por otro lado, la experiencia estudiantil en el mundo hispano puede dar una preparación que no se da en clases tradicionales.

apoyo: contrario de oposición

logro: triunfo

cartel: anuncio, letrero
huelga: cuando los obreros dejan de trabajar o los alumnos dejan de asistir a clase

ambiente: atmósfera

Cómo se hace para expresar preocupación o miedo

Estoy preocupado/a por...   Temo que...   Me tiene preocupado/a...
Me preocupa(n)...   Me temo que...   Me inquieta(n)...
Esto me inquieta.   Tengo miedo de que...   Tengo mis temores.

Situaciones

1. Hay dos candidatos para alcalde de su ciudad. Uno de ellos es muy bueno pero tiene poca presencia pública. El otro tiene mucha presencia pública pero es inepto y corrupto como líder. ¿Cómo expresa Ud. sus preocupaciones?
2. Su compañera de cuarto debía llegar a casa a las once. Ya son las cuatro de la madrugada y Ud. está preocupado/a. ¿Qué dice?

14.5 ▶ Ojalá que haya mucha gente en la reunión.

Comentarios de dos jóvenes.

Ojalá la fuerza aérea me **acepte** como piloto.
Ojalá que los soldados de nuestra generación nunca **tengan** que pelear en una guerra.
Es probable que **haya** buenos soldados en el ejército.
Prefiero que no **haya** ningún problema militar durante los próximos diez años.
Nos alegramos de que **haya** libertad de prensa en el país.

Conclusiones   **Ojalá, ojalá que y el presente del subjuntivo de hay**

1. **Ojalá** y **Ojalá que** son equivalentes de **espero que.**

     Ojalá venga más gente. = Espero que venga más gente.

> **Ojalá que** Uds. me comprendan. = Espero que Uds. me comprendan.
> **Ojalá que sí.** = Espero que sí.
> **Ojalá que no.** = Espero que no.

2. **Haya** es el subjuntivo de **hay.**

ACTIVIDADES

15. La campaña. *Miguel está organizando una campaña política y está pensando en todas las cosas que tienen que hacerse todavía. ¿Que dice?*

MODELO   traer los volantes (Mario) → **Ojalá que Mario traiga los volantes.**

1. presentar al candidato (la jefa del partido)
2. decir cosas a favor (los diarios)
3. pintar bien los carteles (Marisela)
4. pagar los anuncios (Ud.)
5. donar los fondos (los ricos)
6. hacer llamadas telefónicas el día de las elecciones (los voluntarios)
7. repartir volantes durante la manifestación (los jóvenes del partido)
8. oponerse a nuestra propuesta (nadie)
9. decir cosas tontas (el otro candidato)

16. Observaciones y reacciones (entre dos o en pequeños grupos). *Usando* **muchos, demasiados, pocos,** *y* **suficientes,** *comenten los temas a continuación en oraciones con* **hay** *o* **haya.**

EJEMPLO   armamentos
ESTUDIANTE 1: **Hay muchos armamentos en el mundo.**
ESTUDIANTE 2: **Temo que haya demasiados armamentos en el mundo.**

armamentos
liberales
conservadores
republicanos
demócratas

corrupción
contaminación del ambiente
consumo
gente con conciencia social
materialismo

14.6 No vengas hoy. Ven mañana.

PRIMER PASO

Pepito a Mamá:

Mamá, **tráeme** unos bombones de la tienda; **no me traigas** comida. ¡Quiero bombones!

Mamá, **ayúdame** con la tarea. Pero **no escribas** las respuestas. Las quiero escribir yo.

Mamá a Pepito:

Oye, Pepito, **no me hables** cuando estoy hablando por teléfono. **Háblame** después.

Oye, Pepito, **no metas** tus juguetes debajo de la cama. **Mételos** en el armario.

Pepito, **no toques** el piano a medianoche. **Tócalo** durante el día.

Pepito, **no abras** tu regalo ahora. **Ábrela** mañana que es el día de tu cumpleaños.

Pepito, **no te duermas** en el piso. **Acuéstate** en la cama como debes.

Conclusiones   ## Los mandatos regulares de *tú*

1. Los mandatos afirmativos de **tú,** con muy pocas excepciones, usan la misma forma que la tercera persona singular. Compare:

    Miguel habla con Isa.   Aida, **habla** un poco sobre tu candidato.
    Isa comienza a hablar.   Jorge, **comienza** el discurso ahora.
    Ana oye el ruido.   **Oye,** Paco. Necesito hablarte.

2. Los mandatos negativos de **tú** son iguales que el presente del subjuntivo de **tú,** sin excepción.

    Señor, **venga** Ud. temprano.   Miguel, no **vengas** tarde.
    Señora, **empiece** Ud. ahora.   Ana, no **empieces** hasta la una.
    Señora, **ponga** su abrigo allí.   Pepito, no **pongas** tus juguetes allí.

3. Los complementos pronominales y reflexivos siempre se agregan a un mandato afirmativo. Nunca se agregan a un mandato negativo. Cuando un mandato se combina con pronombres, se pone un acento para conservar el énfasis original. Compare:

    Preséntame**la.**   No **me la** presentes.
    Escríbe**lo** en la pizarra.   No **lo** escribas en la pared.
    Chico, levántat**e** temprano.   No **te** levantes tarde.

SEGUNDO PASO

Hijito, **hazme** un favor. **Ve** a la tienda y cómprame un kilo de papas. **Ponte** tu abrigo porque hace frío. **Sal** por la otra puerta para no molestar a tu papi. **Ten** cuidado al cruzar la calle, y **sé** bueno en la tienda. Si tienes algún problema, **dímelo** cuando vuelvas.

Conclusiones   ## Los mandatos irregulares de *tú*

1. Son irregulares los mandatos afirmativos de **tú** de **poner, salir, tener, venir, hacer, decir, ir** y **ser.** Sus mandatos negativos son regulares.

2. Para **poner, salir, tener** y **venir,** el mandato afirmativo de **tú** es igual que la raíz del infinitivo:

    poner → **pon**
    salir → **sal**
    tener → **ten**
    venir → **ven**

3. Los mandatos afirmativos de **tú** para **hacer, decir, ir** y **ser** son:

    hacer → **haz**
    decir → **di**
    ir → **ve**
    ser → **sé**

4. Como en otros mandatos, los pronombres siempre se agregan a los mandatos afirmativos y siempre se anteponen a los mandatos negativos.

    No me lo digas ahora; **dímelo** más tarde.
    No me hagas el pastel para hoy; **házmelo** para mañana.

ACTIVIDADES

17. Pepito el Vivísimo I. *Pepito es un chiquito entusiasta (un eufemismo) que todo lo quiere hacer. ¿Qué le dice su mamá?*

MODELO   meter el lápiz en el ojo → **Pepito, ¡no metas el lápiz en el ojo!**

1. meter juguetes en el inodoro
2. beber el whisky de papá
3. ponerse el maquillaje de mamá
4. torturar al perro
5. comerse el papel higiénico
6. hacer pipí en el piso
7. salir desnudo a la calle
8. dar de comer a las cucarachas

18. Pepito el Vivísimo II. *Pepito sigue tan vivo y tan entusiasta como en la actividad anterior. ¿Qué le dice su mamá ahora?*

MODELO   traerme los caramelos → **Pepito, tráeme los caramelos.**

1. salir de casa un momento
2. saludar a la abuela
3. ponerse el abrigo
4. levantarse del piso
5. ir a la escuela temprano
6. ser bueno con el gato
7. decirle la verdad a su papi
8. hacer algo bueno

19. Pepito, (a veces) el adorable. *¿Qué le dice la mamá de Pepe a su hijo adorable? Haga un mandato con las frases de la segunda columna que corresponda a las situaciones de la primera.*

EJEMPLO   Pepito tiene los zapatos sucios. → **Pepito, límpiate los zapatos.**

1. Pepito tiene la cara sucia.
2. Pepito no quiere acostarse.
3. Pepito acaba de comer.
4. Pepito tiene la camisa sucia.
5. Hace frío y Pepito va a salir.
6. Pepito tiene el pelo desordenado.

a. lavarse los dientes
b. ponerse el abrigo
c. peinarse
d. lavarse la cara
e. acostarse
f. quitarse la camisa

20. ¿Qué le dices... ? (entre dos) *Usen la tabla para formular preguntas y respuestas.*

EJEMPLO   ESTUDIANTE 1: **¿Qué le dices a un amigo que sabe un secreto?**
ESTUDIANTE 2: **Dímelo.**

¿Qué le dices a un amigo que...

1. tiene una pizza deliciosa?
2. tiene un BMW?
3. tiene un millón de dólares?
4. sabe un chisme monumental?
5. conoce a tu actor favorito?
6. es íntimo amigo de Gumersinda?
7. ?

a. (no) presentar
b. prestar
c. decir
d. dar
e. conseguir
f. no traer
g. ?

21. Consejos (entre dos o en pequeños grupos). *Inventen consejos usando mandatos familiares para responder a esas situaciones.*

EJEMPLO   ESTUDIANTE 1: **¿Qué debo hacer si Don Tremendón me invita a ver sus cuadros?**
ESTUDIANTE 2: **No vayas.**

¿Qué debo hacer...

1. con personas atractivas pero agresivas?
2. cuando una persona de mala fama me invita a tomar una cerveza?
3. cuando quiero ir a una discoteca y tengo un examen el día siguiente?
4. cuando estoy de dieta y alguien me regala un plato de bombones y dulces de chocolate?
5. cuando estoy enamorado/a y la otra persona no corresponde?
6. si es medianoche, un viernes 13, y oigo ruidos raros debajo de mi cama?
7. cuando tengo ganas de comprar un pantalón verde y rosado con flores amarillas?
8. cuando estamos todos cansados de esta actividad?

Cómo se hace para pedir un consejo

Oye, necesito que me ayudes.
Quiero que me aconsejes.
¿Qué debo hacer?

¿Qué sugiere Ud. que haga?
Déme su consejo.
¿Qué recomienda(s) que haga?

Cómo se hace para dar un consejo

Le (Te) recomiendo que...
Creo que debe(s)...
Haga (Haz) lo siguiente...

No le (te) recomiendo que...
No me parece que debe(s)...
De ninguna forma debe(s) hacer lo siguiente...

Situaciones

1. Ud. tiene un grave problema con uno de sus profesores que cree que Ud. mientras tomaba un examen copiaba las respuestas de un compañero. ¿Cómo le hace para pedir consejos a una amiga?
2. Un amigo de Ud. tiene un punto de vista político que está en total desacuerdo con las opiniones de sus padres y cada vez que los visita, se pelean. ¿Qué consejos le da Ud.?

14.7   **¡No quiero sacar la basura! ¡Que la saque Jorge!**

Los Oviedo acaban de volver de sus vacaciones y están discutiendo quién va a hacer qué.

PAPÁ   Jorge, saca las maletas del coche.
JORGE   Son muy pesadas; **que las saquen** Ana y Miguel.
MAMÁ   Ana, abre la puerta.
ANA   No puedo porque tengo algo en las manos; **que la abra** Jorge.
PAPÁ   Raúl, llama a los abuelos para decirles que llegamos bien.
RAÚL   No puedo ahora; **que los llame mamá.**

Conclusiones   ## El mandato indirecto

1. Se usa el mandato indirecto para expresar un deseo referente a otra persona u otras personas.
2. Se forma con **que** y la tercera persona del presente del subjuntivo en singular o plural.

ACTIVIDADES

22. Pancho el Perezoso (entre dos). *Pancho prefiere que otras personas hagan los quehaceres* (quehacer = trabajo, responsabilidad) *que su papá le asigna a él. ¿Cómo contesta Pancho el Perezoso?*

MODELO   recoger los juguetes/Mario
ESTUDIANTE 1: **Pancho, recoge los juguetes.**
ESTUDIANTE 2: **Yo no quiero; que los recoja Mario.**

1. lavar los platos / la criada
2. regar las flores / Susana y Juan
3. cortar el césped / Mario
4. sacar la basura / Imelda y Ana
5. barrer el piso / las chicas
6. arreglar el jardín / Raúl y José
7. pintar el baño / un profesional
8. pasar la aspiradora / Jorge

23. Planeando las vacaciones (entre dos). *Suponga que Ud. y algunos compañeros de clase van a hacer un viaje a un lugar exótico y a Ud. y a otra persona de clase les corresponde decidir quién hace qué preparativos.*

MODELO   comprar los pasajes
ESTUDIANTE 1: **¿Quién va a comprar los pasajes?**
ESTUDIANTE 2: **Que los compre** *(nombre de alguien en la clase).*

1. buscar un mapa
2. traer crema solar
3. llevar el coche al garaje
4. comprar cerveza
5. pagar la gasolina
6. lavar el coche
7. invitar a ? y ?
8. hacer una reservación de hotel

Cómo se hace para quejarse de algo o de alguien

Me quejo de que...
Me parece monstruoso que...
Esto no puede ser. No vamos a permitir que...
¡Qué barbaridad! No puede ser que...

¡Esto es el colmo!
¡Esto es intolerable!
Oiga (Oye), ¿cómo es que... ?
¡No faltaba más! Me molesta que...

Cómo se hace para aconsejar cuidado

Cuidado con...
Ojo con...
Ten (Tenga) cuidado con...

Preste (Presta) mucha atención con...
Cuídese (Cuídate) mucho al (+ infinitivo)
Mire (Mira) bien antes de (+ infinitivo)

Situaciones

1. Ud. está de malísimo humor y se queja de todo y de todos.
2. Ud. tiene una amiga que va por primera vez a LA GRAN CIUDAD. ¿Qué consejos le da Ud.?

EN CONTEXTO

EN VIVO

De regreso a la política

La política corre por sus venas. Por eso no es de extrañar que tras tres años y dos meses de permanecer en el Gabinete retorna ahora a la arena partidista socialcristiana.

En su actividad política, **Rodolfo Méndez Mata**, de 56 años de edad, demostró ser un hombre con temple; esa virtud parece haber crecido, a los ojos de la opinión pública, durante estos años de gobierno, primero como **Ministro de la Presidencia** y luego como **titular de Hacienda**.

Ahora no solo es reconocido como un hábil negociador y un hombre fiel a sus líderes y a los principios de su partido sino también como un buen conocedor de la materia económica.

Esta semana trascendió que su salida del Gobierno estaba muy cercana. Según fuentes muy confiables a partir de este martes, don Rodolfo dejará de estar al frente de las finanzas del Estado y asumirá la **jefatura de la campaña política de Miguel Angel Rodríguez**.

Sin embargo, con la misma prudencia con que manejó durante 20 meses la política fiscal de esta administración, se mantuvo sigiloso en sus declaraciones esta semana antes las informaciones en la prensa sobre su dimisión.

Preguntas

1. ¿Qué significa la frase «La política corre por sus venas»?   2. ¿De quién habla el artículo?   3. ¿Por cuánto tiempo estuvo el Sr. Méndez Mata en el gabinete?   4. ¿Qué puestos ocupó en el gabinete?   5. ¿De qué partido es miembro el Sr. Méndez Mata?   6. ¿En qué materia es experto el Sr. Méndez Mata?   7. ¿A quién va a ayudar el Sr. Méndez Mata en la próxima campaña política?   8. ¿Qué cargo va a ocupar en la campaña?

LECTURA

El tercer mundo: ¿mito o realidad?

En algunos cursos universitarios, en la prensa, en la televisión y en conversaciones de café, **se acostumbra** hablar del «tercer mundo». Originalmente, se pensaba que el *primer mundo* se refería a los países capitalistas más prósperos, y que el término *segundo mundo* (aunque se usaba poco) se refería al bloque comunista. Desde los extraordinarios acontecimientos de 1989, cuando el bloque comunista **se deshizo,** no se habla mucho del segundo mundo. Sin embargo, el término *tercer mundo* sobrevive. **Ya que** se supone que toda la América Latina **pertenece** al tercer mundo, es importante que examinemos el término con algún cuidado.

se acostumbra: existe la costumbre de

deshacerse: *to fall apart*
ya que: *since* (en una secuencia lógica)
pertenecer: ser de

Existen varias definiciones, pero todas con problemas. Por ejemplo, se dice que los países del tercer mundo son países sin industria. Pero si eso es cierto, hay que excluir a México, el Brasil, la India, Korea, Taiwán y toda una serie de otros países que supuestamente son del tercer mundo porque son países con mucha industria **pesada** y una gran capacidad **fabril.**

Otra idea que se propone es que los países del tercer mundo tienen economías poco diversificadas, es decir, que su economía está basada en dos o tres productos principales. Pero aquí también hay problemas. Es cierto que países como Guatemala y El Salvador dependen casi exclusivamente de dos o tres productos principales y que son países muy pobres. Pero **de la misma forma,** Dinamarca, Holanda y Suiza también viven de pocos productos —y son países prósperos. Por otra parte, aunque México y el Brasil tienen industrias muy diversificadas, se dice que son países del tercer mundo. Por lo tanto, una economía poco diversificada (o muy diversificada) no indica que un país sea o no sea necesariamente del tercer mundo.

Otra definición que algunas personas quieren que aceptemos es que los países del tercer mundo son países **sobrepoblados.** Pero aquí también hay graves problemas. Es cierto que algunos países que supuestamente son tercer-mundistas como El Salvador y México tienen poblaciones que **a primera vista** son demasiado grandes. Pero la densidad demográfica de estos países es *mucho menor* que la densidad poblacional del Japón, Holanda y Bélgica, que se consideran países del «primer» mundo. Por otra parte, algunos países supuestamente del tercer mundo como la Argentina, el Paraguay y el Uruguay son países **subpoblados;** es decir, los recursos de estos países pueden sostener una población mucho **mayor** que la población que tienen. Incluso, se dice que es necesario que haya *más* gente en estos países para reclamar y cultivar tierras **baldías.** También es notable que estos tres países tienen una **tasa** de fertilidad menos alta que los Estados Unidos. Por lo tanto, la definición demográfica del tercer mundo tampoco **sirve.**

Tal vez la única definicíon del tercer mundo que puede ser útil es su definición ideológica. Según esta definición, el tercer mundo denomina a las personas y a los pueblos oprimidos que están excluidos de los centros del poder. Es decir, el tercer mundo consiste en todos los grupos que no participan en las decisiones que regulan su vida. Según esta definición, una persona puede afirmar su solidaridad con todos los oprimidos —los pobres, los minoritarios, los necesitados, los débiles, las mujeres en sociedades patriarcales, etc., definiéndose como «tercermundista». Como afirmación ideológica, esta definición puede ser útil; sin embargo, como descripción concreta de todos los países que supuestamente componen el tercer mundo, es problemática por ser demasiado general.

En última instancia, el debate sobre la definición «correcta» de «tercer mundo» parece generar muchas palabras y poca comprensión. Por lo tanto, en nuestras discusiones sobre Latinoamérica, quizás debemos dejar a un lado las generalidades del «tercer mundo» y comenzar a estudiar las sociedades latinoamericanas **tales como** se nos presentan. En ese estudio vamos a encontrar un mundo mucho más interesante y mucho más variado que las generalidades vacías de la prensa y las conversaciones de café.

pesada: *heavy*
fabril: de fábrica

de la misma forma: igualmente

sobrepoblado: con una población demasiado grande
a primera vista: superficialmente

subpoblado: con una población demasiado pequeña
mayor: más grande
baldía: sin cultivar
tasa: *rate*
servir: funcionar

tales como: exactamente como

Preguntas   1. ¿En qué contextos se escucha el término «tercer mundo»?   2. ¿Qué comprende Ud. por ese término?   3. ¿Por qué es importante que los que estudiamos la

América Latina tengamos alguna idea clara de lo que «tercer mundo» significa?   4. ¿Por qué no son iguales los términos «tercer mundo» y «mundo sin industria»?   5. ¿Es cierto que todos los países que son supuestamente tercermundistas tienen economías poco diversificadas? ¿Por qué sí / no?   6. ¿Hay una relación entre la tasa de fertilidad y el nivel de desarrollo de los países? ¿Por qué sí / no?   7. ¿Son sobrepoblados todos los países latinoamericanos? ¿Por qué sí / no?   8. ¿Cuál es la definición ideológica de «tercer mundo»?   9. ¿Acepta Ud. una de las definiciones dadas en la lectura? ¿Por qué sí / no?   10. En nuestros estudios sobre la América Latina, ¿es útil el término «tercer mundo»? ¿Por qué sí / no?

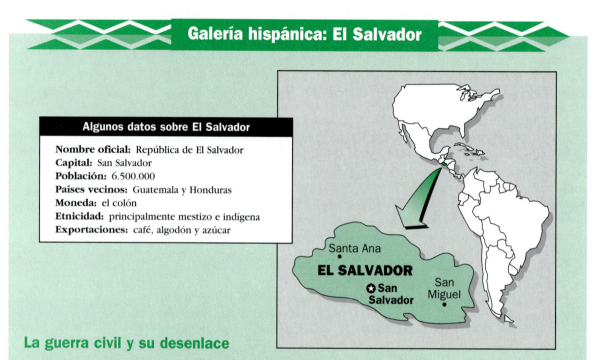

Galería hispánica: El Salvador

Algunos datos sobre El Salvador

Nombre oficial: República de El Salvador
Capital: San Salvador
Población: 6.500.000
Países vecinos: Guatemala y Honduras
Moneda: el colón
Etnicidad: principalmente mestizo e indígena
Exportaciones: café, algodón y azúcar

Santa Ana

EL SALVADOR

✪ **San Salvador**

San Miguel

La guerra civil y su desenlace

La historia de El Salvador es una historia de violencia. Desde que se separó de España en 1821, El Salvador tiene un pasado de muchos conflictos, algunos con países vecinos como Honduras y Guatemala, y otros —los más trágicos— entre sus propios ciudadanos.

Pero la última guerra civil tuvo un resultado poco esperado: los **contrincantes** después de diez años de una guerra civil que nadie pudo ganar, firmaron un **tratado** de paz y formaron partidos políticos. La historia fue más o menos así.

contrincantes: opositores

tratado: acuerdo

Después de muchos gobiernos autoritarios, que casi siempre defendían los intereses de las clases **adineradas,** se produjo una guerra civil **a fines de** la década del 70. Por un lado estaban los tradicionalistas que controlaban el gobierno y defendían el *status quo.* Por otro lado estaba el Frente de Liberación Faribundo Martí, que **peleaba** para imponer un sistema socialista, reducir la disparidad entre ricos y pobres, y limitar el poder de las **empresas** multinacionales. Como el FLFM recibía apoyo de Cuba y del bloque soviético, los Estados Unidos apoyó a los tradicionalistas.

adinerado: rico
a fines de: al final de

pelear: batallar

empresa: compañía

La guerra produjo enormes tragedias, siendo una de las principales el **asesinato** en 1980 por agentes del gobierno del arzobispo Oscar Romero mientras decía misa. Otras atrocidades de la guerra, como el masacre en el pueblo de El Mazote en el que se mató a más de 400 civiles, **salieron a luz** después de la guerra. Se calcula que más de 70.000 personas perdieron la vida en la guerra civil —una enorme cantidad en **cualquier** país pero sobre todo en un país de menos de 6.000.000 de habitantes.

Pero lo más interesante de la guerra civil fue su **desenlace.** En 1990, todo el mundo reconoció que era una guerra que nadie ganaba, o **mejor dicho,** que todos perdían. Por fin, en 1992, el gobierno firmó un tratado de paz con el FLFM, y el FLFM se convirtió en un partido político. El Salvador sigue siendo uno de los países más pobres de la América Latina, pero desde 1992 hasta ahora, está buscando soluciones dentro de un sistema democrático.

asesinato: el acto de asesinar

salir a luz: revelarse

cualquier: *any*

desenlace: final

mejor dicho: *better said*

Preguntas   1. ¿Por qué se firmó un tratado de paz en El Salvador en 1992?   2. Por lo general, ¿qué grupos sociales defendía el gobierno salvadoreño?   3. ¿Cuáles eran las metas del Frente de Liberación Faribundo Martí?   4. ¿Qué países apoyaban al FLFM?   5. ¿Qué países apoyaban al gobierno?   6. ¿Cómo se llamaba el obispo que fue asesinado por fuerzas del gobierno?   7. ¿Qué pasó en El Mazote?   8. ¿Cuántos salvadoreños perdieron la vida en la guerra civil?   9. ¿Qué pasó con el FLFM?   10. ¿Qué tipo de gobierno tiene El Salvador ahora?

 A ESCUCHAR

Escuche la selección.
Ahora, escuche la selección por partes y termine las oraciones con la respuesta más lógica de las que se encuentran a continuación.

1. a. su inteligencia.
   b. su radicalismo.
   c. la disparidad de sus opiniones políticas.
   d. la belleza del narrador.
2. a. una alumna modelo.
   b. una chica muy enamorada.
   c. una persona a quien no le gustaban las reglas.
   d. una chica poco inteligente.
3. a. denuncia el militarismo pero defiende el capitalismo.
   b. cree en la igualdad económica.
   c. es empleada de una empresa del estado.
   d. trabaja para conseguir más capital.
4. a. los grandes empresarios.
   b. la concentración del capital.
   c. la socialización de las empresas.
   d. la riqueza en manos de poca gente.

5. a. un primo de Rosa.
   b. un general en el ejército.
   c. un tío de Rosa.
   d. un militar jubilado.
6. a. muy activo en la política.
   b. un alumno modelo.
   c. un excelente deportista.
   d. un coronel jubilado.
7. a. el grupo socialista de Rosa.
   b. el gobierno federal.
   c. el mal social.
   d. el militarismo.
8. a. apático.
   b. interesado pero no decidido.
   c. aburrido hasta la muerte.
   d. defensor de la tía Rosa.

SITUACIONES

Situación 1   Suponga que Ud. es reportero/a y tiene que entrevistar a un político famoso sobre sus planes para su próxima campaña. Información que Ud. quiere: ¿Quién quiere que dirija su campaña? ¿Qué quiere que los diarios digan? ¿Dónde quiere que sus anuncios salgan? etc. Un/a compañero/a de clase puede hacer el papel del político.

Situación 2   Preparen un debate con algunos compañeros de clase sobre la resolución *Las mujeres deben tener las mismas responsabilidades militares que los hombres.* Preguntas que considerar: ¿Tienen las mujeres las mismas fuerzas físicas que tienen los hombres? ¿Pueden las mujeres resistir las presiones y los trabajos del combate? En el campo de batalla, ¿pueden los hombres y las mujeres pelear juntos sin distraerse? ¿Hay en la sociedad una «división de trabajo» en que las mujeres tienen responsabilidades especiales que las excluyen del servicio militar? ¿Es posible la igualdad de los sexos si las mujeres no tienen las mismas responsabilidades militares que los hombres?

Situación 3   Elija a una figura política famosa (o infame) y prepare un discurso típico de ese político. Su discurso puede ser sincero o paródico. Comience con algo como: «Yo soy el senador Patrick Mario Cabot Taft Kennedy O'Riley y voy a hablar a favor de (en contra de)... Yo quiero que en el futuro se gaste más dinero en... Es absurdo que los republicanos (demócratas, comunistas, aficionados de gatos)... »

Situación 4   Ud. tiene un problema muy gordo y necesita que alguien le dé consejos. Descríbale el problema a alguien en la clase y después pídale consejos.

Situación 5   Ud. tiene una gran amiga (o amigo) que está a punto de cometer un tremendo error. Explíquele por qué es un error y por qué debe tener cuidado, y déle unos buenos consejos sobre lo que debe hacer.

Situación 6   Ud. quiere dejar una buena impresión y sabe que no hay mejor manera para dejar una buena impresión que pedirle a alguien su opinión sobre algo o alguien. Comienza una conversación con alguien en la clase, y pídale su opinión sobre diversos temas.

Situación 7   Ud. se levantó de mal humor hoy y llega a clase con un montón de quejas. ¿Cómo expresa Ud. sus quejas y molestias?

COMPOSICIÓN

Tema 1   Escriba una descripción sobre algunos de los aspectos principales del gobierno de su país. Información que Ud. puede incluir: ¿Cuántas ramas de gobierno hay? ¿Cuántos senadores hay? ¿Cuántos diputados hay? ¿Cuántos jueces hay en la Corte Suprema? ¿Cómo se elige al presidente? ¿Cada cuándo se elige a los senadores y diputados? ¿Cómo se presenta un proyecto de ley? ¿Cómo se aprueba un proyecto de ley? ¿Quién tiene el derecho de veto (¿quién puede vetar una ley?)? ¿Cuáles son los partidos tradicionales? ¿Cómo es la izquierda (los izquierdistas) en los Estados Unidos? ¿Y la derecha y los derechistas? ¿Qué papel hacen las fuerzas armadas en la política de los Estados Unidos? ¿Qué protecciones tienen las minorías?

Tema 2   Escriba una corta obra de teatro en que un personaje presenta un problema y otros personajes le dan consejos.

VOCABULARIO ACTIVO

Sustantivos relacionados con la guerra

el/la aliado/a	la conscripción	el/la oficial
la amenaza	el ejército	la potencia
el arma	las fuerzas aéreas	el/la recluta
el armamento	las fuerzas armadas	el reclutamiento
la bala	el gasto	las reservas
la base militar	la guerra	el servicio militar
la batalla	la marina	el/la soldado/a
el campo de batalla	el/la marinero/a	el temor
la carrera armamentista	el/la militar	las tropas

Sustantivos relacionados con la política

el/la alcalde	el/la enemigo/a	el partido político
el/la aliado/a	el gabinete	la patria
la cámara de diputados	el/la gobernador/a	el proyecto de ley
la campaña	el gobierno	la rama
el/la candidato/a	la huelga	la seguridad
el cartel	el/la juez	el senado
el/la ciudadano/a	la ley	el veto
el comité	la manifestación	el volante
la corte suprema	la mayoría	el/la voluntario/a
el/la diputado/a	la minoría	el voto
las elecciones		

Otros sustantivos

el ambiente	la esperanza	el logro
el asunto	el/la inmigrante	el tercio
la certeza	la juventud	

Verbos

aconsejar	compartir	proteger
alegrarse de	concordar (ue)	quejarse de
aliarse con	elegir (i)	repartir
amenazar	equivocarse	resolver (ue)
apoderarse de	escoger	soltar (ue)
apoyar	exigir	temer
aprobar (ue)	fijarse en	vetar
coincidir con	luchar	votar
colocar	oponerse a	

Adjetivos

apático/a	infame	pesado/a
convincente	izquierdista	peyorativo/a
derechista	mayor	poderoso/a
egoísta	moderado/a	sobrepoblado/a
estatal	nacionalista	subpoblado/a
increíble		

Expresiones útiles

a primera vista	meter la pata	ojalá que sí
es preciso	ojalá que no	

Vocabulario personal

_____   _____

_____   _____

_____   _____

_____   _____

_____   _____

CAPÍTULO 15

LOS VALORES, LAS CREENCIAS Y LAS OPINIONES

TEMAS
- La religión
- La iglesia
- Las supersticiones
- Las comparaciones
- Opiniones, dudas y creencias

FUNCIONES
- Elogiar y recibir un elogio
- Expresar optimismo y pesimismo
- Expresar alegría y tristeza
- Indicar sorpresa o indiferencia
- Indicar duda o incredulidad

GRAMÁTICA
15.1 El subjuntivo con expresiones de duda y negación
15.2 El subjuntivo en cláusulas adjetivales
15.3 Los comparativos
15.4 El superlativo
15.5 Los posesivos enfáticos
15.6 La pronominalización

GALERÍA HISPÁNICA
El Paraguay

EN MARCHA

EN MARCHA

15.1 ¿Crees que los viernes trece sean peligrosos?

PRIMER PASO

¿**Crees** que David **sea** converso?	Sí, **creo** que **es** converso. Antes era protestante.
	No, **no creo** que **sea** converso.
¿**Piensan** Uds. que Javier **conozca** al rabino?	Sí, **pensamos** que lo **conoce.**
	No, **no pensamos** que lo **conozca.**
¿**Duda** Ud. que **haya** brujas?	Sí, **dudo** que **haya** brujas.
¿**Dices** que la religión te **parece** tonta?	No, **no digo** que me **parezca** tonta; sólo **digo** que me **parece** difícil de comprender.
¿**Saben** Uds. que Susana **cree** en la reencarnación?	**No es** que lo **sepamos,** pero lo **sospechamos**.
¿**Niegan** Uds. que mi argumento **tenga** validez?	Sí, **negamos** que **sea** válido.
¿**Vendrá** Mario a la fiesta de disfraces?	Sí, **creo** que **vendrá.**
	No, **no creo** que **venga.**

Conclusiones   **El subjuntivo con expresiones de duda y negación**

1. El subjuntivo se usa cuando la cláusula principal indica duda o negación con respecto a la cláusula subordinada. (*Ud. ya sabe que el subjuntivo se usa en casos de influencia; ver §14.1.*)
2. Algunas de las principales expresiones de duda o negación son
   a. **creer** o **pensar** en una pregunta
      ¿**Crees** que el sacerdote te **reconozca** después de tantos años?
      ¿**Piensa** Ud. que Lola **sepa** dónde queda la sinagoga?

b. **no creer** y **no pensar**

No creemos que el Sr. Calvo **sepa** interpretar ese versículo.

No pienso que **hayas comprendido** mi punto de vista.

c. **dudar**

Ricardo **duda** que Dios **exista.**

Dudo que la brujería **sea** una religión.

d. **no decir que**

No digo que seas un hereje sino un libre pensador.

e. **no es que**

No es que sea imposible, sino difícil.

f. **negar**

Niego que tu interpretación de la Biblia **sea** la única posible.

Los protestantes **niegan** que el Papa **sea** infalible.

3. El uso del subjuntivo en casos de duda y negación se puede indicar con una escala de probabilidades. Note que en casos de duda ligera, son posibles el subjuntivo y el indicativo.

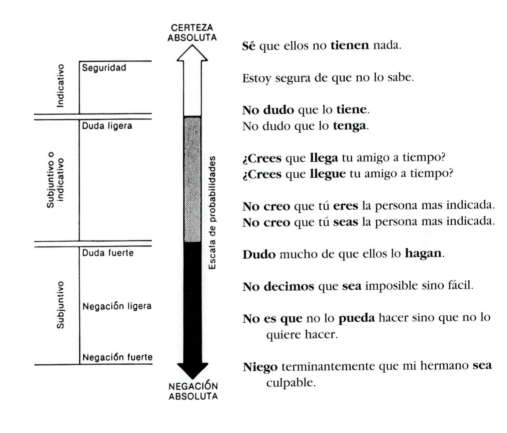

Sé que ellos no **tienen** nada.

Estoy segura de que no lo sabe.

No dudo que lo **tiene**.
No dudo que lo **tenga**.

¿**Crees** que **llega** tu amigo a tiempo?
¿**Crees** que **llegue** tu amigo a tiempo?

No creo que tú **eres** la persona mas indicada.
No creo que tú **seas** la persona mas indicada.

Dudo mucho de que ellos lo **hagan**.

No decimos que **sea** imposible sino fácil.

No es que no lo **pueda** hacer sino que no lo quiere hacer.

Niego terminantemente que mi hermano **sea** culpable.

SEGUNDO PASO

Tal vez Juana **pueda** ayudarnos con la fiesta de disfraces.

Quizá Uds. **sepan** dónde puedo encontrar un disfraz para la fiesta.

Quizá un disfraz de payaso **sea** el más sencillo.

O **posiblemente** un disfraz de pirata **se encuentre** sin problema.

Si no te queda el disfraz del gorila, **posiblemente** te **guste** el otro.

Conclusiones ### El subjuntivo en cláusulas principales

1. El subjuntivo ocurre en cláusulas principales sólo después de expresiones como **tal vez, quizás, quizá, posiblemente** o **probablemente.**
2. Note que todas estas expresiones indican duda o inseguridad.

ACTIVIDADES

1. Respuestas y dudas (entre dos). *Juana le está preguntando a Leo sobre sus creencias y las creencias de gente que ellos conocen. ¿Qué contesta Leo?*

MODELO   ESTUDIANTE 1: ¿Sabes si viene el rabino? (no creo)
ESTUDIANTE 2: **No creo que venga.**

1. ¿Saben ellos la Biblia de memoria? (dudamos mucho)
2. ¿Son herejes los protestantes? (niego)
3. ¿Traen mala suerte los gatos negros? (no digo que)
4. ¿Existe la brujería en todas partes? (no creo)
5. ¿Sale tu abuelo de casa los viernes trece? (sé)
6. ¿Se puede prever el futuro con naipes tarot? (algunas personas creen)
7. ¿Sabe Aida leer los naipes? (la gente dice)
8. ¿Tienen los brujos un poder maléfico? (no creo)

2. Creencias. *Eva está describiendo las creencias de la gente. ¿Qué dice?*

MODELO   dudar/los García ser ateos → **Dudo que los García sean ateos.**

1. no creer / María ser católica
2. dudar / haber brujas aquí
3. no decir / todos creer en Dios
4. saber / Ud. saber mucho de teología
5. no es que / mi madre ir a misa todos los días
6. negar / todas las religiones ser iguales
7. no creer / ser necesario pertenecer a una iglesia

3. Combinaciones (entre dos). *Invente oraciones originales sobre las creencias de gente que Ud. conoce. Use las indicaciones de sus compañeros como punto de partida.*

EJEMPLO   ESTUDIANTE 1: **3-c**
ESTUDIANTE 2: **Mi padre no cree que existan los vampiros.**

1. Yo (tú, mi hermano, Laura, etc.) saber que
2. Ud. (Raúl, Ana, etc.) estar seguro que
3. Nosotros (Carlos, mi novio, etc.) (no) creer que
4. Tú (vosotros, mi tía, etc.) dudar que

a. haber brujas (*vampiros, momias vivientes, hombres lobos, etc.*)
b. algunas casas (*cementerios, cuevas, bosques, lagos, etc.*) estar habitadas por espíritus maléficos
c. existir los demonios (*los brujos, las brujas, los vampiros, las momias vivientes, etc.*)
d. ser peligrosos los viernes trece (*pasar por debajo de una escalera, abrir un paraguas en casa, etc.*)

5. Mi papá (tú, la maestra, etc.) negar que

e. visitar la tierra extraterrestres (*platillos voladores, marcianos, parientes de Gumersinda, etc.*)

6. El papa (el rabino, yo, etc.) no decir que

f. tratar de no sentarse en el asiento 13 en los aviones (*no visitar cementerios a medianoche, no pensar en el hombre lobo las noches de plenilunio, etc.*)

4. Entrevista (entre dos o en pequeños grupos). *Pregúntele a alguien de la clase...*

1. si cree que haya brujas en el mundo.
2. si duda que los vampiros existan.
3. si niega que haya peligro en las noches de plenilunio.

4. si está seguro/a que no haya platillos voladores.
5. quién cree que los viernes trece sean peligrosos.

5. Donaldo el Dudador (entre dos). *Donaldo es un tipo que todo lo duda. Siempre contesta las preguntas con* **tal vez, quizás, quizá, posiblemente** *o* **probablemente.** *¿Cómo contesta las preguntas?*

MODELO   creer en los fantasmas / Miguel (tal vez)
ESTUDIANTE 1: **¿Cree Miguel en los fantasmas?**
ESTUDIANTE 2: **No sé. Tal vez crea en los fantasmas.**

1. decir la verdad / tus amigos (posiblemente)
2. venir a verte / el ministro (tal vez)
3. ir a misa / tus amigos (quizá)
4. casarse en una iglesia / Raymundo e Isabel (probablemente)
5. tener la respuesta a la vida / tu profesor(a) de español (quizás)

6. Cadena (entre dos o en pequeños grupos). *Cada estudiante hace un comentario; después el/la siguiente estudiante decide la veracidad del comentario usando* **sin duda, ciertamente, tal vez, quizás** *o* **posiblemente.**

EJEMPLOS ESTUDIANTE 1: **Mi compañero de cuarto es multimillonario.**
ESTUDIANTE 2: **Sin duda, su compañero de cuarto es multimillonario.** *o* **Quizás su compañero de cuarto sea multimillonario.**

15.2 ¿Conoces a alguien que sepa la Biblia de memoria?

¿Conoce Ud. a alguien que sea mecánico?

Sí, conozco a alguien que es mecánico.

No conozco a nadie que sea mecánico.

René

¿Conoce Ud. a **alguien** que **sepa** hebreo?

¿Buscan Uds. un **diario** que **publique** el horóscopo?

Sí, conozco a **alguien** que **sabe** hebreo.

No, no conozco a **nadie** que **sepa** hebreo.

Sí, buscamos un **diario** que **publique** el horóscopo.

No, porque ya recibimos un **diario** que **publica** el horóscopo.

Conclusiones   El subjuntivo en cláusulas adjetivales

1. Las oraciones de arriba contienen cláusulas adjetivales. Una cláusula adjetival funciona como un adjetivo; es decir, modifica un sustantivo. El sustantivo modificado se llama el antecedente. Compare:

Busco un coche **bueno.**   *«Bueno» es un adjetivo; «coche» es el antecedente que «bueno» modifica.*

Busco un coche **que sea bueno.**   *«Que sea bueno» es una cláusula adjetival.*

«Coche» es el antecedente que la cláusula modifica.

2. Se usa el subjuntivo en una cláusula adjetival cuando el antecedente no es conocido o específico; es decir, hay duda sobre la existencia del antecedente. Compare:

¿Conoces a **alguien** que **sepa** hablar árabe?	*Para el hablante, el antecedente «alguien» no se refiere a una persona conocida o específica. Por lo tanto, se usa el subjuntivo.*
Sí, conozco a **alguien** que lo **habla** perfectamente.	*Para el hablante aquí el antecedente «alguien» se refiere a una persona conocida y específica. Por lo tanto, se usa el indicativo.*
Busco un **perro** que **tenga** un temperamento dulce.	*El hablante no está pensando en un perro específico. Por lo tanto, se usa el subjuntivo.*
Busco un **perro** que **tiene** el rabo corto y las orejas largas. Es mi perro y no lo encuentro.	*El hablante está pensando en un perro específico. Por lo tanto, se usa el indicativo.*

3. El subjuntivo también se usa en una cláusula adjetival cuando el antecedente es negativo.

No conozco a **nadie** que realmente **crea** en los naipes.

No hay **ninguna persona** que no **tenga** interés en los OVNI (*OVNI = objeto volador no identificado*).

No tengo **nada** que te **pueda** interesar.

ACTIVIDADES

7. Combinaciones (entre dos). *Haga oraciones completas según las indicaciones de sus compañeros.*

MODELO   ESTUDIANTE 1: **5-b**
                ESTUDIANTE 2: **¿Sabes de alguien que crea en los OVNI?**

1. Conozco a alguien que
2. No conocemos a nadie que
3. Tengo una amiga que
4. No hay ningún / ninguna estudiante en esta universidad que
5. ¿Sabes de alguien que

a. nunca pasar por debajo de una escalera
b. creer en los OVNI
c. poder decirme el futuro
d. no salir de casa los viernes trece
e. tener miedo de los gatos negros
f. leer su horóscopo todos los días

8. Preguntas personales (entre dos). *Con alguien de la clase, contesten las preguntas a continuación.*

1. ¿Tienes un amigo que haya visto un OVNI?   2. ¿Conoces a alguien que sepa leer los naipes?   3. ¿Conoces a alguien que prediga el futuro?   4. ¿Tienes amigos que estudien su horóscopo antes de salir de casa?   5. ¿Conoces a alguien que converse regularmente con extraterrestres?   6. ¿Tienes familiares que tengan miedo a los gatos negros?   7. ¿Conoces a alguien que crea en la magia?   8. ¿Sabes de alguien que haya subido en un platillo volador?   9. ¿Conoces a alguien que te diga la fortuna?   10. ¿Tienes un amigo que haga trucos con naipes?

9. La pareja ideal (entre dos o en pequeños grupos). *Describa a su pareja real o ideal* (pareja = novio, novia, marido, esposa, etc.). *Usen la tabla como guía.*

EJEMPLOS   Busco una novia que me comprenda.
Tengo una novia que me comprende.

Preguntas

¿Qué clase de novio/a buscas?
¿Con qué clase de persona quieres casarte?
¿Con qué tipo de persona quieres pasar
    el resto de tu vida?

a. tener mucho dinero
b. comprenderme
c. siempre estar de acuerdo conmigo
d. querer vivir en el campo
e. jugar al béisbol
f. a quien le gustar ir a conciertos
g. tener mucha paciencia
h. comprender el subjuntivo

Respuestas

1. Busco alguien que...
2. Tengo un/a novio/a que...
3. Necesito alguien que...
4. Quiero una persona que...

i. saber hablar de arte y filosofía
j. ser inteligente
k. tener buen gusto
l. no usar ropa de ?
m. ser religioso/a
n. interesarse por lo mismo que yo
o. tener conciencia social
p. ?

10. Entrevista (entre dos o en pequeños grupos). *Usando la tabla de la actividad anterior haga una entrevista con alguien en la clase.*

EJEMPLOS   ¿Conoces a alguien que tenga una casa en Europa?
¿Buscas una pareja que sepa hablar de deportes?

NOTA CULTURAL

La diversidad religiosa del mundo hispano

El mundo hispano casi siempre se considera católico. Aunque es cierto que la gran mayoría (tal vez más del 95%) de los hispanos reciben un bautismo católico, hay sin embargo en el mundo hispano una tremenda diversidad religiosa. Esa diversidad se ve **en todos lados.**

Por ejemplo, el catolicismo hispano es una **mezcla** de muchas **corrientes** religiosas. A alto **nivel** están las controversias de la Iglesia **actual:** por ejemplo, los conservadores que defienden la Iglesia tradicional y los liberales que están tratando de incorporar teorías y prácticas que muchos conservadores consideran heréticas.

Esa misma diversidad también se ve a nivel popular. Por ejemplo, en regiones de grandes poblaciones **indígenas** como México, Centroamérica y la zona **andina,** los creyentes atribuyen poderes a los santos católicos que sus abuelos atribuyeron a dioses de las religiones indígenas. Algo similar pasa en los países del Caribe donde creencias y prácticas africanas se **mezclan** con el catolicismo.

en todos lados: en todas
    partes
mezcla: combinación
corriente: *current*
nivel: *level*
actual: de ahora

indígena: nativa
andino: de los Andes

mezclar: combinar;
    to mix

En estos años, muchos hispanos se están convirtiendo a religiones cristianas no católicas. Los grupos no católicos que tienen más éxito suelen ser sectas evangélicas que tienen **vínculos** con los Estados Unidos. Aunque estas sectas forman una pequeña minoría, están creciendo rápidamente, sobre todo en el Perú y Centroamérica, y representan otra dimensión de la diversidad religiosa del mundo hispano.

vínculo: conexión

Cómo se hace para elogiar y recibir un elogio
Nota: *En el mundo hispano, por lo general no se responde a un elogio sencillamente con «Gracias» o «Muchas gracias» sino con otro elogio. Estudie cómo se hace.*

—¡Te ves estupendo hoy!
—Ay, Julia, qué amable eres. Siempre me haces sentir bien.

—¡Qué lindo está ese vestido!
—Me alegro de que te guste.

—Me encantó tu presentación. Realmente me pareció estupenda.
—Ay, Héctor, siempre dices las cosas más simpáticas.

—¡Qué bien habló Ud. anoche!
—¡Qué simpática es Ud.! Siempre dice cosas amables.

`15.3` ¿Vinieron tantas personas hoy como ayer?

PRIMER PASO

Comentarios del señor obispo.

La Iglesia está pasando por una crisis en el clero y en las comunidades religiosas. El motivo principal de la crisis es que no hay **tantos** curas ahora **como** en años anteriores. Tampoco hay **tantas** monjas **como** antes. Esta crisis llega en un momento cuando hay **más** adeptos **que** nunca. Eso quiere decir que hay cada día **menos** religiosos **que** antes para servir a **más** gente **que** nunca. Y el problema va a aumentar. En este momento hay **menos de** cien estudiantes en el seminario de San Juan. Hace veinte años había **más de** quinientos. Desde luego, el clero de ahora trabaja **tanto como** el clero de antes, pero por desgracia la falta de religiosos impide la labor de la Iglesia.

Conclusiones

Comparación de sustantivos con sustantivos y de verbos con verbos

1. Se usa **más que** y **menos que** para una comparación desigual de sustantivos y de verbos.

    Hay **más** niños **que** adultos en la congregación, pero **menos** hombres **que** mujeres.

    Trabajo **menos que** Ud., pero **más (mucho más) que** Gumersinda.

2. Se usa **tanto como, tanta como, tantos como** y **tantas como** para una comparación igual de sustantivos.

    Tengo **tanta** responsabilidad **como** Ud., pero no tengo **tanto** tiempo.

    Hay **tantos** niños en la clase **como** niñas.

3. Se usa **tanto como** para una comparación igual de verbos.

    Aunque estudié **tanto como** tú, no sacamos la misma nota.

4. Se usan **más de** y **menos de** con números.

SEGUNDO PASO

El concurso musical.

Juan Carlos cantó bien.	Javier cantó **mejor que** él.
Yo canté muy mal.	Don Tremendón cantó **peor que** todo el mundo.
¿Toqué demasiado rápido?	Sí, pero Gumersinda tocó **más** rápido **que** nadie.
¿Toqué mal?	Para nada. Nadie tocó **tan** bien **como** tú.

Conclusiones

Comparaciones de adverbios

1. Se usan **más... que** y **menos... que** en una comparación desigual de adverbios.

    Toqué **más** rápido **que** Ud. pero **menos** rápido **que** ella.

2. Se usan **tan... como** en una comparación igual de adverbios.
   Nadie cantó **tan** bien **como** Ud.
3. **Mejor que** es el comparativo de **bien.** Como adverbio, es invariable.
4. **Peor que** es el comparativo de **mal.** Como adverbio, es invariable.

TERCER PASO

Repaso de comparaciones de adjetivos (*ver 3.5*)

1. Igual que los adverbios, se usan **más... que, menos... que** y **tan... como** en comparaciones de adjetivos.

   Cuando entré en la secundaria, yo era **menos** alto **que** mi papá. Pero cuando me gradué, ya era **más** alto **que** él. Ahora, tengo un hijo que es **tan** alto **como** yo pero que sin duda va a ser **más** alto **que** yo muy pronto.

2. **Mejor que** es la comparación que corresponde a **bueno** y **buena.** Su forma plural es **mejores que. Peor que** es la comparación que corresponde a **malo** y **mala.** Su forma plural es **peores que.**

   Miguel es **mejor** jugador **que** Chico; nadie es **peor** jugador **que** Don Tremendón.

   Mis hijas son **mejores** en matemáticas **que** mis hijos. Pero son **peores** en lengua.

3. **Mayor que** es igual que **más viejo. Menor que** es igual que **más joven.**

   Soy **mayor que** mi hermano, pero **menor que** mi hermana.

Sinopsis

Comparaciones de desigualdad	Comparaciones de igualdad
más, menos { sustantivo, adjetivo, adverbio } **que** **más de**, **menos de** } número	tan { adjetivo, adverbio } **como** **tanto, tanta, tantos, tantas** } sustantivo + **como** verbo + **tanto como** + verbo

ACTIVIDADES

11. Comparaciones. *Con la información dada, invente una oración comparativa.*

EJEMPLO   Mario tomó cinco cursos el año pasado. Raúl tomó cinco también.
   → **Mario tomó tantos cursos como Raúl.**

1. Ana ganó cincuenta dólares ayer. Marta ganó cincuenta dólares también.
2. La maestra de español tiene veinte alumnos; el maestro de francés tiene dieciocho.
3. Javier trabajó cinco horas ayer; Juana trabajó cinco horas también.
4. Ernesto toma dos cafés por día; Rosa toma tres.
5. Emilia leyó tres novelas el verano pasado. Yo leí tres también.
6. Mi abuela tuvo cuatro chicos. Mi madre tuvo tres.

12. Comparaciones con gente famosa (entre dos o en pequeños grupos).
Usando la tabla formulen preguntas y respuestas para sus compañeros de clase.

EJEMPLOS   ESTUDIANTE 1: **¿Hablas tanto como William F. Buckley?**
                ESTUDIANTE 2: **No, hablo menos que él.**

1. ¿Hablas	1. más que	1. William F. Buckley
2. ¿Trabajas	2. menos que	2. tu mejor amiga
3. ¿Cantas	3. mejor que	3. Julio Iglesias
4. ¿Juegas al (?)	4. peor que	4. Madonna
5. ¿Estudias	5. tan bien como	5. el presidente
6. ¿Sabes	6. tanto como	6. tus padres
7. ¿Ves televisión		7. Gumersinda
8. ¿Amas a (?)		8. ?

13. Chismes (entre dos o en pequeños grupos). *Pregúntele a alguien de la clase...*

1. si es tan inteligente como ?
2. si tiene tanto dinero como ?
3. si sabe tanto como ? sobre ?
4. si trabaja tantas horas como ?

5. si estudia tanto como ?
6. si tiene tantos amigos como ?
7. si compra tanta ropa como ?
8. si usa tanto maquillaje como ?

Cómo se hace para expresar sorpresa o indiferencia

¡No me digas!	¿Cómo es posible?	Me da igual.
¡Qué cosa!	No me interesa.	Me da lo mismo.
¿Hablas en serio?	No me importa.	¿A quién le importa?

Cómo se hace para indicar duda o incredulidad

Lo dudo.	Quizás.	¿Quién va a creer eso?
¿Tú crees?	¿Quién sabe?	No me lo puedo creer.
¿Ud. cree?	¡Qué va!	Ver es creer, y yo no vi nada.

Situaciones

1. Alguien le dice que la luna está poblada de pequeños hombres verdes. ¿Qué contesta Ud.?
2. Un tío le quiere mostrar la genealogía de sus gatos, cosa que va a durar unas cinco horas. ¿Qué le dice?
3. Una amiga le dice que acaba de ganar catorce millones de dólares en la lotería nacional. ¿Qué le dice?
4. Una persona chismosa le pregunta a Ud. si está enamorado/a y Ud. no quiere contestar. ¿Qué le dice?

15.4 ▶ **Los países más poblados de la América Latina son México y el Brasil.**

PRIMER PASO

¿Cuál es **el país más grande** de la América del Sur?

El país más grande de la América del Sur es el Brasil.

¿Cuál es **la ciudad más poblada** de la América Latina?	**La ciudad más poblada** de la América Latina es México, D.F. (*D.F. = Distrito Federal*)
¿Cuáles son **los ríos más largos** de Latinoamérica?	**Los ríos más largos** de Latinoamérica son el Amazonas y el Paraná.
¿Cuáles son **las montañas más altas** de Sudamérica?	Los Andes son **las montañas más altas** de Sudamérica.

Conclusiones   ## El superlativo regular

1. El superlativo regular de adjetivos se forma con

    un artículo definido + un sustantivo + **más/menos** + un adjetivo

    EJEMPLOS   **el río más grande**   **los centros más importantes**
                       la ciudad menos bonita   **las montañas menos accesibles**

2. Se usa **de** cuando el superlativo compara un individuo con un grupo. Por ejemplo:

    el más inteligente **de** la clase   el río más grande **de** Sudamérica

SEGUNDO PASO

En una escuela mexicana, ¿cuál es **la mejor nota?**	**La mejor nota** en México es un diez.
En los Estados Unidos, ¿cuáles son **las mejores notas?**	**Las mejores notas** en los Estados Unidos son A y A menos.
En una escuela mexicana, ¿cuál es **la peor nota?**	**La peor nota** en México es un cero.
¿Quiénes son **los peores estudiantes** en la clase de español?	No tenemos malos estudiantes en la clase de español.
¿Quién es **la hija mayor** de tu familia?	Yo soy **la hija mayor** de mi familia.
¿Cómo se llaman **los dos hijos menores** de tu familia?	**Los dos hijos menores** son Maga y Beto.

Conclusiones   ## Los superlativos irregulares

1. Los superlativos con **mejor, peor, mejores** y **peores** preceden al sustantivo que modifican.

         el mejor vestido   **los mejores zapatos**
         la mejor nota   **las peores notas**

2. Los superlativos con **mayor, menor, mayores** y **menores** están después del sustantivo que modifican.

         el hijo mayor   **los alumnos mayores**
         la hija menor   **las alumnas mayores**

TERCER PASO

Mis zapatos son **los más caros** de la tienda.
Mi perro es **el menos inteligente** y **el más simpático** del mundo.
De todos los países del mundo, la Argentina es uno de **los más fértiles.**
Los vinos chilenos y argentinos son **los mejores** de Hispanoamérica.
Yo soy **la mayor** de la familia. Mi hermano es **el menor.**

Conclusión   ## En el superlativo, el sustantivo se omite con frecuencia

ACTIVIDADES

14. Un poco de geografía (entre dos). *Conteste las preguntas. Consulte los mapas al principio del libro.*

1. ¿Cuál es el país más grande del Caribe?
2. ¿Cuál es el país hispano más grande de Norteamérica?
3. ¿Cuál es el país más pequeño de Centroamérica?
4. ¿Cuál es el río más largo de Sudamérica?

5. ¿Cuál es el país más largo de Sudamérica?
6. ¿Cuál es el país hispano más grande de Sudamérica?
7. ¿Cuál es el país más pequeño de Sudamérica?
8. ¿Cuál es el río más largo de España?

15. Más opiniones (entre dos). *Completen las oraciones.*

1. El mejor actor del mundo es...
2. Los alumnos más brillantes del universo son...
3. Mi curso más difícil es...
4. El hombre más guapo del cosmos entero es...
5. La mujer más bella de mi experiencia limitada es...

6. El mejor restaurante de nuestra ciudad es...
7. El estado más grande de nuestro país es...
8. Mi hermano mayor (menor) se llama...
9. Los peores libros de mi experiencia son...

16. Admiraciones (?) secretas (entre dos o en pequeños grupos). *Usando la tabla a continuación formulen preguntas y respuestas.*

EJEMPLOS   ESTUDIANTE 1: **¿Quién es el profesor más divino del universo entero?**

ESTUDIANTE 2: **Nuestro profesor de español es el más divino, el más inteligente y el menos antipático de la universidad.**

¿Quién es	1. el actor	inteligente / tonto	del mundo
¿Quiénes son	2. la actriz	guapo / feo	del universo
¿Cuál es	3. (un/a cantante)	popular / repelente	de esta universidad
¿Cuáles son	4. el coche	competente / inepto	de nuestra clase
	5. el hombre	delicioso / repugnante	de esta ciudad
	6. el vino	grande / pequeño	de todo el país
	7. el país	difícil / fácil	de tu familia
	8. la ciudad	simpático / antipático	de todos los ?
	9. la universidad	elegante / refinado	de todas las ?
	10. el curso	caro / barato	
	11. los estudiantes	capaz / incapaz	
	12. los jugadores	trabajador / perezoso	

15.5 ▶ Conocí a un amigo tuyo anoche.

Luisa, ¿quiénes estuvieron en la reunión de anoche?

Había mucha gente. Estaba Ricardo, un amigo **mío** que sabe mucho de horóscopos. Estaba Ana, esa amiga

tuya que conocí el año pasado. Gloria no estaba pero vinieron varios amigos **suyos** del trabajo. También estaban dos compañeros **nuestros** de la clase de español. Y Raúl y José me presentaron a un amigo **suyo** que sabe leer los naipes. Era, sin duda, un grupo notable.

¿Es **tuyo** ese coche?	No, no es **mío**; es **tuyo**.
¿De quién son esas flores?	Las flores amarillas son **nuestras** y las flores rojas son **vuestras**.

Conclusiones

Los posesivos enfáticos

1. En español hay dos formas de adjetivos posesivos: los posesivos simples que preceden al sustantivo (**mi** papá, **tu** prima, **su** cuñado, etc.) y los posesivos enfáticos que se ponen después del sustantivo. (*Comparar ∫3.3*)
2. Los posesivos enfáticos se usan frecuentemente cuando un demostrativo o un adjetivo de cantidad precede al sustantivo.

    esta familia **mía**
    esos amigos **tuyos**
    varios de nuestros amigos = **varios** amigos **nuestros**
    tres de mis amigos = **tres** amigos **míos**
    una de tus primas = **una** prima **tuya**
    ninguna de mis hijas = **ninguna** hija **mía**

3. Las distintas formas de **nuestro** y **vuestro** son simples y enfáticos; se usan antes y después del sustantivo.
4. Después de **ser** los posesivos enfáticos se usan sin otro adjetivo.

    El coche azul es **mío**; no es **tuyo**.
    Estos panfletos son **nuestros**; aquellos son **tuyos**.
    Esa maleta es **mía**; no es **suya**.

Sinopsis

mío	tuyo	suyo	nuestro	vuestro
mía	tuya	suya	nuestra	vuestra
míos	tuyos	suyos	nuestros	vuestros
mías	tuyas	suyas	nuestras	vuestras

ACTIVIDADES

17. Pepito el Posesivo. *Pepito cree que todo es suyo. ¿Qué le dice su mamá?*

MODELO   esos papeles/de Ricardo → **¡Pepito! Esos papeles no son tuyos; son de Ricardo.**

1. esa blusa / de Ana
2. esas llaves / de papá
3. ese refresco / de Ricardo
4. la computadora / de Teresa
5. ese maquillaje / mío
6. esa perra / de los vecinos
7. esos discos / de Luisa
8. esas cremas / de la tía

18. Equivalencias (entre dos). *¿De qué otra forma se puede decir las oraciones a continuación usando un posesivo enfático?*

MODELO   ESTUDIANTE 1: Salió uno de mis artículos.
ESTUDIANTE 2: **Salió un artículo mío.**

1. No vino ninguno de mis amigos a la casa.
2. Varios de tus compañeros preguntaron por ti.
3. Uno de nuestros antepasados vino de España en el siglo XVI.
4. Le presté uno de mis libros a Roberto.
5. Me encanta esa blusa de Ud.
6. Algunas de nuestras flores ganaron un premio.
7. ¿No vi a algunos de vuestros parientes en la reunión?

19. Invención (entre dos o en pequeños grupos). *Conteste las preguntas de sus compañeros siguiendo los ejemplos.*

EJEMPLOS   tus amigos
ESTUDIANTE 1: **¿Cómo son tus amigos?**
ESTUDIANTE 2: **Algunos amigos míos son deportistas, otros son intelectuales y varios amigos míos se dedican a ver televisión todos los días.**

1. tus vecinos
2. vuestros compañeros de estudio
3. los novios de Gumersinda
4. los políticos de vuestro país
5. los perros de tu vecino menos querido
6. tus profesores
7. las novias de Don Tremendón
8. las películas de Woody Allen

15.6 ▸ Modestia aparte, el mío es mejor que el tuyo.

¿Ya volvieron nuestros hijos?

El tuyo ya está, pero **el mío** todavía no vuelve.

¿Cuál de esos hombres te parece más guapo? **¿El moreno** o **el rubio?**

Me parece que **el moreno** es **el más guapo.**

¿Te gusta el coche de Jorge?

Sí, pero **el de Isabel** me parece más bonito.

¿Es tu hija la chica que toca el piano?

No, mi hija es **la que** canta.

Conclusiones   ## La pronominalización

1. La pronominalización es el proceso de convertir un adjetivo o un artículo en pronombre.
2. Para pronominalizar un adjetivo o un artículo, se quita el sustantivo, y lo que queda funciona como pronombre.
3. Pronominalización de un adjetivo descriptivo o de un posesivo enfático
   El señor alto es mi padre.   → **El alto** es mi padre.
   La hija mayor se llama Lulú.   → **La mayor** se llama Lulú.
   El equipo nuestro ganó ayer.   → **El nuestro** ganó ayer.
   La casa mía costó demasiado.   → **La mía** costó demasiado.
4. Pronominalización con **de**
   Prefiero el coche de Tere.   → Prefiero **el de** Tere.

Esa es la casa de Ricardo.	→ Esa es **la de** Ricardo.
Quiero ver las fotos de Ana.	→ Quiero ver **las de** Ana.

5. Pronominalización con **que**

Mi hijo es el chico que está en medio.	→ Mi hijo es **el que** está en medio.
La novela que me regalaste es buena.	→ **La que** me regalaste es buena.
Los estudiantes que estudiaron salieron bien en el examen.	→ **Los que** estudiaron salieron bien en el examen.

ACTIVIDADES

20. Comparaciones competitivas (entre dos). *Alberto está hablando con una persona muy vanidosa y quiere explicarle que lo suyo también vale. ¿Qué dice?*

MODELO   ESTUDIANTE 1: **Mi madre es muy inteligente.**
ESTUDIANTE 2: **Pues la mía es tan inteligente como la tuya.**

1. Mi perro es muy valiente.
2. Mis padres son muy respetados.
3. Mi ropa es muy fina.
4. Mis fotos son muy lindas.
5. Mis amigos son muy simpáticos.
6. Mi coche es muy elegante.

21. El picnic de Isabel (entre dos). *Isabel y unos amigos suyos están en el campo en un picnic. ¿Quién trajo qué?*

MODELO   ¿Quién trajo un mapa? (María)
ESTUDIANTE 1: ¿Quién trajo un mapa?
ESTUDIANTE 2: **María trajo el suyo.**

1. ¿Quién trajo una pelota? (Marisa)
2. ¿Quién trajo una cámera? (los Gutiérrez)
3. ¿Quién trajo unas toallas? (Ana Luisa)
4. ¿Quién trajo crema solar? (yo)
5. ¿Quiénes trajeron trajes de baño? (nosotros)
6. ¿Quiénes trajeron raquetas de tenis? (Jorge y yo)

22. Sobre gustos no hay ley (entre dos). *David y Hugo están comparando gustos. ¿Qué dicen?*

MODELO 1   los trajes grises o los trajes azules
ESTUDIANTE 1: **¿Prefieres los trajes grises o los trajes azules?**
ESTUDIANTE 2: **Prefiero los grises.**

MODELO 2   la ropa de lana o la ropa de poliéster
ESTUDIANTE 1: **¿Te gusta más la ropa de lana o la ropa de poliéster?**
ESTUDIANTE 2: **Prefiero la de lana.**

1. los coches americanos o los coches japoneses
2. los cursos fáciles o los cursos útiles
3. las personas competitivas o las personas pasivas
4. las películas americanas o las películas extranjeras
5. los vinos de California o los vinos de Europa

6. la música clásica o la música moderna
7. las camisas de algodón o las blusas de poliéster
8. los estudiantes de (*nombre de una universidad*) o los estudiantes de (*nombre de otra universidad*)
9. las películas de (*nombre de un actor*) o las películas de (*nombre de una actriz*)
10. el clima de Siberia o el clima de México

23. Chismes (entre dos o en pequeños grupos). *Contesten de forma original las preguntas a continuación. Use* **el que, la que, los que** *o* **las que** *en su respuesta.*

MODELO ESTUDIANTE 1: ¿Quién es el político que tiene más influencia en el senado?

ESTUDIANTE 2: **El que tiene más influencia en el senado es...**

1. ¿Quién es la actriz que tuvo más éxito en la última década?
2. ¿Quién es el líder religioso que más llama la atención en nuestros días?
3. ¿Quiénes son los jugadores de fútbol que ganan más dinero por año?
4. ¿Cómo se llaman los chicos que comen fuera todas las noches?
5. ¿Quién es el actor que provoca más comentarios negativos?
6. ¿Quién es el/la estudiante que más cree en el amor?
7. ¿Cómo se llama el/la chico/a en la clase que toca piano?
8. ¿Cómo se llama el político que más se ve en la televisión?
9. ¿Quiénes son los alumnos que trabajan y estudian?

24. Entrevista (entre dos o en pequeños grupos). *Usen la tabla para formular preguntas para sus compañeros.*

EJEMPLOS ESTUDIANTE 1: **¿Quién fue la mejor actriz: Greta Garbo, Bette Davis o Joan Crawford?**

ESTUDIANTE 2: **Yo creo que Bette Davis fue la mejor.**

¿Quién fue / es el mejor	1. actriz	a. Santa Teresa, Ivana Trump o Leona Helmsley
¿Quién fue / es la mejor	2. actor	b. John D. Rockefeller, Andrew Carnegie o Cornelius Vanderbilt
¿Quién fue / es el peor	3. empresario	
¿Quién fue / es la peor	4. presidente	c. John Kennedy, Franklin D. Roosevelt o Richard Nixon
	5. jugador de béisbol	
	6. general	d. Madonna, Lena Horne o Paula Abdul
	7. cantante	
	8. escritora	e. Patrick Swayze, Sylvester Stallone o Mel Gibson
	9. persona	
	10. ?	f. ?, ? o ?

Cómo se hace para expresar optimismo y pesimismo

Todo va a salir bien.	Algo está mal.	Sospecho que algo anda mal.
Me siento muy optimista.	Eso no va a salir bien.	Me deprime...
Sé que todo está bien.	Dudo que...	Esto es un asco.

Cómo se hace para expresar alegría o tristeza

¡Qué bien!	¡Bravo! ¡Bravo!	Me da pena que...
¡Qué fabuloso!	¡Qué pena!	¡Cómo lo siento!
Me siento muy contento/a.	¡Qué lástima!	¡Cuánto lo siento!

Situaciones

1. Una amiga suya está muy preocupada porque tiene que hacer una presentación en clase mañana. ¿Qué le dice Ud.?
2. Ud. está viendo un partido de fútbol. El otro equipo está ganando. ¿Qué dice?
3. Alguien le dice que Ud. acaba de sacar la lotería del estado. ¿Cómo responde Ud.?
4. La misma persona le dice ahora que se equivocó, que la lotería la sacó una persona que no es amigo de Ud. ¿Cómo responde Ud. ahora?

EN CONTEXTO

EN VIVO

Doña María
Curandera
Consejera Espiritual
Especializada En Limpias
"Con Dios Todo Es Posible"
Ayuda Garantizada En 3 Horas

No me confunda con cualquier otra curandera. No gaste tiempo o dinero consultando a otra curandera. Doña María es superior a las otras curanderas. No deje que el tiempo o la distancia se interponga en el camino de su buena fortuna y felicidad. Usted se sentirá mejor después de la primera vez que hable conmigo. Dios me ha dado el poder para sanar a toda la gente. Dios lo está guiando hacia Doña María, a través de sus poderes. Ella le puede ayudar en cualquier parte del mundo en horas. ¿Tiene mala suerte? ¿Tiene problemas que le están preocupando? ¿Está sufriendo de dolor y miseria? ¿Quiere tener suerte y seguir con suerte? ¿Está su esposo o esposa gastando el dinero con o otro/a? ¿El o ella lo ha dejado por otro/a? Llame a "Doña María" hoy mismo para ayuda. ¿Tiene problemas con sus piernas, espalda, estómago, cabeza, brazos? ¿Se le está cayendo el cabello? Ella le quitará la mala suerte, el demonio, enfermedades, dolores y nerviosismo hoy mismo. Ella le dirá cómo tener suerte en las carreras de caballo, baraja, bingo, lotería y los números.

Llamadas Gratis
1-800-269-9235

Preguntas   1. Según el contexto del anuncio, ¿qué es una curandera? ¿Una médica? ¿Una oficial de una institución religiosa reconocida?   2. ¿Cuáles son algunas de las promesas que hace Doña María?   3. Según el anuncio, ¿tiene Doña María limitaciones geográficas?   4. ¿Se limita Doña María a problemas médicos? ¿Qué otro tipo de problema promete resolver?   5. ¿Cómo ayuda Doña María a la gente a ganar dinero?   6. ¿Qué le parecen a Ud. las promesas de Doña María?

LECTURA
La teología de la liberación

Hablar de la Iglesia en crisis es hablar de la Iglesia de todos los días. Es decir, durante toda su historia la Iglesia cristiana sufre tensiones sociales, desacuerdos teológicos y conflictos políticos. **Hoy día** pasa lo mismo y uno de los puntos de mayor discusión en la Iglesia moderna es la teología de la liberación. La teología de la liberación **cuenta con adeptos** en todas partes, pero tiene una resonancia especial en Latinoamérica. **De hecho,** muchos de sus principales teóricos y promovedores son latinoamericanos.

    La teología de la liberación tiene sus raíces en una doctrina muy tradicional: que Dios se manifiesta **a través de** su pueblo. Aunque esa doctrina de «Dios en el Pueblo» se encuentra implícita y explícita en la escritura hebrea y cristiana, la teología de la liberación la lleva a un punto nuevo. Usando la idea de «Dios en el Pueblo» como punto de partida, algunos teólogos cuestionan la autoridad tradicional de la Iglesia, del Papa y de los concilios eclesiásticos. Es decir, cuando hay conflictos entre la **jerarquía** y las necesidades del pueblo, sugieren que hay que escuchar primero al pueblo. También existen sacerdotes militantes, tales como el nicaragüense Ernesto Cardenal, cuya foto aparece en esta página.

    Sin duda, el aspecto más debatido de la teología de la liberación son sus vínculos con el marxismo. A **nivel** teórico, esos vínculos se ven principalmen-

hoy día: en estos días
contar con: tener el apoyo de
adepto: fiel, creyente
de hecho: en verdad

a través de: por medio de

jerarquía: los gobernantes eclesiásticos

nivel: *level*

te en la tendencia de muchos teólogos de la liberación de aceptar una interpretación marxista de la historia. Marx **concibió** la historia como una evolución hacia una sociedad justa, y postuló que el mecanismo de esa evolución
era la **lucha** de clases. Los teólogos de la liberación siguen un **razonamiento**
similar: dicen que si Dios se manifiesta a través del pueblo, Dios se encuentra
también en la lucha de su pueblo para crear una sociedad justa.

Aun más **controvertido** que su aceptación del **historicismo** marxista es
el apoyo que algunos teólogos de la liberación prestan a las luchas armadas y
revolucionarias en Latinoamérica. En todo el continente hay religiosos, sacerdotes, monjes y monjas que **predican** que sólo por medio de una lucha armada puede el pueblo crear una sociedad justa. El caso más visible de esa tendencia es Nicaragua, donde algunos de los máximos gobernantes del partido
sandinista son sacerdotes. Esa postura revolucionaria de algunos **clérigos** provoca críticas y censuras de otros clérigos, incluso del Vaticano mismo. No es
posible prever el futuro de la teología de la liberación, pero no hay nadie que
dude que es y seguirá siendo un tema de muchísima importancia en el mundo
hispano.

concebir: comprender

lucha: combate
razonamiento: argu-
mento
controvertido: discutido
historicismo: teoría de
la historia
predicar: hablar desde
un púlpito

clérigos: sacerdotes,
obispos, cardenales,
etc.

Preguntas   1. ¿Es cierto que la historia de la Iglesia es una historia de crisis perpetua? ¿Conoce
Ud. otros episodios en la historia del cristianismo que se parezcan a los conflictos
de ahora?   2. ¿Dónde tiene más resonancia la teología de la liberación? ¿Que sabía
Ud. de la teología de la liberación antes de leer esta lectura?   3. ¿Cuál es la premisa
básica de la teología de la liberación? ¿Hay conflicto entre esa premisa y la autoridad tradicional de la Iglesia? ¿Por qué sí / no?   4. ¿En qué sentido está de acuerdo
la teología de la liberación con la teoría marxista de la historia? Según la teología de
la liberación, ¿qué papel tiene Dios en la lucha de clases?   5. ¿Cómo justifican la
lucha armada algunos teólogos de la liberación?   6. ¿Cree Ud. que la teología de la
liberación sea un fenómeno que va a durar mucho tiempo? ¿Por qué sí / no?

Galería hispánica: El Paraguay

Algunos datos sobre el Paraguay

Nombre oficial: República del Paraguay
Población: 5.000.000
Capital: Asunción
Lenguas oficiales: español y guaraní
Moneda: el guaraní
Países vecinos: la Argentina, Bolivia y el Brasil
Etnicidad: guaraní, europeo y mestizo
Exportaciones: algodón, soya, madera, aceite
    comestible y yerba mate

PARAGUAY
Concepción
Asunción
Lambaré
Fernando
de la Mora
Pilar
Puerto
Presidente
Stroessner

La utopía religiosa del Paraguay

La colonización de Hispanoamérica fue **en gran medida** una **empresa** religiosa. De hecho, sin **tomar en cuenta** el factor religioso, es muy difícil entender la época colonial.

Un factor de ese espíritu misional fue el deseo de fundar comunidades utópicas. En ningún lugar del Nuevo Mundo tuvo más impacto el utopismo que en el Paraguay, donde los jesuitas fundaron misiones que realmente fueron maravillas de organización y prosperidad. Incluso se puede decir que desde 1617, cuando se fundó la primera misión jesuítica, y 1767, cuando Carlos III expulsó a los jesuitas del imperio español, el Paraguay era en gran medida una teocracia.

Las misiones jesuíticas, o «reducciones» como decían ellos, eran mucho más que comunidades religiosas. También eran comunidades económicas y educativas **cuyos dueños** eran sus propios habitantes. El sistema implantado por los jesuitas era una **especie** de comunitarismo en que cada individuo trabajaba por el bien de la comunidad y la comunidad le daba al individuo de acuerdo con sus necesidades.

Las reducciones eran comunidades muy completas. Incluían **viviendas** para familias y solteros; escuelas; fábricas de telas, ropa y muebles, y campos que producían toda clase de frutas, legumbres y vegetales. Sin duda, muchos indígenas se sentían atraídos a las reducciones en parte por su prosperidad material.

Aunque los jesuitas fueron al Paraguay para catolizar a los indígenas, no **descuidaron** la cultura indígena. Aprendieron a hablar guaraní, y después enseñaron a los mismos guaraníes a leer y escribir su propia lengua. Hasta el día de hoy, el Paraguay sigue siendo un país oficialmente bilingüe en el que un 80% de la población habla español y guaraní.

A causa de muchos conflictos políticos entre los jesuitas, el rey y varios intereses económicos, los jesuitas fueron expulsados del Paraguay en 1767. Las reducciones poco a poco dejaron de existir, aunque los indígenas trataron de conservarlas. Hoy es posible visitar las ruinas jesuíticas en varias partes del Paraguay. Impresionantes por su complejidad y extensión, esas ruinas aún hoy dan testimonio de uno de los experimentos utópicos más notables de la historia.

en gran medida: *in large measure*
empresa: tarea, actividad
tomar en cuenta: reconocer

cuyo: *whose*
dueño: propietario; *owner*
especie: clase

vivienda: lugar para vivir

descuidar: no ocuparse de

Preguntas   1. ¿Cuáles eran algunos de los motivos de los españoles que colonizaron América?   2. ¿Qué orden religiosa fundó las reducciones del Paraguay? 3. ¿Quiénes eran los dueños de las reducciones?   4. ¿Por qué se dice que las reducciones eran comunitarias y socialistas?   5. ¿Qué atraía a los indígenas a las reducciones?   6. ¿Por cuántos años estuvieron los jesuitas en el Paraguay? 7. ¿Por qué fueron expulsados los jesuitas?   8. ¿Qué actitud tenían los jesuitas hacia la cultura guaraní?   9. ¿Cuáles son los idiomas oficiales del Paraguay en nuestros tiempos?

A ESCUCHAR

Escuche la selección.
Ahora, escuche la selección por partes e indique si las oraciones son verdaderas o falsas.

1. v f	4. v f	7. v f	10. v f	13. v f
2. v f	5. v f	8. v f	11. v f	14. v f
3. v f	6. v f	9. v f	12. v f	15. v f

SITUACIONES

Situación 1   Haga una entrevista con un/a compañero/a de clase sobre un grupo religioso que él/ella conozca bien. Información que Ud. puede pedir: ¿Cuáles son las doctrinas peculiares a ese grupo? ¿Cuáles son los textos sagrados del grupo —la Biblia, la Biblia Cristiana, la Biblia Hebrea, el antiguo testamento, el nuevo testamento, la Tora, el Talmud, el Alcorán, las enseñanzas de alguna persona en particular? ¿Quiénes son los gobernantes —un ministro, un sacerdote, un rector, un rabino, etc.? ¿Qué actividades tiene en la comunidad?

Situación 2   Con un/a compañero/a de clase, haga una lista de supersticiones comunes. Después prepare una corta obra teatral sobre esa superstición. Por ejemplo, un chico que no quiere pisar (*pisar = poner el pie encima de*) las rayas en la acera (*acera = donde camina la gente al lado de una calle*); una señora que no quiere salir de casa un viernes trece; alguien que queda totalmente paralizado porque un gato negro acaba de cruzar su camino; un hombre que está histérico porque pasó debajo de una escalera; una señorita que está muy molesta con su novio porque abrió el paraguas en casa; un pasajero de avión que tiene miedo porque le han dado un asiento en la fila trece; etc.

Situación 3   Con un grupo de compañeros invente una superstición nueva. Prepare una corta obra teatral basada en la superstición —pero sin decirles a sus otros compañeros cómo es la superstición. Después de ver su obra teatral, los otros compañeros tendrán que adivinar cómo es la superstición que Uds. inventaron.

Situación 4   Prepare una obra de teatro basada en su historia favorita de terror; por ejemplo, *Dr. Jekyll y Mr. Hyde, Drácula, The Shining, Halloween, Twilight Zone*, etc. Su presentación puede ser legítima o paródica.

Situación 5   Demuestre cómo se da y cómo se recibe un elogio en español.

Situación 6   Escuche una opinión o un chisme de alguien en la clase y muestre una reacción apropiada —de alegría, de tristeza, de duda, de indiferencia o de sorpresa.

Situación 7   Escuche los planes de alguien en la clase y después demuestre su optimismo o pesimismo sobre los resultados.

COMPOSICIÓN

Tema 1   Escriba para una amiga hispana imaginaria una descripción sobre la diversidad religiosa de su comunidad. Use la *Nota cultural* como punto de partida.

Tema 2   Escriba una defensa o una refutación de algunos de los puntos examinados en la *Lectura* sobre la teología de la liberación.

Tema 3   Describa con grandes detalles su superstición favorita —o la superstición de alguna otra persona. Incluya algo sobre la manera en que esa superstición le afecta la vida.

VOCABULARIO ACTIVO

Personas y seres

el/la adepto/a	el espíritu	el Papa
el ángel	el fantasma	el/la pecador/a
el arzobispo	el fraile	el/la pensador/a
el/la ateo/a	el/la hereje	el/la predicador/a
el/la brujo/a	la jerarquía	el/la promovedor/a
el cardenal	el/la judío/a	el/la protestante
el/la católico/a	el/la mago/a	el/la rabino/a
el/la clérigo/a	el/la ministro/a	el rector
el/la creyente	el/la misionero/a	el sacerdote
el cura	la momia	la sacerdotiza
el diablo	la monja	Satanás
el/la dios/a	el monje	el/la teólogo/a
el/la dudador/a	el obispo	la Virgen María
el/la escéptico/a		

Conceptos

la autoridad	la enseñanza	la postura
la bendición	la escritura	la premisa
la brujería	la fe	el protestantismo
el catolicismo	la gracia	el razonamiento
la censura	la herejía	la reencarnación
la controversia	la infalibilidad	la reforma
la corriente	la interpretación	la superstición
la creencia	el Islam	la tendencia
el cristianismo	el judaísmo	la teología
la crítica	la liberación	la validez
el culto	la libertad de culto	el valor
la defensa	la magia	la verdad
el desacuerdo	el pecado	el vínculo
la doctrina	el poder	

Ritos y reuniones

el bautismo	la confesión	los funerales
la comunión	la confirmación	la misa
el concilio	la extrema unción	el servicio

Lugares

la basílica	el cielo	el monasterio
el bosque	el convento	el púlpito
la capilla	la cueva	el seminario
la catedral	la iglesia	la sinagoga
el cementerio	el infierno	el templo

Verbos

adorar	elogiar	pisar
bautizar	evitar	predecir (i)
concebir (i)	medir (i)	predicar
convertir (ie)	mezclar	prever
debatir	negar (ie)	rezar
discutir	obedecer	sospechar
dudar	orar	

Adjetivos

actual	fiel	sagrado/a
andino/a	indígena	supersticioso/a
controvertido/a	legítimo/a	teológico/a
devoto/a	ligero/a	teórico/a
dominical	maléfico/a	válido/a

Expresiones útiles

decir la fortuna	en todos lados	leer los naipes	leer la suerte

Vocabulario personal

_____   _____

_____   _____

_____   _____

_____   _____

_____   _____

CAPÍTULO 16

EL ARTE Y LOS MEDIOS DE COMUNICACIÓN

EN MARCHA

16.1 **¿Has leído el diario de hoy?**

PRIMER PASO

el periódico/
el diario

la página financiera

el anuncio

¡Los mejores muebles del mundo!

NEGOCIOS

Aumenta la inflación otra vez

el anuncio comercial

la página deportiva

La nueva novela de Alicia Jurado

AMOR

¿Cansada de trabajar fuera? No lo haga más Independícese.

Haga nuestros productos y nosotros le pagamos hasta $400/ semana. Para informes y material envíe sobre predirigido con sello a: Revolution Products P.O. Box 848 Boca Raton, FL 33429

DEPORTES

Leones 2 Aguilas 1

el titular

Se detuvo a dos ladrones

la reseña

el locutor/
el reportero

la locutora/
la periodista

RAÚL	Hola Ana. Hola Luisa. **¿Han leído** Uds. el diario de hoy?
ANA	No lo **hemos leído** todavía. **¿Ha pasado** algo?
RAÚL	No, sólo quería decirles que **han publicado** una reseña de la obra de teatro que vimos el otro día.
ANA	No me digas. ¿Le **ha gustado** esa porquería (*porquería = algo de mal gusto*) al crítico?
RAÚL	¿Por qué porquería? A mí me **ha gustado.**
ANA	Sí, pero a ti siempre te **han gustado** esas obras sentimentales y romanticonas (*romanticón = romántico en el peor sentido de la palabra*).
RAÚL	No es cierto. Lo que pasa es que tengo el corazón blando y el alma sensible.
LUISA	¡Por Dios! Vamos a tomar un café antes de que me enferme.

Conclusiones

El pretérito perfecto de verbos con participios regulares

1. Igual que en el inglés, el pretérito perfecto describe un evento reciente que se relaciona con el presente.
2. El pretérito perfecto consiste en dos partes: un verbo auxiliar que se conjuga y un participio que es invariable.
3. Los complementos pronominales se colocan antes del verbo auxiliar.
4. El verbo auxiliar es **haber** y se conjuga así.

haber	
he	hemos
has	habéis
ha	han

5. El participio de los verbos terminados en **-ar** se forma agregando **-ado** a la raíz del infinitivo. Por ejemplo:
   pensar → **pensado**   cerrar → **cerrado**   estar → **estado**
6. El participio de los verbos terminados en **-er** o en **-ir** se forma agregando **-ido** a la raíz del infinitivo. Por ejemplo:
   comer → **comido**   mentir → **mentido**   dormir → **dormido**
7. Si la raíz de un verbo de la segunda o tercera conjugación termina en una vocal fuerte, se pone acento para conservar el énfasis de la desinencia. Por ejemplo:
   traer → **traído**   creer → **creído**   oír → **oído**

Sinopsis

sujeto	verbo auxiliar	participio	
Yo	**he**	**estudiado**	en México.
Tú	**has**	**aprendido**	las palabras.
Ud. / Él / Ella	**ha**	**limpiado**	el cuarto.
Nosotros / Nosotras	**hemos**	**ido**	a la exposición.
Vosotros / Vosotras	**habéis**	**dormido**	demasiado.
Uds. / Ellos / Ellas	**han**	**leído**	el diario.

SEGUNDO PASO

Intenté llamarte varias veces por teléfono. ¿Con quién **has estado hablando?**
A pesar de su enfermedad, Luis **ha seguido trabajando** como siempre.
¡Por fin llegaste! Te **hemos estado buscando** por todos lados.
Tienen los ojos rojos. Sin duda **han estado viendo** demasiada televisión.

Conclusiones

El pretérito perfecto progresivo

1. El pretérito perfecto progresivo consiste en el verbo auxiliar (una forma de **haber**), **estado** y un gerundio.
2. En lugar de **estado** se usa mucho **seguido** o **continuado.**
   He seguido viendo a Miguel a pesar de las distancias.
   María **ha continuado estudiando** gracias a la ayuda de su abuela.

ACTIVIDADES

1. Opiniones literarias. *Enrique está hablando de una novela que ha leído para un curso de literatura. ¿Qué dice?*

MODELO el libro / gustarme mucho → **El libro me ha gustado mucho.**

1. el libro / publicarse recientemente
2. el estilo / impresionarme mucho
3. el vocabulario / no ser muy difícil
4. yo / comprender bien la trama
5. el autor / crear personajes vivos
6. los críticos / darle buenas reseñas a la novela
7. yo / prestársela a un amigo

2. A pesar de todo... *Ronaldo está describiendo a algunos de sus amigos que han sufrido algunas decepciones, pero a pesar de todo, han seguido luchando. ¿Qué dice Ronaldo de ellos?*

MODELO recibir algunas malas notas / Miguel / estudiar
→ **A pesar de recibir algunas malas notas, Miguel ha seguido estudiando.**

1. perder varios partidos / el equipo / practicar
2. perder las últimas elecciones / ese político / hablar en público
3. estar enferma / Rebeca / asistir a clases
4. el ascenso en los alquileres / nosotros / vivir aquí
5. su pelea con el jefe / Teresa y Benigno / trabajar en el mismo lugar

3. Causas y efectos (entre dos). *Expliquen por qué la gente está como está.*

MODELO no sentirse bien / Carlos (comer demasiado)
ESTUDIANTE 1: **¿Por qué no se siente bien Carlos?**
ESTUDIANTE 2: **Porque ha comido demasiado.**

1. estar extática / Marina (conseguir un cuadro fabuloso)
2. estar contenta / Carlota (recibir una carta de su novio)
3. estar nerviosos / los chicos (destruir la escultura favorita de mamá)
4. llegar tarde / Uds. (venir a pie)
5. tener dinero / tú (ganar poco este mes)
6. estar cansada / Elena (visitar una exposición enorme)
7. encontrarse en casa / tus padres (irse a una galería en el centro)
8. poder dormir / tú (tomar demasiado café)
9. no tener la composición lista / Mario (no poder terminarla)
10. estar preocupados / vosotros (leer una mala noticia)

4. Entrevista (entre dos o en pequeños grupos). *Pregúntele a alguien de la clase...*

1. si ha hablado alguna vez con un artista de cine.
2. adónde ha ido recientemente.
3. qué ha comprado últimamente.
4. si nunca ha creído en Santa Claus.
5. si nunca ha entrado en el cine sin pagar.
6. si ha vivido fuera del país.
7. qué ha aprendido en esta clase.
8. si ha visitado un cementerio a medianoche.

Cómo se hace para comentar una novela o una película

—¿Qué te pareció la película?

—La **trama** no me pareció muy convincente, aunque la dirección fue buena.

trama: *plot*

—**¿De qué se trataba?**

—**Se trataba de** un hombre joven que se enamora de una mujer mayor.

¿De qué se trataba?: ¿Cuál era el tema?

—¿Cómo era? ¿Cómica? ¿Seria?

—Era bastante cómica pero tenía algo de serio como comentario sobre las diferencias generacionales.

tratarse de: tener el tema de

—Acabo de terminar una novela interesante.

—¿De qué se trata?

—Se trata de la guerra civil española, pero tiene solamente dos **personajes:** el **protagonista** y su enemigo.

personaje: persona en una obra de ficción

—¿Es complicada la trama?

—La trama no es complicada para nada, pero la psicología de los personajes es muy compleja. Es una **obra** que te recomiendo mucho.

el/la protagonista: personaje principal
obra: composición artística

Situaciones

1. Un amigo de Ud. acaba de ver una película que Ud. no pensaba ver. Pregúntele sobre la película para ver si a Ud. le interesa verla.

2. Ud. tiene que dar un informe a su clase de literatura sobre una novela que acaba de leer. Describa la novela e indique si le pareció buena, mala, aburrida o interesante, y por qué.

16.2 ¿Has visto la última película de Almodóvar?

—¿Qué has hecho últimamente?

—Uy, eso va a ser difícil porque **he hecho** muchas cosas. **He escrito** tres cartas; **he resuelto** a limpiar mi casa esta tarde. **He roto** con mi novio y le **he dicho** que no quiero verlo más. Él se **ha puesto** triste, pero no **ha muerto** y estoy segura que se va a recuperar. Además últimamente lo **he visto** mucho con otra chica que sin duda lo puede consolar.

Conclusiones   **El pretérito perfecto con participios irregulares**

1. Varios verbos tienen participios irregulares.
2. Aquí hay una lista de algunos de los principales.

abrir	→ **abierto**	poner	→ **puesto**
decir	→ **dicho**	resolver	→ **resuelto**
descubrir	→ **descubierto**	romper	→ **roto**
escribir	→ **escrito**	satisfacer	→ **satisfecho**
hacer	→ **hecho**	ver	→ **visto**
morir	→ **muerto**	volver	→ **vuelto**

El estudio de televisión

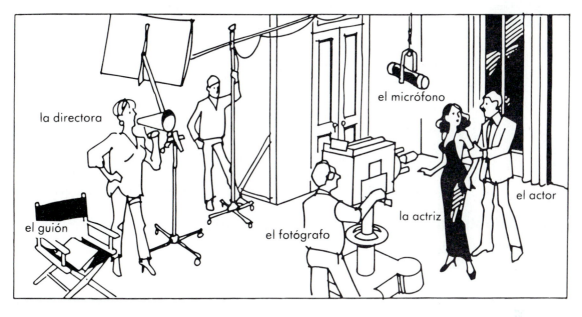

la directora

el micrófono

el actor

el guión

la actriz

el fotógrafo

ACTIVIDADES

5. Grandes acontecimientos. *Carlos está contando todo lo que ha visto hoy. ¿Qué dice?*

MODELO   Raúl / no volver a casa desde ayer → **Raúl no ha vuelto a casa desde ayer.**

1. Isabel / esculpir a su novio
2. Haroldo / romper con su novia
3. yo / escribir tres composiciones
4. Raúl y Jorge / ponerse enfermos

5. Uds. / resolver sus diferencias
6. mi gata / morir
7. nosotros / ver una exposición buena
8. Gumersinda / no hacer nada

6. Chismes y confesiones (entre dos o en pequeños grupos). *Complete las oraciones con nombres reales de gente que Ud. conoce.*

EJEMPLO   ESTUDIANTE 1: **1-b**
ESTUDIANTE 2: **Yo he roto con mi novio varias veces.**

1. yo
2. tú
3. (nombre de alguien en la clase)
4. (nombres de dos personas en la clase)
5. (nombre de una persona famosa)
6. (nombre de dos personas famosas)

a. escribir un artículo sobre ?
b. romper con su novio/a
c. decirle una mentira a ?
d. ponerse un kilo de maquillaje
e. ver una película pornográfica
f. morir del amor
g. descubrir una gran verdad sobre ?
h. no hacer nada
i. abrir una cuenta con un millón de dólares
j. (no) resolver sus diferencias con ?

7. Entrevista sobre hábitos de televidentes y espectadores (entre dos o en pequeños grupos). *Pregúntele a alguien de la clase...*

1. qué programas de televisión ha visto esta semana.
2. qué artículos ha leído en el diario.
3. qué revistas ha comprado.
4. si ha escuchado el noticiero esta mañana y de qué canal.
5. si ha visto una entrevista interesante en la televisión y cuál fue.
6. si ha descubierto a un/a nuevo/a artista de televisión y cómo se llama.
7. si ha escrito alguna vez a su actor/actriz favorito/a (con nombres, por supuesto).
8. si nunca se ha puesto enfermo/a viendo televisión y por qué.
9. si nunca ha estado en desacuerdo con una reseña y por qué.
10. si ha salido del cine alguna vez sin ver el final de una película y por qué.

16.3 ▶ Lamento que no hayas visto esa película.

Los programas de televisión

el noticiero   la telenovela   la mini-serie

el telejuego   La entrevista   los dibujos animados

Lamentaciones y alegrías de Jacinta.

Lamento que tú no **hayas grabado** ese programa en video.
Me da lástima que Susana y Raúl en *El amor o la muerte* se **hayan divorciado.**
Me molesta que el crítico de *El país* no **haya escrito** algo positivo sobre *Los besos al viento.*
Lamento que nosotros no **hayamos ido** al teatro juntos.
Me alegro de **haber visto** esa película.
Lamento no **haber conocido** a Tom Cruise cuando estaba aquí.

Conclusiones   ## El pretérito perfecto del subjuntivo

1. El pretérito perfecto del subjuntivo se forma con el presente del subjuntivo de **haber** y el participio. Las formas de **haber** en el presente del subjuntivo siguen.

presente del subjuntivo de *haber*	
haya	hayamos
hayas	hayáis
haya	hayan

2. El pretérito perfecto del subjuntivo se usa en cláusulas subordinadas en los mismos casos que el presente del subjuntivo.
3. Si no hay un cambio de sujeto se usa el infinitivo. Compare:

Me alegro de que Uds. hayan ido.   Me alegro de **haber ido.**

Lamento que Juan no haya ganado.   Juan lamenta no **haber ganado.**

ACTIVIDADES

8. Osvaldo el Inseguro (entre dos). *Osvaldo es un chico que siempre pone las cosas en duda. ¿Cómo contesta Osvaldo las preguntas?*

MODELO   escribir Mariana una novela / es posible

      ESTUDIANTE 1:   **¿Ha escrito Mariana una novela?**

      ESTUDIANTE 2:   **Es posible que haya escrito una novela.**

1. tener éxito esa película / es probable
2. salir la última novela de Fuentes / es posible
3. cancelarse mi telenovela favorita / es muy probable
4. escribir Gumersinda algo para la página social / es poco probable
5. publicar Don Tremendón un artículo en la sección deportiva / es posible
6. ver todo el equipo de fútbol una ópera / es difícil
7. aprender a leer los estudiantes de ? / es imposible

9. Reacciones (entre dos). *Jaime está describiendo las reacciones de la gente frente a ciertos eventos. ¿Qué dice?*

MODELO   volver / la esposa de Donaldo (Donaldo se alegra de que)

      ESTUDIANTE 1:   **¿Ha vuelto la esposa de Donaldo?**

      ESTUDIANTE 2:   **Sí, y Donaldo se alegra de que haya vuelto.**

1. anunciar un examen / el profesor (a los alumnos no les gusta que)
2. salir / todo el mundo en la página social (los snobs lamentan que)
3. bajar tu salario / el jefe (me molesta que)
4. decir una mala palabra / Gumersinda (es probable que)
5. volver hoy / tus mejores amigos (me encanta que)
6. dejar una propina generosa / tú (al mozo le gusta que)
7. escribir a tu ex novio(a) / tú (a mi ex novio(a) no le va a gustar que)

10. Reacciones personales (entre dos o en pequeños grupos). *Lea una de las frases en la primera columna (o invente una frase personal). Entonces, con «¿Qué te parece?» pídale su reacción a alguien en la clase.*

MODELO ESTUDIANTE 1: Gumersinda y Don Tremendón han hecho una película sobre problemas ecológicos. ¿Qué te parece?

ESTUDIANTE 2: **Lamento que hayan hecho esa película porque ellos *son* un problema ecológico.**

Información	Reacciones posibles
1. Elizabeth Taylor ha hecho una nueva película.	1. Me alegro de que…
2. Madonna ha grabado otro disco.	2. No me gusta que…
3. El diario ha publicado una reseña negativa sobre ?	3. Me molesta que…
4. El canal ? ha programado ?	4. Siento que…
5. ? ha salido en una nueva película.	5. No me preocupa que…
6. ? ha ganado un Oscar.	6. Me encanta que…
7. ?	7. Lamento que…
	8. Está bien que…

NOTA CULTURAL

El Greco

España ha contribuido mucho al arte occidental. Los nombres de Velázquez, Zurbarán, Murillo, El Greco, Goya, Picasso, Dalí, Miró y muchos otros artistas españoles figuran en todas las historias del arte, y sus cuadros, dibujos, grabados y esculturas se representan en las mejores colecciones de los mejores museos del mundo. De esos pintores, uno de los más conocidos es El Greco.

Nacido en la isla griega de Creta en 1544, Doménikos Theotokópoulos, o «El Greco» como popularmente se llama, abandonó su hogar de muy joven para estudiar en Venecia en los estudios de Tiziano, quizás el mejor pintor de la época. En Italia, El Greco (literalmente, *el griego* en italiano) **se empapó** del estilo renacentista no sólo de su mentor, sino también de otros artistas del momento, incluso de Miguel Ángel.

empaparse de: sumergirse en

En 1577 se mudó a Toledo, una ciudad interesantísima de España, no sólo por su historia y su belleza sino también por sus muchos tesoros artísticos. Ahí, con muy pocas interrupciones, El Greco pasó el resto de su vida, hasta su muerte en 1614. Aunque algunas obras de El Greco se encuentran en museos por todo el mundo, la mayor concentración de sus cuadros sigue en Toledo.

Se dice que El Greco como pintor prefiere dramatizar a representar, y por cierto, aunque pintó algunos **retratos** y **paisajes** que indican un gran talento para esos géneros, la mayor parte de su producción artística se relaciona con temas religiosos. En eso hay una pequeña paradoja: el mejor pintor de la contrarreforma española, de su misticismo y su desconfianza ante el mundo terrestre, no es un español de nacimiento sino un griego de preparación italiana.

retrato: cuadro de una persona

paisaje: cuadro de campos, bosques o escenas al aire libre

Los colores de El Greco se extienden de azules y grises fríos y duros a rojos y amarillos vivos y brillantes. Muchas veces sus figuras, sobre todo en los cuadros tardíos, son flúidas, elongadas y de alguna forma **sobrenaturales.**

sobrenatural: más que natural, de otro mundo

El entierro del conde de Orgaz, la obra maestra de El Greco.

Esto se nota especialmente en su obra maestra *El entierro del conde de Orgaz,* que se encuentra en esta página. Aún los pocos paisajes que pintó parecen visiones más bien que representaciones.

En El Greco se percibe algo de sus raíces: según algunos críticos las caras de las figuras conservan algo del arte bizantino, y no es difícil ver en sus obras algunas **huellas** de los artistas italianos que informaron su juventud, sobre todo Tiziano, Tintoretto, Miguel Ángel y Veronese. Pero El Greco, como todos

huella: marca, señal

los grandes artistas, es mayor que la suma de sus partes, y son muy pocos los artistas que se pueden comparar con ese genio solitario que nos dejó incomparables obras de gran imaginación y de tremendo impacto emocional.

Cómo se hace para preguntar sobre preferencias

¿Qué te parece... ?	¿Qué (cuál) te (le) parece mejor?	¿Con (qué) cuál te quedas?
¿Qué (cuál) prefiere Ud.?	¿Qué (cuál) te (le) apetece más?	¿A favor de cuál está(s)?
¿Cuál te (le) gusta más?	¿Cuál es tu favorito/a?	En su opinión, ¿cuál es mejor?

Cómo se hace para expresar preferencias

Prefiero...	Mi favorito es...	Mi preferido es...
Me gusta más...	Estoy a favor de...	Me inclino más por...

Situaciones

1. Ud. está conversando con un amigo mecánico sobre distintas marcas y modelos de coches. Pregúntele sobre sus preferencias.
2. Ud. se está entrevistando con un sociólogo que está haciendo una investigación de los gustos de los estudiantes. ¿Cómo contesta Ud. sus preguntas?

16.4 ▶ ¿Habías visitado este lugar antes?

LA VECINA   ¿Qué encontraron Uds. cuando volvieron de sus vacaciones?

JOSEFINA   ¡Uy! Encontramos de todo. Supimos que nuestra hija **había adoptado** tres gatos del barrio. Nos informaron que nuestros dos hijos mayores **habían chocado** el coche. Mis suegros nos dijeron que **habían venido** a vivir con nosotros. Y me llamó mi jefe para decirme que yo me **había equivocado** de fechas, que mis vacaciones no eran hasta la otra semana, así que parece que falté de trabajo sin permiso. ¡La vida está dura!

Conclusiones   El pluscuamperfecto

1. El pluscuamperfecto se forma con el imperfecto de **haber** y el participio.
2. El pluscuamperfecto describe un evento que tuvo lugar antes de otro evento.

   Me dijeron que Mario ya había llegado.   *El pluscuamperfecto indica que «había llegado» ocurrió antes de «me dijeron».*

11. Alejandro el Adelantado (entre dos). *Alejandro es un tipo impaciente que siempre hace las cosas lo más antes posible. ¿Cómo contesta las preguntas a continuación?*

MODELO   ESTUDIANTE 1: ¿Por qué no probaste el vino?

ESTUDIANTE 2: **Porque ya lo había probado.**

1. ¿Por qué no escuchaste el disco?
2. ¿Por qué no vieron Uds. esa película?
3. ¿Por qué no saludaste a Roberto?
4. ¿Por qué no escribieron Uds. la carta?

5. ¿Por qué no le contaste la historia a Pedro?
6. ¿Por qué no compraste el periódico?
7. ¿Por qué no leíste el artículo anoche?

12. Confesiones y chismes. *Invente oraciones sobre sus amigos (o enemigos) usando los fragmentos a continuación.*

EJEMPLO **Antes de vivir en Buenos Aires, Juan había vivido en Bogotá.**

Antes de estudiar español	yo	haber vivido en / con ?
Antes de cumplir trece años	tú	siempre haber usado bicicleta
Antes de comprar un coche	nosotros	haber estudiado otras lenguas
Antes de vivir en / con ?	?	nunca haber conocido a un/a ?
Antes de conocer a ?	? y ?	siempre haber ?
Antes de ?		nunca haber ?

Cómo se hace para indicar interés o falta de interés

Me interesa...	No me interesa.	Me parece aburrido...
Tengo (mucho) interés en...	No me llama la atención.	No me atrae...
Estoy muy interesado/a en...	No me interesa para nada.	No me apetece...

Cómo se hace para expresar repulsión

¡Qué asco!	Me da asco.	Me repele...
¡Qué horror!	Me enferma...	Me repugna...

Situaciones

1. Ud. y una amiga están tratando de determinar qué película quieren ver esta noche. Describa sus gustos en cuanto a actores, tipos de película, directores, país de origen, etc.
2. Hable de los temas que más le disgustan.

16.5 ¿Cuánto tiempo hace que vives aquí?

PRIMER PASO

¿Cuántas semanas **hace que tienes** tu enciclopedia?	= ¿Por cuántas semanas has tenido tu enciclopedia?
Hace dos años **que** la **tengo.**	= La he tenido por dos años.
¿Cuánto tiempo **hace que guardas** un diario?	= ¿Por cuánto tiempo has guardado un diario?
Hace catorce años **que** lo **guardo.**	= Lo he guardado por catorce años.
¿Cuánto tiempo **hace que estás viviendo** en esta casa?	= ¿Por cuánto tiempo has estado viviendo en esta casa?
Hace tres años **que estoy viviendo** aquí.	= He estado viviendo aquí por tres años.

Conclusiones ### *Hace que* con el presente

1. **Hace que** con el presente se usa para indicar el lapso de tiempo entre la iniciación de un evento todavía en progreso y el presente. Las frases de las dos columnas de arriba son equivalentes.
2. La estructura con **hace que** es más común que la otra.

SEGUNDO PASO

Hace diez minutos que te espero.   = Te espero hace diez minutos.
Hace días que no te veo.   = No te veo hace días.
Hace tres meses que vivo aquí.   = Vivo aquí **desde hace** tres meses.
Hace dos años que son amigos.   = Son amigos **desde hace** dos años.

Conclusiones

Posición de *hace* y el uso de *desde hace*

1. Si **hace** se usa después del verbo, se omite **que.**
2. **Desde hace** es una variante frecuente de **hace** en el presente.

TERCER PASO

Sinopsis de *hace... que*

1. **Hace... que** con el pretérito describe el lapso de tiempo entre el presente y un evento terminado (*ver §10.5*).

¿Cuánto tiempo hace que vino tu abuelo a este país?	= ¿Cuánto tiempo ha pasado desde que vino tu abuelo?
Hace treinta años que vino.	= Han pasado treinta años desde que vino.
¿Cuántos minutos hace que llegaste?	= ¿Cuántos minutos han pasado desde que llegaste?

2. **Hace... que** y **desde hace** con el presente describen el lapso de tiempo entre el presente y el comienzo de un evento que todavía está en progreso.

¿Cuánto tiempo hace que tocas piano?	= ¿Por cuánto tiempo has tocado el piano?
Hace diez años que toco piano.	= He tocado piano por diez años.
¿Cuántos días hace que estás leyendo esa novela?	= ¿Por cuánto tiempo has estado leyendo esa novela?
Hace dos días que la estoy leyendo.	= La he estado leyendo por dos días.
Trabajo aquí desde hace tres años.	= Hace tres años que trabajo aquí.

3. Posición de **hace** y **hace... que**
   a. **Hace... que** se usa antes del verbo.
      Hace cuatro años que lo vi.
      Hace un mes que vivo en este barrio.
   b. **Hace** (sin **que**) se usa después del verbo.
      Lo vi hace cuatro años.
      Vivo en este barrio hace un mes.

ACTIVIDADES

13. Preguntas para respuestas. *Invente una pregunta lógica para las respuestas.*

MODELO   Hace tres meses que escucho ese programa.
              → **¿Cuánto tiempo hace que Ud. escucha ese programa?**

1. Hace cinco años que recibimos esa revista.
2. Hace tres meses que trabaja para ese diario.
3. Somos periodistas desde hace quince años.
4. Hace dos semanas que trabajo en esta oficina.

5. Hace una hora que mi hijo está leyendo la sección deportiva.
6. Lola y Juan son fotógrafos desde hace siete años.
7. La cena está lista desde hace una hora.
8. Hace más de media hora que mis hijos están viendo televisión.

14. Lógica irrefutable. *Remigio Repitón siempre tiene que decir las cosas dos veces para comprenderlas bien. ¿Cómo completa Remigio las oraciones a continuación?*

MODELO   Hace tres años que Miguel vive aquí porque... (mudarse aquí)
→ **Hace tres años que Miguel vive aquí porque se mudó aquí hace tres años.**

1. Hace cuatro años que trabajo aquí porque... (comenzar a trabajar aquí)
2. Hace cinco años que Francisco toca piano porque... (empezar a estudiar piano)
3. Hace tres años que estás en esta universidad porque... (venir a estudiar aquí)
4. Hace un año que Ana y José están casados porque... (casarse)
5. Hace una semana que tengo esa novela porque... (comprarla)
6. Hace un mes que no veo a mi novio porque... (romper con él)

15. Aventuras sociológicas (entre dos). *Ud. estudia sociología y tiene que entrevistar a una persona en su barrio. ¿Cómo son sus preguntas y respuetas?*

EJEMPLOS   Ud. / vivir en esta casa
ESTUDIANTE 1: **¿Cuánto tiempo hace que Ud. vive en esta casa?**
ESTUDIANTE 2: **Hace diez años que vivo en esta casa.**

1. Ud. / trabajar en el mismo sitio
2. Ud. / tener coche
3. Ud. / estar casado(a)
4. sus hijos / ir a la escuela
5. Uds. / conocer a sus mejores amigos
6. Uds. / vivir en este barrio
7. Uds. / residir con (sin) sus padres
8. Ud. / prepararse para su carrera
9. Ud. / pagar impuestos
10. Uds. / tener el mismo médico

16. Informe (toda la clase o en pequeños grupos). *Presente a la clase una descripción sociológica de la persona que se entrevistó con Ud. en la actividad anterior.*

16.6 La novela no es corta sino larga.

José quiere ser director **pero** no tiene ganas de trabajar.
José **no** quiere ser actor **sino** director.

Uds. llegaron tarde, **pero** no fueron los últimos.
Los otros **no** llegaron tarde **sino** temprano.

Fui a la feria del libro con mi papá, **pero** no compré nada.
No fui con mis amigos **sino** con mi papá.

El televisor cuesta demasiado, **pero** lo voy a comprar de todas formas.
No me lo vendieron, **sino que** me lo regalaron.

Conclusiones   ***Pero*** vs. ***sino*** y ***sino que***

1. **Pero** expresa una ampliación o una reserva relacionada con una idea expresada anteriormente.
2. **Sino** y **sino que** expresan una contradicción absoluta con una idea *negativa* expresada anteriormente. **Sino que** se usa exclusivamente entre dos cláusulas.
3. Las contradicciones de **sino** y **sino que** siempre se usan en estructuras paralelas. Por ejemplo:

Sustantivo con sustantivo:	No fue el diario **sino** una revista.
Adjetivo con adjetivo:	La reseña no fue corta **sino** larga.
Preposición con preposición:	No llegamos antes **sino** después del concierto.
Verbo con verbo:	No me abrazó **sino que** me besó.

ACTIVIDADES

17. Cornelio el Contrariador (entre dos). *Cornelio es un tipo que contradice a todo el mundo. ¿Cómo responde Cornelio a las afirmaciones de sus amigos?*

MODELO   Es simpática Gumersinda. ¿Verdad? (antipática)
ESTUDIANTE 1: Es simpática Gumersinda. ¿Verdad?
ESTUDIANTE 2: **No, no es simpática sino antipática.**

1. Es rico Don Tremendón. ¿Verdad? (pobre)
2. Vamos al centro en coche. ¿Verdad? (a pie)
3. Es un actor bueno (*nombre de un actor*). ¿Verdad? (malo)
4. Vamos a depositar el cheque. ¿Verdad? (cobrar el cheque)
5. Nuestro profesor habla inglés en clase. ¿Verdad? (español)
6. Te llamas Carlos. ¿Verdad? (Cornelio)
7. María vive en Lima. ¿Verdad? (en Cuzco)
8. Están trabajando los chicos. ¿Verdad? (están jugando)
9. La Sra. Perera te dio la mano. ¿Verdad? (me dio un abrazo)

18. Oraciones incompletas. *Complete las oraciones usando* **pero, sino** *o* **sino que.**

1. No fui al cine _____ me quedé en casa.   2. No vi a Gumersinda _____ saludé a Don Tremendón.   3. Mis padres leyeron el diario _____ no encontraron nada interesante.   4. El artículo no me pareció bueno _____ aburrido.   5. Los anuncios nos parecieron demasiado largos _____ nos gustaron.   6. Los personajes de esa novela no me parecieron falsos _____ convincentes.   7. La reseña en el diario fue injusta _____ interesante.   8. No habló el editor _____ el autor.   9. Snoopy no mató al Barón Rojo _____ lo capturó.

19. Invenciones (entre dos o en pequeños grupos). *Completen las oraciones de forma creativa.*

1. No vimos televisión anoche sino que...
2. Meryl Streep es buena actriz pero...
3. No compré un video sino...
4. No quiero que me lleves al cine sino...
5. Esta noche no voy a ver televisión sino que...
6. No queremos escuchar el noticiero por radio sino...

Cómo se hace para pedir entradas de teatro

Quisiera dos asientos de platea (*orquesta, segundo balcón, paraíso, gallinero, etc.*) para la función de hoy (*mañana, el sábado, el dos de febrero, etc.*).

Quisiera algo en las diez primeras filas.

¿Puede darme dos asientos en medio, en la séptima u octava filas?

¿Tienen estos asientos vista completa del escenario o son de vista parcial?

¿A qué hora comienza la función? ¿A qué hora termina?

Situación

Ud. tiene que comprar entradas al teatro para Ud. y sus padres. ¿Qué le dice al taquillero (*taquillero = la persona que trabaja en la taquilla donde se venden entradas*)?

EN CONTEXTO

EN VIVO

Agenda cultural

Se cobra entrada

"Rusia (III): visita a Leningrado y excursión a Petrodvoretz" y "Brasil en plenitud: visita a Salvador de Bahía" por Iván Kresteff, a las 18 y a las 20, en Agüero 2260, piso 1°, N°8.

Música y danza

Clásica

Teatro Presidente Alveár, Corrientes 1659, a las 20.30: "Cascanueces", de P. I. Chaikovski.

Folklórica

La Querendona, Carabelas 267, a las 20: Tiempo Nuevo.

El Gallito, Moreno 1768, a las 20: grabaciones.

Santa María de los Buenos Ayres, Moreno 3218, a las 20: grabaciones.

Cine arte

Cinemateca Argentina Teatro SHA, Sarmiento 2245, a las 16, 18, 20 y a las 22: "La loca historia del mundo", de Mel Brooks.

Visitas guiadas

Manzana de las Luces - Tramo de túneles coloniales - Antigua Sala de Representantes - Cuatro siglos de historia en las acuarelas de Lola Frexas, a las

18.30, y circuito Jesuítico: claustro del antiguo colegio, Iglesia de San Ignacio y exposición de pesebres artesanales, a las 19.30, en Perú 272. Se cobra entrada.

Museo Fernández Blanco - Patrimonio cultural del Museo, a las 17, en Suipacha 1422.

Museo Nacional de Bellas Artes - Colecciones permanentes, a las 17; todas en Avda. del Libertador 1473.

Túneles jesuíticos, a las 19.30, en Perú 294.

Salas Histórico Religiosas - "Hechos y hombres de la historia argentina en San Telmo" - Claustro jesuítico, sacristía e Iglesia, de 15.30 a las 17.30, en Humberto I° 340.

Parque Natural Costanera Sur, a las 17, en la entrada del Parque.

Museo Penitenciario, a las 10 y a las 13, en Humberto I 378.

Preguntas

1. Estos anuncios aparecieron un poco antes de Navidad. ¿Qué ballet se danza mucho durante las fiestas navideñas y qué significa «cascanueces»? 2. ¿Cuál es la dirección del cine donde se da una película de Mel Brooks? 3. ¿Se escucha música viva o grabaciones en El Gallito? 4. ¿Hay en estos días una exposición especial en

el Museo Nacional de Bellas Artes?   5. ¿Cuáles de las exposiciones son gratas y en cuáles se cobra entrada?   6. ¿Quién es Lola Frexas?   7. En el penúltimo anuncio, ¿es San Telmo una persona o un lugar?

LECTURA
Eterna Primavera, el detergente de los matrimonios felices

El pequeño drama que sigue ha sido inspirado por los anuncios comerciales de televisión que, según algunos expertos, han llegado a ser el máximo género de nuestros tiempos.

Escena I

*(Una cocina. Clorinda, el ama de casa, lleva un vestido **soso**. No se ha peinado, ni tampoco se ha puesto maquillaje. Está preparando el desayuno cuando entra su esposo Miguel en **camiseta**. Miguel se ha levantado de mal humor, y lleva una camisa en la mano.)*

soso: sin gusto, aburrido

camiseta: camisa que se usa debajo de otra camisa

MIGUEL   Clorinda, tienes que lavar ropa hoy mismo. He buscado por todas partes y no he podido encontrar ninguna camisa limpia. Mira qué sucio está el cuello de esta camisa. Mi jefe me ha dicho que quiere hablar conmigo mañana, y si no le doy una buena impresión nunca me va a dar un ascenso.

CLORINDA   *(con animación **fingida**)* Cómo no, Miguel. Hoy mismo te lavo más camisas. No te preocupes.

fingida: falsa, disimulada

Escena II

(Clorinda ahora se encuentra detrás de una mesa donde ha colocado varias cajas y botellas de distintas marcas de detergentes. En el fondo hay una lavadora y una secadora de ropa. Clorinda se ha puesto la misma ropa que en la primera escena, y tiene la camisa de Miguel en la mano.)

CLORINDA   ¡Ay de mí! ¿Qué voy a hacer? Yo he lavado esta camisa mil veces, pero mi marido tiene razón. No está limpia y además... **¡huele** mal!

*(De pronto se oye un **trueno**, se ve un **relámpago** y aparece un ser celestial que se ha vestido de un resplandeciente **manto** blanco.)*

huele (de *oler*): producir un olor

trueno: ruido que se oye en una tormenta eléctrica

relámpago: descarga eléctrica que se ve en una tormenta

ÁNGEL   Señora...
CLORINDA   Pero... ¿Quién es Ud.?
ÁNGEL   Soy el ángel de los matrimonios felices y he venido para ayudarla a Ud. ¡**Deshágase** de esos detergentes que jamás le han dejado la ropa tan limpia como Ud. merece!

manto: ropa de ángeles

deshacerse: no usar más

*(Con un **manotazo** tira al piso la mitad de los detergentes que están en la mesa.)*

manotazo: golpe con la mano

ÁNGEL   ¡Renuncie a esos jabones que apenas **suavizan** y perfuman sus **prendas**!

suavizar: *to soften*

prenda: palabra elegante para *ropa*

(Con otro manotazo tira al piso la otra mitad de los detergentes. Muy ceremonioso saca de debajo del manto una caja de Eterna Primavera que ha traído.)

ÁNGEL   Cambie a **Eterna Primavera.** Miles de señoras han descubierto lo que quiere decir verdadera blancura y limpieza, gracias a **Eterna Primavera.** No permita más que su esposo lleve una camisa **indigna** de él.

indigna: que no se merece; *unworthy*

(Le da la caja a Clorinda y desaparece. Clorinda se queda mirando la caja de Eterna Primavera *con una expresión beatífica y **agradecida.**)*

agradecida: llena de gracias

Escena III

*(El día siguiente por la tarde, otra vez en la cocina. Clorinda está preparando la comida pero esta vez se ha vestido bien y se ha arreglado bien el pelo. Entra Miguel; se ha puesto una camisa espléndidamente **planchada** y **almidonada.** Lleva un portafolio para dar la impresión de que apenas ha llegado del trabajo.)*

planchada: de planchar (*to iron*)
almidonada: de almidonar (*to starch*)

MIGUEL   Mi vida, mi amor. Me han dado un ascenso y un aumento de salario. Un beso por favor para el nuevo ejecutivo de nuestra oficina.

(Se abrazan y se besan; entonces Miguel levanta la tapadera de una de las ollas en que Clorinda ha preparado la comida. Respira el olor.)

MIGUEL   Querida, para las cosas de la casa, tienes la mano de un ángel.

*(Se acerca la cámara a la cara de Clorinda, y ella le **guiña** un ojo.)*

guiñar: cerrar un ojo como señal de broma o de conspiración

Escena IV

(Aparece de nuevo el ángel de los matrimonios felices con una caja de Eterna Primavera en cada mano. Al fondo se ven nubes y cielo.)

ÁNGEL   Señora, ama de casa, vaya hoy mismo al supermercado más cercano y cómprese Eterna Primavera —para el bien de Ud. y el bien de toda su familia. No **arriesgue** su felicidad con jabones inadecuados.

arriesgar: correr peligro

Preguntas   1. ¿Quién es Clorinda?   2. ¿Qué estereotipo representan ella y Miguel?   3. ¿Por qué está enojado Miguel?   4. ¿Por qué quiere Miguel darle una buena impresión a su jefe?   5. ¿Cómo es la ropa de Clorinda en la primera escena? ¿Y en la tercera?   6. ¿Qué indica la ropa de Clorinda en esas dos escenas?   7. ¿Quién es el ángel de los matrimonios felices y qué es lo que hace?   8. ¿Qué le dice el ángel a Clorinda?   9. ¿Cómo sabemos que Eterna Primavera ha tenido éxito?   10. ¿Por qué dice el ángel que todas las amas de casa deben comprar Eterna Primavera?

Galería hispánica: El Uruguay

Algunos datos sobre el Uruguay

Nombre oficial: República Oriental del Uruguay
Población: 3.000.000
Capital: Montevideo
Moneda: el peso
Países vecinos: la Argentina y el Brasil
Etnicidad: europeo, mestizo, mulato y africano
Exportaciones: carne, productos agrícolas, lana, tela y cuero

Un país pequeño pero significante

Según algunos comentaristas, el Uruguay es un país que debía ser parte o del Brasil o de la Argentina. Durante los tiempos coloniales, lo que ahora se llama el Uruguay formaba parte del Virreinato del Río de la Plata **cuyo** capital era Buenos Aires. Por ocupar la costa oriental del río de la Plata, ese territorio se llamaba la Banda Oriental. Hasta el día de hoy, en la Argentina los uruguayos son llamados «orientales».

cuyo: *whose*

Después de proclamarse independiente de España en 1808 (que en ese momento estuvo ocupado por el ejército de Napoleón), el Uruguay trató de entrar en una federación de provincias iguales con Buenos Aires. Pero Buenos Aires quería ser el poder dominante en la región, algo que los orientales no podían aceptar.

Poco después, los portugueses invadieron el Uruguay, reclamándolo como territorio brasileño. Aunque era cierto que muchos portugueses y brasileños **ya** vivían en el Uruguay, su motivo principal era el deseo de no permitir que la Argentina controlara **ambos** lados del río de la Plata. Las tensiones entre la Argentina y el Brasil sobre el futuro de la Banda Oriental fueron tremendas. Pero se evitó la guerra en parte por la intervención de Gran Bretaña, y en 1830, el Uruguay se proclamó país independiente y soberano.

ya: *already*
ambos: los dos

Hoy, aunque el Uruguay es uno de los países más pequeños y menos poblados de la América Latina, es un país relativamente próspero. También es notable por su enorme contribución cultural sobre todo en las letras y en el teatro. Algunos de los mejores actores del mundo latino han salido del Uruguay y todavía, en Montevideo, los fines de semana se puede ver muy buen teatro. Por otra parte, Montevideo es una bella ciudad con mucho **ambiente** urbano. Casi un 40% de la población uruguaya vive en Montevideo. Y si uno se cansa de la ciudad, no está lejos de las hermosas playas de Punta del Este que atraen a turistas de todas partes del mundo.

ambiente: atmósfera

Preguntas 1. ¿Por qué debía ser el Uruguay parte o del Brasil o de la Argentina? 2. ¿Quiénes son los «orientales»? 3. ¿Qué pasó cuando el Uruguay trató de entrar en una federación de provincias iguales con Buenos Aires? 4. ¿Cuál fue el motivo de la invasión portuguesa del Uruguay? 5. ¿Cómo se evitó una guerra entre la Argentina y el Brasil? 6. ¿Cómo se manifiesta la contribución cultural uruguaya? 7. ¿Dónde vive una gran parte de la población uruguaya? 8. ¿Qué atracción turística se encuentra no muy lejos de la capital del país?

 A ESCUCHAR

Escuche la conversación.

Ahora, escuche la conversación por partes e indique si las oraciones son verdaderas o falsas.

1. v f	4. v f	7. v f	10. v f
2. v f	5. v f	8. v f	11. v f
3. v f	6. v f	9. v f	12. v f

SITUACIONES

Situación 1 Pregúntele a alguien sobre la última película que vio. ¿Cómo se llamaba? ¿De qué se trataba? ¿Quiénes actuaban? ¿Trabajaron bien o mal los actores? Etc.

Situación 2 Prepare un anuncio comercial para televisión con un grupo de sus compañeros de clase. El producto que Ud. y sus compañeros traten de vender puede ser jabón, maquillaje, desodorante, una educación en su universidad, este libro o cualquier otra cosa que se les ocurra.

Situación 3 Ud. hace crítica de cine para televisión. Escoja una película reciente, descríbala con detalle, y después explique por qué o por qué no le gustó. No se olvide de informar al público dónde y a qué hora pasan la película.

Situación 4 Ud. representa un grupo de padres que quiere prohibir una película en su ciudad. Otra persona de la clase puede defender la película.

Situación 5 Ud. y una amiga no saben qué hacer esta noche. Ud. quiere salir a ver una película o comer fuera. Ella quiere quedarse en casa porque está leyendo una novela fabulosa. ¿Quién convence a quién?

Situación 6 Alguien lo/la invita a Ud. a ir al teatro. Indique su interés (o falta de interés) y explique por qué (o por qué no) Ud. tiene la opinión que tiene.

Situación 7 Ud. tiene que comprar entradas para Ud. y un amigo. Explíquele al taquillero qué obra quiere ver, pregúntele qué día y a qué hora se da. También, infórmese cuánto cuestan los asientos y qué diferencia hay entre los distintos asientos. Después compre las entradas que prefiere.

COMPOSICIONES

Tema 1   Describa sus grandes triunfos y grandes ambiciones. Es decir, ¿qué ha hecho en su vida que le da mucho orgullo? ¿Ha subido una montaña alta? ¿Ha ganado un premio literario? ¿Ha conocido a una escritora famosa? También describa sus grandes ambiciones; por ejemplo: «Todavía no he jugado en el Super Bowl». «Todavía no he llegado a ser presidente de los Estados Unidos», etc.

Tema 2   Escriba una composición sobre su programa de televisión favorito. Explique qué aspectos del programa le gustan más y por qué. Incluya información sobre la dirección, la actuación, las tramas, los personajes, etc.

Tema 3   Escriba una composición sobre un/a pintor/a moderno/a español/a o hispanoamericano/a. Nombres posibles: Diego Rivera, José Clemente Orozco, Rufino Tamayo, Frida Kahlo, Fernando Botero, Pablo Picasso, Judy Baca, Salvador Dalí o Joan Miró. Incluya información sobre sus temas, sus colores y figuras preferidos, y sus cuadros más conocidos.

VOCABULARIO ACTIVO

Sustantivos asociados con los medios de comunicación

el actor	los dibujos animados	la miniserie
la actriz	el episodio	el noticiero
la actuación	la escena	el panel
la animación	el/la fotógrafo/a	el/la periodista
el cable	el guión	el/la reportero/a
el canal	el/la guionista	la serie
el comentario	el/la locutor/a	la telenovela
la decepción	el micrófono	el/la televidente
el diálogo		

Sustantivos relacionados con la lectura

el/la autor/a	la enciclopedia	el poema
el comentario	el/la escritor/a	la poesía
la crítica	la feria del libro	el/la poeta
el/la crítico/a	la guía	el/la protagonista
el cuento	el/la lector/a	la publicación
el diario	la lectura	la reseña
el diccionario	la literatura	la revista
el drama	la novela	la sección deportiva
el/la dramaturgo/a	la obra	la sección financiera
la editorial	el periódico	la trama
el ejemplar	el personaje	el verso

Sustantivos relacionados con el arte

la antigüedad	el benefactor	el dibujo
la apertura	la caricatura	el/la escultor/a
la artesanía	los clásicos	la escultura
el/la artesano/a	la colocación	la estatua
el barroco	el cuadro	el estreno
las bellas artes	la decadencia	la fealdad

la figura
la galería
el género
el genio
el/la genio/a
el grabado
la huella
la locura

el misticismo
el monumento
el paisaje
la pesadilla
el/la pintor/a
la pintura
el recinto
el Renacimiento

el retrato
la serie
la subconciencia
el sufrimiento
el surrealismo
la vulgaridad

Adjetivos

barroco/a
cómodo/a
confuso/a
cuadrado/a
chato/a
efímero/a
elongado/a
fingido/a

ingenuo/a
opaco/a
pedante
perplejo/a
precolombiano/a
redondo/a
renacentista
severo/a

simplista
sobrenatural
sombrío/a
sordo/a
surrealista
sutil
talentoso/a
vivo/a

Verbos

adquirir (ie)
agrupar
arriesgar
cancelar
consolar (ue)
contradecir (i)
deshacerse de
dibujar

disimular
editar
empaparse
esculpir
expresar
filmar
fingir
grabar

interpretar
pintar
prender
publicar
renunciar
romper
suavizar
transmitir

Otros sustantivos

la broma
la contraparte
el/la contrariado/a
la delicadeza

el estereotipo
la etiqueta
la felicidad
el manto

el orgullo
la prenda
el relámpago
el trueno

Otros adjetivos

agradecido/a
bronceado/a
complejo/a
convincente

digno/a
dramático/a
indigno/a

inseguro/a
mediocre
pródigo/a

Expresiones útiles

a pesar de
guiñar un ojo
hacer el papel de

jamás en la vida
recientemente
romper con

tratarse de
últimamente

Vocabulario personal

_____   _____

_____   _____

CAPÍTULO 17

DESAFÍOS DEL FUTURO

TEMAS
- El futuro
- Los roles sexuales
- Los pretextos
- Las ambiciones

FUNCIONES
- Expresar arrepentimiento
- Explicar la tardanza
- Explicar que uno no ha terminado la tarea
- Cortar una conversación

GRAMÁTICA
- **17.1** El futuro de verbos regulares
- **17.2** El futuro de verbos irregulares
- **17.3** El futuro perfecto
- **17.4** La voz pasiva
- **17.5** *Ser* y *estar* con el participio y sinopsis de *ser* y *estar*
- **17.6** La construcción reflexiva para eventos inesperados
- **17.7** Sinopsis de la construcción reflexiva

GALERÍA HISPÁNICA
El sudoeste de los Estados Unidos

EN MARCHA

17.1 ◣ ¿Llegaremos algún día a Marte?

—Mario, como tú tienes buen ojo para el futuro, dinos, ¿dónde **estaremos** nosotros en diez años?

—Por lo general, cobro por mis profecías, pero como Uds. son amigos, no les **cobraré** nada. Yo sin duda en diez años **estaré** viviendo la vida de un gran artista. **Seré** famoso y admirado. Tú, Ricardo, **estarás** casado con una mujer rica que te **dará** hijos y dinero. Teresa y Jorge se **dedicarán** a las ciencias y **ganarán** un Premio Nobel. Todos vosotros **recordaréis** la clase de español con mucho afecto y **daréis** millones de dólares a la pensión para ex profesores de español.

Conclusiones

El futuro de verbos regulares

1. Con muy pocas excepciones, el infinitivo sirve de raíz para las formas del futuro.
2. Todas las formas del futuro llevan acento excepto la forma correspondiente a **nosotros.**

Sinopsis

sujeto	terminación	*estar*	*ir*	*ser*
yo	**-é**	estaré	iré	seré
tú	**-ás**	estarás	irás	serás
Ud. / él / ella	**-á**	estará	irá	será
nosotros / nosotras	**-emos**	estaremos	iremos	seremos
vosotros / vosotras	**-éis**	estaréis	iréis	seréis
Uds. / ellos / ellas	**-án**	estarán	irán	serán

ACTIVIDADES

1. Víctor el Vidente. *Víctor es vidente; es decir, tiene el don de ver el futuro. ¿Qué dice sobre la gente?*

MODELO   Ana / ser dueña de una pizzería.→ **Ana será dueña de una pizzería.**

1. Miguel / quedarse en casa con sus niños
2. Pati y María Luisa / dedicarse a proteger los recursos naturales
3. mis hijos / ver la conquista del espacio
4. Quique / combatir el analfabetismo
5. tú /ser un famoso crítico del poder nuclear
6. Teresa / descubrir otro planeta
7. yo / luchar contra la contaminación del ambiente
8. vosotros / contribuir a la explosión demográfica

2. Víctor el Vidente II. *Víctor acaba de aprender los verbos irregulares en el futuro y tiene ganas de hacer más profecías —sobre la visita de un extraterrestre. ¿Qué dice?*

MODELO   Gumersinda / querer casarse con el extraterrestre
→ **Gumersinda querrá casarse con el extraterrestre.**

1. un extraterrestre / venir a visitarnos
2. Mario / hacerse amigo del extraterrestre
3. todos / salir a conocerlo
4. nosotros / querer preguntarle sobre su origen
5. nadie / saber el nombre del extraterrestre
6. los científicos / no poder hablar con el extraterrestre
7. el extraterrestre / tener que aprender nuestra lengua
8. el extraterrestre / decirnos ?

3. Entrevista sobre el futuro (entre dos o en pequeños grupos). *Pregúntele a alguien de la clase...*

1. qué estudiará el año que viene.
2. dónde estará dentro de diez años.
3. cuándo (o si) se casará.
4. qué profesión seguirá.
5. quiénes serán sus mejores amigos.
6. con cuál(es) de sus compañeros guardará contacto.
7. dónde vivirá.
8. cuánto dinero ganará.
9. ?

4. Reportaje sobre el futuro (con una persona que no estuvo con Ud. en la actividad anterior o para toda la clase). *Ahora, usando la información que Ud. consiguió en la actividad anterior, haga un informe sobre las ambiciones de sus compañeros.*

17.2 ¿A qué hora vendrán los chicos de Barcelona?

El futuro de algunos verbos irregulares

1. Algunos verbos tienen raíces irregulares en el futuro pero usan las mismas terminaciones que Ud. aprendió en §17.1.
2. Para formar la raíz irregular de **caber, haber, poder, querer** y **saber** se omite la vocal de la terminación del infinitivo.

caber → **cabr-**	No **cabremos** en tu coche; es muy pequeño.
haber → **habr-**	No hay examen hoy, pero **habrá** uno mañana.
poder → **podr-**	¿**Podrás** acompañarme hasta la esquina?
querer → **querr-**	Nadie **querrá** pagar esos precios.
saber → **sabr-**	Después de un año conmigo **sabrás** muchísimo.

3. Para formar la raíz irregular de **poner, salir, tener, valer** y **venir,** se sustituye la vocal de la desinencia por **-d-.**

poner → **pondr-**	Me **pondré** mi vestido más elegante.
salir → **saldr-**	**Saldremos** antes de medianoche.
tener → **tendr-**	**Tendrás** que trabajar mucho en esa clase.
valer → **valdr-**	**Valdrá** la pena ver esa obra porque es buena.
venir → **vendr-**	¿A qué hora **vendrán** sus amigos?

4. **Decir** y **hacer** tienen raíces totalmente irregulares en el futuro.

decir → **dir**-   ¿Qué **dirán** los vecinos?
hacer → **har**-   ¿Quiénes **harán** los coches del futuro?

5. **Habrá** es el futuro de **hay.**
   ¿Cuántos chicos **habrá** en la clase el segundo semestre?

ACTIVIDADES

5. Profecías (entre dos o en pequeños grupos). *Use la tabla para inventar profecías originales.*

EJEMPLOS   ESTUDIANTE 1: **¿Qué pasará en diez años?**
             ESTUDIANTE 2: **Dentro de diez años me casaré con el amor de mi vida.**

¿Qué pasará...		estar en?
mañana?	yo	conocer al amor de su vida
la semana próxima?	tú	casare con ?
el mes que viene?	?	mudarse a ?
el año próximo?	? y yo	hablar con ?
dentro de tres años?	? y ?	graduarse
dentro de diez años?	vosotros	conseguir otro ?
		viajar a ?
		irse a ?
		ser rico *(famoso, admirado, odiado, ?)*

6. Combinaciones para el futuro (entre dos o en pequeños grupos). *Invente oraciones originales siguiendo las instrucciones de alguien en la clase.*

MODELO   ESTUDIANTE 1: **4-1-4**
           ESTUDIANTE 2: **El año próximo yo querré conocer a mi futura esposa.**

1. mañana	1. yo	1. hacer un viaje a ?
2. la semana que viene	2. tú	2. tener una cita con ?
3. dentro de diez años	3. ? y yo	3. saber (que) ?
4. el año próximo	4. mis padres	4. querer conocer a ?
5. en el siglo XXI	5. ?	5. poder ?
6. en el año 3000	6. ? y ?	6. decir la verdad sobre ?

7. Profecías (entre dos o en pequeños grupos). *Ud. es profeta y tiene que avisar a todos los miembros de la clase dónde estarán, qué estarán haciendo, etc. dentro de veinte años. ¿Qué dice Ud.? Use la tabla para hacer profecías originales con referencia específica a los miembros de la clase.*

decir la verdad a ?	salir en una telenovela	saber diez lenguas
hacerse rico/a	provocar una guerra	llegar a ser ?
tener muchos hijos	poner fin a la guerra	escribir ?

Cómo se hace para expresar arrepentimiento

Lamento mucho que...   Perdóneme por...   ¡Mea culpa!

Siento mucho que...   Debo confesar que...   Espero que me disculpe.

Situaciones

1. Ud. ha llegado muy tarde a una reunión de estudiantes. ¿Qué les dice a los otros estudiantes?
2. El hijo de Ud., que tiene cinco años, acaba de romper el juguete favorito del hijo de su vecino. ¿Qué le dice Ud. a su vecino?

NOTA CULTURAL

El bilingüismo hispano: una rectificación

Pocos temas han inspirado más debate en años recientes que el bilingüismo y la educación bilingüe en las escuelas públicas. Estos temas son, sin duda, muy complejos, y **merecen** ser examinados con mucho cuidado. Sin embargo, una gran parte del debate se basa en una percepción errónea: que los hispanos en los Estados Unidos no quieren aprender inglés. La verdad es que los hispanos están siguiendo exactamente el mismo **patrón** de asimilación lingüística que todos los **demás** inmigrantes.

merecer: *to deserve*

patrón: *pattern*
demás: los otros

Para comprender ese patrón, nos conviene pensar en los inmigrantes como miembros de tres grupos. El primer grupo consiste en los que vinieron aquí cuando eran adultos y ya hablaban su lengua materna. El segundo grupo consiste en los que nacieron aquí o vinieron aquí cuando eran niños; son hijos del primer grupo. El tercer grupo consiste en los que nacieron aquí, hijos o descendientes del segundo grupo.

El primer grupo **suele** aprender un inglés funcional. Es decir, aprenden a expresarse y a comprender bastante bien, pero casi nunca aprenden a hablar sin errores y sin acento. El segundo grupo aprende a hablar inglés perfectamente bien sin, o con muy poco, acento extranjero. Pero como hijos de inmigrantes este grupo retiene algo de su primera lengua y muchas veces son bilingües. El tercer grupo suele estar lingüísticamente asimilado, con poco conocimiento funcional de la lengua de sus abuelos.

suele: *soler (ue) + infinitivo* = generalmente

La asimilación de los hispanos se ha estudiado mucho, y se ha visto repetidas veces que la gran mayoría de los inmigrantes hispanos siguen exactamente el mismo patrón que todos los demás inmigrantes. Por lo tanto, la percepción de que los inmigrantes hispanos no quieren aprender inglés es totalmente falsa. Como en el caso de **cualquier** grupo de inmigrantes, casi todo depende de cuántas generaciones los individuos lleven en este país.

cualquier: *any*

17.3 ▶ Antes del año 2050 habré terminado mis estudios.

Antes del año 2050 yo **habré terminado** mis estudios, tú **habrás viajado** por todo el mundo, una mujer **habrá llegado** a la Casa Blanca como presidenta, los científicos **habrán descubierto** un remedio contra el cáncer, y **habremos firmado** un tratado de paz con todos los países del mundo. Con suerte, eso es lo que vendrá.

Conclusiones

El futuro perfecto

1. El futuro perfecto se forma con el futuro de **haber** y el participio.
2. El futuro perfecto describe un evento futuro que tendrá lugar antes de otro evento.

Sinopsis

Yo	**habré terminado**	la tarea antes de medianoche.
Tú	**habrás visto**	a tu amigo antes de clase.
Ud. / Él / Ella	**habrá llegado**	antes que nosotros.
Nosotros / Nosotras	**habremos leído**	el diario antes de mediodía.
Vosotros / Vosotras	**habréis viajado**	por todo el país antes de mayo.
Uds. / Ellos / Ellas	**habrán repasado**	todo el libro antes del examen.

ACTIVIDADES

8. El baile. *Ana y Jorge van a ir a un baile esta noche y están charlando de todo lo que habrá pasado antes de ciertos momentos clave. ¿Qué dicen?*

MODELO   antes de las diez / la mayoría de los estudiantes / llegar
→ **Antes de las diez la mayoría de los estudiantes habrá llegado.**

1. antes de las ocho / todos / seleccionar su ropa
2. antes de las nueve / todos / bañarse
3. antes de las nueve y media / la banda / llegar
4. antes de las diez / el técnico / conectar los micrófonos
5. antes de las diez y media / todos / comenzar a bailar
6. antes de medianoche / el show / empezar
7. antes de la una / algunas personas / irse
8. antes de las tres de la madrugada / yo / volver a casa

9. Combinaciones (entre dos). *Invente oraciones originales siguiendo las instrucciones de alguien en la clase.*

EJEMPLO   Estudiante 1: **4-4-3**
Estudiante 2: **Marisela y Ana habrán conocido a Gumersinda antes de cenar.**

1. yo	1. llegar a casa	1. antes de mediodía
2. tú	2. terminar la tarea	2. antes de mañana
3. Miguel	3. enamorarse de ?	3. antes de cenar
4. Marisela y Ana	4. conocer a Gumersinda	4. antes de casarse
5. mis compañeros y yo	5. ?	5. ?

10. Fechas límites (entre dos o en pequeños grupos). *Conecte los fragmentos de una forma lógica.*

EJEMPLOS   ESTUDIANTE 1: **¿Qué habrá pasado antes de las diez?**
ESTUDIANTE 2: **Antes de las diez la mayoría de los estudiantes habrán llegado.**

¿Qué habrá pasado...

1. antes de mediodía?
2. antes del verano próximo?
3. antes del final de este siglo?
4. antes del siglo veintiuno?
5. antes del año 2500?
6. antes de la semana próxima?
7. antes de medianoche?
8. antes de la madrugada?
9. antes del final de esta clase?

a. yo / recibir mis notas
b. mis mejores amigos / casarse
c. los científicos / descubrir un remedio contra el cáncer
d. tú / tomar el desayuno
e. el profesor / regresar a casa
f. ? / conocer al amor de su vida
g. nosotros / graduarse
h. ? / llegar a la Casa Blanca

Cómo se hace para cortar una conversación
Lo siento mucho, pero debo marcharme porque me esperan unos amigos.
Todo eso es muy interesante, pero tengo que irme. ¿Por qué no seguimos hablando en otra ocasión?
Lo que Ud. dice me fascina, pero tengo una cita ahora, y debo irme.
¡Qué interesante! Por desgracia, no puedo quedarme ahora. Tendremos que hablar más otro día.

Situación
Ud. está con la persona más aburrida del mundo pero no quiere ofenderla. ¿Cómo se escapa Ud. de esa persona sin ofenderla?

17.4 ¿Por quién fue escrita la novela *Don Quijote*?

Rómulo escribió el guión.
Josefina escribió la dedicatoria.
Miguel y Sara escribirán los programas.

Efraín escribirá las reseñas.

El guión **fue escrito** por Rómulo.
La dedicatoria **fue escrita** por Josefina.
Los programas **serán escritos** por Miguel y Sara.
Las reseñas **serán escritas** por Efraín.

Conclusiones   **La voz pasiva**

1. En voz activa (las oraciones de la primera columna) el sujeto hace la acción.
2. En voz pasiva (las oraciones de la segunda columna) el sujeto recibe la acción.
3. La voz pasiva consiste en una forma de **ser** y un participio. **Ser** concuerda en número con el sujeto.
4. El participio funciona igual que un adjetivo que modifica el sujeto; es decir, concuerda en número y en género con el sujeto.
5. La voz pasiva es mucho menos frecuente en español que en inglés; aunque ocurre en todos los tiempos, es más frecuente en el pretérito y el futuro. Se usa para poner énfasis en el agente de la acción.

ACTIVIDADES

11. La historia según Rómulo. *Rómulo está explicando algunos de los grandes logros de este siglo. ¿Qué dice?*

MODELO   avión / inventar / los hermanos Wright
→ **El avión fue inventado por los hermanos Wright.**

1. el tocadiscos / inventar / Thomas Edison
2. los focos eléctricos / inventar / Thomas Edison
3. la penicilina / descubrir / Alexander Fleming
4. la teoría de la relatividad / proponer / Albert Einstein
5. el Concierto para Orquesta / componer / Bela Bartok
6. la segunda guerra mundial / ganar / los aliados
7. la novela *Ulises* / escribir / James Joyce

12. La utopía de Fernanda (entre dos). *Fernanda está soñando con un futuro utópico. ¿Qué dice?*

MODELO   quién/controlar / el comercio / / el gobierno
ESTUDIANTE 1: **¿Quién controlará el comercio?**
ESTUDIANTE 2: **El comercio será controlado por el gobierno.**

1. quién / escribir / las leyes / / las mujeres
2. quién / criar / a los chicos / / centros educacionales
3. quién / controlar / la construcción de edificios / / comités del barrio
4. quiénes / supervisar / las escuelas / / expertos educacionales
5. qué / resolver / la contaminación del ambiente / / el gobierno
6. qué / reducir / el racismo / / más educación

13. Trivia (entre dos o en pequeños grupos). *Ponga a prueba sus conocimientos históricos. Note que la pregunta es en voz activa y la respuesta, en voz pasiva.*

EJEMPLO   pintar el cuadro *Las Meninas*
ESTUDIANTE 1: **¿Quién pintó el cuadro *Las Meninas*?**
ESTUDIANTE 2: **El cuadro *Las Meninas* fue pintado por Velázquez.**

1. escribir la novela *Don Quijote*
2. descubrir América
3. pintar *Guernica*
4. conquistar México
5. inventar el teléfono
6. vender Luisiana a los Estados Unidos
7. explorar el Polo Sur
8. inventar el nombre «América»
9. descubrir la Florida
10. derrotar a los Incas
11. mandar «La Armada» contra Inglaterra
12. escribir la novela *Cien años de soledad*
13. escribir poesía romántica
14. ganar el Premio Nobel de paz

a. Gabriel García Márquez
b. Miguel de Cervantes
c. Francisco Pizarro
d. Rigoberta Menchú
e. Alexander Graham Bell
f. Ponce de León
g. Carlos Fuentes
h. Hernán Cortés
i. Napoleón
j. Felipe II
k. Cristóbal Colón
l. Américo Vespucio
m. el Almirante Byrd
n. Pablo Picasso

17.5 La escuela está terminada. Fue terminada hace un año.

PRIMER PASO

La casa fue construida por tres carpinteros.   La casa estaba construida de ladrillo.

La casa no **estaba** terminada cuando la abandonaron sus primeros dueños.
La casa **fue** terminada por un carpintero, amigo de mi papá.

Los actores **estaban** muy bien preparados.
Los actores **fueron** preparados por el director y el guionista.

Conclusiones   *Estar* y *ser* con el participio

1. **Estar** con el participio indica un estado o una condición.
2. **Ser** con el participio indica una acción o un cambio.

SEGUNDO PASO

Instrucciones que se encuentran al principio de la primera escena de una obra de teatro.

Sube el telón, y dos niños están **acostados** pero no sabemos si están **dormidos.** Su madre Sara está **sentada** y la madre de Sara está **parada** al lado de ella. Jorge, el protagonista, está **reclinado** contra la pared, y en la pared, está **colgado** un cuadro de una vieja imponente.

Conclusiones   **El participio para indicar condiciones y posiciones físicas**

1. En español se usa el participio para indicar ciertas posiciones o condiciones físicas.

Jorge está **acostado.** = Jorge se ha acostado.
Sara está **parada.** = Sara se ha parado (está de pie).
Los chicos están **sentados.** = Los chicos se han sentado.
Los devotos están **arrodillados.** = Los devotos se han arrodillado.
Mi mamá está **dormida.** = Mi mamá se ha dormido.

Jorge

Sara

Los dibujos están **colgados** en la pared. = Alguien colgó los dibujos en la pared.
Los jugadores están **recostados.** = Los jugadores se han recostado.
2. Esas expresiones se traducen al inglés con el gerundio.

TERCER PASO

Sinopsis de *ser* y *estar*

Ser

1. **Ser** se usa para combinar un sustantivo o pronombre con otro sustantivo o pronombre. Estas frases generalmente son expresiones de identidad.

Miguel es estudiante.   Mis padres son abogados.
Sara y yo somos buenas amigas.   Estela es mi comadre.

2. **Ser** se usa para localizar un evento.

El concierto será en el auditorio.   Ese examen va a ser en este salón.

3. **Ser** se usa con expresiones de hora y tiempo.

¿Qué hora es?   La graduación será en mayo.
Son las ocho y media.   El concierto fue anoche.

4. **Ser** se usa con **de** para describir origen, sustancia y posesión.

Sebastián es de España.   Este anillo es de oro.
Somos de Santiago de Chile.   Esa casa es de la familia Luzuriaga.

5. **Ser** se usa con adjetivos para describir características que el hablante considera inherentes.

Miguel es joven y alto.   Mis amigos son simpáticos.
La tierra es redonda.   La piscina no es muy profunda.
Pepito es inteligente pero descuidado. Margarita es muy bonita.

6. **Ser** se usa para describir una acción en voz pasiva.

El libro fue publicado el año pasado.   Las composiciones serán corregidas
                                         para mañana.

Estar

1. **Estar** se usa para localizar personas, objetos y lugares.

Mi chequera está en mi mochila.   Los chicos están en la calle.

2. **Estar** se usa con adverbios y adjetivos para describir condiciones que pueden variar.

Estela está enferma hoy.   La Sra. Barrios está encinta.
El agua está fría ahora.   El agua estará caliente pronto.
Miguel está muy bien.   Nuestro cuarto está muy des-
                                  arreglado.

La puerta no está cerrada.   La luz del semáforo está roja.
Estamos muy ocupados ahora.   Casi nunca estoy satisfecho.

3. **Estar** se usa con adjetivos para describir el resultado de un cambio.

Mi profesor favorito está calvo.   Mi pobre gata está muerta.
La catedral está terminada ahora. Mi coche está muy oxidado.

4. **Estar** se usa para describir una condición especial o una impresión. Compare:

María es bonita.   *María es una chica bonita; «bonita»*
                                  es una característica inherente.

María está bonita hoy.   *María ha hecho algo especial para*
                                  parecer bonita —por ejemplo, ha
                                  comprado un nuevo vestido, tiene
                                  un nuevo peinado o algo por el
                                  estilo.

Mi jefe es simpático.   *Mi jefe es por naturaleza una perso-*
                                  na simpática.

Mi jefe está simpático hoy.   *Mi jefe está de buen humor hoy y*
                                  está tratando bien a la gente.

Aníbal es viejo.   *Aníbal tiene muchos años.*
Aníbal está muy joven hoy.   *Hoy Aníbal tiene mucha energía y*
                                  habla con entusiasmo; parece
                                  joven.

ACTIVIDADES

14. La primera escena. *Aida Bemberg es directora de una obra de teatro y está describiendo la primera escena a sus actores. ¿Qué dice?*

MODELO   un perro / dormir debajo del sillón
             → **Un perro está dormido debajo del sillón.**

1. Ricardo / sentar en un sillón
2. unos niños / sentar en el piso
3. un retrato de un viejo / colgar en la pared
4. una señora mayor / recostar en el sofá
5. dos gatos / dormir en el piso
6. un joven / reclinar contra un poste
7. una vieja flaca / arrodillar delante de un pequeño altar que está en un rincón

15. Descripción de la clase (entre dos o en pequeños grupos). *Pregúntele a alguien de la clase...*

1. quién está sentado cerca de ?
2. qué está colgado en la pared.
3. quién está recostado en el piso.
4. quién está reclinado contra la pared.
5. quiénes están dormidos.
6. quién está arrodillado ante el amor de su vida.

16. Retrato de Ricardo. *Complete el párrafo con la forma correcta de* **ser** *o* **estar**.

Ricardo nació en un pequeño pueblo que _____ al norte de Córdoba, Argentina.

Su familia _____ allí todavía aunque hace varios años que él _____ en Buenos

Aires. Su papá _____ administrador de una empresa y su madre _____ abogada.

Ricardo quiere mucho a sus padres y a su familia, pero la vida en su pueblo

_____ un poco aburrida, sobre todo para un joven de su edad. En Buenos Aires,

Ricardo vive en un departamento que _____ cerca del centro. El departamento

_____ de un amigo suyo que actualmente _____ en Madrid. El departamento

_____ tal vez demasiado grande para una sola persona, pero Ricardo _____

contento allí. Además, _____ muy ocupado en su trabajo y no tiene tiempo para

buscar dónde vivir. Hoy _____ medio preocupado porque esta noche tiene que ir

a una recepción para su jefe que _____ en la casa del dueño. Ricardo quiere

_____ en buena forma para dejar una buena impresión. Sin duda la vida _____

más fácil en su pueblo. Pero la vida en Buenos Aires _____ mucho más intere-

sante.

17. Descripciones de los amigos (entre dos). *Inventen una frase con* **ser** *o* **estar** *que describe a la gente a continuación.*

EJEMPLO   ESTUDIANTE 1: Lucrecia acaba de ponerse un nuevo vestido. (bonita)
ESTUDIANTE 2: **Lucrecia está bonita hoy.**

1. Jorge comió algo que le dio una tremenda indigestión. (enfermo)
2. Isabelita tiene quince años. (joven)
3. Alfredo tiene un coeficiente intelectual de 145. (inteligente)

4. Josefina quiere ser elegida presidenta de su club. (simpática)
5. El semáforo acaba de cambiar de verde a rojo. (rojo)
6. Ricardo tiene la cara de Ganimedes y el cuerpo de Adonis. (guapo)
7. Los estudiantes se pusieron traje y corbata para la recepción. (guapos)
8. Las chicas arreglan y limpian su cuarto todos los días. (limpias)
9. La casa de Aida tiene cinco baños, ocho dormitorios, sala, cocina y comedor. (grande)
10. Mi coche no funciona. (descompuesto)
11. Mis padres tratan bien a todo el mundo. (simpáticos)
12. Gumersinda nunca dice nada interesante. (aburrida)

18. Fondos y contextos (entre dos). *Expliquen lo que la gente puede estar pensando para usar* **ser** *o* **estar** *en las frases a continuación.*

EJEMPLO   Estudiante 1: Pepito está muy guapo.
Estudiante 2: **Se usa «está» porque Pepito se puso un traje elegantísimo para impresionar a su amiguita Rosita.**

1. Don Tremendón está muy simpático hoy.
2. Micaela es muy inteligente.
3. Los chicos están guapísimos hoy.
4. Gabriela es joven.
5. Los estudiantes están muy serios.
6. ¡Qué interesante está Gumersinda hoy!
7. La clase de geometría estuvo muy difícil hoy.
8. ¡Qué viejo está tu amigo Timoteo!

17.6 ¡Qué lástima! Se me quedó mi composición en casa.

PRIMER PASO

Se cayó el vaso.
Se quebraron varios discos.
Se descompuso el estéreo.
Se rompieron las ventanas.
Se perdieron las llaves.
Se quemó la casa.
Se murió el gato.
Se destruyeron los papeles en una tormenta.

Conclusiones   **La construcción reflexiva para eventos inesperados**

1. El reflexivo muchas veces describe un evento inesperado o accidental.
2. Con eventos inesperados, el reflexivo indica que el evento ocurre sin influencia exterior —que nadie tiene la culpa. Compare:

Perdí las llaves.   *La construcción transitiva indica que la pérdida fue por descuido o por intención.*

Se perdieron las llaves.   *La construcción reflexiva sugiere que la pérdida fue un accidente, que nadie tiene la culpa.*

SEGUNDO PASO

A papá se le rompió un vaso.

A Ricardo se le fue la novia.

Lo siento mucho profesora, pero se me quedó la tarea en casa.

Se nos murió nuestro perro.

«Se murió» indica que el evento fue inesperado. «Nos» indica que el evento nos afectó a nosotros.

—Luisa, ¿cómo te fue el día?

—Un desastre total. Se **me** descompuso el reloj, así que no me desperté hasta tarde. Se **nos** quemó el desayuno, así que nadie comió nada. Llamó mi madre diciendo que se **le** habían perdido las llaves del coche, así que tuve que ir a buscarlas. Después volvieron mis chicos temprano de la escuela porque se **les** había olvidado su dinero para el almuerzo. Por lo tanto, el día ha sido fatal. ¿Y tu día? ¿Cómo te ha ido?

Conclusiones ## Pronombres del complemento indirecto con eventos inesperados

1. Se usa un pronombre del complemento indirecto para indicar quién fue afectado por un evento inesperado. Por ejemplo:

Se me perdieron las llaves. *«Se perdieron» indica que el evento fue inesperado.*
 «Me» indica que el hablante fue afectado por el evento.

Se nos murió nuestro perro. *«Se murió» indica que el evento fue inesperado.*
 «Nos» indica que el evento nos afectó a nosotros.

2. Con eventos inesperados, el complemento indirecto se usa muchas veces con una frase de clarificación o de énfasis. Por ejemplo:

A mí se **me** fueron mis dos mejores amigos.
A Ricardo se **le** olvidaron sus apuntes del curso.
A nosotros se **nos** quedó la tarea en la biblioteca.
A mis hijos se **les** perdió la llave de la casa.
A los chicos se **les** acabaron los bombones.
A los Sigüenza se **les** quemó la casa.

ACTIVIDADES

19. La vida trágica de Pepe Nopales. *Pepe Nopales es un muchacho que nació bajo mala estrella. Todo le va de mal en peor. Aquí está narrando todos los desastres que ha sufrido últimamente. ¿Qué dice?*

MODELO   quemarse la casa → **Se me quemó la casa.**

1. morirse el perro
2. cancelarse mi línea de crédito
3. quemarse la casa y el garage
4. irse la novia
5. perderse las tarjetas de crédito
6. olvidarse del cumpleaños del único amigo rico que tengo
7. terminarse los bombones

20. Cosas de la vida (entre dos). *En este mundo algunas personas tienen suerte y otras no. Diana y Francisco están comentando la suerte de sus amigos. ¿Qué dicen?*

MODELO   Ricardo / irse la novia
ESTUDIANTE 1: **¿Qué hay de Ricardo? (¿Qué pasa en la vida de Ricardo?)**
ESTUDIANTE 2: **A Ricardo se le fue la novia.**

1. Marco e Isabel / olvidarse de la tarea
2. Susana / quedarse los libros en casa
3. nosotros / acabarse la granola
4. Raquel / caerse un diente
5. a los García / chocarse el coche
6. Roberto / enfermarse una hija
7. las niñas / ensuciarse las faldas
8. Javier / romperse el pantalón
9. a mamá / desaparecer la cartera
10. papá / quemarse la comida

21. Motivos (entre dos o en pequeños grupos). *Explique por qué la gente descrita en la primera columna a continuación siente lo que siente. Busque un motivo lógico en la segunda columna.*

EJEMPLO   ESTUDIANTE 1: **¿Por qué no tienen la tarea María y Teresa?**
ESTUDIANTE 2: **Porque se les quedó en casa.**

1. ¿Por qué está triste Jaime?
2. ¿Por qué no podemos bailar en casa?
3. ¿Por qué no puedes usar el coche?
4. ¿Por qué no puede entrar en casa Ricardo?
5. ¿Por qué no pueden salir Marco y Antonio?

a. irse el/la novio/a
b. morirse el gato/el perro
c. perderse la llave
d. ensuciarse la camisa/la falda
e. acabarse la gasolina

6. ¿Por qué llegaste tarde a la fiesta?
7. ¿Por qué os despertasteis temprano?
8. ¿Por qué no tienen Uds. sus libros?
9. ¿Por qué... ?

f. enfermarse un hijo
g. descomponerse el tocadiscos
h. quemarse la comida
i. casarse el/la novio/a con otro/a
j. descomponerse el reloj
k. quedarse en ?

22. Explicaciones hábiles (entre dos o en pequeños grupos). *Ud. tiene que inventar un buen pretexto para salir de las situaciones a continuación. Invente algo bueno porque su fama, su nota, su vida romántica —todo puede estar en peligro.*

1. Ud. vuelve a su coche y ve a un policía que va a ponerle una multa. ¿Qué le dice Ud.?
2. Ud. tiene una cita con su novio/a pero ha llegado muy tarde. ¿Cómo explica Ud. su tardanza?
3. Ud. está en un restaurante con unos amigos y ha llegado el momento de pagar. De pronto se da cuenta Ud. de que no tiene su cartera. ¿Qué les dice Ud. a sus amigos?
4. Ud. tiene que entregar una composición a su profesor de inglés, que es mucho menos simpático que su profesor/a de español, y Ud. no ha terminado de escribirla. ¿Cómo se justifica Ud.?
5. Ud. debía lavar los platos y pasar la aspiradora antes de que sus padres volvieran. Pero Ud. ha pasado el tiempo comiendo bombones y viendo televisión. De pronto llegan sus padres. ¿Qué les dice Ud.?
6. Ud. ha llevado a su hermanito Pepito a comer en la casa de unos amigos. De pronto se da cuenta Ud. de que Pepito tiene el pantalón sucio por causas ignoradas. ¿Qué les dice Ud. a sus amigos?
7. Después de una larga búsqueda, Ud. ha encontrado un trabajo en una oficina. El primer día de trabajo Ud. no se despierta a tiempo y llega tarde a la oficina. ¿Cómo se explica Ud. a su jefa?
8. Gumersinda y Don Tremendón lo/la han invitado a Ud. a comer en su casa, y Ud. no quiere ir. ¿Qué les dice Ud.?

Cómo se hace para explicar la tardanza
No pude llegar a tiempo porque se me descompuso el coche.
No pudimos llegar a tiempo a causa del tráfico.
Hemos llegado tarde porque se nos acabó la gasolina.
Llego tarde porque se me paró el reloj.
Llegamos tarde porque hay huelga en el metro.
He llegado tarde porque hubo un accidente en la autopista.

Cómo se hace para explicar que uno no ha terminado la tarea
Profesor, no puedo entregar mi trabajo ahora porque...
...se me descompuso la computadora.
...se me enfermó mi compañera de cuarto y tuve que llevarla al hospital.
...se me acabó el papel y todas las papelerías estaban cerradas.
...se la comió mi perro.

...se me perdió en el autobús.

...se me quedó en casa, pero prometo traérselo mañana.

...necesito consultar un libro primero y no está en la biblioteca.

Situaciones

1. Ud. acaba de llegar muy tarde a la boda de su hermana. ¿Qué le dice a su hermana para explicar su tardanza?

2. Ud. tiene que entregar un ensayo en su curso de ciencias políticas, y no lo ha terminado todavía. ¿Qué le dice Ud. a su profesor?

17.7 Sinopsis de la construcción reflexiva y los usos de *se*

1. La construcción reflexiva consiste en un sujeto, un pronombre y un verbo que son todos de la misma persona (*ver §13.1*).

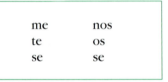

yo me defiendo	nosotros / nosotras nos defendemos
tú te defiendes	vosotros / vosotras os defendéis
Ud. / él / ella se defiende	Uds. / ellos / ellas se defienden

2. Los pronombres reflexivos son (*ver §13.1*):

me	nos
te	os
se	se

3. Usos de la construcción reflexiva
   a. Para indicar que el sujeto literalmente hace y recibe la acción; en estos casos es posible una frase de clarificación o de énfasis.
      (1) El reflexivo simple (*ver §13.1*)
          Yo me miro en el espejo (a mí misma).
          Las chicas tienen que defenderse (a sí mismas).
      (2) El reflexivo recíproco (*ver §13.1*)
          Javier y Jorge se respetan mucho (el uno al otro).
          Mis hermanas se ayudan mucho (las unas a las otras).
   b. Para indicar que la acción es intransitiva —que ocurre sin influencia exterior; en estos casos no se usan frases de clarificación o de énfasis.
      (1) Verbos de rutina diaria (*ver §13.2*)
          Me desperté, me levanté, me bañé y me vestí.
      (2) Transiciones (*ver §13.4 y §13.5*)
          Ricardo se casó, se divorció y volvió a casarse.
          Mis padres se pusieron muy contentos cuando me gradué.
      (3) Eventos inesperados o accidentales (*ver §17.6*)
          Se cayó el vaso, se rompió y se ensució el piso.
   c. Para indicar posesión de ropa o de partes del cuerpo (*ver §13.2*)
      Quiero lavarme las manos antes de comer.
      Julio se cortó el pelo ayer y está muy guapo.
      Sebastián se quitó el pantalón y se puso el piyama.

d. Para indicar un cambio de significado (*ver §13.3*)

Me duermo a las ocho.	Duermo ocho horas por día.
Voy al teatro esta noche.	Me voy de aquí para siempre.

4. El contraste transitivo: muchas veces los verbos de una construcción reflexiva intransitiva pueden usarse en oraciones transitivas (*ver §13.6*).

Me despierto temprano.	Debo despertar a mi hermano.
Mario se prepara para salir.	Papá prepara la cena.

5. La construcción reflexiva con complementos indirectos: se usa un complemento indirecto para indicar que alguien ha sido afectado por un evento inesperado (*ver §17.6*).

A Ricardo se le escaparon los pájaros que había capturado.

A nosotros se nos descompuso el tocadiscos.

6. Otros usos de **se**

a. Además de la construcción reflexiva, se usa **se** para indicar que el sujeto es una persona (o un grupo de personas) no especificada (*ver §6.4*).

Se come bien en ese restaurante.

Se consiguen formularios para pasaportes en el correo.

b. **Se** también se usa para reemplazar **le** o **les** cuando se combinan con **lo, la, los** o **las** (*ver §9.2*).

¿Las flores? Se las regalé a Flora.

¿Los formularios? Se los pedí a ese funcionario.

ACTIVIDADES

23. Trivia (entre dos o en pequeños grupos). *Usando* **llegar a ser,** *formulen preguntas y respuestas usando la tabla a continuación.*

MODELO   ESTUDIANTE 1: **¿Quién llegó a ser presidente de los Estados Unidos en 1960?**

ESTUDIANTE 2: **J. F. Kennedy llegó a ser presidente en 1960.**

1. quién / un famoso cantante de ópera	a. Nuevo México
2. qué ciudad / la 1era capital de los Estados Unidos	b. el francés
3. qué ciudad / la capital de la Argentina	c. Filadelfia
4. quién / el 1er jugador negro de las ligas mayores	d. el español
5. qué estado / el único estado bilingüe de los Estados Unidos	e. California
	f. Monserrat Caballé
6. qué lengua / la otra lengua oficial de Canadá	g. el inglés
7. qué estado de México / parte de los Estados Unidos en 1848	h. Nueva York
	i. Plácido Domingo
8. qué lengua / la segunda lengua de los Estados Unidos	j. Jackie Robinson
	k. Buenos Aires

24. La rutina diaria de mañana. *Describa en futuro su rutina diaria del día de mañana; use los verbos de la tabla como guía.*

EJEMPLO   **Me levantaré a las siete y media.**

despertarse	vestirse	desvestirse
levantarse	irse de casa	ponerse un piyama
bañarse	volver a casa	lavarse los dientes
afeitarse	cenar	acostarse
secarse el pelo	quitarse los zapatos	dormirse

25. La rutina diaria de mañana de otra persona. *Ahora, describa lo que harán otras personas mañana, usando verbos como los de la actividad anterior.*

EJEMPLO **Mañana Gumersinda se levantará a las dos de la tarde (temprano para ella), no se bañará (porque no se baña este mes), se pondrá un vestido de poliéster...**

26. Entrevista (entre dos o en pequeños grupos). *Usen la tabla para formar preguntas sobre diversas personas.*

MODELO ESTUDIANTE 1: **¿De qué universidad se graduó tu mamá?**
ESTUDIANTE 2: **Se graduó de la Universidad de Nebraska.**

1. de qué universidad / graduarse
2. en qué año / casarse
3. de qué / enfermarse
4. con quién / casarse
5. de quién / enamorarse
6. por qué / aburrirse
7. por qué / cansarse
8. por qué / preocuparse
9. por qué / enojarse
10. dónde / criarse

a. tú
b. Ud.
c. tu mamá
d. tu papá
e. tus padres
f. el/la profesor/a
g. Don Tremendón
h. ? y tú
i. ? y ?
j. Gumersinda

EN CONTEXTO

EN VIVO

HOROSCOPO

ARIES (Mar. 21-Abri.19): Por fin recibes un bien merecido reconocimiento. Se indica una victoria en un desacuerdo legal. Concéntrate en tener iniciativa, el romance, tu creatividad, tu estilo y un nuevo inicio en dirección diferente. Leo participa.

TAURO (Abr. 20-May. 20): Una reunión familiar proporciona los resultados deseados. La discusión se centra en la salud, el trabajo, el cuidado de las mascotas y las maneras de terminar los quehaceres. Un pariente anuncia sus planes de viajar. Cenerás como gurmet en la noche.

GEMINIS (May. 21-Jun. 20) ¡Estarás en tu elemento! Concéntrate en tu sentido del humor, la versatilidad, los viajes, las visitas y las sorpresas. La posición de la Luna acentúa tu creatividad, tu sensualidad, el flirteo, tu atractivo sexual. Sagitario y otro Géminis se involucran.

CANCER (Jun. 21-Jul. 22) Te pedirán que revises, repases y posiblemente remodeles. Defiende tus principios. Protege tu propiedad. No permitas que te presionen para dar algo de valor a cambio de nada. Se clarifica un mensaje.

LEO (Jul. 23-Ago. 22): Prepárate para viajar, los cambios, la variedad y la noticia de una persona del sexo opuesto respecto al amor. Un pariente hace una confesión "dramática". Tendrás oportunidad de ganar a través de la palabra escrita. Virgo figura prominentemente.

VIRGO (Ago. 23-Sept. 22): La atención se centra en tus pertenencias, los valores básicos y tus ingresos. Aprenderás a aprovechar lo que tienes, será más de lo que anticipabas originalmente. Estarás en el lugar adecuado durante una crisis.

HOROSCOPO

LIBRA (Sept. 23-Oct.22): La Luna en tu signo acentúa tu individualidad, la armonía, la suerte, las especulaciones finacieras y tu atractivo sexual. Aparece públicamente. Viste los colores para Libra: el azul mar, el café y el morado. Piscis juega un papel sobresaliente.

ESCORPION (Oct. 23-Nov. 21): Mira más allá de lo inmediato. Saldrás de tu caparazón emocional. Existen mas oportunidades si expandes tus horizontes. Significa que no permitas que te limiten las instransigencias de los demás. Tendrás acceso a información confidencial.

SAGITARIO (Nov. 22-Dic. 21): Enfasis en tu compartamiento, tu estilo, los juegos de azar y tu habilidad para obtener la aprobación de personas "importantes". Los elementos de la armonía y la suerte te acompañan. Tendrás una ganancia definitiva en tu profesión y los negocios.

CAPRICORNIO (Dic. 22-Ene. 19) Dale importancia a tu independencia, tu creatividad, tu disposición para arriesgarte. La posición de la Luna acentúa tu prestigio, tu reputación, y tu carrera. Estarás tratando con tus jefes y recibiras elogios de ellos.

ACUARIO (Ene. 20-Feb. 18): Las mujeres juegan papeles significativos hoy. Darás una conferencia a un grupo de interés especial. Haz a un lado tu timidez. Comparte tus puntos de vista. Ten presente que mucho depende de la impresión que des en este evento. Capricornio y Cáncer aparecen en escena.

PISCIS (Feb. 19-Mar. 20): Te encontrarás con personas que te hacen sentir bien, tranquilo y que te elevan la moral. Concéntrate en el misterio, la intriga, tu sensualidad, y un mayor grado de auto-confianza. Aprenderás sobre las finanzas, los fideicomisos y las herencias.

Preguntas   1. ¿De qué signo será el colaborador de Aries hoy?   2. ¿Qué personas tendrán que defender su propiedad y sus principios?   3. ¿Quién ganará dinero a través de la palabra escrita?   4. ¿Quién gozará de ser particularmente atractivo hoy? 5. ¿Quién tendrá acceso a información confidencial?   6. ¿Quién será elogiado por sus jefes hoy?   7. ¿Quién cenará muy bien esta noche?   8. ¿Qué pasará contigo hoy?

LECTURA

UNA NOCHE DE TEATRO

La televisión es tal vez el mejor reflejo que tenemos de ciertas actitudes culturales en nuestra sociedad. Aunque las escenas a continuación fueron inspiradas por las telenovelas y las telecomedias que todos conocemos, el autor ha tratado de invertir los roles del hombre y la mujer para mejor delinear los estereotipos sexuales que se ven en muchos programas de televisión.

Escena I

(En la casa de Jacinto y Beatriz Meza)

BEATRIZ   Apúrate Jacinto, que ya es tarde. La obra comenzará en media hora y no me gusta llegar tarde. Hace horas que te estoy esperando.

JACINTO   No exageres. Tú sabes muy bien que quiero estar bien arreglado ya que me llevas tan poco al teatro.

BEATRIZ   No empieces. Yo te he llevado al teatro mucho más frecuentemente que las esposas de tus amigos y no me digas que no. Vámonos. Habrá mucha gente, y quiero ver la obra desde el principio.

Escena II

(*En el coche*)

BEATRIZ	¡Demonios! Nunca hay estacionamiento. Tendré que llamar al **ayuntamiento** para protestar eso.
JACINTO	Es por eso que yo quería venir en el metro, pero tú tuviste que traer el coche.
BEATRIZ	Pero ¿qué crees —que hemos comprado el coche para dejarlo en casa como un adorno más?
JACINTO	Está bien. Sólo quiero que no me **eches la culpa** si llegamos tarde.

ayuntamiento: gobierno municipal

echar la culpa: acusar

Escena III

(*Más adelante en el teatro. La obra ya ha comenzado. Beatriz y Jacinto buscan sus asientos. Se oyen las voces de los actores.*)

LOS ACTORES	—María, te quiero —locamente. Te he querido desde ese primer momento, y sé que te querré toda la vida. —Ay Juan. No me hables así. Sabes que soy casada y que en mi vida nunca habrá más que mi marido.
VOZ I	**Nunca falta alguien** que llega tarde.
LOS ACTORES	—Pero María, ¿te casaste por amor? ¡¿Por amor?! Dime de una vez que quieres a tu marido y **me callaré** para siempre.

nunca falta alguien: siempre hay alguien

callarse: no hablar; dejar de hablar

—Juan... el matrimonio es más que el amor. Es el deber, es la responsabilidad, es...

VOZ II	¡Ey, gordo! Sáqueme el pie de encima, que Ud. no es de **corcho.**
JACINTO	¿Oíste, Beatriz, cómo ese **grosero** acaba de insultarme? ¿Permitirás que la gente hable así a tu marido?
BEATRIZ	Por favor, Jacinto. No me metas en **líos.** (*A un señor sentado*) Perdóneme señor, pero Uds. están en nuestros asientos. Se habrán equivocado de lugar.
SEÑOR	Equivocado nada. Hemos comprado el **abono** y siempre nos sentamos aquí.
LOS ACTORES	—Pero María, se vive solamente una vez y sin el amor no hay nada. —Ay Juan, no me digas eso. Llevo una vida tan difícil y tan dura... yo... la **desdichada.**
BEATRIZ	Aquí tengo las entradas y dicen claramente que los asientos 38 y 39 de la sexta fila son nuestros. ¿No sabe Ud. leer?
SEÑOR	La que no sabe leer es Ud., **analfabruta.**
LOS ACTORES	—No llores, María. Por favor, no llores. Siempre estaré a tu lado. Nunca te abandonaré. —Por favor, Juan, no me toques. ¿Qué dirá la gente si nos ve?
ACOMODADOR	¿Qué pasa aquí? ¿Por qué tanto escándalo?
BEATRIZ	Esos señores nos han robado nuestros asientos.
SEÑOR	No hemos robado nada. Lo que pasa es que esa señora y su marido han llegado tarde y quieren quitarnos nuestros asientos.
ACOMODADOR	¿Me permiten sus entradas por favor?
VOZ III	Sálganse del medio, por favor, que Uds. no son de **vidrio.**
LOS ACTORES	—Ay María, no sabes cuánto tiempo hace que tengo ganas de abrazarte, de besarte, de sentirte cerca. Te adoro, y te adoraré para siempre... —Ay Juan. Cuando me tocas siento no sé qué cosa...
ACOMODADOR	Señora, Ud. se ha equivocado de fecha. Estas entradas eran para la función de hace una semana.
BEATRIZ	Eso no puede ser. La chica de la **taquilla** me dijo que eran para hoy. Yo voy a exigir que me devuelvan mi dinero. ¡Eso es una **estafa!**
ACOMODADOR	Ud. podrá exigir todo lo que quiera, pero no aquí. Hablemos en el pasillo.
JACINTO	¡Uy! ¡Beatriz! Alguna perversa acaba de **pellizcarme.** ¿Vas a permitir que una grosera eche mano a tu marido?
BEATRIZ	Por favor, Jacinto. Aquí no es el lugar para hacer teatro. Vámonos.
LOS ACTORES	—María, prométeme que nunca me abandonarás... —Juan, Juan, Juan...

corcho: material para tapar botellas de vino

grosero: maleducado

lío: problema, pelea

abono: entradas para una serie de espectáculos

desdichada: malafortunada

analfabruta: una palabra compuesta de «analfabeto» (uno que no sabe leer) y «bruto»; no es una palabra de diccionario.

vidrio: material que se usa para fabricar cristales, vasos, etc.

taquilla: donde se venden entradas

estafa: robo, fraude

pellizcar: *to pinch*

Preguntas   1. En una telenovela o en una comedia de situaciones, ¿qué papeles (roles) suelen corresponder al hombre y a la mujer? ¿Quién está en control? ¿Quién es sumiso y tiene que ser protegido?   2. ¿Cómo son los estereotipos sexuales en la *Lectura?*

3. ¿Quién quiere estar bien arreglado?   4. ¿De quién es el coche?   5. ¿Quién lleva a quién al teatro?   6. ¿Quién busca los asientos?   7. ¿Quién tiene que proteger a quién de los abusos del público?   8. ¿Quién compró las entradas?   9. Según las voces de los actores, ¿qué pasa en la obra mientras Beatriz y Jacinto están buscando sus asientos?   10. Piense en los roles sexuales de un programa de televisión actual. ¿Cómo son?

Galería hispánica: El Sudoeste de los Estados Unidos

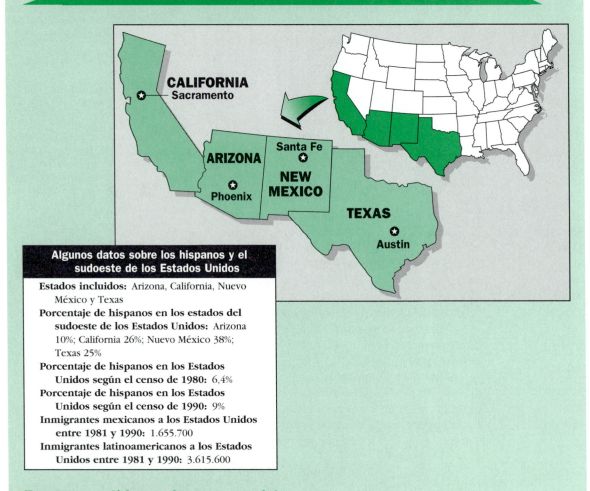

Algunos datos sobre los hispanos y el sudoeste de los Estados Unidos

Estados incluidos: Arizona, California, Nuevo México y Texas

Porcentaje de hispanos en los estados del sudoeste de los Estados Unidos: Arizona 10%; California 26%; Nuevo México 38%; Texas 25%

Porcentaje de hispanos en los Estados Unidos según el censo de 1980: 6,4%

Porcentaje de hispanos en los Estados Unidos según el censo de 1990: 9%

Inmigrantes mexicanos a los Estados Unidos entre 1981 y 1990: 1.655.700

Inmigrantes latinoamericanos a los Estados Unidos entre 1981 y 1990: 3.615.600

Fronteras políticas y fronteras sociales

Los primeros europeos que llegaron al sudoeste de lo que ahora es los Estados Unidos fueron españoles; no fueron ingleses o franceses. En 1539, unos ochenta años antes de la llegada de los **colonos** ingleses a las costas de Nueva Inglaterra, Francisco de Ulloa exploró la costa de California. En el mismo año, Marcos de Niza y Francisco V. de Coronado exploraron lo que ahora es Arizona y Nuevo México. Misioneros y colonizadores que deseaban quedarse llegaron unos años después y fundaron una serie de pequeñas poblaciones que aún hoy llevan nombres españo-

colono: habitante de una colonia

les como San Diego, Los Ángeles, San Francisco, Albuquerque, Santa Fe, El Paso y San Antonio.

La existencia de esos nombres dan testimonio de un hecho fundamental en la historia del sudoeste de los Estados Unidos: toda esa región era hispana y católica antes de que llegaran los **asentadores angloparlantes.** Algunos de los hispanos en esa región son descendientes de esos primeros colonizadores y de hecho conservan en su lenguaje ciertas características del español del siglo XVI y XVII. Por ejemplo, no es infrecuente en algunas partes de Nuevo México o Texas escuchar palabras como «ansina» y «trujo» en lugar de «así» y «trajo». Esas palabras no son incorrectas sino arcaicas; es decir, hace varios siglos se usaban en todo el mundo de habla española. Por lo tanto, los vocablos como *ansina* y *trujo* revelan cuánto tiempo hace que hay una presencia española en el sudoeste de los Estados Unidos.

> **asentador:** *settler*
> **angloparlante:** un hablante del inglés

En 1848, después de la guerra entre México y los Estados Unidos (que los Estados Unidos ganó), se firmó el Tratado de Guadalupe Hidalgo, por medio del cual los Estados Unidos quedó con más de la mitad del territorio mexicano. Ese territorio incluía lo que ahora es Texas, Nuevo México, Colorado, Utah, Arizona, Nevada y California. La justicia de esa adquisición de tierras fue muy debatida en los Estados Unidos, siendo algunos de sus más conocidos detractores Ralph Waldo Emerson, Henry David Thoreau y Abraham Lincoln. A nadie le debe sorprender que en México la pérdida de ese territorio todavía se considera un robo.

Sin embargo, **trazar** una nueva **frontera** política entre los Estados Unidos y México no es lo mismo que establecer una nueva frontera social. De hecho, muchos creen que entre México y los Estados Unidos no existe una frontera sociológica muy clara ya que hay muchísimos individuos en **ambos** lados de la frontera que **comparten** una misma cultura y una misma lengua. **Lo que es más,** en décadas recientes se ha visto un enorme **influjo** de inmigrantes mexicanos y centroamericanos al sudoeste de los Estados Unidos. Algunos de esos inmigrantes vienen solamente a trabajar unos años y después volver a su país de origen. **De hecho,** lo que mejor describe la inmigración mexicana a los Estados Unidos es un ir y venir de gentes, aunque algunos, **desde luego,** vienen a quedarse.

> **trazar:** dibujar, pincelar
> **frontera:** línea imaginaria que separa dos países
>
> **ambos:** los dos
> **compartir:** tener en común
> **lo que es más:** aun más importante
> **influjo:** llegada, entrada
> **de hecho:** en verdad
>
> **desde luego:** obviamente

No es difícil encontrar a gente que vive en la frontera que tienen familia en ambos países. Muchas veces esos individuos son perfectamente bilingües y biculturales; incluso muchos de los jóvenes de esa zona hacen sus estudios en ambos países. Como México es uno de los **socios** comerciales más importantes de los Estados Unidos (es el más importante después del Japón y el Canadá), es lógico pensar que los **lazos** que **vinculan** los dos países crecerán muchísimo más en el futuro. También es cierto que aquellas personas que se mueven con facilidad en ambas culturas serán un **recurso** importante para ambos países.

> **socio:** compañero; *partner*
>
> **lazo:** conexión
> **vincular:** conectar
>
> **recurso:** *resource*

Preguntas   1. ¿En qué año llegaron los primeros exploradores españoles a tierras que ahora son los Estados Unidos?   2. ¿En qué año llegaron los primeros colonos ingleses a Plymouth Rock?   3. ¿Cuáles son algunas de las ciudades norteamericanas que conservan su nombre español?   4. ¿Por qué es significativo que aún se oyen vocablos como *ansina* y *trujo* en el sudoeste de los Estados Unidos?   5. ¿Qué territorios fueron anexados por los Estados Unidos después del Tratado de Guadalupe Hidalgo?   6. ¿Existe realmente una frontera cultural entre los Estados Unidos y México?   7. ¿Cuánta importancia tiene México para los Estados Unidos como socio comercial?   8. ¿Cree Ud. que los lazos comerciales entre los Estados Unidos y México crecerán o disminuirán en el futuro?

 A ESCUCHAR

Escuche la conversación.
Ahora, escuche la conversación por partes y complete las oraciones con la respuesta más lógica.

1. a. a causa de la guerra nuclear.
   b. porque la economía no anda bien.
   c. porque las mujeres no tienen tanta libertad como los hombres.
   d. porque el futuro no le parece muy claro.
2. a. la liberación de la mujer ha creado problemas.
   b. su madre tenía una vida más difícil que la de ella.
   c. las mujeres de otras generaciones tenían trabajos aburridos.
   d. tiene pocas opciones.
3. a. más libertad.
   b. un trabajo con muchas presiones.
   c. depender de un hombre.
   d. tomar decisiones difíciles.
4. a. planes muy claros.
   b. interés en graduarse.
   c. intenciones de casarse.
   d. ganas de ser como su madre.
5. a. sus hijas tengan las mismas opciones que ella.
   b. la acepten en una facultad de medicina.
   c. nadie la obligue a tener una familia.
   d. su madre no se meta en su vida.
6. a. abogada.
   b. maestra.
   c. médica.
   d. madre y ama de casa.
7. a. tener planes para una carrera.
   b. ser una mujer enamorada.
   c. graduarse en junio.
   d. poder ser una buena madre.
8. a. empezarán sus estudios profesionales.
   b. se casarán.
   c. decidirán si quieren casarse y tener hijos.
   d. se graduarán.
9. a. no le gustará ninguna carrera.
   b. será una buena madre porque adora a los niños.
   c. será una buena abogada porque le apasiona la ley.
   d. su novio será un esposo ideal.

10. a. criticar la vida tradicional.
    b. vivir y dejar vivir porque todos somos distintos.
    c. tratar de vivir un nuevo tipo de vida.
    d. liberar a las mujeres de la familia.

SITUACIONES

Situación 1   Describa cómo será su vida dentro de cinco o diez años. ¿En qué trabajará? ¿Dónde vivirá? ¿Estará casado/a? Describa también su vida social y profesional.

Situación 2   Haga una entrevista con otra persona de la clase sobre sus planes para el verano. ¿Dónde trabajará, con quién y para quién? ¿Tomará vacaciones y adónde? ¿Qué hará durante las vacaciones? ¿Con quién viajará?

Situación 3   Con un grupo de compañeros escriban y representen un episodio de telenovela. Utilicen la *Lectura* como punto de partida.

Situación 4   Ud. es agente de viajes y tiene que describirle a un cliente su próximo viaje. ¿Cuándo saldrá? ¿En qué vuelo? ¿Adónde irá? ¿Qué verá? ¿En qué hoteles se quedará? Etc.

Situación 5   Ud. será profesor/a de español el año que viene y tiene que explicar al director del programa cómo deberá enseñar este curso. ¿Qué tendrán que hacer los estudiantes? ¿Cuántos exámenes habrá? ¿Cómo serán los exámenes? ¿Qué tendrán que hacer los estudiantes para sacar una buena nota? Etc.

Situación 6   Con unos compañeros de clase, organicen un juego de Trivia. Temas: *Inventos:* ¿Por quién fue inventado el tocadiscos, el foco eléctrico, el avión? etc. *Descubrimientos:* ¿Por quién fue descubierto el Polo Norte, el océano Pacífico? etc. Otros temas: *Música, Grandes personajes, Famosos actores y actrices, Deportes,* etc.

COMPOSICIÓN

Tema 1   Escriba una composición sobre los roles sexuales en la sociedad nuestra y prediga qué cambios veremos en los años próximos.

Tema 2   Describa un panorama posible del siglo XXI. ¿Qué pasará? ¿Cuáles serán los avances tecnológicos? ¿Cuáles serán los grandes cambios sociales? ¿Cuáles serán las grandes potencias económicas y militares? ¿Por qué?

Tema 3   Escriba una composición paródica basada en el *Tema 2*.

VOCABULARIO ACTIVO

Desafíos del futuro

la actitud	el analfabetismo	el avance
el acuerdo	el anticonceptivo	la contaminación
el ambiente	la atmósfera	el control de la natalidad

la crisis
los derechos humanos
el desafío
el desarme
el desarrollo
el descubrimiento
la discriminación
la ecología
el espacio
la explosión demográfica

el feminismo
el/la feminista
el logro
el machismo
el/la machista
el nivel de vida
la población
la pobreza
la potencia
la prioridad

el privilegio
la prosperidad
el racismo
los recursos naturales
la tasa de fertilidad
la tasa de inflación
la tecnología
la utopía
la vacuna

Verbos

advertir (ie)
alcanzar
arrodillarse
avanzar
avisar
caber
callarse
castigar
dedicarse a

delinear
descomponerse
disfrazarse de
explorar
firmar
fusilar
inventar
lanzar
lograr

manifestar (ie)
promover (ue)
proponer
proscribir
proteger
provenir de (ie)
reclinarse
recostarse (ue)
reducir

Otros sustantivos

el/la analfabeto/a
el/la asesor/a
el ayuntamiento
la conjetura
la culpa
la dedicatoria

el estacionamiento
la estafa
la parada
la pena
la prueba

el reclamo
el reconocimiento
el reflejo
el tratado
el/la vidente

Adjetivos

ambiental
calvo/a
demográfico/a
descuidado/a
desdichado/a
duradero/a

grosero/a
imponente
pavimentado/a
perverso/a
satisfecho/a

sumiso/a
técnico/a
tecnológico/a
teórico/a
utópico/a

Expresiones útiles

echar la culpa
estar a la vuelta
por el estilo

supuestamente
valer la pena

Vocabulario personal

_____   _____

_____   _____

_____   _____

_____   _____

CAPÍTULO 18

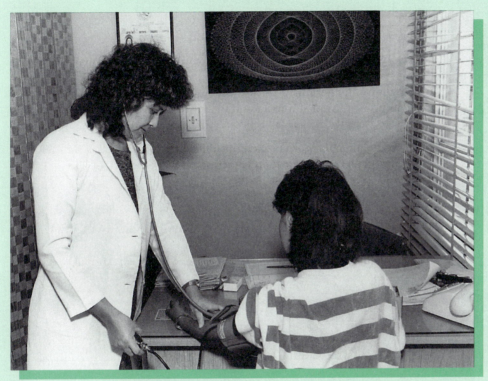

LA SALUD Y LA MEDICINA

TEMAS
- La salud
- Las enfermedades
- Los medicamentos y los remedios
- Los servicios médicos

FUNCIONES
- Conseguir una cita médica
- Describir una condición médica
- Recomendar un remedio
- Expresar preocupación o miedo

GRAMÁTICA
18.1 Conjunciones adverbiales que siempre requieren el subjuntivo
18.2 El subjuntivo en cláusulas adverbiales con eventos anticipados
18.3 Sinopsis del subjuntivo
18.4 El imperfecto del subjuntivo
18.5 El discurso indirecto con el imperfecto del subjuntivo
18.6 El pluscuamperfecto del subjuntivo

GALERÍA HISPÁNICA
Puerto Rico y el noreste de los Estados Unidos

EN MARCHA

18.1 ▶ Tengo que ir a la clínica para que me examinen los ojos.

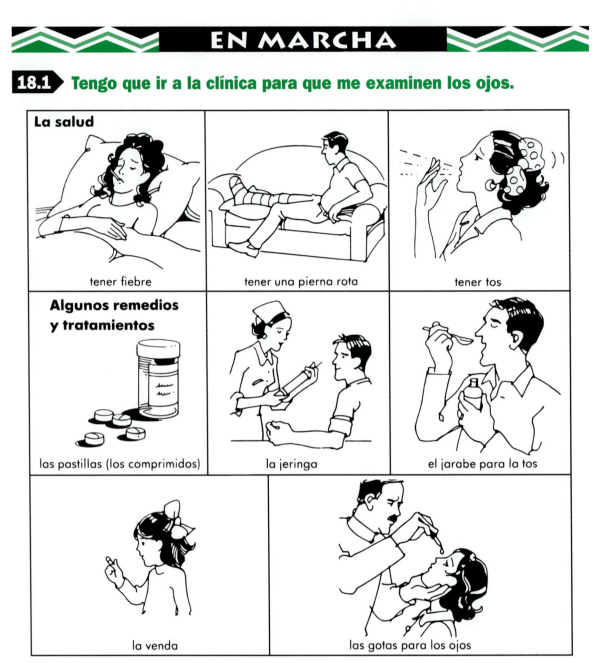

La salud

tener fiebre   tener una pierna rota   tener tos

Algunos remedios y tratamientos

las pastillas (los comprimidos)   la jeringa   el jarabe para la tos

la venda   las gotas para los ojos

Algunas de las cosas que dice la Dra. Quiroga a sus pacientes:

Quiero que vayas a un especialista **para que** te **examine** los oídos.

Te voy a inyectar con una vacuna nueva **a fin de que** no te **enfermes** de hepatitis.

Yo no soy como esos médicos que no atienden a los pacientes **a menos que paguen** por adelantado.

Puedes seguir con esas pastillas **con tal de que** no te **den** náuseas.

Puede Ud. llamar al Dr. Sánchez **en caso de que** yo no **esté.**

No tomes esas pastillas contra dolor **sin que haya** necesidad.

Debes ir a la farmacia ahora **antes de que cierre.**

Conclusiones

Conjunciones adverbiales que siempre requieren el subjuntivo

1. Igual que un adverbio, una cláusula adverbial describe un verbo. Esa descripción indica *por qué, cuándo, de qué manera, para qué, bajo qué circunstancias, etc.* un evento tiene lugar.
2. Las cláusulas adverbiales precedidas por **para que, a fin de que, a menos que, con tal (de) que, en caso (de) que, sin que** y **antes (de) que** siempre requieren el subjuntivo.

Sinopsis

Conjunciones adverbiales que siempre requieren el subjuntivo			
para que	*so that*	con tal (de) que	*provided that*
a fin de que	*so that*	en caso de que	*in case*
a menos que	*unless*	sin que	*without*
antes (de) que	*before*		

ACTIVIDADES

1. Consejos de médico. *¿Qué dice el Dr. Lavalle a sus pacientes?*

MODELO   Voy a darte un jarabe para que / no tener tos
→ **Voy a darte un jarabe para que no tengas tos.**

1. Quiero ponerte una inyección a fin de que / no sentir el dolor
2. Voy a recetarle unas pastillas en caso de que / tener fiebre
3. No quiero que tomes más aspirina sin que / haber necesidad
4. No coma Ud. nada antes de que el especialista / examinarlo
5. Podrás salir de vacaciones con tal de que la prueba de sangre / ser negativa
6. Ud. puede seguir con esos medicamentos a menos que / sufrir una reacción alérgica
7. Voy a darte unas gotas para que / poder respirar mejor

2. Remedios (entre dos). *Una de Uds. es la Dra. Quiroga y el otro es el paciente. Usen la tabla para formular preguntas sobre enfermedades y remedios.*

EJEMPLO   ESTUDIANTE 1: **¿Qué se toma para curar la tos?**
ESTUDIANTE 2: **Se toma un jarabe para curar la tos.**

		Enfermedades	Remedios
		la tos	una vacuna
		una pierna rota	un antibiótico
¿Qué se usa...	para curar	una infección	una aspirina
¿Qué se inyecta...	para tratar	un dolor de cabeza	un jarabe
¿Qué se toma...	para remediar	la indigestión	un tranquilizante
	para aliviar	la fiebre	un antidigestivo
		una alergia	un anticonceptivo
		un resfrío	una radiografía
		la gripe	unas gotas
		la depresión	hierbas exóticas

3. Opiniones políticas. *Use la tabla a continuación para expresar sus opiniones políticas.*

EJEMPLO   **No votaré por ? a menos que nombre a más mujeres a puestos importantes.**

1. No votaré por ? a menos que...
2. Apoyaré a los demócratas a fin de que...
3. Apoyaré a los demócratas con tal de que...
4. Votaré por ? para que...

a. luchar contra la venta de armas
b. promover la paz con los soviéticos
c. atacar más el crimen organizado
d. nombrar a más mujeres a puestos importantes
e. aprobar más dinero para estudiantes
f. limitar los poderes del estado
g. cortar el presupuesto militar
h. protestar la influencia de ?
i. reconocer los derechos de los homosexuales
j. buscar más puestos para minoritarios
k. cambiar su posición en cuanto al aborto
l. seguir su lucha en contra de ?

4. Condiciones para el matrimonio. *Use la tabla para describir los términos para su matrimonio.*

EJEMPLO   **No me casaré antes de que mi novio/a me ame más a mí que a nadie.**

1. Me voy a casar para que mi esposo/a...
2. No me voy a casar a menos que mi esposo/a...
3. Me divorciaré en caso de que mi esposo/a...
4. Me casaré a fin de que mi esposo/a...
5. No me declararé sin que mi novio/a...
6. No me casaré antes de que mi novio/a...

a. me (amar) más a mí que a nadie
b. me (aceptar) como soy
c. me (ayudar) en la cocina
d. me (regalar) muchos bombones
e. me (resolver) mis problemas
f. me (hacer) feliz/triste
g. (ser) fiel/infiel
h. me (respetar)
i. no me (respetar)
j. (cuidar) a los niños
k. (resultar) sexista
l. me (mantener)

5. Reportaje (entre dos o en pequeños grupos). *Informe a sus compañeros de clase sobre las actitudes políticas de sus compañeros (Actividad 3) y las condiciones que ponen para el matrimonio (Actividad 4).*

Cómo se hace para conseguir una cita médica
Una conversación telefónica.
—Buenos días. Centro Médico.
—Buenos días. **Quisiera** una cita con el Dr. Sobejano.
—¿Ha visto Ud. al doctor en otra ocasión?
—Sí, un par de veces. Me llamo Ricardo Sánchez y sin duda Uds. tienen récord de mi última visita.
—Así es. ¿Se trata de una emergencia o puede Ud. esperar unos días?
—Quisiera verlo **cuanto antes.** Tengo tos y mucha fiebre.
—Muy bien. El doctor tiene horas de consulta esta tarde en su **consultorio** en el centro y lo puede ver a Ud. **a eso de** las dos y media.
—Perfecto. Allí estaré a las dos y media en punto.

quisiera: forma cortés de *quiero*

cuanto antes: lo más pronto posible
consultorio: oficina de médico
a eso de: apróximadamente

Situaciones
1. Ud. está enferma y necesita hacer una cita con un médico por teléfono.
2. Ud. está viajando en México con una amiga que no habla español. Su amiga se siente mal y Ud. tiene que conseguir una cita médica por ella.

18.2 ▶ Me quedaré en el hospital hasta que me sienta mejor.

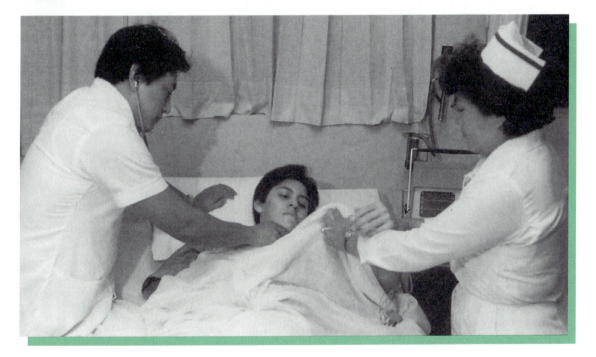

El futuro médico

Antonio estudia medicina en Salamanca. Se recibirá de médico el año que viene. **Cuando se reciba,** irá a estudiar en un programa de especialización en Madrid. Se quedará en Madrid **hasta que termine** sus estudios. **Mientras esté** en Madrid, se hará especialista en pediatría. **En cuanto termine** el programa en Madrid, buscará un trabajo en Burgos, su ciudad natal. **Tan pronto**

como llegue a Burgos, se declarará con Isabel, su novia de muchos años.
Después de que se declare, Isabel le anunciará que prefiere vivir en Madrid.
Como Antonio está locamente enamorado de Isabel, le dirá que está dispuesto
a vivir **donde** ella **quiera.** Así que los dos volverán a Madrid y llevarán una
vida feliz.

Conclusiones   ## El subjuntivo en cláusulas adverbiales con eventos anticipados

1. Las conjunciones adverbiales a continuación requieren el subjuntivo si en el
   momento de hablar se anticipa el evento de la cláusula subordinada.

como	*however*	en cuanto	*as soon as*
cuando	*when, whenever*	hasta que	*until*
después (de) que	*after*	mientras (que)	*while*
donde	*where, wherever*	tan pronto como	*as soon as*

2. Después de estas mismas conjunciones se usa el indicativo si el evento de la
   cláusula subordinada ya sucedió (*suceder = tener lugar*) o es habitual; se requiere el subjuntivo si el evento es anticipado. Compare:

Indicativo:	Vine cuando me llamaste.	*La acción de «llamar» ya sucedió; por lo tanto, se usa el indicativo.*
Indicativo:	Siempre vengo cuando lla-mas.	*La acción de «llamar» es habitual; por lo tanto, se usa el indicativo.*
Subjuntivo:	Vendré cuando me **llames.**	*La acción de «llamar» es una acción anticipada; por lo tanto, se require el subjuntivo.*
Indicativo:	Preparé los huevos como dijiste.	*La acción de «decir» ya sucedió; por lo tanto, se usa el indicativo.*
Indicativo:	Siempre preparo los hue-vos como tú dices.	*La acción de «decir» es habitual; por lo tanto, se usa el indicativo.*
Subjuntivo:	Prepararé los huevos como tú **digas.**	*La acción de «decir» es una acción anticipada; por lo tanto, se requie-re el subjuntivo.*

ACTIVIDADES

6. La visita al hospital. *Mario va a visitar a su abuelo, que está en el hospital.*
¿Cómo pasará la tarde Mario?

Cuando Mario (llegar) al hospital, pedirá permiso a la recepcionista para subir al
cuarto de su abuelo. Después de que la enfermera le (dar) permiso, tomará el
ascensor al piso de su abuelo. En cuanto (salir) del ascensor, le preguntará a una
enfermera cuál es el cuarto de su abuelo. Tan pronto como la enfermera le (indicar) dónde queda el cuarto, saludará a su abuelo. Mientras Mario y su abuelo (estar)
juntos hablarán de mil cosas —de la familia, de la política, del amor. Mario se quedará con su abuelo hasta que se (terminar) las horas de visita. Después volverá a
casa e informará a su familia que el abuelo se siente mucho mejor.

7. Informe sobre la tarde. *Ahora Mario está con su amiga Juanita y le está contando cómo le fue la visita con el abuelo. ¿Cómo narra Mario la historia de la actividad anterior en pasado y en primera persona?*

EJEMPLO   **Fui a visitar a mi abuelo esta tarde. Cuando llegué al hospital, pedí permiso...**

8. Alberto el Muy Amable (entre dos). *La madre de Alberto ha estado enferma y todavía está un poco débil. Por lo tanto, Alberto está haciendo todo lo posible por ayudarle. ¿Cómo responde Alberto a los pedidos de su mamá?*

MODELO   ESTUDIANTE 1: ¿Cuándo lavarás los platos?
ESTUDIANTE 2: **Los lavaré cuando tú quieras.** *o* **Los lavaré cuando tú digas.**

1. ¿Cómo prepararás las papas?
2. ¿Dónde pondrás mi ropa?
3. ¿Cuándo lavarás la ropa?
4. ¿A qué hora me traerás la cena?

5. ¿Cuándo irás a la farmacia?
6. ¿Dónde guardarás mis pastillas?
7. ¿Cuándo limpiarás el baño?
8. ¿Cómo arreglarás mi cuarto?

9. Preguntas indiscretas y confesiones correspondientes (entre dos o en pequeños grupos). *Usen la tabla para formular preguntas y respuestas.*

EJEMPLOS   ESTUDIANTE 1: ¿Cuándo serás feliz?
ESTUDIANTE 2: **Seré feliz cuando consiga un buen trabajo.**

Preguntas sugeridas

1. ¿Cuándo serás feliz?
2. ¿Hasta cuándo seguirás en esta ciudad?
3. ¿Después de qué estarás contento/a?

4. ¿Cuándo te casarás?
5. ¿Cuándo piensas comer?
6. ¿Dónde pasarás tus vacaciones?

Respuestas posibles

a. Seré feliz cuando... *(graduarse, casarse, tener dinero, conseguir un buen trabajo, irme a vivir en España, ?)*
b. Seguiré en esta ciudad hasta que... *(terminarse las clases, conocer al amor de mi vida, morirse, ?)*
c. Estaré más contento/a después que... *(los republicanos/demócratas perder las elecciones, nuestro equipo de fútbol ganar contra ?, mis profesores reconocer mi extraordinaria inteligencia, ?)*
d. Me casaré en cuanto... *(mi novio/a decidirse, cumplir treinta años, mis padres me dar permiso, ?)*
e. Pienso comer tan pronto como... *(tener hambre, terminar la clase, me invitar a ?, llegar a casa, ?)*
f. Pasaré mis vacaciones donde... *(poder, ser barato, querer, ?)*

10. Chismes (entre dos o en pequeños grupos). *Usando la tabla de la actividad anterior, formulen preguntas y respuestas sobre otras personas.*

EJEMPLO   ESTUDIANTE 1: **¿Cuándo será feliz Don Tremendón?**
ESTUDIANTE 2: **Don Tremendón será feliz cuando Gumersinda se case con un millonario.**

Cómo se hace para describir una enfermedad o una condición física

Me duele...	una muela	Tengo...	(mucha) fiebre
Tengo un dolor en...	el estómago		un dolor de cabeza
	la cabeza		un dolor de estómago
	la garganta		un dolor de garaganta
	la pierna		una pierna rota
	la espalda		un brazo roto
	todo el cuerpo		mucha temperatura
			el pie lastimado
			náuseas
Me duelen...	los ojos		
Tengo un dolor en...	los pulmones		
	los oídos	Estoy...	encinta (embarazada)
	los brazos		en estado
	las rodillas		(*encinta, embarazada,*
			en estado = que va a
			tener un bebé)
Tengo alergia...	a los huevos		
	a la penicilina		
	al polen	Me siento...	resfriado/a
	al polvo		mareado/a
	a los estudios		mal

Situaciones

1. Ud. acaba de mudarse a otra ciudad y tiene su primera cita con un nuevo médico. Déle una descripción de su historia médica.
2. Ud. acaba de correr cincuenta kilómetros en un maratón. Describa su estado físico.
3. Ud. ha pasado dos días sin dormir porque tenía que terminar un trabajo interminable para un desagradable profesor de sociología. ¿Cómo se siente?

18.3 ▶ Sinopsis del subjuntivo

1. En cláusulas principales
   a. El subjuntivo se puede usar en una cláusula principal sólo después de expresiones como **tal vez, quizá, quizás, posiblemente** o **probablemente** (*ver ∫15.1*). Por ejemplo:
   > **Tal vez** mi hermano **sepa** la respuesta.
   > **Quizás tengas** más suerte que yo.
   b. Si estas expresiones siguen al verbo, generalmente se usa el indicativo. Compare:

Vendrán mañana tal vez.	**Tal vez vengan** mañana.
Tienes más tiempo que yo quizás.	**Quizás tengas** más tiempo que yo.

2. En cláusulas sustantivales
   a. Una cláusula sustantival funciona igual que un sustantivo, generalmente como complemento directo. Compare:
   > Quiero **el anillo.**
   > Quiero **que tú tengas el anillo.**
   b. El subjuntivo se requiere en una cláusula sustantival en cuatro casos.
   (1) Influencia o el deseo de influir (*ver ∫14.1*)
   > Quiero que **vayas** conmigo al consultorio.
   > Ojalá que **estén** contentos en su nueva casa.

(2) Emoción (*ver §14.2*)

Me alegro de que **hayas perdido** peso.

Me molesta que Uds. no **vengan** más seguido.

(3) Probabilidad, duda o negación (*ver §15.1*)

No creo que ellos lo **tengan.**

¿Crees que nuestros amigos **lleguen** a la hora?

Dudamos que Ud. **sea** responsable.

Niego que ese señor me **conozca.**

(4) Expresiones impersonales que no indican certeza (*ver §14.4*)

Es importante que **descanses** ahora.

No está bien que se **fume** en los ascensores.

3. En cláusulas adjetivales

a. Una cláusula adjetival funciona igual que un adjetivo. Compare:

Busco un libro **bueno.**

Busco un libro **que sea bueno.**

b. El subjuntivo se usa en una cláusula adjetival en dos casos.

(1) Con antecedentes inespecíficos (*ver §18.3*)

¿Conoces a alguien que **sepa** reparar televisores?

Quiero un esposo que me **respete.**

Busco un perrito que **haga** compañía a mi abuela.

(2) Con antecedentes no existentes (negativos)

No hay nada que **cure** el SIDA (*SIDA = Síndrome de inmunodeficiencia adquirida*).

No existe ningún libro que te **explique** todo.

4. En cláusulas adverbiales

a. Las cláusulas adverbiales responden a preguntas como **por qué, cómo, cuándo** y **para qué.**

b. Hay dos grupos de conjunciones adverbiales: uno que siempre requiere el subjuntivo y otro que lo requiere sólo cuando el evento de la cláusula adverbial se anticipa en el momento de hablar.

(1) Las conjunicones adverbiales que siempre requieren el subjuntivo son (*ver §18.1*)

para que	en caso de que
a fin de que	con tal (de) que
sin que	a menos que
antes de que	

(2) Las conjunciones adverbiales que requieren el subjuntivo sólo cuando el evento de la cláusula adverbial se anticipa en el momento de hablar son (*ver §18.2*)

cuando	en cuanto
como	hasta que
después (de) que	mientras (que)
tan pronto como	donde

ACTIVIDADES

11. Preocupaciones de médica. *La Dra. Arroyos está hablando de sus pacientes y de su profesión. ¿Qué dice?*

1. Tal vez el Sr. Calvo (sufrir) de una profunda depresión.
2. Prefiero que la Sra. Fuentes (fumar) menos y (hacer) más ejercicio.
3. Es importante que la Srta. Costa (quedarse) en cama una semana más.
4. Sé que los hijos de la Sra. Hostos (comer) demasiados dulces.
5. Me molesta que las compañías de seguro (haber) subido sus precios.
6. Creo que Ricardo (tener) una pierna rota.
7. Dudo que la enfermedad de Luisa y Pepe (ser) grave.
8. Es posible que la Sra. Bustos (estar) encinta.
9. No creo que los antibióticos (servir) para curar un resfrío.
10. Es evidente que Pepito (sentir) fiebre.
11. Niego que no se (poder) curar el cáncer en muchos casos.
12. Me alegro de que el hijo de Irma se (haber) recuperado.

12. Fabia la Fina. *Fabia tiene que pasar algún tiempo en un hospital para un pequeño tratamiento cosmético. Pero Fabia es una persona sumamente exquisita, y no quiere estar en un hospital de poca categoría. ¿Qué dice Fabia?*

1. Quiero un hospital que (tener) un cocinero de primera calidad.
2. Busco un hospital que (poner) sábanas de seda en las camas.
3. Sé de un hospital que (servir) champaña con el desayuno.
4. Necesito un hospital que (emplear) a gente refinada que (poder) hablar de arte y literatura.
5. No aceptaré ningún hospital que no (saber) distinguir entre agua gasificada y agua Perrier.
6. Me habló una amiga de un hospital que (estar) junto al mar y que (tener) baños de mármol.
7. Debo encontrar un hospital que me (aguantar) porque soy inaguantable.

13. Recetas médicas para gente famosa (entre dos o en pequeños grupos).
Ud., como doctor/a eminente, trata a gente muy famosa en su clínica. Un reportero de la prensa amarilla se está entrevistando con Ud. ¿Cómo son las preguntas y las respuestas en esta entrevista?

EJEMPLOS ESTUDIANTE 1: **¿Qué le receta Ud. a Madonna?**
ESTUDIANTE 2: **A Madonna le receto un jarabe para que no tenga tos.**

Preguntas
¿Qué le receta Ud. a...

William F. Buckley	Mike Tyson	Woody Allen	Don Tremendón
el presidente	Meryl Streep	la primera dama	?
Madonna	Jack Nicholson	Gumersinda	? y ?

Respuestas

A ? le(s) receto...	un jarabe	para que	tener tos
	unas pastillas	para que no	estar gordo/a

A ? le(s) receto...

una inyección	a fin de que	sentirse mejor
unas vacaciones	a menos que	sufrir mucha depresión
más ejercicio	con tal que	estar encinta
una dieta de fibras	antes de que	quedar flaco/a
una operación		dar a luz
tres semanas en cama		curarse de ?
una vida más tranquila		tener fiebre
una aventura amorosa		tener una pierna rota
?		?

Cómo se hace para describir un remedio

Ud. necesita... descansar
tomar más vitaminas
tomar mucho líquido
guardar cama

Le voy a recetar... unas gotas
un antibiótico
unos comprimidos
unas pastillas
un jarabe

Le voy a poner... una inyección
una radiografía

Le voy a sacar... una muestra de sangre

Tome Ud... un comprimido cuatro veces por día
una pastilla cada seis horas
una cápsula antes de acostarse

Situaciones
1. Ud. es médica y tiene un paciente resfriado. ¿Qué remedio le da?
2. Ud. es médica (todavía) y tiene una paciente con una infección de la garganta y mucha congestión en los pulmones. ¿Qué le dice?

18.4 ▶ Quería que tú vinieras ayer.

PRIMER PASO

Quiero que me reduzcan las cuotas del seguro médico.
Quería que me **redujeran** las cuotas del seguro médico.

Es posible que nos digan algo nuevo sobre esa nueva droga.
Era posible que nos **dijeran** algo nuevo sobre esa nueva droga.

Me alegro de que el banco esté dispuesto a prestarme el dinero.
Me **alegré** de que el banco **estuviera** dispuesto a prestarme el dinero.

Quieren que el paciente vuelva a casa a menos que haya algún otro problema.
Querían que el paciente **volviera** a casa a menos que **hubiera** algún otro problema.

Buscamos un médico que sepa algo de enfermedades tropicales.
Buscábamos un médico que **supiera** algo de enfermedades tropicales.

Conclusiones

La formación del imperfecto del subjuntivo

1. En español hay dos formas del subjuntivo: el presente del subjuntivo que Ud. ya sabe y el imperfecto (pasado) del subjuntivo.
2. La raíz de todas las formas del imperfecto del subjuntivo consiste en la tercera persona plural del pretérito sin la **-on** final. No hay excepciones.

Formación de la raíz del imperfecto del subjuntivo	
tercera persona plural del pretérito	**raíz del imperfecto del subjuntivo**
hablaron	→ **hablar-**
construyeron	→ **construyer-**
durmieron	→ **durmier-**
pudieron	→ **pudier-**
supieron	→ **supier-**
dijeron	→ **dijer-**
fueron	→ **fuer-**

3. Todas las formas correspondientes a **nosotros** llevan acento.

Sinopsis

sujeto	terminación	*estar*	*saber*	*ir*
yo	**-a**	estuviera	supiera	fuera
tú	**-as**	estuvieras	supieras	fueras
Ud. / él / ella	**-a**	estuviera	supiera	fuera
nosotros / nosotras	**-amos**	estuviéramos	supiéramos	fuéramos
vosotros / vosotras	**-ais**	estuvierais	supierais	fuerais
Uds. / ellos / ellas	**-an**	estuvieran	supieran	fueran

Nota: El imperfecto del subjuntivo es el único tiempo en español que tiene dos formas. Las otras formas terminan en **-se, -ses, -semos, -seis** y **-sen.** Por ejemplo: **tuviese, tuvieses, tuviese, tuviésemos, tuvieseis** y **tuviesen.** Estas formas son menos frecuentes que las otras, y no se practicarán en este libro.

SEGUNDO PASO

Algunos usos del imperfecto del subjuntivo

1. El imperfecto del subjuntivo se usa en los mismos casos que el presente del subjuntivo —pero en pasado.
2. Si el verbo de la cláusula principal está en pasado y se requiere el subjuntivo, se usa el imperfecto del subjuntivo en la cláusula subordinada. Por ejemplo:
   a. En cláusulas sustantivales después de verbos de influencia, emoción, duda, negación y expresiones personales
      Quería que **conocieras** a mi jefe.
      Nos **molestó** que el otro laboratorio **abandonara** el proyecto.
      Yo **dudaba** que el paciente **pudiera** pagar la factura.
      La Dra. Vargas **negó** que la enfermedad **fuera** contagiosa.
      Era necesario que todos los alumnos **recibieran** la nueva vacuna.

b. En cláusulas adjetivales después de antecedentes no específicos o negativos

    Buscábamos a **alguien** que **tuviera** contactos en Quito.

    ¿Conociste a **alguien** que te **pudiera** ayudar?

    No **había nadie** allí que me **interesara**.

c. En cláusulas adverbiales después de conjunciones que siempre requieren el subjuntivo

    El abogado me **explicó** el caso **para que** lo **comprendiera** bien.

    Volvieron los empleados **sin que** nadie los **viera**.

    Queríamos llegar **antes de que** el programa **empezara**.

ACTIVIDADES

14. Ayer en el hospital. *Ponga las oraciones en pasado para ver qué pasó ayer en el hospital.*

MODELO   Luisa quiere que el Sr. Vargas tome su enfermedad en serio.

    → **Luisa quería que el Sr. Vargas tomara su enfermedad en serio.**

1. Las enfermeras quieren que la administración les dé un aumento.
2. Esperamos que su abogado no nos cause problemas.
3. Es bueno que te quedes en el hospital un par de días más.
4. Es importante que vengan los inspectores federales.
5. Dudo que todos estén vacunados contra el cólera.
6. Luis le pide al médico que le examine los ojos.

15. Recordando la campaña. *Unos chicos que participaron en la compaña electoral del año anterior están recordando sus prioridades en la campaña. ¿Qué dicen?*

MODELO   un candidato / apoyar los derechos humanos

    → **Necesitábamos un candidato que apoyara los derechos humanos.**

1. un millonario / pagar muchos de los gastos
2. un equipo / poder dedicar mucho tiempo a la campaña
3. un director de campaña / saber mucho de la política local
4. voluntarios / estar dispuestos a trabajar veinte horas por semana
5. gente / tener contactos en los diarios
6. políticos nacionales / nos dar su apoyo
7. chicos del barrio / repartir panfletos

16. Combinaciones (entre dos). *Siga las instrucciones de otra persona en la clase.*

MODELO   ESTUDIANTE 1: **4-4-4**

    ESTUDIANTE 2: **Gumersinda mandó que Don Tremendón hiciera más ejercicio.**

1. Miguel pidió que	1. yo	1. consultar con la médica
2. Mi jefa exigió que	2. tú	2. comer menos dulces
3. Mis padres sabían que	3. los estudiantes	3. guardar la línea
4. Gumersinda mandó que	4. Don Tremendón	4. hacer más ejercicio
5. Los chicos vieron que	5. ?	5. ?

17. Carlota la Cumplida (entre dos). *Carlota está explicando por qué hizo lo que hizo. ¿Qué dice?*

MODELO   ESTUDIANTE 1: ¿Por qué trajiste tu coche? (papá)
ESTUDIANTE 2: **Porque papá me pidió que lo trajera.**

1. ¿Por qué sacaste esa copia? (mi jefe)
2. ¿Por qué leíste ese cuentito? (mi hermanito)
3. ¿Por qué te levantaste temprano? (mi compañera de cuarto)
4. ¿Por qué compraste tantos libros? (mis profesores)
5. ¿Por qué hiciste el presupuesto? (mi contador)
6. ¿Por qué pediste un aumento de salario? (mis colegas)

18. Confesiones (entre dos o en pequeños grupos). *Usen la tabla para formular preguntas y respuestas sobre las preferencias y opiniones de sus compañeros en las últimas elecciones.*

EJEMPLOS   ESTUDIANTE 1: **¿Por qué no votaste por X ?**
ESTUDIANTE 2: **Dije que no iba a votar por X a menos que bajara los impuestos.**

Preguntas posibles

¿Por qué (no) votaste por... ?   ¿Dijiste que ibas a votar por... ?
¿Por qué (no) apoyaste a... ?   ¿No dijiste que ibas a votar por... ?

Respuestas posibles
1. Voté por X para que...
2. Apoyé a X con tal de que...
3. Dije que no iba a votar por X a menos que...
   a. bajar los impuestos   f. proteger la industria nacional
   b. defender los intereses del comercio   g. reducir el costo de vida
   c. mejorar el sistema de transporte público   h. balancear el presupuesto nacional
   d. controlar las grandes empresas   i. reducir el déficit
   e. vigilar las inversiones extranjeras   j. construir más viviendas públicas

NOTA CULTURAL

Médicos, curanderos y parteras

El mundo hispano es un mundo de muchos contrastes, y en ningún campo se ven mejor esos contrastes que en la medicina. En las grandes ciudades se encuentran los mismos servicios médicos que en todas partes del mundo **desarrollado.** El personal —médicos, especialistas, enfermeros, técnicos, bioquímicos —suelen recibir una preparación tan buena como la de cualquier parte del mundo, y muchos de ellos han estudiado en centros académicos de Europa y los Estados Unidos. Esos servicios **están al alcance** de mucha gente **a través de** extensos programas de salud pública.

   El servicio médico es más limitado entre los pobres y en las zonas rurales. Por lo tanto, la gente humilde y la gente del campo muchas veces depende de

desarrollado: *developed*

estar al alcance: estar accesible

a través de: por medio de

otro tipo de medicina, una medicina popular cuyos practicantes **cuentan con** poca preparación académica. Entre los más útiles de esos practicantes populares están las *parteras,* mujeres que ayudan a **dar a luz.** Otros practicantes populares se llaman *curanderos,* es decir, gente que cura. Los curanderos practican una medicina que a veces tiene raíces en las culturas indias y africanas, y se especializan en hierbas, pociones exóticas y prácticas **teñidas** de magia. Aunque los curanderos no tienen una formación académica, cuentan con sus devotos, y mucha gente los prefiere a los médicos modernos.

contar con: tener

dar a luz: tener un bebé

teñida: colorada

18.5 ¿Qué dijo el médico que tomaras?

MÉDICA	Tome dos pastillas por día.	La médica me **mandó** que **tomara** dos pastillas por día.
NUTRICIONISTA	Chicos, no coman muchos dulces.	La nutricionista les **dijo** a los chicos que no **comieran** muchos dulces.

Conclusiones

El discurso indirecto

1. Se usa el subjuntivo para reportar un mandato.
2. Si el mandato se reporta en pasado, se usa el imperfecto del subjuntivo.

ACTIVIDADES

19. ¿Quién mandó qué? (entre dos) *¿Quién mandó que se hicieran las cosas a continuación?*

MODELO la Dra. Quiroga (yo / comer menos grasas)
ESTUDIANTE 1: **¿Qué mandó la Dr. Quiroga?**
ESTUDIANTE 2: **Mandó que yo comiera menos grasas.**

1. la nutricionista (los chicos / dejar de comer dulces antes de cenar)
2. la higienista (las personas mayores / tomar pastillas de calcio)
3. el médico militar (los soldados / vacunarse contra el cólera)
4. la doctora pediátrica (Pepito / no fumar la pipa de su papá)
5. los profesores de medicina (los estudiantes / estudiar más sobre anatomía)

6. la enfermera (la Sra. Varela / desvestirse para un examen físico)
7. el Dr. Sánchez (mi madre / tratar de bajar la presión)
8. el psiquiatra (Gumersinda y Don Tremendón / internarse en un asilo)

20. La cita médica (entre dos). *Usando el verbo* **pedir,** *reporte lo que dijo la Dra. Quiles a su paciente Isabel.*

MODELO   ESTUDIANTE 1: Haga una lista de los medicamentos que Ud. toma.
            ESTUDIANTE 2: **La doctora le pidió que hiciera una lista de los medicamentos que toma.**

1. Siéntese al lado de mi escritorio.
2. Explíqueme el propósito de esta visita.
3. Pase al cuarto de examinación.
4. Quítese la blusa por favor.
5. Retenga la respiración.
6. Respire normalmente.
7. Abra la boca.
8. Mire para arriba.
9. Saque la lengua.
10. Vaya al laboratorio.

21. Cadena (entre dos o en pequeños grupos). *¿Quién mandó qué? Alguien le manda algo a otra persona. Después, una tercera persona reporta el mandato usando el imperfecto del subjuntivo.*

EJEMPLO   ESTUDIANTE 1: **Pablo, déme diez mil dólares.**
            ESTUDIANTE 2: (*Nombre de estudiante 1*) **mandó (*pidió, exigió*) que Pablo le diera diez mil dólares.**

Algunos mandatos posibles
1. Venga acá.
2. Préstenme su...
3. Cómpreme un/a...
4. Tráigame un/a...
5. Déme...
6. Vaya a ? para...
7. No traiga ? a clase a mañana.
8. No hable más con...

Algunos verbos para reportar mandatos: mandó, pidió, exigió, prohibió, etc.

18.6 Dudo que Ud. hubiera reconocido ese virus.

Me dijeron que habías estado enfermo.

Yo dudaba que **hubieras estado** muy enfermo.

Supimos que se había descubierto un remedio contra la hepatitis.

Nos dio mucho gusto que **se hubiera descubierto** un remedio contra la hepatitis.

El último informe decía que la incidencia del SIDA había bajado un poco.

Era bueno que la incidencia del SIDA **hubiera bajado** un poco.

Conclusiones   ### El pluscuamperfecto del subjuntivo

1. Como Ud. ya sabe, el pluscuamperfecto se refiere a un evento que tuvo lugar en el pasado antes de otro evento en el pasado (*ver §16.4*).
2. Se usa el pluscuamperfecto del subjuntivo si ocurre en una cláusula subordinada precedida por una cláusula principal con un verbo de duda, emoción, negación, etc.
3. El pluscuamperfecto del subjuntivo consiste en el imperfecto del subjuntivo de **haber** y el participio.

Sinopsis

yo	**hubiera**	
tú	**hubieras**	
Ud. / él / ella	**hubiera**	+ un participio
nosotros / nosotras	**hubiéramos**	
vosotros / vosotras	**hubierais**	
Uds. / ellos / ellas	**hubieran**	

ACTIVIDADES

22. Un viaje inolvidable. *Eduarda y Hugo están describiendo una visita traumática a una gran ciudad. ¿Qué dicen?*

MODELO   La chica en la taquilla nos dijo que se habían vendido todas las entradas. (yo dudaba)
→ **Yo dudaba que se hubieran vendido todas las entradas.**

1. El dependiente nos dijo que habíamos perdido el primer tren. (yo lamentaba)
2. El taxista nos dijo que se había descompuesto el taxímetro. (yo no creía)
3. El hotelero nos dijo que nadie había hecho nuestra reservación. (no me gustó)
4. El botones nos dijo que el taxista no le había dado todas nuestras maletas. (me molestó)
5. Alguien en la calle nos dijo que habían cambiado la exposición. (yo temía)
6. El guía nos dijo que se habían llevado el cuadro más famoso del museo para restaurarlo. (yo sentía)
7. El mesero nos dijo que el cocinero había quemado la comida. (yo tenía miedo de que)
8. Un señor desconocido nos dijo que nos habían asignado al mismo cuarto en el hotel. (no me gustó nada)
9. El hotelero nos dijo que se había terminado el agua caliente. (me irritó profundamente)
10. Le dijimos a mamá que nos habíamos divertido mucho. (nadie creía)

23. Grandes emociones. *En la historia y en la literatura abundan las GRANDES EMOCIONES. Completen los fragmentos de la primera columna con la información más lógica de la segunda.*

EJEMPLO   **Caperucita dudaba que el lobo hubiera entrado en la casa de su abuela.**

1. Blanca Nieves no creía...
2. La Cenicienta dudaba...
3. A Julieta le dio mucho gusto...
4. A Lady Macbeth no le gustó...
5. Al lobo le molestó...
6. A Felipe II no le gustó...
7. A Enrique VIII le disgustó...

a. que las manchas de sangre (desparecer)
b. que Inglaterra (hacerse) protestante
c. que la reina le (dar) una manzana venenosa
d. que Romeo (subir) a su balcón
e. que el papa no (aprobar) su divorcio
f. que Caperucita (entrar) en el dormitorio
g. que el príncipe (venir) por ella

EN CONTEXTO

EN VIVO

Preguntas   1. Según el anuncio, ¿cuál es la causa del envejecimiento?   2. ¿Qué sustancias aceleran el proceso de la oxidación celular?   3. ¿Cuáles son los síntomas de la oxidación?   4. Según el anuncio, ¿cuántos años de investigación científica fueron necesarios para producir el Solbin?   5. ¿Por qué se dice que el Solbin es un producto natural?   6. ¿Necesita Ud. un producto como Solbin? ¿Por qué?

LECTURA

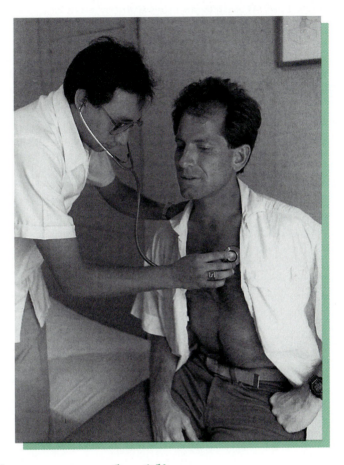

El tío Leandro va a ver al médico

Ricardo tiene que llevar a su tío Leandro al consultorio para que lo examinen —otra vez. No es la primera vez que don Leandro tiene cita con el médico.

MÉDICO   Buenos días, señor. ¿Cómo le va?

LEANDRO   Uy, de lo más mal. Me siento horrible.

MÉDICO   ¿Qué le ocurre? ¿Le duele algo?

LEANDRO   Sí, me duele la cabeza, me duele la espalda y me duelen los ojos. También me siento **mareado** y con náuseas.

MÉDICO   Uy, son muchas cosas. Bueno, vamos a ver qué pasa. **¿Pudiera** desvestirse hasta la **cintura?**

LEANDRO   *(mientras se desviste)* Espero que no sea nada grave. Bueno, doctor, pero no se olvide de que a veces las apariencias **engañan.**

MÉDICO   Primero, quiero examinarle la **vista.** ¿Puede mirar hacia la

mareado: *dizzy*

pudiera: forma cortés de *puede*

cintura: *waist*

engañar: *to deceive*

vista: la capacidad de ver

izquierda por favor? ¿Hacia arriba? ¿Hacia abajo? ¿Hacia la derecha? Me parece que todo está bien allí. Ahora, quiero ver los
oídos. ¿Puede inclinar la cabeza un poco hacia la derecha? Muy
bien. Todo parece que está en orden allí. A ver el otro **oído.**
También se ve espléndido.

oído: el órgano de oír;
oreja se refiere sólo a
la parte exterior

LEANDRO   **A lo mejor** es un problema de los **pulmones.**

a lo mejor: quizás

MÉDICO   Respire normalmente por favor. (*con un estetoscopio le escucha
la respiración*) Yo no escucho nada allí. Los pulmones están en
excelentes condiciones.

pulmón: órgano de la
respiración

LEANDRO   Así lo creía yo. Sin duda es un problema **cardíaco.** Siempre he
sospechado que el corazón no me **anda** bien.

cardíaco: del corazón

sospechar: tener dudas

andar: funcionar

MÉDICO   Puede ser. Vamos a ver. Respire profundamente y retenga la respiración hasta que le diga. (*con un estetoscopio le escucha el
pulso*) Muy bien. Otra vez. De nuevo por favor. Otra vez. Me
parece que el corazón está andando perfectamente.

LEANDRO   Entonces ¿qué vamos a hacer? ¿Qué es lo que me pasa?

MÉDICO   **No nos queda más remedio** que **internarlo** para que lo pue-
dan examinar unos especialistas. Allí en el hospital le podemos
hacer unos análisis muy completos de sangre. Cuando sepamos el
resultado de esos análisis, le podemos sacar radiografías de todo
el cuerpo, incluso el cerebro, los pulmones, el corazón —todo a
fin de que nada se nos escape. Después de que sepamos los resultados de las radiografías a lo mejor tendremos que operarlo a fin
de que los **cirujanos** le vean todo por dentro. Ahora bien, mientras Ud. esté en el hospital, se va a sentir mal, pero cuando salga
del hospital sabrá que hemos hecho todo lo posible para identificar su enfermedad.

no nos queda más
remedio: no hay otra
cosa que hacer

internar: poner a alguien
en un hospital

cirujano: médico que se
especializa en opera-
ciones

LEANDRO   (*después de una larga pausa*) ¿Todo eso?

MÉDICO   Todo eso.

LEANDRO   Es curioso, pero **de pronto** me siento mucho mejor. Mire, doctor. Quiero irme a casa ahora para pensar un poco todo lo que
Ud. me ha dicho. Cuando llegue a alguna conclusión, lo llamaré.

de pronto: súbitamente;
all of a sudden

MÉDICO   Muy bien. Aquí siempre estoy a sus órdenes.

(*Después en el coche con Ricardo*)

RICARDO   Bueno, tío, ¿que es lo que le ocurre?

LEANDRO   Ay Ricardo, prefiero no hablar del **asunto.** Me ha convencido el
médico de que mi enfermedad es tan complicada que la medicina
moderna no puede hacer nada en contra de ella. Así que me que-
daré en casa, viviendo con heroica resignación, hasta que algún
día los científicos descubran un remedio para lo que sufro.

asunto: tema

Preguntas   1. ¿Quién es el tío Leandro?   2. ¿Es esta la primera vez que va con el médico?
3. ¿Qué es lo que tiene?   4. ¿Qué le examina el médico?   5. ¿Encuentra el
médico algún problema?   6. ¿Qué sugiere el médico para hacer un diagnóstico
más completo?   7. ¿Está de acuerdo el tío Leandro?   8. ¿Cómo le explica el tío
Leandro las conclusiones del médico a su sobrino Ricardo?

Galería hispánica: Puerto Rico

Algunos datos sobre Puerto Rico y el noreste de los Estados Unidos

Capital de Puerto Rico: San Juan

Población de Puerto Rico: 3.600.000

Número de puertorriqueños y neoyorquinos que viven en los Estados Unidos: 2.000.000

Gobierno de Puerto Rico: Estado Libre Asociado, Territorio de los Estados Unidos

Ciudadanía: Todos los puertorriqueños tienen ciudadanía estadounidense

Etnicidad: europeo, mulato y africano

Exportaciones de Puerto Rico: ropa, productos farmacéuticos y petroleros, ron y café

Puerto Rico y los Estados Unidos

Tanto dentro como fuera de Puerto Rico se debate mucho la cuestión de su identidad nacional. Ese debate, no siempre **amistoso,** tiene una larga y compleja historia.

    La **isla** que ahora se llama Puerto Rico fue conquistada por los españoles en 1508, y fue colonia española hasta 1898 —casi cuatrocientos años.

amistoso: de amigos

isla: una tierra relativamente pequeña que está totalmente rodeada de agua

Después de la guerra entre España y los Estados Unidos, la isla fue cedida a los Estados Unidos a pesar de que muchos puertorriqueños querían ser una nación independiente. En 1917, el gobierno confirió la ciudadanía norteamericana a todos los habitantes de la isla. Con ese acto comenzó una gran inmigración de la isla a los Estados Unidos, principalmente a Nueva York y al noreste. Pero igual que la inmigración de mexicanos al sudoeste, la inmigración puertorriqueña consiste en un ir y venir de gentes que ha permitido que muchos puertorriqueños sean bilingües y biculturales.

Después de la segunda guerra mundial, un programa llamado «Operation Bootstrap» contribuyó mucho al crecimiento económico de Puerto Rico, y en 1952, Puerto Rico se proclamó territorio libre asociado de los Estados Unidos. Con ese nombre un poco contradictorio, los puertorriqueños siguieron siendo ciudadanos norteamericanos, pero a la vez adquirieron mayor independencia política.

Sin duda, la asociación con los Estados Unidos ha traído muchos beneficios económicos a la isla, y de hecho, Puerto Rico **goza de** un alto grado de **alfabetismo** y una gran clase media. Sin embargo, muchos puertorriqueños, sobre todo los intelectuales, creen que esa prosperidad se ha ganado **a costo de** su independencia cultural.

gozar de: *tener; to enjoy*
alfabetismo: *la calidad de saber leer*
a costo de: *a precio de*

En nuestros tiempos la cuestión del futuro de Puerto Rico es muy debatida. Hasta ahora una mayoría de los puertorriqueños han votado para mantener el *status quo*, aunque una minoría importante preferiría ser un estado de los Estados Unidos. Los independentistas, es decir, los que quieren que Puerto Rico sea una nación independiente, son una minoría, pero esa minoría es muy influyente. Lo único que sabemos con seguridad es que la cuestión del futuro de Puerto Rico no se resolverá pronto.

Preguntas 1. ¿Cuándo empezó la presencia española en Puerto Rico? 2. ¿Por cuántos años fue colonia española Puerto Rico? 3. ¿En comparación, ¿por cuántos años fue los Estados Unidos colonia inglesa? 4. ¿Querían todos los puertorriqueños ser territorio de los Estados Unidos? 5. ¿Qué efecto ha tenido la presencia estadounidense en Puerto Rico? 6. ¿Quiénes son los independentistas y qué es lo que quieren?

 A ESCUCHAR

Escuche la selección.
Ahora, escuche la selección por partes e indique si las oraciones son verdaderas o falsas.

1. v f   4. v f   7. v f   10. v f
2. v f   5. v f   8. v f   11. v f
3. v f   6. v f   9. v f   12. v f

SITUACIONES

Situación 1   Ud. se siente mal y quiere ver a un médico. Llame al consultorio de su médico, describa sus síntomas y fije una fecha.

Situación 2   Con otra persona de la clase, hagan un miniteatro entre una doctora y un paciente. El paciente describe sus síntomas y la doctora sugiere remedios.

Situación 3   Ud. faltó a clase ayer y tiene que explicar por qué a su profesora. Explíquele a la profesora que Ud. se sentía mal; describa los síntomas que tenía; explique qué remedios Ud. tomó para que se sintiera mejor, y pregúntele a la profesora qué tendrá que hacer para recuperar el tiempo perdido.

Situación 4   Ud. trabaja como consejero/a para estudiantes extranjeros. Un estudiante que acaba de llegar de Bolivia se siente mal y necesita saber qué servicios médicos ofrece la universidad.

Situación 5   Con otra persona de la clase, representen una escena de una examinación médica. La escena puede ser seria o paródica.

Situación 6   Descríbale a una estudiante extranjera los servicios médicos de su país. Incluya en su explicación información sobre médicos, masagistas, quiroprácticos, naturópatas, psicoterapistas, etc.

COMPOSICIÓN

Tema 1   Escriba una descripción del sistema médico de los Estados Unidos para una amiga mexicana. Al escribir su composición, recuerde que en México el sistema médico está casi totalmente en manos del gobierno.

Tema 2   Escriba un diálogo largo sobre una visita al médico. Empiece con el momento de hacer la cita, y termine con una visita a la farmacia.

VOCABULARIO ACTIVO

Enfermedades, síntomas y condiciones físicas

la alergia	el dolor de garganta	la marea
el asco	el dolor de muelas	el microbio
el cáncer	la fiebre	las náuseas
el cólera	la fractura	el resfrío
la depresión	la gripe	el SIDA
el dolor de cabeza	la hepatitis	la tos
el dolor de estómago	la indigestión	el virus

Remedios

el análisis	la cápsula	la curación
el antibiótico	el comprimido	la diagnosis
la aspirina	el cosmético	el diagnóstico

la droga
la fórmula
las gotas
la hierba
la inyección
el jarabe
la jeringa
el masaje

el medicamento
la medicina
la operación
la pastilla
la penicilina
la poción
la prueba
la radiografía

la receta
el remedio
la tetraciclina
la transfusión
el tratamiento
la vacuna

Personas

el/la bioquímico/a
el/la cirujano/a
el/la curandero/a
el/la dentista

el/la especialista
el/la farmacéutico/a
el/la paciente
el/la partero/a

el/la practicante
el/la psicoterapeuta
el/la psiquiatra
el/la técnico/a

Verbos

aguantar
aliviar
andar
asegurar
curar
engañar

infectar
internar
inyectar
operar
recetar

recuperarse
respirar
suceder
sufrir
vacunar

Otros sustantivos

la anatomía
el asunto
el cerebro
la cita
la consulta
el consultorio
el corazón

la especialidad
la especialización
la factura
la farmacología
el formulario
la garganta
la muela

el oído
el pedido
el polvo
el pulmón
el pulso
la respiración
el seguro

Adjetivos

alérgico/a
asqueado/a
cardíaco/a
contagioso/a

deprimido/a
embarazada
encinta
grave

heroico/a
inaguantable
inespecífico/a
mareado/a

Expresiones útiles

a eso de
contar con (ue)
cuanto antes

de pronto
estar al alcance
estar en estado

estar resfriado/a
quisiera

Vocabulario personal

_____   _____

_____   _____

_____   _____

_____   _____

CAPÍTULO 19

LAS FINANZAS Y LA BUROCRACIA

TEMAS
- El tercer mundo
- Las finanzas personales
- La burocracia
- La inmigración hispana

FUNCIONES
- Cambiar dinero
- Pedirle a alguien que haga algo
- Pedir información en una oficina
- Mandar algo por correo

GRAMÁTICA
19.1 El condicional
19.2 El condicional perfecto
19.3 El imperfecto del subjuntivo y el condicional para indicar cortesía
19.4 La correlación de tiempos
19.5 Más expresiones para narrar
19.6 Usos de *haber*

GALERÍA HISPÁNICA
Cuba y la Florida

EN MARCHA

19.1 Yo sabía que te gustaría la conferencia.

—Dijiste que **tratarías** de conseguir que te cancelaran la multa. ¿Conseguiste algo?

—Fui a la comisaría y hablé con dos policías. Me dijeron que no **podrían** ayudarme y que yo **debería** hablar con un juez. Hablé con la secretaria del juez que me explicó que **tendría** que llenar un formulario de diez páginas y volver el mes entrante con mi padre porque soy menor de edad. Después dijo que mi padre y yo **tendríamos** que presentarnos juntos ante el juez, lo cual me parece una tremenda molestia, así que voy a pagar la multa para no perder el tiempo. Me **gustaría** hablar con el *&%$#¿ sinvergüenza que me dio la multa para decirle lo que pienso.

Conclusiones

El condicional y algunos de sus usos

1. El condicional describe un evento posterior a otro evento en el pasado. Es decir, es el «futuro del pasado». Las oraciones a continuación son equivalentes.

> Yo dije que lo haría. = Dije que lo iba a hacer.
> Pensaba que no dirías nada. = Pensaba que no ibas a decir nada.

2. El condicional también describe una conjetura.

> Me **gustaría** ser jefe de una gran empresa.
> ¿**Preferirías** ser un millonario corrupto o un pobre honesto?

3. Para formar el condicional, el infinitivo se combina con las terminaciones de la segunda y la tercera conjugaciones del imperfecto.

4. Las raíces irregulares del futuro también se usan en el condicional (*ver §17.2*).

caber → **cabr-**	poder → **podr-**	salir → **saldr-**
decir → **dir-**	poner → **pondr-**	tener → **tendr-**
haber → **habr-**	querer → **querr-**	valer → **valdr-**
hacer → **har-**	saber → **sabr-**	venir → **vendr-**

5. **Habría** es el condicional de **hay.**

Sinopsis

sujeto	terminación	*dar*	*ver*	*hacer*	*venir*
yo	**-ía**	daría	vería	haría	vendría
tú	**-ías**	darías	verías	harías	vendrías
Ud. / él / ella	**-ía**	daría	vería	haría	vendría
nosotros / nosotras	**-íamos**	daríamos	veríamos	haríamos	vendríamos
vosotros / vosotras	**-íais**	daríais	veríais	haríais	vendríais
Uds. / ellos / ellas	**-ían**	darían	verían	harían	vendrían

ACTIVIDADES

1. Combinaciones (entre dos). *La gente a continuación ha sufrido un contacto con la burocracia. Siga las instrucciones de un/a de sus compañeros/as para ver qué pasó.*

MODELO   ESTUDIANTE 1: **4-4-3**
ESTUDIANTE 2: **La supervisora pensaba que nosotros mandaríamos la solicitud.**

1. Marisa creía que	1. yo	1. pagar la multa
2. El funcionario dijo que	2. tú	2. llenar el formulario
3. La jefa afirmó que	3. tu mejor amigo	3. mandar la solicitud
4. La supervisora pensaba que	4. nosotros	4. revisar los papeles
5. Los directores dijeron que	5. tus padres	5. llamar al gerente

2. La fiesta de Alejandro (entre dos). *Ud. y Alejandro están organizando una fiesta y Alejandro quiere saber qué harán los invitados. ¿Cómo contesta Ud.?*

MODELO   ¿Qué traerá Miguel? (una botella de vino)
ESTUDIANTE 1: **¿Qué traerá Miguel?**
ESTUDIANTE 2: **Dijo que traería una botella de vino.**

1. ¿A qué hora llegará Inés? (a las nueve)
2. ¿Qué hará Mario? (un pastel con crema de Bavaria)
3. ¿Quién traerá al Prof. Sánchez? (Alicia y Flora)
4. ¿Quién vendrá con Luz? (un primo suyo)
5. ¿Quiénes decorarán la casa? (Isabel y Juan)
6. ¿Quién podrá traer un tocadiscos? (yo)
7. ¿Quién le dirá a Claudia la hora? (Felipe)
8. ¿Quién tendrá que limpiar la casa después de la fiesta? (tú y yo)

3. Preferencias teóricas (entre dos). *Pregúntele a alguien en la clase qué preferiría en las circunstancias dadas.*

EJEMPLO   tomar después de correr / agua o vino
ESTUDIANTE 1: **¿Qué preferirías tomar después de correr?**
ESTUDIANTE 2: **Yo preferiría tomar agua después de correr.**

1. tomar con una pizza / cerveza o agua
2. comer en una cena elegante / hamburguesas o pollo *al cazador*
3. hacer después de un concierto / tomar un trago o ir directamente a casa
4. hacer en la primera cita con el amor de tus sueños / conversar o ir a McDonald's
5. escuchar durante una fiesta / rock o canto gregoriano
6. hacer durante las vacaciones / ir a una playa tropical o pintar la casa
7. hacer después de graduarse / empezar a trabajar o hacer un largo viaje a Europa
8. estudiar después de graduarse / leyes o negocios

4. **Chismes (entre dos o en pequeños grupos).** *Usando las preguntas de la actividad anterior, formulen preguntas y respuestas sobre otra gente.*

EJEMPLO   ESTUDIANTE 1: **¿Qué preferiría hacer Gumersinda durante las vacaciones?**

ESTUDIANTE 2: **Gumersinda preferiría matar cucarachas en su casa.**

5. **Fantasías (entre dos o en pequeños grupos).** *Inventen preguntas y respuestas sobre sus fantasías más interesantes. Usen la tabla como punto de partida.*

EJEMPLOS   ESTUDIANTE 1: **¿Qué te gustaría ver en Madrid?**
ESTUDIANTE 2: **Me gustaría ver una corrida de toros.**
ESTUDIANTE 1: **¿Con quién te gustaría hablar en Washington?**
ESTUDIANTE 2: **Me gustaría hablar con mi senador.**

¿Qué te gustaría	hacer en ?
¿Con quién te gustaría	hablar en ?
¿A quién te gustaría	beber en ?
	comer en ?
	ver en ?
	?

Cómo se hace para cambiar dinero

En la calle.

—¿Dónde se puede cambiar dinero (comprar pesos, dólares, pesetas, etc.)?
—En un banco o en una **casa de cambio.**
—¿Dónde pagan más el dólar, en un banco o en una casa de cambio?
—Depende de la comisión que se cobre. Por lo general, los precios difieren poco.

En la casa de cambio.

—¿A cuánto (a cómo) está el dólar?
—¿Quiere Ud. **vender** o comprar?
—Vender.
—El cheque de viajero está a 95 pesetas y el billete está a 97.
—¿Cobran (cargan) alguna comisión?
—Sí, cobramos el **cinco por mil.**
—Muy bien. Quisiera combiar cien dólares en cheque de viajero y cincuenta en billete.
—Cómo no. ¿Me permite su pasaporte (su documento) por favor?
—Aquí lo tiene.

casa de cambio: negocio que se dedica a la compra y venta de divisas (*divisa = moneda nacional*)

vender: el turista quiere vender dólares para comprar moneda nacional

cinco por mil: .5%

Situaciones

1. Ud. acaba de llegar a Buenos Aires y necesita saber dónde se puede comprar pesos argentinos.
2. Ud. está en un país que está pasando por un momento de mucha inflación. Por lo tanto, el precio del dólar varía mucho de día en día. Ud. entra en una casa de cambio, pero antes de vender dólares quiere saber el precio y cuánto cobra el cambista de comisión. Después Ud. vende cien dólares.

19.2 ▶ Sin la beca, nunca me habría graduado en cuatro años.

Jorge me aseguró que me **habrían entregado** la solicitud antes de hoy.
Sin tu ayuda, nunca me **habría graduado.**
Sin tus consejos, jamás **habríamos terminado** la propuesta.
Sin el pasaporte, nadie **habría podido** entrar.
Con Iberia, Ud. ya **habría llegado.**

Conclusiones

El condicional perfecto

1. El condicional perfecto se forma con el condicional de **haber** y un participio.
2. El condicional perfecto puede describir un evento posterior a otro evento pasado.
3. El condicional perfecto también puede describir una conjetura con respecto a un evento pasado.

Sinopsis

yo	**habría**	
tú	**habrías**	
Ud. / él / ella	**habría**	+ un participio
nosotros / nosotras	**habríamos**	
vosotros / vosotras	**habríais**	
Uds. / ellos / ellas	**habrían**	

ACTIVIDADES

6. **Conjeturas.** *Cecilia está hablando de la influencia que sus padres han tenido en su vida y en la vida de sus hermanos. ¿Qué dice?*

MODELO poder pagar la matrícula / yo
→ **Sin mis padres, yo no habría podido pagar la matrícula.**

1. conseguir un préstamo para comprar un coche / mi hermano Raúl
2. graduarse / mi hermana Ana
3. cumplir los requisitos para graduarme / yo
4. pagar el seguro para nuestro coche / mi hermano Marco y yo
5. poder terminar sus estudios / mi cuñado
6. llegar a la universidad / ninguno de nosotros

7. **Revisiones históricas.** *Explique lo que Ud. habría hecho en lugar de la gente a continuación.*

MODELO Napoleón invadió Rusia. (quedarme en Francia)
→ **Yo me habría quedado en Francia.**

1. Ana Bolena perdió la cabeza. (tratar de cortarle la cabeza al rey)
2. El General Custer murió en Wyoming. (quedarme en el este comiendo bombones)
3. Napoleón vendió Luisiana. (retener ese territorio para Francia)
4. Benjamín Franklin jugó con cometas en una tormenta. (tener demasiado miedo)

5. Washington cruzó el Delaware de pie. (sentarme para no volcar el bote)
6. Ponce de León abandonó la Florida porque no encontró la fuente de la juventud. (construir un hotel enorme para turistas)

19.3 ¿Podría Ud. darme la planilla para matricularme?

el presupuesto

la factura

salarios — $250.000
renta — 36.000
luz — 2.200

1040 _____ 1990

Ud. debe...

la firma

los impuestos

la multa

el funcionario

el pasaporte

PASAPORTE

Nombre:
Domicilio:
Lugar de trabajo:

el formulario (la planilla)

—Perdone señorita, ¿pero **sabría** Ud. dónde se consigue un certificado de nacimiento?

—Aquí mismo. **Debiera** Ud. llenar esta planilla y firmarla aquí.

—¿**Quisiera** Ud. ver mi cartilla de identidad?

—Ahora no, pero me **gustaría** que me la **presentara** cuando entregue la planilla.

Conclusiones ## El imperfecto del subjuntivo y el condicional para indicar cortesía

1. Muchas veces el imperfecto del subjuntivo o el condicional se usan para indicar cortesía o para suavizar una pregunta o una sugerencia en presente.

2. Para indicar cortesía, **querer** suele usarse sólo en el imperfecto del subjuntivo.
   ¿**Quisieran** Uds. ver el menú ahora?
   Prof. Sánchez, **quisiéramos** hablar con Ud. por un momento.

3. Para indicar cortesía, **deber** y **poder** se usan igualmente en el imperfecto del subjuntivo y en el condicional.
   Deberían Uds. llenar esta planilla antes de pagar la matrícula.
   Debieran Uds. firmar la planilla antes de entregarla.
   ¿**Podría** Ud. explicarme los requisitos del curso ahora?
   ¿**Pudieran** Uds. dejar los formularios aquí?

4. Para indicar cortesía, todos los demás verbos se usan en el condicional.
   Perdone señor, pero ¿**sabría** Ud. la hora?
   Sra. Méndez, ¿qué **diría** Ud. sobre ese problema?
   Julio, ¿me **permitirías** usar tu pluma, por favor?

5. El imperfecto del subjuntivo o el condicional en la cláusula principal se combina con el imperfecto del subjuntivo en la cláusula subordinada.
   Javier, **quisiera** que me **ayudaras** a matricularme mañana.
   Sr. Morelos, nos **encantaría** que Ud. **viniera** a cenar el viernes.
   ¿**Sería** posible que nosotros **habláramos** a solas?

ACTIVIDADES

8. En la oficina de matriculación. *Ud. trabaja en una oficina de la universidad y quiere hablar de la forma más cortés imaginable. ¿Cómo hace sus preguntas?*

MODELO   Sr. Meza / llenar este formulario
   → **Sr. Meza, ¿podría Ud. llenar este formulario?** *o*
   → **Sr. Meza, ¿pudiera Ud. llenar este formulario?**

1. Sr. Castillo / mostrarme su licencia de manejar
2. Sra. Luna / entregar su solicitud en la oficina de enfrente
3. Srta. Ocampo / firmar aquí
4. Sr. Morelos / pagar la matrícula ahora
5. Srta. Cañas / completar esta planilla
6. señores / explicarle el problema a mi supervisora
7. Sra. Luna / mostrarnos su pasaporte y su visa
8. Jorge y Luis / traer sus documentos mañana
9. Srta. Gumersinda / desaparecer para siempre y no molestarme más

 9. El Gran Jefe Mandón II (entre dos). *EL GRAN JEFE MANDÓN, que Uds. conocieron en otros capítulos, ha tenido muchos problemas con sus empleados porque es demasiado mandón. Por lo tanto, ahora está tratando de hablar*

con más cortesía. En esta actividad la primera estudiante imita al GRAN JEFE MANDÓN de antes (con un mandato, por supuesto) y el segundo estudiante hace el pedido de ahora (con más cortesía).

MODELO   Jorge / sacar las cuentas ahora
ESTUDIANTE 1:   **Jorge, saque las cuentas ahora.**
ESTUDIANTE 2:   **Jorge, Ud. debiera sacar las cuentas ahora.** *o*
Jorge, Ud. debería sacar las cuentas ahora.

1. Ana / atender a ese cliente
2. Raúl / no hablar por teléfono tanto
3. Marco y María / organizar el archivo
4. Isabel / pasar esta carta a máquina
5. Sebastián / copiar estas hojas
6. Tere y Julio / preparar el informe
7. Gaby / sacar copias de esto
8. Roberto / consultar más conmigo

 10. En el corazón de la burocracia (entre dos). *Ud. quiere pedirle algo a un funcionario que obviamente está de mal humor. ¿Cómo hace Ud. sus pedidos?*

MODELO   darme la planilla para solicitar una beca
→ **Quisiera que Ud. me diera la planilla para solicitar una beca.**

1. explicarme cómo se consigue un pasaporte
2. indicarme cuáles son los procedimientos para matricularme
3. ayudarme a llenar un formulario
4. decirme si este curso es obligatorio o electivo
5. informarme sobre los requisitos para conseguir un permiso de conducir
6. mostrarme dónde hay que firmar
7. decirme si salí bien o mal en el curso
8. indicarme dónde debo dejar la solicitud
9. avisarme dónde se pagan las multas

 11. Tratando con gente famosa (entre dos o en pequeños grupos). *Inventen un pedido (de forma cortés, por supuesto) para una persona famosa.*

EJEMPLOS   ESTUDIANTE 1: **Dolly Parton, quisiera que Ud. me enseñara a cantar como Ud.**
ESTUDIANTE 2: **William F. Buckley, ¿podría Ud. darme clases de vocabulario?**
ESTUDIANTE 3: **Senador X, me gustaría que Ud. presentara un proyecto de ley para darles más dinero a los estudiantes de español y sus profesores.**

Algunos nombres posibles

Paul Newman	Plácido Domingo	Ted Kennedy	Troy Aikman
Madonna	David Letterman	Joan Rivers	Meryl Streep
Tom Cruise	Steven Spielberg	Ricki Lake	?

Cómo se hace para pedir a alguien que haga algo

Perdone, pero podría Ud...
Dispense la molestia, pero podría Ud...
Sería Ud. tan amable de...

Tendría Ud. la amabilidad de...
No quiero molestar, pero podría Ud...
Discúlpeme, pero podría usted...

Cómo se hace para pedir información
Necesito información sobre...
Quisiera informarme acerca de...
¿Podría Ud. explicarme... ?

¿Quién podría indicarme... ?
¿Sabría Ud. decirme... ?
Quisiera información sobre...

Situaciones
1. Ud. necesita un formulario para pagar los impuestos. Ud. va a la Casa de Gobierno y le pregunta a alguien en qué oficina se consigue el formulario. Después Ud. va a esa oficina y pide el formulario.
2. Ud. estaba manejando en la carretera y de pronto su coche dejó de funcionar. Ud. tiene que parar a otro automovilista y pedirle ayuda.

NOTA CULTURAL

La paradoja económica de Guatemala

Todas las naciones hispanoamericanas nacieron como colonias dependientes, y siguieron así por casi 300 años. España quiso mantener a sus colonias bajo un sistema económico llamado el mercantilismo. Bajo este sistema, España quería que sus colonias produjeran **materia prima** para España, y que importara bienes manufacturados de España. No quería que las colonias **desarrollaran** una industria propia, ni tampoco quería que las colonias tuvieran una economía diversificada. Ese modelo económico no cambió con las guerras de la independencia: Europa y **más adelante** los Estados Unidos reemplazaron a España como receptores de materia prima de Hispanoamérica.

materia prima: *raw material*
desarrollar: *to develop*

más adelante: después

Este modelo de países pobres cuya vida económica consiste principalmente en exportar materia prima a países ricos sobrevive en una gran parte del mundo hispano. Tomemos a Guatemala como ejemplo.

Guatemala tiene muchas tierras ricas **capaces** de satisfacer todas las necesidades alimenticias del país. Sin embargo, las tierras guatemaltecas están cultivadas mayormente para producir plátanos y café —productos que se producen principalmente para el mercado internacional. Las **ganancias** de la **venta** de esos productos se quedan en su gran mayoría con los dueños de la tierra y las empresas exportadoras, dejando muy poco para los obreros que tienen que comprar comida porque no tienen tierras para cultivarla. Por lo tanto, Guatemala presenta la curiosa **paradoja** de ser un rico país **agrícola** que tiene que importar comida para sobrevivir. Lamentablemente, la comida importada es demasiado cara para muchos guatemaltecos pobres. Y por lo tanto, muchos de los problemas de salud que hay en Guatemala se deben a la desnutrición de una considerable porción de su gente.

capaz: que tiene la capacidad

ganancia: lo que se gana
venta: el acto de vender

paradoja: contradicción
agrícola: asociado con la agricultura

19.4 ▶ La correlación de tiempos

Consejos que se le dieron a Isabel cuando preguntó sobre su matriculación.

Ud. **tendrá** que ir a la administración para que le **expliquen** los requisitos.
Es necesario que todos **paguen** por adelantado.
Le **estoy pidiendo** que **haga** el cheque a nombre de la universidad.

Les **he dicho** a todos que no **llamen** por cobrar.

Es probable que sus documentos ya **hayan llegado.**

Comentarios de la chica que trabaja en administración.

Yo **preferiría** que Ud. **viniera** en persona.

La administración **quería** que Ud. **mandara** los papeles por correo.

Yo le **pedí** que **firmara** aquí.

Se lo **estaba explicando** otra vez para que Ud. lo **entendiera** bien.

Nadie **había pedido** que Ud. **pagara** en efectivo (*en efectivo=con billetes*).

Nadie **dudaba** que Ud. lo **hubiera pagado.**

Conclusiones   ## La correlación de tiempos

1. La correlación de tiempos explica qué tiempos del indicativo suelen combinarse con qué tiempos del subjuntivo.
2. Los cuadros a continuación describen la correlación de tiempos que generalmente se observa.

Cláusula principal	Cláusula subordinada
Futuro Presente Presente progresivo Pretérito perfecto	Presente del subjuntivo Presente perfecto del subjuntivo

Cláusula principal	Cláusula subordinada
Condicional Imperfecto Pretérito Imperfecto progresivo Pluscuamperfecto Imperfecto del subjuntivo	Imperfecto del subjuntivo Pluscuamperfecto del subjuntivo

ACTIVIDADES

12. Un día difícil. *Miguel ha estado todo el día en la oficina de tránsito tratando de renovar su permiso de conducir (licencia de manejar). ¿Qué dice?*

Llegué temprano esperando que los funcionarios me (atender) pronto. Esperé casi dos horas antes de que un funcionario me (llamar). El funcionario me dio unos formularios, diciéndome que los (llenar). Es increíble que (haber) tantos papeles que llenar. Llené los formularios, y se los devolví al funcionario para que los (revisar). Dudo que los (haber) examinado demasiado bien, pero a un funcionario así nunca le gusta que uno le (criticar) los procedimientos. Me dijo que me mandarían mi licencia por correo con tal de que todo (estar) en orden. Espero que (ser) cierto porque no podré manejar antes de que (llegar) el permiso. O por lo menos, no podré manejar legalmente.

13. ¿Qué le gustaría a la gente? (entre dos) *Usen la tabla para formular preguntas y respuestas.*

EJEMPLOS Estudiante 1: **¿Qué les gustaría a tus profesores?**
Estudiante 2: **A mis profesores les gustaría que yo sacara mejores notas.**

¿Qué le (les) gustaría...   Le (Les) gustaría que...

1. al banquero ?   a. yo / sacar mejores notas
2. a la administración ?   b. haber más igualdad entre los sexos
3. a los alumnos ?   c. los alumnos / no leer el diario en clase
4. a mis padres ?   d. bajarse la matrícula
5. a los profesores ?   e. nadie / protestar sus decisiones
6. a los feministas ?   f. todos / repagar sus préstamos
7. a ?   g. el presidente / ?
                                          h. ? / ?

14. Informando al abuelo (en pequeños grupos). *Mario está explicándole al abuelo lo que la gente dijo ayer. ¿Qué dice Mario?*

MODELO Ana —Quiero que me devuelvan el dinero.
Estudiante 1: (*con voz de Ana*) Quiero que me devuelvan el dinero.
Estudiante 2: (*con voz del abuelo*) **¿Qué dijo Ana?**
Estudiante 3: (*con voz de Mario*) **Dijo que quería que le devolvieran el dinero.**

1. La banquera   —Necesito que Ud. firme aquí.
2. El gerente   —Estamos buscando a alguien que pueda trabajar por la tarde.
3. La funcionaria —No quiero que nadie entregue las planillas hasta mañana.
4. El hotelero   —Me preocupa que no haya venido nadie.
5. El burócrata   —La administración prohibe que se pague por adelantado.
6. El ladrón   —Haré todo lo posible para entrar sin que me vean.
7. La secretaria   —Ud. puede dejar los documentos conmigo a menos que quiera hablar personalmente con el gerente.

15. Pedidos (entre dos o en pequeños grupos). *Complete las oraciones de forma creativa, observando la correlación de tiempos.*

EJEMPLOS Estudiante 1: **Me gustaría que la profesora me diera una A.**
Estudiante 2: **Quisiéramos que no hubiera más exámenes en esta clase.**

1. Me gustaría que...
2. Vamos a buscar a alguien que...
3. Quisiéramos que...
4. Nos molestó mucho que...
5. Me han dado dinero para que yo...
6. No me importa que...
7. Mi padre duda que...
8. No había nadie que...
9. Mis tíos prohibieron que...
10. Iremos al centro para que...

Cómo se hace para mandar algo por correo

—Buenos días. ¿Qué deseaba?

—Quisiera mandar un paquete (una carta) a...

—Muy bien. Vamos a ver cuánto **pesa.** ¿Quiere Ud. mandarlo por tierra (barco) o por avión?

pesar: ver cuántos kilos (o gramos) tiene algo

—Por avión. Tiene que llegar pronto.

—¿Quiere Ud. mandarlo por entrega especial?

—Sí, por favor.

—¿Qué **lleva?**

llevar: contener

—Una camisa. Es un regalo de cumpleaños.

—Muy bien. Son quinientos diez escudos. Su paquete debe llegar dentro de cinco o seis días.

Situaciones

1. Ud. está en el correo central de Madrid y quiere mandar una carta por entrega especial a la casa de sus padres.
2. Ud. está en el correo central de México, D.F., y quiere mandar un paquete de libros a su profesora de español en los Estados Unidos.

19.5 Más expresiones para narrar

1. **Darse cuenta de** y **darse cuenta de que:** *reconocer, ver de pronto*

   Cuando el mecánico revisó el coche, **se dio cuenta** del problema inmediatamente.

   Al ver que la puerta estaba abierta, **nos dimos cuenta** de que alguien había entrado sin permiso.

   a. **Darse cuenta de** se combina con sustantivos; **darse cuenta de que** se combina con cláusulas.

   b. **Darse cuenta de/que** se traduce al inglés con *to realize;* note que **realizar** en español no es igual que **darse cuenta. Realizar** significa llegar a una meta. Compare:

Realizó su meta.   Se dio cuenta de que tenía un problema.

2. **Ya que** y **como:** *since* en una secuencia lógica

   Ya que no tengo que trabajar este fin de semana, pienso ir a la playa.

   Como no tengo tiempo para ver televisión, no voy a comprar un televisor.

3. **Desde** y **desde que:** *since* en una secuencia temporal
   a. **Desde** se usa con sustantivos.

   No he visto a María **desde** el año pasado.

   Nos dijeron que habían vivido en la misma casa **desde** 1963.

   b. **Desde que** se combina con cláusulas.

   Mi vida ha cambiado totalmente **desde que** empecé a estudiar.

   Desde que Mario vino a vivir con nosotros, hay una nueva alegría en la casa.

4. **Cada vez más, cada vez menos, cada... más** y **cada... menos:** *progresiva-mente más y progresivamente menos*

   Ya que se acerca el fin del semestre, estamos estudiando **cada vez más.**

   Ya que Miguel trabaja de noche, lo veo **cada vez menos.**

   La gramática me parece **cada vez más** fácil.

   Con la inflación, parece que estamos ganando **cada vez menos** dinero.

   Desde que me dieron el ascenso, estoy trabajando **cada día más** y mi jefe está trabajando **cada día menos.**

ACTIVIDADES

16. La telenovela (entre dos). *Las telenovelas funcionan a base de revelaciones inesperadas en las que alguien se da cuenta de que su enamorado es en verdad su hermano o que la criada es en verdad su madre. ¿Qué pasó en la telenovela a continuación?*

MODELO   Ricardo / el chofer era su padre
   ESTUDIANTE 1: **¿De qué se dio cuenta Ricardo?**
   ESTUDIANTE 2: **Se dio cuenta de que el chofer era su padre.**

1. la familia González / el ladrón era su hijo
2. Marisela y Josefina / la fortuna de la familia se había desaparecido
3. el chofer / su patrón estaba enamorado de su hija
4. JR / los abogados le habían robado todo su dinero
5. la Sra. Martín / su esposo tenía una nueva querida
6. Josefina y su esposo / su hijo quería divorciarse
7. después de recuperar su memoria, Nicolás / su novia se había hecho monja
8. después de ver la telenovela, yo / tenía mejores cosas que hacer

17. Inversiones (entre dos). *Gloria está cansada de decir* **porque** *y ahora comunica las mismas ideas usando* **ya que** *o* **como.** *¿Cómo invierte Gloria sus oraciones?*

MODELO   No pedí el documento porque estaba cansada.
   ESTUDIANTE 1: **Ya que estaba cansada, no pedí el documento.**
   ESTUDIANTE 2: **Como estaba cansada, no pedí el documento.**

1. No firmé el contrato porque quería hablar con mi abogado primero.
2. No me dieron la beca porque mis padres ganaban demasiado.
3. No invité a Gumersinda a mi fiesta porque ella no me invitó a su fiesta.
4. Acepté el trabajo porque necesito trabajar en algo.
5. No llené la planilla porque no la entendía.
6. Me aceptaron el cheque porque conocen a mi madre.

18. Motivos (entre dos). *Usando un motivo de la segunda columna, explique por qué la gente en la primera columna está como está.*

EJEMPLO   Mario / estar contento
ESTUDIANTE 1: **¿Desde cuándo está contento Mario?**
ESTUDIANTE 2: **Mario está contento desde que conoció a Esteban.**

¿Desde cuándo...

1. estar contento / Mario
2. sentirse sola / Inés
3. llamarte mucho / tus padres
4. andar mejor / tu coche
5. estar menos nerviosos / los alumnos
6. comer más / Ricardo y Jorge

a. casarse
b. mudarse
c. la primavera
d. empezar a hacer ejercicio
e. el último examen
f. estar en el garaje
g. Navidad
h. conocer a ?

19. Chismes y confesiones (entre dos o en pequeños grupos). *Inventen chismes sobre sus compañeros (o confesiones personales) usando expresiones con* **cada... más** *y* **cada... menos.**

EJEMPLOS   ESTUDIANTE 1: **Miguel está comiendo cada vez más y está muy gordo.**
ESTUDIANTE 2: **Ana Luisa y Javier se están viendo cada día más. Hmmm.**
ESTUDIANTE 3: **Mario está viendo a su amor cada día menos. No se quieren.**
ESTUDIANTE 4: **Yo estoy saliendo con ? cada vez más y estoy muy enamorado.**

Algunos verbos posibles

comiendo	bebiendo	hablando (con)	bañándose
estudiando	trabajando	viendo (a)	flirteando con
saliendo con ?	jugando (con)	visitando (a)	?

19.6 ▶ Tiene que haber una ley contra eso.

Dice Jorge que **va a haber** una recesión el año que viene. También dice que a causa de la recesión, **puede haber** un aumento en el desempleo. Tal vez tenga razón, pero creo que **debe haber** otras causas del desempleo. Es decir, **tiene que haber** más de una sola causa.

Conclusiones   ### Algunos usos de *haber*

1. **Haber** tiene dos funciones: es el verbo auxiliar en construcciones perfectas y es el infinitivo de **hay.**
2. Como verbo auxiliar en construcciones perfectas, **haber** se conjuga en todos los tiempos y en todas las personas.
   He (has, ha, hemos, habéis, han) escrito un informe financiero.
   Habré (habrás, habrá, habremos, habréis habrán) terminado de leerlo antes de medianoche.

3. Como infinitivo de **hay, haber** se conjuga en todos los tiempos, pero sólo en tercera persona singular.

> **Hubo** un incendio en la fábrica anoche. **Había** mucha gente en la calle, mirando el incendio. **Habrá** una reunión esta tarde para investigar las causas del incendio. Parece que **ha habido** varias faltas en nuestras preparaciones anti-incendiarias.

4. Como infinitivo de **hay, haber** se combina con otros verbos.

> Esta noche **va a haber** una discusión sobre el costo de vida.
> **Debe haber** una ley contra la contaminación del ambiente.
> **Puede haber** más desempleo si no se controla la inflación.
> **Tiene que haber** una forma de evitar otra recesión.

ACTIVIDADES

20. ¿Que va a haber en el congreso de los accionistas? (entre dos) *Ud. y otra persona de la clase están organizando una reunión de accionistas. Formulen preguntas usando la primera columna y respuestas usando la segunda.*

EJEMPLOS   ESTUDIANTE 1: **¿Qué va a haber después de la cena?**
ESTUDIANTE 2: **Después de la cena, va a haber un discurso del Secretario de Comercio.**

¿Qué va a haber...

1. para documentar las inversiones?
2. cuando los accionistas tengan hambre?
3. para formular el plan del año que viene?
4. para explicar el fracaso del plan anterior?
5. para divertir a los accionistas cuando estén cansados?

a. un show importado de Hollywood
b. un discurso del presidente sobre los males de la regulación del comercio
c. un panfleto lleno de estadísticas
d. una cena con comida carísima y mala
e. una reunión de la mesa directiva

21. ¿Que opina la gente? (entre dos o en pequeños grupos) *Describan las opiniones más probables de la gente nombrada en la Sección A sobre las leyes, prácticas y los problemas descritos en la Sección B. Usen* **debe haber, no debe haber, puede haber** *o* **tiene que haber** *en sus respuestas.*

EJEMPLOS   ESTUDIANTE 1: **¿Qué dice el dueño del edificio sobre un aumento en la renta?**
ESTUDIANTE 2: **El dueño del edificio dice que debe haber un aumento en la renta.**
ESTUDIANTE 3: **¿Qué dice un economista sobre un aumento en la renta?**
ESTUDIANTE 4: **Un economista dice que puede haber un aumento en la renta.**
ESTUDIANTE 5: **¿Qué dice un comunista sobre un aumento en la renta?**
ESTUDIANTE 6: **Un comunista dice que no debe haber un aumento en la renta nunca.**

SECCIÓN A

1. el dueño del edificio
2. una banquera
3. el jefe del sindicato
4. un economista

5. los obreros
6. un comunista
7. el presidente del Perú
8. un liberal

9. una conservadora
10. un capitalista
11. el Papa
12. una feminista

SECCIÓN B

a. un ascenso en los salarios de acuerdo con el costo de vida
b. leyes contra la exportación de alta tecnología a países enemigos
c. más viviendas públicas para los pobres
d. más subvenciones para compañías norteamericanas que tienen que competir en el extranjero
e. aborto gratuito para todas las mujeres, incluso las menores de edad
f. una forma de controlar la explosión demográfica
g. más (o menos) controles sobre los bancos
h. una reducción (o un aumento) en el déficit nacional
i. una nueva política para resolver el problema de la deuda externa en países del tercer mundo
j. acuerdos internacionales para controlar a las empresas multinacionales
k. más impuestos para las grandes empresas
l. un cartel de países que producen materia prima para los países industrializados

22. **Entrevista (entre dos o en pequeños grupos).** *Usando las expresiones* **debe haber, puede haber, tiene que haber** *o* **no debe haber,** *pregúnteles a sus compañeros de clase qué piensan sobre los temas en la actividad anterior —o sobre algún otro tema que le interese. Temas posibles: el divorcio, la inflación, la prohibición de la venta de alcohol a menores de edad, bailes y fiestas en la universidad, cursos sin notas, los profesores, la comida, etc.*

EJEMPLOS   ESTUDIANTE 1: **¿Debe haber más fiestas en esta universidad?**
ESTUDIANTE 2: **Sí, debe haber dos fiestas por día todos los días.**
ESTUDIANTE 3: **¿Puede haber una guerra pronto?**
ESTUDIANTE 4: **Sí, puede haber una guerra si el presidente no tiene cuidado.**

EN CONTEXTO

EN VIVO

Preguntas

1. El titular del anuncio en la página 469 está basado en un proverbio español que dice: «Al que madruga, Dios le ayuda.» Ud. ya sabe la palabra **madrugada.** ¿Qué significa el verbo **madrugar?**   2. ¿Qué significa el proverbio?   3. Según el anuncio, ¿qué porcentaje de los que declaran sus impuestos reciben un reembolso?   4. ¿Por qué se usa el subjuntivo después de la preposición adverbial **cuanto más pronto?** 5. Según el anuncio, ¿quiénes recibirán su reembolso más pronto?   6. ¿De quién o de qué institución es este anuncio?   7. ¿Cuál es la fecha límite para hacer una declaración de impuestos?

**AL QUE MADRUGA
EL IMPUESTO LE AYUDA.**

Sorpresa... 3 de cada 4 personas que presentan una declaración de impuestos reciben un reembolso. Es probable que usted sea una de ellas. ¡Así que cuanto más pronto envíe su declaración de impuestos, más pronto recibirá su dinero!

LECTURA
Retrato de Rafael

El personaje de Rafael está basado en la vida real de tres amigos cubanos del autor. Aunque Rafael, **tal y como** *se describe aquí, no es una sola persona, todas sus experiencias son reales.*

Nacido en Cuba en 1943, Rafael González Alejandro ha vivido en los Estados Unidos desde que tenía quince años cuando sus padres, por motivos políticos, tuvieron que abandonar su patria, sin llevar más de lo que cabía en tres maletas. Llegaron a la Florida sin ninguna idea de cómo se ganarían la vida. Como sus únicos amigos eran los mismos refugiados que los acompañaban, no conocían a nadie en su nuevo país. Pero tenían una gran determinación de **salir adelante,** de hacer una nueva vida en un nuevo país y nunca perderla como habían perdido la otra.

El **choque** cultural fue durísimo, en parte porque, **a diferencia de** muchos inmigrantes, los refugiados cubanos nunca pensaron que algún día tendrían que abandonar Cuba, y nunca se habían preparado para tal eventualidad. Por no saber inglés, tuvieron que adaptarse a lo que había; Rafael consiguió un trabajo en un restaurante lavando platos, y sus padres en una escuela pública, barriendo pisos y limpiando baños.

Más o menos típica, la familia de Rafael, antes del triunfo de Fidel Castro, había llevado en Cuba una vida **cómoda** de clase media. Su padre era un

tal y como: exactamente como

salir adelante: progresar, tener éxito

choque: *shock*

a diferencia de: no igual que

cómoda: confortable

médico cuyas responsabilidades **tenían que ver con** el ejército en el cual
tenía varios amigos. También era dueño de varias casas que alquilaba. Tenían
dos coches y varios sirvientes que no sólo ayudaban con los quehaceres de la
casa, sino que también se ocupaban de los niños, dejando libre así a la Sra.
González para actividades de tipo cultural, social y religioso.

    Como todo hijo de familia **acomodada,** Rafael y su hermana Inés habían
asistido a escuelas privadas en las que recibieron una sólida preparación tradicional. Inés **cumplió con** las esperanzas de sus padres, casándose con un
abogado, y se pensaba que Rafael también viviría de acuerdo con los planes
de sus padres: haría un viaje largo a los Estados Unidos para aprender inglés,
volvería a Cuba, estudiaría medicina o **derecho,** y se casaría con una chica de
su misma clase social.

    El triunfo de Fidel Castro cambió esos planes para siempre. **Luego de**
tomar el poder, Fidel comenzó a socializar el país. Nacionalizó compañías pri-

tener que ver con: estar
relacionado con

acomodada: próspera

cumplir con: realizar

derecho: leyes

luego de: después de

vadas y formó **granjas** colectivas. Sus acciones provocaron graves tensiones internacionales y una fuerte resistencia de parte de las clases acomodadas en Cuba. Pero Fidel les ofreció a los cubanos solamente dos caminos: o colaborar con la revolución o irse. Muchos **optaron** por irse, entre ellos la familia de Rafael.

granja: *farm*

optar: decidir

Rafael, que tenía apenas quince años en ese momento, entendía poco de política, aunque le impresionaron mucho las tremendas peleas que tuvieron su padre y su cuñado, que era un comunista declarado y un gran **partidario** de Fidel. Los intereses de Rafael, como los de casi todos sus amigos, eran los deportes, los amigos y Adriana, su primera novia. Pero pronto se dio cuenta de que la vida que tanto le gustaba no podría seguir. Su padre perdió todas sus propiedades y también su trabajo. Más adelante, cuando se acusó al padre de ser enemigo de la revolución por sus contactos con el gobierno anterior, Rafael comprendió que la familia tendría que irse.

partidario: del mismo partido, de las mismas ideas

Abandonar el país fue más que una separación o una **despedida;** fue un **desgarramiento** de una vida, de una tradición, de amigos y de parientes. Inés, la hermana mayor de Rafael, llegó a último momento al aeropuerto para **despedirse** de la familia, pero su esposo, que estaba totalmente **enemistado** contra su suegro y la política que representaba, prefirió quedarse en casa. Desde ese momento, no **han vuelto a verse,** y los González no conocen a los hijos de Inés.

despedida: acto de decir «adiós»

desgarramiento: separación violenta

despedirse: decir «adiós»

enemistado: alienado, hecho enemigo

volver a verse: verse de nuevo

Ya en los Estados Unidos, Rafael y sus padres no tardaron en darse cuenta de que nunca volverían a Cuba, y que tendrían que adaptarse a la vida norteamericana según las reglas de juego de los Estados Unidos. Fue así que una familia acomodada y próspera se vio obligada a aceptar trabajos manuales para los cuales no tenían ninguna experiencia. Pero tenían una gran fe en sí mismos, y muy pronto se dedicaron a recuperar algo de lo que se había perdido.

A una semana de llegar, Rafael y su familia se matricularon en un instituto de inglés, y llenaron los formularios necesarios para pedir residencia en los Estados Unidos. Como en los Estados Unidos no se reconoció el título de médico del padre, no pudo ejercer su profesión. Después de un año de estudios intensivos del inglés pudieron entrar en un «Junior College», estudiando de día y trabajando de noche. No vivían con **lujos,** pero con los **ingresos** de los tres, tampoco les faltaba lo esencial. Después de dos años de Junior College, se matricularon en una universidad estatal donde se graduaron juntos —Rafael en economía y sus padres en pedagogía de lenguas.

lujos: cosas caras

ingresos: ganancias

Los padres consiguieron empleo en una escuela secundaria como profesores de español, pero Rafael quería continuar sus estudios. Como muchos de sus nuevos amigos norteamericanos, alquiló un pequeño departamento cerca de la universidad y se mudó de la casa de sus padres —algo que nunca habría hecho en Cuba donde los hijos solteros vivían con sus padres hasta casarse.

Era la época de los sesenta, de las grandes manifestaciones contra la guerra en Vietnam, de la revolución sexual y de la politización izquierdista de muchos jóvenes norteamericanos. Como estudiante graduado, Rafael se encontró por primera vez en los Estados Unidos con gente que defendía a Castro y a la revolución cubana, pero Rafael, **a base de** sus propias experiencias, nunca podría perdonar a Fidel y sus partidarios. Una vez, sin embargo, cuando mencionó a sus padres que la revolución no era tal vez totalmente mala, se **armó tal escándalo** que jamás volvieron a hablar del **asunto.**

a base de: con la evidencia de

armar un escándalo: hacer un escándalo

asunto: tema

Ese no era el único conflicto generacional que tuvieron. Los padres **se habían criado** en un mundo católico, hispano y tradicional, y no entendían a ese hijo que no quería vivir en casa con ellos. Tampoco recibieron bien la noticia de que su hijo **compartía** una casa con cinco estudiantes más, dos de los cuales eran chicas. Por otra parte, los padres se dieron cuenta de que su hijo poco a poco se estaba haciendo de otro país —lo cual era inevitable.

Cuando Rafael terminó la **maestría** en Miami, fue aceptado en un programa doctoral en ciencias económicas en MIT, donde se especializó en problemas de desarrollo en el tercer mundo. Después de **recibirse** en MIT, publicó varios libros y numerosos artículos en su especialidad. Gracias a su extraordinaria competencia como economista, llegó a ocupar un alto **puesto** en una de las universidades más prestigiosas de los Estados Unidos, y también hizo mucho trabajo para el gobierno. Aun hoy, se está haciendo cada vez más famoso. A los treinta y cuatro años, se hizo ciudadano norteamericano y ahora está casado con una norteamericana. Tienen tres hijos —ninguno de los cuales habla español.

Por fuera, Rafael, como muchos inmigrantes cubanos, parece muy asimilado. Pero a pesar de su éxito **descomunal** en los Estados Unidos, Rafael sigue siendo una persona dividida. Por un lado, reconoce que en los Estados Unidos ha tenido grandes oportunidades para salir adelante, pero por otro lado sabe que sus orígenes personales están en otro país, en el que ha habido muchos cambios y que se parece poco a la Cuba de sus años jóvenes. También sabe que sus hijos están cada vez más lejos de su cultura hispana, que sus nietos se criarán hablando inglés, que tendrán una formación totalmente angloamericana y que **a la larga** lo único que les quedará de sus raíces cubanas es el apellido.

Rafael es una persona entre dos generaciones y dos culturas: nunca fue cubano como sus padres lo son, pero tampoco será norteamericano como su mujer y sus hijos. A veces esa ambivalencia cultural lo exaspera, pero también le da a su vida ricas dimensiones que pocos tienen.

Y ahora tiene una nueva preocupación y esperanza: estudió con muchísimo interés la descomposición de los gobiernos comunistas en Europa, y ahora se pregunta si no podría pasar lo mismo en Cuba. Si cae Fidel, Rafael piensa a veces que le gustaría volver a Cuba, a reclamar la patria que conoció de joven. Pero sabe que sus hijos, y los hijos de sus hijos, se quedarían en los Estados Unidos. En realidad, Rafael no sabe qué haría. Pero lee los diarios y escucha las noticias con tremendo interés.

criarse: to be raised

compartir: tener en común

maestría: el M.S.

recibirse: graduarse

puesto: un trabajo con título

por fuera: en la superficie

descomunal: extraordinario

a la larga: al último, después de todo

Preguntas   1. Describa la vida de Rafael y su familia en Cuba.   2. Compare las raíces de Rafael con las de otros inmigrantes que Ud. conoce, incluso los de su propia familia. ¿Qué diferencias y similitudes hay?   3. ¿Qué medidas de la revolución castrista afectaron específicamente a la familia de Rafael?   4. Describa los efectos que la revolución tuvo en las relaciones entre los miembros de la familia de Rafael.   5. ¿Cómo se prepararon los González Alejandro para nuevas carreras en los Estados Unidos?   6. ¿Qué conflictos generacionales hubo entre Rafael y sus padres y entre Rafael y sus hijos?   7. ¿En qué sentido sigue siendo Rafael una persona dividida?   8. ¿Qué hará Rafael si cae Fidel?

Galería hispánica: Cuba

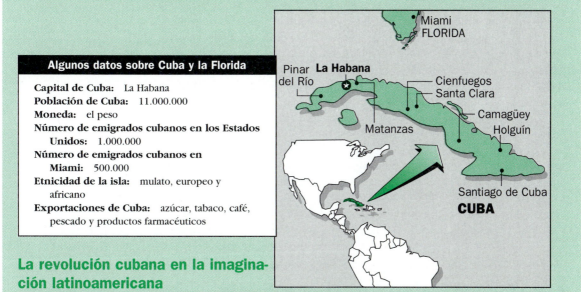

Algunos datos sobre Cuba y la Florida

Capital de Cuba: La Habana
Población de Cuba: 11.000.000
Moneda: el peso
**Número de emigrados cubanos en los Estados
    Unidos:**   1.000.000
**Número de emigrados cubanos en
    Miami:**   500.000
Etnicidad de la isla: mulato, europeo y
    africano
Exportaciones de Cuba: azúcar, tabaco, café,
    pescado y productos farmacéuticos

La revolución cubana en la imaginación latinoamericana

Pocas figuras políticas del siglo XX han tenido una historia tan larga y tan **imprevista** como la de Fidel Castro. Castro empezó su **lucha** contra el régimen de Fulgencio Batista en 1953. Después de varios reveses, **logró destituir** a Batista en 1959. Su victoria fue recibida en todo el continente americano como un triunfo de la democracia. Incluso en Nueva York en ese mismo año se le dio a Fidel un *ticker tape parade,* un alto honor que se confiere en pocas personas.

> **imprevista:** inesperada
> **lucha:** *struggle*
> **lograr:** tener éxito
> **destituir:** triunfar sobre

Apenas unos meses después, Fidel estaba **reñido** con los Estados Unidos, en parte porque había nacionalizado sin indemnización a muchas empresas norteamericanas en Cuba, pero también porque, a pesar de haber negado ser comunista, en 1960 declaró su simpatía para el comunismo y empezó una larga afiliación con la Unión Soviética.

> **reñido:** peleado, enemistado

La reacción de los Estados Unidos fue dura e inmediata. Por un lado, impuso un bloqueo económico contra Cuba, que aún hoy no se ha levantado, y por otro lado, abrió sus fronteras a los opositores de Fidel. De esa forma comenzó una de las grandes inmigraciones de este siglo, una inmigración que produjo en los Estados Unidos una nueva comunidad hispana que se distingue por su cohesión y su prosperidad. De hecho, ningún otro grupo hispano **ha superado** a los cubanoamericanos en cuestiones de prosperidad y peso político.

> **superar:** ganar

A pesar de la oposición de los Estados Unidos, durante las dos primeras décadas de la revolución cubana, el **mandatario** cubano **gozó de** una exorbitante popularidad en Latinoamérica, sobre todo entre los intelectuales y los jóvenes. Muchos latinoamericanos creían que la revolución cubana marcaba el camino hacia la liberación de las masas y la independencia del capitalismo internacional. Durante las décadas de los sesenta y los setenta, hubo varios movimientos revolucionarios en Latinoamérica que trataron de reproducir el experimento cubano en otros países. En parte por la fuerte

> **mandatario:** la persona que manda
> **gozar de:** tener; *to enjoy*

oposición de los Estados Unidos y el **tibio apoyo** del bloque soviético, esos movimientos no tuvieron éxito. Pero Fidel sobrevivió, y hasta la caída de la Unión Soviética, parecía invulnerable.

tibio: ni caliente ni frío
apoyo: ayuda; *support*

Esa invulnerabilidad, sin embargo, empezó a desaparecer a fines de la década del ochenta, sobre todo con el colapso del bloque socialista europeo y la terminación de las **subvenciones** que Fidel recibía de la Unión Soviética. También durante los ochenta, muchos países latinoamericanos abandonaron el modelo socialista, manifestando una fuerte preferencia por sistemas democráticos y capitalistas.

subvención: ayuda económica; *subsidy*

Esos **acontecimientos** cambiaron totalmente la imagen de Fidel en la imaginación de muchos latinoamericanos. En muy pocos años, Fidel dejó de ser un símbolo del futuro para convertirse en un dinosaurio político, símbolo de ideas **agotadas** y **fracasadas.** Sin duda, esa nueva imagen se debía en parte al **fracaso** de la economía cubana que no podía sobrevivir sin las subvenciones de la Unión Soviética.

acontecimiento: evento

agotada: exhausta
fracasar: el contrario de *tener éxito*
fracaso: el no éxito

En el momento que se escribe esto, no se sabe cuál será el futuro de Fidel y su revolución. Nunca ha tenido que confrontar problemas como los que tiene ahora —pero por otra parte, no debemos olvidar que el jefe máximo de la revolución cubana tiene una larga historia de sobrevivencia.

Preguntas   1. ¿En qué año comenzó Fidel Castro su lucha contra Batista?   2. ¿En qué año triunfó?   3. ¿Cuál fue la primera reacción al triunfo de Fidel en los Estados Unidos?   4. ¿Cuándo y por qué cambió la actitud del gobierno estadounidense?   5. ¿Qué representaba Fidel para muchos jóvenes e intelectuales latinoamericanos?   6. ¿Qué pasó con la economía cubana con la caída del bloque socialista europeo?   7. En nuestros días, ¿qué actitudes hay con referencia a las ideas económicas y políticas de Fidel?   8. ¿Cuál va a ser el futuro de Fidel y su revolución?

 A ESCUCHAR

Escuche la conversación.
Ahora, escuche la conversación por partes e indique si las oraciones son verdaderas o falsas.

1. v f   4. v f   7. v f   10. v f
2. v f   5. v f   8. v f   11. v f
3. v f   6. v f   9. v f   12. v f

SITUACIONES

Situación 1   Ud. acaba de llegar a España y tiene que comprar pesetas. Encuentre una casa de cambio, determine a cuánto se paga el dólar, y haga el cambio.

Situación 2   Ud. es multimillonario/a y va a dictar su testamento. Sus herederos son sus compañeros de clase. Decida quién va a recibir qué.

Situación 3   Ud. se encuentra en Colombia y quiere mandar un paquete a su familia. También quiere mandar cinco cartas y dos tarjetas postales a sus amigos en casa.

Situación 4   Describa los consejos que sus padres le dieron a Ud. sobre cómo manejar y controlar sus finanzas personales. Describa lo que querían que Ud. hiciera y lo que recomendaron que no hiciera.

Situación 5   Ud. está en la oficina de la administración y necesita informarse sobre su programa para el semestre que viene. Consiga la información usando pedidos muy corteses. Otra persona de la clase puede hacer el papel de la persona en la administración.

Situación 6   Con unos compañeros, preparen una obra de teatro sobre un encuentro con la burocracia —del gobierno, del estado, de su universidad, de la aduana, etc. Su obra puede ser seria o paródica.

Situación 7   Usando su español más cortés, pídale a cada uno de sus compañeros qué quisiera Ud. que ellos hicieran.

Situación 8   Hay en los Estados Unidos actualmente grandes comunidades de inmigrantes hispanos, de México, de Puerto Rico, de Cuba y de muchas otras partes del mundo hispano. Póngase en contacto con uno de esos inmigrantes para entrevistarlo acerca de su vida.

COMPOSICIÓN

Tema 1   Escriba una composición sobre la persona que Ud. ha entrevistado para la *Situación 8* anterior.

Tema 2   Suponga que Ud. es ayudante del presidente del país y tiene que escribirle unas recomendaciones para su plan económico. Algunos temas posibles: la inflación, el desempleo, la regulación de las empresas, el proteccionismo, las importaciones, los sindicatos, la inflación, el déficit, el balance de pagos, el programa económico del otro partido, etc.

Tema 3   Escriba una carta pidiendo información sobre algún trámite burocrático —cómo conseguir un permiso de conducir, cómo conseguir que se cambie una nota, cómo pedir un pasaporte, cómo se consiguen las planillas necesarias para pedir una beca o solicitar entrada a la universidad, etc.

VOCABULARIO ACTIVO

Sustantivos asociados con la inmigración

la aduana	el documento	el pasaporte
el/la aduanero/a	el domicilio	el permiso de trabajar
la asimilación	la educación bilingüe	la residencia
el barrio	la frontera	el/la residente
la ciudadanía	el/la hispano/a	la visa
el/la ciudadano/a	la inmigración	el visado
el choque cultural	el país de origen	

Personas asociadas con las finanzas y la burocracia

el/la accionista	el/la funcionario/a	el/la refugiado/a
el/la asesor/a	el/la informante	el/la sinvergüenza
el/la burócrata	el/la inspector/a	el/la socio/a
el/la cambista	el/la inversionista	el/la teórico/a
el/la comentarista	el/la opositor/a	el/la usuario/a
el/la empresario/a	el/la partidario/a	el/la vocero/a

Sustantivos relacionados con las finanzas y el desarrollo

la acción	la firma	la pérdida
los bienes	el fracaso	el presupuesto
el capital	la ganancia	el plan
el déficit	la granja	la propuesta
el desarrollo	el ingreso	el proteccionismo
la despedida	la inversión	la riqueza
la deuda	el lujo	el sindicato
la divisa	el mercantilismo	el sistema
la empresa	la moneda	el subdesarrollo
la escasez	el monopolio	la subvención
la estadística	el pago	la tasa
las finanzas		

Otros sustantivos relacionados con la burocracia

la advertencia	el instituto	la planilla
el apellido materno	el lema	el requisito
el apellido paterno	la licencia de conducir	el sello
la beca	el lugar de nacimiento	la solicitud
el certificado	la matriculación	la tarifa
la comisaría	la multa	el territorio
la comunidad	el pedido	el trámite

Expresiones verbales

acompañar	descontar (ue)	merecer
adaptarse	despedirse (i)	multar
adivinar	devaluar	optar
ahorrar	disfrutar de	perjudicar
alcanzar	exasperar	pesar
asegurar	extrañar	poner una multa
asimilarse	firmar	poner un sello
compartir	fracasar	realizar
confiar en	gozar de	renovar (ue)
cruzar	heredar	reprobar (ue)
cumplir	invertir (ie)	sobrevivir
desaparecer	llenar un formulario	subvencionar
desarrollar	matricularse	vigilar

Adjetivos

acomodado/a	amargo/a	burocrático/a
adinerado/a	amistoso/a	cálido/a
agrícola	angloamericano/a	candente
alimenticio/a	bilingüe	capaz

cómodo/a
descomunal
dudoso/a
escaso/a
exportador/a

extraño/a
facultativo/a
gratuito/a
incontable
inesperado/a

mercantilista
mutuo/a
pesado/a
sangriento/a

Expresiones útiles

a la larga
actualmente
aprobar (ue) un curso
el balance de pagos
cada vez más / menos
el costo de vida

cumplir con
darse cuenta de
la deuda externa
la explosión demográfica
la libre empresa
la materia prima

por fuera / por dentro
reprobar (ue) un curso
salir aprobado/a
salir reprobado/a
tener que ver con
volver a + *infinitivo*

Vocabulario personal

_____   _____

_____   _____

_____   _____

_____   _____

_____   _____

CAPÍTULO 20

EL AMOR Y EL DESAMOR

TEMAS
- El matrimonio y el divorcio
- El amor y el noviazgo
- La amistad y el odio
- La familia

FUNCIONES
- Invitar y rechazar una invitación II
- Expresar irritación
- Insultar
- Reconciliar
- Aventurar una hipótesis
- Expresar amistad o amor

GRAMÁTICA
- **20.1** Cláusulas con *si* en situaciones hipotéticas del presente
- **20.2** Cláusulas con *si* en situaciones posibles
- **20.3** Cláusulas con *si* en situaciones hipotéticas del pasado
- **20.4** Sinopsis de cláusulas con *si*
- **20.5** Usos de *como si*
- **20.6** *Ojalá* y *ojalá que*

GALERÍA HISPÁNICA
El mundo hispano

EN MARCHA

20.1 ▶ Si yo fuera tú, buscaría un novio más simpático.

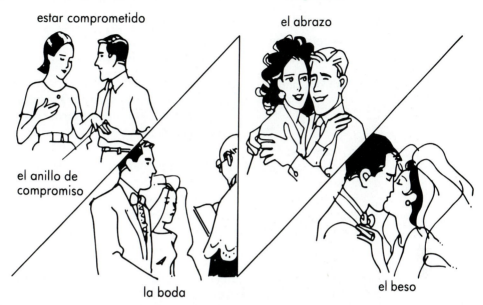

estar comprometido

el abrazo

el anillo de compromiso

la boda

el beso

Comentarios sobre los amores de la clase.

Si yo **fuera** Marisa, no **saldría** más con Bernardo; es un desastre.

Si yo **tuviera** más dinero, **invitaría** a mi novia a pasar las vacaciones en el Caribe.

Si nosotros **estuviéramos** casados, **tendríamos** hermosísimos hijos.

Si **pudieras** casarte con una estrella de Hollywood, ¿quién **sería?**

Si Miguel **estuviera** bien de la cabeza, no **volvería** a hablar con Mario.

Conclusiones

Cláusulas con *si* en situaciones hipotéticas del presente

1. El imperfecto del subjuntivo se usa con **si** para describir una situación hipotética —contraria a la realidad— en el presente.

2. El condicional se usa para describir el resultado de la hipótesis.

Si yo **fuera** millonario, **iría** a vivir en España.

El hablante sabe que no es millonario; por lo tanto «si yo fuera millonario» describe una situación hipotética indicada por el imperfecto del subjuntivo; «iría a vivir en España» describe el resultado de la hipótesis, indicado por el condicional.

Si Raúl **tuviera** hijos, **sabría** que no es fácil ser padre.

En realidad, Raúl no tiene hijos. Por lo tanto «tuviera» describe una situación hipotética, indicada por el imperfecto del subjuntivo; «sabría» describe el resultado de la hipótesis, indicado por el condicional.

3. Es posible invertir las cláusulas de hipótesis y resultado.

Haríamos una gran fiesta para celebrar tu compromiso si **hubiera** tiempo.

Yo jamás **hablaría** con esa mujer si no **fuera** la hermana de mi novio.

4. **Hubiera** es el imperfecto del subjuntivo de **hay.**

Si no **hubiera** amor, el mundo **sería** inaguantable.

ACTIVIDADES

1. Especulaciones y fantasías (entre dos). *Inventen fabulosas fantasías. Cada fantasía comienza con* **Si... tuviera más dinero...**

MODELO   Jaime / comprar un cuadro de Picasso
   ESTUDIANTE 1: **¿Qué haría Jaime si tuviera mucho dinero?**
   ESTUDIANTE 2: **Si Jaime tuviera más dinero, compraría un cuadro de Picasso.**

1. yo / salir con ?
2. nosotros / donar millones de dólares a una pensión para profesores de español jubilados
3. tú / hacer un viaje alrededor del mundo
4. Pepito / comer bombones y golosinas todos los días
5. los artistas / dejar de trabajar
6. los alumnos de (*nombre de otra universidad*) / buscar un buen cirujano plástico
7. Marta y Ricardo / pasar el resto de su vida en Mallorca tomando sol
8. Bruno / dedicarse a escribir y filmar telenovelas
9. ? / ?

2. Más fantasías y chismes (entre dos). *¿Qué haría gente que Ud. conoce si pudiera? Cada fantasía comienza con* **si** + *una forma adecuada de* **poder** (**pudiera, pudieras, pudiéramos,** *etc.*). *Use la tabla como guía.*

EJEMPLO   ESTUDIANTE 1: **¿Qué harías tú si pudieras?**
   ESTUDIANTE 2: **Si yo pudiera, estudiaría guitarra clásica.**

¿Qué harías (haría, harían, etc.) si pudieras (pudiera, pudieran, etc.)?
1. tú
2. nombre de alguien en la clase
3. ? y tú
4. ? y ?
5. tu ?
6. nuestro/a ?

a. comprar una casa en ?
b. vivir sin trabajar
c. irse a ?
d. dar millones de dólares a ?
e. casarse con ?
f. comprar más ?
g. buscar ?
h. comer ? todos los días
i. aumentar los salarios de ?
j. ?

3. ¿Qué harías si... ? (entre dos o en pequeños grupos) *Complete las oraciones con fantasías o confesiones.*

EJEMPLO   ESTUDIANTE 1: **¿Qué harías si ganaras la lotería?**
   ESTUDIANTE 2: **Si ganara la lotería, nunca volvería a trabajar.**

1. ganar la lotería
2. estar en Madrid
3. estar aquí
4. tener ochenta años

5. ser director/a de cine

6. ser la persona más inteligente de la historia

7. jugar al fútbol como ?

8. cantar tan bien como ?

9. no estar en clase hoy

10. ?

 4. Cadena (entre dos o en pequeños grupos). *Alguien sugiere el nombre de una persona famosa; otro/a estudiante dice lo que haría si fuera esa persona.*

EJEMPLO   ESTUDIANTE 1: **¿Qué harías si fueras presidente de esta universidad?**

ESTUDIANTE 2: **Si yo fuera presidente de esta universidad, cancelaría las clases de mañana.**

Algunos nombres posibles:

Tom Cruise	Elton John	Billie Jean King
Joan Rivers	Denzel Washington	Joe Montana
Princesa Diana	Jane Fonda	?

NOTA CULTURAL

El cortejo y el noviazgo

Uno de los novelistas más importantes del mundo hispano es Alejo Carpentier, un escritor cubano que murió hace poco. Su gran pasión era la cultura hispanoamericana, sus orígenes y sus caraterísticas distintivas. Para describir la cultura hispana, Carpentier inventó la palabra *sincronismos.* Esa palabra sugiere que varias épocas conviven en el mundo hispano, que el pasado (los pasados) y el presente existen simultáneamente. Carpentier llegó a esa conclusión al ver que uno podía estar en una gran ciudad, Caracas o Bogotá por ejemplo, y sentirse en el siglo veinte. Pero según Carpentier, al salir de la ciudad y penetrar en los campos, bosques y selvas, uno empieza a ver una vida más antigua, de otros tiempos, y tal vez de otros siglos.

Las distintas convenciones que gobiernan el **cortejo** y el **noviazgo** apoyan la idea de Carpentier. En las ciudades modernas de España e Hispanoamérica, las costumbres de cortejo se parecen mucho a las de otros países modernos occidentales. Los chicos salen con las chicas con relativa libertad, van al cine juntos, pasan tiempo con sus amigos, y tienen una gran libertad para escoger a su futuro esposo o esposa. Las familias pueden influir en esa selección, pero **en última instancia** los jóvenes toman la decisión. Por otra parte, se acepta (tácitamente por lo menos) que los jóvenes, hombres y mujeres, llegarán al matrimonio con alguna experiencia sexual.

En contraste, en las pequeñas ciudades y poblaciones provinciales sobreviven muchas costumbres tradicionales. Por ejemplo, las jóvenes de familias decentes son mucho más vigiladas. Incluso, no es raro que un chaperón o una chaperona salga con los chicos para ver que no hagan nada **indebido.** También, existen dos normas **en cuanto al** sexo. Se considera normal (si no obligatorio) que todo hombre joven tenga alguna experiencia sexual antes de

cortejo: de cortejar; *courtship*

noviazgo: el proceso de ser novios

en última instancia: después de todo

indebido: impropio; que no se debe hacer

en cuanto a: con respecto a

casarse. En cambio, la «pérdida de la virginidad» para una joven de familia decente les parece a algunos una gran tragedia.

Estas actitudes se están perdiendo rápidamente a causa de la mayor mobilidad de la gente y la influencia de los medios masivos de comunicación. Sin embargo, como sugiere Carpentier con su palabra *sincronismos,* el cortejo y el noviazgo en distintas regiones todavía son gobernados por actitudes que parecen de muy distintas épocas.

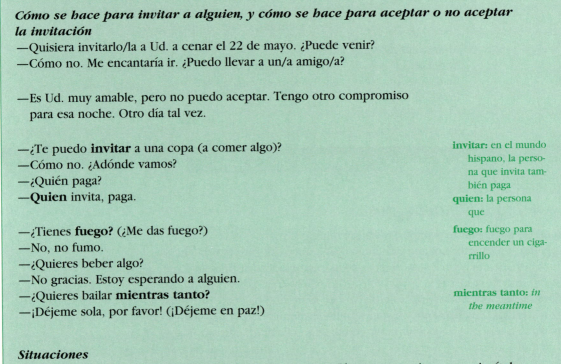

Cómo se hace para invitar a alguien, y cómo se hace para aceptar o no aceptar la invitación

—Quisiera invitarlo/la a Ud. a cenar el 22 de mayo. ¿Puede venir?
—Cómo no. Me encantaría ir. ¿Puedo llevar a un/a amigo/a?

—Es Ud. muy amable, pero no puedo aceptar. Tengo otro compromiso para esa noche. Otro día tal vez.

—¿Te puedo **invitar** a una copa (a comer algo)?
—Cómo no. ¿Adónde vamos?
—¿Quién paga?
—**Quien** invita, paga.

—¿Tienes **fuego?** (¿Me das fuego?)
—No, no fumo.
—¿Quieres beber algo?
—No gracias. Estoy esperando a alguien.
—¿Quieres bailar **mientras tanto?**
—¡Déjeme sola, por favor! (¡Déjeme en paz!)

invitar: en el mundo hispano, la persona que invita también paga
quien: la persona que
fuego: fuego para encender un cigarrillo

mientras tanto: *in the meantime*

Situaciones

1. Ud. va a hacer una cena de cumpleaños para su novio. Llame a un amigo suyo e invítelo a cenar. Especifique el día y la hora.
2. Ud. acaba de conocer a una chica muy interesante y quiere invitarla a tomar un café.
3. Alguien lo llama a Ud. por teléfono para invitarlo a una fiesta. Acepte la invitación.
4. Una persona muy desagradable la invita a Ud. a tomar un trago. Aunque esa persona insiste mucho, Ud. no acepta.

20.2 ▶ Si te portas bien, prometo quererte más.

Consejos para los enamorados.

Si **pareces** demasiado agresivo, **asustarás** a tu pretendiente.
Si **pareces** demasiado distante, tu pretendiente **creerá** que no tienes interés.
Si **tienes** interés en muchas cosas, **parecerás** más interesante a todo el mundo.
Si **te portas** bien en la primera cita, **habrá** con más seguridad una segunda cita.

Conclusiones   ## Cláusulas con *si* para describir situaciones posibles

1. El indicativo se usa con **si** para describir una situación posible en el presente.
2. Con una situación posible en el presente, la cláusula de resultado suele estar en presente o futuro. Compare:

Si Miguel **está** en casa, Magda no **se enojará.**

«Si Miguel está en casa» describe una situación posible. Es decir, el hablante no sabe si está en casa o no.

Si Miguel **estuviera** en casa, Magda no **se enojaría.**

*El hablante sabe que Miguel no está en casa. Por lo tanto, «si Miguel estuviera en casa» describe una situación hipotética. Por lo tanto, se usa el imperfecto del subjuntivo con **si** y el condicional en la cláusula de resultado.*

ACTIVIDADES

5. **Consejos para Pepito.** *Raquel, la niñera de Pepito, le está diciendo a Pepito lo que le pasará si hace (o no hace) ciertas cosas. ¿Qué le dice?*

MODELO   comer demasiados bombones / enfermarse
→ **Pepito, si comes demasiados bombones, te enfermarás.**

1. jugar con fósforos / incendiar la casa
2. beber café / no dormir
3. no practicar / no estar preparado para tu clase de piano
4. no tratar bien a tus amiguitos / no tener amiguitos
5. subir al techo / caerse
6. gastar todo tu dinero ahora / no tener ni un centavo mañana
7. fumar la pipa de papá / enfermarse

6. Ayudando a Gregorio. *Amelia y Rafael acaban de conocer a Gregorio, un nuevo estudiante, y están pensando en maneras de ayudarlo a asimilarse en la vida estudiantil. ¿Qué dicen?*

MODELO gustar la música / invitarlo a un concierto
→ **Si le gusta la música, lo invitaremos a un concierto.**

1. gustar el béisbol / invitarlo al próximo partido
2. no conocer a nadie / presentarlo a unos amigos nuestros
3. tener interés en la política / llevarlo a la reunión de la Unión Política
4. no conocer el centro / invitarlo a ir de compras
5. gustar el arte / hablarle de la nueva exposición
6. tener ganas de hacer ejercicio / mostrarle dónde queda el gimnasio

7. Entrevista con la administración (entre dos). *Ud. se está entrevistando con el/la presidente/a de su universidad. ¿Qué preguntas le hace, y cuáles son sus respuestas? Hagan sus preguntas usando la información en la Sección A. Escoja de la Sección B una consecuencia lógica.*

MODELO ESTUDIANTE 1: **¿Qué pasará si los estudiantes faltan mucho a clase?**
ESTUDIANTE 2: **Si los estudiantes faltan demasiado a clase, no recibirán crédito para el curso.**

SECCIÓN A

¿Qué pasará si...

1. los estudiantes faltan demasiado a clase?
2. los profesores publican mucho?
3. el equipo de fútbol no gana más partidos?
4. los alumnos se emborrachan en las fiestas oficiales?
5. los manifestantes interrumpen las clases?
6. los científicos reciben dinero de fundaciones privadas?

SECCIÓN B

a. ser suspendidos
b. buscar otro entrenador
c. tener que estudiar en otra parte
d. no graduarse
e. compartir esos fondos con la universidad
f. ganar más dinero
g. ?

8. Cadena (entre dos o en pequeños grupos). *Invente un consejo para alguien en la clase —o para una persona famosa— para que mejore su conducta.*

EJEMPLO ESTUDIANTE 1: **Raúl, si sigues llegando tarde a clase, la profesora te va a reprobar.**
ESTUDIANTE 2: **Eddie Murphy, si sigues diciendo palabrotas, no te podré presentar a mi abuela.**

Algunas conductas posibles:

1. comiendo tanto
2. gastando tanto dinero
3. faltando tanto a clase
4. flirteando con gente que no conoce
5. leyendo malas novelas
6. viendo telenovelas
7. escuchando ópera
8. jugando al fútbol

Cómo se hace para expresar irritación

Eso no me gusta.	Estoy harto/a.	Eso me saca de quicio.
¡Qué fastidio!	No puedo soportarlo más.	¿Y ahora qué?
¡Qué pesado!	¡Esto es el colmo (*colmo = límite*)!	No aguanto más.

Cómo se hace para insultar

¡Animal!	¡Tonto!	¡Bobo!
¡Bestia!	¡Sinvergüenza!	¡Cretino!
¡Imbécil!	¡Fresco!	¡Don nadie!

Situaciones

1. Ud. acaba de darse cuenta de que otra persona la está defamando a Ud. ¿Qué dice?
2. Ud. se encuentra con la persona que la ha estado defamando. ¿Qué le dice?

20.3 ▶ Si Romeo no hubiera ido a la fiesta, nunca habría visto a Julieta.

Grandes amores casi frustrados.

Si Romeo no **hubiera ido** a la fiesta, nunca **habría visto** a Julieta.

Si Rapúncel se **hubiera cortado** el pelo, el príncipe nunca la **habría conocido.**

Si la princesa no **hubiera besado** el sapo, el príncipe **habría seguido** siendo sapo.

Si Cenicienta no **hubiera perdido** un zapato, el príncipe no se **habría casado** nunca.

Conclusiones

Cláusulas con *si* en situaciones hipotéticas del pasado

1. El pluscuamperfecto del subjuntivo se usa para describir una situación hipotética relacionada con el pasado.
2. El resultado de una hipótesis en pasado se expresa con el condicional perfecto.
3. Se usa el indicativo para describir una situación posible en el pasado. Compare:

Si Juan **estaba** en la exposición, yo no lo **vi.**

El hablante no sabe si Juan estaba en la exposición o no. Por lo tanto, la cláusula con «si» describe una situación posible en el pasado, y se usa el indicativo.

Si Juan **hubiera estado** en la exposición, yo lo **habría visto.**

El hablante sabe que Juan no estaba en la exposición. Por lo tanto, la cláusula con «si» describe una situación hipotética en el pasado, indicada por el pluscuamperfecto del subjuntivo. El resultado de la hipótesis se expresa con el condicional perfecto.

ACTIVIDADES

9. ¿Qué habría hecho Hugo? *Hugo está explicando a algunos amigos lo que él habría hecho en lugar de ciertos personajes históricos. ¿Qué dice?*

MODELO   Ana Bolena / tratar de no perder la cabeza
→ **Si yo hubiera sido Ana Bolena, habría tratado de no perder la cabeza.**

1. Benjamín Franklin / no jugar con cometas en la lluvia
2. Henry Ford / preferir los caballos
3. Benedict Arnold / confiar menos en los ingleses
4. los indios de Massachusetts / no invitar a los blancos a comer
5. Julio César / no ir al senado
6. Napoleón / no invadir Rusia a fines del verano
7. Maximiliano / quedarme en Europa
8. la madre de Don Tremendón / ponerle otro nombre

10. Especulaciones históricas (entre dos). *Imagínense lo que habría pasado en ciertas circunstancias.*

EJEMPLO   ESTUDIANTE 1: ¿Qué habría pasado si los alemanes hubieran tenido la bomba atómica?
ESTUDIANTE 2: **Si los alemanes hubieran tenido la bomba atómica, los Estados Unidos no habría ganado la segunda guerra mundial.**

¿Qué habría pasado...
1. si Abraham Lincoln hubiera sido senador del sur?
2. si Martín Lutero hubiera sido el Papa?
3. si los Beatles nunca hubieran vivido?
4. si nunca se hubiera inventado la bomba atómica?
5. si mis padres nunca se hubieran conocido?
6. si Bill Clinton no hubiera ganado las elecciones presidenciales?
7. si el sur hubiera ganado la guerra civil?
8. si los Estados Unidos nunca hubiera anexado Texas?

11. Cadena (entre dos o en pequeños grupos). *Cada estudiante le dice el nombre de una persona (o de un grupo de personas) que ya no vive. Entonces, otro/a estudiante se imagina lo que esa persona habría hecho si hubiera vivido en nuestros días.*

EJEMPLO   ESTUDIANTE 1: Johann Sebastian Bach
ESTUDIANTE 2: **Si Bach hubiera vivido en nuestros días, habría sido un cantante de rock y un excelente guitarrista.**

Algunos nombres posibles:
1. El Rey Arturo
2. Juana de Arco
3. Julio César
4. W. A. Mozart
5. Adolfo Hítler
6. Benedict Arnold
7. Susan B. Anthony
8. El conde Drácula
9. El Dr. Frankenstein

20.4 ▶ **Sinopsis de las cláusulas con *si***

1. El indicativo se usa con **si** para describir una situación posible (*ver §20.2*).

    Si Mario **llega** temprano, nos **va** a llamar.

    Si **está lloviendo,** no **quiero** salir.

    Llamé por teléfono y no contestó nadie; si alguien **estaba,** no **quería** contestar.

2. El subjuntivo se usa con **si** solamente cuando el hablante sabe que la situación es hipotética y contraria a la realidad.

    a. El imperfecto del subjuntivo se usa con **si** en una hipótesis relacionada con el presente; el condicional se usa para describir el resultado de la hipótesis (*ver § 20.1*).

    Si yo **fuera** Ud., no **diría** nada.

    Si se **hablara** inglés en todas partes, el mundo **sería** muy aburrido.

    b. El pluscuamperfecto del subjuntivo se usa con **si** en una hipótesis relacionada con el pasado; el condicional perfecto se usa para describir el resultado de la hipótesis (*ver §20.3*).

    Si Shakespeare **hubiera vivido** en nuestros días, **habría escrito** para cine.

    Si los ingleses **hubieran ganado** la guerra revolucionaria, Washington nunca **habría sido** presidente.

ACTIVIDADES

12. Entrevista sobre la actualidad (entre dos o en pequeños grupos).
Pregúnteles a sus compañeros qué harían en las situaciones indicadas.

EJEMPLO   ESTUDIANTE 1: **¿Qué harías si pudieras cambiar los programas de televisión?**

ESTUDIANTE 2: **Si pudiera cambiar los programas de televisión, haría una telenovela sobre los amores de Gumersinda.**

¿Qué harías...

1. si (poder) cambiar los programas de televisión?
2. si (tener) un/a novio/a hispano/a?
3. si (vivir) en Colombia?
4. si (poder) ser otra persona?
5. si (ser) un/a gran pintor/a?
6. si (estar) aquí en este momento?
7. si ?

13. Entrevista sobre la historia (entre dos o en pequeños grupos). *Pregúnteles a sus compañeros.*

1. ¿Qué habrías hecho si hubieras creado el mundo?
2. ¿Qué habrías hecho si hubieras sido Susan B. Anthony?
3. ¿Qué habrías hecho si hubieras vivido en tiempos romanos?
4. ¿Qué habrías hecho si hubieras sido sus propios padres?
5. ¿Qué habrías hecho si hubieras conocido personalmente a... ?
6. ¿Qué habrías hecho si... ?

Cómo se hace para reconciliar

Perdóneme. No quise decir eso.

¿Me perdonas? No sé por qué dije eso.

Discúlpeme. Yo estuve muy equivocado/a.

Retiro lo dicho. No sabes cuánto lo siento.

Si lo hubiera pensado dos veces...

Dios mío. ¿Por qué dije eso?

Cómo se hace para expresar amistad o amor

Amistad

Me caes bien.

Me gusta estar contigo.

Me gusta tu compañía.

Lo paso bien contigo.

Amor

Te quiero.

Te amo.

Te adoro.

Estoy muy enamorado/a de ti.

Situaciones

1. Habiendo insultado profundamente a la persona que Ud. *creía* que lo/la estaba defamando en el *Cómo se hace* anterior, Ud. acaba de enterarse de que estaba muy equivocado/a y que esa persona es en realidad su mejor amigo/a. ¿Qué dice para reconciliarse con esa persona?
2. Ud. tiene un gran compañero. Dígale que es un gran amigo y que Ud. aprecia su amistad.
3. Ud. está en una telenovela y tiene que decirle al otro actor cuánto lo quiere.

20.5 ▸ Ese niño habla como si fuera Tarzan.

Consejos sobre el arte de coquetear.

Trate a la otra persona **como si fuera** un genio.

Responda a cada comentario **como si se tratara** de algo de otro mundo.

Conteste cada pregunta **como si** nunca **hubiera escuchado** una pregunta tan inteligente.

Mírele a los ojos **como si** nunca **hubiera nacido** otra persona más bella.

Conclusiones

Usos de *como si*

1. **Como si** siempre sugiere una situación hipotética.
2. Se usa el imperfecto del subjuntivo después de **como si** cuando se trata de una hipótesis relacionada con el presente.

Ese niño habla **como si fuera** Tarzán.

Mi marido gasta dinero **como si** nos **llamáramos** Rockefeller.

3. Se usa el pluscuamperfecto del subjuntivo después de **como si** cuando se trata de una hipótesis relacionada con el pasado.

Mi hijo miró a su novia **como si** nunca **hubiera visto** una persona más linda.

El Dr. Sánchez habla de Casanova **como si** lo **hubiera conocido** personalmente.

ACTIVIDADES

14. Los amigos de Gumersinda. *Un antropólogo de Marte ha descubierto una curiosa tribu de terrestres (habitantes de la tierra), todos asociados con una persona rarísima llamada Gumersinda. ¿Cómo describe el antropólogo a los amigos de Gumersinda?*

MODELO   el Sr. de la Boca / comer / estarse muriendo de hambre
   → **El Sr. de la Boca come como si se estuviera muriendo de hambre.**

1. El Sr. Nun K. Fueasí / hablar / ser el mejor historiador del mundo
2. La Sra. Imelda de Memás / gastar dinero / comprar para un ejército
3. La Srta. Guarda di Nero / ahorrar dinero / no esperar ganar un centavo más
4. Los hermanos Puri y Tano / criticar a los jóvenes / vivir en otro siglo
5. Tremendina y Ofensina / vestirse / ser hermanas de Drácula
6. Don Tremendón / jugar al baloncesto / tener cinco patas

15. Una buena profesora de arte. *La profesora Calvo enseña arte y es muy popular. ¿Qué dicen sus alumnos de ella?*

MODELO   habla de Miguel Ángel / conocerlo personalmente
   → **Habla de Miguel Ángel como si lo hubiera conocido personalmente.**

1. describir *Los Caprichos* de Goya / estar a su lado cuando los hizo
2. habla de *Las Meninas* de Velázquez / escucharle una explicación al mismo Velázquez
3. pinta / estudiar con los grandes maestros renacentistas
4. enseña el arte precolombiano / vivir con los mayas
5. habla de Dalí / participar en la rebelión surrealista

16 Chismes (entre dos o en pequeños grupos). *Con otras personas de la clase, invente oraciones con* **como si** *sobre amigos, compañeros de clase o gente famosa.*

EJEMPLO   ESTUDIANTE 1: **Mi amigo Manuel canta como si fuera Plácido Domingo.**
   ESTUDIANTE 2: **Nuestro profesor de sociología habla como si no hubiera preparado nada para la clase de hoy.**

`20.6` Ojalá que estuviéramos de nuevo en nuestra luna de miel.

PRIMER PASO

Comentarios que se escucharon antes de la boda.

Ojalá que la novia **llegue** a tiempo.
Ojalá que esté listo todo para el casamiento.
Ojalá que mamá no se **haya preocupado** demasiado.
Ojalá que haya suficiente pastel para todos los invitados.

Conclusiones   *Ojalá* y *ojalá que* como equivalentes de *espero que*

1. **Ojalá** y **ojalá que** son intercambiables.
2. Cuando se combinan con el presente del subjuntivo o el pretérito perfecto del subjuntivo, son iguales que **espero que;** indican un deseo de influir (*ver §14.5*).

SEGUNDO PASO

Comentarios que se escucharon durante y después de la boda.

Ojalá que la pareja **hubiera llegado** a tiempo.
Ojalá mis padres **pudieran** estar.
Ojalá que Gumersinda y Don Tremendón no **hubieran venido.**
Ojalá que el cantante **supiera** cantar.

Conclusiones   *Ojalá* y *ojalá que* con situaciones hipotéticas

1. **Ojalá** y **ojalá que** se combinan con el imperfecto del subjuntivo para indicar que el hablante quisiera que una situación en presente fuera distinta.
2. **Ojalá** y **ojalá que** se combinan con el pluscuamperfecto del subjuntivo para indicar que el hablante quisiera que una situación en pasado hubiera sido distinta.
3. Cuando **ojalá** y **ojalá que** se combinan con situaciones hipotéticas, son equivalentes de **me gustaría que** o **yo quisiera que.**

ACTIVIDADES

17. La fiesta de Don Tremendón (entre dos). *Silvia y Marco están en una fiesta de Don Tremendón donde pasan cosas raras. ¿Qué dicen?*

MODELO los músicos / saber tocar
ESTUDIANTE 1: **¿Qué tal los músicos?**
ESTUDIANTE 2: **Ojalá que los músicos supieran tocar.**

1. la comida / tener menos sal
2. la música / poderse escuchar
3. Don Tremendón / reconocernos
4. los refrescos / no haberse abierto ayer
5. Gumersinda / no habernos visto
6. las galletas / ser de este año
7. la fruta / no estar tan fea
8. Don Tremendón / no haber venido

18. Fantasías y confesiones (entre dos). *Complete las oraciones con un deseo hipotético.*

EJEMPLO ESTUDIANTE 1: **Ojalá que mi coche fuera un BMW de último modelo.**
ESTUDIANTE 2: **Ojalá que Orson Welles hubiera hecho más películas.**

1. que mi novio/a
2. que nuestro/a profesor/a
3. que nuestro equipo de fútbol
4. que los Beatles
5. que el presidente
6. que el congreso
7. que ?
8. que ? y ?

19. Deseos secretos (entre dos o en pequeños grupos). *Pregúnteles a sus compañeros qué esperan de ciertas figuras conocidas.*

EJEMPLO ESTUDIANTE 1: **¿Qué esperas de tu novia?**
ESTUDIANTE 2: **Ojalá que gane mucho dinero para que podamas vivir bien.**

Algunas personas posibles:
1. tu mejor amigo
2. tu novio
3. tu novia
4. tu profesor/a de ?
5. el congreso
6. tus padres
7. el presidente
8. ?
9. ? y ?

20. Lo que pudiera haber sido (entre dos o en pequeños grupos). *¿Qué opinan Uds. sobre el pasado? Hagan preguntas sobre figuras y acontecimientos históricos.*

EJEMPLO ESTUDIANTE 1: **¿Qué opinas sobre la guerra civil?**
ESTUDIANTE 2: **Ojalá que se hubiera evitado.**

¿Qué opinas sobre...

1. ?
2. ? y ?

Ojalá que...
a. no ocurrir
b. no nacer
c. haberse evitado
d. no morirse
e. ?

Cómo se hace para aventurar una hipótesis

Tengo una teoría sobre eso.   En cuanto a..., me parece que...

Quisiera decirle lo que pienso.   Quisiera hablarle de mi idea.

Con respecto a..., creo que...   Tengo una hipótesis con respecto a...

Situaciones

1. Ud. acaba de escuchar una opinión con la que no está de acuerdo. Diga lo que piensa empezando su hipótesis con una de las fórmulas de arriba.

2. Ud. está en una cena en la que la gente está hablando del amor y del eterno problema de la falta de comprensión que existe entre los dos sexos. Exprese sus ideas al respecto.

EN CONTEXTO

EN VIVO

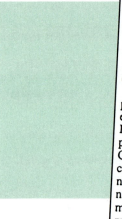

2.30 / Antena 3

La pecadora

1954 (79 minutos). Director: Ignacio F. Iquino. Intérpretes: Carmen de Lirio, Armando Moreno, Rafael Moreno Marchent. *Drama.*

Vetusto folletín sobre algo parecido al pecado y algo parecido a la redención, escrito por Iquino y José Antonio de la Loma. En una guía publicada en 1960 por la Comisión Episcopal Española de Cine, Radio y Televisión, se llegaba a decir: "Un filme crudo y amargo, pero lleno de espiritualidad. La historia, moderna, pero eterna, de una mujer que amó mucho, conoció el perdón y amó aún más". Ya ven.

Preguntas

1. ¿Qué es *La pecadora?*   2. El verbo **pecar** significa «transgredir una ley divina». ¿Qué es un pecador?   3. ¿Cómo se llaman los actores del drama?   4. ¿Cómo se llaman los autores?   5. **Vetusto** significa «viejo» y un folletín es un especie de novela sentimental. ¿Qué quiere decir el autor de este anuncio cuando dice que el drama es «un vetusto folletín»?   6. Si la película fue hecha en 1954, en tiempos de Franco, y recibió la aprobación de la Comisión Episcopal Española de Cine, Radio y Televisión, ¿qué propósito tiene la película?   7. ¿Podría Ud. construir una trama posible para la película usando este anuncio como punto de partida?

LECTURA
Los roles sexuales

En años recientes nada ha afectado la vida norteamericana más que la aparición del movimiento feminista. No sabemos cómo se resolverá los problemas que el feminismo debate ahora: por ejemplo, la discriminación contra las mujeres en el trabajo, la recuperación de la historia femenina, el reconocimiento económico de las contribuciones a la sociedad que hacen las madres y las amas de casa, el control de la **natalidad** y otros temas **por el estilo.**

El feminismo en el mundo hispano tiene muchos puntos de contacto con el norteamericano, pero no es igual. Las condiciones históricas y sociales del mundo hispano dictan que el feminismo hispano tenga otras dimensiones. Eso se ve parcialmente en dos términos básicos del feminismo hispano: «machismo» y «marianismo». El término «machismo» **proviene** de «**macho**» y ya ha pasado al inglés para describir actitudes y formas de conducta que glorifican al hombre y justifican sus privilegios en la sociedad.

El otro término, «marianismo», no tiene un equivalente exacto en inglés. Proviene del nombre «María» y se usa para señalar actitudes de sumisión y obediencia que **supuestamente** manifiestan muchas mujeres hispanas frente a los **reclamos** y pretensiones del machismo. Es decir, el feminismo hispano sugiere que el machismo sobrevive en parte porque algunas mujeres lo aceptan como natural. Al mismo tiempo, algunas mujeres prefieren los papeles tradicionales de la mujer porque creen que sólo como madres y esposas serán respetadas. Sin duda, uno de los grandes temas del futuro en el mundo hispano será el movimiento feminista. Como el norteamericano, el feminismo hispano nos invita a examinar de nuevo las premisas de los roles sexuales en general.

natalidad: *birthrate*
por el estilo: de este tipo

provenir: originarse en
macho: originalmente, un animal de sexo masculino

supuestamente: teóricamente
reclamo: *claim*

Preguntas   1. ¿Cuáles son algunos de los temas principales del feminismo?   2. ¿Por qué es distinto el feminismo en el mundo hispano?   3. ¿De dónde viene la palabra **macho**?   4. ¿Qué significa **marianismo**?   5. ¿Cree Ud. que el machismo sobreviva porque las mujeres lo toleran? ¿Por qué sí o por qué no?   6. ¿Por qué defienden algunas mujeres sus roles tradicionales?

Galería hispánica: El mundo hispano

Algunos datos sobre el mundo hispano

Número de hablantes nativos del español:
327.000.000
Número de hablantes nativos del inglés:
319.000.000
Número de hablantes nativos del francés:
72.000.000
**Número de países donde el español es una
lengua oficial:** 19

El mosaico hispano

Ninguna lengua del mundo tiene la extensión geográfica que tiene el español, y de las lenguas del mundo, sólo el mandarín y el hindú tienen más hablantes nativos que el español. La extensión de la lengua española ha contribuido a la formación de algunas generalizaciones que a veces nos hacen olvidar cuán complejo es el mundo hispano.

Por ejemplo, es muy común hablar de Hispanoamérica, de la literatura hispanoamericana y de la cultura hispanoamericana sin recordar que Hispanoamérica es una enorme región —un continente y medio— que

incluye dieciocho países que son muy distintos el uno de los otros. Aunque es verdad que todos esos países fueron en algún momento colonias del imperio español, eso no quiere decir que sean idénticos.

Es curioso que a nadie **se le ocurre** aplicar un término **parecido** a las ex colonias de Inglaterra. Por ejemplo, encontramos en todas las universidades de los Estados Unidos cursos sobre la literatura hispanoamericana, pero nunca encontramos cursos sobre «la literatura anglofónica», es decir, un curso que estudie la literatura de Australia, Nueva Zelanda, el Canadá, los Estados Unidos, Jamaica, Trinidad, Belize, Sud Africa y la India sólo porque esos países son ex colonias inglesas donde muchos todavía hablan inglés.

En efecto, las diferencias entre, por ejemplo, Australia y Jamaica, no son más grandes que las diferencias entre México y el Paraguay, o Chile y la República Dominicana. Por lo tanto, hablar de todo el mundo hispano como si fuera una cultura homogénea tiene poco sentido. Nadie habla de

ocurrírsele a uno: tener una idea
parecido: similar

en efecto: en verdad, de hecho

«Anglofonia». Y por las mismas razones, es un error hablar de «Hispanoamérica» sin **tomar en cuenta** la enorme variedad de esa región.

tomar en cuenta: considerar

De la misma forma, palabras como «hispano» o «latino» muchas veces **esconden** más de lo que revelan. Por ejemplo, si se le pregunta a un argentino qué es, dirá que es argentino, así como un peruano dirá que es peruano, y un mexicano que es mexicano. Es muy difícil que digan que son hispanos —a menos que hayan vivido en los Estados Unidos donde se acostumbra **aglomerar** a todos los hablantes del español en un solo grupo.

esconder: *to hide*

aglomerar: combinar varios elementos en una sola masa

De lo anterior podemos deducir algo muy importante: el mundo hispano no es un mundo homogéneo sino un mosaico de muchos mundos distintos y un mosaico de una tremenda variedad y riqueza. Ahora que tú sabes bastante español, deberás probar tu suerte en ese mundo que te espera.

Preguntas   1. ¿Qué lenguas tienen más hablantes nativos que el español?   2. De las lenguas europeas, ¿cuál tiene más hablantes nativos?   3. ¿Qué raíz cultural comparten todos los países hispanoamericanos?   4. ¿Por qué son comunes en las universidades norteamericanas cursos como «Introducción a la literatura hispanoamericana» al mismo tiempo que son casi inexistentes cursos como «Introducción a la literatura anglofónica»   5. ¿Por qué existe el término «Hispanoamérica» pero no existe el término «Anglofonia»   6. ¿En qué sentido puede ser un error hablar de Latinoamérica?   7. ¿Dónde se usa más el término «hispano» —en Hispanoamérica o en los Estados Unidos?   8. ¿Qué ventajas tiene el término «mosaico» con referencia a la América Latina?

A ESCUCHAR

Escuche la conversación.

Ahora, escuche la conversación por partes y termine las oraciones con la opción más lógica.

1. a. su ex novia.
   b. una amiga que no conoce a Teresa.
   c. una amiga que lo conocía a él y también a su ex novia.
   d. una chica que se llama Teresa.
2. a. su mamá.
   b. su ex novia.
   c. una mujer divorciada.
   d. Marisa.
3. a. le habían ofrecido un excelente trabajo en otra ciudad.
   b. estaba cansada de limpiar la casa y cuidar a los niños.
   c. quería hacer otra cosa y conocer a otra gente.
   d. se enamoró locamente del cartero.
4. a. hay que impedir los cambios.
   b. la separación puede ser buena.
   c. las cosas siempre cambian.
   d. existe la posibilidad de una reconciliación.

5. a. ya tiene otro novio.
   b. se fue porque no le gustaba el clima.
   c. no lo dejó por otro chico.
   d. se había separado de varios chicos antes de dejarlo a él.
6. a. se cree indeseable.
   b. Teresa se le llevó la cartera.
   c. es un tipo depresivo.
   d. Marisela se le ha ido a otra ciudad.
7. a. muchas novias.
   b. muchos amigos.
   c. un gran talento para perder a las novias.
   d. graves problemas con las mujeres.
8. a. ir al médico para que lo cure.
   b. buscar otra novia inmediatamente.
   c. dejar que pase el tiempo hasta que otra persona se presente.
   d. cambiar su vida totalmente.
9. a. el tiempo todo lo cura.
   b. no es malo hablar con un médico cuando uno está deprimido.
   c. el amor es una cosa zoológica.
   d. Rafael se ha dejado distraer demasiado de sus estudios.
10. a. le resulta difícil seguir hablando de Teresa.
    b. tiene una cita con un compañero.
    c. quiere presentarse a otra persona.
    d. quiere llamar a Teresa para ver cómo anda.

SITUACIONES

Situación 1 Explique lo que Ud. haría si no tuviera que estudiar y tuviera todo el dinero necesario para hacer cualquier cosa. ¿Qué haría con su dinero? ¿Qué haría con tanto tiempo libre?

Situación 2 Entrevístese con otra persona en la clase. Pregúntele qué haría si fuera presidente/a del país o presidente/a de la universidad.

Situación 3 Explique qué haría Ud. si tuviera una cita con el amor de sus sueños.

Situación 4 Busque un anuncio comercial en una revista y comente lo que Ud. haría si fuera una de las figuras en el anuncio.

Situación 5 Póngase en el lugar de un objeto de arte famoso y explique lo que Ud. haría. Por ejemplo: *Si yo fuera el David de Miguel Ángel, no me gustaría estar desnudo delante de toda esa gente. Por lo tanto me iría al Kmart más cercano y me compraría un blue jeans y una camisa.*

Situación 6 Explique cómo su vida cambiaría si fuera una persona famosa —una estrella de cine o una eminencia en ciencia, por ejemplo. (La persona debe ser real.) Describa dónde viviría, con quién haría vida social, cómo pasaría su tiempo, dónde pasaría las vacaciones, etc.

Situación 7   Indique que Ud. está irritado/a por la conducta de alguien en la clase. Después, insulte a esa persona y entonces trate de reconciliarse con esa persona.

Situación 8   Invite a alguien en la clase a tomar una copa. Primero, esa persona rechaza su invitación, pero entonces Ud. lo/la invita de nuevo y esta vez acepta.

Situación 9   Declárese (*declararse = proponer matrimonio*) a alguien en la clase. Primero la persona no acepta, pero después de escuchar sus declaraciones de amor, acepta.

COMPOSICIÓN

Tema 1   Escriba una larga fantasía sobre lo que Ud. haría si fuera otra persona —el presidente del país, su profesor de español, un artista, una actriz, etc. Comience su fantasía con «Si yo fuera... , lo primero que haría es... No permitiría que... Recomendaría que...» Etc.

Tema 2   Escriba una descripción de las costumbres que gobiernan el cortejo y el noviazgo en su sociedad. Suponga que su público no sabe nada de su sociedad.

Tema 3   Escriba una carta anónima a «Querida Anita» (columnista periodistica semejante a «Dear Abby») planteando un problema amoroso, emocional, económico, etc. Esa carta será dada (también anónimamente) a otra persona en la clase que la contestará. Ud. también recibirá una carta de un/a de sus compañeros.

VOCABULARIO ACTIVO

El amor

el afecto	el cortejo	la luna de miel
el/la amante	la cortesía	la maravilla
la boda	el/la enamorado/a	el matrimonio
el casamiento	la fidelidad	el noviazgo
la ceremonia	la igualdad	la pareja
el cojín	la integridad	los recién casados
el/la comprometido/a		

El desamor

el/la antagonista	el egoísmo	el/la machista
el asesinato	el/la egoísta	el/la olvidado/a
el/la asesino/a	el escándalo	el/la rival
el/la cobarde	el/la ex esposo/a	la separación
el/la culpable	el ex marido	el sexismo
el desamor	la furia	el/la sexista
el descuido	la infidelidad	la tortura
el divorcio	el machismo	la venganza

Verbos

aguantar	asesinar	atreverse a
alcanzar	atraer	cartear

compartir

comprometerse

confiar en

chocar

decepcionar

declararse

deprimirse

descomponerse

desconfiar de

despedirse (i) de

ensuciarse

extrañar

fijarse en

fracasar

fregar (ie)

ignorar

intimidar

olividarse de

pelearse

prometer

quebrar (ie)

soportar

sospechar

sostener (ie)

Otros sustantivos

el despertador

la estrella

el fuego

la mejilla

la meta

el paso

la sensibilidad

el talento

la tardanza

la tinta

Adjetivos

afectuoso/a

amistoso/a

amoroso/a

anónimo/a

cobarde

chistoso/a

fiel

hábil

inaguantable

infiel

insoportable

matrimonial

recíproco/a

salvaje

Expressiones útiles

a lo mejor

a menudo

cambiar de idea

cambiar de opinión

déjeme en paz

déjeme solo/a

en cuanto a

en lo más mínimo

en seguida

fijar una fecha

hacer una cita

hasta la fecha

tomar en serio

Vocabulario personal

_____   _____

_____   _____

_____   _____

_____   _____

_____   _____

CAPÍTULO GRAMATICAL SUPLEMENTARIO

GRAMÁTICA

S.1 ¿Qué tendrá Ricardo? ¿Estará enfermo?

PRIMER PASO

¿Dónde **estará** Juan ahora? = Me pregunto dónde está Juan ahora.
No sé; **estará** en la sala. = No sé; debe estar en la sala.
                                 o No sé; probablemente está en la sala.

Conclusiones **El futuro para indicar probabilidad o conjetura en el presente**

1. Según el contexto, el futuro en español sugiere probabilidad o conjetura con referencia a un evento presente.
2. El futuro en una pregunta puede comunicar la idea de «Me pregunto».
            ¿Qué hora **será?** = Me pregunto qué hora es.
         ¿Dónde **estará** Aida? = Me pregunto dónde está Aida.
3. El futuro en una declaración puede comunicar conjetura o probabilidad.
    El rubio **será** nuestro primo. = El rubio es probablemente nuestro primo.
                            o El rubio debe ser nuestro primo.

SEGUNDO PASO

¿En qué año **habrá muerto** Pancho Villa? = Me pregunto en qué año murió Pancho Villa.

No sé; **habrá muerto** en los años veinte. = No sé; probablemente murió en los años veinte.

Conclusiones **El futuro perfecto para indicar probabilidad o conjetura con relación al pretérito**

1. Según el contexto, el futuro perfecto en español sugiere probabilidad o conjetura con referencia a un evento pretérito.

2. El futuro perfecto en una pregunta puede comunicar la idea de «Me pregunto».

¿A qué hora **habrá llegado** Javier?   =   Me pregunto a qué hora llegó Javier.

¿Quién **habrá traído** la cerveza?   =   Me pregunto quién trajo la cerveza.

3. El futuro perfecto en una declaración puede comunicar conjetura a probabilidad.

Javier **habrá llegado** a la una.   =   Javier probablemente llegó a la una.

Ana **habrá traído** la cerveza.   =   Ana probablemente trajo la cerveza.

TERCER PASO

¿Quién **sería** la chica que estaba con Francisco?   =   **Me pregunto** quién **era** la chica que estaba con Francisco.

No sé; **sería** su nueva novia.   =   No sé; **probablemente era** su nueva novia.

¿Con quién **estaría** comprometido Marco cuando conoció a Inés?   =   **Me pregunto** con quién **estaba** comprometido Marco cuando conoció a Inés.

Estaría comprometido con Viviana.   =   **Probablemente estaba** comprometido con Viviana.

Conclusiones ## El condicional para indicar probabilidad o conjetura con relación al imperfecto

1. El condicional se usa para indicar probabilidad o conjetura con respecto a eventos que normalmente se expresan en el imperfecto. Las oraciones de arriba son más o menos equivalentes.
2. En una pregunta, el condicional comunica la idea de «Me pregunto».
3. En una afirmación, el condicional comunica la idea de «probablemente».

ACTIVIDADES

1. En el nuevo trabajo (entre dos). *Cristina acaba de ser nombrada supervisora de una oficina. Teresa tiene que enseñarle cómo funciona la oficina. ¿Qué dicen?*

MODELO   tener la llave del baño / la Sra. Gorriti
ESTUDIANTE 1: **¿Quién tendrá la llave del baño?**
ESTUDIANTE 2: **No estoy segura; la tendrá la Sra. Gorriti.**

1. ser el asistente / el Sr. Pérez
2. cuidar el archivo / la Sra. Ara
3. preparar los contratos / los abogados
4. recibir a los clientes / las chicas allí
5. sacar cuentas / Jorge y Miguel
6. hacer la limpieza / una señora que viene por la noche
7. ser mi secretario / Jamie
8. regar las plantas / Beatriz

2. Especulaciones históricas (entre dos). *A Teresa le fascina la historia, pero tiene mala memoria para las fechas. ¿Qué escribe en su examen de historia mexicana?*

MODELO   En qué año / invadir México los norteamericanos (1848)
     ESTUDIANTE 1: **¿En qué año invadieron México los norteameri-canos?**
     ESTUDIANTE 2: **Los norteamericanos habrán invadido México en 1848.**

1. En qué año / rebelarse los mexicanos contra España (1810)
2. En qué año / llegar Benito Juárez a la presidencia (1857)
3. En qué año / llegar Carlota y Maximiliano a México (1864)
4. En qué año / fusilar a Maximiliano (1867)
5. En qué año / empezar la revolución mexicana (1910)
6. En qué año / aprobarse la constitución mexicana (1917)
7. En qué año / nacionalizarse el petróleo (1938)

3. Especulaciones sobre causas (entre dos). *Aida y Nicolás están chismeando sobre gente que conocen. ¿Qué dicen?*

MODELO   cómo conocer Roberto a Isabel / conocerla en la secundaria
     ESTUDIANTE 1: **¿Cómo habrá conocido Roberto a Isabel?**
     ESTUDIANTE 2: **La habrá conocido en la secundaria.**

1. cómo aprender Julia tanto sobre las matemáticas / estudiarlas de joven
2. dónde encontrar Raúl ese coche / encontrarlo en Los Ángeles

3. cuándo casarse Dorotea / casarse ayer o anoche
4. adónde irse Camila y Ricardo / irse a vivir en Tucumán
5. por qué comprar los Pérez esa casa / comprarla porque les gustaba
6. quién hacer ese pastel tan divino / Pedro y Luis hacerlo
7. cómo llegar a ser tan rico Don Tremendón / venderse el alma
8. por qué ponerse enferma Gumersinda / porque comerse una barbaridad

4. Chismeando sobre la reunión de la oficina. *Hubo una reunión para los empleados de la oficina, pero Julia y Nicolás no fueron. Por lo tanto, ninguno de ellos está seguro de quiénes estaban y qué hacían. ¿Cómo son sus preguntas?*

MODELO   Hugo / estar con Adelina → **¿Estaría Hugo con Adelina?**

1. Javier / poder venir
2. mucha gente / haber
3. Jorge y Aida / estar enamorados
4. todos / prestar atención
5. Gloria / tener otro novio
6. algunos / pensar que la reunión no valía la pena
7. el jefe / nos extrañar

5. Chismeando II (entre dos). *Julia y Nicolás también están especulando sobre los motivos de otra gente que no fue a la reunión. ¿Qué dicen?*

MODELO   Manuel (estar en casa)
ESTUDIANTE 1: **¿Qué pasaría con Manuel?**
ESTUDIANTE 2: **No sé; estaría en casa.**

1. Alejandro (sentirse mal)
2. Federico (no tener ganas de venir)
3. Micaela (estar enojada con el jefe)
4. Ricardo (tener que trabajar)
5. David y Miguel (estar enfermos)
6. tu hermano (tener poco interés)
7. Ana y Raúl (estar fuera)
8. nosotros (estar aburridos)

6. Revisiones históricas (entre dos). *La historia suele no grabar los pensamientos de la gente durante los grandes momentos. Con un/a compañero/a de clase especule un poco sobre lo que la gente a continuación estaría pensando en los contextos dados.*

EJEMPLO   Benjamín Franklin en la tormenta / dónde está el paraguas
ESTUDIANTE 1: **¿Qué estaría pensando Benjamín Franklin en la tormenta?**
ESTUDIANTE 2: **Estaría pensando dónde está el paraguas.**

1. Washington cuando cortó el cerezo / que era un árbol feo
2. Napoleón cuando lo exilaron a Elba / qué hace la gente en Elba los fines de semana
3. Colón al ver a los indígenas por primera vez / por qué no hablan español
4. Bach cuando tocó un piano por primera vez / dónde está mi clavicordio
5. Adán cuando vio a Eva por primera vez / quién es esa chica que vende manzanas
6. su profesor(a) de español cuando los vio a Uds. por primera vez / ¡qué clase más hermosa!
7. tus antepasados cuando llegaron a este país / cómo serán nuestros descendientes

8. Julieta cuando vio a Romeo por primera vez / quién es ese bombón
9. tus padres cuando te vieron a ti por primera vez / ?

7. ¿Cómo serán? (entre dos o en pequeños grupos) *Escoja a una persona famosa y trate de imaginarse cómo será. Use la sugerencias para formular sus conjeturas.*

EJEMPLO   Estudiante 1: **¿Cómo será Tom Brokaw?**
Estudiante 2: **Tom Brokaw será simpático. Sabrá mucho de política y de ciencias económicas. Tendrá una casa hermosa en un suburbio próspero. Estará casado, y tendrá varios hijos.**

1. Ser (*simpático, rico, inteligente, bruto, una persona difícil, etc.*)
2. Saber mucho/poco sobre (*la política, la religión, la vida familiar, el teatro, la música, etc.*)
3. Estar (*casado, mal de la cabeza, cansado de ?, aburrido de ?, etc.*)
4. Tener (*una camioneta fea, una casa hermosa, muchos hijos, interés en ?, poco dinero, etc.*)
5. Necesitar (*una persona como yo, nuevos amigos, comprensión y amor, etc.*)
6. Conocer (*a gente importante, gente que trabaja en ?, etc.*)
7. Trabajar (*poco, doce horas al día, en una oficina elegante, etc.*)

8. ¿Como serían? (entre dos o en pequeños grupos) *Escoja a un personaje histórico, y especule cómo sería. Use las sugerencias en la actividad anterior como punto de partida.*

EJEMPLO   Estudiante 1: **¿Cómo sería Napoleón?**
Estudiante 2: **Sería bajo, arrogante. Sabría mucho sobre lo militar y poco sobre los inviernos en Rusia.**

S.2 ▸ No nos acostemos ahora; acostémonos más tarde.

Una conversación entre dos meseros.

¿Qué servimos primero?	**Sirvamos** la sopa primero.
¿Les llevamos la ensalada ahora?	Sí, **llevémosela** ahora.
¿Preparamos el café ahora?	No. No **lo preparemos** ahora. **Preparémoslo** después.
¿Podemos sentarnos y descansar ahora?	Cómo no. **Sentémonos** y **descansemos**.

Conclusiones

El mandato de *nosotros*

1. Se usa la primera persona plural del presente del subjuntivo para mandar a un grupo que incluye al hablante. Las frases a continuación son más o menos equivalentes.

Juguemos al tenis. = Vamos a jugar al tenis.
Sentémonos. = Vamos a sentarnos.

2. Como en otros mandatos, los complementos pronominales siempre se agregan al mandato afirmativo de **nosotros** pero nunca se combinan con el mandato negativo. Se pone acento para conservar el énfasis original. Compare:

Hagámoslo ahora.   No **lo hagamos** hasta la noche.

Sirvámoselo.   No **se lo sirvamos.**

3. La **-s** final del mandato se elimina cuando se combina con **nos** o **se.**

Sentémonos.

Acostémonos.

Digámoselo a tu jefe ahora mismo.

Llevémosela a ellos en seguida.

4. Una excepción: el mandato de **nosotros** para **ir** es **vamos.** El mandato de **nosotros** para **irse** es **vámonos.**

ACTIVIDADES

9. Irma la entusiasta (entre dos). *Irma es una chica muy entusiasta que está planeando sus vacaciones con Gaby. ¿Cómo responde a las preguntas de su amiga?*

MODELO   ESTUDIANTE 1: **¿Compramos los pasajes ahora?**
ESTUDIANTE 2: **Sí, comprémoslos ahora.**

1. ¿Pedimos vacaciones ahora?
2. ¿Compramos nuevo equipaje ahora?
3. ¿Empacamos las maletas ahora?
4. ¿Vamos a una agencia de viajes ahora?
5. ¿Llamamos al médico ahora?
6. ¿Dejamos el perro con Isabel?
7. ¿Pedimos a Jorge que nos riegue las plantas?
8. ¿Reservamos el hotel ahora?

10. Don Tremendón el Aguafiestas (entre dos). *¿Cómo responde el nunca entusiasta Don Tremendón a las preguntas? (En negativo, por supuesto. Un aguafiestas es una persona que arruina las diversiones de los demás.)*

MODELO   ESTUDIANTE 1: ¿Compramos los pasajes ahora?
ESTUDIANTE 2: **No, no los compremos todavía.**

1. ¿Bailamos un tango ahora?
2. ¿Sacamos un video ahora?
3. ¿Escuchamos un poco de música ahora?
4. ¿Llamamos a nuestros amigos ahora?
5. ¿Invitamos a los amigos a casa?
6. ¿Compramos el diario ahora?
7. ¿Nos sentamos?
8. ¿Salimos con Gumersinda?

S.3 ▶ No lo hagáis ahora. Hacedlo mañana.

PRIMER PASO

Una familia española, los Gómez Estrada, están de vacaciones. ¿Qué les dice el Sr. Gómez Estrada a sus hijos?

Haced lo que os digo. ¿Tenéis la cuenta? **Dádmela.** No la **paguéis** vosotros. No **hagáis** tanto ruido. Estamos en un hotel. **Decidme** qué queréis hacer mañana. No le **digáis** nada a vuestra madre porque está acostada. No **os acostéis** en el piso; **acostáos** en la cama como gente civilizada. **Dormíos** y **descansad;** mañana vamos a ver muchas cosas.

Conclusiones

Los mandatos de *vosotros*

1. Los mandatos afirmativos de **vosotros** se forman reemplazando la **-r** final del infinitivo por una **-d: id, salid, sed, venid,** etc. No hay excepciones.
2. En negativo, los mandatos de **vosotros** son iguales que el presente del subjuntivo: **no salgáis, no vayáis, no seáis, no vengáis,** etc. No hay excepciones.
3. Los complementos pronominales se colocan igual que con todos los otros mandatos.
4. Se suprime la **-d** final del mandato afirmativo cuando se agrega el pronombre reflexivo.

acostad $\rightarrow$ **acostaos**

id $\rightarrow$ **íos**

mirad $\rightarrow$ **miraos**

SEGUNDO PASO

Sinopsis del imperativo

A. Formación

sujeto	mandato afirmativo	mandato negativo
tú	Tercera persona singular del presente del indicativo: **habla, espera, cuenta, come, sube,** etc. *Excepciones:* **pon, sal, ten, ven, haz, di, ve** y **sé**	Presente del subjuntivo: **no hables, no vengas, no cuentes, no duermas,** etc.
vosotros / vosotras	La **-r** final del infinitivo se convierte en **d: venid, hablad, decid, id, sed, volved,** etc.	Presente del subjuntivo: **no digáis, no vayáis, no volváis, no seáis, no deis,** etc.
Ud. / Uds.	Presente del subjuntivo: **hable, hablen; duerma, duerman; sepa, sepan; sea, sean; sirva, sirvan;** etc.	Presente del subjuntivo: **no juegue, no jueguen; no toque, no toquen; no comience, no comiencen;** etc.
nosotros / nosotras	Presente del subjuntivo: **juguemos, toquemos, comencemos, seamos, durmamos, volvamos,** etc. *Excepción:* **vamos**	Presente del subjuntivo: **no juguemos, no toquemos, no comencemos, no seamos,** etc.

B. Posición de los objetos pronominales

1. Los objetos pronominales se colocan al final de los mandatos afirmativos, y se pone acento para conservar el énfasis original.

    hagámoslo   decídmelo   léelo   póntelo
2. Los objetos pronominales se colocan antes de los mandatos negativos.

    no lo hagamos   no me lo digáis   no lo leas   no te lo pongas

C. Cambios en el verbo de un mandato reflexivo

1. La **d** del mandato de **vosotros** se suprime en forma reflexiva.
   levantaos   amaos   íos
2. La **s** final del mandato afirmativo de **nosotros** se suprime en forma reflexiva.
   sentémonos   acostémonos   durmámonos   vámonos

Nota: Las formas del imperativo son muy fáciles de recordar porque, con la excepción de los mandatos afirmativos de **tú** y de **vosotros,** son idénticas a las formas correspondientes del presente del subjuntivo.

ACTIVIDADES

11. Las hijas de la Sra. Calvo I (entre dos). *Las hijas de la Sra. Calvo quieren ayudarla con el trabajo de la casa. ¿Cómo les contesta la Sra. Calvo?*

MODELO ESTUDIANTE 1: ¿Podemos lavarte la ropa?
ESTUDIANTE 2: **Sí, lavádmela por favor.**

1. ¿Podemos hacer la ensalada?
2. ¿Podemos lavar los platos?
3. ¿Podemos poner la mesa?
4. ¿Podemos prepararte una sopa?
5. ¿Podemos barrerte el piso?
6. ¿Podemos leerte la receta?
7. ¿Podemos sentarnos aquí?
8. ¿Podemos acostarnos ahora?

12. Las hijas de la Sra. Calvo II (entre dos). *Ahora la Sra. Calvo quiere hacer las cosas sin ayuda, y les contesta a sus hijas con mandatos negativos. Usando las mismas preguntas de la actividad anterior, ¿cómo contesta la buena señora?*

MODELO ¿Podemos lavarte la ropa? → **No, no me la lavéis ahora.**

S.4 ▶ La revista en la que vi el artículo está en la mesa.

PRIMER PASO

El señor **que** vino esta mañana tenía una pierna rota.
Las chicas **que** están cerca de la ventana están resfriadas.
Les di un jarabe **que** alivia la tos.
Vimos a dos estudiantes de medicina **que** iban para el laboratorio.

Conclusiones   ## El pronombre relativo *que*

1. Un pronombre relativo indica la relación entre una cláusula y un antecedente. **Que** es el más común de los pronombres relativos.
2. El pronombre relativo **que** se usa frecuentemente en cláusulas restrictivas.
3. Una cláusula restrictiva identifica un individuo o un subgrupo dentro de un grupo más grande. Por ejemplo:
   Te regalaré las flores **que son blancas.**   *«Que son blancas» sugiere que hay otras flores que no son blancas; por lo tanto, es una cláusula restrictiva que identifica un subgrupo.*

SEGUNDO PASO

Ella es la enfermera **de la que** te hablé anoche.

El médico me prestó un libro **en el que** se describe esa enfermedad.

El Dr. Varela y su primo son los médicos **con los que** quiero conversar.

Esas son las farmacias **a las que** tengo que entregar estas drogas.

La Sra. Sánchez es la paciente **a quien** le receté antibióticos.

Las chicas **de quienes** Mario hablaba son técnicas de laboratorio.

Conclusiones

Pronombres relativos después de preposiciones en cláusulas restrictivas

1. Después de una preposición en una cláusula restrictiva, siempre es correcto usar **el que, la que, los que** y **las que.**
2. Los pronombres relativos **quien** y **quienes** también se usan frecuentemente después de preposiciones cuando el antecedente es humano.

ACTIVIDADES

13. Deberes en el hospital. *Luis trabaja de asistente médico en un hospital y está explicando lo que ha hecho esta tarde. ¿Qué dice?*

MODELO el Sr. López es el paciente a / le cambié la venda
→ **El Sr. López es el paciente al que (a quien) le cambié la venda.**

1. Angelita es la niña a / le puse una inyección de tetraciclina
2. Aida es la enfermera con / examiné a la Sra. Pérez
3. Esos son los cuartos en / hay un olor horrible
4. Ese es el gabinete en / guardé las nuevas jeringas
5. Los García son los padres a / les expliqué el tratamiento
6. La Dra. Leyba es la médica a / le describí los problemas que hemos tenido con el laboratorio
7. Esos son los cuadernos en / apunté mis notas sobre el Sr. Gertel
8. Estas son las drogas de / nos habló la supervisora

14. ¿Para qué sirven las cosas? *El Dr. Ríos está describiendo el equipo de su consultorio para un joven paciente. ¿Qué dice?*

MODELO jeringa / poner inyecciones → **Esta es la jeringa con la que pongo inyecciones.**

1. máquina / sacar radiografías
2. aparato / examinar los oídos
3. instrumento / escuchar el pulso
4. los formularios / recetar drogas
5. la mesa / acostar al paciente
6. archivo / guardar mis apuntes

15. Chismes (entre dos o en pequeños grupos). *Usando la tabla a continuación como guía, formulen preguntas y respuestas sobre sus amigos (y no amigos).*

EJEMPLO   ESTUDIANTE 1: **¿Quién es la chica con la que nadie quiere estar?**
ESTUDIANTE 2: **Gumersinda es la chica con la que nadie quiere estar.**

1. ¿Quién es la chica/el chico con...
   a. todo el mundo quiere salir
   b. nadie puede vivir
   c. todo el mundo quiere estar

2. ¿Quién es la persona en....
   a. todos tienen confianza
   b. todo el mundo piensa
   c. nadie piensa

3. ¿Quiénes son los estudiantes a....
   a. todo el mundo quiere conocer
   b. los profesores quieren enseñar
   c. les gustan los exámenes

4. ¿Quiénes son los chicos sin....
   a. no puedo vivir
   b. no podemos formar un buen equipo
   c. nada funciona bien

5. ¿Quiénes son las chicas sin....
   a. es imposible hacer una fiesta
   b. nadie puede vivir
   c. la vida es inpensable

S.5 ▶ Los nuevos alumnos, los cuales llegaron anoche, parecen buenos.

PRIMER PASO

Entramos en la sala de espera, **en medio de la cual** había una mesa con varias revistas.

Me senté en un enorme sillón, **al lado del cual** había una lámpara.

Examiné a muchos niños en el campo, algunos **de los cuales** nunca habían visto a un médico antes.

Los nuevos residentes, **los cuales** llegaron anoche, están muy preparados.

Conclusiones

Pronombres relativos en cláusulas no restrictivas

1. Una cláusula no restrictiva identifica un individuo único o un grupo en su totalidad. Una cláusula no restrictiva se separa de la oración con pausas al hablar y comas al escribir. Compare:

Los nuevos médicos que llegaron anoche dejaron una buena impresión.	*La cláusula «que llegaron anoche» identifica un subgrupo de médicos. Se supone que hay otros nuevos médicos que no llegaron anoche. Por lo tanto, la cláusula es restrictiva.*
Los nuevos médicos, los cuales llegaron anoche, dejaron una buena impresión.	*La cláusula «los cuales llegaron anoche» identifica un grupo en su totalidad. Se refiere a un solo grupo de médicos y todos llegaron anoche. Por lo tanto la cláusula es no restrictiva.*

2. En cláusulas no restrictivas, generalmente se usa **el cual, la cual, los cuales** y **las cuales** directamente después del antecedente y también después de una preposición.

3. **Excepción:** con nombres propios se usa **que** en cláusulas no restrictivas:
Javier, que vino anoche con su papá, sigue dormido.
Josefina y Luisa, que estuvieron de vacaciones, volvieron ayer.[1]

SEGUNDO PASO

Mi médico me dijo que no tenía nada, **lo cual** me dio mucho alivio.
Mi hermano no tiene seguro médico, **lo cual** me parece absurdo.
Me cobraron cincuenta dólares por una inyección, **lo cual** me parece un robo imperdonable.

Conclusiones

Usos de *lo cual*

1. **Lo cual** es un pronombre relativo neutro.
2. Se usa **lo cual** en cláusulas no restrictivas para explicar algo extra sobre una idea o un concepto abstracto expresado anteriormente.

TERCER PASO

La señora **cuyo** marido se operó ayer quiere hablar con el cirujano.
El señor **cuya** hija se recibió de farmacéutica está muy contento.
Los hospitales **cuyos** techos se destruyeron en la tormenta no estaban asegurados.
David, **cuyas** hermanas son médicas, sabe mucho de medicina.
—¿**De quién(es)** son estos libros?
—No sé **de quién(es)** serán.

Conclusiones

Pronombres relativos y la posesión

1. **Cuyo, cuya, cuyos** y **cuyas** son pronombres relativos y posesivos que se usan en cláusulas restrictivas y no restrictivas.
2. Concuerdan en género y en número con el complemento poseído (y no con el posesor).
3. Se usa **de quién(es)** (y no una forma de **cuyo**) en preguntas y en preguntas incrustadas.

ACTIVIDADES

16. **Precisiones sobre Caperucita.** *Complete las oraciones sobre Caperucita Roja con* **el cual, la cual, los cuales** *o* **las cuales.**

1. Caperucita buscó a su abuela en su casa, _____ se encontraba en medio del bosque.

---

[1]Con las explicaciones en esta sección y con las de la sección anterior, Ud. puede formular oraciones perfectamente correctas y comprensibles. En la lengua hablada, sin embargo, el uso «correcto» de los pronombres relativos es un tema muy debatido.

2. Caperucita cruzó la sala, en medio de _____ había una mesa redonda.

3. Caperucita llegó a la puerta del dormitorio, en _____ alguien había escrito «Abuela».

4. Caperucita miró la cama, en _____ se encontraba un ser extraño.

5. Caperucita le miró los dientes al ser extraño, algunos de _____ estaban rotos y sucios.

6. Caperucita pensó en la pared de su casa, en _____ estaba colgado su rifle.

7. Caperucita pensó en sus padres, _____ no sabían que ella estaba en la casa de la abuela.

8. Caperucita le preguntó al ser extraño, _____ no se había movido, quién era y qué hacía en la cama de la abuela.

9. El ser extraño, _____ era un lobo incivilizado y desagradable, contestó que estaba soñando con las chicas que había comido, algunas de _____ habían sido muy sabrosas.

10. Caperucita no quiso saber más. Sacó una pistola de su bolsa, _____ era de cuero y de marca Gucci, y mató al lobo maleducado, _____ nunca volvió a molestar a chicas inocentes como Caperucita.

17. Las enfermedades de Don Tremendón. *Don Tremendón está explicándole a su hermana, la cual es la sinpar (sinpar = que no hay otra) Gumersinda, lo que le dice su médico. ¿Qué dice Don Tremendón?*

MODELO   que tengo que guardar la línea / imposible
→ **Me dice el médico que tengo que guardar la línea, lo cual me parece imposible.**

1. que debo hacer ejercicio / horrible
2. que debo comer menos / terrible
3. que debo tomar menos / antisocial
4. que tengo que dejar de fumar / repugnante
5. que necesito una operación / peligroso
6. que estoy muy gordo / impertinente
7. que la visita me costar mucho / repelente
8. que no quiere verme más / fabuloso

18. Cadena (entre dos o en pequeños grupos). *Haga un comentario sobre cualquier tema; después otro/a estudiante puede expresar su reacción a su comentario usando* **lo cual.**

EJEMPLO   ESTUDIANTE 1: **Voy a pasar mis vacaciones en la playa.**
ESTUDIANTE 2: (***Nombre de estudiante 1***) **dice que va a pasar sus vacaciones en la playa, lo cual me parece decadente, sobre todo porque no me ha invitado.**

19. ¿Quién está en la sala de espera? (entre dos) *Alejandra está explicando quién está en la sala de espera. ¿Qué dice?*

MODELO   la Sra. Gómez / persona / hija tiene tos
   Estudiante 1: **¿Quién es la Sra. Gómez?**
   Estudiante 2: **La Sra. Gómez es la persona cuya hija tiene tos.**

1. el Sr. Márquez / hombre / esposa acaba de dar a luz (tener un bebé)
2. los Sres. Rodríguez / el matrimonio / hijos tienen alergia al polen
3. Pepito / chico / padres están conversando con el Dr. Varela
4. María y Ana / señoritas / hermano tiene una pierna rota
5. el Sr. Costa / hombre / esposa está encinta
6. Gumersinda / persona / amigos están deprimidos y asqueados

APÉNDICE

I. VERBOS REGULARES

Infinitivo	**hablar**	**comer**	**vivir**
Gerundio	hablando	comiendo	viviendo
Participio	hablado	comido	vivido
Imperativo familiar	habla, hablad	come, comed	vive, vivid

A. Los tiempos simples de los verbos regulares

Infinitivo	Indicativo				
	Presente	Imperfecto	Pretérito	Futuro	Condicional
hablar	hablo	hablaba	hablé	hablaré	hablaría
	hablas	hablabas	hablaste	hablarás	hablarías
	habla	hablaba	habló	hablará	hablaría
	hablamos	hablábamos	hablamos	hablaremos	hablaríamos
	habláis	hablabais	hablasteis	hablaréis	hablaríais
	hablan	hablaban	hablaron	hablarán	hablarían
comer	como	comía	comí	comeré	comería
	comes	comías	comiste	comerás	comerías
	come	comía	comió	comerá	comería
	comemos	comíamos	comimos	comeremos	comeríamos
	coméis	comíais	comisteis	comeréis	comeríais
	comen	comían	comieron	comerán	comerían
vivir	vivo	vivía	viví	viviré	viviría
	vives	vivías	viviste	vivirás	vivirías
	vive	vivía	vivió	vivirá	viviría
	vivimos	vivíamos	vivimos	viviremos	viviríamos
	vivís	vivíais	vivisteis	viviréis	viviríais
	viven	vivían	vivieron	vivirán	vivirían

B. Tiempos perfectos de los verbos regulares

Los tiempos compuestos se forman con el verbo auxiliar **haber** y el participio del verbo.

hablar

Indicativo			
Pretérito Perfecto	Pluscuamperfecto	Futuro Perfecto	Condicional Perfecto
he hablado	había hablado	habré hablado	habría hablado
has hablado	habías hablado	habrás hablado	habrías hablado
ha hablado	había hablado	habrá hablado	habría hablado
hemos hablado	habíamos hablado	habremos hablado	habríamos hablado
habéis hablado	habíais hablado	habréis hablado	habríais hablado
han hablado	habían hablado	habrán hablado	habrían hablado

C. Las formas simples del subjuntivo

Subjuntivo		
Presente	*Imperfecto (-ra)*	*Imperfecto (-se)*
hable	hablara	hablase
hables	hablaras	hablases
hable	hablara	hablase
hablemos	habláramos	hablásemos
habléis	hablarais	hablaseis
hablen	hablaran	hablasen
coma	comiera	comiese
comas	comieras	comieses
coma	comiera	comiese
comamos	comiéramos	comiésemos
comáis	comierais	comieseis
coman	comieran	comiesen
viva	viviera	viviese
vivas	vivieras	vivieses
viva	viviera	viviese
vivamos	viviéramos	viviésemos
viváis	vivierais	vivieseis
vivan	vivieran	viviesen

D. Tiempos perfectos del subjuntivo

hablar

Subjuntivo		
Perfecto	*Pluscuamperfecto (-ra)*	*Pluscuamperfecto (-se)*
haya hablado	hubiera hablado	hubiese hablado
hayas hablado	hubieras hablado	hubieses hablado
haya hablado	hubiera hablado	hubiese hablado
hayamos hablado	hubiéramos hablado	hubiésemos hablado
hayáis hablado	hubierais hablado	hubieseis hablado
hayan hablado	hubieran hablado	hubiesen hablado

II. VERBOS CON CAMBIOS DE RAÍZ

A. Verbos de la primera y segunda conjugaciones

Los cambios de raíz en la primera y en la segunda conjugaciones ocurren sólo en el presente.

MODELO: e → ie

pensar (ie)

PRESENTE DE INDICATIVO: **pienso, piensas, piensa,** pensamos, pensáis, **piensan**
PRESENTE DE SUBJUNTIVO: **piense, pienses, piense,** pensemos, penséis, **piensen**
IMPERATIVO FAMILIAR: **piensa,** pensad

MODELO: o → ue

volver (ue)

PRESENTE DE INDICATIVO: **vuelvo, vuelves, vuelve,** volvemos, volvéis, **vuelven**
PRESENTE DE SUBJUNTIVO: **vuelva, vuelvas, vuelva,** volvamos, volváis, **vuelvan**
IMPERATIVO FAMILIAR: **vuelve,** volved

Otros verbos de la primera y segunda conjugaciones con cambios de raíz son:

acordar(se) (ue)	despertar(se) (ie)	perder (ie)
acostar(se) (ue)	empezar (ie)	poder (ue)
almorzar (ue)	encontrar (ue)	querer (ie)
cerrar (ie)	entender (ie)	recordar (ue)
colgar (ue)	llover (ue)	rogar (ue)
comenzar (ie)	mostrar (ue)	sentar(se) (ie)
contar (ue)	mover(se) (ue)	soler (ue)
costar (ue)	negar (ie)	soñar (ue)
demostrar (ue)	nevar (ie)	

B. Verbos de la tercera conjugación

Los verbos de la tercera conjugación que sufren un cambio de raíz en el presente también tienen un cambio de raíz en el pretérito, el imperfecto del subjuntivo y el gerundio.

MODELO: e → ie/i

sentir (ie/i)

PRESENTE DE INDICATIVO:	**siento, sientes, siente**, sentimos, sentís, **sienten**
PRESENTE DE SUBJUNTIVO:	**sienta, sientas, sienta**, sintamos, sintáis, **sientan**
PRETÉRITO:	sentí, sentiste, **sintió**, sentimos, sentisteis, **sintieron**
IMPERFECTO DE SUBJUNTIVO:	{ (-ra) **sintiera, sintieras, sintiera**, etc. { (-se) **sintiese, sintieses, sintiese**, etc.
IMPERATIVO FAMILIAR:	**siente**, sentid
GERUNDIO:	**sintiendo**

MODELO: o → ue/u

dormir (ue/u)

PRESENTE DE INDICATIVO:	**duermo, duermes, duerme**, dormimos, dormís, **duermen**
PRESENTE DE SUBJUNTIVO:	**duerma, duermas, duerma**, durmamos, durmáis, **duerman**
PRETÉRITO:	dormí, dormiste, **durmió**, dormimos, dormisteis, **durmieron**
IMPERFECTO DE SUBJUNTIVO:	{ (-ra) **durmiera, durmieras, durmiera**, etc. { (-se) **durmiese, durmieses, durmiese**, etc.
IMPERATIVO FAMILIAR:	**duerme**, dormid
GERUNDIO:	**durmiendo**

MODELO: e → i/i

pedir (i/i)

PRESENTE DE INDICATIVO:	**pido, pides, pide**, pedimos, pedís, **piden**
PRESENTE DE SUBJUNTIVO:	**pida, pidas, pida, pidamos, pidáis, pidan**
PRETÉRITO:	pedí, pediste, **pidió**, pedimos, pedisteis, **pidieron**
IMPERFECTO DE SUBJUNTIVO:	{ (-ra) **pidiera, pidieras, pidiera**, etc. { (-se) **pidiese, pidieses, pidiese**, etc.
IMPERATIVO FAMILIAR:	**pide**, pedid
GERUNDIO:	**pidiendo**

Otros verbos de la tercera conjugación con cambios de raíz son:

advertir (ie/i)	elegir (i/i)	referir (ie/i)
arrepentirse (ie/i)	herir (ie/i)	repetir (i/i)
competir (i/i)	impedir (i/i)	seguir (i/i)
consentir (ie/i)	mentir (ie/i)	servir (i/i)
convertir (ie/i)	morir (ue/u)	vestir(se) (i/i)
despedir (i/i)	preferir (ie/i)	
divertir(se) (ie/i)	reír (i/i)	

III. VERBOS CON CAMBIOS ORTOGRÁFICOS

A. Los verbos terminados en -gar *cambian la* -g- *en* -gu- *delante de* -e-.

MODELO:

pagar

PRETÉRITO: **pagué**, pagaste, pagó, pagamos, pagasteis, pagaron

PRESENTE DE SUBJUNTIVO: **pague, pagues, pague, paguemos, paguéis, paguen**

Otros verbos de este grupo son:

colgar (ue)	navegar	regar (ie)
llegar	negar (ie)	rogar (ue)

B. Los verbos terminados en -car *cambian la* -c- *en* -qu- *delante de* -e-.

MODELO:

tocar

PRETÉRITO: **toqué**, tocaste, tocó, tocamos, tocasteis, tocaron

PRESENTE DE SUBJUNTIVO: **toque, toques, toque, toquemos, toquéis, toquen**

Otros verbos de este grupo son:

atacar	explicar	marcar
buscar	indicar	sacar
comunicar		

C. Los verbos terminados en -ger *cambian la* -g- *en* -j- *delante de* -o- *y de* -a-.

MODELO:

proteger

PRESENTE DE INDICATIVO: **protejo**, proteges, protege, protegemos, protegéis, protegen

PRESENTE DE SUBJUNTIVO: **proteja, protejas, proteja, protejamos, protejáis, protejan**

Otros verbos de este grupo son:

coger	dirigir	exigir
corregir (i/i)	escoger	recoger

D. Los verbos terminados en consonante + -cer *o* -cir *cambian la* -c- *en* -z- *delante de* -o- *y de* -a-.

MODELO:

vencer

PRESENTE DE INDICATIVO: **venzo**, vences, vence, vencemos, vencéis, vencen

PRESENTE DE SUBJUNTIVO: **venza, venzas, venza, venzamos, venzáis, venzan**

Otros verbos de este grupo son:

convencer	esparcir	torcer (ue)

E. Los verbos terminados en vocal + -cer *o* -cir *cambian la* -c- *en* -zc- *delante de* -o- *y de* -a-.

MODELO:

conocer

PRESENTE DE INDICATIVO: **conozco**, conoces, conoce, conocemos, conocéis, conocen

PRESENTE DE SUBJUNTIVO: **conozca, conozcas, conozca, conozcamos, conozcáis, conozcan**

Otros verbos de este grupo son:

agradecer	entristecer	nacer	padecer	pertenecer
aparecer	establecer	obedecer	parecer	
carecer	lucir	ofrecer	permanecer	

Excepciones: decir, hacer, satisfacer

F. Los verbos terminados en -zar cambian la -z- en -c- delante de -e-.

MODELO:

empezar (ie)

PRETÉRITO: **empecé,** empezaste, empezó, empezamos, empezasteis, empezaron
PRESENTE DE SUBJUNTIVO: **empiece, empieces, empiece, empecemos, empecéis, empiecen**

Otros verbos de este grupo son:

alcanzar	cruzar	gozar
almorzar (ue)	forzar (ue)	rezar
comenzar (ie)		

G. Los verbos terminados en -aer, -eer y -oer cambian la -i- no acentuada en -y- cuando está entre vocales.

MODELO:

creer

PRETÉRITO: creí, creíste, **creyó,** creímos, creísteis, **creyeron**
IMPERFECTO DE SUBJUNTIVO: **creyera, creyeras, creyera, creyéramos, creyerais, creyeran**
GERUNDIO: **creyendo**
PARTICIPIO: creído

Otros verbos de este grupo son:

caer	decaer	poseer
corroer	leer	roer

H. Los verbos terminados en -uir (excepto -guir, donde la -u- es muda) cambian la -i- no acentuada en -y- cuando está entre vocales.

MODELO:

huir

PRESENTE DE INDICATIVO: **huyo, huyes, huye,** huimos, huís, **huyen**
PRETÉRITO: huí, huiste, **huyo,** huimos, huisteis, **huyeron**
PRESENTE DE SUBJUNTIVO: **huya, huyas, huya, huyamos, huyáis, huyan**
IMPERFECTO DE SUBJUNTIVO: **huyera, huyeras, huyera, huyéramos, huyerais, huyeran**
IMPERATIVO: **huye,** huid
GERUNDIO: **huyendo**

Otros verbos de este grupo son:

atribuir	construir	disminuir	incluir	restituir
concluir	contribuir	distribuir	influir	sustituir
constituir	destruir	excluir	instruir	

I. Los verbos terminados en -guir cambian la -gu- en -g- delante de -o- y -a-.

MODELO:

distinguir

PRESENTE DE INDICATIVO: **distingo,** distingues, distingue, distinguimos, distinguís, distinguen
PRESENTE DE SUBJUNTIVO: **distinga, distingas, distinga, distingamos, distingáis, distingan**

Otros verbos de este grupo son:

conseguir (i/i)	perseguir (i/i)	proseguir (i/i)	seguir (i/i)

J. Los verbos terminados en -guar llevan diéresis en la -u- delante de -e-.

MODELO:

averiguar

PRETÉRITO: **averigüé,** averiguaste, averiguó, averiguamos, averiguasteis, averiguaron

PRESENTE DE SUBJUNTIVO: **averigüe, averigües, averigüe, averigüemos, averigüéis, averigüen**

Otros verbos de este grupo son:

apaciguar   atestiguar

K. *Algunos verbos terminados en -iar llevan acento en la -i- en todas las formas singulares y la forma plural de la tercera persona en el presente del indicativo y del subjuntivo.*

MODELO:

enviar

PRESENTE DE INDICATIVO: **envío, envías, envía**, enviamos, enviáis, **envían**
PRESENTE DE SUBJUNTIVO: **envíe, envíes, envíe**, enviemos, enviéis, **envíen**

Otros verbos de este grupo son:

ampliar	enfriar	guiar	vaciar
criar	fiar	telegrafiar	variar
desviar			

Excepciones: cambiar, estudiar

L. *Todos los verbos terminados en -uar llevan acento en la -u- en todas las formas singulares y la forma plural de la tercera persona en el presente del indicativo y del subjuntivo.*

MODELO:

continuar

PRESENTE DE INDICATIVO: **continúo, continúas, continúa**, continuamos, continuáis, **continúan**
PRESENTE DE SUBJUNTIVO: **continúe, continúes, continúe**, continuemos, continuéis, **continúen**

Otros verbos de este grupo son:

acentuar	efectuar	graduar	insinuar
actuar	exceptuar	habituar	situar

IV. VERBOS IRREGULARES

Infinitivo	Gerundio y participio	Imperativo familiar	Indicativo					Subjuntivo		
			Presente	Imperfecto	Pretérito	Futuro	Condicional	Presente	Imperfecto (-ra)	Imperfecto (-se)
andar, to walk; to go	andando andado	anda andad	ando, etc.	andaba, etc.	anduve anduviste anduvo anduvimos anduvisteis anduvieron	andaré, etc.	andaría, etc.	ande, etc.	anduviera anduvieras anduviera anduviéramos anduvierais anduvieran	anduviese anduvieses anduviese anduviésemos anduvieseis anduviesen
caber, to fit; to be contained in	cabiendo cabido	cabe cabed	quepo cabes cabe cabemos cabéis caben	cabía, etc.	cupe cupiste cupo cupimos cupisteis cupieron	cabré cabrás cabrá cabremos cabréis cabrán	cabría cabrías cabría cabríamos cabríais cabrían	quepa quepas quepa quepamos quepáis quepan	cupiera cupieras cupiera cupiéramos cupierais cupieran	cupiese cupieses cupiese cupiésemos cupieseis cupiesen
caer, to fall	cayendo caído	cae caed	caigo caes cae caemos caéis caen	caía, etc.	caí caíste cayó caímos caísteis cayeron	caeré, etc.	caería, etc.	caiga caigas caiga caigamos caigáis caigan	cayera cayeras cayera cayéramos cayerais cayeran	cayese cayeses cayese cayésemos cayeseis cayesen
conducir, to lead (producir, to produce, y traducir, to translate, se conjugan de la misma manera)	conduciendo conducido	conduce conducid	conduzco conduces conduce conducimos conducís conducen	conducía, etc.	conduje condujiste condujo condujimos condujisteis condujeron	conduciré, etc.	conduciría, etc.	conduzca conduzcas conduzca conduzcamos conduzcáis conduzcan	condujera condujeras condujera condujéramos condujerais condujeran	condujese condujeses condujese condujésemos condujeseis condujesen
dar, to give	dando dado	da dad	doy das da damos dais dan	daba, etc.	di diste dio dimos disteis dieron	daré, etc.	daría, etc.	dé des dé demos deis den	diera dieras diera diéramos dierais dieran	diese dieses diese diésemos dieseis diesen

	Gerundio y participio	Imperativo familiar	Indicativo					Subjuntivo		
Infinitivo			Presente	Imperfecto	Pretérito	Futuro	Condicional	Presente	Imperfecto (-ra)	Imperfecto (-se)
decir, *to say, tell*	diciendo dicho	di decid	digo dices dice decimos decís dicen	decía, *etc.*	dije dijiste dijo dijimos dijisteis dijeron	diré dirás dirá diremos diréis dirán	diría dirías diría diríamos diríais dirían	diga digas diga digamos digáis digan	dijera dijeras dijera dijéramos dijerais dijeran	dijese dijeses dijese dijésemos dijeseis dijesen
estar, *to be*	estando estado	está estad	estoy estás está estamos estáis están	estaba, *etc.*	estuve estuviste estuvo estuvimos estuvisteis estuvieron	estaré, *etc.*	estaría, *etc.*	esté estés esté estemos estéis estén	estuviera estuvieras estuviera estuviéramos estuvierais estuvieran	estuviese estuvieses estuviese estuviésemos estuvieseis estuviesen
haber, *to have*	habiendo habido	he habed	he has ha hemos habéis han	había, *etc.*	hube hubiste hubo hubimos hubisteis hubieron	habré habrás habrá habremos habréis habrán	habría habrías habría habríamos habríais habrían	haya hayas haya hayamos hayáis hayan	hubiera hubieras hubiera hubiéramos hubierais hubieran	hubiese hubieses hubiese hubiésemos hubieseis hubiesen
hacer, *to do, make*	haciendo hecho	haz haced	hago haces hace hacemos hacéis hacen	hacía, *etc.*	hice hiciste hizo hicimos hicisteis hicieron	haré harás hará haremos haréis harán	haría harías haría haríamos haríais harían	haga hagas haga hagamos hagáis hagan	hiciera hicieras hiciera hiciéramos hicierais hicieran	hiciese hicieses hiciese hiciésemos hicieseis hiciesen
ir, *to go*	yendo ido	ve id	voy vas va vamos vais van	iba ibas iba íbamos ibais iban	fui fuiste fue fuimos fuisteis fueron	iré, *etc.*	iría, *etc.*	vaya vayas vaya vayamos vayáis vayan	fuera fueras fuera fuéramos fuerais fueran	fuese fueses fuese fuésemos fueseis fuesen
oír, *to hear*	oyendo oído	oye oíd	oigo oyes oye oímos oís oyen	oía, *etc.*	oí oíste oyó oímos oísteis oyeron	oiré, *etc.*	oiría, *etc.*	oiga oigas oiga oigamos oigáis oigan	oyera oyeras oyera oyéramos oyerais oyeran	oyese oyeses oyese oyésemos oyeseis oyesen

Infinitivo	Gerundio y participio	Imperativo familiar	Indicativo					Subjuntivo		
			Presente	Imperfecto	Pretérito	Futuro	Condicional	Presente	Imperfecto (-ra)	Imperfecto (-se)
oler, *to smell*	oliendo olido	huele oled	huelo hueles huele olemos oléis huelen	olía, *etc.*	olí, *etc.*	oleré, *etc.*	olería, *etc.*	huela huelas huela olamos oláis huelan	oliera, *etc.*	oliese, *etc.*
poder, *to be able*	pudiendo podido		puedo puedes puede podemos podéis pueden	podía, *etc.*	pude pudiste pudo pudimos pudisteis pudieron	podré podrás podrá podremos podréis podrán	podría podrías podría podríamos podríais podrían	pueda puedas pueda podamos podáis puedan	pudiera pudieras pudiera pudiéramos pudierais pudieran	pudiese pudieses pudiese pudiésemos pudieseis pudiesen
poner, *to put*	poniendo puesto	pon poned	pongo pones pone ponemos ponéis ponen	ponía, *etc.*	puse pusiste puso pusimos pusisteis pusieron	pondré pondrás pondrá pondremos pondréis pondrán	pondría pondrías pondría pondríamos pondríais pondrían	ponga pongas ponga pongamos pongáis pongan	pusiera pusieras pusiera pusiéramos pusierais pusieran	pusiese pusieses pusiese pusiésemos pusieseis pusiesen
querer, *to want*	queriendo querido	quiere quered	quiero quieres quiere queremos queréis quieren	quería, *etc.*	quise quisiste quiso quisimos quisisteis quisieron	querré querrás querrá querremos querréis querrán	querría querrías querría querríamos querríais querrían	quiera quieras quiera queramos queráis quieran	quisiera quisieras quisiera quisiéramos quisierais quisieran	quisiese quisieses quisiese quisiésemos quisieseis quisiesen
saber, *to know*	sabiendo sabido	sabe sabed	sé sabes sabe sabemos sabéis saben	sabía, *etc.*	supe supiste supo supimos supisteis supieron	sabré sabrás sabrá sabremos sabréis sabrán	sabría sabrías sabría sabríamos sabríais sabrían	sepa sepas sepa sepamos sepáis sepan	supiera supieras supiera supiéramos supierais supieran	supiese supieses supiese supiésemos supieseis supiesen
salir, *to go out*	saliendo salido	sal salid	salgo sales sale salimos salís salen	salía, *etc.*	salí, *etc.*	saldré saldrás saldrá saldremos saldréis saldrán	saldría saldrías saldría saldríamos saldríais saldrían	salga salgas salga salgamos salgáis salgan	saliera, *etc.*	saliese, *etc.*

	Gerundio y participio	Imperativo familiar	Indicativo					Subjuntivo		
Infinitivo			Presente	Imperfecto	Pretérito	Futuro	Condicional	Presente	Imperfecto (-ra)	Imperfecto (-se)
ser, *to be*	siendo sido	sé sed	soy eres es somos sois son	era eras era éramos erais eran	fui fuiste fue fuimos fuisteis fueron	seré, *etc.*	sería, *etc.*	sea seas sea seamos seáis sean	fuera fueras fuera fuéramos fuerais fueran	fuese fueses fuese fuésemos fueseis fuesen
tener, *to have*	teniendo tenido	ten tened	tengo tienes tiene tenemos tenéis tienen	tenía, *etc.*	tuve tuviste tuvo tuvimos tuvisteis tuvieron	tendré tendrás tendrá tendremos tendréis tendrán	tendría tendrías tendría tendríamos tendríais tendrían	tenga tengas tenga tengamos tengáis tengan	tuviera tuvieras tuviera tuviéramos tuvierais tuvieran	tuviese tuvieses tuviese tuviésemos tuvieseis tuviesen
traer, *to bring*	trayendo traído	trae traed	traigo traes trae traemos traéis traen	traía, *etc.*	traje trajiste trajo trajimos trajisteis trajeron	traeré, *etc.*	traería, *etc.*	traiga traigas traiga traigamos traigáis traigan	trajera trajeras trajera trajéramos trajerais trajeran	trajese trajeses trajese trajésemos trajeseis trajesen
valer, *to be worth*	valiendo valido	val(e) valed	valgo vales vale valemos valéis valen	valía, *etc.*	valí, *etc.*	valdré valdrás valdrá valdremos valdréis valdrán	valdría valdrías valdría valdríamos valdríais valdrían	valga valgas valga valgamos valgáis valgan	valiera, *etc.*	valiese, *etc.*
venir, *to come*	viniendo venido	ven venid	vengo vienes viene venimos venís vienen	venía, *etc.*	vine viniste vino vinimos vinisteis vinieron	vendré vendrás vendrá vendremos vendréis vendrán	vendría vendrías vendría vendríamos vendríais vendrían	venga vengas venga vengamos vengáis vengan	viniera vinieras viniera viniéramos vinierais vinieran	viniese vinieses viniese viniésemos vinieseis viniesen
ver, *to see*	viendo visto	ve ved	veo ves ve vemos veis ven	veía veías veía veíamos veíais veían	vi viste vio vimos visteis vieron	veré, *etc.*	vería, *etc.*	vea, *etc.*	viera, *etc.*	viese, *etc.*

VOCABULARIO

The numbers after each entry indicate the chapter where the vocabulary entry first occurs. *LP* refers to the *Lección preliminar; CS* refers to *Capítulo gramatical suplementario.*

Abbreviations

adj	adjective	*inter*	interrogative
adv	adverb	*interj*	interjection
art	article	*m*	masculine noun
conj	conjunction	*pl*	plural
dem	demonstrative	*prep*	preposition
exp	expression	*pron*	pronoun
f	feminine noun	*rel*	relative
indef	indefinite	*v*	verb

A

a *prep* to, LP

abajo *adv* under, below, downwards, 18

abierto *adj* open, 2

abogado, -a *m/f* lawyer, 2

abono *m* concert or theater series, 17

aborto *m* abortion, 9

abrazar *v* to hug, to embrace, 7

abrazo *m* embrace, hug, 15

abreviatura *f* abbreviation, 1

abrigo *m* overcoat, 2

abril *m* April, 4

abrir *v* to open, 6

abrochar *v* to fasten, 9

absolución *f* absolution, pardon, 13

abstracción *f* abstraction, 12

abuela *f* grandmother, 2; **abuelo** *m* grandfather, 2

abuelos *m* grandparents, 5

abundar *v* to be in abundance, 4

aburrido *adj* bored, boring, 2

aburrir *v* to bore, 13; **aburrirse** *v* to get bored, 12

acá *adv* here, around here, 14

acabar *v* to finish, 12; **acabar de + *inf*.** to have just, 10

acción action, 4; stock, 19

accionista *m/f* stockholder, 19

aceite *m* oil, 13

acera *f* sidewalk, 18

acerca de *adv* about, 6

acercarse a *v* to approach, 14

acomodado *adj* comfortable, prosperous, 19

acomodador, -a *m/f* usher, 6

acompañar *v* to accompany, 7

aconsejar *v* to advise, 14

acontecer *v* to happen, 10

acontecimento *m* happening, event, 10

acostarse (ue) *v* to go to bed, to lie down, 13

acostumbrarse *v* to become accustomed, 13

actitud *f* attitude, 17

actor *m* actor, 3

actuación *f* acting, role play, 16

actual *adj* current, 14

actualmente *adv* currently, 19

actuar *v* to act, 6

actuación *f* acting performance, 16

actriz *f* actress, 16

acuerdo *m* agreement, 17; **estar de acuerdo** *v* to agree, 11

adecuado *adj* adequate, 19

adelantado *adj* ahead, leading, 7

adelante *adv* forward, 5

además *exp* in addition, 5; **además de** *prep* besides, 12

adepto, -a *m/f* religious believer, 15

adinerado *adj* wealthy, 19

adiós *exp* goodbye, LP

adivinar *v* to guess, 4

admirar *v* to admire, 4

adónde *inter* to where, where to, 5

adorar *v* to adore, to worship, 6

adorno *m* decoration, adornment, 17

adquirir (ie) *v* to acquire, 11

aduana *f* customs house, 19

aduanero, -a *m/f* customs agent, 9

advertencia *f* warning, 19

advertir (ie) *v* to warn, 17

aéreo *adj* airborne, 8; **correo aéreo** *m* airmail, 8

aeropuerto *m* airport, 13

afecto *m* affection, 20

afectuoso *adj* affectionate, 20

afeitarse *v* to shave, 13

aficionado, -a *m/f* and *adj* fan, amateur, 6

afirmar *v* to affirm, 4

afortunado *adj* fortunate, lucky, 7

agarrar *v* to seize, to grasp, 11

agencia *f* agency, 8; **agencia de viajes** *f* travel agency, 8

agitado *adj* agitated, upset, 7

agosto *m* August, 4

agotado *adj* exhausted, 19

agradable *adj* agreeable, 6

agradecer *v* to thank, 9

agradecido *adj* thankful, grateful, 16

agregar *v* to add onto, to connect, 9

agrícola *adj* (*invariable*) agricultural, 19

agrónomo *adj* agricultural, 13

agrupar *v* to group, 16

agua *f* (**el agua** *in singular*) water, 5

aguafiestas *m/f* party-pooper, killjoy, 9

aguantar *v* to stand, to bear, 18

ahí *adv* there, right there, 15

ahijado, -a *m/f* godson, goddaughter, 12

ahora *adv* now, 1; **ahora mismo** *exp* right now; **por ahora** *exp* for now, 13

ahorrar *v* to save, 8

ahorros *m* savings, 7

aire *m* air, 7; **aire acondicionado** *m* air conditioning, 7

ajedrez *m* chess, 6

al *contraction* **a + el,** to the, 1

alcalde *m/f* mayor, 14

alcance *m* reach, 19; **estar al alcance** *exp* to be within reach, 19

alcanzar *v* to reach, 17

alcázar *m* castle, 4

Alcorán *m* Koran, 18

alegrarse *v* to become happy, 14

alegre *adj* happy, 2

alegría *f* happiness, 19

alemán, alemana, *adj* German, 2

Alemania *f* Germany, 2

alergia *f* allergy, 18

alfombra *f* carpet, 7

algo *adv* somewhat, 3; *indef pron* something, 6

algodón *m* cotton, 2

alguien *indef pron* someone, 6

algún, -o, -a, -os, -as *adj* some, 6

aliado, -a *m/f* ally, 14

aliarse *v* to ally oneself, 14

alienarse *v* to become alienated, 19

alimenticio *adv* related to food, 19

aliviar *v* to relieve, 18

alivio *m* relief, 12

alma *f* (**el alma** *in singular*) soul, 11

almacén *m* department store, storehouse, 9

almidonar *v* to starch, 16

almirante *m* Admiral, 17

almohada *f* pillow, 20

almorzar (ue) *v* to eat lunch, 6

almuerzo *m* lunch, 5

¡Aló! *exp* Hello, 6

alpinismo *m* mountain climbing, 6

alquilar *v* to rent, 7

alquiler *m* rent, 7

alrededor de *prep* around, encircling, 7

alternativa *f* alternative; **alternativo** *adj* alternative, 15

alto *adj* tall, high, 2

alumno, -a, *m/f* student, 1

allá *adv* over there, in that direction, 6

allí *adv* there, right there, 3

amable *adj* agreeable, nice, 18

amante *m/f* lover, 20

amar *v* to love, 14

amargo *adj* bitter, sour, 19

amarillo *adj* yellow, 2

Amazonas *m* the Amazon River, 3

ambiental *adj* environmental, 17

ambiente *m* environment, 17

ambiguo *adj* ambiguous, 7

ambos, ambas *adj* both, 13

amenazar *v* to threaten, 14

amenaza *f* menace, threat, 10

América *f* America, 3

americano *adj* American, 3

amigo, -a *m/f* friend, 1

amistad *f* friendship, 2

amistoso *adj* friendly, 20

amo, -a *m/f* master, mistress, 4; **ama de casa** (**el ama** *in singular*) *f* housewife

amor *m* love, 4

amoroso *adj* loving, kind, 4

ampliación *f* enlargement, amplification, 16

amplio *adj* large, ample, 8

amueblado *adj* furnished, 7

analfabetismo *m* illiteracy, 17

analfabeto *adj* illiterate, 17

análisis *m* analysis, 18

anaranjado *adj* orange colored, 2

Andalucía *f* an area in southern Spain, 11

andar *v* to walk, to function, 11

Andes *m* mountain range in South America, 3

andino *adj* Andean, 14

anglicismo *m* Englishism, "Spanglish", 19

angloparlante *m/f* English speaker, 17

angosto *adj* narrow, 5

anhelar *v* to desire, to want, 19

anillo *m* ring, 1

animado *adj* excited, animated, 2

ánimo *m* enthusiasm, energy, 12

aniversario *m* birthday, anniversary, 5

anoche *adj* last night, 9

ante *adv* before, 14

anteanoche *adv* the night before last, 10

anteayer *adv* the day before yesterday, 10

antecedente *m* antecedent, forebear, 16

antepasado, -a *m/f* ancestor, 11

anteponer *v* to place before, 15

anterior *adj* previous, 3

antes *adv* before, previously, 2

anti-incendiario *adj* fire preventive, 19

anticipar *v* to anticipate, 11

anticonceptivo *m/adj* birth control device, 17

antigüedad *f* antique, antiquity, 16

antiguo *adj* former, ancient, 7

antipático *adj* unpleasant, disagreeable, 2

antropólogo -a *m/f* anthropologist, 13

anunciar *v* to announce, 13

anuncio *m* announcement, 9; **anuncio comercial** commercial, 9

año *m* year, 4

apagar *v* to put out (a light or fire), 6

aparato *m* gadget, mechanical device, appliance 6

aparecer *v* to appear, 16

apariencia *f* appearance, 5

aparte *adv* in addition, on the side, 5

apasionado *adj* passionate, 8

apático *adj* apathetic, indifferent, 14

apellido *m* last name, family name, 1

apenas *adv* barely, hardly, 12

aperitivo *m* appetizer, 5

apertura *f* opening, 16

apoderarse de *exp* to take control of, 14

apodo *m* nickname, 10

apoyar *v* to support, 14

apoyo *m* support, 14

aprender *v* to learn, 5

aprisa *adv* in a hurry, 4
aprobar (ue) *v* to approve, to pass (a course or exam), 14
apropiado *adj* appropriate, 7
aproximarse *v* to approach, 14
apuntar *v* to write down, 19
apunte *m* note, jotting, 6
apurarse *v* to hurry, 15
aquel, aquella, aquello *dem* that, 4
aquellos, aquellas *dem* those, 4
aquí *adv* here, right here, 1
árabe *m/f* arab, 8
árbol *m* tree, 4
arco *m* arch, 13
archivo *m* archive, file, library, 11
ardiente *adj* ardent, passionate, burning, 2
ardilla *f* squirrel, 12
argüir *v* to argue, 8
argumento *m* plot, argument, 14
arma *f* (**el arma** *in singular*) weapon, armament, 14
armar *v* to arm, to assemble, 19
armario *m* closet, 12
arreglar *v* to arrange, to fix, 7
arreglo *m* arrangement, 12
arriba *adv* above, 1
arriesgar *v* to risk, 16
arrodillarse *v* to kneel, 17
arroyo *m* brook, 19
arroz *m* rice, 5
arruinar *v* to ruin, 9
arte *m* art; **bellas artes** fine arts, 16
artesanía *f* handicrafts, 16
artículo *m* article, 1
arzobispo *m* archbishop, 15
ascenso *m* promotion, 8
ascensor *m* elevator, 4
asentador, -a *m/f* settler, 17
asco *m* nausea; **tener asco** *exp* to be nauseated, 18
asegurar *v* to insure, 18
asesinar *v* to murder, to assassinate, 10
asesinato *m* murder, 20
asesino, -a *m/f* murderer, 20
asesor, asesora *m/f* advisor, 19
así *adv* in this fashion, this way, of the same kind, 12
asiento *m* seat, chair, 6
asignar *v* to assign, 9
asistir *v* to attend, 6
aspiradora *f* vacuum cleaner, 7; **pasar la aspiradora** *exp* to vacuum, 7
asqueado *adj* nauseated, 18
asunto *m* matter, subject, 10
atacar *v* to attack, 19

ataque *m* attack, 12
atender (ie) *v* to attend, to wait on, 8
atento *adj* attentive, 4
ateo, -a *m/f* atheist, 15
atleta *m/f* athlete, 2
atraer *v* to attract, 12
atrás *adv* behind, 16
atrasado *adj* behind, retarded, 2
atreverse *v* to dare, 20
aumentar *v* to increase, 9
aumento *m* increase, raise, 8
aun, aún *adv* yet, even, still, 7
aunque *adv* although, even though, 6
ausencia *f* absence, 13
ausente *adj* absent, 1
autobús *m* bus, 4
automóvil *m* car, automobile, 4
autopista *f* freeway, highway, 13
autor, autora *m/f* author, 2
autoridad *f* authority, 15
autorretrato *m* self-portrait, 4
avance *m* advance, 17
avanzar *v* to advance, 17
avenida *f* avenue, 6
aventura *f* adventure, 19
avión *m* airplane, 1
avisar *v* to notify, to warn, 17
aviso *m* announcement, warning, 8
ay *exp* oh, ow, ouch, 5
ayer *adv* yesterday, 9
ayuda *f* help, assistance, 7
ayudar *v* to help, 7
ayuntamiento *m* city government, 17
azafata *f* flight attendant, 9
azteca *m/f* Aztec, 11
azúcar *m* sugar, 5
azul *adj* blue, 2

B

bachillerato *m* high school degree, 8
bailar *v* to dance, 4
bailarín, bailarina *m/f* dancer, 6
baile *m* dance, 4
bajar *v* to descend, to lower, 6
bajo *adj* short, low, 2
bala *f* bullet, 14
balance *m* balance, scale, 19
balancear *v* to balance, 19
balcón *m* balcony, 7
baloncesto *m* basketball, 6
banca *f* bench, 12
banco *m* bank, 1
banda *f* band, 6
bandera *f* flag, 11

banquero, -a *m/f* banker, 3
bañar, bañarse *v* to bathe, 13
baño *m* bath, bathroom, 4
bar *m* bar, 4
barato *adj* inexpensive, 3
barba *f* beard, 13
barbaridad *f* barbarity, outrage, 9
bárbaro, -a *m/f* barbarian, 3
barco *m* boat, 5
barrer *v* to sweep, 7
barrera *f* barrier, 7
barrio *m* neighborhood, 19
barro *m* clay, 7
barroco *adj* baroque, 16
base *f* base, 14
básquetbol *m* basketball, 6
basta *exp* that's enough, 10
bastante *adj* enough, plenty, 4
basura *f* garbage, trash, 7
batalla *f* battle, 10
bautismo *m* baptism, 15
bautizar, bautizarse, *v* to baptize, to get baptized, 15
bebé *m* baby, 3
beber *v* to drink, 5
bebida *f* a drink, 5
beca *f* scholarship, 19
béisbol *m* baseball, 6
bello *adj* handsome, beautiful, 3
belleza *f* beauty, 3; **salón de belleza** *m* beauty shop, 8
bendecir (i) *v* to bless, 13
bendición *f* benediction, blessing, 13
beneficio *m* benefit, 13
besar *v* to kiss, 12
beso *m* kiss, 8
bestia *f* beast, 5
Biblia *f* bible, 7
biblioteca *f* library, 2
bicicleta *f* bicycle, 1
bien *adv* well, all right, 1
bienes *m pl* wealth, goods, 19
bienvenido *adj* welcome, 19
biftec (biftecs *in plural***)** *m* steak, 5
bigote *m* moustache, 13
bilingüe *adj* bilingual, 19
billete *m* ticket, bill, 19
biólogo, -a *m/f* biologist, 2
bioquímico, -a *m/f* biochemist, 18
bisabuelo, bisabuela *m/f* great grandfather/mother, 12
bisiesto *m* leap year, 4
bisnieto, bisnieta *m/f* great grandson/daughter, 12
bistec (bistecs *in plural***)** *m* steak, 5
blanco *adj* white, 2

blancura *f* whiteness, 16
blusa *f* blouse, 2
boca *f* mouth, 9
boda *f* wedding, 4
boletería *f* ticket booth, 6
boleto *m* ticket, 6
boliche *m* bowling, 6
bolívar *m* currency of Venezuela, 1
bolsa *f* purse, 1
bolsillo *m* pocket, 1
bomba *f* bomb 10
bombón *m* piece of candy, 12
bonito *adj* pretty, 2
borracho *adj* drunk, 9
bosque *m* forest, 15
bota *f* boot, 20
bote *m* can, trashcan, 19
botella *f* bottle, 5
botón *m* button, 2
botones *m/f* bellhop, 9
bravo *adj* brave, valiant, 9
brazalete *m* bracelet, 8
brazo *m* arm, 9
brocha *f* brush, 7
broma *f* joke, 16
bronceado *adj* tanned, 16
brujo, bruja *m/f* warlock, witch, 15
brujería *f* witchcraft, 15
bruto *adj* crude, unpolished, stupid (of people), 2
buen, bueno, -a *adj* good, 1
bulevar *m* boulevard, 2
burocracia *f* bureaucracy, 11
burócrata *m/f* bureaucrat, 11
burro *m* burro, 13
buscar *v* to look for, to search, 11
búsqueda *f* search, 9
butaca *f* seat (in a theater), 6

C

caballo *m* horse, 5
cabaña *f* cabin, 11
cabello *m* hair, 13
caber *v* to fit into, 17
cabeza *f* head, 6
cabina *f* cabin, 11
cabra *f* goat, 13
cada *adj* each, every, 1; **cada vez más** *exp* increasingly, more and more, 19
cadena *f* chain, 1
caer, caerse *v* to fall, 10
café *m* coffee; *adj* brown, 4
caja *f* box, 1
cajón *m* drawer, 3
calcetín *m* sock, 2
calculadora *f* calculator, 3
cálculo *m* calculation, calculus, 3

calefacción *f* heating, 7
calendario *m* calendar, 7
cálido *adj* warm, 19
calidad *f* quality, 3
caliente *adj* hot, 5
calmar, calmarse *v* to calm, to calm down, 13
calor *m* heat, 5
calumnia *f* false accusation, 4
calvo *adj* bald, 17
callarse *v* to cease talking, 17
calle *f* street, 3
callejón m alley, 10
cama *f* bed, 2
cámara *f* camera, 14; **cámara de diputados** *exp* House of Representatives
camarero, -a *m/f* busboy, waiter, waitress, 8
cambiar *v* to change, 8; **cambiarse de ropa** *exp* to change clothes, 13
cambio *m* to change 2; **en cambio** *exp* on the other hand, 3
cambista *m/f* money changer, 19
caminar *v* to walk, 4
camino *m* road, way, trail, 12
camión *m* truck, bus, 1
camioneta *f* pick-up truck, station wagon, 17
camisa *f* shirt, 2
camiseta *f* tee-shirt, 2
campana *f* bell, 7
campaña *f* campaign, 11
campesino, -a *m/f* peasant, 3
campo de batalla *exp* battlefield, 14
campo *m* field, countryside; **campo de estudio** *exp* field of study, 4
cana *f* gray hair, 11
canal *m* channel, 16
cancelar *v* to cancel, 16
cáncer *m* cancer, 18
canción *f* song, 6
cancha *f* sport court; **cancha de tenis** *exp* tennis court, 6
candente *adj* burning (question, etc.), 19
candidato, -a *m/f* candidate, 14
canoso *adj* gray-haired, 11
cansar *v* to tire, 12; **cansarse** *v* to get tired, 13
cantante *m/f* singer, 2
cantar *v* to sing, 4
cantidad *f* quantity, 4
capaz *adj* able, capable, 10
capilla *f* chapel, 15
capital *f* capital city; *m* capital, money, 19

capítulo *m* chapter, 1
cápsula *f* capsule, 18
capturar *v* to capture, 11
cara *f* face, 3
carácter *m* character, personality, 20
característica *f* characteristic, 2
cárcel *f* jail, 12
cardenal *m* cardinal (religious), cardinal (bird), 15
cardíaco *adj* cardiac, 18
caricatura *f* caricature, cartoon, 16
caricaturesco *adj* caricaturesque, 15
caridad *f* charity, 7
cariño *m* tenderness, 13
carne *f* meat, 5
carnicería *f* meat market, butcher shop, 8
carnicero, -a *m/f* butcher, 8
caro *adj* expensive, 3
carpintero, -a *m/f* carpenter, 2
carrera *f* race, career, 8
carretera *f* road, highway, 4
carta *f* letter (mail), 8
cartear *v* to correspond (by letter), 18
cartel *m* poster, 14
cartera *f* wallet, 1
cartero *m/f* mailman, 8
cartilla *f* identity card, 1
casa *f* house, 1
casado *adj* married, 13; **recién casado-a,** *m/f* newlywed, 20
casamiento *m* marriage, 20
casar *v* to marry, 13; **casarse** *v* to get married, 12
casero *adj* home, 9
casi *adv* almost, nearly, 2
caso *m* case, 10
castigar *v* to castigate, to punish, 17
castillo *m* castle, 1
catedral *f* cathedral, 4
categoría *f* category; **de categoría** *exp* high class, 3
católico *adj* Catholic, 2
causa *f* cause, 9; **a causa de** *exp* because of, 11
causar *v* to cause, 9
cebolla *f* onion, 5
celebrar *v* to celebrate, 7
celos *m* jealousy; **tener celos** *exp* to be jealous, 20
cementerio *m* cemetery, 15
cena *f* dinner, supper, 5
cenar *v* to eat dinner, 6
censura *f* censure, 18
centavo *m* cent, 19
centro *m* center, downtown, 2

cepillo *m* brush, 13; **cepillo de dientes** toothbrush, 13
cerca *f* fence; **cerca de** *prep* near, 2
cercano *adj* nearby, 7
cerdo, -a *m/f* pig, 20
cereales *m pl* cereal, grains, 5
cerebro *m* brain, 18
cereza *f* cherry; **cerezo** *m* cherry tree, 20
cero *m* zero, 2
cerrado *adj* closed, 2
cerrar (ie) *v* to close, 6
certeza *f* certainty, 14
certificado *m* certificate, 19
certificar *v* to certify, 19
cerveza *f* beer, 5
césped *m* grass lawn, 7
cicatriz *f* scar, 13
cielo *m* sky, heaven, 5
ciencia *f* science, 9
científico, -a *m/f* scientist; *adj* scientific, 2
ciertamente *adv* certainly, surely, 18
cierto *adj* certain, sure, 3
cigarrillo *m* cigarette, 6
cine *m* movie theater, 3
cinta *f* cord, tape, 6
cintura *f* waist, 18
cinturón *m* belt, 2
circo *m* circus, 6
cirujano, -a *m/f* surgeon, 18
cita *f* date, appointment, quotation, 10
ciudad *f* city, 4
ciudadanía *f* citizenship, 19
ciudadano, -a *m/f* citizen, 14
clarificar *v* to clarify, to explain, 3
claro *adj* clear, 2, light (color); **¡Claro! (que sí)** *exp* Of course! 6
clase *f* class, 1
cláusula *f* clause, 12
clavar *v* to nail, 10
clave *f* clue, 17
clérigo *m* clergyman, 15
cliente *m/f* client, 2
clientela *f* clientele, 9
clima *m* climate, 5
clínica *f* clinic, 12
cobarde *adj* coward, 20
cobrar *v* to charge, 8; **por cobrar** *exp* collect (phone call), 12
cobre *m* copper, 4
cocido *adj* cooked, 5
cocina *f* kitchen, 5
cocinar *v* to cook, 5
cocinero, -a *m/f* cook, 5
cocodrilo *m* crocodile, 1

cóctel *m* cocktail, 5
coche *m* car, 1
código *m* code, 12
coincidir (con) *v* to coincide (with), 4
cojín *m* small pillow, cushion, 20
cola *f* tail, line, 7; **hacer cola** *exp* to stand in line
coleccionista *m/f* collector, 2
colega *m/f* colleague, 17
colegio *m* private school, high school, 7
cólera *m* cholera, 18
colgado *adj* hanging, 7
colgar (ue) *v* to hang, 7
colina *f* hill, 4
colocación *f* positioning, act of placing, 16
colocar *v* to place, 14
colonia *m* colony, cologne, 13
colono, -a *m/f* colonist, 11
colorado *adj* red, 5
comadre *f* godmother, 12
combatir *v* to fight against, 11
combinar *v* to combine, to join, 7
comedia *f* play, comedy, 6
comedor *m* dining hall, dining room, 7
comentarista *m/f* comentator, 19
comenzar (ie) *v* to begin, 6
comer *v* to eat, 5; **comerse** *v* to devour, 13
comerciante *m/f* business person, 2
comercio *m* business, commerce, 9
cometa *f* kite, 19
comida *f* food, meal, 4
comienzo *m* beginning, 4
comité *m* committee, 14
como *adj* as, since, 2; **cómo** *inter* how, 1 **¡cómo no!** *exp* of course!, 6
cómodo *adj* comfortable, 7
compadrazgo *m* relationship between parents and godparents, 12
compadre *m* godfather, 12
compañero, -a *m/f* companion, comrade, 1
compañía *f* company, 6
comparar *v* to compare, 6
compartir *v* to share, 7
competir (i) to compete, 6
complejo *m* complex; *adj* complicated, 16
completar *v* to complete, 3
componer *v* to compose, to fix, 12

comportamiento *m* behavior, 12
compositor, -a *m/f* composer, 12
compra *f* purchase; **ir de compras** *exp* to go shopping, 9
comprar *v* to buy, 4
comprender *v* to understand, 5
comprensible *adj* comprehensible, 3
comprensión *f* comprehension, 2
comprimido *m* tablet, pill, 18
comprometerse *v* to commit oneself; to become engaged, 20
comprometido *adj* engaged, 20
compromiso *m* commitment, 6
computadora *f* computer, 6
comulgar *v* to take communion (religious), 13
común *adj* common; **tener en común** *exp* to have in common, 3
comunicar *v* to communicate, 12
con *prep* with, 1
concebir (i) *v* to conceive, 15
concierto *m* concert, 4
concilio *m* council, 18
concluir *v* to conclude, 7
concordancia *f* agreement, 2
concordar (ue) *v* to agree, 14
conde *m* count, 11
condominio *m* condominium, 7
conducir *v* to drive, 19
conducta *f* behavior, 4
conectar *v* to connect, 7
conejo *m* rabbit, 5
conexión *f* connection, 18
conferencia *f* lecture, 3
confianza *f* confidence, 2
confiar *v* to trust, 20
confundir *v* to confuse, 20
confuso *adj* confused, 20
conjetura *f* conjecture, 17
conjunto *m* band, musical group, 6
conmigo *exp* with me, 5
conocer *v* to know, to be acquainted, 7
conocido, -a *m/f* acquaintance, 15
conocimiento *m* knowledge, 7
conquista *f* conquest, 11
conquistar *v* to conquer, 10
consciente *adj* conscious, 3
conscripción *f* draft, forced recruitment, 14
conseguir (i) *v* to obtain, to get, 7
consejero, -a *m/f* counselor, advisor, 9
consejos *m* advice, 19
conservador *adj* conservative, 2

conservar *v* to keep, to preserve, 8

considerar *v* to consider, 7

consistir en *v* to consist of, 7

consolar (ue) *v* to console, 16

consomé *m* broth, 5

consonante *f* consonant, 2

construir *v* to construct, to build, 7

consulta *f* visit, consultation, 18

consultorio *m* doctor's office, 13

consumidor, -a *m/f* consumer, 3

contabilidad *f* accounting, 3

contado *m* cash, 9

contador, -a *m/f* accountant, 2

contagioso *adj* contagious, 18

contaminación *f* contamination, pollution, 14

contaminar *v* to contaminate, to pollute, 14

contar (ue) *v* to count, to tell, 9; **contar con** *exp* to count on, 18

contener (ie) to contain, 14

contentar, contentarse *v* to make content, to become contented, 13

contento *adj* contented, 2

contestar *v* to answer, 6

contigo *exp* with you (*fam*), 5

continuar *v* to continue, 19

contra *prep* against; **en contra de** *prep* against, 7

contradecir *v* to contradict, 16

contraer *v* to contract, 13

contraparte *f* counterpart, 16

contrariado, -a *m/f* opponent, 16

contrato *m* contract, 19

contribuir *v* to contribute, 5

contrincante *m/f* opponent, 14

controvertido *adj* controversial, 8

contundente *adj* total, sound, complete, 19

convencer *v* to convince, 11

convenir (ie) to behoove, to be good for, 9

convento *m* convent, 15

conversar *v* to converse, to chat, 4

converso, -a *m/f* convert, 4

convertir, convertirse (ie) to convert, 18

convincente *adj* convincing, 14

convivencia *f* living together, 11

copa *f* wine glass, 4

copia *f* copy, 8

copiar *v* to copy, 9

corazón *m* heart, 18

corbata *f* tie, 2

coro *m* choir, 3

corona *f* crown, 11

correcto *adj* correct, 1

corregir (i) *v* to correct, 10

correlación *f* sequence, relationship, 19

correo *m* post office, mail, 7

correr *v* to run, 5

correspondencia *f* mail, correspondence, 8

corresponsal *m/f* news correspondent, 15

corriente *f* current; **estar al corriente** *exp* to be up to date, 18

cortacésped *m* lawnmower, 7

cortar *v* to cut, 7; **no corte** *exp* don't hang up (telephone), 6

corte *m* haircut, 13; *f* court, 6

cortejo *m* courtship, 20

cortés *adj* courteous, 4

cortesano, -a *m/f* courtesan, 20

cortesía *f* courtesy, 4

corto *adj* short (in length), 3

cosa *f* thing, 2

coser *v* to sew, 7

costa *f* coast, 4

costar (ue) *v* to cost, 6

costo *m* cost, 9; **costo de vida** *exp* cost of living, 19

costumbre *f* custom, 5

costurero, -a- *m/f* dressmaker

crear *v* to create, 5

crecer *v* to grow, 11

creciente *f* growing, 11

creencia *f* belief, 15

creer *v* to believe, 5

crema *f* cream, 5; **crema solar** *f* suntan lotion, 12

creyente *m/f* believer, 15

criada *f* maid, 7

crianza *f* upbringing, 12

criar, criarse *v* to raise (children); to be raised, 13

criatura *f* creature, young child, 11

crimen *m* crime, 10

cristiano *adj* Christian, 2

crítica *f* criticism, 15

criticar *v* to criticize, 11

crítico, -a *m/f* critic, 13

cruz *f* cross, 8

cruzar *v* to cross, 9

cuaderno *m* notebook, 1

cuadra *f* city block, 4

cuadrado *adj* squared, square-shaped, 16

cuadro *m* picture, 16

cuál, -es *inter* which, 1

cualidad *f* characteristic, quality, 12

cualquier *adj* any, 6

cuando *adv* when; **cuándo** *inter* when, 2

cuánto, -a, -os, -as *inter* how much, how many, 2; **cuanto antes** *exp* as soon as possible, 18; **en cuanto a** *exp* in reference to, 20

cuarenta *adj* forty, 2

cuarto *m* room, 2; *adj* fourth, 4

cuatro *adj* four, LP

cuatrocientos *adj* four hundred, 4

cubiertos *m* table setting, 5

cubrir *v* to cover, 10

cucaracha *f* cockroach, 12

cuchara *f* spoon, 5

cuchillo *m* knife, 5

cuello *m* neck, 9

cuenta *f* bill (in a restaurant), 5; **darse cuenta de** *exp* to realize, 19; **tomar en cuenta** *exp* to take into account, 15

cuento *m* story, 9

cuero *m* leather, 2

cuerpo *m* body, 9

cuestionar *v* to question, to doubt, 11

cueva *f* cave, 15

cuidado *m* care, caution; **tener cuidado** *exp* to be careful, 12

cuidadoso *adj* careful, 4

cuidar *v* to care for, 7; **cuidarse** *v* to take care of oneself, 13

culpa *f* guilt, 15; **tener la culpa** *exp* to be guilty; **echar la culpa** *exp* to blame, 17

culpable *adj* guilty, 20

culpar *v* to blame, 9

culto *m* religion; cult, 15

culto, a *adj* educated, cultured, 12

cumpleaños *m* birthday, 4

cumplir *v* to fulfill, to obey, 8

cuñado, -a *m/f* brother/sister-in-law, 12

cura *m* priest; *f* remedy, cure, 11

curación *f* cure, 18

curandero, -a *m/f* folk healer, 18

curar *v* to cure, 18; **curarse** to get cured, 13

curso *m* course, 3

cuyo, -a, -os, -as *pron* whose, CS

CH

champaña *f* champagne, 12

champú *m* shampoo, 13

chaqueta *f* jacket, 2

charla *f* chat, 11

charlar *v* to chat, 11

chato *adj* squat, dull, 16
cheque *m* bank check, 8
chico, -a *m/f* young man/young woman, 3; *adj* small, 7
chimenea *f* chimney, fireplace, 15
chino, -a *m/f* Chinese man/woman, 5; *adj* Chinese
chisme *m* piece of gossip; **chismes** *m pl* gossip, 7
chismear *v* to gossip, 13
chiste *m* joke, 8
chistoso *adj* funny, comical, 20
chocar *v* to shock, to wreck, to run into, 20
choque *m* wreck, shock, 10
chuleta *f* chop (pork, lamb, etc.), 5
chupar *v* to suck, 11

D

dama *f* lady, 2; **damas** *f pl* checkers, 7
danza *f* dance, 3
dar *v* to give, 8
datos *m pl* information, statistics, figures, 13
de *prep* of, from, 1
debajo de *prep* underneath, 1
deber *v* to ought to, to owe, 5
débil *adj* weak, 3
década *f* decade, 12
decepcionar *v* to disillusion, to disappoint, 20
decidir *v* to decide, 5
décimo *adj* tenth, 6
decir (i) *v* to say, to tell, 6; **es decir** *exp* that is (to say), 10
declarar *v* to declare, 20; **declararse** *exp* to propose marriage, 20
declive *m* decline, 6
decorar *v* to decorate, 8
dedicar *v* to dedicate, 8; **dedicarse** *v* to devote oneself, 17
dedicatoria *f* dedication, 17
dedo *m* finger, toe, 9
defectuoso *adj* defective, 8
defender (ie) *v* to defend; **defenderse (ie)** *v* to get along, 13
defensa *f* defense, 15
defensor, -a *m/f* defender, 19
déficit *m* deficit, 19
definir *v* to define, 6
dejar *v* to leave (something); **dejar de** + inf. *exp* to cease, to stop, 7
del *cont* **de** + **el** of the, from the, 1
delante de *prep* in front of, ahead of, 1
delgado *adj* thin, svelte, 2

delicadeza *f* delicateness, 16
delicado *adj* delicate, 10
delicioso *adj* delicious, 5
demandar *v* to demand, 14
demás, los demás *m / adj* the rest, the others, 7
demasiado *adj* too much, too many; *adv* too, excessively, 3
demócrata *m/f* democrat, 2
demográfico *adj* demographic; **explosión demográfica** *exp* population explosion, 17
demonio *m* demon, devil, 17
demostrar (ue) *v* to demonstrate, 19
demostrativo *adj* demonstrative, 4
dentro de *prep* inside of, 1; **por dentro** *adv* inside
denunciar *v* to denounce, 20
departamento *m* department, apartment, 7
depender *v* to depend, 5
dependiente *m/f* clerk; *adj* dependent, 8
deporte *m* sport, 6
deportivo *adj* sporting, of sports, 6
depositar *v* to deposit, 8
depósito *m* deposit, down payment, 7
deprimido *adj* depressed, 18
deprimir, deprimirse *v* to depress; to get depressed, 18
derecha *f* right; **a la derecha de** *prep* to the right of, 2
derechista *adj* rightwing, conservative, 14
derecho *m* legal right; *adv* straight ahead, 9; **derechos humanos** *m pl,* human rights, 17
derrocar *v* to overthrow, 9
derrotar *v* to defeat, 11
desacuerdo *m* disagreement, 15; **estar en desacuerdo** *exp* to disagree, 12
desafio *m* challenge, 17
desafortunado *adj* unfortunate, unlucky, 12
desagradable *adj* disagreeable, 19
desamor *m* dislike, 20
desaparecer *v* to disappear, 11
desarme *m* disarmament, 17
desarrollar *v* to develop, 15
desarrollo *m* development, 17
desastre *m* disaster, 10
desastroso *adj* disastrous, 3
desayunar *v* to eat breakfast, 13
desayuno *m* breakfast, 5
descansar *v* to rest, 4

descanso *m* rest, 5
descomponer, descomponerse *v* to take apart; to break down; to fall apart, 20
descompuesto *adj* broken, on the fritz, 20
descomunal *adj* uncommon, 19
desconfiar *v* to distrust, 20
desconocido, -a *m/f* stranger, 20
descontar (ue) *v* to discount, 19
describir *v* to describe, 2
descubrimiento *m* discovery, 17
descubrir *v* to discover, 10
descuento *m* discount, 8
descuidado *adj* careless, messy, 17
descuidar *v* to ignore, 15
descuido *m* carelessness, 20
desde *adv* since (in a time sequence), 4; **desde luego** *exp* of course, 17
desdichado *adj* unfortunate, 17
desear *v* to desire, 4
desempeñar *v* to function; **desempeñar un papel** *exp* to play a role, 11
desempleado, -a *m/f* unemployed, 14
desempleo *m* unemployment, 15
desenlace *m* end, resolution, 14
desgraciado *adj* unfortunate, 12
deshacer *v* to undo; **deshacerse de** *v*, to get rid of, 16
desierto *m* desert, 4
desigual *adj* unequal, 13
desinencia *f* word ending, 4
desnudo *adj* naked, 4
desodorante *m* deodorant, 13
despacio *adv* slowly, 4
despedida *f* farewell, farewell party, 19
despedir (i) *v* to fire, to dismiss, 13
despedirse (i) to bid farewell, to say good-bye, 15
despejado *adj* clear, cloudless, 5
despertador, reloj despertador *m* alarm clock, 20
despertar, despertarse (ie) *v* to wake up, 11
después, después de *prep* and *adv* after, afterwards, 1
destino *m* destiny, fate, 13
destituir *v* to remove from office, 19
destruir *v* to destroy, 7
desvestir, desvestirse (i) *v* to undress, 13
detalle *m* detail, 12
detener, detenerse (ie) *v* to detain, to stop, 13

determinar *v* to determine, 9

detrás, detrás de *adv* and *prep* behind, 1

deuda *f* debt, 19

devolver (ue) *v* to return (an object), 8

devoto *adj* devout, 15

día *m* day, 4

diablo *m* devil, 15

diagnóstico *m* diagnosis, 18

diálogo *m* dialogue, 16

diamante *m* diamond, 2

diario *m* daily newspaper; *adj* daily, 9

dibujar *v* to draw, 16

dibujo *m* drawing, 11; **dibujo animado** *m* cartoon, 16

diciembre *m* December, 4

dictadura *f* dictatorship, 4

diecinueve *adj* nineteen, LP

dieciocho *adj* eighteen, LP

dieciséis *adj* sixteen, LP

diecisiete *adj* seventeen, LP

diente *m* tooth, 9

difícil *adj* difficult, unlikely, 2

difícilmente *adv* hardly, unlikely, 4

dificultad *f* difficulty, 19

dificultar *v* to impede, to render difficult, 10

digno *adj* worthy, 16

diluvio *m* flood, 10

dinero *m* money, 1

Dios *m* God, 3

diputado, -a *m/f* deputy, congressperson, 14

dirección *f* address, direction, 1

dirigente *m/f* head person, executive, 11

disco *m* phonograph record, 6

discurso *m* speech, 7

discusión *m* discussion, argument, 3

discutir *v* to argue, to discuss, 9

diseñador, -a *m/f* designer, 13

disfraz *m* disguise, costume, 18; **disfrazarse** *v* to disguise oneself, 17

disfrutar *v* to enjoy, 18

disgustar *v* to disgust, to displease, 9

disgusto *m* dispute, unpleasant experience, 14

disimular *v* to pretend, to feign, 16

disminuir *v* to diminish, 7

disolver (ue) *v* to dissolve, 18

dispuesto *adj* willing; **estar dispuesto** *exp* to be willing, 13

distinguir *v* to distinguish, 19

distinto *adj* different, distinct, 5

distraer *v* to distract, to divert, to amuse, 12

distribuir *v* to distribute, 14

distrito *m* district, 3

divertido *adj* fun, amusing, 3

divertirse (ie) *v* to have a good time, 15

dividir *v* to divide, 19

divino *adj* divine, 3

divisa *f* foreign currency, hard currency, 19

divorciarse *v* to get divorced, 13

divorcio *m* divorce, 9

doblar *v* to fold, to turn, 9

doble *adj* double, 13

doce *adj* twelve, LP

docena *f* dozen, 9

doctor, -a *m/f* doctor, 1

documento *m* document; **documentos** *m pl* identity papers, 17

dólar *m* dollar, 19

doler (ue) *v* to hurt, to ache, 9

dolor *m* pain, 18

domicilio *m* residence, 19

dominar *v* to dominate, 10

domingo *m* Sunday, 3

dominio *m* dominion, 11

don *m* gift, talent, 3; *title* Sir, 2

donar *v* to donate, 19

donde *adv* where; **dónde** *inter* where, 1

doña *title* Mrs., 2

dormir (ue) *v* to sleep, 6; **dormirse (ue)** *v* to fall asleep, 13

dormitorio *m* bedroom, dormitory, 4

dos *adj* two, LP

doscientos *adj* two hundred, 4

dosis *f* dose, 13

dramaturgo, -a *m/f* playwright, 16

droga *f* drug, 13

ducha *f* shower, 13

ducharse *v* to take a shower, 13

duda *f* doubt, 11

dudador, -a *m/f* doubter, 15

dudar *v* to doubt, 15

dudoso *adj* doubtful, 19

dueño, -a *m/f* owner, 8

dulce *m* candy; *adj* sweet, 5

duradero *adj* durable, 17

durante *adv* during, 4

durar *v* to last, 11

duro *adj* hard, 3

E

económico *adj* economic, 10

echar *v* to throw; **echar de menos** *exp* to miss, 15

edad *f* age, 2; **Edad Media** *f* Middle Ages, 11

edificio *m* building, 2

editar *v* to edit, to publish, 16

editorial *f* publishing house, 16

efectivo *m* cash, 19

efecto *m* effect; **en efecto** *exp* in fact, 11

eficaz *adj* effective, 4

egoísmo *m* selfishness, 20

egoísta *adj* selfish, egocentric, 14

ejecutivo, -a *m/f* executive, 3

ejemplar *m* copy (of a book); *adj* exemplary, 16

ejemplo *m* example, 1; **por ejemplo** *exp* for example, 13

ejercicio *m* exercise, 1

ejército *m* army, 9

el *art* the, 1

él *pron* he, 1

elección *f* choice; **elecciones** *f* elections, 14

electricista *m/f* electrician, 2

elegir (i) *v* to choose, to elect, 14

eliminar *v* to eliminate, 17

elogiar *v* to compliment, to praise, 15

elogio *m* compliment, 15

elongado *adj* elongated, 15

ella *pron* she, 1

ellos, ellas *pron* they, 2

embajada *f* embassy, 9

embajador, -a *m/f* ambassador, 9

embarazada *adj* pregnant, 18

embarazoso *adj* embarrassing, 11

embargo; sin embargo *exp* nonetheless, nevertheless, 11

emborrachar, emborracharse, *v* to make drunk, to get drunk, 13

emisora *f* radio station, 15

emoción *f* emotion, excitement, 14

emocionarse *v* to get excited, 13

empacar *v* to pack, 9

empapar *v* to soak; **empaparse,** *v* to get soaked, 16

empatar *v* to come out even, to tie, 10

empezar (ie) *v* to begin, 6

empleado, -a *m/f* employee, 8

emplear *v* to use, to employ, 7

empleo *m* employment, job, 8

empresa *f* company, business, 19; **libre empresa,** free enterprise, 19

empresario, -a *m/f* impresario, business person, 19
en *prep* on, in, inside of, 1
enamorado *adj* in love, 11
enamorarse *v* to fall in love, 13
encantar *v* to charm, to please a great deal, 9
encanto *m* charm, 6
encargado, -a *m/f* person in charge, 8
encender (ie) *v* to light (a fire or a light), 6
encima de *prep* on top of, 1
encinta *adj* pregnant, 18
encontrar (ue) *v* to find, 6
encuentro *m* encounter, 7
encuesta *f* investigation, poll, 3
enemigo, -a *m/f* enemy, 2
energía *f* energy, 12
enero *m* January, 4
énfasis *m* emphasis, stress, 3
enfatizar *v* to emphasize, 8
enfermar, enfermarse *v* to sicken, to get sick, 13
enfermedad *f* illness, 16
enfermería *f* nursing, 12
enfermero, -a *m/f* nurse, 2
enfermo *adj* ill, sick, 1
enfrente *adv* facing; **enfrente de** *prep* facing, 4
engañar *v* to deceive, 18
engordar, engordarse *v* to fatten, to get fat, 13
enojar, enojarse *v* to anger, to get mad, 13
enorme *adj* enormous, 2
ensalada *f* salad, 5
ensayo *m* rehearsal, essay, 6
enseñanza *f* teaching, 12
enseñar *v* to teach, 4
ensuciar, ensuciarse *v* to dirty, to get dirty, 9
entender (ie) *v* to understand, 6
entero *adj* whole, entire, 3
entonces *adv* then, at that moment, therefore, 3
entrada *f* theater ticket, 6
entrante *adj* coming, 5
entrar *v* to enter, 7
entre *adj* between, 1
entregar *v* to deliver, 7
entrenador, -a *m/f* trainer, coach, 6
entretener (ie) *v* to entertain, 9
entrevista *f* interview, 3
entrevistar *v* to interview, 11
entusiasmo *m* enthusiasm, 12
entusiasta *adj* enthusiastic; *m/f* enthusiast, 15

envolver (ue) *v* to wrap, 9
epidemia *f* epidemic, 13
episodio *m* episode, 17
época *f* epoch, era, 11
equipaje *m* luggage, 9
equipo *m* team, 6
equivocación *f* error, mistake, 13
equivocado *adj* mistaken, 5
equivocarse *v* to be mistaken, to make a mistake, 14
escala *f* scale, 18
escalera *f* ladder, stairs, 18
escasez f scarcity, 19
escaso *adj* scarce, 19
escena *f* scene, 16
escenario *m* stage, 6
escéptico, -a *m/f* skeptic, 15
escoba *f* broom, 7
escoger *v* to choose, 6
escolar *m/f* schoolchild; *adj* related to school, 4
esconder *v* to hide, 13
escribir *v* to write, 6
escritor, -a *m/f* writer, 6
escritorio *m* desk, 1
escrito *adj* written, 3
escuchar *v* to listen, 4
escuela *f* school, 3
esculpir *v* to sculpt, 16
escultor, -a *m/f* sculptor, 16
escultura *f* sculpture, 7
ese, -o, -a, -os, -as *dem* that, those, 4; **a eso de** *exp* approximately, 18
esfera *f* sphere, 12
esfuerzo *m* effort, 8
espacio *m* space, 17
espalda *f* back (of a person), 9
español, española *m/f* Spaniard; **español** *m* Spanish language, 1
especial *adj* special, 5
especializarse *v* to specialize, 18
especie *f* kind, sort, 15
específico *adj* specific, 1
espectáculo *m* performance, show, 6
espectador, -a *m/f* spectator, 14
especular *v* to speculate, 3
espejo *m* mirror, 13
esperanza *f* hope, 14
esperar *v* to hope for, to wait for, 7
espíritu *m* spirit, 15
esposo, -a *m/f* husband, wife, 2
espuma *f* foam; **espuma de afeitar** shaving cream, 13
esquiar *v* to ski, 6
esquina *f* street corner, 4

establecer *v* to establish, 15
estación *f* station, season of the year, 4
estacionamiento *m* parking lot, 17
estacionarse *v* to park, 15
estadio *m* stadium, 6
estadística *f* statistic, figure 19
estado *m* state, 3; **estar en estado** *exp* to be pregnant, 15
estar *v* to be, 2
estatal *adj* of the state, 14
estatua *f* statue, 16
este *m* east, 4
este, -o, -a, -os, -as *dem* this, these, 4
estereotipo *m* stereotype, 16
estilo *m* style, 7; **por el estilo** *exp* something like that, 17
estimado *adj* Dear (in a letter), esteemed, 19
estimular *v* to stimulate, 17
estímulo *m* stimulation, 12
estómago *m* stomach, 9
estrella *f* star, 20
estrenar *v* to premier, 15
estreno *m* premier, debut, 16
estricto *adj* strict, 2
estructura *f* structure, 1
estudiante *m/f* student, 1
estudiantil *adj* of students, 2
estudiar *v* to study, 4
estufa *f* stove, 7
etapa *f* stage, period, 4
eterno *adj* eternal, 17
etiqueta *f* label, 16
Europa *f* Europe, 3
evidente *adj* evident, 14
evitar *v* to avoid, 15
exagerar *v* to exaggerate, 4
examen *m* exam, test, 2
examinar *v* to examen, to test, 17
excepto *prep* except for, excepting, 1
excluir *v* to exclude, 7
exigente *adj* demanding, 8
exigir *v* to demand, 14
existir *v* to exist, 18
éxito *m* success; **tener éxito** *exp* to be successful, 8
explicación *f* explanation, 3
explicar *v* to explain, 4
explorar *v* to explore, 17
exponer *v* to expose, to exhibit, 12
exposición *f* exhibit, exposition, 7
expresar *v* to express, 7
extender (ie) *v* to extend, 14
extenso *adj* extensive, 3

exterior *adj* abroad, foreign, exterior, outside, 13
externo *adj* external, 19
extraer *v* to extract, 12
extranjero, -a *m/f* foreigner; *adj* foreign, 3
extrañar *v* to miss, 19
extraño *adj* strange, bizarre, 11

F

fábrica *f* factory, 8
fabricar *v* to manufacture, to make, 13
fácil *adj* easy, likely, 1
facilitar *v* to facilitate, to make easy, 12
factura *f* bill, account statement, 18
facultad *f* academic department, professional school, 10
facultativo *adj* optional, 19
falda *f* skirt, 2
falso *adj* false, 1
falta *f* lack, scarcity, 7; **hacer falta** *exp* to need, 9
faltar *v* to miss, to need, 9
fantasía *f* fantasy, dream, 2
fantasma *m* ghost, 15
farmacéutico, -a *m/f* pharma-cist, 16
farmacia *f* drugstore, 8
fascinante *adj* fascinating, 10
fascinar *v* to fascinate, to appeal greatly, 9
favor *m* favor, 5; **por favor** *exp* please, 1
fe *f* faith, 18
fealdad *f* ugliness, 16
febrero *m* February, 4
fecha *f* date, 4; **hasta la fecha** *exp* up until now, 20
felicidad *f* happiness, 16
feliz *adj* happy, contented, 2
fenómeno *m* phenomenon, freak, 6
feo *adj* ugly, 2
feria *f* fair, flea market, 16
ferrocarril *m* railroad, railroad transportation, 9
fertilidad *f* fertility; **tasa de fertilidad** *exp* fertility rate, 18
festejar *v* to celebrate, 13
ficha *f* index card, 15
fiebre *f* fever, 18
fiel *adj* faithful, 20
fiesta *f* party, holiday, 4
figurar *v* to figure, to appear, 20
fijar, fijarse *v* to fix, to notice, 14; **fijar una fecha** *exp* to set a date, 18

fila *m* line of people, row of seats, 6
filósofo, -a *m/f* philosopher, 11
fin *m* end, 4; **por fin** *exp* finally, 13
final *m* end; *adj* final, 3
financiero *adj* financial, 19
finanzas *f pl* finances, 19
fingido *adj* feigned, deceptive, 16
fingir *v* to pretend, 16
fino *adj* fine, delicate, cultured, 13
firma *f* signature, 19
firmar *v* to sign, 17
física *f* physics, 3
físico, -a *m/f* physicist; *adj* physical, 2
flaco *adj* thin, skinny, 2
flan *m* custard-like dessert, 5
flecha *f* arrow, 9
flirtear *v* to flirt, 11
flor *f* flower, 4
florería *f* flower shop, 8
florero, -a *m/f* florist; *m* flower vase, 4
florista *m/f* florist, 8
foco *m* focus, focal point, light-bulb, 17
fondo *m* fund, bottom, background, 11; **música de fondo** *exp* background music, 13
forma *m* form, 2
formar *v* to form, 2
formidable *adj* formidable, wonderful, admirable, 2
formular *v* to formulate, to invent, 4
formulario *m* form (to fill out), 18
foro *m* forum, stage, 11
fortalecer *v* to fortify, 12
fósforo *m* match (to light a fire), 9
foto, fotografía *f* photograph, 2
fotógrafo, -a *m/f* photographer, 16
fracasar *v* to fail, 19
fracaso *m* failure, 19
fraile *m* friar, 15
franela *f* flannel, 2
francés *m* French language; **francés, francesa** *m/f* Frenchman, Frenchwoman, 2
Francia *f* France, 13
fraude *m* fraud, 10
frase *f* phrase, sentence, 6
fregar (ie) *v* to clean, to scrub, 20
frente *f* forehead; *m* front; **en frente de** *prep* in front of, across from, 4
fresa *f* strawberry, 5
fresco *adj* fresh, cool, 5
frijol *m* bean, 5

frío *m* cold; **tener frío** *exp* to be cold, 5
frito *adj* fried, 5
frontera *f* border, 19
frustrante *adj* frustrating, 12
frustrar, frustrarse *v* to frustrate, to get frustrated, 9, 14
fruta *f* fruit, 5
fruto *m* product, result, 11
fuego *m* fire, 20
fuente *f* fountain, source, 4
fuera de *prep* outside of; **fuera** *adv* out; **por fuera** *adv* outside
fuerte *adj* strong, 3
fuerza *f* force, power, electric power, 9
fumar *v* to smoke, 4
función *f* function, showing (of a movie), 6
funcionar *v* to function, to work (a machine), 4
funcionario, -a *m/f* bureaucrat, 19
fundar *v* to found, 17
fúnebre *adj* funereal, gloomy, 13
funerales *m pl* funeral service, 18
fusilar *v* to shoot, 17
fútbol *m* football, soccer, 3
futuro *m* and *adj* future, 1

G

gabinete *m* cabinet, 7
galería *f* gallery, 15
galleta *f* cracker, 5
gallina *f* hen, 13
ganancia *f* earning, income, 19
ganar *v* to earn, to win, 4; **ganarse la vida** *exp* to earn a living, 12
ganas *f* desires; **tener ganas de +** inf. *exp.* to want to
ganga *f* bargain, 9
garaje *m* garage, 7
garganta *f* throat, 18
gastar *v* to spend, 8
gasto *m* expense, 9
gato, -a *m/f* cat, 1
genérico *adj* generic, 9
género *m* gender, genre, 16; **género humano** *exp* the human race, 3
genio, -a *m/f* genius; *m* talent, 15
gente *f* people, 1
gerente *m/f* manager, 8
gerundio *m* gerund, present participle, 8
gimnasia *f* gymnastics, calisthenics, 6
gimnasio *m* gymnasium, 4
gobernador, -a *m/f* governor, 14

gobernante *adj* ruling, governing, 17

gobierno *m* government, 2

golosina *f* candy, delicate sweets, 5

golpe *m* hit, blow; **golpe de estado** *exp* coup d'état, 13

gordo *adj* fat, 2

gorro *f* cap, hat, 2

gota *f* drop of liquid, 18

gozar *v* to enjoy, 19

grabado *m* engraving, 16

grabadora *f* tape recorder, 6

grabar *v* to engrave, to record, 16

gracia *f* grace, 15

gracias *exp* thank you, 1

grado *m* degree, grade, 6

graduarse *v* to graduate, 12

gramática *f* grammar, 6

gramo *m* gram, 9

gran, grande, grandes *adj* large, 3; noble, 6

grandeza *f* greatness, 5

granja *f* farm, 19

granos *m pl* cereal, 5

gratis *adv* free, 13

gratuito *adj* free, gratuitous, 19

griego, -a *m/f* and *adj* Greek, 11

gringo, -a *m/f* foreigner, North American, 9

gripe *f* cold, flu, 18

gris *adj* gray, 2

gritar *v* to shout, 12

grito *m* shout, 13

grosero *adj* gross, vulgar, rude, 17

grupo *m* group, 3

guante *m* glove, 18

guapo *adj* good-looking, handsome, 2

guarda *m/f* guard, 7

guardar *v* to keep, to preserve, to protect, 6

gubernativo *adj* governmental, 11

guerra *f* war, 10

guía *m/f* guide, *f* guidebook, 2

guiñar *v* to wink, 16

guión *m* play or filmscript, 16

guionista *m/f* scriptwriter, 16

gustar *v* to please, 9

gusto *m* taste, 1; **mucho gusto** *exp* pleased to meet you, 1

H

haber *v* to have (auxilliary), infinitive of **hay**, 12

hábil *adj* quick, able, capable, 13

habitación *f* room, 7

habitante *m/f* inhabitant, 4

hábito *m* habit, 5

hablar *v* to talk, to speak, 4

hacer *v* to do, to make, 5

hacerse *v* to become, 13

hallar *v* to find, 6

hambre *f* hunger (**el hambre** *in singular*), 5; **tener hambre** *exp* to be hungry

hamburguesa *f* hamburger, 5

hasta, hasta que until, 4; **hasta la vista.** *exp.* see you later, 1; **hasta luego** *exp* see you later, 1

hay *v* there is, there are, 4; **hay que** *exp* one must, 7; **no hay de qué** *exp* no problem, 6

hebreo, -a *m/f* Hebrew; *m* Hebrew language, 18

hecho, de hecho *exp* in fact, 13

heladería *f* ice cream shop, 8

helado *m* ice cream, 5

hemisferio *m* hemisphere, 4

heredar *v* to inherit, 19

hereje *m/f* heretic, 15; *adj* heretical, 15

herejía *f* heresy, 15

hermano, -a *m/f* brother, sister, 2

hermoso *adj* beautiful, 2

hierba *f* grass, herb, 18

hijo, -a *m/f* son, daughter, 2

hincha *m/f* sports fan, 6

hispano, -a *m/f* Hispanic person; *adj* Hispanic, 2

Hispanoamérica *f* Spanish America, 3

historia *f* history, story, 3

historiador, -a *m/f* historian, 11

historietas *f pl* comics, 9

hoja *f* leaf, sheet of paper, 10

Hola, *exp* Hello., LP

hombre *m* man, 1

hombro *m* shoulder, 9

hora *f* hour, time of day, 3

horno *m* oven; **al horno** *exp* baked, 5

hotelero, -a *m/f* hotel clerk, 9

hoy *adv* today, 1

huelga *f* strike, 14

huella *f* track, footprint, 16

huevo *m* egg, 5

húmedo *adj* humid, damp, 5

humilde *adj* humble, poor, 13

I

ibérico *adj* Spanish, Iberian, 4

identificar *v* to identify, 4

idioma *m* language, 2

iglesia *f* church, 4

ignorar *v* to be unaware of, 20

igual *adj* equal, the same, 3

igualdad *f* equality, 3

igualmente *adv* also, equally, 2

ilustración *f* enlightenment, 11

imagen *f* image, 3

imaginarse *v* to imagine, 17

imperio *m* empire, 11

impermeable *m* raincoat, 9

imponente *adj* imposing, 17

importar *v* to be important, 9

impreciso *adj* inexact, 4

impresionante *adj* impressive, 4

impresionar *v* to impress, 5

imprevisto *adj* unforeseen, 19

improvisar *v* to improvise, 13

impuesto *m* tax, 8

inaguantable *adj* unbearable, insufferable, 20

incendiar *v* to burn, 19

incendio *m* fire, conflagration, 10

incivilizado *adj* uncivilized, 12

inclinarse *v* to lean, 19

incluir *v* to include, 7

incluso *adv* and *prep* including, 5

incontable *adj* unspeakable, 19

increíble *adj* incredible, 14

incrustado *adj* imbedded, 7

independiente *adj* independent, 3

indicar *v* to indicate, to cue, 4

indígena *m/f* Indian; *adj (invariable)* native, 14

indigestión *f* indigestion, 18

indigno *adj* indignant, unworthy, 16

indio, -a *m/f* Indian, 11

individuo *m* individual, 3

indocumentado, -a *m/f* alien with no visa, 13

inesperado *adj* unexpected, 11

infame *adj* infamous, 14

infancia *f* infancy, 13

infiel *adj* unfaithful, 12

infierno *m* hell, 15

influenza *f* flu, 13

influir *v* to influence, 7

influjo *m* influx, 17

informar, informarse *v* to inform, to inform oneself, 13

informe *m* report, 2

ingeniería *f* engineering, 13

ingeniero, -a *m/f* engineer, 2

ingenuo *adj* naive, 16

Inglaterra *f* England, 5

inglés *m* English, 2; **inglés, inglesa** Englishman, Englishwoman

ingresos *m pl* income, 19

injusto *adj* unfair, 14

inmediatamente *adv* immediately, 7

inmigrante *m/f* immigrant, 19

inmigrar *v* to immigrate, 16

inmobilario *adj* real estate, 7

inodoro *m* flushable toilet, 12

inolvidable *adj* unforgettable, 6

inquieto *adj* upset, nervous, 13
inquilino, -a *m/f* renter, tenant, 7
insatisfecho *adj* unsatisfied, 6
inseguridad *f* insecurity, 18
inseguro *adj* insecure, uncertain, 16
insistir *v* to insist, 7
insoportable *adj* unbearable, insufferable, 20
inspirar *v* to inspire, 4
instituto *m* institute, 19
instruir *v* to teach, to instruct, 7
inteligente *adj* intelligent, 2
intensificar *v* to intensify, 3
intento *m* attempt, 13
intercambiable *adj* interchangeable, 19
intercambio *m* exchange, 2
interés *m* interest, 3
interesar *v* to interest, 9
interesante *adj* interesting, 2
internar *v* to hospitalize, 18
interno *adj* internal, 17
interpretar *v* to interpret, 16
intruso, -a *m/f* intruder, invader, 13
inundación *m* flood, 10
inútil *adj* useless, 19
invadir *v* to invade, 20
inventar *v* to invent, 17
invento *m* invention, 17
inversión *f* investment, 19
inversionista *m/f* investor, 19
invertir (ie) *v* to invest, 17
investigador, -a *m/f* investigator, detective, 8
investigar *v* to investigate, 9
invitado, -a *m/f* guest, 5
invitar *v* to invite, 7
inyección *f* shot, injection, 18
inyectar *v* to inject, 18
ir *v* to go, 5
irlandés, irlandesa *m/f* and *adj* Irishman, Irishwoman, 2
irse *v* to depart, to go away, 13
isla *f* island, 3
izquierda *f* left, 2; **a la izquierda de** *exp* to the left of, 2
izquierdista *m/f* leftist, 14

J

jabón *m* soap, 13
jamás *adv* never, 6
jamón *m* ham, 5
japonés, japonesa *m/f* and *adj* Japanese, 2
jarabe *m* syrup, 18
jardín *m* garden, backyard, 4

jardinero, -a *m/f* gardener, 13
jefe, -a *m/f* boss, 7
jerarquía *f* hierarchy, 15
jeringa *f* syringe, 18
joven *adj* young; *m/f* youth, 2
joya *f* jewel, 5
jubilación *f* retirement, 13
jubilarse *v* to retire, 12
judío, -a *m/f* Jew; *adj* Jewish, 2
juego *m* game, 6
jueves *m* Thursday, 4
juez *m/f* judge, 14
jugador, -a *m/f* player, 6
jugar (ue) *v* to play (a game or sport), 6
jugo *m* juice, 5
jugoso *adj* juicy, 15
juguete *m* toy, 7
juguetería *f* toyshop, 6
julio *m* July, 4
junio *m* June, 4
junto *adj* together; **junto a** *prep* next to, 2
justicia *f* justice, 9
justificar *v* to justify, 19
justo *adj* fair, 3
juventud *f* youth, 14

K

kilo *m* kilogram, 9
kilómetro *m* kilometer, 4

L

la *art* the, 1
labio *m* lip, 9
laboratorio *m* laboratory, 3
lado *m* side; **al lado de** *prep* beside, 1; **en todos lados** *exp* everywhere, 15; **por un lado** *exp* on one hand, 11
ladrillo *m* brick, 7
ladrón, ladrona *m/f* thief, 10
lamentar *v* to regret, to lament, 14
lámpara *f* lamp, 2
lana *f* wool, 2
lanzar *v* to launch, to throw, 17
lápiz *m* pencil, 1
lapso *m* period of time, 16
largo *adj* long, 3; **a lo largo** *exp* in the long run, 19
lástima *f* pity, 14
lavabo *m* wash basin, 7
lavadora *f* washing machine, 7
lavandería *f* laundry, 3
lavaplatos *m* dishwater, 7
lavar *v* to wash, 5
lazo *m* link, 17
le *pron* him, her, you, 8

lección *f* lesson, 1
lector, -a *m/f* reader, 16
lectura *f* reading selection, 1
leche *f* milk, 5
lechería *f* dairy, dairy store, 8
lechero, -a *m/f* milkman, milkmaid, 8
lechuga *f* lettuce, 5
leer *v* to read, 5; **leer la suerte** *exp* to tell fortunes, 15
legumbre *f* vegetable, 5
lejos *adv* far; **lejos de** *prep* far from, 2
lema *m* slogan, 19
lengua *f* tongue, language, 3
lenguaje *m* language, style, dialect, 20
león, leona *m/f* lion, lioness, 17
les *pron* them, you, 8
letra *f* letter, words of a song, 2
letrero *m* sign, 9
levantar, levantarse *v* to lift, to get up, 13
ley *f* law, 14
libertad *f* liberty, 5
libra *f* pound, 4
libre *adj* free, 4; **libre empresa** *f* free enterprise, 19
librería *f* bookstore, 6
librero, -a *m/f* bookstore clerk, 8
libro *m* book, 1
licencia *f* license, 19; **licencia de manejar** *f* driver's license
ligero *adj* light, airy, 5
limitar *v* to limit, 19
límite *m* limit, 13
limón *f* lemon, 5
limonada *f* lemonade, 5
limpiar, limpiarse *v* to clean 7, to wash up, 13
limpieza *f* cleanliness; **hacer la limpieza** *exp* to clean, 7
limpio *adj* clean, 2
lindo *adj* pretty, cute, 3
línea *f* line, 6
lingüística *f* linguistics, 3
lío *m* conflict, disorder, 17
liquidación *f* sale, 9
liso *adj* smooth, 6
lista *f* list, roll; **pasar lista** *exp* to call the role, 2
listo *adj* smart, quick-witted; **estar listo** *exp* to be ready, 14
litro *m* liter, 5
lo *pron* him, it, you, 7
lobo *m* wolf, 12
localidad *f* theater ticket, 17
localización *f* location, 1
loco *adj* crazy, 2
locura *f* insanity, 16

locutor, -a *m/f* announcer, 18
lógica *f* logic, 6
lógico *adj* logical, 2
lograr *v* to succeed in, to accomplish, 17
logro *m* accomplishment, 17
Londres London, 13
los *pron* you, them, 7; *art* the, 1
lotería *f* lottery, 7
lucha *f* fight, struggle, 18
luchar *v* to fight, to struggle, 14
luego *adv* later, 8; **hasta luego** *exp* see you later, 1; **desde luego** *exp* of course, 17
lugar *m* place, 2; **lugar de nacimiento** *exp* birthplace, 19
lujo *m* luxury, 19
luna *f* moon, 6
lunar *m* mole, beauty mark, 11
lunes *m* Monday, 4
lustrar *v* to polish, to shine, 7
luz *f* light, 1; **dar a luz** *exp* to give birth, 12; **salir a luz** *exp* to come to light, to be revealed, 14

LL

llamada *f* phone call, 6
llamar *v* to call, 6; **llamarse** *v* to be called, 13
llave *f* key, 1
llegada *f* arrival, 11
llegar *v* to arrive, 4; **llegar a ser** *exp* to become, 13
llenar *v* to fill, to fill out, 15
lleno *adj* full, 2
llevar *v* to carry, 4; **llevarse** *v* to take away, 11
llorar *v* to cry, 11
llover (ue) *v* to rain, 5
lluvia *f* rain, 11

M

machismo *m* exaltation of masculinity, 17
machista *adj* male chauvinistic, 17 *m/f* male chauvinist, 17
madera *f* wood, 2
madre *f* mother, 1
madrina *f* godmother, 12
madrugada *f* early morning, 3
maestría *f* mastery, master's degree, 12
maestro, -a *m/f* teacher, master, 1
magia *f* magic, 15
mago, -a *m/f* magician, 18
maíz *m* corn, 13

mal *adv* badly, 4; *m* evil, 18
mal, -o, -a, -os, -as *adj* bad, evil, 1
malcriado *adj* rude, ill-bred, 15
maleducado *adj* rude, ill-bred, 2
maléfico *adj* evil, 18
maleta *f* suitcase, 6
mamífero *m* mammal, 20
mandar *v* to command, to send, 6
mandato *m* command, 9
mandón, mandona *adj* bossy, 8
manejar *v* to drive, to manage, 4
manera *f* manner, way, 12
manifestación *f* demonstration, 14
manifestar (ie), *v* to show, to demonstrate, 14
mano *f* hand, 9
mantener (ie) *v* to maintain, 7
mantequilla *f* butter, 5
manto *m* mantle, cloak, 16
manzana *f* apple, 5
mañana *adv* tomorrow, 1; **pasado mañana** *adv* day after tomorrow, 5
mapa *m* map, 2
maquillaje *m* make-up, 13
máquina *f* machine, 8
mar *m* sea, ocean, 4
maravilla *f* marvel, 7
maravilloso *adj* marvelous, 2
marca *f* brand, name, 3
marcar *v* to mark, 11
marco *m* frame, 19
marea *f* dizziness, nausea, 18
mareado *adj* dizzy, nauseated, 18
marianismo *m* exaltation of women, 17
marido *m* husband, 7
marina *f* navy, 14
marinero, -a *m/f* sailor, 14
mármol *m* marble, 15
Marte *m* Mars, 17
marzo *m* March, 4
más *adj* more, 1; **cada vez más** *exp* more and more, 19
masaje *m* massage, 18
matamoscas *m* fly swatter, 13
matar *v* to kill, 10
matemáticas *f* mathematics, 1
matemático, -a *m/f* mathematician, 2
materia *f* material, course subject, 8; **materia prima** *f* raw material, 19
materno *adj* maternal, 19
matrícula *f* tuition, enrollment, 11
matricularse *v* to enroll, 19
matrimonio *m* matrimony, a married couple, 20
mayo *m* May, 4

mayonesa *f* mayonnaise, 5
mayor *adj* larger, older, 3
mayoría *f* majority, 11
me *pron* me, to me, 5
mecánico, -a *m/f* mechanic; 4; *adj* mechanical
media *f* sock, hose, 2
medianoche *f* midnight, 3
mediante *adv* by means of, through, 20
medicamento *m* medicine, 18
médico, -a *m/f* doctor, 2
medida *f* means, measure, 4; **en gran medida** *exp* in large measure, 15
medio *m* means; **en medio de** *prep* in the center of, 2
mediodía *m* noon, 3
medir (i) *v* to measure, 15
mejilla *f* cheek, 13
mejor *adj* better, 3; **a lo mejor** *exp* at best, 20
mejorar *v* to improve, 20
memoria *f* memory, 6; **aprender de memoria** *exp* to memorize, 6
menor *adj* younger, youngest, lesser, 3
menos *adj* less, minus, 3; **por lo menos** *exp* at least, 13; **cada vez menos** *exp* less and less
mente *f* mind, 4
mentir (ie) *v* to lie, to fib, 6
mentira *f* lie, 1
menudo, a menudo *exp* frequently, 20
mercado *m* market, 9
mercancía *f* merchandise, 9
mercantilismo *m* commercialism, 19
mercantilista *adj* commercialized, 19
merecer *v* to deserve, 11
mes *m* month, 4
mesa *f* table, 1
mesero, -a *m/f* waiter, waitress, 8
meta *f* goal, 9
meter *v* to put or place into, 14; **meter la pata** *exp* to blunder, 14
mezcla *f* mixture, 15
mezclar *v* to mix, 15
mi *pron* my, 1
mí *pron* me, 2
microbio *m* germ, 18
micrófono *m* microphone, 16
miedo *m* fear; **tener miedo (de)** *exp* to be afraid (of), 8
miembro *m/f* member, 8
mientras *adj* while, at the same time, 4; **mientras tanto** *adj* meanwhile, 11

miércoles *m* Wednesday, 4
mil *adj* thousand, 4
militar *m* military person, 6; *adj* military, 14
milla *f* mile, 4
millón *adj* million, 4
millonario, -a *m/f* millionaire, 5
mina *f* mine, 5
mínimo *m* minimum; *adj* minimal, 13; **en lo más mínimo** *exp* in the least, 20
ministro, -a *m/f* minister, 2
minoría *f* minority, 14
minoritario *adj* minority, 11
minúscula *adj* lower case (letters), 2
minuto *m* minute, 4
mío, -a, -os, -as *pron* mine, 18
mirar *v* to look at, to watch, 4
misa *f* mass (church service), 15
misionero, -a *m/f* missionary, 10
mismo *adj* same, 2
mitad *f* half, 4
mito *m* myth, 20
mixto *adj* mixed, 3
mochila *f* backpack, 1
moda *f* fashion, style, 3
moderado *adj* moderate, 14
modestia *f* modesty, 8
modismo *m* idiomatic expression, 8
modista *m/f* fashion designer, 3
molestar, molestarse *v* to bother, to irritate, 9, to get bothered, 13
molestia *f* bother, irritation, 19
molesto *adj* bothered, upset, 13
momia *f* mummy, 15
monarca *m/f* monarch, 13
moneda *f* coin, national currency, 9
monje, -a *m/f* monk, nun, 15
monstruo *m* monster, 8
montaña *f* mountain, 3
monopolio *m* monopoly, 19
morado *adj* purple, 2
moreno *adj* dark complected, brunette, 2
morir (ue) *v* to die, 6
moro, -a *m/f* moor, 11; *adj* moorish
mosca *f* fly, 13
mostrar (ue) *v* to show, to demonstrate, 8
moto, motocicleta *f* motorcycle, 1
mozo, -a *m/f* waiter, waitress, 5
mucama *f* maid, 7
muchacho, -a *m/f* boy, girl, 2
mucho, -a, -os, -as *adj* many, a lot, 1
mudarse *v* to change residence, 12

muebles *m pl* furniture, 7
muela *f* back tooth, molar, 18
muerte *f* death, 10
muerto *adj* dead, 4
mujer *f* woman, 1
multa *f* fine, 11
multar *v* to fine, 19
mundial *adj* world, 3
mundo *m* world, 2
muro *m* (exterior) wall, 7
murmullo *m* murmur, 7
museo *m* museum, 4
música *f* music, 3
músico, -a *m/f* musician, 6
mutuo, -a *adj* mutual, 19
muy *adj* very, 1

N

nacer *v* to be born, 10
nacimiento *m* birth, 4
nada *f* nothing, 6; **de nada** *exp* you're welcome, 6
nadar *v* to swim, 4
nadie *m* nobody, 6
naipes *m pl* playing cards, 6; **leer los naipes** *exp* to read (fortune) cards, 15
naranja *f* fruit, 5
nariz *f* nose, 9; *pl* nostrils, 13
narrar *v* to narrate, 11
natación *f* swimming, 13
natal *adj* birth, 13; **ciudad natal** *f* hometown, 4
natalidad *f* birth; **control de la natalidad** *exp* birth control, 17
navaja *f* straight razor, razor blade, 13
Navidad *f* Christmas, 4
necesario *adj* necessary, 1
necesitar *v* to need, 4
negar (ie) *v* to deny, 15
negocio *m* place of business, business deal, 7
negro *adj* black, 2
nervioso *adj* nervous, 2
nevar (ie) *v* to snow, 5
ni *conj* nor, 6
nieto, -a *m/f* grandson, granddaughter, 12
nieve *f* snow, 9
ningún, -o, -a, -os, -as *adj* no, 6
niñero, -a *m/f* baby-sitter, 12
niñez *f* childhood, 13
niño, -a *m/f* child, boy, girl, 4
nivel *m* level, stage, 17
noche *f* night, 3
nombrar *v* to name, 12
noreste *m* northeast, 4

norma *f* norm, 13
noroeste *m* northwest, 4
norte *m* north, 4
nos *pron* us, 7
nosotros, -as *pron* we, 3
nota *f* grade, note, 1
notar *v* to note, to notice, 11
noticia *f* news, notice, 10
noticiero *m* news broadcast, 10
novecientos *adj* nine hundred, 4
novela *f* novel, 6
noveno *adj* ninth, 6
noventa *adj* ninety, 2
noviazgo *m* courtship, 20
noviembre *m* November, 4
novio, -a *m/f* boyfriend, girlfriend, groom, bride, 4
nube *f* cloud, 4
nublado *adj* cloudy, 5
nuera *f* daughter-in-law, 12
nueve *adj* nine, 3
nuevo *adj* new, 1; **de nuevo** *exp* again, 10
número *m* number, 1
nunca *adj* never, 3

O

obedecer *v* to obey, 15
obispo *m* bishop, 15
objeto *m* object, thing, 1
obra *f* work (of literature, or art, etc.), 6
obrero, -a *m/f* manual laborer, factory worker, 2
obtener (ie) *v* to obtain, 13
obvio *adj* obvious, 14
ocasión *f* occasion, opportunity, 12
océano *m* ocean, 3
octavo *adj* eighth, 6
octubre *m* October, 4
ocupado *adj* busy, 4
ocurrir *v* to occur, to happen, 6
ochenta *adj* eighty, 2
ocho *adj* eight, LP
ochocientos *adj* eight hundred, 4
odiar *v* to hate, 7
odio *m* hate, 7
oeste *m* west, 4
oferta *f* offer; **estar de oferta** *exp* to be on sale, 9
oficina *f* office, 8
oficio *m* skill, vocation, 8
ofrecer *v* to offer, 13
oído *m* hearing, auditory sense, 16
oír *v* to hear, 7
ojalá *exp* I hope, 14
ojo *m* eye, 9
oler (ue) *v* to smell, 12
olvidarse *v* to forget, 13

omitir *v* to omit, 6
ómnibus *m* bus, 9
once *adj* eleven, LP
opaco *adj* opaque, 16
operar *v* to operate, 18
oponerse *v* to oppose, 14
opositor -a *m/f* competitor, opponent, 19
optar *v* to opt, to choose, 19
oración *f* sentence, 1
orar *v* to pray, 15
orden *m* order, arrangement; *f* command, religious order, 5
oreja *f* ear, 9
organizar *v* to organize, 5
orgullo *m* pride, 16
orgulloso *adj* proud, 13
oro *m* gold, 2
ortografía *f* spelling, 1
ortográfico *adj* spelling, 3
os *pron pl* you, 7
oscuro *adj* dark, 2
otoño *m* autumn, 4
otro *adj* other, another, 1
oveja *f* sheep, 10
OVNI *m* UFO, 18

P

paciente *adj m/f* patient, 12
padre *m* father; **padres** *m pl* parents, 2
padrino *m* godfather; **padrinos** *m pl* godparents, 12
paella *f* Spanish dish of rice and seafood, 5
pagar *v* to pay, 5
página *f* page, 4
pago *m* payment, 19
país *m* country, 2
paisaje *m* landscape, 16
pájaro *m* bird, 7
palabra *f* word, 1
palacio municipal *m* city hall, 4
pan *m* bread, 5
panadería *f* bakery, 8
pantalón *m* trousers, 2
pañuelo *m* handkerchief, 13
papa *f* potato, 5
Papa *m* Pope, 15
papel *m* paper, a sheet of paper, 1; **hacer un papel** *exp* play a role, 16
papelería *f* stationery store, 8
paquete *m* package, 10
par *m* pair, 9
para *prep* for, 1
parada *f* bus, train or taxi stop, 17
paradoja *f* paradox, 19
paraguas *m* umbrella, 11

parar, pararse *v* to stop, to stand up, 17
parecer *v* to seem, to appear, 5
parecido *adj* similar, 19
pared *f* wall, 1
pareja *f* pair, couple, 20
pariente *m/f* family relative, 12
parque *m* park, 4
párrafo *m* paragraph, 13
parrilla *f* grill, 5
parte *f* part, 1
partero, -a *m/f* (male) midwife, 18
participio *m* participle, 16
partícula *f* particle, small word, 8
particular *adj* particular, private, personal, 4
partida *f* departure; **punto de partida** *exp* point of departure, 2
partidario, -a *m/f* supporter, party member, 19
partido *m* political party, 14
partir *v* to depart, 11
parto *m* birth, 12
pasado *m* past, 10
pasaje *m* ticket, 8
pasajero, -a *m/f* passenger, 9
pasaporte *m* passport, 19
pasar *v* to pass, to occur, to happen, 5
pasear *v* to stroll, to travel for pleasure, 9
pasillo *m* hall, 7
paso *m* step, 20
pasta dental *f* toothpaste, 13
pastel *m* pastry, cake, 5
pastelería *f* pastry shop, 8
pastilla *f* pill, 18
pata *f* foot, 14
paterno *adj* paternal, 12
patio *m* backyard, courtyard, 4
pato, -a *m/f* duck, 15
patria *f* fatherland, 14
patrón, patrona *m/f* boss, 12; **patrón** *m* pattern, 19
pauta *f* pattern, framework, 11
pavimentado *adj* paved, 17
pavo *m* turkey, 5
payaso, -a *m/f* clown, 3
paz *f* peace, 7; **déjeme en paz** *exp* leave me alone, 20
pecado *m* sin, 15
pecador, -a *m/f* sinner, 15
pedante *adj* pedantic, 16
pedantería *f* pedantry, 20
pedido *m* request, 18
pedir (i) *v* to ask for, to request, 5
pegar *v* to hit, to stick, 19
pegamento *m* glue, 20
peinado *m* hairdo, 16
peinador, -a *m/f* hairdresser, 8

peinarse *v* to comb one's hair, 13
peine *m* comb, 13
pelea *f* fight, quarrel, 12
pelear *v* to fight, to quarrel, 12
peletería *f* leather shop, 9
película *f* film, 6
peligro *m* danger, 5
peligroso *adj* dangerous, 3
pelo *m* hair, 7
pelota *f* ball, 6
peluquería *f* barber shop, beauty salon, 8
peluquero, -a *m/f* barber, hairdresser, 8
pellizcar *v* to pinch, 17
pena *f* embarrassment, suffering, 17
pensador, -a *m/f* thinker, 15
pensamiento *m* thought, idea, 20
pensar (ie) *v* to think, 6
pensión *f* boarding house, board; **media pensión** partial board; **pensión completa** full board, 9
peor *adv* worse, worst, 3
pequeño *adj* small, 2
percibir *v* to perceive, 10
perder (ie) *v* to lose, to miss (a train, plane, move, etc.), 6
pérdida *f* loss, 19
perdonar *v* to pardon, 14
perezoso *adj* lazy, 2
periódico *m* newspaper, 1
periodista *m/f* reporter, 13
perjudicar *v* to harm, to damage, 20
permanecer *v* to stay, to remain, 7
permiso *m* permission, 6
permitir *v* to permit, 14
perplejo *adj* perplexed, 16
pero *conj* but, 1
perro, -a *m/f* dog, 4
personaje *m* character (in a novel), 13
pertenecer *v* to belong, 13
pesadilla *f* nightmare, 16
pesar *v* to weigh, 19; **a pesar de,** *exp* in spite of, 11
pesado *adj* heavy, 5
pescado *m* fish (to eat), 5
pestañas *f* eyelashes, 13
peyorativo *adj* pejorative
pez *m* fish (live), 11
pie *m* foot, 2; **a pie** *exp* on foot, 5
piel *f* skin, 13
pierna *f* leg, 9
pimienta *f* pepper, 20
pincel *m* small brush; **pincel de labios** *m* lipstick, 13
pintar *v* to paint, 16
pintor, -a *m/f* painter, 6
pintura *f* paint, 15

pisar *v* to step on, 15
piscina *f* swimming pool, 3
piso *m* floor, 1
pizarra *f* blackboard, 1
placer *m* pleasure, 9
plan *m* plan, 19
planear *v* to plan, 9
planilla *f* form (to fill out), 19
plata *f* silver, 2
plátano *m* banana, 19
platea *f* orchestra section, 17
platillo volador (or **p. volante**)
   m flying saucer, 13
playa *f* beach, 5
plaza *f* (city) square, 4
plenilunio *m* full moon, 8
plomero, -a *m/f* plumber, 7
pluma *f* pen, 1
población *f* population, 17
poblado *adj* populated, 3
pobre *adj* poor, 2
pobreza *f* poverty, 17
poco *adv* and *adj* little, few, slight,
   3; **poco a poco** *exp* little by little, 9
poder (ue) *v* to be able; *m* power,
   authority, 6
poderoso *adj* powerful, 9
poesía *f* poetry, poem, 6
poeta *m/f* poet, 16
policía *f* police; *m/f* police
   officer, 1
política *f* politics, policy, 2
político, -a *m/f* politician, 2
polvo *m* powder, dust, 18
pollo *m* chicken, 5
ponche *m* punch, 5
poner *v* to put, 5; **ponerse** *v* to
   put on, 13
por *prep* for, by, through, 1
por qué *inter* why, 1
porcentaje *m* percentage, 13
porque *conj* because, 1
portafolio *m* briefcase, 1
portarse *v* to behave, 20
potencia *f* power, 11
portero *m/f* doorman, 8
poseer *v* to possess, 19
posgrado *m* postgraduate, 8
posterior *adj* later, subsequent, 19
postre *m* dessert, 5
postura *f* posture, position, 15
practicar *v* to practice, 4
precio *m* price, 5
precisar *v* to need, to make exact,
   20; **es preciso** *exp* it's necessary, 14
precolombino *adj* precolumbian, 5
precoz *adj* precocious, 11

predecir (i) *v* to predict, 15
predicado *m* predicate, 1
predicador -a *m/f* preacher, 15
predicar *v* to preach, 15
preferir (ie) *v* to prefer, 6
pregunta *f* question, 1
preguntar *v* to ask a question, 7
prejuico *m* prejudice, 11
premio *m* prize, 12
prenda *f* article of clothing, 16
prender *v* to light (a fire); to turn
   on a light, 16
prensa *f* press, the news media, 14
preocuparse *v* to get worried;
   preocupar *v* to cause worry, 13
preparar *v* to prepare
preparativo *m* preparation, 15
preparatoria *f* senior high school,
   8
presentar *v* to introduce, 2
presidente, -a *m/f* president, 1
préstamo *m* loan, 7
prestar *v* to lend, to make a loan, 8
presupuesto *m* budget, 14
pretexto *m* pretext, excuse, 9
prever *v* to foresee, 15
previo *adj* previous, 8
primaria *f* elementary school, 8
primavera *f* spring, springtime, 4
primer, -o, -a *adj* first, 4
primo, -a *m/f* cousin, 5
princesa *f* princess, 11
príncipe *m* prince, 11
principio *m* beginning, principle, 1
prisa *f* rush; **tener prisa** *exp* to be
   in a hurry, 8
probar, probarse (ue) *v* to
   prove; to try on, to try out, 9
problema *m* problem, 3
pródigo *adj* prodigal, wasteful, 16
producir *v* to produce, 12
profesor, -a *m/f* professor,
   teacher, 1
programa *m* program, 2
prohibir *v* to forbid, to prohibit, 14
prometer *v* to promise, 14
promovedor, -a *m/f* promoter, 18
promover (ue) *v* to promote, 17
pronombre *m* pronoun, 1
pronto *adv* soon, 1; **de pronto**
   exp suddenly, 18
propiedad *f* property, 7
propina *f* tip (for a waiter, etc.), 5
propio *adj* own, personal, 7
proponer *v* to propose, 12
propósito *m* purpose, 5
propuesta *f* proposal, 19
próspero *adj* prosperous, 17
prostituir *v* to prostitute, 15

protagonista *m/f* main character
   in a novel or movie, 16
proteger *v* to protect, 14
protestar *v* to protest, 14
provenir (ie) *v* to come from, 17
provocar *v* to provoke, 17
próximo *adj* next, 4; **próxima-
   mente** soon, 10
proyecto *m* project, 14; **proyecto
   de ley** *exp* bill, proposed law,
   14
prueba *f* test, proof exam, 11
psicólogo, -a *m/f* psychologist, 2
psicoterapeuta (also **psicoter-
   apista**) *m/f* psychotherapist,
   18
psiquiatra *m/f* psychiatrist, 18
publicar *v* to publish, 16
pueblo *m* town, people, 5
puente *m* bridge, 9
puerco, -a *m/f* pig; *m* pork, 5
puerta *f* door, 1
puerto *m* seaport, 6
pues *exp* well, since, 14
puesto *m* job, position, 9
pulmón *m* lung, 18
punta *f* dot, point of an object
   (e.g. pencil), 3
punto *m* point, dot, 3; **en punto**
   exp exactly, on the dot, 3;
   punto de partida *exp* point of
   departure, 2
pupitre *m* student desk, 1
pureza *f* purity, 13

Q

que *rel pron* that, which, 1
qué *inter* what, which, 1
quebrar (ie), *v* to break, 20
quedarse *v* to stay, to remain, 13
quehacer *m* errand, chore, duty, 15
queja *f* complaint, 8
quejarse *v* to complain, 14
quemar *v* to burn, 7
querer (ie) *v* to want, to wish, 6
querido *adj* dear, beloved, 17
queso *m* cheese, 5
quien, quienes *rel pronoun* who,
   whom, CS
quién, quiénes *inter* who, whom,
   1
química *f* chemistry, 3
químico, -a *m/f* chemist, 2
quince *adj* fifteen, LP
quinientos *adj* five hundred, 4
quinto *adj* fifth, 6
quisiera (from **querer**) *exp* I'd
   like, 18

quitar, quitarse *v* to remove, to take off, 13

quizá, quizás *adv* perhaps, 3

R

rabino, -a *m/f* rabbi, 15
radiodifusora *f* radio station, 10
radiografía *f* x-ray, 18
raíz *f* root, 4
rama *f* branch, 14
rápido *adj* fast, rapid, 4
raptador, -a *m/f* kidnapper, 10
rapto *m* kidnapping, 10
raro *adj* rare, bizarre, 10
rasuradora *f* razor, shaver, 13
rata *f* rat, 20
rato *m* while, period of time, 11
ratón *m* mouse, 20
raya *f* line, stripe, 3
razón *f* reason, 8; **tener razón** *exp* to be right, 8
razonable *adj* reasonable, 5
razonamiento *m* reasoning, argument, defense, 18
reaccionar *v* to react, 11
realizar *v* to realize (a goal), 19
rebelde *m/f* rebel, 11
recado *m* message, 6
receta *f* recipe, 7; medical prescription, 18
recetar *v* to prescribe, 18
recibir *v* to receive, 7; **recibirse** *v* to graduate, 13
recibo *m* receipt, 9
reciclar *v* to recycle, 7
recién *adv* recently, 20
recinto *m* area, district, 16
reclamar *v* to claim, 11
reclamo *v* claim, 17
reclinarse *v* to lean back, 17
recluta *m/f* recruit, 14
reclutamiento *m* recruitment, 14
recoger *v* to pick up, to gather, 6
reconocer *v* to recognize, 7
recordar (ue) *v* to remember, 6
recostarse (ue) *v* to lie down, 15
recuerdo *m* memory, souvenir, 13
recurso *m* resource, 17
red *f* net, 9
redondo *adj* round, 6
reembolsar *v* to refund, 8
reembolso *m* refund, 8
reemplazar *v* to replace, 6
referir (ie) *v* to refer, 6
reflejar *v* to reflect, 11
reflejo *m* reflection, 17
refresco *m* soft drink, soda pop, 5
refrigerador *m* refrigerator, 7

refugiado, -a *m/f* refugee
regalar *v* to give, 8
regalo *m* gift, 8
regar (ie) *v* to water, to irrigate, 6
regatear *v* to bargain, 9
regateo *m* act of haggling, 9
regla *f* rule, 7
regresar *v* to return, 5
rehusar *v* to refuse, 13
reina *f* queen, 11
reinar *v* to rule, 11
reino *m* kingdom, 11
reír (i) *v* to laugh, 8
relámpago *m* lightning, 16
reloj *m* clock, watch, 1
relleno *m* stuffing, 5
remedio *m* medicine, remedy, 18
renacentista *adj* Renaissance, 16
Renacimiento *m* Renaissance, 11
reñido *adj* on bad terms, 19
renunciar *v* to renounce, 16
reparar *v* to repair, 7
repartir *v* to pass out, to distribute, 14
repente, de repente *exp* suddenly, 11
repetir (i) *v* to repeat, 4
reportaje *m* news report, 3
reportero, -a *m/f* reporter, 2
reprobar (ue) *v* to reprove, to flunk, 19
repugnar *v* to repel, to nauseate, 9
requerir (ie) *v* to require, 3
requisito *m* requirement, 8
reseña *f* review, critique, 16
resfriado; estar resfriado *exp* to have a cold, 18
resfrío *m* cold (illness), 18
resolver (ue) *v* to resolve, to solve, 14
respecto: con respecto a *exp* with respect to, 8
respetar *v* to respect, 8
respeto *m* respect, 1
respiración *f* breath, 18
respirar *v* to breathe, 18
respuesta *f* answer, 1
restaurante *m* restaurant, 2
restaurar *v* to restore, 19
resto *m* rest, the others, 4
resultado *m* result, 2
retener (ie) *v* to retain, 9
retrato *m* portrait, 16
reunión *f* meeting, reunion, 4
revés: estar al revés *exp* to be reversed, 5
revisar *v* to check, to revise, 10
revista *f* magazine, 9

rey *m* king, 11; **reyes** *m pl* king and queen
rezar *v* to pray, 15
rico *adj* rich, delicious, 5
ridículo *adj* ridiculous, 10
rímel *m* mascara, 13
rincón *m* corner, 7
río *m* river, 3
riqueza *f* wealth, 19
risa *f* laughter, 8
rito *m* rite, 12
robar *v* to steal, to rob, 15
robo *m* robbery, 10
rodilla *f* knee, 9
rogar (ue) *v* to beg, 11
rojo *adj* red, 2
romper *v* to break, 16; **romper con** *exp* to break off a relationship, 16
roncar *v* to snore, 8
ropa *f* clothing, 3
ropero *m* clothes chest, 3
rosa *f* rose, 4
rosado *adj* pink, 2
roto adj broken, 12
rubio *adj* blond, 2
ruido *m* noise, 5
ruso *adj* Russian, 2

S

sábado *m* Saturday, 4
sabana *f* plain savanna, 4
sábana *f* bed sheet, 18
saber *v* to know, 5
sabiduría *f* wisdom, 20
sabor *m* flavor, 9
sabroso *adj* delicious, 5
sacerdote *m* priest, 15
sacerdotiza *f* priestess, 15
saco *m* suitcoat, sports coat, 2
sagrado *adj* sacred, 18
sainete *m* skit, short play, 8
sal *f* salt, 5
salario *m* wages, salary, 8
salida *f* exit, 9
salir *v* to go out, to leave (a place), 6; **salir aprobado** *exp* to pass (a course); **salir reprobado** *exp* to fail (a course), 19
salsa *f* sauce, 6
salud *f* health, 5
saludar *v* to greet, 4
salvaje *m/f* savage, 20
sandalia *f* sandal, 2
sangre *f* blood, 11
sangriento *adj* bloody, 20
sano *adj* healthy, 2
santo, -a *m/f* saint, 11

Satanás *m* Satan, 15
satisfecho *adj* satisfied, 17
secadora *f* dryer, 13
secar, secarse *v* to dry, to dry off, 13
seco *adj* dry, 3
sed *f* thirst, 5; **tener sed** *exp* to be thirsty, 5
seda *f* silk, 2
seguir (i) *v* to follow, to continue, 8; **en seguida** *exp* at once, 10
según *prep* according to, in accordance with, 2
segundo *adj* second, 6
seguridad *f* security, 14
seguro *m* insurance. 18; *adj* secure, 18; **estar seguro** *exp* to be certain, 14
seis *adj* six, LP
seiscientos *adj* six hundred, 4
seleccionar *v* to choose, 11
sello *m* stamp, seal, 19
semáforo *m* traffic light, 9
semana *f* week, 4
semestre *m* semester, 3
senado *m* senate, 14
senador, -a *m/f* senator, 1
sencillo *adj* simple, 4
sentado *adj* seated, 2
sentarse (ie) to sit down, 13
sentido *m* direction, meaning, sense, 9
sentir (ie) *v* to sense, to regret, 8; **sentirse (ie)** to feel, 8
señal *f* sign, signal, 16
señalar *v* to signal, to indicate, 4
señor *m* and *title* sire, Mr., man, 1
señora *f* and *title* ma'am, Mrs., woman, 1
señorita *f* and *title* Miss, young woman, unmarried woman, 1
separar *v* to separate, 4; **separarse** *v* to get separated, 13
septiembre; also setiembre *m* September, 4
séptimo *adj* seventh, 6
ser *v* to be, 2; *m* being, 13
serie *f* series, 16
serio *adj* serious, 3
servilleta *f* napkin, 5
servir (i) *v* to serve, to function, 8
sesenta *adj* sixty, 2
setecientos *adj* seven hundred, 4
setenta *adj* seventy, 2
sexto *adj* sixth, 6
si *conj* if, 1
sí *exp* yes, LP
SIDA *m* AIDS, 18
siempre *adv* always, 2
siesta *f* nap, 5

siete *adj* seven, LP
siglo *m* century, 4
significado *m* meaning, 3
significar *v* to mean, to signify, 6
signo *m* sign, 4
siguiente *adj* following, 5
sílaba *f* syllable, 3
silla *f* chair, 1
sillón *m* armchair, 7
simpático *adj* nice, good-natured, 2
sin *prep* without, 1; **sin embargo** *exp* nevertheless, 3
sindicato *m* labor union, 13
sino *conj* but, 16
síntoma *m* symptom, 18
sinvergüenza *m/f* shameless person
sirviente, -a *m/f* servant, 7
sistema *m* system, 2
sitio *m* place, 6
soberbio *adj* somber, serious 9
sobre *prep* over, above, on top of, about, 1
sobrenatural *adj* supernatural, 16
sobrepoblado *adj* overpopulated, 14
sobrevivir *v* to survive, 19
sobrino, -a *m/f* niece, nephew, 12
sociedad *f* society, 2
socio, -a *m/f* partner, 4
sofá *m* sofa, 7
sol *m* sun, 5
soldado, -a *m/f* soldier, 3
soler (ue) + inf. *exp* usually + verb, 8
solicitar *v* to apply, to solicit, 9
solicitud *f* application, 19
solo *adj* alone
sólo *adj* only, 1
soltar (ue) *v* to loosen, 14
soltero, -a *m/f* unmarried person, 13; *adj* single, 13
solucionar *v* to solve, 19
sombrero *m* hat, 2
sombrío *adj* somber, 16
sonido *m* sound, 11
sonar (ue) *v* to sound, to ring, 11
sonreír (i) *v* to smile, 8
sonrisa *f* smile, 20
soñar (ue) con *v* to dream of, 7
sopa *f* soup, 5
soportar *v* to bear, to stand, to endure, 20
sordo *adj* deaf, 16
sorpresa *f* surprise, 13
soso *adj* dull, tasteless, 16
sospechar *v* to suspect, 15
sostener *v* to support, maintain, 20
su *prep* your, his, her, their, 1

suave *adj* soft, 7
suavizar *v* to soften, 16
subdesarrollo *m* underdevelopment, 19
subir *v* to climb, to ascend, 6
subpoblado *adj* underpopulated, 14
subvención *f* subsidy, 19
subvencionar *v* to subsidize, 19
suceder *v* to occur, to happen, 10
suceso *m* happening, event, 10
sucio *adj* dirty, 2
suegro, -a, -os *m/f* father-in-law, mother-in-law, parents-in-law, 12
sueño *m* dream, 7
suerte *f* luck, 8; **tener suerte** *exp* to be lucky, 8
sufrimiento *m* suffering, 16
sufrir *v* to suffer, 18
sugerencia *f* suggestion, 6
sugerir (ie) *v* to suggest, 14
sumiso *adj* submissive, 17
superar *v* to overcome, 19
supermercado *m* supermarket, 4
supervisor, -a *m/f* supervisor, 8
suponer *v* to suppose, 12
supuesto *adj* supposed, 6; **supuestamente** *adj* supposedly, 9; **por supuesto** *exp* of course, 6
sur *m* south, 4
sureste *m* southeast, 4
suroeste *m* southwest, 4
sustantivo *m* noun, 1
sustituir *v* to substitute, 7
sutil *adj* subtle, 16
suyo *pron* his, hers, theirs, yours, 18

T

taberna *f* tavern, snack bar, 4
tabla *f* chart, 2
tacaño *adj* stingy, 2
tal *adj* such a, 17; **¿Qué tal?** *inter* How are you? How are things? **tal vez** *exp* perhaps, 10
talento *m* talent
talentoso *adj* talented, 16
tamaño *m* size, 6
también *adv* also, 1
tambor *m* drum, 6
tampoco *adv* neither, 6
tan *adv* as, 3
tanto *adv* as much, 3; **mientras tanto** *exp* meanwhile, 11; **por lo tanto** *exp* therefore, 11
tapar *v* to cover, 12
taquilla *f* ticket booth, ticket window, 17

tardar *v* to be late, 6
tardanza *f* lateness, tardiness, 20
tarde *adv* late, 1
tarea *f* task, homework, 3
tarifa *f* fare (taxi, etc), tariff, 19
tarjeta *f* card, 6
tasa *f* rate, 17
taxista *m/f* taxi driver, 9
taza *f* cup, 5
te *pron* you, 6
té *m* tea, 5
teatro *m* theater, 4
técnica *f* technique, technology, 12
técnico, -a *m/f* technician, 18
techo *m* roof, ceiling, 1
tela *f* cloth, 3
telefonista *m/f* telephone operator, 2
teléfono *m* telephone, 1
telenovela *f* soap opera, 10
televidente *m/f* television viewer, 16
televisor *m* television set, 2
telón *m* stage curtain, 17
tema *m* theme, subject, 1
temer *v* to be afraid, 8
temor *m* fear, 14
templo *m* church, temple, 4
temporada *f* season, 6
temprano *adj* early, 3
tenedor *m* fork, 5
tener (ie) *v* to have, 1
teólogo, -a *m/f* theologian, 15
teoría *f* theory, 17
teórico *adj* theoretical, 15
terapista *m/f* therapist, 19
tercer, -o, -a *adj* third, 6
tercio *m* third, 14
terminación *f* ending, 4
terminar *v* to end, 3
término *m* end, 11
terremoto *m* earthquake, 10
tertulia *f* social gathering in a café, 4
ti *pron* you, 2
tibio, adj lukewarm, 19
tiempo *m* time, weather, 3
tienda *f* store, 3
tierra *f* soil, land, earth, 11
timbre *m* bell, stamp, 11
tinta *f* ink, 20
tío, -a *m/f* uncle, aunt, 2; **tíos** *m pl* aunts and uncles, 12; **tío, -a abuelo, -a** *m/f* great uncle (aunt), 12
tipo *m* type, 7; **tipo, -a** *m/f* guy, girl, 13
título *m* title, 1
tiza *f* chalk, 1
toalla *f* towel, 13

tocadiscos *m* record player, 6
tocar *v* to touch, to play an instrument, 6; **me toca a mí** *exp* it's my turn, 5
tocino *m* bacon, 5
todavía *adv* still, yet, 4
todo, -a, -os, -as *adj m/f* all, everyone, everything, 1
tomar *v* to take, to drink, 4
tomate *m* tomato, 5
tonto *adj* foolish, unintelligent, 3
tormenta *f* storm, 10
torneo *m* tournament, 6
toro *m* bull; **corrida de toros** *f* bullfight, 19
torre *f* tower, 4
torturar *v* to torture, 15
tos *f* cough, 18; **tener tos** *exp* to have a cough, 18
tostado *adj* toasted, 5
tostadora *f* toaster, 7
trabajador, -a *m/f* worker, 2; *adj* hard-working, 2
trabajar *v* to work, 4
trabajo *m* work, job, 3
traducir *v* to translate, 7
traer *v* to bring, 5
trago *m* drink, 4
traición *f* betrayal, treachery, 11
traicionar *v* to betray, 11
traje *m* suit, 2
trama *f* plot, 16
trámite *m* bureaucratic procedure, 19
tranquilo *adj* calm, tranquil, 2
tránsito *m* traffic, 13
transmitir *v* to transmit, 16
transporte *m* transportation, 5
trapo *m* rag, washcloth, 7
tratado *m* treaty, 17
tratamiento *m* treatment, 18
tratar *v* to treat, 8; **tratar de** + inf. *exp* to try, 8
tratarse de *v* to be about, 16
través: a través de *prep* through, by way of, 13
trazar *v* to trace, to draw, 17
trece *adj* thirteen, LP
treinta *adj* thirty, 2
tren *m* train, 3
trenza *f* braid, 9
tres *adj* three, LP
trescientos *adj* three hundred, 4
tribu *f* tribe, 19
triste *adj* sad, 2
triunfar *v* to triumph, to win, 11
triunfo *m* triumph, victory, 11
trono *m* throne, 19
trueno *m* thunder, 16
tu *pron* your, 1

tú *pron* you, 1
turista *m/f* tourist, 3
tuyo, -a, -o, -as *pron* yours, 18

U

Ud. *prep* abbreviation of **usted,** 1
Uds. *prep* abbreviation of **ustedes,** 3
últimamente *adv* recently, 16
último *adj* last, most recent, 3
un, uno, una *art* an, one, LP, 1
único *adj* only, unique, 5
unificar *v* to unify, 16
unir *v* to unite, 14
universitario *adj* university, 2
unos, unas *art* some, several, 2
uña *f* fingernail, 13
usar *v* to use, to wear, 5
uso *m* use, 2
usted *prep* you, LP
usuario, -a *m/f* user, 19
útil *adj* useful, 6
utilizar *v* to use, to utilize, 9
¡Uy! *exp* expression of exertion or frustration, 1

V

vaca *f* cow, 13
vacaciones *f* vacation; **ir de vacaciones** *exp* to go on a vacation, 4
vacío *adj* empty, 2
vacuna *f* innoculation, 17
vacunar *v* to innoculate, 17
vago, -a *m/f* bum; *adj* vague, 13
valentía *f* bravery, 13
valer *v* to be worth; **valer la pena** *exp* to be worth it, 17
validez *f* validity, 15
válido *adj* valid, 15
valiente *adj* brave, valiant, 13
valor *m* value, bravery, 6
valle *m* valley, 4
vanidoso *adj* vain, 13
variar *v* to vary, 13
varios, varias *adj* several, 2
varón *m* male, 12
vaso *m* glass, 5
vecino, -a *m/f* neighbor, 3
veinte *adj* twenty, LP
vejez *f* old age, 13
vencedor, -a *m/f* winner, conqueror, 11
vencer *v* to conquer, 11
vendedor, -a *m/f* seller, 2
venado *m* deer, 4
vender *v* to sell, 5
venda *f* bandage, 18

venganza *f* revenge, 20
venir (ie) *v* to come, 5
venta *f* sale; **estar en venta** *exp* to be for sale, 9
ventaja *f* advantage, 15
ventana *f* window, 1
ver *v* to see, 5; **tener que ver con** *exp* to have to do with, 19
verano *m* summer, 4
verbo *m* verb, 1
verdad *f* truth, 1
verdadero *adj* true, 2
verde *adj* green, 2
verduras *f pl* green vegetables, 5
vergüenza *f* shame, 20
vestíbulo *m* vestibule, front hall, 7
vestido *m* dress, 2
vestimenta *f* costume, dress, 9
vestirse (i) *v* to get dressed, 13
vetar *v* to veto, 14
vez *f* time, instance, 2; **tal vez** *exp* perhaps, 10; **a la vez** *exp* at the same time, 11; **cada vez más,** *exp* increasingly, more and more, 19
viajar *v* to travel, 5
viaje *m* trip, voyage, 4
viajero, -a *m/f* traveller, 9
vicio *m* vice, 4
vida *f* life, 3
vidente *m/f* seer, prophet, 17

vidriera *f* shop window, show window, 7
vidrio *m* glass, 2
viejo *adj* old, 2
viento *m* wind, 5
viernes *m* Friday, 4
vigilar *v* to guard, 19
vincular *v* to connect, to join, 13
vínculo *m* connection, 15
vino *m* wine, 5
viñedo *m* vineyard, 5
violación *f* violation, rape, 10
violar *v* to violate, to rape, 20
violencia *f* violence, 6
virgen *f* virgin; **Virgen Maria,** Virgin Mary, 15
virtud *f* virtue, 2
visado *m* visa, 19
visita *f* visit, 2
visitar *v* to visit, 4
vista *f* view, 7; **hasta la vista** *exp* see you later, 1; **a primera vista** *exp* at first sight, 14
vivaz *adj* vivacious, energetic, 2
vivienda *f* housing, 19
viviente *adj* alive, 18
vivir *v* to live, 6
vivo *adj* lively, alive, clever, 6
vocero, -a *m/f* spokesperson, 19
volador *adj* flying; **plato volador** *m* flying saucer, 18

volante *m* flyer, handout, 14
volar (ue) *v* to fly, 18
voluntad *f* will, willpower, 9
volver (ue) *v* to return, 6; **volver a + inf.** *exp* to (verb) again, 12
voraz *adj* voracious, 13
vosotros, -as *plural pron* you, 3
votar *v* to vote, 14
voto *m* vote, 14
voz *f* voice, 7
vuelo *m* flight, 9
vuelta *f* return; **ida y vuelta** *exp* roundtrip; **estar de vuelta** *exp* to be back, return, 17
vuestro *plural pron* your, yours, 3

Y

y *conj* and, 1
ya *adv* already, now, any longer, 4
yerno *m* son-in-law, 12
yo *pron* I, 1

Z

zanahoria *f* carrot, 5
zapatilla *f* tennis shoe, 2
zapato *m* shoe, 2
zoológico *adj* zoological; **jardín zoológico** *m* zoo, 4

ÍNDICE DE MATERIAS

PHOTO CREDITS